QUARTA EDIÇÃO 2023

WANDER GARCIA
UM DOS MAIORES ESPECIALISTAS EM EXAME DE ORDEM DO PAÍS

ANA PAULA DOMPIERI
COCOORDENADORA

Bateria de SIMULADOS OAB

PRIMEIRA FASE

APRENDA COM OS AUTORES MAIS EXPERIENTES EM OAB

8 SIMULADOS

SIMULADOS COM AS PROVAS ORIGINAIS + COMENTÁRIOS ÀS QUESTÕES E RELATÓRIOS DE RESULTADOS

APRENDIZADOS COM O LIVRO:
- **ADMINISTRAR** melhor o tempo • **AGILIDADE** para responder questões
TÉCNICAS para acertar mais questões • **DESCOBERTA** dos erros de conteúdo e o que precisa estudar mais • **DESCOBERTA** dos erros de interpretação e de escolha da alternativa correta • **MAIS** calma no dia da prova, com mente e emoções mais preparadas.

2023 © Editora Foco
Coordenador: Wander Garcia
Cocordenadora: Ana Paula Dompieri
Organizadora: Paula Morishita
Autores: Wander Garcia, Ana Paula Dompieri, Arthur Trigueiros, Bruna Vieira, Eduardo Dompieri, Gabriela Rodrigues Pinheiro, Gustavo Nicolau, Henrique Subi, Hermes Cramacon, Luiz Dellore, Renan Flumian, Roberta Densa, Robinson Barreirinhas, Rodrigo Bordalo e Teresa Melo
Diretor Acadêmico: Leonardo Pereira
Editor: Roberta Densa
Assistente Editorial: Paula Morishita
Revisora Sênior: Georgia Renata Dias
Capa Criação: Leonardo Hermano
Diagramação: Ladislau Lima
Impressão miolo e capa: N. B. IMPRESSOS GRAFICOS E EDITORA EIRELI (IMPRESS)

Dados Internacionais de Catalogação na Publicação (CIP) de acordo com ISBD

B328
Bateria de simulados: OAB 1ª Fase / Ana Paula Dompieri ... [et al.] ; organizado por Ana Paula Dompieri ; coordenado por Wander Garcia, Ana Paula Dompieri. - 4. ed. - Indaiatuba, SP : Editora Foco, 2023.
256 p. ; 21cm x 28cm.

Inclui bibliografia e índice.
ISBN: 978-65-5515-702-4

1. Metodologia de estudo. 2. Simulado. 3. Ordem dos Advogados do Brasil – OAB. I. Dompieri, Ana Paula. II. Trigueiros, Arthur. III. Vieira, Bruna. IV. Rodrigues, Cintia. V. Dompieri, Eduardo. VI. Cavalcante, Fernando. VII. Rodrigues, Gabriela. VIII. Nicolau, Gustavo. IX. Subi, Henrique. X. Cramacon, Hermes. XI. Gomes, José Renato. XII. Dellore, Luiz. XIII. Flumian, Renan. XIV. Bordalo, Rodrigo. XV. Densa, Roberta. XVI. Barreirinhas, Robinson. XVII. Melo, Teresa. XVIII. Garcia, Wander. XIV. Título.

2022-3995   CDD 001.4   CDU 001.8

Elaborado por Odilio Hilario Moreira Junior - CRB-8/9949
Índices para Catálogo Sistemático:
1. Metodologia de estudo 001.4   2. Metodologia de estudo 001.8

DIREITOS AUTORAIS: É proibida a reprodução parcial ou total desta publicação, por qualquer forma ou meio, sem a prévia autorização da Editora FOCO, com exceção do teor das questões de concursos públicos que, por serem atos oficiais, não são protegidas como Direitos Autorais, na forma do Artigo 8º, IV, da Lei 9.610/1998. Referida vedação se estende às características gráficas da obra e sua editoração. A punição para a violação dos Direitos Autorais é crime previsto no Artigo 184 do Código Penal e as sanções civis às violações dos Direitos Autorais estão previstas nos Artigos 101 a 110 da Lei 9.610/1998. Os comentários das questões são de responsabilidade dos autores.
NOTAS DA EDITORA:
Atualizações e erratas: A presente obra é vendida como está, atualizada até a data do seu fechamento, informação que consta na página II do livro. Havendo a publicação de legislação de suma relevância, durante o ano da edição do livro, a editora, de forma discricionária, se empenhará em disponibilizar atualização futura.
Bônus ou Capítulo *On-line*: Excepcionalmente, algumas obras da editora trazem conteúdo no *on-line*, que é parte integrante do livro, cujo acesso será disponibilizado durante a vigência da edição da obra.
Erratas: A Editora se compromete a disponibilizar no site www.editorafoco.com.br, na seção Atualizações, eventuais erratas por razões de erros técnicos ou de conteúdo. Solicitamos, outrossim, que o leitor faça a gentileza de colaborar com a perfeição da obra, comunicando eventual erro encontrado por meio de mensagem para contato@editorafoco.com.br. O acesso será disponibilizado durante a vigência da edição da obra.

Impresso no Brasil (12.2022) – Data de Fechamento (12.2022)

2023
Todos os direitos reservados à
Editora Foco Jurídico Ltda.
Avenida Itororó, 348 – Sala 05 – Cidade Nova
CEP 13334-050 – Indaiatuba – SP
E-mail: contato@editorafoco.com.br
www.editorafoco.com.br

Apresentação

Quer passar na OAB?

Então faça simulados antes da prova!

Você terá os seguintes ganhos ao fazer os simulados desse livro:

- aprenderá a administrar melhor o tempo;
- aprenderá como ser mais ágil para responder questões;
- aprenderá técnicas para acertar mais questões a cada prova;
- descobrirá onde estão os seus erros e o que precisa estudar mais;
- descobrirá onde estão os seus erros de interpretação e de escolha da alternativa correta;
- ficará mais calmo para o dia da prova, pois terá simulado diversas vezes esse momento e suas mente e emoções estarão mais preparadas.

Mas não basta fazer simulados. É preciso fazer com o material correto.

Existem técnicas para treinar via simulados e esse livro tem tudo o que você precisa para fazer isso da melhor maneira.

Confira os principais pontos para estudar por meio de simulados:

1º) Você precisa usar como simulado provas reais e completas de exames anteriores da OAB. E isso é o que fazemos neste livro. Disponibilizamos 8 provas já aplicadas, em sua versão original.

2º) Você precisa resolver as questões como se você estivesse na prova. Neste livro as questões vêm dispostas como na prova, e depois você tem uma folha de respostas para fazer o mesmo que faria nesta. Sem contar que os comentários às questões e os gabaritos não ficam na mesma página do simulado, então você só tem a sua mente mesmo para resolver as questões, como se estivesse na hora da prova.

3º) Você precisa ter um feedback de cada questão, para saber onde e porque cometeu cada erro. Este livro também oferece isso, pois cada questão é respondida e comentada, alternativa por alternativa, para você entender o que precisa estudar mais e que erros você têm cometido ao interpretar questões e escolher a alternativa correta.

4º) Você precisa saber como está o controle do tempo e a evolução dos seus resultados. Neste ponto disponibilizamos ao final do livro uma sessão só para você preencher a sua pontuação em cada prova, o tempo gasto na prova, os itens que você precisa melhorar e outros pontos importantes para você evoluir seus resultados a cada novo simulado.

5º) Você precisa fazer um número mínimo de simulados. Quanto mais simulados, melhor. Nossa recomendação é fazer no mínimo 4 simulados. Cada simulado que você fizer a mais, melhor, por isso disponibilizamos 8 simulados para você. Eles devem ser feitos ao final de cada semana de estudos, ou seja, 1 simulado por semana é o ideal.

Se não for possível, tente fazer ao menos 1 simulado a cada 10 dias ou a cada 2 semanas.

Outro ponto importante é que o livro está atualizadíssimo e informa para você como fica a resposta de cada questão, se por ventura alguma questão sofrer alteração no gabarito por alguma novidade legislativa ou jurisprudencial.

Agora é com você: crie seu cronograma de simulados e cumpra-o com seriedade, simulando pra valer o momento da prova.

Bom trabalho e ótimos estudos!

Como Usar o Livro?

Em primeiro lugar você deve criar o seu cronograma de simulados e cumpri-lo com seriedade, simulando pra valer o momento da prova.

Para cada simulado você deve fazer o seguinte também:

• Reservar o tempo necessário, seguindo o limite de tempo estabelecido no edital do Exame de Ordem;

• Escolher um lugar que você não seja interrompido;

• Colocar um cronômetro que não seja interrompido e ser fiel ao tempo de prova, ou seja, terminado o tempo, você deve pausar suas atividades, tendo ou não terminado o simulado;

• Em seguida você deve conferir as repostas em sua folha de resposta;

• Após, você deverá ler os comentários de cada questão que tiver errado e fazer todas as anotações na sessão do livro que trata dos relatórios sobre os seus resultados, anotando não só as matérias que precisa estudar mais, como dicas de como evitar erros de interpretação e de escolha de alternativas.

Pronto, agora é só ir atrás de estudar mais os pontos fracos e aguardar a data que você reservou para o próximo simulado.

Bons estudos e sucesso!

Coordenadores e Autores

SOBRE OS COORDENADORES

Wander Garcia – @wander_garcia

É Doutor, Mestre e Graduado em Direito pela PUC/SP. É professor universitário e de cursos preparatórios para Concursos e Exame de Ordem, tendo atuado nos cursos LFG e DAMASIO. Neste foi Diretor Geral de todos os cursos preparatórios e da Faculdade de Direito. Foi diretor da Escola Superior de Direito Público Municipal de São Paulo. É um dos fundadores da Editora Foco, especializada em livros jurídicos e para concursos e exames. É autor *best seller* com mais de 50 livros publicados na qualidade de autor, coautor ou organizador, nas áreas jurídica e de preparação para concursos e exame de ordem. Já vendeu mais de 1,5 milhão de livros, dentre os quais se destacam "Como Passar na OAB", "Como Passar em Concursos Jurídicos", "Exame de Ordem Mapamentalizado" e "Concursos: O Guia Definitivo". É também advogado desde o ano de 2000 e foi procurador do município de São Paulo por mais de 15 anos. É *Coach* Certificado, com sólida formação em Coaching pelo IBC e pela *International Association of Coaching*.

Ana Paula Dompieri

Procuradora do Estado de São Paulo, Pós-graduada em Direito, Professora do IEDI, Escrevente do Tribunal de Justiça por mais de 10 anos e Assistente Jurídico do Tribunal de Justiça. Autora de diversos livros para OAB e concursos.

SOBRE OS AUTORES

Arthur Trigueiros

Pós-graduado em Direito. Procurador do Estado de São Paulo. Professor da Rede LFG e do IEDI. Autor de diversas obras de preparação para Concursos Públicos e Exame de Ordem.

Bruna Vieira

Advogada. Mestre em Concretização de Direitos Sociais pelo UNISAL. Professora de Direito Constitucional em cursos de pós-graduação, concursos públicos e exame de ordem há 12 anos. Autora de diversas obras jurídicas pelas editoras FOCO e Saraiva. Atuou na coordenação acadêmica dos cursos de Pós-graduação da FGV (GVLAW) e foi aluna especial no Curso de Pós-graduação Stricto Sensu da USP (Faculdade de Direito - Universidade São Paulo), nas disciplinas: "Metodologia do Ensino Jurídico" com o Prof. José Eduardo Campos de Oliveira Faria e "Efetivação do Direito à Saúde em Estados Democráticos de Direito: Fundamentos, Evolução e Desafios do Direito Sanitário, com os professores Fernando Mussa Abujamra Aith e Sueli Dallari.

Eduardo Dompieri

Pós-graduado em Direito. Professor do IEDI. Autor de diversas obras de preparação para Concursos Públicos e Exame de Ordem.

Gabriela Rodrigues Pinheiro

Pós-Graduada em Direito Civil e Processual Civil pela Escola Paulista de Direito. Professora Universitária e do IEDI Cursos On-line e preparatórios para concursos públicos exame de ordem. Autora de diversas obras jurídicas para concursos públicos e exame de ordem. Advogada.

Gustavo Nicolau – @gustavo_nicolau

Mestre e Doutor pela Faculdade de Direito da USP. Professor de Direito Civil da Rede LFG/Praetorium. Advogado.

Henrique Subi – @7henriquesubi

Agente da Fiscalização Financeira do Tribunal de Contas do Estado de São Paulo. Mestrando em Direito Político e Econômico pela Universidade Presbiteriana Mackenzie. Especialista em Direito Empresarial pela Fundação Getúlio Vargas e em Direito Tributário pela UNISUL. Professor de cursos preparatórios para concursos desde 2006. Coautor de mais de 20 obras voltadas para concursos, todas pela Editora Foco.

Hermes Cramacon – @hermercramacon

Pós-graduado em Direito. Professor do Complexo Damásio de Jesus e do IEDI. Advogado.

Luiz Dellore – @dellore

Doutor e Mestre em Direito Processual Civil pela USP. Mestre em Direito Constitucional pela PUC/SP. Professor do Mackenzie, EPD, IEDI, IOB/Marcato e outras instituições. Advogado concursado da Caixa Econômica Federal. Ex-assessor de Ministro do STJ. Membro da Comissão de Processo Civil da OAB/SP, do IBDP (Instituto Brasileiro de Direito Processual), do IPDP (Instituto Panamericano de Derecho Procesal) e diretor do CEAPRO (Centro de Estudos Avançados de Processo). Colunista do portal jota.info. Facebook e LinkedIn: Luiz Dellore

Renan Flumian

Mestre em Filosofia do Direito pela Universidade de Alicante. Cursou a Session Annuelle D'enseignement do Institut International des Droits de L'Homme, a Escola de Governo da USP e a Escola de Formação da Sociedade Brasileira de Direito Público. Professor e Coordenador Acadêmico do IEDI. Autor e coordenador de diversas obras de preparação para Concursos Públicos e o Exame de Ordem. Advogado.

Roberta Densa

Doutora em Direitos Difusos e Coletivos. Professora universitária e em cursos preparatórios para concursos Públicos e OAB. Autora da obra "Direito do Consumidor", 9ª edição publicada pela Editora Atlas.

Robinson Barreirinhas

Secretário Municipal dos Negócios Jurídicos da Prefeitura de São Paulo. Professor do IEDI. Procurador do Município de São Paulo. Autor e coautor de mais de 20 obras de preparação para concursos e OAB. Ex-Assessor de Ministro do STJ.

Rodrigo Bordalo

Doutor e Mestre em Direito do Estado pela Pontifícia Universidade Católica de São Paulo (PUC-SP). Professor de Direito Público da Universidade Presbiteriana Mackenzie (pós-graduação). Professor de Direito Administrativo e Ambiental do Centro Preparatório Jurídico (CPJUR) e da Escola Brasileira de Direito (EBRADI), entre outros. Procurador do Município de São Paulo, atualmente lotado na Coordenadoria Geral do Consultivo da Procuradoria Geral do Município. Advogado. Palestrante.

Teresa Melo

Procuradora Federal. Assessora de Ministro do STJ. Professora do IEDI.

Sumário

APRESENTAÇÃO III

COMO USAR O LIVRO V

COORDENADORES E AUTORES VII

2019.2 – XXIX EXAME DE ORDEM 1

2019.3 – XXX EXAME DE ORDEM 31

2020.1 – XXXI EXAME DE ORDEM 61

2020.2 – XXXII EXAME DE ORDEM 91

2020.3 – XXXIII EXAME DE ORDEM 121

2022.1 – XXXIV EXAME DE ORDEM 149

2022.2 – XXXV EXAME DE ORDEM 179

2022.3 – XXXVI EXAME DE ORDEM 209

MEUS RESULTADOS 237

2019.2 – XXIX EXAME DE ORDEM

1. Júnior é bacharel em Direito. Formou-se no curso jurídico há seis meses e não prestou, ainda, o Exame de Ordem para sua inscrição como advogado, embora pretenda fazê-lo em breve. Por ora, Júnior é inscrito junto à OAB como estagiário e exerce estágio profissional de advocacia em certo escritório credenciado pela OAB, há um ano. Nesse exercício, poucas semanas atrás, juntamente com o advogado José dos Santos, devidamente inscrito como tal, prestou consultoria jurídica sobre determinado tema, solicitada por um cliente do escritório. Os atos foram assinados por ambos. Todavia, o cliente sentiu-se lesado nessa consultoria, alegando culpa grave na sua elaboração.

Considerando o caso hipotético, bem como a disciplina do Estatuto da Advocacia e da OAB, assinale a opção correta.

(A) Júnior não poderia atuar como estagiário e deverá responder em âmbito disciplinar por essa atuação indevida. Já a responsabilidade pelo conteúdo da atuação na atividade de consultoria praticada é de José.

(B) Júnior não poderia atuar como estagiário e deverá responder em âmbito disciplinar por essa atuação indevida. Já a responsabilidade pelo conteúdo da atuação na atividade de consultoria praticada é solidária entre Júnior e José.

(C) Júnior poderia atuar como estagiário. Já a responsabilidade pelo conteúdo da atuação na atividade de consultoria praticada é solidária entre Júnior e José.

(D) Júnior poderia atuar como estagiário. Já a responsabilidade pelo conteúdo da atuação na atividade de consultoria praticada é de José.

2. O advogado X foi preso em flagrante enquanto furtava garrafas de vinho, de valor bastante expressivo, em determinado supermercado. Conduzido à delegacia, foi lavrado o auto de prisão em flagrante, sem a presença de representante da OAB.

Com base no disposto no Estatuto da Advocacia e da OAB, assinale a afirmativa correta.

(A) A lavratura do auto de prisão em flagrante foi eivada de nulidade, em razão da ausência de representante da OAB, devendo a prisão ser relaxada.

(B) A lavratura do auto de prisão em flagrante não é viciada, desde que haja comunicação expressa à seccional da OAB respectiva.

(C) A lavratura do auto de prisão em flagrante foi eivada de nulidade, em razão da ausência de representante da OAB, devendo ser concedida liberdade provisória não cumulada com aplicação de medidas cautelares diversas da prisão.

(D) A lavratura do auto de prisão em flagrante não é viciada e independe de comunicação à seccional da OAB respectiva.

3. A Sociedade de Advogados X pretende associar-se aos advogados João e Maria, que não a integrariam como sócios, mas teriam participação nos honorários a serem recebidos.

Sobre a pretensão da Sociedade de Advogados X, de acordo com o disposto no Regulamento Geral do Estatuto da Advocacia e da OAB, assinale a afirmativa correta.

(A) É autorizada, contudo deve haver formalização em contrato averbado no registro da Sociedade de Advogados. A associação pretendida deverá implicar necessariamente vínculo empregatício.

(B) É autorizada, contudo deve haver formalização em contrato averbado no registro da Sociedade de Advogados. A associação pretendida não implicará vínculo empregatício.

(C) É autorizada, independentemente de averbação no registro da Sociedade. A associação pretendida não implicará vínculo empregatício.

(D) Não é autorizada, pois os advogados João e Maria passariam a integrar a Sociedade X como sócios, mediante alteração no registro da sociedade.

4. O advogado João, conselheiro em certo Conselho Seccional da OAB, foi condenado, pelo cometimento de crime de tráfico de influência, a uma pena privativa de liberdade. João respondeu ao processo todo em liberdade, apenas tendo sido decretada a prisão após o trânsito em julgado da sentença condenatória.

Quanto aos direitos de João, considerando o disposto no Estatuto da Advocacia e da OAB, assinale a afirmativa correta.

(A) João tem direito à prisão domiciliar em razão de suas atividades profissionais, ou à prisão em sala de Estado Maior, durante todo o cumprimento da pena que se inicia, a critério do juiz competente.

(B) João tem direito a ser preso em sala de Estado Maior durante o cumprimento integral da pena que se inicia. Apenas na falta desta, em razão de suas atividades profissionais, terá direito à prisão domiciliar.

(C) João não tem direito a ser preso em sala de Estado Maior em nenhum momento do cumprimento da pena que se inicia, nem terá direito, em decorrência de suas atividades profissionais, à prisão domiciliar.

(D) João tem direito a ser preso em sala de Estado Maior apenas durante o transcurso de seu mandato como conselheiro, mas não terá direito, em decorrência de suas atividades profissionais, à prisão domiciliar.

5. O Conselho Seccional X da OAB proferiu duas decisões, ambas unânimes e definitivas, em dois processos distintos. Acerca da matéria que é objeto do processo 1, há diversos julgados, em sentido diametralmente oposto, proferidos pelo Conselho Seccional Y da OAB. Quanto ao processo 2, há apenas uma decisão contrária, outrora proferida pelo Conselho Federal da OAB. De acordo com a situação narrada, assinale a afirmativa correta.

(A) Cabe recurso da decisão proferida no processo 1 ao Conselho Federal da OAB, com fundamento na divergência com as decisões emanadas do Conselho Seccional Y. Também cabe recurso da decisão proferida no processo 2 ao Conselho Federal da OAB, com base na divergência com a decisão anterior do Conselho Federal.

(B) Não cabe recurso da decisão proferida no processo 1 ao Conselho Federal da OAB, com fundamento na divergência com as decisões emanadas do Conselho Seccional Y. No entanto, cabe recurso da decisão proferida no processo 2 ao Conselho Federal da OAB, com base na divergência com a decisão anterior do Conselho Federal.

(C) Cabe recurso da decisão proferida no processo 1 ao Conselho Federal da OAB, com fundamento na divergência com as decisões emanadas do Conselho Seccional Y. No entanto, não cabe recurso da decisão proferida no processo 2 ao Conselho Federal da OAB, com base na divergência com a decisão anterior do Conselho Federal.

(D) Não cabem recursos das decisões proferidas no processo 1 e no processo 2, tendo em vista a definitividade das decisões emanadas do Conselho Seccional.

6. A conduta de um juiz em certa comarca implicou violação a prerrogativas de advogados previstas na Lei nº 8.906/94, demandando representação administrativo-disciplinar em face do magistrado.

Considerando a hipótese narrada, de acordo com o Regulamento Geral do Estatuto da Advocacia e da OAB, assinale a afirmativa correta.

(A) É competência dos presidentes do Conselho Federal, do Conselho Seccional ou da Subseção formularem a representação administrativa cabível. Em razão da natureza da autoridade e da providência, o ato não pode ser delegado a outro advogado.
(B) É competência apenas dos presidentes do Conselho Federal ou do Conselho Seccional formularem a representação administrativa cabível. Todavia, pode ser designado outro advogado, investido de poderes bastantes, para o ato.
(C) É competência apenas do presidente do Conselho Seccional formular a representação administrativa cabível. Em razão da natureza da autoridade e da providência, o ato não pode ser delegado a outro advogado.
(D) É competência dos presidentes do Conselho Federal, do Conselho Seccional ou da Subseção formularem a representação administrativa cabível. Todavia, pode ser designado outro advogado, investido de poderes bastantes, para o ato.

7. Milton, advogado, exerceu fielmente os deveres decorrentes de mandato outorgado para defesa do cliente Tomás, em juízo. Todavia, Tomás deixou, injustificadamente, de efetuar o pagamento dos valores acordados a título de honorários.

Em 08/04/19, após negar-se ao pagamento devido, Tomás solicitou a Milton que agendasse uma reunião para que este esclarecesse, de forma pormenorizada, questões que entendia pertinentes e necessárias sobre o processo. Contudo, Milton informou que não prestaria nenhum tipo de informação judicial sem pagamento, a fim de evitar o aviltamento da atuação profissional.

Em 10/05/19, Tomás solicitou que Milton lhe devolvesse alguns bens móveis que haviam sido confiados ao advogado durante o processo, relativos ao objeto da demanda. Milton também se recusou, pois pretendia alienar os bens para compensar os honorários devidos.

Considerando o caso narrado, assinale a afirmativa correta.

(A) Apenas a conduta de Milton praticada em 08/04/19 configura infração ética.
(B) Ambas as condutas de Milton, praticadas em 08/04/19 e em 10/05/19, configuram infrações éticas.
(C) Nenhuma das condutas de Milton, praticadas em 08/04/19 e em 10/05/19, configura infração ética.
(D) Apenas a conduta de Milton praticada em 10/05/19 configura infração ética.

8. Os sócios de certa sociedade de advogados divergiram intensamente quanto à solução de questões relativas a conduta disciplinar, relação com clientes e honorários. Em razão disso, passaram a pesquisar quais as atribuições do Tribunal de Ética e Disciplina, do Conselho Seccional da OAB respectivo, que poderiam ajudar a solver suas dificuldades.

Considerando o caso narrado, bem como os limites de competência do Tribunal de Ética e Disciplina do Conselho Seccional, previstos no Código de Ética e Disciplina da OAB, assinale a afirmativa correta.

(A) Não compete ao Tribunal de Ética e Disciplina responder a consultas realizadas em tese por provocação dos advogados, atuando apenas diante de situações concretas.
(B) Compete ao Tribunal de Ética e Disciplina atuar como um conciliador em pendências concretas relativas à partilha de honorários entre advogados contratados conjuntamente.
(C) Não compete ao Tribunal de Ética e Disciplina ministrar cursos destinados a solver dúvidas usuais dos advogados no que se refere à conduta ética que deles é esperada.
(D) Compete ao Tribunal de Ética e Disciplina coordenar as ações do Conselho Seccional respectivo e dos demais Conselhos Seccionais, com o objetivo de reduzir a ocorrência das infrações disciplinares mais frequentes.

9. *Mas a justiça não é a perfeição dos homens?*

PLATÃO, *A República*. Lisboa: Calouste Gulbenkian, 1993.

O conceito de justiça é o mais importante da Filosofia do Direito. Há uma antiga concepção segundo a qual justiça é dar a cada um o que lhe é devido. No entanto, Platão, em seu livro *A República*, faz uma crítica a tal concepção.

Assinale a opção que, conforme o livro citado, melhor explica a razão pela qual Platão realiza essa crítica.

(A) Platão defende que justiça é apenas uma maneira de proteger o que é mais conveniente para o mais forte.
(B) A justiça não deve ser considerada algo que seja entendido como virtude e sabedoria, mas uma decorrência da obediência à lei.
(C) Essa ideia implicaria fazer bem ao amigo e mal ao inimigo, mas fazer o mal não produz perfeição, e a justiça é uma virtude que produz a perfeição humana.
(D) Esse é um conceito decorrente exclusivamente da ideia de troca entre particulares, e, para Platão, o conceito de justiça diz respeito à convivência na cidade.

10. *Costuma-se dizer que o ordenamento jurídico regula a própria produção normativa. Existem normas de comportamento ao lado de normas de estrutura... elas não regulam um comportamento, mas o modo de regular um comportamento...*

BOBBIO, Norberto. *Teoria do Ordenamento Jurídico*. São Paulo: Polis; Brasília EdUnB, 1989.

A atuação de um advogado deve se dar com base no ordenamento jurídico. Por isso, não basta conhecer as leis; é preciso compreender o conceito e o funcionamento do ordenamento. Bobbio, em seu livro *Teoria do Ordenamento Jurídico*, afirma que a unidade do ordenamento jurídico é assegurada por suas fontes.

Assinale a opção que indica o fato que, para esse autor, interessa notar para uma teoria geral do ordenamento jurídico, em relação às fontes do Direito.

(A) No mesmo momento em que se reconhece existirem atos ou fatos dos quais se faz depender a produção de normas jurídicas, reconhece-se que o ordenamento jurídico, além de regular o comportamento das pessoas, regula também o modo pelo qual se devem produzir as regras.

(B) As fontes do Direito definem o ordenamento jurídico como um complexo de normas de comportamento referidas a uma dada sociedade e a um dado momento histórico, de forma que garante a vinculação entre interesse social e comportamento normatizado.

(C) Como forma de institucionalização do direito positivo, as fontes do Direito definem o ordenamento jurídico exclusivamente em relação ao processo formal de sua criação, sem levar em conta os elementos morais que poderiam definir uma norma como justa ou injusta.

(D) As normas, uma vez definidas como jurídicas, são associadas num conjunto específico, chamado de direito positivo. Esse direito positivo é o que comumente chamamos de ordenamento jurídico. Portanto, a fonte do Direito que institui o Direito como ordenamento é a norma, anteriormente definida como jurídica.

11. O Estado Alfa promulgou, em 2018, a Lei Estadual X, concedendo unilateralmente isenção sobre o tributo incidente em operações relativas à circulação interestadual de mercadorias (ICMS) usadas como insumo pela indústria automobilística.

O Estado Alfa, com isso, atraiu o interesse de diversas montadoras em ali se instalarem. A Lei Estadual X, no entanto, contraria norma da Constituição da República que dispõe caber a lei complementar regular a forma de concessão de incentivos, isenções e benefícios fiscais relativos ao ICMS, mediante deliberação dos Estados e do Distrito Federal. Em razão da Lei Estadual X, o Estado Beta, conhecido polo automobilístico, sofrerá drásticas perdas em razão da redução na arrecadação tributária, com a evasão de indústrias e fábricas para o Estado Alfa.

Diante do caso narrado, com base na ordem jurídico-constitucional vigente, assinale a afirmativa correta.

(A) O Governador do Estado Beta não detém legitimidade ativa para a propositura da Ação Direta de Inconstitucionalidade em face da Lei Estadual X, uma vez que, em âmbito estadual, apenas a Mesa da Assembleia Legislativa do respectivo ente está no rol taxativo de legitimados previsto na Constituição.

(B) A legitimidade do Governador do Estado Beta restringe-se à possibilidade de propor, perante o respectivo Tribunal de Justiça, representação de inconstitucionalidade de leis ou atos normativos estaduais ou municipais em face da Constituição Estadual.

(C) A legitimidade ativa do Governador para a Ação Direta de Inconstitucionalidade vincula-se ao objeto da ação, pelo que deve haver pertinência da norma impugnada com os objetivos do autor da ação; logo, não podem impugnar ato normativo oriundo de outro Estado da Federação.

(D) O Governador do Estado Beta é legitimado ativo para propor Ação Direta de Inconstitucionalidade em face da Lei Estadual X, a qual, mesmo sendo oriunda de ente federativo diverso, provoca evidentes reflexos na economia do Estado Beta.

12. O Deputado Federal X, defensor de posições políticas estatizantes, convencido de que seria muito lucrativo o fato de o Estado passar a explorar, ele próprio, atividades econômicas, pretende propor projeto de lei que viabilize a criação de diversas empresas públicas. Esses entes teriam, como único pressuposto para sua criação, a possibilidade de alcançar alto grau de rentabilidade. Com isso, seria legalmente inviável a criação de empresas públicas deficitárias.

Antes de submeter o projeto de lei à Câmara, o Deputado Federal X consulta seus assistentes jurídicos, que, analisando a proposta, informam, corretamente, que seu projeto é

(A) inconstitucional, pois a criação de empresas públicas, sendo ato estratégico da política nacional, é atribuição exclusiva do Presidente da República, que poderá concretizá-la por meio de decreto.

(B) constitucional, muito embora deva o projeto de lei seguir o rito complementar, o que demandará a obtenção de um quórum de maioria absoluta em ambas as casas do Congresso Nacional.

(C) inconstitucional, pois a exploração direta da atividade econômica pelo Estado só será permitida quando necessária à segurança nacional ou caracterizado relevante interesse nacional.

(D) constitucional, pois a Constituição Federal, ao estabelecer a livre concorrência entre seus princípios econômicos, não criou obstáculos à participação do Estado na exploração da atividade econômica.

13. Durval, cidadão brasileiro e engenheiro civil, desempenha trabalho voluntário na ONG Transparência, cujo principal objetivo é apurar a conformidade das contas públicas e expor eventuais irregularidades, apresentando reclamações e denúncias aos órgãos e entidades competentes.

Ocorre que, durante o ano de 2018, a Secretaria de Obras do Estado Alfa deixou de divulgar em sua página da Internet informações referentes aos repasses de recursos financeiros, bem como foram omitidos os registros das despesas realizadas. Por essa razão, Durval compareceu ao referido órgão e protocolizou pedido de acesso a tais informações, devidamente especificadas.

Em resposta à solicitação, foi comunicado que os dados requeridos são de natureza sigilosa, somente podendo ser disponibilizados mediante requisição do Ministério Público ou do Tribunal de Contas.

A partir do enunciado proposto, com base na legislação vigente, assinale a afirmativa correta.

(A) A decisão está em desacordo com a ordem jurídica, pois os órgãos e entidades públicas têm o dever legal de promover, mesmo sem requerimento, a divulgação, em local de fácil acesso, no âmbito de suas competências, de informações de interesse coletivo ou geral que produzam ou custodiem.

(B) Assiste razão ao órgão público no que concerne tão somente ao sigilo das informações relativas aos repasses de recursos financeiros, sendo imprescindível a requisição do Ministério Público ou do Tribunal de Contas para acessar tais dados.

(C) Assiste razão ao órgão público no que concerne tão somente ao sigilo das informações relativas aos registros das despesas realizadas, sendo imprescindível a requisição do Ministério Público ou do Tribunal de Contas para acessar tais dados.

(D) Assiste razão ao órgão público no que concerne ao sigilo das informações postuladas, pois tais dados apenas poderiam ser pessoalmente postulados por Durval caso estivesse devidamente assistido por advogado regularmente inscrito na Ordem dos Advogados do Brasil.

14. O diretor da unidade prisional de segurança máxima ABC expede uma portaria vedando, no âmbito da referida entidade de internação coletiva, quaisquer práticas de cunho religioso direcionadas aos presos, apresentando, como motivo para tal ato, a necessidade de a Administração Pública ser laica.

A partir da situação hipotética narrada, assinale a afirmativa correta.

(A) A motivação do ato administrativo encontra-se equivocada, uma vez que o preâmbulo da Constituição da República de 1988 faz expressa menção à "proteção de Deus", também assegurando aos entes federados ampla liberdade para estabelecer e subvencionar os cultos religiosos e igrejas.

(B) O ato expedido pelo diretor encontra plena correspondência com a ordem constitucional brasileira, a qual veda, aos entes federados, estabelecer cultos religiosos ou igrejas, subvencioná-los ou firmar qualquer espécie de colaboração de interesse público.

(C) A Constituição da República de 1988 dispõe que, nos termos da lei, é assegurada assistência religiosa nas entidades civis e militares de internação coletiva, de modo que a portaria expedida pelo diretor viola um direito fundamental dos internos.

(D) Inexiste incompatibilidade entre a portaria e a Constituição da República de 1988, uma vez que a liberdade religiosa apenas se apresenta no ensino confessional, ministrado, em caráter facultativo, nos estabelecimentos públicos e privados de ensino, não sendo tal direito extensível aos presos.

15. O senador João fora eleito Presidente do Senado Federal. Ao aproximar-se o fim do exercício integral do seu mandato bienal, começa a planejar seu futuro na referida casa legislativa.

Ciente do prestígio que goza entre seus pares, discursa no plenário, anunciando a intenção de permanecer na função até o fim de seu mandato como senador, o que ocorrerá em quatro anos. Assim, para que tal desejo se materialize, será necessário que seja reeleito nos dois próximos pleitos (dois mandatos bienais).

Sobre a intenção do senador, segundo o sistema jurídico-constitucional brasileiro, assinale a afirmativa correta.

(A) Será possível, já que não há limites temporais para o exercício da presidência nas casas legislativas do Congresso Nacional.

(B) Não será possível, pois a Constituição proíbe a reeleição para esse mesmo cargo no período bienal imediatamente subsequente.

(C) É parcialmente possível, pois, nos moldes da reeleição ao cargo de Presidente da República, ele poderá concorrer à reeleição uma única vez.

(D) Não é possível, pois o exercício da referida presidência inviabiliza a possibilidade de, no futuro, vir a exercê-la novamente.

16. Em 2005, visando a conferir maior estabilidade e segurança jurídica à fiscalização das entidades dedicadas à pesquisa e à manipulação de material genético, o Congresso Nacional decidiu discipliná-las por meio da Lei Complementar X, embora a Constituição Federal não reserve a matéria a essa espécie normativa. Posteriormente, durante o ano de 2017, com os avanços tecnológicos e científicos na área, entrou em vigor a Lei Ordinária Y prevendo novos mecanismos fiscalizatórios a par dos anteriormente estabelecidos, bem como derrogando alguns artigos da Lei Complementar X.

Diante da situação narrada, assinale a afirmativa correta.

(A) A Lei Ordinária Y é formalmente inconstitucional, não podendo dispor sobre matéria já tratada por Lei Complementar, em razão da superioridade hierárquica desta em relação àquela.

(B) Embora admissível a edição da Lei Ordinária Y tratando de novos mecanismos a par dos já existentes, a revogação de dispositivos da Lei Complementar X exigiria idêntica espécie normativa.

(C) A Lei Complementar X está inquinada de vício formal, já que a edição dessa espécie normativa encontra-se vinculada às hipóteses taxativamente elencadas pela Constituição Federal de 1988.

(D) A Lei Complementar X, por tratar de matéria a respeito da qual não se exige a referida espécie normativa, pode vir a ser revogada por Lei Ordinária posterior que verse sobre a mesma temática.

17. O Município X, visando à interligação de duas importantes zonas da cidade, após o regular procedimento licitatório, efetua a contratação de uma concessionária que ficaria responsável pela construção e administração da via.

Ocorre que, em análise do projeto básico do empreendimento, constatou-se que a rodovia passaria em área de preservação ambiental e ensejaria graves danos ao ecossistema local. Com isso, antes mesmo de se iniciarem as obras, Arnaldo, cidadão brasileiro e vereador no exercício do mandato no Município X, constitui advogado e ingressa com Ação Popular postulando a anulação da concessão.

Com base na legislação vigente, assinale a afirmativa correta.

(A) A Ação Popular proposta por Arnaldo não se revela adequada ao fim de impedir a obra potencialmente lesiva ao meio ambiente.

(B) A atuação de Arnaldo, na qualidade de cidadão, é subsidiária, sendo necessária a demonstração de inércia por parte do Ministério Público.

(C) A ação popular, ao lado dos demais instrumentos de tutela coletiva, é adequada à anulação de atos lesivos ao meio ambiente, mas Arnaldo não precisaria constituir advogado para ajuizá-la.

(D) Caso Arnaldo desista da Ação Popular, o Ministério Público ou qualquer cidadão que esteja no gozo de seus direitos políticos poderá prosseguir com a demanda.

18. Uma Organização de Direitos Humanos afirma estar tramitando, no Congresso Nacional, um Projeto de Lei propondo que o trabalhador tenha direito a férias, mas que seja possível que o empregador determine a não remuneração dessas férias. No mesmo Projeto de Lei, fica estipulado que, nos feriados nacionais, não haverá remuneração.

A Organização procura você, como advogado(a), para redigir um parecer quanto a um eventual controle de convencionalidade, caso esse projeto seja transformado em lei.

Assim, com base no Protocolo Adicional à Convenção Americana Sobre Direitos Humanos em Matéria de Direitos Econômicos, Sociais e Culturais – Protocolo de San Salvador –, assinale a opção que apresenta seu parecer sobre o fato apresentado.

(A) O Brasil, embora tenha ratificado a Convenção Americana de Direitos Humanos, não é signatário do Protocolo Adicional à Convenção Americana Sobre Direitos Humanos em Matéria de Direitos Econômicos, Sociais e Culturais – Protocolo de San Salvador. Portanto, independentemente do que disponha esse Protocolo, ele não configura uma base jurídica que permita fazer um controle de convencionalidade.

(B) Tanto o direito a férias remuneradas quanto o direito à remuneração nos feriados nacionais estão presentes no Protocolo de San Salvador. Considerando que o Brasil é signatário desse Protocolo, caso o Projeto de Lei venha a ser convertido em Lei pelo Congresso Nacional, é possível submetê-lo ao controle de convencionalidade, com base no Protocolo de San Salvador.

(C) A despeito de as férias remuneradas e a remuneração nos feriados nacionais estarem previstos no Protocolo de San Salvador, não é possível fazer o controle de convencionalidade caso o Projeto de Lei seja aprovado, porque se trata apenas de um Protocolo, e, como tal, não possui força de Convenção como é o caso da Convenção Americana Sobre Direitos Humanos.

(D) Se o Projeto de Lei for aprovado, não será possível submetê-lo a um controle de convencionalidade com base no Protocolo de San Salvador, porque os direitos em questão não estão previstos no referido Protocolo, que sequer trata de condições justas, equitativas e satisfatórias de trabalho.

19. No âmbito dos sistemas internacionais de proteção dos Direitos Humanos, existem hoje três sistemas regionais: africano, (inter)americano e europeu. Existem semelhanças e diferenças entre esses sistemas. Assinale a opção que corretamente expressa uma grande diferença entre o sistema (inter)americano e o europeu.

(A) O sistema europeu foi instituído a partir da Convenção para a Proteção dos Direitos do Homem e das Liberdades Fundamentais, de 1950, e já está em pleno funcionamento. Já o sistema (inter)americano foi instituído pela Convenção Americana Sobre Direitos Humanos, de 1998, e ainda não está em pleno funcionamento.

(B) O sistema (inter)americano conta com uma Comissão Interamericana de Direitos Humanos, mas não possui uma Corte ou Tribunal. Já o sistema europeu possui um Tribunal, mas não possui uma Comissão de Direitos Humanos.

(C) O sistema europeu é baseado em um Conselho de Ministros e admite denúncias de violações de direitos humanos que sejam feitas pelos Estados-partes da Convenção, mas não admite petições individuais. Já o sistema (inter)americano não possui o Conselho de Ministros e admite petições individuais.

(D) O sistema (inter)americano possui uma Comissão e uma Corte para conhecer de assuntos relacionados ao cumprimento dos compromissos assumidos pelos Estados-partes na Convenção Americana Sobre Direitos Humanos. Já o sistema europeu não possui uma Comissão com as mesmas funções que a Comissão Interamericana, mas um Tribunal Europeu dos Direitos do Homem, que é efetivo e permanente.

20. A cláusula arbitral de um contrato de fornecimento de óleo cru, entre uma empresa brasileira e uma empresa norueguesa, estabelece que todas as controvérsias entre as partes serão resolvidas por arbitragem, segundo as regras da Câmara de Comércio Internacional - CCI.

Na negociação, a empresa norueguesa concordou que a sede da arbitragem fosse o Brasil, muito embora o idioma escolhido fosse o inglês. Como contrapartida, incluiu, entre as controvérsias a serem decididas por arbitragem, a determinação da responsabilidade por danos ambientais resultantes do manuseio e descarga no terminal.

Na eventualidade de ser instaurada uma arbitragem solicitando indenização por danos de um acidente ambiental, o Tribunal Arbitral a ser constituído no Brasil

(A) tem competência para determinar a responsabilidade pelo dano, em respeito à autonomia da vontade consagrada na Lei Brasileira de Arbitragem.

(B) deverá declinar de sua competência, por não ser matéria arbitrável.

(C) deverá proferir o laudo em português, para que seja passível de execução no Brasil.

(D) não poderá decidir a questão, porque a cláusula arbitral é nula.

21. João da Silva prestou serviços de consultoria diretamente ao Comitê Olímpico Internacional (COI), entidade com sede na Suíça, por ocasião dos Jogos Olímpicos realizados no Rio de Janeiro, em 2016. Até o presente momento, João não recebeu integralmente os valores devidos.

Na hipótese de recorrer a uma cobrança judicial, o pedido deve ser feito

(A) na justiça federal, pois o COI é uma organização internacional estatal.

(B) na justiça estadual, pois o COI não é um organismo de direito público externo.

(C) por auxílio direto, intermediado pelo Ministério Público, nos termos do tratado Brasil-Suíça.

(D) na justiça federal, por se tratar de uma organização internacional com sede no exterior.

22. A Fazenda Pública apurou que fato gerador, ocorrido em 12/10/2007, referente a um imposto sujeito a lançamento por declaração, não havia sido comunicado pelo contribuinte ao Fisco. Por isso, efetuou o lançamento de ofício do tributo em 05/11/2012, tendo sido o contribuinte notificado desse lançamento em 09/11/2012, para pagamento em 30 dias. Não sendo a dívida paga, nem tendo o contribuinte impugnado o lançamento, a Fazenda Pública inscreveu, em 05/10/2017, o débito em dívida ativa, tendo ajuizado a ação de execução fiscal em 08/01/2018.

Diante desse cenário, assinale a afirmativa correta.

(A) A cobrança é indevida, pois o crédito tributário foi extinto pelo decurso do prazo decadencial.

(B) A cobrança é indevida, pois já teria se consumado o prazo prescricional para propor a ação de execução fiscal.

(C) A cobrança é devida, pois a inscrição em dívida ativa do crédito tributário, em 05/10/2017, suspendeu, por 180 dias, a contagem do prazo prescricional para propositura da ação de execução fiscal.

(D) A cobrança é devida, pois não transcorreram mais de 10 anos entre a ocorrência do fato gerador (12/10/2007) e a inscrição em dívida ativa do crédito tributário (05/10/2017).

23. O Município X, na tentativa de fazer com que os cofres municipais pudessem receber determinado tributo com mais celeridade, publicou, em maio de 2017, uma lei que alterava a data de recolhimento daquela exação. A lei dispunha que os efeitos das suas determinações seriam imediatos.

Nesse sentido, assinale a afirmativa correta.

(A) Segundo a Lei de Introdução às Normas do Direito Brasileiro (LINDB), a lei é válida, mas apenas poderia entrar em vigor 45 (quarenta e cinco) dias após a sua publicação.

(B) A lei é inconstitucional, uma vez que não respeitou o princípio da anterioridade.

(C) A lei é constitucional, uma vez que, nessa hipótese, não se sujeita ao princípio da anterioridade.

(D) A lei é válida, mas só poderia vigorar 90 (noventa) dias após a sua publicação.

24. A União lavrou auto de infração para a cobrança de créditos de Imposto sobre a Renda, devidos pela pessoa jurídica PJ. A cobrança foi baseada no exame, considerado indispensável por parte da autoridade administrativa, de documentos, livros e registros de instituições financeiras, incluindo os referentes a contas de depósitos e aplicações financeiras de titularidade da pessoa jurídica PJ, após a regular instauração de processo administrativo. Não houve, neste caso, qualquer autorização do Poder Judiciário.

Sobre a possibilidade do exame de documentos, livros e registros de instituições financeiras pelos agentes fiscais tributários, assinale a afirmativa correta.

(A) Não é possível, em vista da ausência de previsão legal.

(B) É expressamente prevista em lei, sendo indispensável a existência de processo administrativo instaurado.

(C) É expressamente prevista em lei, sendo, no entanto, dispensável a existência de processo administrativo instaurado.

(D) É prevista em lei, mas deve ser autorizada pelo Poder Judiciário, conforme exigido por lei.

25. A União, diante de grave desastre natural que atingiu todos os estados da Região Norte, e considerando ainda a severa crise econômica e financeira do país, edita Medida Provisória, que institui Empréstimo Compulsório, para que as medidas cabíveis e necessárias à reorganização das localidades atingidas sejam adotadas.

Sobre a constitucionalidade da referida tributação, assinale a afirmativa correta.

(A) O Empréstimo Compulsório não pode ser instituído para atender às despesas extraordinárias decorrentes de calamidade pública.

(B) O Empréstimo Compulsório deve ser instituído por meio de Lei Complementar, sendo vedado pela CRFB/88 que Medida Provisória trate desse assunto.

(C) Nenhum tributo pode ser instituído por meio de Medida Provisória.

(D) A União pode instituir Empréstimo Compulsório para atender às despesas decorrentes de calamidade pública, sendo possível, diante da situação de relevância e urgência, a edição de Medida Provisória com esse propósito.

26. O Chefe do Executivo do Município X editou o Decreto 123, em que corrige o valor venal dos imóveis para efeito de cobrança do Imposto Predial e Territorial Urbano (IPTU), de acordo com os índices inflacionários anuais de correção monetária.

No caso narrado, a medida

(A) fere o princípio da legalidade, pois a majoração da base de cálculo somente pode ser realizada por meio de lei em sentido formal.

(B) está de acordo com o princípio da legalidade, pois a majoração da base de cálculo do IPTU dispensa a edição de lei em sentido formal.

(C) está de acordo com o princípio da legalidade, pois a atualização monetária da base de cálculo do IPTU pode ser realizada por meio de decreto.

(D) fere o princípio da legalidade, pois a atualização monetária da base de cálculo do IPTU não dispensa a edição de lei em sentido formal.

27. Luciana, imbuída de má-fé, falsificou documentos com a finalidade de se passar por filha de Astolfo (recentemente falecido, com quem ela não tinha qualquer parentesco), movida pela intenção de obter pensão por morte do pretenso pai, que era servidor público federal. Para tanto, apresentou os aludidos documentos forjados e logrou a concessão do benefício junto ao órgão de origem, em março de 2011, com registro no Tribunal de Contas da União, em julho de 2014. Contudo, em setembro de 2018, a administração verificou a fraude, por meio de processo administrativo em que ficou comprovada a má-fé de Luciana, após o devido processo legal.

Sobre essa situação hipotética, no que concerne ao exercício da autotutela, assinale a afirmativa correta.

(A) A administração tem o poder-dever de anular a concessão do benefício diante da má-fé de Luciana, pois não ocorreu a decadência.

(B) O transcurso do prazo de mais de cinco anos da concessão da pensão junto ao órgão de origem importa na decadência do poder-dever da administração de anular a concessão do benefício.

(C) O controle realizado pelo Tribunal de Contas por meio do registro sana o vício do ato administrativo, de modo que a administração não mais pode exercer a autotutela.

(D) Ocorreu a prescrição do poder-dever da administração de anular a concessão do benefício, na medida em que transcorrido o prazo de três anos do registro perante o Tribunal de Contas.

28. O Ministério Público ajuizou ação civil pública por improbidade em desfavor de Felipe dos Santos, servidor público federal estável, com fulcro no Art. 10, inciso IV, da Lei nº 8429/92. O servidor teria facilitado a alienação de bens públicos a certa sociedade empresária, alienação essa que, efetivamente, causou lesão ao erário, sendo certo que, nos autos do processo, restou demonstrado que o agente público não agiu com dolo, mas com culpa.

Com base na hipótese apresentada, assinale a opção que está em consonância com a legislação de regência.

(A) Felipe não pode sofrer as sanções da lei de improbidade, pois todas as hipóteses capituladas na lei exigem o dolo específico para a sua caracterização.

(B) É passível a caracterização da prática de ato de improbidade administrativa por Felipe, pois a modalidade culposa é admitida para a conduta a ele imputada.

(C) Não é cabível a caracterização de ato de improbidade por Felipe, na medida em que apenas os atos que atentam contra os princípios da Administração Pública admitem a modalidade culposa.

(D) Felipe não praticou ato de improbidade, pois apenas os atos que importam em enriquecimento ilícito admitem a modalidade culposa.

29. O poder público, com fundamento na Lei nº 8.987/1995, pretende conceder à iniciativa privada uma rodovia que liga dois grandes centros urbanos. O edital, publicado em maio de 2018, previu a duplicação das pistas e a obrigação de o futuro concessionário desapropriar os terrenos necessários à ampliação. Por se tratar de projeto antigo, o poder concedente já havia declarado, em janeiro de 2011, a utilidade pública das áreas a serem desapropriadas no âmbito do futuro contrato de concessão.

Com base na hipótese apresentada, assinale a afirmativa correta.

(A) O ônus das desapropriações necessárias à duplicação da rodovia não pode ser do futuro concessionário, mas sim do poder concedente.

(B) O poder concedente e o concessionário só poderão adentrar os terrenos necessários à ampliação da rodovia após a conclusão do processo de desapropriação.

(C) O decreto que reconheceu a utilidade pública dos terrenos caducou, sendo necessária a expedição de nova declaração.

(D) A declaração de utilidade pública pode ser emitida tanto pelo poder concedente quanto pelo concessionário.

30. Determinado jornal publicou a notícia de que, nos últimos dez anos, a mesma empreiteira (sociedade empresária Beta) venceu todas as grandes licitações promovidas pelo Ministério Alfa. A sociedade empresária Beta, ciente do risco de serem descobertos os pagamentos sistemáticos de propina a servidores públicos em troca de vantagens competitivas, resolve procurar as autoridades competentes para propor a celebração de acordo de leniência.

Com base na hipótese apresentada, assinale a afirmativa correta.

(A) É requisito do acordo de leniência o compromisso da sociedade empresária de fazer cessar seu envolvimento na irregularidade investigada, qual seja, o pagamento de propina a servidores públicos em troca das vantagens competitivas.

(B) A assinatura do acordo de leniência está condicionada à efetiva colaboração da sociedade empresária na elucidação dos fatos, mas a pessoa jurídica não precisa indicar os agentes públicos recebedores da propina.

(C) Para premiar a colaboração da sociedade empresária Beta, o poder público pode isentá-la do pagamento de multa pela prática de atos lesivos à Administração Pública.

(D) A proposta e os termos do acordo propriamente dito são sempre sigilosos, medida necessária para impedir que outras instituições públicas venham a utilizar as informações em prejuízo da sociedade empresária leniente.

31. O Município Alfa planeja estabelecer uma parceria público-privada para a construção e operação do metrô, cujo contrato terá vigência de trinta e cinco anos. Como a receita com a venda das passagens é inferior ao custo de implantação/operação do serviço, o ente local aportará recursos como complementação da remuneração do parceiro privado.

Sobre a questão, assinale a afirmativa correta.

(A) Como o parceiro privado será remunerado pela tarifa do serviço de transporte e por uma contrapartida do poder público, a concessão será celebrada na modalidade administrativa.

(B) A contrapartida do parceiro público somente pode se dar em dinheiro, não sendo permitido qualquer outro mecanismo, a exemplo da outorga de direitos em face da Administração Pública.

(C) A vigência do futuro contrato é adequada, mas, por se tratar de negócio com duração de trinta e cinco anos, não poderá haver prorrogação contratual.

(D) Independentemente da proporção da contrapartida do parceiro público frente ao total da receita auferida pelo parceiro privado, não haverá necessidade de autorização legislativa específica.

32. Virgílio é proprietário de um imóvel cuja fachada foi tombada pelo Instituto do Patrimônio Histórico e Artístico Nacional – IPHAN, autarquia federal, após o devido processo administrativo, diante de seu relevante valor histórico e cultural.

O logradouro em que o imóvel está localizado foi assolado por fortes chuvas, que comprometeram a estrutura da edificação, a qual passou a apresentar riscos de desabamento. Em razão disso, Virgílio notificou o Poder Público e comprovou não ter condições financeiras para arcar com os custos da respectiva obra de recuperação.

Certo de que a comunicação foi recebida pela autoridade competente, que atestou a efetiva necessidade da realização de obras emergenciais, Virgílio procurou você, como advogado(a), para, mediante orientação jurídica adequada, evitar a imposição de sanção pelo Poder Público.

Sobre a hipótese apresentada, assinale a opção que apresenta a orientação correta.

(A) Virgílio poderá demolir o imóvel.

(B) A autoridade competente deve mandar executar a recuperação da fachada tombada, às expensas da União.

(C) Somente Virgílio é obrigado a arcar com os custos de recuperação do imóvel.

(D) As obras necessárias deverão ser realizadas por Virgílio, independentemente de autorização especial da autoridade competente.

33. Em decorrência de grave dano ambiental em uma Unidade de Conservação, devido ao rompimento de barragem de contenção de sedimentos minerais, a Defensoria Pública estadual ingressa com Ação Civil Pública em face do causador do dano.

Sobre a hipótese, assinale a afirmativa correta.

(A) A Ação Civil Pública não deve prosseguir, uma vez que a Defensoria Pública não é legitimada a propor a referida ação judicial.

(B) A Defensoria Pública pode pedir a recomposição do meio ambiente cumulativamente ao pedido de indenizar, sem que isso configure bis in idem.

(C) Tendo em vista que a conduta configura crime ambiental, a ação penal deve anteceder a Ação Civil Pública, vinculando o resultado desta.

(D) A Ação Civil Pública não deve prosseguir, uma vez que apenas o IBAMA possui competência para propor Ação Civil Pública quando o dano ambiental é causado em Unidade de Conservação.

34. Em 2017, Maria adquire de Eduarda um terreno inserido em área de Unidade de Conservação de Proteção Integral. Em 2018, Maria descobre, por meio de documentos e fotos antigas, que Eduarda promoveu desmatamento irregular no imóvel.

Sobre a responsabilidade civil ambiental, assinale a afirmativa correta.

(A) Maria responde civilmente pela recomposição ambiental, ainda que tenha agido de boa-fé ao adquirir o terreno.
(B) Maria não pode responder pela aplicação de multa ambiental, tendo em vista o princípio da intranscendência da pena.
(C) Eduarda não pode responder pela recomposição ambiental, mas apenas pela multa ambiental, tendo em vista a propriedade ter sido transmitida.
(D) Maria responde nas esferas administrativa, civil e penal solidariamente com Eduarda, tendo em vista o princípio da reparação integral do dano ambiental.

35. Arnaldo institui usufruto de uma casa em favor das irmãs Bruna e Cláudia, que, no intuito de garantir uma fonte de renda, alugam o imóvel. Dois anos depois da constituição do usufruto, Cláudia falece, e Bruna, mesmo sem "cláusula de acrescer" expressamente estipulada, passa a receber integralmente os valores decorrentes da locação.

Um ano após o falecimento de Cláudia, Arnaldo vem a falecer. Seus herdeiros pleiteiam judicialmente uma parcela dos valores integralmente recebidos por Bruna no intervalo entre o falecimento de Cláudia e de Arnaldo e, concomitantemente, a extinção do usufruto em função da morte de seu instituidor.

Diante do exposto, assinale a afirmativa correta.

(A) Na ausência da chamada "cláusula de acrescer", parte do usufruto teria se extinguido com a morte de Cláudia, mas o usufruto como um todo não se extingue com a morte de Arnaldo.
(B) Bruna tinha direito de receber a integralidade dos aluguéis independentemente de estipulação expressa, tendo em vista o grau de parentesco com Cláudia, mas o usufruto automaticamente se extingue com a morte de Arnaldo.
(C) A morte de Arnaldo só extingue a parte do usufruto que caberia a Bruna, mas permanece em vigor no que tange à parte que cabe a Cláudia, legitimando os herdeiros desta a receberem metade dos valores decorrentes da locação, caso esta permaneça em vigor.
(D) A morte de Cláudia extingue integralmente o usufruto, pois instituído em caráter simultâneo, razão pela qual os herdeiros de Arnaldo têm direito de receber a integralidade dos valores recebidos por Bruna, após o falecimento de sua irmã.

36. Eva celebrou com sua neta Adriana um negócio jurídico, por meio do qual doava sua casa de praia para a neta caso esta viesse a se casar antes da morte da doadora. O ato foi levado a registro no cartório do Registro de Imóveis da circunscrição do bem. Pouco tempo depois, Adriana tem notícia de que Eva não utilizava a casa de praia há muitos anos e que o imóvel estava completamente abandonado, deteriorando-se a cada dia. Adriana fica preocupada com o risco de ruína completa da casa, mas não tem, por enquanto, nenhuma perspectiva de casar-se.

De acordo com o caso narrado, assinale a afirmativa correta.

(A) Adriana pode exigir que Eva autorize a realização de obras urgentes no imóvel, de modo a evitar a ruína da casa.
(B) Adriana nada pode fazer para evitar a ruína da casa, pois, nos termos do contrato, é titular de mera expectativa de fato.
(C) Adriana pode exigir que Eva lhe transfira desde logo a propriedade da casa, mas perderá esse direito se Eva vier a falecer sem que Adriana tenha se casado.
(D) Adriana pode apressar-se para casar antes da morte de Eva, mas, se esta já tiver vendido a casa de praia para uma terceira pessoa ao tempo do casamento, a doação feita para Adriana não produzirá efeito.

37. Mariana e Maurílio são filhos biológicos de Aldo. Este, por sua vez, nunca escondeu ser mais próximo de seu filho Maurílio, com quem diariamente trabalhava. Quando do falecimento de Aldo, divorciado na época, seus filhos constataram a existência de testamento, que destinou todos os bens do falecido exclusivamente para Maurílio.

Sobre a situação narrada, assinale a afirmativa correta.

(A) O testamento de Aldo deverá ser integralmente cumprido, e, por tal razão, todos os bens do autor da herança serão transmitidos a Maurílio.
(B) A disposição de última vontade é completamente nula, porque Mariana é herdeira necessária, devendo os bens ser divididos igualmente entre os dois irmãos.
(C) Deverá haver redução da disposição testamentária, respeitando-se, assim, a legítima de Mariana, herdeira necessária, que corresponde a um quinhão de 50% da totalidade herança.
(D) Deverá haver redução da disposição testamentária, respeitando a legítima de Mariana, herdeira necessária, que corresponde a um quinhão de 25% da totalidade da herança.

38. Asdrúbal praticou feminicídio contra sua esposa Ermingarda, com quem tinha três filhos, dois menores de 18 anos e um maior.

Nesse caso, quanto aos filhos, assinale a afirmativa correta.

(A) Asdrúbal terá suspenso o poder familiar sobre os três filhos, por ato de autoridade policial.
(B) Asdrúbal perderá o poder familiar sobre os filhos menores, por ato judicial.
(C) Asdrúbal terá suspenso o poder familiar sobre os filhos menores, por ato judicial.
(D) Asdrúbal perderá o poder familiar sobre os três filhos, por ato de autoridade policial.

39. Gumercindo, 77 anos de idade, vinha sofrendo os efeitos do Mal de Alzheimer, que, embora não atingissem sua saúde física, perturbavam sua memória. Durante uma distração de seu enfermeiro, conseguiu evadir-se da casa em que residia. A despeito dos esforços de seus familiares, ele nunca foi encontrado, e já se passaram nove anos do seu desaparecimento. Agora, seus parentes lidam com as dificuldades relativas à administração e disposição do seu patrimônio.

Assinale a opção que indica o que os parentes devem fazer para receberem a propriedade dos bens de Gumercindo.

(A) Somente com a localização do corpo de Gumercindo será possível a decretação de sua morte e a transferência da propriedade dos bens para os herdeiros.

(B) Eles devem requerer a declaração de ausência, com nomeação de curador dos bens, e, após um ano, a sucessão provisória; a sucessão definitiva, com transferência da propriedade dos bens, só poderá ocorrer depois de dez anos de passada em julgado a sentença que concede a abertura da sucessão provisória.

(C) Eles devem requerer a sucessão definitiva do ausente, pois ele já teria mais de oitenta anos de idade, e as últimas notícias dele datam de mais de cinco anos.

(D) Eles devem requerer que seja declarada a morte presumida, sem decretação de ausência, por ele se encontrar desaparecido há mais de dois anos, abrindo-se, assim, a sucessão.

40. Em 05/05/2005, Aloísio adquiriu uma casa de 500 m2 registrada em nome de Bruno, que lhe vendeu o imóvel a preço de mercado. A escritura e o registro foram realizados de maneira usual. Em 05/09/2005, o imóvel foi alugado, e Aloísio passou a receber mensalmente o valor de R$ 3.000,00 pela locação, por um período de 6 anos. Em 10/10/2009, Aloísio é citado em uma ação reinvindicatória movida por Elisabeth, que pleiteia a retomada do imóvel e a devolução de todos os valores recebidos por Aloísio a título de locação, desde o momento da sua celebração.

Uma vez que Elisabeth é judicialmente reconhecida como a verdadeira proprietária do imóvel em 10/10/2011, pergunta-se: é correta a pretensão da autora ao recebimento de todos os aluguéis recebidos por Aloísio?

(A) Sim. Independentemente da sentença de mérito, a própria contestação automaticamente transforma a posse de Aloísio em posse de má-fé desde o seu nascedouro, razão pela qual todos os valores recebidos pelo possuidor devem ser ressarcidos.

(B) Não. Sem a ocorrência de nenhum outro fato, somente após uma sentença favorável ao pedido de Elisabeth, na reivindicatória, é que seus argumentos poderiam ser considerados verdadeiros, o que caracterizaria a transformação da posse de boa-fé em posse de má-fé. Como o possuidor de má-fé tem direito aos frutos, Aloísio não é obrigado a devolver os valores que recebeu pela locação.

(C) Não. Sem a ocorrência de nenhum outro fato, e uma vez que Elisabeth foi vitoriosa em seu pleito, a posse de Aloísio passa a ser qualificada como de má-fé desde a sua citação no processo – momento em que Aloísio tomou conhecimento dos fatos ao final reputados como verdadeiros –, exigindo, em tais condições, a devolução dos frutos recebidos entre 10/10/2009 e a data de encerramento do contrato de locação.

(D) Não. Apesar de Elisabeth ter obtido o provimento judicial que pretendia, Aloísio não lhe deve qualquer valor, pois, sendo possuidor com justo título, tem, em seu favor, a presunção absoluta de veracidade quanto a sua boa-fé.

41. Márcia transitava pela via pública, tarde da noite, utilizando uma bicicleta que lhe fora emprestada por sua amiga Lúcia. Em certo momento, Márcia ouviu gritos oriundos de uma rua transversal e, ao se aproximar, verificou que um casal discutia violentamente. Ricardo, em estado de fúria e munido de uma faca, desferia uma série de ofensas à sua esposa Janaína e a ameaçava de agressão física.

De modo a impedir a violência iminente, Márcia colidiu com a bicicleta contra Ricardo, o que foi suficiente para derrubá-lo e impedir a agressão, sem que ninguém saísse gravemente ferido. A bicicleta, porém, sofreu uma avaria significativa, de tal modo que o reparo seria mais caro do que adquirir uma nova, de modelo semelhante.

De acordo com o caso narrado, assinale a afirmativa correta.

(A) Lúcia não poderá ser indenizada pelo dano material causado à bicicleta.

(B) Márcia poderá ser obrigada a indenizar Lúcia pelo dano material causado à bicicleta, mas não terá qualquer direito de regresso.

(C) Apenas Ricardo poderá ser obrigado a indenizar Lúcia pelo dano material causado à bicicleta.

(D) Márcia poderá ser obrigada a indenizar Lúcia pelo dano material causado à bicicleta e terá direito de regresso em face de Janaína.

42. Júlio, após completar 17 anos de idade, deseja, contrariando seus pais adotivos, buscar informações sobre a sua origem biológica junto à Vara da Infância e da Juventude de seu domicílio. Lá chegando, a ele é informado que não poderia ter acesso ao seu processo, pois a adoção é irrevogável. Inconformado, Júlio procura um amigo, advogado, a fim de fazer uma consulta sobre seus direitos.

De acordo com o Estatuto da Criança e do Adolescente, assinale a opção que apresenta a orientação jurídica correta para Júlio.

(A) Ele poderá ter acesso ao processo, desde que receba orientação e assistência jurídica e psicológica.

(B) Ele não poderá ter acesso ao processo até adquirir a maioridade.

(C) Ele poderá ter acesso ao processo apenas se assistido por seus pais adotivos.

(D) Ele não poderá ter acesso ao processo, pois a adoção é irrevogável.

43. Gabriel, adolescente com 17 anos de idade, entrou armado em uma loja de conveniência na cidade de Belo Horizonte, Minas Gerais, exigindo que o operador de caixa entregasse todo o dinheiro que ali existisse. Um dos clientes da loja, policial civil em folga, reagiu ao assalto, atirando em Gabriel, mas não acertando.

Assustado, Gabriel empreendeu fuga, correndo em direção a Betim, comarca limítrofe a Belo Horizonte e onde residem seus pais, lá sendo capturado por policiais que se encontravam em uma viatura.

Sobre o caso, assinale a opção que indica quem será competente para as medidas judiciais necessárias, inclusive a eventual estipulação de medida socioeducativa, desconsiderando qualquer fator de conexão, continência ou prevenção.

(A) O Juiz da Infância e da Juventude da comarca de Belo Horizonte, ou o juiz que exerce essa função, por ser a capital do estado.

(B) O Juiz da Infância e da Juventude, ou o juiz que exerce essa função, da comarca de Belo Horizonte, por ser o foro onde ocorreu o ato infracional cometido por Gabriel.

(C) O Juiz Criminal da comarca de Betim, por ser onde residem os pais do adolescente.

(D) O Juiz da Infância e da Juventude, ou o juiz que exerce essa função, da comarca de Betim, por ser onde residem os pais do adolescente.

44. Antônio é deficiente visual e precisa do auxílio de amigos ou familiares para compreender diversas questões da vida cotidiana, como as contas de despesas da casa e outras questões de rotina. Pensando nessa dificuldade, Antônio procura você, como advogado(a), para orientá-lo a respeito dos direitos dos deficientes visuais nas relações de consumo.

Nesse sentido, assinale a afirmativa correta.

(A) O consumidor poderá solicitar às fornecedoras de serviços, em razão de sua deficiência visual, o envio das faturas das contas detalhadas em Braille.
(B) As informações sobre os riscos que o produto apresenta, por sua própria natureza, devem ser prestadas em formatos acessíveis somente às pessoas que apresentem deficiência visual.
(C) A impossibilidade operacional impede que a informação de serviços seja ofertada em formatos acessíveis, considerando a diversidade de deficiências, o que justifica a dispensa de tal obrigatoriedade por expressa determinação legal.
(D) O consumidor poderá solicitar as faturas em Braille, mas bastará ser indicado o preço, dispensando-se outras informações, por expressa disposição legal.

45. A concessionária de veículo X adquiriu, da montadora, trinta unidades de veículo do mesmo modelo e de cores diversificadas, a fim de guarnecer seu estoque, e direcionou três veículos desse total para uso da própria pessoa jurídica. Ocorre que cinco veículos apresentaram problemas mecânicos decorrentes de falha na fabricação, que comprometiam a segurança dos passageiros. Desses automóveis, um pertencia à concessionária e os outros quatro, a particulares que adquiriram o bem na concessionária.

Nesse caso, com base no Código de Defesa do Consumidor (CDC), assinale a afirmativa correta.

(A) Entre os consumidores particulares e a montadora inexiste relação jurídica, posto que a aquisição dos veículos se deu na concessionária.
(B) Entre os consumidores particulares e a montadora, por se tratar de falha na fabricação, há relação jurídica protegida pelo CDC; a relação jurídica entre a concessionária e a montadora, no que se refere à unidade adquirida pela pessoa jurídica para uso próprio, é de direito comum civil.
(C) Existe, entre a concessionária e a montadora, relação jurídica regida pelo CDC, mesmo que ambas sejam pessoas jurídicas, no que diz respeito ao veículo adquirido pela concessionária para uso próprio, e não para venda.
(D) Somente há relação jurídica protegida pelo CDC entre o consumidor e a concessionária, que deverá ingressar com ação de regresso contra a montadora, caso seja condenada em ação judicial, não sendo possível aos consumidores demandarem diretamente contra a montadora.

46. Luzia Betim pretende iniciar uma sociedade empresária em nome próprio. Para tanto, procura assessoria jurídica quanto à necessidade de inscrição no Registro Empresarial para regularidade de exercício da empresa.

Na condição de consultor(a), você responderá que a inscrição do empresário individual é

(A) dispensada até o primeiro ano de início da atividade, sendo obrigatória a partir de então.
(B) obrigatória antes do início da atividade.
(C) dispensada, caso haja opção pelo enquadramento como microempreendedor individual.
(D) obrigatória, se não houver enquadramento como microempresa ou empresa de pequeno porte.

47. Madeireira Juína Ltda. requereu a homologação de plano de recuperação extrajudicial em Juara/MT, lugar de seu principal estabelecimento. Após o pedido de homologação e antes da publicação do edital para apresentação de impugnação ao plano, um dos credores com privilégio geral que haviam assinado o plano pretende desistir unilateralmente da adesão. Tal credor possui um terço dos créditos de sua classe submetidos ao plano.

Com relação ao credor com privilégio geral, após a distribuição do pedido de homologação, assinale a afirmativa correta.

(A) Não poderá desistir da adesão ao plano, mesmo com a anuência expressa dos demais signatários.
(B) Poderá desistir da adesão em razão da natureza contratual do plano, que permite, a qualquer tempo, sua denúncia.
(C) Não poderá desistir da adesão ao plano, salvo com a anuência expressa dos demais signatários.
(D) Poderá desistir da adesão ao plano, desde que seja titular de mais de 1/4 do total dos créditos de sua classe.

48. Ribamar é sócio da sociedade empresária Junco, Fiquene & Cia. Ltda. Após uma infrutífera negociação de plano de recuperação judicial, a assembleia de credores rejeitou o plano, acarretando a decretação de falência da sociedade. O desgaste, que já existia entre Ribamar e os demais sócios, intensificou-se com a decretação da falência, ensejando pedido de retirada da sociedade, com base nas disposições reguladoras da sociedade limitada.

Diante dos fatos narrados, assinale a afirmativa correta.

(A) A decretação da falência suspende o exercício do direito de retirada do sócio Ribamar.
(B) A sociedade deverá apurar os haveres do sócio dissidente Ribamar, que serão pagos como créditos extraconcursais.
(C) O juiz da falência deverá avaliar o pedido de retirada do sócio Ribamar e, eventualmente, deferi-lo na ação de dissolução parcial.
(D) A decretação de falência não suspende o direito de retirada do sócio Ribamar, mas o pagamento de seus haveres deverá ser incluído como crédito subordinado.

49. Álvares Florence tem um filho relativamente incapaz e consulta você, como advogado(a), para saber da possibilidade de transferir para o filho parte das quotas que possui na sociedade empresária Redenção da Serra Alimentos Ltda., cujo capital social se encontra integralizado.

Apoiado na disposição do Código Civil sobre o assunto, você respondeu que

(A) é permitido o ingresso do relativamente incapaz na sociedade, bastando que esteja assistido por seu pai no instrumento de alteração contratual.
(B) não é permitida a participação de menor, absoluta ou relativamente incapaz, em sociedade, exceto nos tipos de sociedades por ações.

(C) não é permitida a participação de incapaz em sociedade, mesmo que esteja representado ou assistido, salvo se a transmissão das quotas se der em razão de sucessão causa mortis.

(D) é permitido o ingresso do relativamente incapaz na sociedade, desde que esteja assistido no instrumento de alteração contratual, devendo constar a vedação do exercício da administração da sociedade por ele.

50. André de Barros foi desapossado de nota promissória com vencimento à vista no valor de R$ 34.000,00 (trinta e quatro mil reais), pagável em Lagoa Vermelha/RS, que lhe foi endossada em branco pela sociedade empresária Arvorezinha Materiais de Limpeza Ltda.

Em relação aos direitos cambiários decorrentes da nota promissória, assinale a afirmativa correta.

(A) A sociedade empresária endossante ficará desonerada se o título não for restituído a André de Barros no prazo de 30 (trinta) dias da data do desapossamento.

(B) André de Barros poderá obter a anulação do título desapossado e um novo título em juízo, bem como impedir que seu valor seja pago a outrem.

(C) A sociedade empresária endossante não poderá opor ao portador atual exceção fundada em direito pessoal ou em nulidade de sua obrigação.

(D) O subscritor da nota promissória ficará desonerado perante o portador atual se provar que o título foi desapossado de André de Barros involuntariamente.

51. Maria, ao perceber que o seu bem imóvel foi arrematado por preço vil, em processo de execução de título extrajudicial, procurou você, como advogado(a), para saber que defesa poderá invalidar a arrematação. Você verifica que, no 28º dia após o aperfeiçoamento da arrematação, a carta de arrematação foi expedida. Uma semana depois, você prepara a peça processual.

Assinale a opção que indica a peça processual correta a ser proposta.

(A) Impugnação à execução.
(B) Petição simples nos próprios autos do processo de execução.
(C) Ação autônoma de invalidação da arrematação.
(D) Embargos do executado.

52. Em virtude do rompimento de uma represa, o Ministério Público do Estado do Acre ajuizou ação em face da empresa responsável pela sua construção, buscando a condenação pelos danos materiais e morais sofridos pelos habitantes da região atingida pelo incidente. O pedido foi julgado procedente, tendo sido fixada a responsabilidade da ré pelos danos causados, mas sem a especificação dos valores indenizatórios. Em virtude dos fatos narrados, Ana Clara teve sua casa destruída, de modo que possui interesse em buscar a indenização pelos prejuízos sofridos. Na qualidade de advogado(a) de Ana Clara, assinale a orientação correta a ser dada à sua cliente.

(A) Considerando que Ana Clara não constou do polo ativo da ação indenizatória, não poderá se valer de seus efeitos.

(B) Ana Clara e seus sucessores poderão promover a liquidação e a execução da sentença condenatória.

(C) A sentença padece de nulidade, pois o Ministério Público não detém legitimidade para ajuizar ação no lugar das vítimas.

(D) A prolatação de condenação genérica, sem especificar vítimas ou valores, contraria disposição legal.

53. Na vigência do Código de Processo Civil de 2015, José ajuizou ação contra Luíza, postulando uma indenização de R$ 100.000,00 (cem mil reais), tendo o pedido formulado sido julgado integralmente procedente, por meio de sentença transitada em julgado.

Diante disso, José deu início ao procedimento de cumprimento de sentença, tendo Luíza (executada) apresentado impugnação, a qual, no entanto, foi rejeitada pelo respectivo juízo, por meio de decisão contra a qual não foi interposto recurso no prazo legal. Prosseguiu-se ao procedimento do cumprimento de sentença para satisfação do crédito reconhecido em favor de José.

Ocorre que, após o trânsito em julgado da sentença exequenda e a rejeição da impugnação, o Supremo Tribunal Federal proferiu acórdão, em sede de controle de constitucionalidade concentrado, reconhecendo a inconstitucionalidade da lei que fundamentou o título executivo judicial que havia condenado Luíza na fase de conhecimento.

Diante da decisão do Supremo Tribunal Federal sobre a situação hipotética, Luiza poderá

(A) interpor recurso de agravo de instrumento contra a decisão que rejeitou sua impugnação, mesmo já tendo se exaurido o prazo legal para tanto, uma vez que o Supremo Tribunal Federal reconheceu a inconstitucionalidade da lei que fundamentou a sentença exequenda.

(B) interpor recurso de apelação contra a decisão que rejeitou sua impugnação, mesmo já tendo se exaurido o prazo legal para tanto, uma vez que o Supremo Tribunal Federal reconheceu a inconstitucionalidade da lei que fundamentou a sentença exequenda.

(C) oferecer nova impugnação ao cumprimento de sentença, alegando a inexigibilidade da obrigação, tendo em vista que, após o julgamento de sua primeira impugnação, o Supremo Tribunal Federal reconheceu a inconstitucionalidade da lei que fundamentou a sentença proferida na fase de conhecimento, que serviu de título executivo judicial.

(D) ajuizar ação rescisória, em virtude de a sentença estar fundada em lei julgada inconstitucional pelo Supremo Tribunal Federal, em sede de controle concentrado de constitucionalidade.

54. Raquel, servidora pública federal, pretende ajuizar ação em face da União, pleiteando a anulação de seu ato de demissão, bem como requerendo a condenação da ré ao pagamento de indenização por danos morais, no valor de R$ 50.000,00 (cinquenta mil reais), tendo em vista o sofrimento causado por ato que considera ilegal.

Na qualidade de advogado(a) de Raquel, a respeito do rito a ser seguido na hipótese, assinale a afirmativa correta.

(A) A ação deverá seguir o rito dos Juizados Especiais Federais (Lei nº 10.259/01), uma vez que o valor da causa é inferior a 60 (sessenta) salários mínimos.

(B) Tendo em vista que a ré é um ente público, aplica-se à hipótese o rito disposto na Lei nº 12.153/09, que regulamenta os Juizados Especiais da Fazenda Pública.

(C) Poderá ser utilizado tanto o rito comum como o dos Juizados Especiais, já que, no foro onde estiver instalada a Vara do Juizado Especial, sua competência é relativa.

(D) O rito a ser observado será o rito comum, pois não é de competência dos Juizados Especiais pretensão que impugna pena de demissão imposta a servidor público civil.

55. Maria ajuizou ação em face de José, sem mencionar, na inicial, se pretendia ou não realizar audiência de conciliação ou mediação. Assim, o juiz designou a referida audiência, dando ciência às partes. O réu informou ter interesse na realização de tal audiência, enquanto Maria, devidamente intimada, quedou-se silente. Chegado o dia da audiência de conciliação, apenas José, o réu, compareceu.

A respeito do caso narrado, assinale a opção que apresenta possível consequência a ser suportada por Maria.

(A) Não existem consequências previstas na legislação pela ausência da autora à audiência de conciliação ou mediação.
(B) Caso não compareça, nem apresente justificativa pela ausência, Maria será multada em até 2% da vantagem econômica pretendida ou do valor da causa.
(C) Diante da ausência da autora à audiência de conciliação ou mediação, o processo deverá ser extinto.
(D) Diante da ausência da autora à audiência de conciliação ou mediação, as alegações apresentadas pelo réu na contestação serão consideradas verdadeiras.

56. O Tribunal de Justiça do Estado X, em mandado de segurança de sua competência originária, denegou a ordem em ação dessa natureza impetrada por Flávio. Este, por seu advogado, inconformado com a referida decisão, interpôs recurso especial.

Sobre a hipótese, assinale a afirmativa correta.

(A) O Superior Tribunal de Justiça poderá conhecer do recurso especial, por aplicação do princípio da fungibilidade recursal.
(B) O recurso especial não é cabível na hipótese, eis que as decisões denegatórias em mandados de segurança de competência originária de Tribunais de Justiça somente podem ser impugnadas por meio de recurso extraordinário.
(C) O recurso especial não deve ser conhecido, na medida em que o recurso ordinário é que se mostra cabível no caso em tela.
(D) As decisões denegatórias de mandados de segurança de competência originária de Tribunais são irrecorríveis, razão pela qual o recurso não deve ser conhecido.

57. Pedro, na qualidade de advogado, é procurado por Alfredo, para que seja proposta uma demanda em face de João, já que ambos não conseguiram se compor amigavelmente. A fim de embasar suas alegações de fato, Alfredo entrega a Pedro contundentes documentos, que efetivamente são juntados à petição inicial, pela qual, além da procedência dos pedidos, Pedro requer a concessão de liminar em favor de seu cliente.

Malgrado a existência de tese firmada em julgamento de recurso repetitivo favorável a Alfredo, o juiz indefere a liminar, sob o fundamento de que não existe urgência capaz de justificar o requerimento.

Posto isso, a decisão está

(A) correta, pois, ainda que o autor tenha razão, o devido processo legal impõe que seu direito seja reconhecido apenas na sentença, exceto na hipótese de urgência, o que não é o caso.
(B) incorreta, pois, se as alegações de fato puderem ser comprovadas apenas documentalmente e houver tese firmada em julgamento de casos repetitivos, como no caso, a liminar pode ser deferida.
(C) correta, pois a liminar só poderia ser deferida se, em vez de tese firmada em sede de recurso repetitivo, houvesse súmula vinculante favorável ao pleito do autor.
(D) incorreta, pois a tutela de evidência sempre pode ser concedida liminarmente.

58. Inconformado com o comportamento de seu vizinho, que insistia em importunar sua filha de 15 anos, Mário resolve dar-lhe uma "lição" e desfere dois socos no rosto do importunador, nesse momento com o escopo de nele causar diversas lesões. Durante o ato, entendendo que o vizinho ainda não havia sofrido na mesma intensidade do constrangimento de sua filha, decide matá-lo com uma barra de ferro, o que vem efetivamente a acontecer.

Descobertos os fatos, o Ministério Público oferece denúncia em face de Mário, imputando-lhe a prática dos crimes de lesão corporal dolosa e homicídio, em concurso material. Durante toda a instrução, Mário confirma os fatos descritos na denúncia.

Considerando apenas as informações narradas e confirmada a veracidade dos fatos expostos, o(a) advogado(a) de Mário, sob o ponto de vista técnico, deverá buscar o reconhecimento de que Mário pode ser responsabilizado

(A) apenas pelo crime de homicídio, por força do princípio da consunção, tendo ocorrido a chamada progressão criminosa.
(B) apenas pelo crime de homicídio, por força do princípio da alternatividade, sendo aplicada a regra do crime progressivo.
(C) apenas pelo crime de homicídio, com base no princípio da especialidade.
(D) pelos crimes de lesão corporal e homicídio, em concurso formal.

59. Em 05/10/2018, Lúcio, com o intuito de obter dinheiro para adquirir uma moto em comemoração ao seu aniversário de 18 anos, que aconteceria em 09/10/2018, sequestra Danilo, com a ajuda de um amigo ainda não identificado. No mesmo dia, a dupla entra em contato com a família da vítima, exigindo o pagamento da quantia de R$ 50.000,00 (cinquenta mil reais) para sua liberação. Duas semanas após a restrição da liberdade da vítima, período durante o qual os autores permaneceram em constante contato com a família da vítima exigindo o pagamento do resgate, a polícia encontrou o local do cativeiro e conseguiu libertar Danilo, encaminhando, de imediato, Lúcio à Delegacia. Em sede policial, Lúcio entra em contato com o advogado da família.

Considerando os fatos narrados, o(a) advogado(a) de Lúcio, em entrevista pessoal e reservada, deverá esclarecer que sua conduta

(A) não permite que seja oferecida denúncia pelo Ministério Público, pois o Código Penal adota a Teoria da Ação para definição do tempo do crime, sendo Lúcio inimputável para fins penais.
(B) não permite que seja oferecida denúncia pelo órgão ministerial, pois o Código Penal adota a Teoria do Resultado para definir o tempo do crime, e, sendo este de natureza formal, sua consumação se deu em 05/10/2018.

(C) configura fato típico, ilícito e culpável, podendo Lúcio ser responsabilizado, na condição de imputável, pelo crime de extorsão mediante sequestro qualificado na forma consumada.

(D) configura fato típico, ilícito e culpável, podendo Lúcio ser responsabilizado, na condição de imputável, pelo crime de extorsão mediante sequestro qualificado na forma tentada, já que o crime não se consumou por circunstâncias alheias à sua vontade, pois não houve obtenção da vantagem indevida.

60. Após discussão em uma casa noturna, Jonas, com a intenção de causar lesão, aplicou um golpe de arte marcial em Leonardo, causando fratura em seu braço. Leonardo, então, foi encaminhado ao hospital, onde constatou-se a desnecessidade de intervenção cirúrgica e optou-se por um tratamento mais conservador com analgésicos para dor, o que permitiria que ele retornasse às suas atividades normais em 15 dias.

A equipe médica, sem observar os devidos cuidados exigidos, ministrou o remédio a Leonardo sem observar que era composto por substância à qual o paciente informara ser alérgico em sua ficha de internação. Em razão da medicação aplicada, Leonardo sofreu choque anafilático, evoluindo a óbito, conforme demonstrado em seu laudo de exame cadavérico.

Recebidos os autos do inquérito, o Ministério Público ofereceu denúncia em face de Jonas, imputando-lhe o crime de homicídio doloso.

Diante dos fatos acima narrados e considerando o estudo da teoria da equivalência, o(a) advogado(a) de Jonas deverá alegar que a morte de Leonardo decorreu de causa superveniente

(A) absolutamente independente, devendo ocorrer desclassificação para que Jonas responda pelo crime de lesão corporal seguida de morte.

(B) relativamente independente, devendo ocorrer desclassificação para o crime de lesão corporal seguida de morte, já que a morte teve relação com sua conduta inicial.

(C) relativamente independente, que, por si só, causou o resultado, devendo haver desclassificação para o crime de homicídio culposo.

(D) relativamente independente, que, por si só, produziu o resultado, devendo haver desclassificação para o crime de lesão corporal, não podendo ser imputado o resultado morte.

61. Sandra, mãe de Enrico, de 4 anos de idade, fruto de relacionamento anterior, namorava Fábio. Após conturbado término do relacionamento, cujas discussões tinham como principal motivo a criança e a relação de Sandra com o ex-companheiro, Fábio comparece à residência de Sandra, enquanto esta trabalhava, para buscar seus pertences. Na ocasião, ele encontrou Enrico e uma irmã de Sandra, que cuidava da criança.

Com raiva pelo término da relação, Fábio, aproveitando-se da distração da tia, conversa com a criança sobre como seria legal voar do 8º andar apenas com uma pequena toalha funcionando como paraquedas. Diante do incentivo de Fábio, Enrico pula da varanda do apartamento com a toalha e vem a sofrer lesões corporais de natureza grave, já que cai em cima de uma árvore.

Descobertos os fatos, a família de Fábio procura advogado para esclarecimentos sobre as consequências jurídicas do ato.

Considerando as informações narradas, sob o ponto de vista técnico, deverá o advogado esclarecer que a conduta de Fábio configura

(A) conduta atípica, já que não houve resultado de morte a partir da instigação ao suicídio.

(B) crime de instigação ao suicídio consumado, com pena inferior àquela prevista para quando há efetiva morte.

(C) crime de instigação ao suicídio na modalidade tentada.

(D) crime de homicídio na modalidade tentada.

62. João, por força de divergência ideológica, publicou, em 03 de fevereiro de 2019, artigo ofensivo à honra de Mário, dizendo que este, quando no exercício de função pública na Prefeitura do município de São Caetano, desviou verba da educação em benefício de empresa de familiares.

Mário, inconformado com a falsa notícia, apresentou queixa-crime em face de João, sendo a inicial recebida em 02 de maio de 2019. Após observância do procedimento adequado, o juiz designou data para a realização da audiência de instrução e julgamento, sendo as partes regularmente intimadas. No dia da audiência, apenas o querelado João e sua defesa técnica compareceram.

Diante da ausência injustificada do querelante, poderá a defesa de João requerer ao juiz o reconhecimento

(A) da decadência, que é causa de extinção da punibilidade.

(B) do perdão do ofendido, que é causa de extinção da punibilidade.

(C) do perdão judicial, que é causa de exclusão da culpabilidade.

(D) da perempção, que é causa de extinção da punibilidade.

63. Durante a madrugada, Lucas ingressou em uma residência e subtraiu um computador. Quando se preparava para sair da residência, ainda dentro da casa, foi surpreendido pela chegada do proprietário. Assustado, ele o empurrou e conseguiu fugir com a coisa subtraída.

Na manhã seguinte, arrependeu-se e resolveu devolver a coisa subtraída ao legítimo dono, o que efetivamente veio a ocorrer. O proprietário, revoltado com a conduta anterior de Lucas, compareceu em sede policial e narrou o ocorrido. Intimado pelo Delegado para comparecer em sede policial, Lucas, preocupado com uma possível responsabilização penal, procura o advogado da família e solicita esclarecimentos sobre a sua situação jurídica, reiterando que já no dia seguinte devolvera o bem subtraído.

Na ocasião da assistência jurídica, o(a) advogado(a) deverá informar a Lucas que poderá ser reconhecido(a)

(A) a desistência voluntária, havendo exclusão da tipicidade de sua conduta.

(B) o arrependimento eficaz, respondendo o agente apenas pelos atos até então praticados.

(C) o arrependimento posterior, não sendo afastada a tipicidade da conduta, mas gerando aplicação de causa de diminuição de pena.

(D) a atenuante da reparação do dano, apenas, não sendo, porém, afastada a tipicidade da conduta.

64. Glauber foi denunciado pela prática de um crime de roubo majorado. Durante a audiência de instrução e julgamento, que ocorreu na ausência do réu, em razão do temor da vítima e da impossibilidade de realização de videoconferência, o Ministério Público solicitou que a vítima descrevesse as características físicas do autor do fato. Após a vítima descrever que o autor seria branco e baixo e responder às perguntas formuladas pelas partes, ela foi conduzida à sala especial, para a realização de reconhecimento formal.

No ato de reconhecimento, foram colocados, com as mesmas roupas, lado a lado, Glauber, branco e baixo, Lucas, branco e alto, e Thiago, negro e baixo, apesar de a carceragem do Tribunal de Justiça estar repleta de presos para a realização de audiências, inclusive com as características descritas pela ofendida. A vítima reconheceu Glauber como o autor dos fatos, sendo lavrado auto subscrito pelo juiz, pela vítima e por duas testemunhas presenciais.

Considerando as informações narradas, o advogado de Glauber, em busca de futuro reconhecimento de nulidade da instrução ou absolvição de seu cliente, de acordo com o Código de Processo Penal e a jurisprudência dos Tribunais Superiores, deverá consignar, na assentada da audiência, seu inconformismo em relação ao reconhecimento realizado pela vítima,

(A) em razão da oitiva da vítima na ausência do réu, já que o direito de autodefesa inclui o direito de presença em todos os atos do processo.
(B) tendo em vista que, de acordo com as previsões do Código de Processo Penal, ela não poderia ter descrito as características do autor dos fatos antes da realização do reconhecimento.
(C) em razão das características físicas apresentadas pelas demais pessoas colocadas ao lado do réu quando da realização do ato, tendo em vista a possibilidade de participarem outras pessoas com características semelhantes.
(D) tendo em vista que o auto de reconhecimento deveria ter sido subscrito pelo juiz, pelo réu, por seu defensor e pelo Ministério Público, além de três testemunhas presenciais.

65. Vanessa foi condenada pela prática de um crime de furto qualificado pela 1ª Vara Criminal de Curitiba, em razão de suposto abuso de confiança que decorreria da relação entre a vítima e Vanessa.

Como as partes não interpuseram recurso, a sentença de primeiro grau transitou em julgado. Apesar de existirem provas da subtração de coisa alheia móvel, a vítima não foi ouvida por ocasião da instrução por não ter sido localizada. Durante a execução da pena por Vanessa, a vítima é localizada, confirma a subtração por Vanessa, mas diz que sequer conhecia a autora dos fatos antes da prática delitiva. Vanessa procura seu advogado para esclarecimento sobre eventual medida cabível.

Considerando apenas as informações narradas, o advogado de Vanessa deve esclarecer que

(A) não poderá apresentar revisão criminal, tendo em vista que a pena já está sendo executada, mas poderá ser buscada reparação civil.
(B) caberá apresentação de revisão criminal, sendo imprescindível a representação de Vanessa por advogado, devendo a medida ser iniciada perante o próprio juízo da condenação.
(C) não poderá apresentar revisão criminal em favor da cliente, tendo em vista que a nova prova não é apta a justificar a absolvição de Vanessa, mas tão só a redução da pena.
(D) caberá apresentação de revisão criminal, podendo Vanessa apresentar a ação autônoma independentemente de estar assistida por advogado, ou por meio de procurador legalmente habilitado.

66. Vitor foi denunciado pela prática de um crime de peculato. O magistrado, quando da análise da inicial acusatória, decide rejeitar a denúncia em razão de ausência de justa causa.

O Ministério Público apresentou recurso em sentido estrito, sendo os autos encaminhados ao Tribunal, de imediato, para decisão. Todavia, Vitor, em consulta ao sítio eletrônico do Tribunal de Justiça, toma conhecimento da existência do recurso ministerial, razão pela qual procura seu advogado e demonstra preocupação com a revisão da decisão do juiz de primeira instância.

Considerando as informações narradas, de acordo com a jurisprudência do Supremo Tribunal Federal, o advogado de Vitor deverá esclarecer que

(A) o Tribunal não poderá conhecer do recurso apresentado, tendo em vista que a decisão de rejeição da denúncia é irrecorrível.
(B) o Tribunal não poderá conhecer do recurso apresentado, pois caberia recurso de apelação, e não recurso em sentido estrito.
(C) ele deveria ter sido intimado para apresentar contrarrazões, apesar de ainda não figurar como réu, mas tão só como denunciado.
(D) caso o Tribunal dê provimento ao recurso, os autos serão encaminhados para o juízo de primeira instância para nova decisão sobre recebimento ou não da denúncia.

67. Luiz foi denunciado pela prática de um crime de estelionato. Durante a instrução, o ofendido apresentou, por meio de assistente de acusação, documento supostamente assinado por Luiz, que confirmaria a prática delitiva. Ao ter acesso aos autos, Luiz informa ao patrono ter certeza de que aquele documento seria falso, pois não foi por ele assinado.

Com base nas informações narradas, de acordo com as previsões do Código de Processo Penal, o advogado de Luiz poderá

(A) alegar apenas a insuficiência de provas e requerer a extração de cópias para o Ministério Público, mas não poderá, neste processo, verificar a veracidade do documento.
(B) alegar, desde que seja procurador com poderes especiais, a falsidade do documento para fins de instauração de incidente de falsidade.
(C) arguir, com procuração com poderes gerais, a falsidade do documento, gerando incidente de falsidade em autos em apartado.
(D) alegar, oralmente, a falsidade do documento, devendo o incidente ser decidido nos autos principais.

68. Tomás e Sérgio foram denunciados como incursos nas sanções penais do crime do Art. 217-A do Código Penal (estupro de vulnerável), narrando a acusação que, no delito, teria ocorrido ato libidinoso diverso da conjunção carnal, já que os denunciados teriam passado as mãos nos seios da criança, e que teria sido praticado em concurso de agentes.

Durante a instrução, foi acostado ao procedimento laudo elaborado por um perito psicólogo oficial, responsável pela avaliação da criança apontada como vítima, concluindo que o crime teria, de fato, ocorrido. As partes tiveram acesso posterior ao conteúdo do laudo, apesar de intimadas da realização da perícia anteriormente.

O magistrado responsável pelo julgamento do caso, avaliando a notícia concreta de que Tomás e Sérgio, durante o deslocamento para a audiência de instrução e julgamento, teriam um plano de fuga, o que envolveria diversos comparsas armados, determinou que o interrogatório fosse realizado por videoconferência.

No momento do ato, os denunciados foram ouvidos separadamente um do outro pelo magistrado, ambos acompanhados por defesa técnica no estabelecimento penitenciário e em sala de audiência durante todo ato processual. Insatisfeitos com a atuação dos patronos e acreditando na existência de ilegalidades no procedimento, Tomás e Sérgio contratam José para assistência técnica.

Considerando apenas as informações narradas, José deverá esclarecer que

(A) o interrogatório dos réus não poderia ter sido realizado separadamente, tendo em vista que o acusado tem direito a conhecer todas as provas que possam lhe prejudicar.

(B) não poderia ter sido realizado interrogatório por videoconferência, mas tão só oitiva das testemunhas na ausência dos acusados, diante do direito de presença do réu e ausência de previsão legal do motivo mencionado pelo magistrado.

(C) o laudo acostado ao procedimento foi válido em relação à sua elaboração, mas o juiz não ficará adstrito aos termos dele, podendo aceitá-lo ou rejeitá-lo, no todo ou em parte.

(D) o laudo deverá ser desentranhado dos autos, tendo em vista que elaborado por apenas um perito oficial, sendo certo que a lei exige que sejam dois profissionais e que seja oportunizada às partes apresentação de quesitos complementares.

69. Anderson, Cláudio e Jorge arquitetam um plano para praticar crime contra a agência de um banco, empresa pública federal, onde Jorge trabalhava como segurança. Encerrado o expediente, em 03/12/2017, Jorge permite a entrada de Anderson e Cláudio no estabelecimento e, em conjunto, destroem um dos cofres da agência e subtraem todo o dinheiro que estava em seu interior.

Após a subtração do dinheiro, os agentes roubam o carro de Júlia, que trafegava pelo local, e fogem, sendo, porém, presos dias depois, em decorrência da investigação realizada.

Considerando que a conduta dos agentes configura os crimes de furto qualificado (pena: 2 a 8 anos e multa) e roubo majorado (pena: 4 a 10 anos e multa, com causa de aumento de 1/3 até metade), praticados em conexão, após solicitação de esclarecimentos pelos envolvidos, o(a) advogado(a) deverá informar que

(A) a Justiça Federal será competente para julgamento de ambos os delitos conexos.

(B) a Justiça Estadual será competente para julgamento de ambos os delitos conexos.

(C) a Justiça Federal será competente para julgamento do crime de furto qualificado e a Justiça Estadual, para julgamento do crime de roubo majorado, havendo separação dos processos.

(D) tanto a Justiça Estadual quanto a Federal serão competentes, considerando que não há relação de especialidade entre estas, prevalecendo o critério da prevenção.

70. A sociedade empresária Ômega Ltda. deseja reduzir em 20% o seu quadro de pessoal, motivo pelo qual realizou um acordo coletivo com o sindicato de classe dos seus empregados, prevendo um Programa de Demissão Incentivada (PDI), com vantagens econômicas para aqueles que a ele aderissem.

Gilberto, empregado da empresa havia 15 anos, aderiu ao referido Programa em 12/10/2018, recebeu a indenização prometida sem fazer qualquer ressalva e, três meses depois, ajuizou reclamação trabalhista contra o ex- empregador. Diante da situação apresentada e dos termos da CLT, assinale a afirmativa correta.

(A) A adesão ao Programa de Demissão Incentivada (PDI) não impede a busca, com sucesso, por direitos lesados.

(B) A quitação plena e irrevogável pela adesão ao Programa de Demissão Incentivada (PDI) somente ocorreria se isso fosse acertado em convenção coletiva, mas não em acordo coletivo.

(C) O empregado não terá sucesso na ação, pois conferiu quitação plena.

(D) A demanda não terá sucesso, exceto se Gilberto previamente devolver em juízo o valor recebido pela adesão ao Programa de Demissão Incentivada (PDI).

71. Rogério foi admitido, em 08/12/2017, em uma locadora de automóveis, como responsável pelo setor de contratos, razão pela qual não necessitava comparecer diariamente à empresa, pois as locações eram feitas on-line. Rogério comparecia à locadora uma vez por semana para conferir e assinar as notas de devolução dos automóveis.

Assim, Rogério trabalhava em sua residência, com todo o equipamento fornecido pelo empregador, sendo que seu contrato de trabalho previa expressamente o trabalho remoto a distância e as atividades desempenhadas.

Após um ano trabalhando desse modo, o empregador entendeu que Rogério deveria trabalhar nas dependências da empresa. A decisão foi comunicada a Rogério, por meio de termo aditivo ao contrato de trabalho assinado por ele, com 30 dias de antecedência.

Ao ser dispensado em momento posterior, Rogério procurou você, como advogado(a), indagando sobre possível ação trabalhista por causa desta situação.

Sobre a hipótese de ajuizamento, ou não, da referida ação, assinale a afirmativa correta.

(A) Não se tratando da modalidade de teletrabalho, deverá ser requerida a desconsideração do trabalho em domicílio, já que havia comparecimento semanal nas dependências do empregador.

(B) Não deverá ser requerido o pagamento de horas extras pelo trabalho sem limite de horário, dado o trabalho em domicílio, porém poderá ser requerido trabalho extraordinário em virtude das ausências de intervalo de 11h entre os dias de trabalho, bem como o intervalo para repouso e alimentação.

(C) Em vista da modalidade de teletrabalho, a narrativa não demonstra qualquer irregularidade a ser requerida em eventual demanda trabalhista.

(D) Deverá ser requerido que os valores correspondentes aos equipamentos usados para o trabalho em domicílio sejam considerados salário-utilidade.

72. Fábio trabalha em uma mineradora como auxiliar administrativo. A sociedade empresária, espontaneamente, sem qualquer previsão em norma coletiva, fornece ônibus para o deslocamento dos funcionários para o trabalho, já que ela se situa em local cujo transporte público modal passa apenas em alguns horários, de forma regular, porém insuficiente para a demanda. O fornecimento do transporte pela empresa é gratuito, e Fábio despende cerca de uma hora para ir e uma hora para voltar do trabalho no referido transporte. Além do tempo de deslocamento, Fábio trabalha em uma jornada de 8 horas, com uma hora de pausa para repouso e alimentação.

Insatisfeito, ele procura você, como advogado(a), a fim de saber se possui algum direito a reclamar perante a Justiça do Trabalho.

Considerando que Fábio foi contratado em dezembro de 2017, bem como a legislação em vigor, assinale a afirmativa correta.

(A) Fábio faz jus a duas horas extras diárias, em razão do tempo despendido no transporte.
(B) Fábio não faz jus às horas extras, pois o transporte fornecido era gratuito.
(C) Fábio faz jus às horas extras, porque o transporte público era insuficiente, sujeitando o trabalhador aos horários estipulados pelo empregador.
(D) Fábio não faz jus a horas extras, porque o tempo de transporte não é considerado tempo à disposição do empregador.

73. Em uma grande empresa que atua na prestação de serviços de telemarketing e possui 250 funcionários, trabalham as empregadas listadas a seguir:

Alice, que foi contratada a título de experiência, e, um pouco antes do término do seu contrato, engravidou;

Sofia, que foi contratada a título temporário, e, pouco antes do termo final de seu contrato, sofreu um acidente do trabalho;

Larissa, que foi indicada pelo empregador para compor a CIPA da empresa;

Maria Eduarda, que foi eleita para a comissão de representantes dos empregados, na forma da CLT alterada pela Lei nº 13.467/17 (reforma trabalhista).

Diante das normas vigentes e do entendimento consolidado do TST, assinale a opção que indica as empregadas que terão garantia no emprego.

(A) Sofia e Larissa, somente.
(B) Alice e Maria Eduarda, somente.
(C) Alice, Sofia e Maria Eduarda, somente.
(D) Alice, Sofia, Larissa e Maria Eduarda.

74. Plínio foi contratado, em 30/11/2017, como auxiliar administrativo de uma fábrica de motores. Graças ao seu ótimo desempenho, foi promovido, passando a gerente de operações, cargo dispensado do registro de horário, com padrão salarial cinco vezes mais elevado que o cargo efetivo imediatamente abaixo. Plínio era o responsável pela empresa, apenas enviando relatório mensal à diretoria. Em razão da nova função, Plínio passou a receber uma gratificação equivalente a 50% do salário básico recebido na função anteriormente exercida.

O rendimento de Plínio, oito meses após a promoção, deixou de ser satisfatório, por questões pessoais. Em decorrência disso, a empresa retirou de Plínio a função gerencial e ele voltou à função que exercia antes, deixando de receber a gratificação de função.

Diante disso, assinale a afirmativa correta.

(A) O cargo que Plínio passou a ocupar não era de confiança, razão pela qual a alteração contratual equivale a rebaixamento, sendo, portanto, ilícita.
(B) O cargo que Plínio passou a ocupar era de confiança, porém não poderia haver o retorno ao cargo anterior com a perda da gratificação de função, razão pela qual a alteração contratual equivale a rebaixamento, sendo, portanto, ilícita.
(C) O cargo que Plínio passou a ocupar era de confiança, e a reversão ao cargo efetivo foi lícita, mas não a perda da remuneração, pois equivale a diminuição salarial, o que é constitucionalmente vedado.
(D) O cargo que Plínio passou a ocupar era de confiança, razão pela qual se admite a reversão ao cargo anterior, sendo lícita a perda da gratificação de função.

75. Os empregados de uma sociedade empresária do setor metalúrgico atuavam em turnos ininterruptos de revezamento, cumprindo jornada de 6 horas diárias, conforme previsto na Constituição Federal, observado o regular intervalo.

O sindicato dos empregados, provocado pela sociedade empresária, convocou assembleia no ano de 2018, e, após debate e votação, aprovou acordo coletivo para que a jornada passasse a ser de 8 horas diárias, com o respectivo acréscimo salarial, observado o regular intervalo, mas sem que houvesse qualquer vantagem adicional para os trabalhadores.

Diante da situação apresentada e de acordo com a previsão da CLT, assinale a afirmativa correta.

(A) É nulo o acordo coletivo em questão, e caberá ao interessado nessa declaração ajuizar ação de cumprimento.
(B) A validade de tal estipulação, por não prever benefício para os trabalhadores, depende de homologação da Justiça do Trabalho.
(C) É obrigatório que a contrapartida seja a estabilidade de todos os funcionários na vigência do acordo coletivo.
(D) O acordo coletivo é válido, porque sua estipulação não depende da indicação de vantagem adicional para os empregados.

76. Em sede de impugnação à sentença de liquidação, o juiz julgou improcedente o pedido, ocorrendo o mesmo em relação aos embargos à execução ajuizados pela executada. A princípio, você, na qualidade de advogado(a) da executada, entendeu por bem não apresentar recurso. Contudo, foi apresentado o recurso cabível pelo exequente.

Diante disso, assinale a afirmativa correta.

(A) A parte exequente interpôs agravo de petição, e a executada poderá interpor agravo de petição na modalidade de recurso adesivo.
(B) Ambas as partes poderiam interpor agravo de petição na hipótese, porém não mais existe essa possibilidade para a executada, pois esta não apresentou o recurso no prazo próprio.

(C) A parte autora interpôs recurso de revista, e não resta recurso para a parte executada.

(D) A parte autora apresentou recurso ordinário, e a executada poderá apresentar agravo de petição.

77. Em março de 2019, durante uma audiência trabalhista que envolvia a sociedade empresária ABC S/A, o juiz indagou à pessoa que se apresentou como preposto se ela era empregada da empresa, recebendo como resposta que não. O juiz, então, manifestou seu entendimento de que uma sociedade anônima deveria, obrigatoriamente, fazer-se representar por empregado, concluindo que a sociedade empresária não estava adequadamente representada. Decretou, então, a revelia, excluiu a defesa protocolizada e sentenciou o feito na própria audiência, julgando os pedidos inteiramente procedentes.

Diante desse quadro e do que prevê a CLT, assinale a afirmativa correta.

(A) Nada há a ser feito, porque uma S/A, por exceção, precisa conduzir um empregado para representá-la.

(B) O advogado da ré deverá interpor recurso ordinário no prazo de 8 dias, buscando anular a sentença, pois o preposto não precisa ser empregado da reclamada.

(C) O advogado da ré deverá impetrar mandado de segurança, porque a exigência de que o preposto seja empregado, por não ser prevista em Lei, violou direito líquido e certo da empresa.

(D) Uma vez que a CLT faculta ao juiz aceitar ou não como preposto pessoa que não seja empregada, o advogado deverá formular um pedido de reconsideração judicial.

78. O réu, em sede de reclamação trabalhista, ajuizada em 20/04/2018, apresentou defesa no processo eletrônico, a qual não foi oferecida sob sigilo. Feito o pregão, logo após a abertura da audiência, a parte autora manifestou interesse em desistir da ação.

Sobre a desistência da ação pela parte autora, assinale a afirmativa correta.

(A) O juiz deverá, imediatamente, homologar a desistência.

(B) Não é possível desistir da ação após a propositura desta.

(C) Oferecida a contestação, ainda que eletronicamente, o reclamante não poderá, sem o consentimento do reclamado, desistir da ação.

(D) O oferecimento da defesa pelo réu em nada se relaciona à questão da desistência de pedidos ou da demanda.

79. Augusto foi empregado de uma lavanderia por 2 anos, tendo sido desligado em setembro de 2018. Após receber as verbas da ruptura, procurou um advogado com a intenção de ajuizar reclamação trabalhista para postular horas extras não recebidas durante o pacto laboral.

Após a entrevista e colheita de todas as informações, o advogado de Augusto entrou em contato com a ex-empregadora na tentativa de formular um acordo, que, após debatido e negociado, teve sucesso e foi reduzido a termo. Então, as partes ajuizaram uma homologação de acordo extrajudicial na Justiça do Trabalho, em petição conjunta assinada pelo advogado de cada requerente, mas que não foi homologado pelo juiz, por este entender que o valor da conciliação era desfavorável ao trabalhador. Desse modo, o magistrado extinguiu o feito sem resolução do mérito.

Diante da situação e dos termos da CLT, assinale a afirmativa correta.

(A) Agiu corretamente o juiz, porque não há previsão desse tipo de demanda na Justiça do Trabalho.

(B) As partes poderão interpor recurso ordinário da decisão que negou a homologação desejada.

(C) Augusto e seu ex-empregador deverão propor novamente a ação, que deverá ser levada à livre distribuição para outro juízo.

(D) Nada poderá ser feito na ação proposta, porque o juiz não é obrigado a homologar acordo.

80. Considere as situações a seguir.

I. Victor é um artista mirim e precisa de autorização judicial para poder participar de uma peça cinematográfica como ator coadjuvante.

II. A empresa FFX Ltda. foi multada por um auditor fiscal do trabalho e deseja anular judicialmente o auto de infração, alegando vícios e nulidades.

III. O empregado Regis teve concedido pelo INSS auxílio-doença comum, mas entende que deveria receber auxílio-doença acidentário, daí porque pretende a conversão judicial do benefício.

IV. Jonilson, advogado, foi contratado por um cliente para o ajuizamento de uma ação de despejo, mas esse cliente não pagou os honorários contratuais que haviam sido acertados.

Diante da norma de regência acerca da competência, assinale a opção que indica quem deverá ajuizar ação na Justiça do Trabalho para ver seu pleito atendido.

(A) Victor e Jonilson

(B) Regis e a empresa FFX Ltda.

(C) Victor e Regis

(D) Apenas a empresa FFX Ltda

Folha de Respostas

#				
1	A	B	C	D
2	A	B	C	D
3	A	B	C	D
4	A	B	C	D
5	A	B	C	D
6	A	B	C	D
7	A	B	C	D
8	A	B	C	D
9	A	B	C	D
10	A	B	C	D
11	A	B	C	D
12	A	B	C	D
13	A	B	C	D
14	A	B	C	D
15	A	B	C	D
16	A	B	C	D
17	A	B	C	D
18	A	B	C	D
19	A	B	C	D
20	A	B	C	D
21	A	B	C	D
22	A	B	C	D
23	A	B	C	D
24	A	B	C	D
25	A	B	C	D
26	A	B	C	D
27	A	B	C	D
28	A	B	C	D
29	A	B	C	D
30	A	B	C	D
31	A	B	C	D
32	A	B	C	D
33	A	B	C	D
34	A	B	C	D
35	A	B	C	D
36	A	B	C	D
37	A	B	C	D
38	A	B	C	D
39	A	B	C	D
40	A	B	C	D
41	A	B	C	D
42	A	B	C	D
43	A	B	C	D
44	A	B	C	D
45	A	B	C	D
46	A	B	C	D
47	A	B	C	D
48	A	B	C	D
49	A	B	C	D
50	A	B	C	D
51	A	B	C	D
52	A	B	C	D
53	A	B	C	D
54	A	B	C	D
55	A	B	C	D
56	A	B	C	D
57	A	B	C	D
58	A	B	C	D
59	A	B	C	D
60	A	B	C	D
61	A	B	C	D
62	A	B	C	D
63	A	B	C	D
64	A	B	C	D
65	A	B	C	D
66	A	B	C	D
67	A	B	C	D
68	A	B	C	D
69	A	B	C	D
70	A	B	C	D
71	A	B	C	D
72	A	B	C	D
73	A	B	C	D
74	A	B	C	D
75	A	B	C	D
76	A	B	C	D
77	A	B	C	D
78	A	B	C	D
79	A	B	C	D
80	A	B	C	D

GABARITO COMENTADO

1. Gabarito "D"
Comentário: Nos termos do art. 3º, § 2º, do EAOAB, o estagiário de advocacia, regularmente inscrito, pode praticar os atos previstos no art. 1º, na forma do regimento geral, em conjunto com advogado e sob responsabilidade deste. Ou seja, Júnior, por ser estagiário inscrito na OAB, conforme afirma o enunciado, pode praticar atos privativos de advocacia previstos no art. 1º do EAOAB, entre eles, assessoria, consultoria e direção jurídicas (art. 1º, II), desde que o faça em conjunto com um advogado, a quem estará atrelada a responsabilidade pelo ato realizado pelo estagiário. Assim, de plano, estão incorretas as alternativas "A" e "B", pois afirmam ser impossível que Júnior tivesse atuado como estagiário na atividade de consultoria jurídica. Incorreta, também, a alternativa "C", pois, como dito, a responsabilidade pelos atos praticados pelo estagiário é do advogado, conforme disposto no art. 3º, §2º, parte final, do EAOAB. Correta, pois, a alternativa "D".

2. Gabarito "B"
Comentário: Considera-se prerrogativa do advogado a de não ser preso em flagrante, por motivo ligado à profissão, salvo por crime inafiançável, quando, então, assegura-se a presença de um representante da OAB durante a lavratura do respectivo auto, sob pena de nulidade (art. 7º, IV e § 3º, do EAOAB). Nos demais casos que não se relacionem com o exercício da profissão, a prisão em flagrante deverá apenas ser comunicada à OAB. Assim, analisemos cada uma das alternativas. **A e C:** incorretas, pois a presença de representante da OAB somente se faz necessária quando a prisão em flagrante decorrer da prática de um crime inafiançável praticado pelo advogado por motivo ligado à profissão. O enunciado deixa claro que o advogado X foi preso em flagrante enquanto furtava garrafas de vinho. Ora, o furto de vinho não é crime que tenha qualquer relação com o exercício profissional, razão por que não se aplica a prerrogativa tratada no art. 7º, IV e § 3º, do EAOAB; **B:** correta. De fato, não há qualquer vício na lavratura do auto de prisão em flagrante em desfavor do advogado X, independentemente da presença de representante da OAB, eis que, como dito, o crime por ele praticado não guarda qualquer relação com o exercício da profissão. A única peculiaridade é que, conforme determina a parte final do art. 7º, IV, do EAOAB, nos demais casos (leia-se: naqueles que não guardarem relação com a profissão), a OAB apenas deverá ser comunicada; **D:** incorreta. A despeito de não haver vício na lavratura do auto de prisão em flagrante do advogado X, eis que o crime por ele praticado não tinha nexo com sua atividade profissional, o Estatuto da OAB exige a comunicação da prisão à OAB. Não confunda o leitor a "comunicação da prisão", que é posterior à lavratura do auto de prisão, com a "presença de representante da OAB", que, obviamente, deve ocorrer antes da lavratura do referido auto.

3. Gabarito "B"
Comentário: Nos exatos termos do art. 39 do Regulamento Geral do Estatuto da OAB, a sociedade de advogados pode associar-se com advogados, sem vínculo de emprego, para participação nos resultados. No parágrafo único do mesmo dispositivo há previsão de que os contratos referidos neste artigo são averbados no registro da sociedade de advogados. Analisemos as alternativas! **A:** incorreta, pois a associação de um advogado a uma sociedade de advogados não gera vínculo empregatício, consoante dispõe o art. 39 do RGOAB; **B:** correta. De fato, o contrato de associação deve ser devidamente averbado no registro da sociedade de advogados, sem, porém, gerar vínculo de emprego entre associado e sociedade; **C:** incorreta, pois o art. 39, parágrafo único, do RGOAB, impõe que os contratos de associação sejam averbados no registro da sociedade de advogados; **D:** incorreta, pois o Regulamento Geral autoriza, em seu art. 39, a associação entre advogados e sociedades de advogados. Frise-se que os advogados associados não se tornam sócios, nem empregados, mas, apenas, associados da sociedade, mediante vínculo contratual.

4. Gabarito "C"
Comentário: O direito do advogado de permanecer em sala de Estado Maior, com comodidades condignas, ou, à sua falta, em prisão domiciliar, encontra como marco temporal o trânsito em julgado da sentença (art. 7º, V, do EAOAB). Considerando que o advogado João somente foi preso após o trânsito em julgado da sentença condenatória, não fará jus à prerrogativa tratada no referido dispositivo legal. Esclarece-se que o direito ora tratado independe do tipo de crime cometido pelo advogado, ou seja, relacionado ou não ao exercício profissional. Em outras palavras, por qualquer crime que tenha sido praticado, independentemente de guardar qualquer relação com o exercício profissional, o advogado, antes do trânsito em julgado da sentença, terá o direito de permanecer preso em Sala de Estado Maior, ou, à falta, em prisão domiciliar. Cessa a prerrogativa com o advento do trânsito em julgado, quando, então, o advogado passará a cumprir pena como qualquer outro criminoso irrecorrivelmente condenado. Analisamos, pois, as alternativas. **A:** incorreta, pois o direito de o advogado permanecer preso em sala de Estado Maior, ou, à falta, em prisão domiciliar, vigora antes do trânsito em julgado da sentença, o que não é o caso relatado no enunciado com relação a João (art. 7º, V, do EAOAB); **B:** incorreta, tendo em vista que a permanência do advogado em sala de Estado Maior ou prisão domiciliar é restrita ao período anterior ao trânsito em julgado; **C:** correta, nos termos já explicitados nos comentários anteriores, notadamente em razão do disposto no art. 7º, V, do EAOAB; **D:** incorreta, pois o direito de um advogado permanecer preso cautelarmente em sala de Estado Maior, ou, à falta, em prisão domiciliar, não decorre do fato de ser detentor de mandato em qualquer órgão da OAB, mas pelo só fato de ser advogado.

5. Gabarito "A"
Comentário: Nos termos do art. 75 do EAOAB, cabe recurso ao Conselho Federal de todas as decisões definitivas proferidas pelo Conselho Seccional, quando não tenham sido unânimes ou, sendo unânimes, contrariem esta lei, decisão do Conselho Federal ou de outro Conselho Seccional e, ainda, o regulamento geral, o Código de Ética e Disciplina e os Provimentos. Partindo de referido dispositivo legal, analisemos as assertivas a seguir. **A:** correta. Se o Conselho Seccional X proferiu duas decisões em dois processos distintos, sendo que, em ambos os casos, as referidas decisões conflitam com decisões de outro Conselho Seccional (no caso do processo 1) e do Conselho Federal (no caso do processo 2), abre-se caminho para a interposição de recurso para o Conselho Federal, nos moldes trazidos no art. 75 do EAOAB; **B:** incorreta, pois a divergência entre decisões de Conselhos Seccionais desafia recurso para o Conselho Federal da OAB, assim como quando a divergência for com relação a decisões do próprio Conselho Federal; **C:** incorreta, pois em ambos os processos há divergência entre a decisão do Conselho Seccional X com decisões do Conselho Seccional Y e o Conselho Federal, fato suficiente a ensejar recurso para o Conselho Federal; **d:** incorreta, pois é cabível recurso para o Conselho Federal da OAB de decisões proferidas por Conselhos Seccionais, desde que presentes as hipóteses do art. 75 do EAOAB.

6. Gabarito "D"
Comentário: A questão em tela pode ser respondida com base na literalidade do art. 15, *caput*, e parágrafo único, do Regulamento Geral do Estado da OAB. Confira-se: Art. 15. Compete ao Presidente do Conselho Federal, do Conselho Seccional ou da Subseção, ao tomar conhecimento de fato que possa causar, ou que já causou, violação de direitos ou prerrogativas da profissão, adotar as providências judiciais e extrajudiciais cabíveis para prevenir ou restaurar o império do Estatuto, em sua plenitude, inclusive mediante representação administrativa. Parágrafo único. O Presidente pode designar advogado, investido de poderes bastantes, para as finalidades deste artigo. Correta, portanto, a alternativa "D", estando as demais em descompasso com o referido dispositivo normativo.

7. Gabarito "B"
Comentário: Segundo dispõe o art. 12 do Código de Ética e Disciplina (CED), a conclusão ou desistência da causa, tenha havido, ou não, extinção do mandato, obriga o advogado a devolver ao cliente bens, valores e documentos que lhe hajam sido confiados e ainda estejam em seu poder, bem como a prestar-lhe contas, pormenorizadamente, sem prejuízo de esclarecimentos complementares que se mostrem pertinentes e necessários. O parágrafo único do citado dispositivo ainda dispõe que a parcela dos honorários paga pelos serviços até então prestados não se inclui entre os valores a ser devolvidos. Portanto, correta a alternativa "B", pois a despeito de o cliente do advogado

Milton não ter efetuado o pagamento de seus honorários, não desapareçem os deveres éticos do patrono, notadamente o de prestar contas acerca de aspectos processuais da causa por ele acompanhada, bem como a devolução de bens móveis relacionados ao objeto da demanda.

8. Gabarito "B"
Comentário: A: incorreta, pois o art. 71, II, do CED, dispõe ser competência dos Tribunais de Ética e Disciplina responder a consultas formuladas, em tese, sobre matéria ético-disciplinar. Ou seja, o TED responde a consultas hipotéticas, e não sobre casos concretos; **B:** correta. De fato, compete ao TED atuar como órgão mediador ou conciliador nas questões que envolvam, dentre outros casos, partilha de honorários contratados em conjunto ou decorrentes de substabelecimento, bem como os que resultem de sucumbência, nas mesmas hipóteses (art. 71, VI, "b", do CED); **C:** incorreta, pois o art. 71, V, do CED, dispõe competir ao TED organizar, promover e ministrar cursos, palestras, seminários e outros eventos da mesma natureza acerca da ética profissional do advogado ou estabelecer parcerias com as Escolas de Advocacia, com o mesmo objetivo; **D:** incorreta. Não se trata de competência do TED coordenar as ações do Conselho Federal e dos demais Conselhos Seccionais voltadas para o objetivo de reduzir a ocorrência das infrações disciplinares mais frequentes, mas, sim, à Corregedoria-Geral do Processo Disciplinar (art. 72, § 3º, do CED).

9. Gabarito "C"
Comentário: A resposta correta segundo o pensamento de Platão externado no livro "A República" é a "C", isto porque a concepção de justiça materializada no ideal de "dar a cada um o que lhe é devido" não geraria perfeição. Ao contrário, implicaria fazer bem ao amigo e mal ao inimigo, e fazer o mal não produz perfeição.

10. Gabarito "A"
Comentário: A assertiva correta conforme o pensamento de Bobbio articulado no livro *Teoria do Ordenamento Jurídico é a "A"*. Kelsen distingue entre os ordenamentos normativos dois tipos de sistemas, um que chama estático (as normas estão relacionadas entre si no que se refere ao seu conteúdo) e outro dinâmico (as normas que o compõem derivam umas das outras através de sucessivas delegações de poder, isto é, através da autoridade).

11. Gabarito "D"
Comentário: A: incorreta. Ao contrário do mencionado, o governador do estado Beta é legitimado ativo para a propositura de ação direta de inconstitucionalidade (ADI) no STF, conforme determina o art. 103, V, da CF. **B:** incorreta. O mencionado art. 103, V, da CF legitima os governadores, tanto dos Estados como do Distrito Federal, a proporem ADI no STF. Quanto à legitimidade para as ações do controle concentrado no âmbito dos Estados, as regras vêm previstas nas Constituições Estaduais dos respectivos estados, conforme determina o § 2º do art. 125 da CF. Esse dispositivo proíbe apenas que a atribuição da legitimação para agir seja dada pelo texto estadual a um único órgão; **C:** incorreta. De fato, a legitimidade ativa do governador para a ADI vincula-se ao objeto da ação, de modo que deve haver pertinência da norma impugnada com os objetivos do autor da ação, mas isso **não** impede o governador de impugnar ato normativo oriundo de outro Estado da Federação. Se ele demonstrar que a lei do outro Estado impacta economicamente ou de alguma outra maneira o estado que ele representa, ele poderá impugnar a norma por meio de ADI; **D:** correta. Conforme determina o art. 103, V, da CF, o governador do Estado Beta, de fato, é legitimado ativo para propor ADI no STF em face da Lei Estadual X, a qual, mesmo advinda de ente federativo diverso, provoca evidentes reflexos na economia do Estado Beta.

12. Gabarito "C"
Comentário: A: incorreta. De acordo com o art. 37, XIX, da CF somente por lei específica poderá ser criada autarquia e autorizada a instituição de empresa pública, de sociedade de economia mista e de fundação, cabendo à lei complementar, neste último caso, definir as áreas de sua atuação; **B:** incorreta. O projeto, ainda que aprovado por maioria absoluta, será considerado inconstitucional. O objetivo de alcançar o alto grau de rentabilidade é insuficiente para que a Constituição autorize a exploração direta de atividade econômica pelo Estado; **C:** correta. Determina o art. 173 da CF/88 que ressalvados os casos previstos nesta Constituição, a exploração direta de atividade econômica pelo Estado só será permitida quando **necessária aos imperativos da segurança nacional ou a relevante interesse coletivo**, conforme definidos em lei; **D:** incorreta. A atividade econômica, conforme já apresentada pela descrição do art. 173 da CF/88, só poderá ser exercida pelo Estado se ela for necessária aos imperativos da segurança nacional ou a relevante interesse coletivo.

13. Gabarito "A"
Comentário: A: correta. Determina o art. 8º da Lei 12.527/11 (lei do acesso a informações) que é dever dos órgãos e entidades públicas promover, **independentemente de requerimentos**, a **divulgação** em local de fácil acesso, no âmbito de suas competências, de informações de interesse coletivo ou geral por eles produzidas ou custodiadas; **B** e **C:** incorretas. A lei além de não exigir requisição para acessar tais dados determina, como mencionado, que é dever dos órgãos e entidades públicas promover, independentemente de requerimentos, a divulgação em local de fácil acesso; **D:** incorreta. O acesso a informações deve ser garantido independentemente da assistência por advogado regularmente inscrito na Ordem dos Advogados do Brasil.

14. Gabarito "C"
Comentário: A: incorreta. O STF (ADI 2076) entende que o **preâmbulo** não cria direitos e deveres **nem tem força normativa**, apenas reflete a posição ideológica do constituinte. Vale lembrar que o Brasil é um país laico, ou seja, não professa uma religião oficial. Sendo assim, o art. 19, I, da CF, **veda** aos entes federativos o **estabelecimento de cultos religiosos** ou igrejas, a concessão de subsídios, o embaraço ao funcionamento ou a manutenção, com eles ou seus representantes, de relações de dependência ou aliança, ressalvada, na forma da lei, a colaboração de interesse público; **B:** incorreta. A proibição existe, conforme já demonstrada pelo art. 19, I, da CF, mas isso não significa que o ato expedido pelo diretor encontre respaldo constitucional. Pelo contrário, o art. 5°, VII, da CF **assegura**, nos termos da lei, a **prestação de assistência religiosa nas entidades civis e militares de internação coletiva**; **C:** correta. A portaria expedida pelo diretor viola o citado art. 5º, VII, da CF que, de fato, trata de um dos direitos fundamentais dos internos; **D:** incorreta. Ao contrário, **existe** incompatibilidade entre a portaria e a CF/88. A liberdade religiosa se apresenta de diversas maneiras no texto constitucional e o seu exercício deve ser garantido, inclusive, às pessoas que estão em estabelecimentos prisionais. Sobre o ensino religioso, o § 1º do art. 210 da CF/88 determina ser de matrícula facultativa e disciplina dos horários normais das escolas públicas de ensino fundamental.

15. Gabarito "B"
Comentário: A: incorreta. Ao contrário, há limite temporal para o exercício da presidência nas casas legislativas do Congresso Nacional. O mandato é de dois anos e é proibida a recondução para o mesmo cargo na eleição imediatamente subsequente, conforme determina o § 4º do art. 57 da CF/88; **B:** correta. Como mencionado, a Constituição, em seu art. 57, § 4°, proíbe a recondução para esse mesmo cargo no período bienal imediatamente subsequente. De acordo com o citado dispositivo, cada uma das Casas reunir-se-á em sessões preparatórias, a partir de 1º de fevereiro, no primeiro ano da legislatura, para a posse de seus membros e eleição das respectivas Mesas, para **mandato de 2 (dois) anos, vedada a recondução para o mesmo cargo na eleição imediatamente subsequente**; **C:** incorreta. Mais uma vez, é proibida a recondução para o mesmo cargo na eleição imediatamente subsequente; **D:** incorreta. É possível que o exercício da referida presidência ocorra novamente no futuro. O que o texto constitucional proíbe é a recondução para o mesmo cargo na eleição imediatamente subsequente.

16. Gabarito "D"
Comentário: A: incorreta. Como o tratamento do assunto (pesquisa e manipulação de material genético) não está reservado à lei complementar, a lei ordinária pode regulamentá-lo. Portanto, a Lei Ordinária Y é constitucional. Além disso, não há superioridade hierárquica entre a lei complementar e a lei ordinária. Elas tratam de conteúdos diversos e são aprovadas por quóruns diferenciados (art. 69 da CF/88); **B:** incorreta. A revogação de dispositivos da Lei Complementar X apenas exigiria idêntica espécie normativa se o assunto por ela disciplinado fosse reservado à lei complementar; **C:** incorreta. Não há vício formal na Lei Complementar X, pois o quórum para aprovação dessa espécie legislativa é superior (art. 69 da CF/88) ao da aprovação das

leis ordinárias. Assim, se o tema pode ser disciplinado por lei ordinária que é aprovada por maioria simples, poderá também ser disciplinado por lei complementar que é aprovada pelo quórum fortificado de maioria absoluta; **D:** correta. De fato, a Lei Complementar X, por tratar de matéria a respeito não reservada à lei complementar, pode vir a ser revogada por Lei Ordinária posterior que verse sobre a mesma temática.

17. Gabarito "D"
Comentário: A: incorreta. Ao contrário, a ação se revela adequada à finalidade de impedir a obra potencialmente lesiva ao meio ambiente, pois essa proteção é um dos objetivos da ação popular. De acordo com o art. 5º, LXXIII, da CF qualquer cidadão é parte legítima para propor ação popular que vise a anular ato lesivo ao patrimônio público ou de entidade de que o Estado participe, à moralidade administrativa, ao meio ambiente e ao patrimônio histórico e cultural, ficando o autor, salvo comprovada má-fé, isento de custas judiciais e do ônus da sucumbência; **B:** incorreta. A atuação subsidiária do Ministério Público ocorrerá caso o autor desista da ação ou dê motivo à absolvição da instância, conforme determina o *caput* do art. 9º da Lei 4.717/65 (Lei da Ação Popular). Nessas hipóteses serão publicados editais com o prazo de 30 (trinta) dias, afixado na sede do juízo e publicado três vezes no jornal oficial do Distrito Federal, ou da Capital do Estado ou Território em que seja ajuizada a ação. A publicação será gratuita e deverá iniciar-se no máximo 3 (três) dias após a entrega, na repartição competente, sob protocolo, de uma via autenticada do mandado, de acordo com o art. 7º, II, da Lei 4.717/65; **C:** incorreta. A constituição de advogado se faz necessária; **D:** correta. É o que determina o citado *caput* do art. 9º da Lei 4.717/65. Sendo assim, caso Arnaldo desista da Ação Popular, o Ministério Público ou qualquer cidadão que esteja no gozo de seus direitos políticos poderá prosseguir com a demanda.

18. Gabarito "B"
Comentário: Com base no Protocolo de San Salvador, a assertiva correta é a "B", pois o direito a férias remuneradas e o direito à remuneração nos feriados nacionais estão presentes no Protocolo de San Salvador, e o Brasil é signatário desse Protocolo, portanto, essa lei é passível de controle de convencionalidade (art.7º, h, do Protocolo de San Salvador).

19. Gabarito "D"
Comentário: A única assertiva correta é a "D", isto porque de fato o sistema europeu de proteção dos direitos humanos não conta com um órgão similar à Comissão Americana sobre Direitos Humanos. O sistema europeu tem o Tribunal Europeu dos Direitos do Homem no centro de sua sistemática de funcionamento.

20. Gabarito "Anulada"
Comentário: O Tribunal Arbitral deve declinar de sua competência porque danos ambientais não é matéria arbitrável. A opção por arbitragem só pode se dar quando se tratar de direitos patrimoniais disponíveis, que não é o caso do direito ambiental (art. 1º da Lei 9.307/96).
Atenção: Essa questão acabou sendo anulada pela banca. Então, independentemente do comentário que fizemos, você deve computar como uma questão que você acertou, seja qual for a resposta que você deu. Assim, fica mais real o simulado, pois em algumas provas questões são anuladas.

21. Gabarito "B"
Comentário: Na justiça estadual, pois o COI é uma organização não governamental e não uma organização internacional estatal.

22. Gabarito "B"
Comentário: A: incorreta, pois o prazo decadencial quinquenal (= de 5 anos) no caso de tributo lançado por declaração inicia-se a partir do primeiro dia do exercício seguinte ao que o lançamento poderia ter sido efetuado (art. 173, I, do CTN), no caso, em 01/01/2008, de modo que terminaria apenas em 01/01/2013. Como o lançamento foi realizado e concluído (com a notificação) antes disso, em 09/11/2012, não houve decadência – ver Súmula 622/STJ; **B:** correta, pois o prazo prescricional é de 5 anos a partir do lançamento, mais especificamente, a partir do vencimento, já que somente aí nasce o direito de o fisco executar a dívida (= *actio nata*) – art. 174 do CTN. Impor-

tante destacar que a suspensão de 180 dias do prazo prescricional, prevista no art. 2º, § 3º, da Lei 6.830/1980, não se aplica para créditos tributários, já que a matéria (prescrição tributária) somente pode ser regulada por lei complementar federal – art. 146, III, *b*, da CF. Como o vencimento se deu em 09/12/2012, a execução fiscal deveria ter sido iniciada até 09/12/2017; **C:** incorreta, pois a suspensão de 180 dias do prazo prescricional, prevista no art. 2º, § 3º, da Lei 6.830/1980, não se aplica para créditos tributários, já que a matéria (prescrição tributária) somente pode ser regulada por lei complementar federal – art. 146, III, *b*, da CF – Ver AI no Ag 1.037.765/SP-STJ; **D:** incorreta, pois o prazo prescricional (para cobrança) é de 5 anos contados do lançamento até o início da execução fiscal – art. 174 do CTN.

23. Gabarito "C"
Comentário: A: incorreta, pois a LINDB traz apenas regra subsidiária, ou seja, aplica-se o prazo de 45 dias apenas se a lei não dispuser de modo diverso (art. 1º da LINDB); **B:** incorreta, pois a alteração de vencimento de tributo não se sujeita ao princípio da anterioridade – Súmula Vinculante 50/STF; **C:** correta, conforme comentário anterior; **D:** incorreta, pois a lei dispõe sobre o início de sua vigência, sendo inaplicável o princípio da anterioridade anual ou nonagesimal.

24. Gabarito "B"
Comentário: A: incorreta, pois o art. 6º da LC 105/2001 prevê a possibilidade de a fiscalização tributária examinar documentos, livros e registros de instituições financeiras, inclusive os referentes a contas de depósitos e aplicações financeiras, quando houver processo administrativo instaurado ou procedimento fiscal em curso e tais exames sejam considerados indispensáveis pela autoridade administrativa competente. O dispositivo foi considerado constitucional pelo STF, conforme a tese de repercussão geral 225; **B:** correta, conforme o art. 6º da LC 105/2001; **C:** incorreta, pois o exame dos registros de instituições financeiras pressupõe instauração regular de processo administrativo ou procedimento fiscal; **D:** incorreta, pois a prerrogativa prevista no art. 6º da LC 105/2001 dispensa autorização judicial.

25. Gabarito "B"
A: incorreta, pois a despesa extraordinária decorrente de calamidade pública é situação que dá ensejo à instituição de empréstimo compulsório – art. 148, I, da CF; **B:** correta, nos termos dos arts. 148, I, e 62, § 1º, III, da CF; **C:** incorreta, pois não há essa vedação. Os tributos que exigem simples lei ordinária federal podem ser instituídos por medida provisória, observado o disposto no art. 62, § 2º, da CF; **D:** incorreta, pois empréstimo compulsório somente pode ser instituído por lei complementar federal, sendo que medida provisória não pode regular matéria reservada a lei complementar – art. 62, § 1º, III, da CF.

26. Gabarito "C"
A: incorreta, pois a simples correção monetária da base de cálculo do IPTU pode ser feita por decreto, desde que respeitados os índices oficiais de inflação (o reajuste não pode ser superior ao índice oficial de inflação, ou seria aumento real que exige lei) – Súmula 160/STJ; **B:** incorreta, pois não se trata de majoração real do tributo (que exigiria lei em sentido formal), mas apenas correção monetária da sua base de cálculo (que não exige lei em sentido formal) – art. 97, II, do CTN; **C:** correta, conforme comentários anteriores; **D:** incorreta, conforme comentários anteriores.

27. Gabarito: "A"
Comentário: A: correta; o art. 54, *caput*, da Lei 9.784/99 confere à Administração o direito de anular atos benéficos aos particulares, desde que esta o faça no prazo máximo de 5 anos da data da prática do ato, salvo comprovada má-fé. No caso em tela, o ato de concessão da pensão foi praticado em março de 2011 e se aperfeiçoou, por ser um ato complexo, em julho de 2014, sendo que a sua anulação se deu em setembro de 2018; dessa forma, entre 2014 (data do aperfeiçoamento do ato) e 2018 (data da anulação do ato) não houve decadência, visto que esta se dá em 5 anos; e mesmo que se considere como data da prática do ato o ano de 2011 (quando houve a percepção do primeiro pagamento), também não há decadência, pois, como ficou comprovada a *má-fé* da interessada, nesse caso a decadência não opera nem mesmo após passados os 5 anos previstos em lei; é importante considerar o ano de 2011 como início do prazo para anular, pois o § 1º do art. 54 da Lei 9.784/99 estabelece que,

quanto aos atos que geram efeitos patrimoniais contínuos (como é o caso da pensão), o prazo de decadência contar-se-á da percepção do primeiro pagamento; de qualquer maneira, como houve má-fé da interessada, a decadência não se operou; **B:** incorreta, pois, de acordo com o art. 54 da Lei 9.784/99 essa é sim a regra, mas, em caso de comprovada má-fé do beneficiário do ato, a decadência não se opera nem após o transcurso do prazo de 5 anos; **C:** incorreta; o controle realizado pelo Tribunal de Contas apenas aperfeiçoa o ato, que é um ato do tipo *complexo*; ele não tem o condão de tornar um ato inválido em um ato válido agora; **D:** incorreta, pois o prazo decadencial é de 5 anos, e não de 3 anos (art. 54, *caput*, da Lei 9.784/99); ademais, como o beneficiário do ato estava de má-fé, nem mesmo em 5 anos a decadência terá se operado.

28. Gabarito "B"
Comentário: A, C e D: incorretas, pois na modalidade de improbidade prevista no art. 10 da Lei 8.429/92 a lei estabelece que tanto uma conduta dolosa como uma conduta *culposa* são admitidas para a configuração dos tipos previstos no dispositivo; já nas demais modalidades de improbidade (violação aos princípios da Administração, enriquecimento ilícito do agente ou benefício financeiro/tributário violando a Lei Complementar do ISS), aí sim se exige sempre dolo para a configuração dessas outras modalidades; **B:** correta, pois, como se viu, na modalidade de improbidade prevista no art. 10 da Lei 8.429/92 a lei estabelece que tanto uma conduta dolosa como uma conduta *culposa* são admitidas para a configuração dos tipos previstos no dispositivo; veja como o dispositivo inicia a descrição dos tipos de improbidade dentro dessa modalidade de prejuízo ao erário: *"Art. 10. Constitui ato de improbidade administrativa que causa lesão ao erário qualquer ação ou omissão, dolosa ou culposa, que enseje (...)"* (g.n.).

29. Gabarito "C"
Comentário: A: incorreta; a Lei 8.987/95 dispõe que o edital da concessão vai dispor sobre quem terá o ônus de desapropriar áreas (art. 18, XII), podendo ser tanto a Administração como o concessionário (art. 31, VI); apenas a declaração de utilidade pública de um bem para fins de desapropriação é que tem de ser feita pela Administração (art. 29, VIII), mas os demais atos para desapropriar podem ser colocados como encargos da Administração; **B:** incorreta, pois o art. 7º do Dec.-lei 3.365/41 estabelece que "Declarada a utilidade pública, ficam as autoridades administrativas autorizadas a penetrar nos prédios compreendidos na declaração, podendo recorrer, em caso de oposição, ao auxílio de força policial" (g.n.); **C:** correta; o art. 10 do Dec.-lei 3.365/41 dispõe que "A desapropriação deverá efetivar-se mediante acordo ou intentar-se judicialmente, dentro de **cinco anos**, contados da data da expedição do respectivo decreto e findos os quais este caducará" (g.n.); no caso em tela, o decreto de utilidade pública foi expedido em 2011, de modo que, no ano de 2018, ele já terá perdido a sua validade, o que impõe que a Administração faça novo decreto expropriatório de utilidade pública; **D:** incorreta, pois apenas o poder público pode fazer a declaração de utilidade pública (art. 6º do Dec.-lei 3.365/41 e art. 29, VIII, da Lei 8.987/95); já entrar com ação judicial para a desapropriação ou fazer um acordo com o desapropriado, nesses dois casos o concessionário poderá agir, se estiver autorizado (art. 31, VI, da Lei 8.987/95).

30. Gabarito "A"
Comentário: A: correta, pois o art. 16, § 1º, II, da Lei 12.846/13 estabelece que é requisito do acordo de leniência que "a pessoa jurídica cesse completamente seu envolvimento na infração investigada a partir da data de propositura do acordo"; **B:** incorreta, pois o art. 16, § 1º, III, da Lei 12.846/13 estabelece que é requisito do acordo de leniência que "a pessoa jurídica admita sua participação no ilícito e coopere plena e permanentemente com as investigações e o processo administrativo", o que inclui, obviamente, o dever de indicar os agentes públicos recebedores da propina; **C:** incorreta, pois a celebração do acordo de leniência não tem o condão de isentar o pagamento de multa, mas apenas o de reduzir em até 2/3 o valor da multa aplicável (art. 16, § 2º, da Lei 12.846/13); **D:** incorreta, pois o acordo deve, na verdade, tornar-se público, como regra; o art. 16, § 6º, da Lei 12.846/13 dispõe que "a proposta de acordo de leniência somente **se tornará pública** após a efetivação do respectivo acordo, salvo no interesse das investigações e do processo administrativo".

31. Gabarito "C"
Comentário: A: incorreta, pois quando há tarifa paga pelo usuário mais contraprestação paga pelo Poder Público tem-se a chamada *concessão patrocinada* (art. 2º, § 1º, da Lei 11.079/04) e não a *concessão administrativa*; **B:** incorreta, pois, nos termos do art. 6º da Lei 11.079/04, "A contraprestação da Administração Pública nos contratos de parceria público-privada poderá ser feita por: I – ordem bancária; II – cessão de créditos não tributários; III – outorga de direitos em face da Administração Pública; IV – outorga de direitos sobre bens públicos dominicais; V – outros meios admitidos em lei"; **C:** correta, pois o art. 5º, I, da Lei 11.079/04 admite prorrogação do contrato, mas desde que respeitado o máximo de 35 anos de contrato; **D:** incorreta, pois, segundo o art. 10, § 3º, da Lei 11.079/04, "as concessões patrocinadas em que mais de 70% (setenta por cento) da remuneração do parceiro privado for paga pela Administração Pública dependerão de autorização legislativa específica"; ou seja, a depender da proporção da contrapartida pública, será necessário autorização legislativa para que aconteça a parceria público-privada.

32. Gabarito "B"
Comentário: A: incorreta, pois, no caso, Virgílio tem apenas o direito de, comprovando ao Poder Público a sua impossibilidade financeira, requerer que não lhe seja aplicada a multa, bem como que o Poder Público faça as obras necessárias as expensas deste, sob pena de poder pedir o cancelamento do tombamento (art. 19, *caput* e §§ 1º e 2º, do Dec.-lei 25/37); **B:** correta, pois esse é o comando previsto no art. 19, § 1º, do Dec.-lei 25/37; **C:** incorreta, pois, comprovando ao Poder Público a sua impossibilidade financeira, o particular pode requerer que o Poder Público faça as obras necessárias as expensas deste (art. 19. § 1º, do Dec.-lei 25/37); **D:** incorreta, pois no caso Virgílio não tem esse dever (art. 19, § 1º, do Dec.-lei 25/37). Ademais, caso tivesse esse dever, teria que pedir autorização especial ao poder público para reparar o bem tombado (art. 17, *caput*, do Dec.-lei 25/37).

33. Gabarito "B"
Comentário: A: incorreta, pois a Defensoria Pública é legitimada para essa ação civil pública, nos termos do art. 5º, II, da Lei 7.347/85; **B:** correta; segundo o STJ, "A cumulação de obrigação de fazer, não fazer e pagar não configura *bis in idem*, porquanto a indenização, em vez de considerar lesão específica já ecologicamente restaurada ou a ser restaurada, põe o foco em parcela do dano que, embora causada pelo mesmo comportamento pretérito do agente, apresenta efeitos deletérios de cunho futuro, irreparável ou intangível" (RE 1.198.727-MG); **C:** incorreta, pois as instâncias civil e penal são independentes entre si, sem contar que os critérios de responsabilização de uma são diferentes dos da outra; **D:** incorreta, pois a legitimidade para ação civil pública ambiental é ampla e legitimados como a Defensoria e Ministério Público, por exemplo, são universais.

34. Gabarito "Anulada"
Comentário: A: correta, pois a responsabilidade no caso é *propter rem*, aderindo àquele que adquiriu a coisa sobre a qual houve o dano ambiental; ou seja, essa obrigação "tem natureza real e é transmitida ao sucessor no caso de transferência de domínio ou posse do imóvel rural" (art. 7º, § 2º, da Lei 12.651/12), daí porque Maria responde civilmente; vale salientar que o STJ editou a Súmula 623 no mesmo sentido, qual seja, a de "as obrigações ambientais possuem natureza *propter rem*, sendo admissível cobrá-las do proprietário ou possuidor atual e/ou dos anteriores, à escolha do credor"; **B e C:** incorretas, pois a obrigação de recomposição em questão é de natureza real e atinge novos proprietários, como é o caso de Maria (art. 7º, § 2º, da Lei 12.651/12); se Maria não atender ao dever de recomposição, que já nasce para ela no momento em que se torna proprietária do imóvel, imediatamente já estará sujeita às multas correspondentes; **D:** incorreta, pois o princípio da reparação integral do dano ambiental diz respeito à esfera civil, e não à esfera penal ou administrativas, ainda que nessas duas esferas se possa discutir reparação ambiental; na esfera penal Maria só responderá se também praticar um crime ambiental, valendo salientar que não há que se falar em responsabilidade solidária em matéria de responsabilidade penal, pois não é possível acionar um só dos "devedores penais" solidários, sendo de rigor acionar todos os que cometerem o crime ambiental.

Atenção: Essa questão acabou sendo anulada pela banca. Então, independentemente do comentário que fizemos, você deve computar como uma questão que você acertou, seja qual for a resposta que você deu. Assim, fica mais real o simulado, pois em algumas provas questões são anuladas.

35. Gabarito: "A"
Comentário: A: correta, pois a morte de um dos usufrutuários gera a extinção do usufruto com relação a ele. Porém o usufruto como um todo não se extingue com a morte do instituidor. Logo, o direito de Bruna permanece intacto (art. 1.411 CC); **B:** incorreta, pois Cláudia apenas teria direito de receber a integralidade dos aluguéis se houvesse estipulação expressa, uma vez que o direito de acrescer nunca se dá de forma tácita (art. 1.411 CC). Nada tem a ver o grau de parentesco. Ademais, o usufruto não se extingue com a morte do instituidor, mas sim com o falecimento do usufrutuário (art. 1.410, I CC); **C:** incorreta, pois a morte de Arnaldo não extingue o usufruto. O usufruto perante Cláudia está extinto, pois ela faleceu, logo seus herdeiros não possuem nenhum direito (art. 1.410, I e 1.411 CC); **D:** incorreta, pois a morte de Cláudia apenas extingue o usufruto referente ao seu quinhão. Conforme art. 1.411 CC, extingue-se a parte em relação a quem faleceu. Destarte, os herdeiros de Arnaldo têm direito de receber os aluguéis da parte de Cláudia apenas entre o período entre sua morte e a morte de Arnaldo.

36. Gabarito: "A"
Comentário: A: correta, pois se verifica-se que a doação de Eva a Adriana foi feita mediante condição suspensiva, isto é, a ocorrência do casamento. Portanto, até este momento tem apenas um direito eventual sobre o bem. Neste passo, nos termos do art. 130 CC "ao titular do direito eventual, nos casos de condição suspensiva ou resolutiva, é permitido praticar os atos destinados a conservá-lo". Logo, ela pode exigir que a avó autorize a realização de obras urgentes no imóvel, de modo a evitar a ruína da casa; **B:** incorreta, pois ela pode exigir atos de conservação nos termos do art. 130 CC, uma vez que ela possui expectativa de direito sobre o bem (art.125 CC); **C:** incorreta, pois Adriana não pode exigir a transferência da propriedade, uma vez que a doação é um ato de liberalidade (art. 538 CC), logo fica ao inteiro arbítrio do proprietário; **D:** incorreta. Enquanto Eva for viva o bem não pode ser disposto de nenhuma forma, pois Adriana possui expectativa de direito sobre ele. Isso significa que se à época do casamento o bem tiver sido vendido essa venda poderá ser anulada. O fundamento está no art. 126 CC: "Se alguém dispuser de uma coisa sob condição suspensiva, e, pendente esta, fizer quanto àquelas novas disposições, estas não terão valor, realizada a condição, se com ela forem incompatíveis".

37. Gabarito: "D"
Comentário: A: incorreta, pois considerando que Aldo tinha herdeiros necessários, ele apenas poderia dispor de metade da herança (art.1.789 CC). Daí dizer que o testamento não pode ser integralmente cumprido, mas algumas partes precisarão ser corrigidas por meio da redução de disposição testamentária (art. 1.967 CC); **B:** incorreta, pois o testamento é válido. Apenas a parte excedente da disposição é considerada nula. Neste sentido, Aldo poderia dispor de 50% do patrimônio, pois os outros 50% integram a legítima que é intocável direito dos herdeiros necessários (art.1.846 CC). Assim, os bens não serão divididos igualmente, pois da parte disponível Maurílio ficará com 50% e da parte legítima fica com 25%. Mariana, por sua vez, tem direito a 25% da legítima. Logo, no cálculo final Maurílio ficará com 75% da herança e Mariana com apenas 25%; **C:** incorreta, pois deverá haver redução das disposições testamentárias (art. 1.967 CC), porém a parcela de direito de Mariana é de apenas 25%, conforme explicado na alternativa C; **D:** correta, pois deverá haver redução das disposições testamentárias (art. 1.967 CC) e o quinhão que Mariana receberá é de 25%, como já explicado.

38. Gabarito: "B"
Comentário: A: incorreta, pois trata-se de caso de perda do poder familiar quanto aos filhos menores, e não de suspensão (art. 1.638, I, alínea *a* CC). Referente ao filho maior de 18 anos, o poder já estava extinto (art.1.635, III CC); **B:** correta, pois Asdrúbal perderá o poder familiar quanto aos filhos menores por decisão judicial, pois aquele que pratica feminicídio contra a mãe das crianças está sujeito a essa pena (art. 1.638, I, alínea *a* CC); **C:** incorreta, pois trata-se de caso de perda e não de suspensão do poder familiar quanto aos filhos menores (art. 1.638, I, alínea *a* CC); **D:** incorreta. Não há que se falar em perda do poder familiar quanto ao filho maior de 18 anos, pois ele já estava extinto (art.1.635, III CC).

39. Gabarito: "C"
Comentário: A: incorreta, pois nesse caso é possível iniciar um procedimento judicial de declaração de ausência, a fim de arrecadar os seus bens e dar andamento à transferência de propriedade aos herdeiros (art. 22 CC); **B:** incorreta, pois neste caso não é necessário aguardar 10 anos para requerer a sucessão definitiva, mas apenas 5 anos, pois Gumercindo conta oitenta anos de idade e de cinco datam as últimas notícias dele (art. 38 CC); **C:** correta, nos termos do art. 38 CC, uma vez que devido a sua idade a Lei concede uma prazo menor para a abertura da sucessão definitiva; **D:** incorreta, pois a morte presumida sem decretação de ausência apenas se dá nos casos do art. 7º CC, e a hipótese em tela não se encaixa em nenhuma delas. Poder-se-ia pensar que se encaixa no inciso II, art. 7º, porém o caso ali tratado é de pessoas que sumiram em campanha ou foram feitas prisioneiras e nunca mais apareceram.

40. Gabarito: "C"
Comentário: A: incorreta, pois até a citação na ação reivindicatória a posse era de boa-fé. Logo, os valores recebidos antes disso não podem ser requeridos de volta (art. 1.201, parágrafo único CC). A posse se transformará em posse de má-fé apenas após a citação (e não a contestação), logo é apenas após esse ato processual que os alugueres poderão ser cobrados (art. 1.202 CC); **B:** incorreta, pois prevê o art. 1.202 CC que "a posse de boa-fé só perde este caráter no caso e desde o momento em que as circunstâncias façam presumir que o possuidor não ignora que possui indevidamente". A citação é uma circunstância que dá ciência ao possuidor de que a posse pode vir a ser declarada indevida. No caso de procedência da ação da reivindicatória, o efeito da sentença retroagirá à data da citação e os alugueres deverão ser pagos desde então; **C:** correta, pois de fato os alugueres apenas poderão ser cobrados após a ciência inequívoca de Aluísio quanto à posse indevida, o que se dá com a citação. Nos termos art. 1.202, a citação se configura como a "circunstância que faz presumir que o possuidor não ignora que possui indevidamente a coisa"; **D:** incorreta, pois apesar de possuir justo título, a presunção de boa-fé não é absoluta, mas sim relativa. O art. 1.201 parágrafo único abre a possibilidade de se obter prova em contrário e a sentença judicial procedente em ação reivindicatória é prova mais do que válida.

41. Gabarito: "D"
Comentário: A: incorreta. Lúcia tem o direito de ser indenizada, com base no art. 929 CC, pois não foi culpada pela situação de perigo; **B:** incorreta, pois sendo obrigada a indenizar Lúcia, Márcia terá direito de regresso contra o terceiro causador do dano, no caso, Janaína (art. 930, *caput* CC); **C:** incorreta, pois Lúcia não tem nenhuma relação jurídica com Ricardo, mas sim com Márcia, afinal o empréstimo da bicicleta foi para ela. Logo, apenas dela poderá ser cobrada indenização (art. 929 CC); **D:** correta, pois considerando que houve uma relação de empréstimo entre Lúcia e Márcia e houve um dano ao bem causado por Márcia, Lúcia terá o direito de ser indenizada e Márcia poderá buscar ação de regresso contra o culpado pela lesão, isto é, Janaína (art. 929 e 930 CC).

42. Gabarito "A"
Comentário: O art. 48, parágrafo único, do ECA confere ao adotado menor de 18 anos o direito de acesso ao processo no qual a adoção foi aplicada, asseguradas orientação e assistência jurídica e psicológica. O *caput* do mesmo dispositivo estabelece que o adotado, ao alcançar a maioridade, tem direito de conhecer sua origem biológica, bem assim de obter acesso irrestrito ao processo de adoção e seus eventuais incidentes, independentemente, neste caso, de orientação e assistência jurídica e psicológica.

43. Gabarito "B"
Comentário: Por força do que estabelece o art. 147, § 1º, do ECA, o critério de fixação de competência, no que toca ao cometimento do ato infracional, é o lugar em que este se deu, tal como se ocorre no Código de Processo Penal. Sucede que, no ECA, há, em relação ao CPP, uma especificidade. A

competência para o julgamento do ato infracional firmar-se-á em razão do local onde se deu a ação ou omissão (conduta). Adotou-se, portanto, a teoria da atividade. Já o CPP, em seu art. 70, *caput*, diferentemente, acolheu a teoria do resultado, pela qual será competente o juízo do lugar onde se deu a consumação. No caso narrado no enunciado, o processamento e julgamento, pelo Juiz da Infância e da Juventude, ou o juiz que exerce essa função (art. 146, ECA), deverá se dar, de uma forma ou de outra, na comarca de Belo Horizonte, local no qual foi praticado o ato infracional (conduta).

44. Gabarito "A"
Comentário: A: correta. O Estatuto da Pessoa com Deficiência (Lei 13.146/2015) incluiu ao Código de Defesa do Consumidor, parágrafo único do art. 6º, que garante às pessoas com deficiência o direito básico à informação. **B:** incorreta. Na forma do art. 6º, inciso III, do CDC, todo consumidor tem o direito básico "a informação adequada e clara sobre os diferentes produtos e serviços, com especificação correta de quantidade, características, composição, qualidade, tributos incidentes e preço, bem como sobre os riscos que apresentem". **C** e **D:** incorretas. Ver justificativa da alternativa "A".

45. Gabarito "C"
Comentário: A: incorreta. Aplica-se o Código de Defesa do Consumidor ao destinatário final de produto ou serviço, nos termos do art. 2º da lei consumerista (consumidor é pessoa física ou jurídica que adquire ou utiliza produto ou serviço como destinatário final). Ademais, para o caso em estudo, a concessionária e a montadora teriam responsabilidade civil solidária (art. 25 do CDC). Note-se que a jurisprudência do STJ segue no sentido de que é solidária a responsabilidade do fabricante e da concessionária por vício do produto, em veículos automotores, podendo o consumidor acionar qualquer um dos coobrigados. Veja: STJ, 4ª Turma, Rel. Min. Raul Araújo, REsp 2018/0209842-3, DJe 15/04/2019. **B:** incorreta. Vide comentários à alternativa "C". **C:** correta. A teoria finalista mitigada, adotada pelo Superior Tribunal de Justiça, admite a incidência da lei consumerista quando o destinatário final do produto, ainda que para com a finalidade de lucro, seja vulnerável. (Veja: REsp 1.599.535-RS, Rel. Min. Nancy Andrighi, por unanimidade, julgado em 14/3/2017, DJe 21/3/2017). Assim, o Código de Defesa do Consumidor é aplicável ao adquirente final (consumidores particulares) e a concessionária para o veículo que adquiriu com a finalidade de uso próprio, excluindo os automóveis por essa revendidos. **D:** incorreta. Vide nota da alternativa "A".

46. Gabarito: "B"
Comentário: A inscrição do empresário é obrigatória antes do início de sua atividade, nos termos do art. 967 do Código Civil, sem qualquer exceção em relação às microempresas e empresas de pequeno porte.

47. Gabarito: "C"
Comentário: Nos termos do art. 161, §5º, da Lei 11.101/2005, o credor que tiver manifestado sua adesão ao plano de recuperação extrajudicial dele não poderá desistir após a distribuição do pedido de homologação, qualquer que seja o valor de seus créditos, salvo se obtiver a anuência dos demais signatários.

48. Gabarito: "A"
Comentário: Com a falência, o valor do ativo deve ser utilizado para pagamento dos créditos na ordem prevista nos arts. 83 e 84 da Lei de Falências. A retirada de sócio implicaria a apuração de seus haveres e pagamento para ele de valores que deveriam ser destinados aos credores. Por tal razão, o art. 116, II, da Lei de Falências estabelece que o direito de retirada fica suspenso com a decretação da quebra.

49. Gabarito: "D"
Comentário: A participação do incapaz em sociedade empresária é permitida e regulada pelo art. 974, §3º, do Código Civil, que estabelece as seguintes condições para a entrada de pessoa incapaz no quadro social: (i) o capital social deve estar totalmente integralizado; (ii) o sócio incapaz não pode ter poderes de administração; e (iii) deve estar devidamente representado ou assistido.

50. Gabarito: "B"
Comentário: A: incorreta. Não há qualquer previsão legal nesse sentido. Ao contrário, como se trata de endosso em branco, o título se caracteriza como "ao portador", cabendo à endossante pagá-lo, em tese, a quem o apresente; **B:** correta, nos termos do art. 909 do CC; **C:** incorreta. O art. 906 do CC autoriza a oposição de exceções pessoais e de nulidade da obrigação; **D:** incorreta. O art. 905, parágrafo único, do CC, aplicável por analogia, afirma que a obrigação é devida ainda que o título tenha entrado em circulação contra a vontade do emitente.

51. Gabarito "C"
Comentário: Todas as alternativas se referem a instrumentos processuais que, de alguma maneira, se prestam a impugnar decisões judiciais. No sistema anterior, existiam embargos específicos para a arrematação. Mas, no CPC 2015, a expressa previsão, com base no art. 903, § 4º, é ação autônoma ("Após a expedição da carta de arrematação ou da ordem de entrega, a invalidação da arrematação poderá ser pleiteada por ação autônoma (...)").

52. Gabarito "B"
Comentário: A: incorreta. A legitimidade da ação coletiva é defina pelo art. 5º da LACP e pelo art. 82 do CDC. Trata-se de legitimação extraordinária, em que a parte postula em nome próprio, direito alheio. **B:** correta. Trata-se de Ação Civil Pública que defende Direito Individual Homogêneo (art. 81, parágrafo único, III, do CDC), que se caracteriza por ser um direito transindividual, divisível, em que pode ser identificado o sujeito de direito e que tem como origem uma circunstância de fato. Nesse caso, nos termos do art. 95 da lei consumerista, tendo ocorrido a procedência do pedido, a condenação deverá ser genérica, fixando a responsabilidade dos réus e determinando, no seu art. 97, que a liquidação e execução de sentença podem ser promovidas pela vítima e seus sucessores, bem como pelos legitimados da ação coletiva. **C:** incorreta. A legitimidade do Ministério Público para as ações coletivas está definida pelo art. 5º da LACP e pelo art. 82 do CDC. **D:** incorreta. O art. 95 do CDC determina, expressamente, que a condenação deve ser genérica, fixando a responsabilidade dos réus.

53. Gabarito "D"
Comentário: A e B: incorretas; tendo em vista que já houve trânsito em julgado, não se mostra mais possível o uso de recurso; C: incorreta, pois o enunciado aponta que a impugnação já foi apresentada e rejeitada; D: correta, pois a previsão do Código é o uso da rescisória nessas situações em que, após o trânsito, sobrevém decisão do STF em sentido inverso ao que consta do título (art. 525, §§ 12 e 15).

54. Gabarito "D"
Comentário: Em regra, deverá ser utilizado o JEF para causas com valor até 60 salários-mínimos, quando a União for ré (uso obrigatório e não facultativo). Porém, a Lei 10.259/2001 traz algumas exceções, situações nas quais não se pode utilizar esse Juizado, qualquer que seja o valor da causa. É o caso de anulação de demissão (art. 3º, § 1º, IV), de modo que a causa deverá ser proposta em Vara Federal tradicional, pelo procedimento comum.

55. Gabarito "B"
Comentário: A: incorreta, pois a ausência injustificada de qualquer das partes acarreta a aplicação de multa (CPC, art. 334, § 8º); **B:** correta, como exposto em "A", sendo esse o valor da multa (CPC, art. 334, § 8º); **C:** incorreta, considerando que há multa e não extinção do processo (a extinção por ausência do autor ocorre nos Juizados); **D:** incorreta, pois o momento de apresentar contestação, cuja ausência acarreta revelia, é após a audiência.

56. Gabarito "C"
Comentário: Quando se está diante de (i) acórdão, (ii) que aprecia ação constitucional de competência originária de Tribunal, (iii) decididos em única instância, (iv) cuja decisão é denegatória, cabível o recurso ordinário constitucional (ROC, CPC, art. 1.027, II, "a").
A: incorreta, pois não há fungibilidade entre REsp e ROC, por ausência de previsão legal e por se tratar de erro grosseiro usar o recurso errado; **B:**

incorreta, pois não cabe RE, mas ROC; **C:** correta, pois se houver o uso do recurso errado (requisito de admissibilidade cabimento), o recurso não será conhecido; **D:** incorreta, pois como já exposto, cabível o ROC.

57. Gabarito "B"
Comentário: A: incorreta, pois o CPC prevê "liminar" (tutela provisória) não só na urgência, mas também na evidência (art. 311); **B:** esta a alternativa correta, pois o juiz errou ao indeferir a liminar, pois uma das hipóteses de tutela de evidência é, exatamente, a existência de documentos aliados à tese repetitiva firmada (CPC, art. 311, II e p.u.); **C:** incorreta, pois também tese repetitiva justifica a tutela de evidência; **D:** incorreta, pois das quatro hipóteses de tutela de evidência, em apenas duas é possível a concessão liminar, sem a prévia oitiva da parte contrária (art. 311, p.u.).

58. Gabarito: "A"
Comentário: É do enunciado que Mário, cansado de ver sua filha, de 15 anos, ser importunada por seu vizinho, resolve agredi-lo, com o escopo, num primeiro momento, de causar-lhe lesões corporais. E assim o faz, colocando em prática seu intento. Ocorre que, no curso da execução do crime que almejava praticar (lesão corporal), quando já atingira seu algoz com dois socos, Mário, constatando que o castigo ainda era insuficiente, altera o seu *animus* e passa a agir com o intuito de tirar a vida do vizinho, o que de fato vem a acontecer. Para tanto, faz uso de uma barra de ferro. O mais importante, aqui, é observar que o agente (Mário), num primeiro momento, agira com o propósito tão somente de causar lesões corporais em seu vizinho; em momento posterior, mas ainda no decorrer da execução do crime que pretendia praticar, passa a agir com propósito diverso, qual seja, o de matar seu vizinho. Em outros termos: houve alteração do dolo. Pois bem. Está-se diante da chamada *progressão criminosa*, que constitui hipótese de incidência do princípio da consunção e tem como consequência a absorção dos crimes de lesão corporal pelo crime-fim, o homicídio consumado. Não há, pois, por essa razão, que se falar em concurso material ou formal de crimes.

59. Gabarito: "C"
Comentário: Segundo consta do enunciado, Lúcio, quando ainda contava com 17 anos de idade, imbuído do propósito de conseguir dinheiro para adquirir uma moto, já que alcançaria a maioridade dali a poucos dias, decide, na companhia de um comparsa, sequestrar Danilo. E assim o faz. Aos 05/10/2018, Lúcio, prestes a completar 18 anos (o que aconteceria em 09/10/2018), sequestra a vítima, cuja família, no mesmo dia, é contatada e da qual é exigido o valor de resgate, correspondente a cinquenta mil reais. Até aqui, pelo que foi narrado, possível inferir que os agentes, entre eles Lúcio, praticaram o crime de extorsão mediante sequestro, capitulado no art. 159 do CP. Pois bem. Consta ainda que o sequestrado permaneceu nesta condição pelo interregno correspondente a duas semanas, após o que foi libertado pela polícia, que logrou localizar o local do cativeiro. Ou seja, a vítima teve a sua liberdade restringida (foi arrebatada) quando Lúcio ainda era menor (17 anos), sendo libertada quando ele já atingira a maioridade. A questão que aqui se coloca é saber se Lúcio deve ser responsabilizado na qualidade de imputável ou como inimputável. Antes de mais nada, é importante que se diga que, para os efeitos do ECA (Estatuto da Criança e do Adolescente), deve ser considerada a idade do adolescente à data da conduta (ação ou omissão). Suponhamos, assim, que a prática da conduta tenha se dado a poucos dias de o adolescente atingir a maioridade (o disparo de uma arma de fogo em alguém, por exemplo) e o resultado tenha sido produzido quando o agente completou 18 anos (morte da vítima); valerá, aqui, a data do fato e não a do resultado, de forma que o agente ficará sujeito a uma medida socioeducativa, isto é, não responderá criminalmente. Incorporou-se, portanto, a teoria da atividade, consagrada no art. 4º do Código Penal, segundo a qual se considera praticado o crime no momento da ação ou omissão (conduta), ainda que outro seja o do resultado. É o que estabelece o art. 104, parágrafo único, do ECA. Aplicando tal regra ao caso narrado no enunciado, forçoso concluir que Lúcio deve ser responsabilizado como menor, certo? Errado. Isso porque o crime de extorsão mediante sequestro é classificado como *permanente*, isto é, a sua consumação se protrai no tempo por vontade do agente. Com isso, no momento em que Lúcio alcançou a maioridade, a conduta ainda estava em curso (o delito ainda estava se consumando), razão pela qual Danilo deve ser responsabilizado como imputável. *Vide*, a esse respeito, a Súmula 711, do STF. Outro ponto que merece destaque e é decisivo no acerto da questão: a consumação deste crime se dá com a mera atividade de sequestrar a vítima, ou seja, opera-se a consumação no exato instante em que a vítima é arrebatada pelo sequestrador. Dito isso, vê-se que o crime narrado no enunciado atingiu a consumação. Por fim, há de se reconhecer a forma qualificada do art. 159, § 1º, do CP, na medida em que a vítima teve a sua liberdade tolhida por período superior a 24 horas.

60. Gabarito: "D"
Comentário: As chamadas *causas supervenientes relativamente independentes* excluem a imputação, desde que sejam aptas, por si sós, a produzir o resultado; os fatos anteriores, no entanto, serão imputados a quem os praticou (art. 13, § 1º, do CP). Exemplo clássico e sempre lembrado pela doutrina é aquele em que a vítima de tentativa de homicídio é socorrida e levada ao hospital e, ali estando, vem a falecer, não em razão dos ferimentos que experimentou, mas por conta de incêndio ocorrido na enfermaria do hospital. Este evento (incêndio) do qual decorreu a morte da vítima constitui causa superveniente relativamente independente que, por si só, gerou o resultado. O nexo causal, nos termos do art. 13, § 1º, do CP, é interrompido (há imprevisibilidade). O agente, por isso, responderá por homicídio na forma tentada (e não na modalidade consumada). Perceba que, neste caso, estamos a falar de causa *relativamente* independente porque, não fosse a tentativa de homicídio, o ofendido não seria, por óbvio, hospitalizado e não seria, por consequência, vítima do incêndio que produziu, de fato, a sua morte. Dito isso e considerando o que consta do enunciado proposto, Jonas deverá ser responsabilizado apenas por lesão corporal (fratura no braço da vítima), na medida em que a morte de Leonardo decorreu de reação alérgica (choque anafilático) ocorrida em razão de erro médico. Assim, pode-se entender que a reação alérgica ao medicamento equivocadamente ministrado constitui causa superveniente relativamente independente que, por si só, produziu o resultado, excluindo-se, assim, a imputação do evento fatal a Jonas, nos termos do art. 13, § 1º, do CP. Aplicando-se a teoria da causalidade adequada, pode-se concluir que Jonas apenas deverá responder pelos ferimentos (lesões) provocados em Leonardo durante a briga, não se compreendendo na linha de desdobramento normal de referida conduta a morte da vítima em razão de choque anafilático pela ingestão de medicamento que lhe causou alergia.

61. Gabarito: "D"
Comentário: Inconformado com o término do relacionamento que mantinha com Sandra, Fábio convence Enrico, uma criança de 4 anos fruto de relacionamento anterior de Sandra, a atirar-se do 8º andar do prédio onde residia. Para tanto, valendo-se da distração da irmã de Sandra, sob o cuidado de quem o infante se encontrava, argumenta com a criança sobre como seria legal voar do 8º andar apenas com uma pequena toalha funcionando como paraquedas. O menor, induzido que foi por Fábio, pula da varanda do apartamento com a toalha e vem a sofrer lesões corporais de natureza grave, já que cai sobre uma árvore. O candidato, num primeiro momento, antes mesmo de proceder a uma reflexão mais acurada, concluirá que Fábio, que induziu Enrico a suicidar-se, deverá ser responsabilizado pelo crime do art. 122 do CP, que a doutrina convencionou chamar de *participação em suicídio*. Tal conclusão, no entanto, está incorreta. É que, para que reste caracterizado o crime de participação em suicídio, é condição indispensável que a vítima tenha um mínimo de capacidade de compreender o significado de um ato suicida. Evidente não ser este o caso de uma criança com 4 anos de idade, que nenhuma ideia faz das consequências que podem decorrer de seu ato. Tanto que acreditou que, se fizesse uso de uma toalha, poderia voar. Dessa forma, o crime de Fábio não é o do art. 122 do CP. Com efeito, ele deverá ser responsabilizado pelo delito de homicídio doloso, na modalidade tentada, uma vez que o evento morte não ocorreu por circunstâncias alheias à sua vontade. Cuidado: a causa de aumento de pena prevista no art. 122, II, do CP, a incidir na hipótese de a vítima ser menor, somente terá lugar se esta contar com mais de 14 e menos de 18 anos. Nesse sentido, conferir o magistério de Guilherme de Souza Nucci, ao tratar da causa de aumento prevista no art. 122, II, do CP: "(...) No tocante ao menor, deve-se entender a pessoa entre 14 e 18 anos, porque o menor de 14 anos, se não tem capacidade nem mesmo para consentir num ato sexual, certamente não a terá para a eliminação da própria vida. Por fim, é de se ressaltar que o suicida com resistência nula – pelos abalos ou situações

supramencionadas, incluindo-se a idade inferior a 14 anos – é vítima de homicídio, e não de induzimento, instigação ou auxílio a suicídio" (*Código Penal Comentado*, 18. ed., p. 799). Este comentário refere-se à redação anterior do art. 122 do CP, em vigor ao tempo em que foi elaborada esta questão. Em 26 de dezembro de 2019, foi publicada (e entrou em vigor) a Lei 13.968, que conferiu nova conformação jurídica ao crime de participação em suicídio. Além de alterações promovidas neste delito, inseriu-se, no mesmo dispositivo, o crime de induzimento, instigação ou auxílio a automutilação. A mudança mais significativa, a nosso ver, diz respeito ao momento consumativo do crime. Até então, tínhamos que o delito de participação em suicídio era *material*, exigindo-se, à sua consumação, a produção de resultado naturalístico consistente na morte ou lesão grave. Com a mudança operada na redação deste dispositivo, este crime passa a ser *formal*, de sorte que a consumação será alcançada com o mero ato de induzir, instigar ou auxiliar a vítima a suicidar-se ou a automutilar-se. A morte, se ocorrer, configurará a forma qualificada prevista no art. 122, § 2º; se sobrevier, da tentativa de suicídio ou da automutilação, lesão grave ou gravíssima, restará configurada a forma qualificada do art. 122, § 1º. Perceba que a morte e a lesão grave, na redação anterior, constituíam pressuposto à consumação da participação em suicídio; hoje, trata-se de circunstâncias que qualificam o crime de induzimento, instigação ou auxílio a suicídio ou a automutilação. O § 3º do dispositivo em análise estabelece causas de aumento de pena. Reza que a pena será duplicada: se o crime é praticado por motivo egoístico, torpe ou fútil; e se a vítima é menor ou tem diminuída, por qualquer causa, a capacidade de resistência. O § 4º, por sua vez, impõe um aumento de pena de até o dobro se a conduta é realizada por meio da internet ou rede social ou ainda transmitida em tempo real. Se o sujeito ativo for líder ou coordenador de grupo ou de rede virtual, sua pena será aumentada em metade (§ 5). O § 6º trata da hipótese em que o crime do § 1º deste artigo resulta em lesão corporal de natureza gravíssima e é cometido contra menor de 14 anos ou contra vítima que, por enfermidade ou deficiência mental, não tem o necessário discernimento para a prática do ato, ou que, por qualquer outra causa, está impedido de oferecer resistência, caso em que o agente responderá pelo delito do art. 129, § 2º, do CP (hipótese descrita no enunciado); agora, se contra essas mesmas vítimas for cometido o crime do art. 122, § 2º, do CP (suicídio consumado ou morte decorrente da automutilação), o crime em que incorrerá o agente será o de homicídio (art. 121, CP). É o que estabelece o art. 122, § 7º, CP. Questão que por certo suscitará acalorados debates na doutrina e na jurisprudência diz respeito à competência para o julgamento deste crime. Seria o Tribunal do Júri competente para o julgamento tanto da conduta de participação em suicídio quanto a de participação em automutilação? Não há dúvidas que o sujeito que induz, instiga ou presta auxílio a alguém com o fim de que este dê cabo de sua própria vida deve ser julgado pelo Tribunal Popular, como sempre ocorreu. Ou seja, nunca se discutiu a competência do Tribunal do Júri para o julgamento do crime do art. 122 do CP na sua redação original. Sucede que, agora, com a nova redação conferida a este dispositivo e a inclusão de nova conduta desprovida de *animus necandi*, surge a dúvida quanto à competência para o julgamento da participação em automutilação. Aguardemos.

62. Gabarito: "D"
Comentário: Nos crimes cuja ação penal é de iniciativa privativa do ofendido, incumbirá a este, entre outros encargos a que está sujeito, comparecer a qualquer ato do processo a que deva estar presente; se não o fizer, operar-se-á o fenômeno da *perempção*, que constitui modalidade de causa extintiva da punibilidade aplicável ao querelante que, por desídia, demonstra desinteresse pelo prosseguimento da ação (art. 107, IV, CP). Suas hipóteses de cabimento estão elencadas no art. 60 do CPP. Evidente que, sendo a ausência justificada, não há que se falar em perempção.

63. Gabarito: "D"
Comentário: Antes de analisar cada alternativa, façamos a adequação típica da conduta descrita no enunciado. Em outras palavras, em que crime incorreu Lucas? Segundo consta, ao ingressar na residência, o objetivo de Lucas era tão somente o de subtrair o computador (*animus furandi*); ocorre, todavia, que, logo após se apoderar do bem e quando já se preparava para deixar o local, Lucas é surpreendido com a presença do proprietário do imóvel. Assustado, ele o empurra e logra deixar o local com o produto do crime. Note que Lucas, num primeiro momento, queria praticar o crime de furto e, posteriormente, já na posse do bem subtraído, acaba por empregar violência (empurrão) com o propósito de assegurar a impunidade ou a detenção da coisa. Pois bem. Dito isso, forçoso concluir que o crime em que incorreu Lucas é o de roubo impróprio (art. 157, § 1º, do CP), cujo pressuposto é justamente o fato de a violência contra a pessoa ou grave ameaça verificar-se após a subtração da *res*. O roubo próprio, por sua vez, que é a modalidade mais comum desse crime, se dá quando a violência ou grave ameaça é empregada com o fim de retirar os bens da vítima. Em outras palavras, a violência ou a grave ameaça, no roubo próprio, constitui meio para o agente chegar ao seu objetivo, que é o de efetuar a subtração. Passemos agora à análise de cada alternativa. **A:** incorreta. Tendo em conta que o roubo impróprio alcança a sua consumação com o emprego da violência ou grave ameaça, não há que se falar em desistência voluntária, na medida em que tal instituto pressupõe ausência de consumação, entre outros requisitos (art. 15, primeira parte, CP); **B:** incorreta. A exemplo da desistência voluntária, o arrependimento eficaz (art. 15, segunda parte, do CP) também pressupõe ausência de consumação; **C:** incorreta. Já o arrependimento posterior (art. 16, CP) tem como pressuposto que o crime tenha se consumado. Ocorre que o reconhecimento desta causa de redução de pena exige, entre outros requisitos, que o crime tenha sido praticado sem violência ou grave ameaça à pessoa. Como já ponderado acima, não é este o caso do roubo impróprio (ou mesmo o próprio); **D:** correta. Lucas, que cometeu o crime de roubo impróprio, fará jus ao reconhecimento da circunstância atenuante presente no art. 65, III, *b*, do CP.

64. Gabarito "C"
Comentário: A: incorreta. Embora o direito de autodefesa inclua o direito de presença do réu em todos os atos do processo, é certo que, havendo motivo plausível (humilhação, temor ou sério constrangimento à vítima), poderá o juiz, sendo inviável proceder-se à inquirição por meio de videoconferência, determinar a retirada do acusado da sala de audiência, assegurada a permanência de seu defensor (art. 217, CPP); **B:** incorreta. Ao contrário do que se afirma na assertiva, a primeira formalidade a ser cumprida, no ato de reconhecimento de pessoas, é justamente a descrição da pessoa que tiver de ser reconhecida por aquela que fará o reconhecimento (art. 226, I, CPP); **C:** correta. Se, no momento do reconhecimento, havia pessoas com características semelhantes às de Glauber, elas deveriam ter sido utilizadas (art. 226, II, CPP). Se não foram (quando era possível), poderá o advogado de Glauber se valer deste vício para buscar a anulação do julgamento, por infringência à regra contida no art. 226, II, CPP; **D:** incorreta, já que tal formalidade não está prescrita em lei (art. 226, IV, do CPP).

65. Gabarito "D"
Comentário: A: incorreta. Transitada em julgado a sentença penal condenatória, a revisão pode ser requerida a qualquer tempo, antes ou depois de extinta a pena (art. 622, *caput*, do CPP); **B:** incorreta, pois contraria o disposto no art. 623 do CPP, que estabelece que a revisão poderá ser pedida pelo próprio réu ou por procurador legalmente habilitado ou, no caso de morte do condenado, pelo cônjuge, ascendente, descendente ou irmão. Admite-se, pois, que o próprio condenado ajuíze a ação revisional, ainda que não se faça representar por advogado; **C:** incorreta. O julgamento da revisão criminal cabe aos tribunais (art. 624, CPP); **D:** correta. Vide comentário à assertiva "B".

66. Gabarito "C"
Comentário: A solução da questão deve ser extraída da Súmula 707, STF: "Constitui nulidade a falta de intimação do denunciado para oferecer contrarrazões ao recurso interposto da rejeição da denúncia, não a suprimindo a nomeação de defensor dativo".

67. Gabarito "B"
Comentário: Na dicção do art. 146 do CPP, a arguição de falsidade, feita por procurador, exige que sejam a este conferidos poderes especiais. Procedimento do incidente de falsidade: depois de mandar autuar em apartado a impugnação, o juiz ouvirá a parte contrária, que, dentro do prazo de 48 horas, oferecerá resposta, tal como estabelece o art. 145, I, do CPP; após, assinará o prazo de 3 dias, sucessivamente, a cada uma das partes, para prova de suas alegações (art. 145, II, do CPP); conclusos os

autos, poderá ordenar as diligências que reputar necessárias (art. 145, III, do CPP); reconhecida a falsidade, o juiz determinará, por decisão contra a qual não cabe recurso, o desentranhamento do documento e o remeterá ao MP (art. 145, IV, do CPP).

68. Gabarito "C"
Comentário: A: incorreta. Se de um lado é fato que ao acusado é concedida a garantia de conhecer todas as provas que contra ele pesam, isso não quer dizer que os interrogatórios devam ser feitos conjuntamente, na hipótese de haver mais de um réu. É do art. 191 do CPP que, o interrogatório, havendo mais de um acusado, será feito em separado. Isso para se evitar a influência de um corréu sobre o outro, no ato do interrogatório. Dessa forma, o interrogatório, no caso narrado no enunciado, deve, sim, ser feito separadamente. Agiu bem o magistrado, portanto; **B:** incorreta. Embora se trate de providência de caráter excepcional, assim considerada pela lei processual penal (art. 185, § 2º, CPP), é certo que, na hipótese narrada no enunciado, deveria o magistrado responsável pelo julgamento do caso, tendo em vista a notícia concreta de que Tomás e Sérgio, durante o deslocamento para a audiência de instrução e julgamento, teriam um plano de fuga, determinar que o interrogatório fosse realizado por videoconferência, hipótese contemplada no art. 185, § 2º, I, do CPP; **C:** correta. O juiz, fazendo uso da prerrogativa que lhe confere o art. 182 do CPP, poderá aceitar ou rejeitar o laudo, no todo ou em parte. É dizer, o magistrado não ficará vinculado ao laudo; **D:** incorreta. A redação anterior do art. 159 do CPP estabelecia que a perícia fosse realizada por *dois* profissionais. Atualmente, com a modificação a que foi submetido este dispositivo (pela Lei 11.690/2008), a perícia será levada a efeito por *um* perito oficial portador de diploma de curso superior. À falta deste, determina o § 1º do art. 159 que o exame seja feito por duas pessoas idôneas, detentoras de diploma de curso superior preferencialmente na área específica, dentre aquelas que tiverem habilitação técnica relacionada com a natureza do exame.

69. Gabarito "A"
Comentário: Não há dúvida de que o crime de furto qualificado praticado por Anderson, Cláudio e Jorge é da competência da Justiça Federal, já que cometido em detrimento de empresa pública federal (art. 109 da CF). Ocorre que, ao deixarem a agência bancária, logo em seguida ao cometimento do furto, os agentes efetuaram um roubo de veículo, que lhes serviu de fuga, tendo como vítima Júlia, crime este conexo com o furto contra a agência bancária. Em princípio, a competência para o julgamento do roubo seria da Justiça Estadual. Sucede que, diante da conexão existente entre esses dois delitos, tendo em vista a força atrativa da Justiça Federal em face da Estadual, o julgamento de ambos os crimes caberá àquela (Justiça Federal). É esse o entendimento sedimentado na Súmula 122 do STJ: *Compete à Justiça Federal o processo e julgamento unificado dos crimes conexos de competência federal e estadual, não se aplicando a regra do art. 78, II, a, do Código de Processo Penal.*

70. Gabarito: "C"
Comentário: "C" é a alternativa correta. Isso porque nos termos do art. 477-B da CLT o Plano de Demissão Voluntária ou Incentivada, seja para dispensa individual, plúrima ou coletiva, previsto em convenção coletiva ou acordo coletivo de trabalho, enseja quitação plena e irrevogável dos direitos decorrentes da relação empregatícia, salvo disposição em contrário estipulada entre as partes. Como no acordo não houve disposição em contrário das partes, ou seja, não houve qualquer ressalva das partes, Gilberto não teria sucesso na demanda.

71. Gabarito: "C"
Comentário: A: incorreta, pois se trata da modalidade teletrabalho, previsto nos arts. 75-A a 75-E da CLT; **B:** opção incorreta, pois os empregados em teletrabalho estão excluídos do regime de duração do trabalho, conforme art. 62, III, da CLT; **C:** correta, pois se trata da modalidade teletrabalho, previsto nos arts. 75-A a 75-E da CLT. Nessa modalidade de contrato poderá ser realizada a alteração do regime de teletrabalho para o presencial por determinação do empregador, garantido prazo de transição mínimo de quinze dias, com correspondente registro em aditivo contratual, na forma do art. 75-C, § 2º, da CLT. **D:** incorreta, pois os equipamentos utilizados não são considerados salário-utilidade, art. 75-D, parágrafo único, da CLT.

72. Gabarito: "D"
Comentário: "D" é a resposta correta. Isso porque o enunciado trata do instituto denominado horas in itinere, sobre o qual o art. 58, § 2º, da CLT dispõe que o tempo gasto pelo empregado desde a sua residência até a efetiva ocupação do posto de trabalho e para o seu retorno, caminhando ou por qualquer meio de transporte, inclusive o fornecido pelo empregador, não será computado na jornada de trabalho, por não ser tempo à disposição do empregador. Por essa razão Fábio não fará jus ao pedido de horas extras.

73. Gabarito: "C"
Comentário: "C" é a alternativa correta. Isso porque Alice possui a garantia de emprego da gestante, prevista no art. 10, II, b, do ADCT, mesmo na hipótese de admissão mediante contrato por tempo determinado, súmula 244, III, TST. Sofia possui a estabilidade por acidente do trabalho, prevista no art. 118 da Lei 8.213/1991, ainda que submetida a contrato de trabalho por tempo determinado, súmula 378, III, do TST. Larissa, contudo, não possui garantia de emprego, pois, nos termos do art. 165 da CLT, somente os titulares da representação dos empregados nas CIPA (s) não poderão sofrer despedida arbitrária, gozando da garantia provisória de emprego decorrente de acidente de trabalho. Isso porque ela foi indicada pelo empregador e não eleita pelos empregados. Por último, Maria Eduarda possui a garantia de emprego prevista no art. 510-D, § 3º, da CLT.

74. Gabarito: "D"
Comentário: Nos termos do art. 468 da CLT nos contratos individuais de trabalho só é lícita a alteração das respectivas condições por mútuo consentimento, e ainda assim desde que não resultem, direta ou indiretamente, prejuízos ao empregado, sob pena de nulidade da cláusula infringente desta garantia. Nesse sentido, dispõe o § 1º do citado dispositivo legal que não se considera alteração unilateral a determinação do empregador para que o respectivo empregado reverta ao cargo efetivo, anteriormente ocupado, deixando o exercício de função de confiança. Nesse sentido, antes da reforma trabalhista (Lei 13.467/2017) o TST entendia por meio da súmula 372, I que percebida a gratificação de função por dez ou mais anos pelo empregado, se o empregador, sem justo motivo, revertê-lo a seu cargo efetivo, não poderá retirar-lhe a gratificação tendo em vista o princípio da estabilidade financeira. Contudo, a Lei 13.467/2017 (reforma trabalhista) inseriu o § 2º ao art. 468 da CLT ensinando que a alteração contratual acima estudada, com ou sem justo motivo, não assegura ao empregado o direito à manutenção do pagamento da gratificação correspondente, que não será incorporada, independentemente do tempo de exercício da respectiva função. Desta forma, pela atual legislação em vigor, seria correta a alternativa "D".

75. Gabarito: "D"
Comentário: Nos termos do art. 611-A, § 2º, da CLT a inexistência de expressa indicação de contrapartidas recíprocas em convenção coletiva ou acordo coletivo de trabalho não ensejará sua nulidade por não caracterizar um vício do negócio jurídico.

76. Gabarito: "A"
Comentário: "A" é a opção correta. O recurso adesivo será cabível das decisões de procedência parcial, ou seja, quando houver sucumbência recíproca. Deverá ser interposto perante a autoridade competente para admitir o recurso principal, no mesmo prazo das contrarrazões ao recurso principal e ficará vinculado ao seu recebimento. Não há previsão do recurso adesivo na CLT, sendo aplicado subsidiariamente o art. 997 do CPC/2015, por força do art. 769 da CLT e art. 15 CPC/2015. Por meio da Súmula 283 o TST entendeu que o recurso adesivo é compatível com o processo do trabalho e cabe, no prazo de 8 (oito) dias, nas hipóteses de interposição de recurso ordinário, de agravo de petição, de revista e de embargos, sendo desnecessário que a matéria nele veiculada esteja relacionada com a do recurso interposto pela parte contrária.

77. Gabarito: "B"
Comentário: "B" é a opção correta. Inicialmente, cumpre apontar que, de acordo com o enunciado, o Juiz proferiu uma sentença (art. 203, § 1º, CPC), ato impugnável mediante recurso ordinário, na forma do art. 895, I, da CLT, no prazo de 8 dias. Com isso, mostra-se inviável a impetração de Mandado

de Segurança. No recurso ordinário a parte deverá pugnar pela nulidade da sentença, na medida em que, conforme o art. 843, § 1º, da CLT, é facultado ao empregador fazer-se substituir por preposto que tenha conhecimento do fato, e cujas declarações obrigarão o proponente. O § 4º do mesmo art. 843 da CLT determina que o preposto não precisa ser empregado da parte reclamada.

78. Gabarito: "C"
Comentário: "C" é a opção correta. Isso porque, oferecida a contestação, ainda que eletronicamente, o reclamante não poderá, sem o consentimento do reclamado, desistir da ação, nos termos do art. 841, § 3º, da CLT. O encaminhamento da contestação pelo PJe, antes da audiência inaugural, "com sigilo", não impede a desistência unilateral do reclamante. Por outro lado, se a contestação foi encaminhada pelo PJe "sem sigilo", a desistência da reclamação somente será possível com o consentimento da reclamada.

79. Gabarito: "B"
Comentário: A: incorreta, pois o processo de homologação de acordo extrajudicial está previsto nos arts. 855-B a 855-E da CLT; **B:** correta, pois, nos termos do art. 855-D da CLT, a decisão proferida se denomina sentença, ato impugnável via recurso ordinário, nos termos do art. 895, I, da CLT; **C:** incorreta, pois a propositura de nova ação não se mostra viável, tendo em vista o ato ser impugnável via recurso ordinário, art. 895, I, da CLT; **D:** incorreta, pois embora o juiz não seja obrigado a homologar acordo (súmula 418 do TST), o ato do Juiz por possuir conteúdo de sentença é impugnável via recurso ordinário, art. 895, I, da CLT.

80. Gabarito: "D"
Comentário: I: incorreta. Nos termos do art. 406 da CLT a competência para autorização do trabalho do menor é da Justiça Comum Estadual, especificamente do Juiz da Infância e Juventude; **II:** correta, nos termos do art. 114, VII, da CF; **III:** incorreta, pois, nos termos do art. 109, I, da CF, a competência para ações acidentárias será da Justiça Comum Estadual; **IV:** opção incorreta, pois a relação entre o advogado e seu cliente é regida pelo Código Civil. Não se trata de uma relação de trabalho, mas sim de uma relação de natureza civil, o que afasta a competência da Justiça do Trabalho, determinando a competência da Justiça Comum Estadual.

2019.3 – XXX EXAME DE ORDEM

1. Em certa situação, uma advogada, inscrita na OAB, foi ofendida em razão do exercício profissional durante a realização de uma audiência judicial. O ocorrido foi amplamente divulgado na mídia, assumindo grande notoriedade e revelando, de modo urgente, a necessidade de desagravo público.

Considerando que o desagravo será promovido pelo Conselho competente, seja pelo órgão com atribuição ou pela Diretoria *ad referendum*, assinale a afirmativa correta.

(A) A atuação se dará apenas mediante provocação, a pedido da ofendida ou de qualquer outra pessoa. É condição para concessão do desagravo a solicitação de informações à pessoa ou autoridade apontada como ofensora.

(B) A atuação se dará de ofício ou mediante pedido, o qual deverá ser formulado pela ofendida, seu representante legal ou advogado inscrito na OAB. É condição para concessão do desagravo a solicitação de informações à pessoa ou autoridade apontada como ofensora.

(C) A atuação se dará de ofício ou mediante provocação, seja da ofendida ou de qualquer outra pessoa. Não é condição para concessão do desagravo a solicitação de informações à pessoa ou autoridade apontada como ofensora.

(D) A atuação se dará de ofício ou mediante pedido, o qual deverá ser formulado pela ofendida, seu representante legal ou advogado inscrito na OAB. Não é condição para concessão do desagravo a solicitação de informações à pessoa ou autoridade apontada como ofensora.

2. O advogado Geraldo foi regularmente constituído por certo cliente para defendê-lo em um processo judicial no qual esse cliente é réu. Geraldo ofereceu contestação, e o processo segue atualmente seu trâmite regular, não tendo sido, por ora, designada audiência de instrução e julgamento.

Todavia, por razões insuperáveis que o impedem de continuar exercendo o mandato, Geraldo resolve renunciar. Em 12/02/2019, Geraldo fez a notificação válida da renúncia. Três dias depois da notificação, o mandante constituiu novo advogado, substituindo-o. Todo o ocorrido foi informado nos autos.

Considerando o caso narrado, de acordo com o Estatuto da Advocacia e da OAB, assinale a afirmativa correta.

(A) Geraldo continuará a representar o mandante durante os dez dias seguintes à notificação da renúncia.

(B) O dever de Geraldo de representar o mandante cessa diante da substituição do advogado, independentemente do decurso de prazo.

(C) Geraldo continuará a representar o mandante até que seja proferida e publicada sentença nos autos, ainda que recorrível.

(D) Geraldo continuará a representar o mandante até o término da audiência de instrução e julgamento.

3. Beatriz, advogada regularmente inscrita na OAB, deseja organizar uma chapa para concorrer à diretoria de Subseção. Ao estudar os pressupostos para a formação da chapa, a realização das eleições e o futuro exercício do cargo, Beatriz concluiu corretamente que

(A) a chapa deverá ser integrada por advogados em situação regular junto à OAB, que exerçam cargos em comissão, desde que atuem, efetivamente, na profissão há mais de cinco anos.

(B) a eleição será realizada na segunda quinzena do mês de novembro, do último ano do mandato, sendo o comparecimento obrigatório para todos os advogados inscritos na OAB.

(C) o mandato é de três anos, iniciando-se em primeiro de fevereiro do ano seguinte ao da eleição.

(D) o mandato extingue-se automaticamente, antes do seu término, sempre que o titular faltar, sem motivo justificado, a mais de três reuniões ordinárias.

4. O advogado Carlos não adimpliu suas obrigações relativas às anuidades devidas à OAB. Assinale a opção que, corretamente, trata das consequências de tal inadimplemento.

(A) Carlos deverá quitar o débito em 15 dias contados da notificação para tanto, sob pena de suspensão, independentemente de processo disciplinar. Na terceira suspensão por não pagamento de anuidade, seja a mesma ou anuidades distintas, será cancelada sua inscrição.

(B) Carlos deverá quitar o débito no prazo fixado em notificação, sob pena de suspensão mediante processo disciplinar. Após 15 dias de suspensão, caso não realizado o pagamento da mesma anuidade, será cancelada sua inscrição.

(C) Carlos deverá quitar o débito em 15 dias contados da notificação para tanto, sob pena de suspensão, mediante processo disciplinar. Na terceira suspensão por não pagamento de anuidades, será cancelada sua inscrição.

(D) Carlos deverá quitar o débito em 15 dias contados da notificação para tanto, sob pena de suspensão, independentemente de processo disciplinar. Na segunda suspensão por não pagamento de anuidades distintas, será cancelada sua inscrição, após o transcurso de processo disciplinar.

5. Jailton, advogado, após dez anos de exercício da advocacia, passou a apresentar comportamentos incomuns. Após avaliação médica, ele foi diagnosticado com uma doença mental curável, mediante medicação e tratamento bastante demorado.

Segundo as disposições do Estatuto da Advocacia e da OAB, o caso do advogado Jailton incide em causa de

(A) suspensão do exercício profissional.

(B) impedimento para o exercício profissional.

(C) cancelamento da inscrição profissional.

(D) licença do exercício profissional.

6. Antônio e José são advogados e atuam em matéria trabalhista. Antônio tomou conhecimento de certos fatos relativos à vida pessoal de seu cliente, que respondia a processo considerado de interesse acadêmico. Após o encerramento do feito judicial, Antônio resolveu abordar os fatos que deram origem ao processo em sua dissertação pública de mestrado. Então, a fim de se resguardar, Antônio notificou o cliente, indagando se este solicitava sigilo sobre os fatos pessoais ou se estes podiam ser tratados na aludida dissertação. Tendo obtido resposta favorável do cliente, Antônio abordou o assunto na dissertação.

Por sua vez, o advogado José também soube de fatos pessoais de seu cliente, em razão de sua atuação em outro processo. Entretanto, José foi difamado em público, gravemente, por uma das partes da demanda. Por ser necessário à defesa de sua honra, José divulgou o conteúdo particular de que teve conhecimento.

Considerando os dois casos narrados, assinale a afirmativa correta.

(A) Antônio infringiu o disposto no Código de Ética e Disciplina da OAB, violando o dever de sigilo profissional. Por outro lado, José não cometeu infração ética, já que o dever de sigilo profissional cede na situação descrita.

(B) Antônio e José infringiram, ambos, o disposto no Código de Ética e Disciplina da OAB, violando seus deveres de sigilo profissional.

(C) José infringiu o disposto no Código de Ética e Disciplina da OAB, violando o dever de sigilo profissional. Por outro lado, Antônio não cometeu infração ética, já que o dever de sigilo profissional cede na situação descrita.

(D) Antônio e José não cometeram infração ética, já que o dever de sigilo profissional, em ambos os casos, cede nas situações descritas.

7. Maria, formada em uma renomada faculdade de Direito, é transexual. Após a aprovação no Exame de Ordem e do cumprimento dos demais requisitos, Maria receberá a carteira de identidade de advogado, relativa à sua inscrição originária. Sobre a hipótese apresentada, de acordo com o disposto na Lei 8.906/94 e no Regulamento Geral do Estatuto da Advocacia e da OAB, assinale a afirmativa correta.

(A) É admitida a inclusão do nome social de Maria, em seguida ao nome registral, havendo exigência normativa de que este seja o nome pelo qual Maria se identifica e é socialmente reconhecida, mediante mero requerimento formulado pela advogada.

(B) É admitida a inclusão do nome social de Maria, desde que, por exigência normativa, este seja o nome pelo qual Maria se identifica e que consta em registro civil de pessoas naturais, originariamente ou por alteração, mediante mero requerimento formulado pela advogada.

(C) É admitida a inclusão do nome social de Maria, independentemente de menção ao nome registral, havendo exigência normativa de que este seja o nome pelo qual Maria se identifica, e é socialmente reconhecida, e de que haja prévia aprovação em sessão do Conselho Seccional respectivo.

(D) Não há previsão na Lei 8.906/94 e no Regulamento Geral do Estatuto da Advocacia e da OAB sobre a inclusão do nome social de Maria na carteira de identidade do advogado, embora tal direito possa advir de interpretação do disposto na Constituição Federal, desde que haja cirurgia prévia de redesignação sexual e posterior alteração do nome registral da advogada para aquele pelo qual ela se identifica e é socialmente reconhecida.

8. João Pedro, advogado conhecido no Município Alfa, foi eleito para mandato na Câmara Municipal, na legislatura de 2012 a 2015. Após a posse e o exercício do cargo de vereador em 2012 e 2013, João Pedro licenciou-se do mandato em 2014 e 2015 a convite do Prefeito, para exercer o cargo de Procurador-Geral do Município Alfa.

Diante desses fatos, João Pedro,

(A) em 2012 e 2013, poderia exercer a advocacia a favor de entidades paraestatais.

(B) em 2012 e 2013, não poderia exercer a advocacia contra empresa concessionária de serviço público estadual.

(C) em 2014 e 2015, poderia exercer a advocacia privada, desde que não atuasse contra o Município Alfa ou entidade que lhe seja vinculada.

(D) em 2014 e 2015, não poderia exercer a advocacia a favor de autarquia vinculada ao Município Alfa.

9. *Um juiz pode dar uma sentença favorável a uma querelante com um rostinho bonito ou proveniente de determinada classe social, na realidade porque gosta do rosto ou da classe, mas ostensivamente pelas razões que apresentar para sua decisão.*

Neil MacCormick

Existem diferentes motivos pelos quais uma decisão é tomada, segundo MacCormick. Alguns argumentos podem ser até mesmo inconfessáveis, porém, de qualquer forma, a autoridade que decide precisa persuadir um auditório quanto à sua decisão.

Assinale a opção que, segundo Neil MacCormick, em seu livro *Argumentação Jurídica e Teoria do Direito*, apresenta a noção essencial daquilo que a fundamentação de uma decisão deve fazer.

(A) Dar boas razões ostensivamente justificadoras em defesa da decisão, de modo que o processo de argumentação seja apresentado como processo de justificação.

(B) Realizar uma dedução silogística por intermédio da qual a decisão seja a premissa maior, resultante da lei, que deve ser considerada a premissa menor do raciocínio lógico.

(C) Proceder a um ato de vontade no qual cabe ao juiz escolher uma norma válida contida no ordenamento jurídico vigente e aplicá-la ao caso concreto.

(D) Alinhar-se à jurisprudência dominante em respeito às decisões dos tribunais superiores expressas na firma de precedentes, enunciados e súmulas.

10. *É preciso repetir mais uma vez aquilo que os adversários do utilitarismo raramente fazem o favor de reconhecer: a felicidade que os utilitaristas adotaram como padrão do que é certo na conduta não é a do próprio agente, mas a de todos os envolvidos.*

John Stuart *Mill*

Na defesa que Stuart Mill faz do utilitarismo como princípio moral, em seu texto *Utilitarismo*, ele afirma que o utilitarismo exige que o indivíduo não coloque seus interesses acima dos interesses dos demais, devendo, por isso, ser imparcial e até mesmo benevolente.

Assim, no texto em referência, Stuart Mill afirma que, para aproximar os indivíduos desse ideal, a *utilidade* recomenda que

(A) as leis e os dispositivos sociais coloquem, o máximo possível, a felicidade ou o interesse de cada indivíduo em harmonia com os interesses do todo.

(B) o Direito Natural, que possui como base a própria natureza das coisas, seja o fundamento primeiro e último de todas as leis, para que o desejo de ninguém se sobreponha ao convívio social.

(C) os sentimentos morais que são inatos aos seres humanos e conformam, de fato, uma parte de nossa natureza, já que estão presentes em todos, sejam a base da legislação.

(D) as leis de cada país garantam a liberdade de cada indivíduo em buscar sua própria felicidade, ainda que a felicidade de um não seja compatível com a felicidade de outro.

11. Em março de 2017, o Supremo Tribunal Federal, em decisão definitiva de mérito proferida no âmbito de uma Ação Declaratória de Constitucionalidade, com eficácia contra todos (*erga omnes*) e efeito vinculante, declarou que a lei federal, que autoriza o uso de determinado agrotóxico no cultivo de soja, é constitucional, desde que respeitados os limites e os parâmetros técnicos estabelecidos pela Agência Nacional de Vigilância Sanitária (ANVISA).

Inconformados com tal decisão, os congressistas do partido Y apresentaram um projeto de lei perante a Câmara dos Deputados visando proibir, em todo o território nacional, o uso do referido agrotóxico e, com isso, "derrubar" a decisão da Suprema Corte. Em outubro de 2017, o projeto de lei é apresentado para ser votado.

Diante da hipótese narrada, assinale a afirmativa correta.

(A) A superação legislativa das decisões definitivas de mérito do Supremo Tribunal Federal, no âmbito de uma ação declaratória de constitucionalidade, deve ser feita pela via da emenda constitucional, ou seja, como fruto da atuação do poder constituinte derivado reformador; logo, o projeto de lei proposto deve ser impugnado por mandado de segurança em controle prévio de constitucionalidade.

(B) Embora as decisões definitivas de mérito proferidas pelo Supremo Tribunal Federal nas ações declaratórias de constitucionalidade não vinculem o Poder Legislativo em sua função típica de legislar, a Constituição de 1988 veda a rediscussão de temática já analisada pela Suprema Corte na mesma sessão legislativa, de modo que o projeto de lei apresenta vício formal de inconstitucionalidade.

(C) Como as decisões definitivas de mérito proferidas pelo Supremo Tribunal Federal em sede de controle concentrado de constitucionalidade gozam de eficácia contra todos e efeito vinculante, não poderia ser apresentado projeto de lei que contrariasse questão já pacificada pela Suprema Corte, cabendo sua impugnação pela via da reclamação constitucional.

(D) O Poder Legislativo, em sua função típica de legislar, não fica vinculado às decisões definitivas de mérito proferidas pelo Supremo Tribunal Federal no controle de constitucionalidade, de modo que o projeto de lei apresentado em data posterior ao julgamento poderá ser regularmente votado e, se aprovado, implicará a superação ou reação legislativa da jurisprudência.

12. Em decorrência de um surto de dengue, o Município Alfa, após regular procedimento licitatório, firmou ajuste com a sociedade empresária *Mata Mosquitos Ltda.*, pessoa jurídica de direito privado com fins lucrativos, visando à prestação de serviços relacionados ao combate à proliferação de mosquitos e à realização de campanhas de conscientização da população local. Nos termos do ajuste celebrado, a sociedade empresarial passaria a integrar, de forma complementar, o Sistema Único de Saúde (SUS).

Diante da situação narrada, com base no texto constitucional, assinale a afirmativa correta.

(A) O ajuste firmado entre o ente municipal e a sociedade empresária é inconstitucional, eis que a Constituição de 1988 veda a participação de entidades privadas com fins lucrativos no Sistema Único de Saúde, ainda que de forma complementar.

(B) A participação complementar de entidades privadas com fins lucrativos no Sistema Único de Saúde é admitida, sendo apenas vedada a destinação de recursos públicos para fins de auxílio ou subvenção às atividades que desempenhem.

(C) O ajuste firmado entre o Município Alfa e a sociedade empresária Mata Mosquito Ltda. encontra-se em perfeita consonância com o texto constitucional, que autoriza a participação de entidades privadas com fins lucrativos no Sistema Único de Saúde e o posterior repasse de recursos públicos.

(D) As ações de vigilância sanitária e epidemiológica, conforme explicita a Constituição de 1988, não se encontram no âmbito de atribuições do Sistema Único de Saúde, razão pela qual devem ser prestadas exclusivamente pelo poder público.

13. As chuvas torrenciais que assolaram as regiões Norte e Nordeste do país resultaram na paralisação de serviços públicos essenciais ligados às áreas de saúde, educação e segurança. Além disso, diversos moradores foram desalojados de suas residências, e o suprimento de alimentos e remédios ficou prejudicado em decorrência dos alagamentos.

O Presidente da República, uma vez constatado o estado de calamidade pública de grande proporção, decretou estado de defesa. Dentre as medidas coercitivas adotadas com o propósito de restabelecer a ordem pública estava o uso temporário de ambulâncias e viaturas pertencentes ao Município Alfa.

Diante do caso hipotético narrado, assinale a afirmativa correta.

(A) A fundamentação empregada pelo Presidente da República para decretar o estado de defesa viola a Constituição de 1988, porque esta exige, para tal finalidade, a declaração de estado de guerra ou resposta a agressão armada estrangeira.

(B) Embora seja admitida a decretação do estado de defesa para restabelecer a ordem pública em locais atingidos por calamidades de grandes proporções da natureza, não pode o Presidente da República, durante a vigência do período de exceção, determinar o uso temporário de bens pertencentes a outros entes da federação.

(C) O estado de defesa, no caso em comento, viola o texto constitucional, porque apenas poderia vir a ser decretado pelo Presidente da República caso constatada a ineficácia de medidas adotadas durante o estado de sítio.

(D) A União pode determinar a ocupação e o uso temporário de bens e serviços públicos, respondendo pelos danos e custos decorrentes, porque a necessidade de restabelecer a ordem pública em locais atingidos por calamidades de grandes proporções da natureza é fundamento idôneo para o estado de defesa.

14. O Supremo Tribunal Federal reconheceu a periculosidade inerente ao ofício desempenhado pelos agentes penitenciários, por tratar-se de atividade de risco. Contudo, ante a ausência de norma que regulamente a concessão da aposentadoria especial no Estado Alfa, os agentes penitenciários dessa unidade federativa encontram-se privados da concessão do referido direito constitucional.

Diante disso, assinale a opção que apresenta a medida judicial adequada a ser adotada pelo Sindicato dos Agentes Penitenciários do Estado Alfa, organização sindical legalmente constituída e em funcionamento há mais de 1 (um) ano, em defesa da respectiva categoria profissional.

(A) Ele pode ingressar com mandado de injunção coletivo para sanar a falta da norma regulamentadora, dispensada autorização especial dos seus membros.

(B) Ele não possui legitimidade ativa para ingressar com mandado de injunção coletivo, mas pode pleitear aplicação do direito constitucional via ação civil pública.

(C) Ele tem legitimidade para ingressar com mandado de injunção coletivo, cuja decisão pode vir a ter eficácia ultra partes, desde que apresente autorização especial dos seus membros.

(D) Ele pode ingressar com mandado de injunção coletivo, mas, uma vez reconhecida a mora legislativa, a decisão não pode estabelecer as condições em que se dará o exercício do direito à aposentadoria especial, sob pena de ofensa à separação dos Poderes.

15. Durante campeonato oficial de judô promovido pela Federação de Judô do Estado Alfa, Fernando, um dos atletas inscritos, foi eliminado da competição esportiva em decorrência de uma decisão contestável da arbitragem que dirigiu a luta.

Na qualidade de advogado(a) contratado(a) por Fernando, assinale a opção que apresenta a medida juridicamente adequada para o caso narrado.

(A) Fernando poderá ingressar com processo perante a justiça desportiva para contestar o resultado da luta e, uma vez esgotadas as instâncias desportivas e proferida decisão final sobre o caso, não poderá recorrer ao Poder Judiciário.

(B) Fernando poderá impugnar o resultado da luta perante o Poder Judiciário, independentemente de esgotamento das instâncias da justiça desportiva, em virtude do princípio da inafastabilidade da jurisdição.

(C) Fernando, uma vez esgotadas as instâncias da justiça desportiva (que terá o prazo máximo de 60 dias, contados da instauração do processo, para proferir decisão final), poderá impugnar o teor da decisão perante o Poder Judiciário.

(D) A ordem jurídica, que adotou o princípio da unidade de jurisdição a partir da Constituição de 1988, passou a prever a exclusividade do Poder Judiciário para dirimir todas as questões que venham a ser judicializadas em território nacional, deslegitimando a atuação da justiça desportiva.

16. Giuseppe, italiano, veio ainda criança para o Brasil, juntamente com seus pais. Desde então, nunca sofreu qualquer tipo de condenação penal, constituiu família, sendo pai de um casal de filhos nascidos no país, possui título de eleitor e nunca deixou de participar dos pleitos eleitorais. Embora tenha se naturalizado brasileiro na década de 1990, não se sente brasileiro. Nesse sentido, Giuseppe afirma que é muito grato ao Brasil, mas que, apesar do longo tempo aqui vivido, não partilha dos mesmos valores espirituais e culturais dos brasileiros.

Giuseppe mora em Vitória/ES e descobriu o envolvimento do Ministro de Estado Alfa em fraude em uma licitação cujo resultado beneficiou, indevidamente, a empresa de propriedade de seus irmãos. Indignado com tal atitude, Giuseppe resolveu, em nome da intangibilidade do patrimônio público e do princípio da moralidade administrativa, propor ação popular contra o Ministro de Estado Alfa, ingressando no juízo de primeira instância da justiça comum, não no Supremo Tribunal Federal.

Sobre o caso, com base no Direito Constitucional e na jurisprudência do Supremo Tribunal Federal, assinale a afirmativa correta.

(A) A ação não deve prosperar, uma vez que a competência para processá-la e julgá-la é do Supremo Tribunal Federal, e falta legitimidade ativa para o autor da ação, porque não possui a nacionalidade brasileira, não sendo, portanto, classificado como cidadão brasileiro.

(B) A ação deve prosperar, porque a competência para julgar a ação popular em tela é do juiz de primeira instância da justiça comum, e o autor da ação tem legitimidade ativa porque é cidadão no pleno gozo de seus direitos políticos, muito embora não faça parte da nação brasileira.

(C) A ação não deve prosperar, uma vez que a competência para julgar a mencionada ação popular é do Supremo Tribunal Federal, muito embora não falte legitimidade *ad causam* para o autor da ação, que é cidadão brasileiro, detentor da nacionalidade brasileira e no pleno gozo dos seus direitos políticos.

(D) A ação deve prosperar, porque a competência para julgar a ação popular em tela tanto pode ser do juiz de primeira instância da justiça comum quanto do Supremo Tribunal Federal, e não falta legitimidade *ad causam* para o autor da ação, já que integra o povo brasileiro.

17. Bento ficou surpreso ao ler, em um jornal de grande circulação, que um cidadão americano adquiriu fortuna ao encontrar petróleo em sua propriedade, situada no Estado do Texas. Acresça-se que um amigo, com formação na área de Geologia, tinha informado que as imensas propriedades de Bento possuíam rochas sedimentares normalmente presentes em regiões petrolíferas.

Antes de pedir um aprofundado estudo geológico do terreno, Bento buscou um advogado especialista na matéria, a fim de saber sobre possíveis direitos econômicos que lhe caberiam como resultado da extração do petróleo em sua propriedade. O advogado respondeu que, segundo o sistema jurídico-constitucional brasileiro, caso seja encontrado petróleo na propriedade, Bento

(A) poderá, por ser proprietário do solo e, por extensão, do subsolo de sua propriedade, explorar, per se, a atividade, auferindo para si os bônus e ônus econômicos advindos da exploração.

(B) receberá indenização justa e prévia pela desapropriação do terreno em que se encontra a jazida, mas não terá direito a qualquer participação nos resultados econômicos provenientes da atividade.

(C) terá assegurada, nos termos estabelecidos pela via legislativa ordinária, participação nos resultados econômicos decorrentes da exploração da referida atividade em sua propriedade.

(D) não terá direito a qualquer participação no resultado econômico da atividade, pois, embora seja proprietário do solo, as riquezas extraídas do subsolo são de propriedade exclusiva da União.

18. Um rapaz, que era pessoa em situação de rua, acabou de sair da prisão. Ele fora condenado pelo crime de latrocínio e, posteriormente, a defensoria pública ajuizou, a seu favor, uma ação de revisão criminal, na qual ele foi absolvido por ausência de provas, caracterizando, assim, um erro judiciário. Nesse período, ele ficou cinco anos preso. Agora a família indaga se existe um direito de indenização em função de condenação por erro judiciário.

Assinale a opção que apresenta a informação que você, na condição de advogado(a) especializado(a) em Direitos Humanos, deve prestar à família, com base na *Convenção Americana Sobre Direitos Humanos*.

(A) O direito à indenização está previsto na Convenção Americana Sobre Direitos Humanos de forma geral, mas não há previsão expressa de indenização por erro judiciário; portanto, essa é uma construção argumentativa que deve ser produzida no caso concreto.

(B) A indenização por erro judiciário não é uma matéria própria do campo dos Direitos Humanos, por isso não existe tal previsão nem na Convenção Americana Sobre Direitos Humanos, nem em nenhum outro tratado de Direitos Humanos de que o Brasil seja signatário.

(C) A Convenção Americana Sobre Direitos Humanos assegura o direito à indenização por erro judiciário, mas o restringe aos erros que resultam em condenação na esfera civil, excluindo eventuais erros que ocorrem na jurisdição penal.

(D) A Convenção Americana Sobre Direitos Humanos dispõe que toda pessoa tem direito de ser indenizada conforme a lei, no caso de haver sido condenada em sentença transitada em julgado por erro judiciário.

19. Em uma cidade brasileira de fronteira, foi detectado um intenso movimento de entrada de pessoas de outro país para trabalhar, residir e se estabelecer temporária ou definitivamente no Brasil. Após algum tempo, houve uma reação de moradores da cidade que começaram a hostilizar essas pessoas, exigindo que as autoridades brasileiras proibissem sua entrada e a regularização documental.

Você foi procurado(a), como advogado(a), por instituições humanitárias, para redigir um parecer jurídico sobre a situação. Nesse sentido, com base na Lei 13.445/17 (Lei da Migração), assinale a afirmativa correta.

(A) A admissão de imigrantes por meio de entrada e regularização documental não caracteriza uma diretriz específica da política migratória brasileira, e sim um ato discricionário do chefe do Poder Executivo.

(B) A promoção de entrada e a regularização documental de imigrantes são coisas distintas. A política migratória brasileira adota o princípio da regularização documental dos imigrantes, mas não dispõe sobre promoção de entrada regular de imigrantes.

(C) A política migratória brasileira rege-se pelos princípios da promoção de entrada regular e de regularização documental, bem como da acolhida humanitária e da não criminalização da migração.

(D) O imigrante, de acordo com a Lei da Migração, é a pessoa nacional de outro país que vem ao Brasil para estadas de curta duração, sem pretensão de se estabelecer temporária ou definitivamente no território nacional.

20. Uma arbitragem, conduzida na Argentina segundo as regras da Câmara de Comércio Internacional – CCI, condenou uma empresa com sede no Brasil ao pagamento de uma indenização à sua ex-sócia argentina.

Para ser executável no Brasil, esse laudo arbitral

(A) dispensa homologação pelo STJ, nos termos da Convenção de Nova York.

(B) precisa ser homologado pelo Judiciário argentino e depois, pelo STJ.

(C) precisa ser homologado pelo STJ, por ser laudo arbitral estrangeiro.

(D) dispensa homologação, por ser laudo arbitral proveniente de país do Mercosul.

21. Victor, após divorciar-se no Brasil, transferiu seu domicílio para os Estados Unidos. Os dois filhos brasileiros de sua primeira união continuaram vivendo no Brasil. Victor contraiu novo matrimônio nos Estados Unidos com uma cidadã norte-americana e, alguns anos depois, vem a falecer nos Estados Unidos, deixando um imóvel e aplicações financeiras nesse país.

A regra de conexão do direito brasileiro estabelece que a sucessão de Victor será regida

(A) pela lei brasileira, em razão da nacionalidade brasileira do *de cujus*.

(B) pela lei brasileira, porque o *de cujus* tem dois filhos brasileiros.

(C) pela lei norte-americana, em razão do último domicílio do *de cujus*.

(D) pela lei norte-americana, em razão do local da situação dos bens a serem partilhados.

22. A sociedade empresária ABC Ltda. foi autuada pelo Fisco do Estado Z apenas pelo descumprimento de uma determinada obrigação tributária acessória, referente à fiscalização do ICMS prevista em lei estadual (mas sem deixar de recolher o tributo devido). Inconformada, realiza a impugnação administrativa por meio do auto de infração. Antes que sobreviesse a decisão administrativa da impugnação, outra lei estadual extingue a previsão da obrigação acessória que havia sido descumprida. Diante desse cenário, assinale a afirmativa correta.

(A) A lei estadual não é instrumento normativo hábil para extinguir a previsão dessa obrigação tributária acessória referente ao ICMS, em virtude do caráter nacional desse tributo.

(B) O julgamento administrativo, nesse caso, deverá levar em consideração apenas a legislação tributária vigente na época do fato gerador.

(C) Não é possível a extinção dos efeitos da infração a essa obrigação tributária acessória após a lavratura do respectivo auto de infração.

(D) A superveniência da extinção da previsão dessa obrigação acessória, desde que não tenha havido fraude, nem ausência de pagamento de tributo, constitui hipótese de aplicação da legislação tributária a ato pretérito.

23. Otávio, domiciliado no Estado X, possui ações representativas do capital social da Sociedade BETA S/A, com sede no Estado Y, e decide doar parte da sua participação acionária a Mário, seu filho, então domiciliado no Estado Z.

Com dúvidas quanto ao Estado para o qual deverá ser recolhido o imposto sobre a Transmissão Causa Mortis e Doação (ITCD) incidente nessa operação, Mário consulta seu escritório, destacando que o Estado Z estabelece alíquotas inferiores às praticadas pelos demais Estados.

Com base nisso, assinale a afirmativa correta.

(A) O ente competente para exigir o ITCD na operação em análise é o Estado X, onde tem domicílio o doador.

(B) O ITCD deverá ser recolhido ao Estado Y, uma vez que o bem a ser doado consiste em participação acionária relativa à sociedade ali estabelecida, e o imposto compete ao Estado da situação do bem.

(C) O ITCD deverá ser recolhido ao Estado Z, uma vez que o contribuinte do imposto é o donatário.

(D) Doador ou donatário poderão recolher o imposto ao Estado X ou ao Estado Z, pois o contribuinte do imposto é qualquer das partes na operação tributada.

24. Projeto de Resolução do Senado Federal pretende fixar nacionalmente as alíquotas mínimas do Imposto sobre a Propriedade de Veículos Automotores (IPVA), tributo de competência estadual.

Um Senador, membro da Comissão de Constituição, Justiça e Cidadania do Senado Federal, que terá de elaborar parecer sobre o tema, consulta você sobre sua opinião jurídica acerca desse projeto de Resolução.

Diante desse cenário, assinale a afirmativa correta.

(A) O Senado, por ser órgão do Poder Legislativo da União, não possui competência constitucional para, por Resolução, dispor sobre o tema, por se tratar de ingerência indevida da União na autonomia dos Estados.

(B) É lícito ao Senado instituir a referida Resolução, pois existe autorização expressa na Constituição para tal fixação por Resolução do Senado.

(C) A fixação de alíquota mínima de tributo, por mera Resolução do Senado, viola o princípio da legalidade tributária.

(D) Resolução do Senado poderia tratar do tema, desde que ratificada por ao menos dois terços dos membros do Conselho Nacional de Política Fazendária (CONFAZ).

25. O Estado Y concedeu, em 2018, por iniciativa própria e isoladamente, mediante uma lei ordinária estadual, isenção fiscal do Imposto sobre Circulação de Mercadorias e Serviços (ICMS) a um determinado setor de atividade econômica, como forma de atrair investimentos para aquele Estado.

Diante desse cenário, assinale a afirmativa correta.

(A) É suficiente lei ordinária estadual para a concessão de tal isenção de ICMS, por se tratar de tributo de competência estadual.

(B) Ainda que se trate de tributo de competência estadual, somente por lei estadual complementar seria possível a concessão de tal isenção de ICMS.

(C) A lei ordinária estadual pode conceder tal isenção de ICMS, desde que condicionada a uma contrapartida do contribuinte beneficiado.

(D) Apesar de se tratar de tributo de competência estadual, a concessão de tal isenção de ICMS pelo Estado deve ser precedida de deliberação dos Estados e do Distrito Federal (CONFAZ).

26. No final do ano de 2018, o Município X foi gravemente afetado por fortes chuvas que causaram grandes estragos na localidade. Em razão disso, a Assembleia Legislativa do Estado Y, em que está localizado o Município X, aprovou lei estadual ordinária concedendo moratória quanto ao pagamento do Imposto Predial e Territorial Urbano (IPTU) do ano subsequente, em favor de todos os contribuintes desse imposto situados no Município X.

Diante desse cenário, assinale a afirmativa correta.

(A) Lei ordinária não é espécie normativa adequada para concessão de moratória.

(B) Lei estadual pode conceder moratória de IPTU, em situação de calamidade pública ou de guerra externa ou sua iminência.

(C) Lei estadual não pode, em nenhuma hipótese, conceder moratória de IPTU.

(D) A referida moratória somente poderia ser concedida mediante despacho da autoridade administrativa em caráter individual.

27. A sociedade empresária Feliz S/A, após apresentar a melhor proposta em licitação para a contratação de obra de grande vulto, promovida por certa empresa pública federal, apresentou os documentos exigidos no edital e foi habilitada. Este último ato foi objeto de recurso administrativo, no qual restou provado que a mencionada licitante foi constituída para burlar a sanção que lhe fora aplicada, já que se constituíra por transformação da sociedade empresária Alegre S/A, com os mesmos sócios e dirigentes, mesmo patrimônio, igual endereço e idêntico objeto social.

A sociedade empresária Alegre S/A, em decorrência de escândalo que envolvia pagamento de propina e fraudes em licitações, foi penalizada em diversos processos administrativos. Após os trâmites previstos na Lei 12.846/13 (Lei Anticorrupção Empresarial), diante do reconhecimento de haver praticado atos lesivos à Administração Pública, ela foi penalizada com a aplicação de multa e a declaração de inidoneidade para licitar ou contratar com a Administração Pública, pelo prazo de quatro anos.

Diante dessa situação hipotética, assinale a afirmativa correta.

(A) A exclusão da sociedade empresária Feliz S/A da licitação em curso é legítima, pois, diante da transformação, subsiste a responsabilidade da sociedade Alegre S/A.

(B) O reconhecimento da responsabilização administrativa da sociedade empresária Alegre S/A, por ato lesivo contra a Administração Pública, dependia da comprovação do elemento subjetivo culpa.

(C) A penalização da sociedade empresária Alegre S/A impede a responsabilização individual de seus dirigentes; por isso, não pode ser estendida à sociedade Feliz S/A.

(D) A imposição da sanção de declaração de inidoneidade à sociedade empresária Alegre S/A deveria impedir a aplicação de multa por ato lesivo à Administração Pública pelos mesmos fatos, sob pena de *bis in idem*.

28. Determinada empresa pública estadual, com vistas a realizar a aquisição de bens necessários para o adequado funcionamento de seus serviços de informática, divulgou, após a devida fase de preparação, o respectivo instrumento convocatório, no qual indicou certa marca, que é comercializada por diversos fornecedores, por considerá-la a única capaz de atender ao objeto do contrato, e adotou a sequência de fases previstas na lei de regência. No curso da licitação, a proposta apresentada pela sociedade empresária Beta foi considerada a melhor, mas a sociedade empresária Alfa considerou que houve um equívoco no julgamento e apresentou recurso administrativo para impugnar tal fato, antes da habilitação, que não foi aceito. Foi dado prosseguimento ao certame, com a inabilitação da sociedade Beta, de modo que a vencedora foi a sociedade empresária Sigma, consoante resultado homologado. Considerando o regime licitatório aplicável às empresas estatais e as circunstâncias do caso concreto, assinale a afirmativa correta.

(A) Existe vício insanável no instrumento convocatório, pois é vedada a indicação de marca, mesmo nas circunstâncias apontadas.

(B) A homologação foi equivocada, na medida em que a empresa pública não observou a sequência das fases previstas em lei ao efetuar o julgamento das propostas antes da habilitação.

(C) O recurso da sociedade Alfa foi apresentado em momento oportuno e a ele deveria ter sido conferido efeito suspensivo com a postergação da fase da habilitação.

(D) A homologação do resultado implica a constituição de direito relativo à celebração do contrato em favor da sociedade empresária Sigma.

29. Determinado Estado da Federação passa por grave problema devido à superlotação de sua população carcerária, tendo os órgãos de inteligência estatal verificado a possibilidade de rebelião e fuga dos apenados. Visando ao atendimento do princípio constitucional da dignidade da pessoa humana e tendo em vista a configurada situação de grave e iminente risco à segurança pública, o ente federativo instaurou processo administrativo e, em seguida, procedeu à contratação, mediante inexigibilidade de licitação, de certa sociedade empresária para a execução de obras de ampliação e reforma de seu principal estabelecimento penal. Diante das disposições da Lei 8.666/93, no que tange à obrigatoriedade de licitação, o Estado contratante agiu

(A) corretamente, diante da impossibilidade fática de licitação decorrente do iminente risco de rebelião e grave perturbação da ordem pública.

(B) corretamente, haja vista que, apesar de ser possível a licitação, seu demorado trâmite procedimental acarretaria risco à ordem social.

(C) erradamente, eis que as circunstâncias do caso concreto autorizariam a dispensa de licitação, observados os trâmites legais.

(D) erradamente, uma vez que a prévia licitação é obrigatória na espécie, diante das circunstâncias do caso concreto.

30. O mandato de João como dirigente de determinada agência reguladora federal terminou pelo decurso do prazo, em junho de 2019, sem sua recondução ao cargo. No mês seguinte, João recebeu vultosa e tentadora proposta de certa sociedade empresária para prestar serviço de consultoria na área do setor regulado pela citada agência. Levando em conta que a lei específica da agência em tela seguiu as normas gerais de gestão de recursos humanos das agências reguladoras previstas na Lei nº 9.986/00, João

(A) está impedido de aceitar a proposta, pois precisa cumprir quatro meses de quarentena, contados do término do seu mandato, período durante o qual ficará vinculado à agência, fazendo jus à remuneração compensatória equivalente à do cargo de direção que exerceu e aos benefícios a ele inerentes, sob pena de incorrer na prática de crime de advocacia administrativa.

(B) está impedido de aceitar a proposta, pois precisa cumprir noventa dias de quarentena, contados do término do seu mandato, período durante o qual não ficará vinculado à agência, nem fará jus a qualquer remuneração compensatória, sob pena de incorrer na prática de ato de improbidade administrativa.

(C) pode aceitar a proposta, desde que abra mão da remuneração compensatória equivalente à do cargo de direção que exerceu e aos benefícios a ele inerentes, que receberia durante noventa dias após o término de seu mandato, sob pena de incorrer na prática de enriquecimento ilícito.

(D) pode aceitar a proposta, inclusive acumulando sua nova remuneração da iniciativa privada com a remuneração compensatória equivalente à do cargo de direção que exerceu e aos benefícios a ele inerentes, a que faz jus durante noventa dias após o término de seu mandato.

31. José, servidor público federal ocupante exclusivamente de cargo em comissão, foi exonerado, tendo a autoridade competente motivado o ato em reiterado descumprimento da carga horária de trabalho pelo servidor. José obteve, junto ao departamento de recursos humanos, documento oficial com extrato de seu ponto eletrônico, comprovando o regular cumprimento de sua jornada de trabalho.

Assim, o servidor buscou assistência jurídica junto a um advogado, que lhe informou corretamente, à luz do ordenamento jurídico, que

(A) não é viável o ajuizamento de ação judicial visando a invalidar o ato de exoneração, eis que o próprio texto constitucional estabelece que cargo em comissão é de livre nomeação e exoneração pela autoridade competente, que não está vinculada ou limitada aos motivos expostos para a prática do ato administrativo.

(B) não é viável o ajuizamento de ação judicial visando a invalidar o ato de exoneração, eis que tal ato é classificado como vinculado, no que tange à liberdade de ação do administrador público, razão pela qual o Poder Judiciário não pode se imiscuir no controle do mérito administrativo, sob pena de violação à separação dos Poderes.

(C) é viável o ajuizamento de ação judicial visando a invalidar o ato de exoneração, eis que, apesar de ser dispensável a motivação para o ato administrativo discricionário de exoneração, uma vez expostos os motivos que conduziram à prática do ato, estes passam a vincular a Administração Pública, em razão da teoria dos motivos determinantes.

(D) é viável o ajuizamento de ação judicial visando a invalidar o ato de exoneração, eis que, por se tratar de um ato administrativo vinculado, pode o Poder Judiciário proceder ao exame do mérito administrativo, a fim de aferir a conveniência e a oportunidade de manutenção do ato, em razão do princípio da inafastabilidade do controle jurisdicional.

32. Após comprar um terreno, Roberto iniciou a construção de sua casa, sem prévia licença, avançando para além dos limites de sua propriedade e ocupando parcialmente a via pública, inclusive com possibilidade de desabamento de parte da obra e risco à integridade dos pedestres.

No regular exercício da fiscalização da ocupação do solo urbano, o poder público municipal, observadas as formalidades legais, valendo-se da prerrogativa de direito público que, calcada na lei, autoriza-o a restringir o uso e o gozo da liberdade e da propriedade privada em favor do interesse da coletividade, determinou que Roberto demolisse a parte irregular da obra.

O poder administrativo que fundamentou a determinação do Município é o poder

(A) de hierarquia, e, pelo seu atributo da coercibilidade, o particular é obrigado a obedecer às ordens emanadas pelos agentes públicos, que estão em nível de superioridade hierárquica e podem usar meios indiretos de coerção para fazer valer a supremacia do interesse público sobre o privado.

(B) disciplinar, e o particular está sujeito às sanções impostas pela Administração Pública, em razão do atributo da imperatividade, desde que haja a prévia e imprescindível chancela por parte do Poder Judiciário.

(C) regulamentar, e os agentes públicos estão autorizados a realizar atos concretos para aplicar a lei, ainda que tenham que se valer do atributo da autoexecutoriedade, a fim de concretizar suas determinações, independentemente de prévia ordem judicial.

(D) de polícia, e a fiscalização apresenta duplo aspecto: um preventivo, por meio do qual os agentes públicos procuram impedir um dano social, e um repressivo, que, face à transgressão da norma de polícia, redunda na aplicação de uma sanção.

33. Renato, proprietário de terra rural inserida no Município X, pretende promover a queimada da vegetação existente para o cultivo de cana-de-açúcar. Assim, consulta seu advogado, indagando sobre a possibilidade da realização da queimada. Sobre o caso narrado, assinale a afirmativa correta.

(A) A queimada poderá ser autorizada pelo órgão estadual ambiental competente do SISNAMA, caso as peculiaridades dos locais justifiquem o emprego do fogo em práticas agropastoris ou florestais.

(B) A queimada poderá ser autorizada pelo órgão municipal ambiental competente, após audiência pública realizada pelo Município X no âmbito do SISNAMA.

(C) A queimada não pode ser realizada, constituindo, ainda, ato tipificado como crime ambiental caso a área esteja inserida em Unidade de Conservação.

(D) A queimada não dependerá de autorização, caso Renato comprove a manutenção da área mínima de cobertura de vegetação nativa, a título de reserva legal.

34. Pedro, proprietário de fazenda com grande diversidade florestal, decide preservar os recursos ambientais nela existentes, limitando, de forma perpétua, o uso de parcela de sua propriedade por parte de outros possuidores a qualquer título, o que realiza por meio de instrumento particular, averbado na matrícula do imóvel no registro de imóveis competente. Assinale a opção que indica o instrumento jurídico a que se refere o caso descrito.

(A) Zoneamento Ambiental.
(B) Servidão Ambiental.
(C) Área Ambiental Restrita.
(D) Área de Relevante Interesse Ecológico.

35. Joana doou a Renata um livro raro de Direito Civil, que constava da coleção de sua falecida avó, Marta. Esta, na condição de testadora, havia destinado a biblioteca como legado, em testamento, para sua neta, Joana (legatária). Renata se ofereceu para visitar a biblioteca, circunstância na qual se encantou com a coleção de clássicos franceses.

Renata, então, ofereceu-se para adquirir, ao preço de R$ 1.000,00 (mil reais), todos os livros da coleção, oportunidade em que foi informada, por Joana, acerca da existência de ação que corria na Vara de Sucessões, movida pelos herdeiros legítimos de Marta. A ação visava impugnar a validade do testamento e, por conseguinte, reconhecer a ineficácia do legado (da biblioteca) recebido por Joana. Mesmo assim, Renata decidiu adquirir a coleção, pagando o respectivo preço.

Diante de tais situações, assinale a afirmativa correta.

(A) Quanto aos livros adquiridos pelo contrato de compra e venda, Renata não pode demandar Joana pela evicção, pois sabia que a coisa era litigiosa.

(B) Com relação ao livro recebido em doação, Joana responde pela evicção, especialmente porque, na data da avença, Renata não sabia da existência de litígio.

(C) A informação prestada por Joana a Renata, acerca da existência de litígio sobre a biblioteca que recebeu em legado, deve ser interpretada como cláusula tácita de reforço da responsabilidade pela evicção.

(D) O contrato gratuito firmado entre Renata e Joana classifica-se como contrato de natureza aleatória, pois Marta soube posteriormente do risco da perda do bem pela evicção.

36. Vilmar, produtor rural, possui contratos de compra e venda de safra com diversos pequenos proprietários. Com o intuito de adquirir novos insumos, Vilmar procurou Geraldo, no intuito de adquirir sua safra, cuja expectativa de colheita era de cinco toneladas de milho, que, naquele momento, estava sendo plantado em sua fazenda. Como era a primeira vez que Geraldo contratava com Vilmar, ele ficou em dúvida quanto à estipulação do preço do contrato.

Considerando a natureza aleatória do contrato, bem como a dúvida das partes a respeito da estipulação do preço deste, assinale a afirmativa correta.

(A) A estipulação do preço do contrato entre Vilmar e Geraldo pode ser deixada ao arbítrio exclusivo de uma das partes.

(B) Se Vilmar contratar com Geraldo a compra da colheita de milho, mas, por conta de uma praga inesperada, para cujo evento o agricultor não tiver concorrido com culpa, e este não conseguir colher nenhuma espiga, Vilmar não deverá lhe pagar nada, pois não recebeu o objeto contratado.

(C) Se Vilmar contratar com Geraldo a compra das cinco toneladas de milho, tendo sido plantado o exato número de sementes para cumprir tal quantidade, e se, apesar disso, somente forem colhidas três toneladas de milho, em virtude das poucas chuvas, Geraldo não receberá o valor total, em virtude da entrega em menor quantidade.

(D) A estipulação do preço do contrato entre Vilmar e Geraldo poderá ser deixada ao arbítrio de terceiro, que, desde logo, prometerem designar.

37. Lucas, interessado na aquisição de um carro seminovo, procurou Leonardo, que revende veículos usados.

Ao final das tratativas, e para garantir que o negócio seria fechado, Lucas pagou a Leonardo um percentual do valor do veículo, a título de sinal. Após a celebração do contrato, porém, Leonardo informou a Lucas que, infelizmente, o carro que haviam negociado já havia sido prometido informalmente para um outro comprador, velho amigo de Leonardo, motivo pelo qual Leonardo não honraria a avença.

Frustrado, diante do inadimplemento de Leonardo, Lucas procurou você, como advogado(a), para orientá-lo.

Nesse caso, assinale a opção que apresenta a orientação dada.

(A) Leonardo terá de restituir a Lucas o valor pago a título de sinal, com atualização monetária, juros e honorários de advogado, mas não o seu equivalente.

(B) Leonardo terá de restituir a Lucas o valor pago a título de sinal, mais o seu equivalente, com atualização monetária, juros e honorários de advogado.

(C) Leonardo terá de restituir a Lucas apenas metade do valor pago a título de sinal, pois informou, tão logo quanto possível, que não cumpriria o contrato.

(D) Leonardo não terá de restituir a Lucas o valor pago a título de sinal, pois este é computado como início de pagamento, o qual se perde em caso de inadimplemento.

38. Juliana, Lorena e Júlia são filhas de Hermes, casado com Dóris. Recentemente, em razão de uma doença degenerativa, Hermes tornou-se paraplégico e começou a exigir cuidados maiores para a manutenção de sua saúde.

Nesse cenário, Dóris e as filhas Juliana e Júlia se revezavam a fim de suprir as necessidades de Hermes, causadas pela enfermidade. Quanto a Lorena, esta deixou de visitar o pai após este perder o movimento das pernas, recusando-se a colaborar com a família, inclusive financeiramente.

Diante desse contexto, Hermes procura você, como advogado(a), para saber quais medidas ele poderá tomar para que, após sua morte, seu patrimônio não seja transmitido a Lorena.

Sobre o caso apresentado, assinale a afirmativa correta.

(A) A pretensão de Hermes não poderá ser concretizada segundo o Direito brasileiro, visto que o descendente, herdeiro necessário, não poderá ser privado de sua legítima pelo ascendente, em nenhuma hipótese.

(B) Não é necessário que Hermes realize qualquer disposição ainda em vida, pois o abandono pelos descendentes é causa legal de exclusão da sucessão do ascendente, por indignidade.

(C) Existe a possibilidade de deserdar o herdeiro necessário por meio de testamento, mas apenas em razão de ofensa física, injúria grave e relações ilícitas com madrasta ou padrasto atribuídas ao descendente.

(D) É possível que Hermes disponha sobre deserdação de Lorena em testamento, indicando, expressamente, o seu desamparo em momento de grave enfermidade como causa que justifica esse ato.

39. Alberto, adolescente, obteve autorização de seus pais para casar-se aos dezesseis anos de idade com sua namorada Gabriela. O casal viveu feliz nos primeiros meses de casamento, mas, após certo tempo de convivência, começaram a ter constantes desavenças. Assim, a despeito dos esforços de ambos para que o relacionamento progredisse, os dois se divorciaram pouco mais de um ano após o casamento. Muito frustrado, Alberto decidiu reunir algumas economias e adquiriu um pacote turístico para viajar pelo mundo e tentar esquecer o ocorrido.

Considerando que Alberto tinha dezessete anos quando celebrou o contrato com a agência de turismo e que o fez sem qualquer participação de seus pais, o contrato é

(A) válido, pois Alberto é plenamente capaz.

(B) nulo, pois Alberto é absolutamente incapaz.

(C) anulável, pois Alberto é relativamente incapaz.

(D) ineficaz, pois Alberto não pediu a anuência de Gabriela.

40. Lucas, um grande industrial do ramo de couro, decidiu ajudar Pablo, seu amigo de infância, na abertura do seu primeiro negócio: uma pequena fábrica de sapatos. Lucas doou 50 prensas para a fábrica, mas Pablo achou pouco e passou a constantemente importunar o amigo com novas solicitações. Após sucessivos e infrutíferos pedidos de empréstimos de toda ordem, a relação entre os dois se desgasta a tal ponto que Pablo, totalmente fora de controle, atenta contra a vida de Lucas. Este, porém, sobrevive ao atentado e decide revogar a doação feita a Pablo. Ocorre que Pablo havia constituído penhor sobre as prensas, doadas por Lucas, para obter um empréstimo junto ao Banco XPTO, mas, para não interromper a produção, manteve as prensas em sua fábrica.

Diante do exposto, assinale a afirmativa correta.

(A) Para a constituição válida do penhor, é necessário que as coisas empenhadas estejam em poder do credor. Como isso não ocorreu, o penhor realizado por Pablo é nulo.

(B) Tendo em vista que o Banco XPTO figura como terceiro de má-fé, a realização do penhor é causa impeditiva da revogação da doação feita por Lucas.

(C) Como causa superveniente da resolução da propriedade de Pablo, a revogação da doação operada por Lucas não interfere no direito de garantia dado ao Banco XPTO.

(D) Em razão da tentativa de homicídio, a revogação da doação é automática, razão pela qual os direitos adquiridos pelo Banco XPTO resolvem-se junto com a propriedade de Pablo.

41. Arnaldo, publicitário, é casado com Silvana, advogada, sob o regime de comunhão parcial de bens. Silvana sempre considerou diversificar sua atividade profissional e pensa em se tornar sócia de uma sociedade empresária do ramo de tecnologia. Para realizar esse investimento, pretende vender um apartamento adquirido antes de seu casamento com Arnaldo; este, mais conservador na área negocial, não concorda com a venda do bem para empreender.

Sobre a situação descrita, assinale a afirmativa correta.

(A) Silvana não precisa de autorização de Arnaldo para alienar o apartamento, pois destina-se ao incremento da renda familiar.

(B) A autorização de Arnaldo para alienação por Silvana é necessária, por conta do regime da comunhão parcial de bens.
(C) Silvana não precisa de autorização de Arnaldo para alienar o apartamento, pois se trata de bem particular.
(D) A autorização de Arnaldo para alienação por Silvana é necessária e decorre do casamento, independentemente do regime de bens.

42. Roberta produziu, em seu computador, vídeo de animação em que se percebe a simulação de atos pornográficos entre crianças. O vídeo não mostra nenhuma imagem reconhecível, nenhuma pessoa identificável, mas apresenta, inequivocamente, figuras de crianças, e bem jovens.

Sobre o fato apresentado, sob a perspectiva do Estatuto da Criança e do Adolescente, assinale a afirmativa correta.

(A) Não é ilícito penal: o crime ocorre quando se simula a atividade pornográfica com imagens reais de crianças.
(B) É crime, pois o Estatuto da Criança e do Adolescente prevê a conduta típica de simular a participação de criança ou adolescente em cena pornográfica por meio de qualquer forma de representação visual.
(C) É crime se houver a divulgação pública do filme, pois a mera produção de filme envolvendo simulacro de imagem de criança ou adolescente em situação pornográfica não é reprovada pelo Estatuto da Criança e do Adolescente.
(D) Não é ilícito penal, pois a animação somente se afigura como simulação suficientemente apta a despertar a reprovabilidade criminal se reproduzir a imagem real de alguma criança diretamente identificável.

43. Pedro, 16 anos, foi apreendido em flagrante quando subtraía um aparelho de som de uma loja. Questionado sobre sua família, disse não ter absolutamente nenhum familiar conhecido. Encaminhado à autoridade competente, foi-lhe designado defensor dativo, diante da completa carência de pessoas que por ele pudessem responder.

Após a prática dos atos iniciais, Pedro requereu ao juiz a substituição do seu defensor por um advogado conhecido, por não ter se sentido bem assistido tecnicamente, não confiando no representante originariamente designado.

Com base nessa narrativa, assinale a afirmativa correta.

(A) É direito do adolescente ter seu defensor substituído por outro de sua preferência, uma vez que não deposita confiança no que lhe foi designado.
(B) A defesa técnica deve permanecer incumbida ao defensor atualmente designado, pois não é facultado ao adolescente optar por sua substituição.
(C) O processo deve ser suspenso, adiando-se os atos até que seja solucionada a questão da representação do adolescente.
(D) A substituição somente deverá ser realizada se evidenciada imperícia técnica, não podendo a mera preferência do adolescente ser motivo para a substituição.

44. Durante período de intenso calor, o Condomínio do Edifício X, por seu representante, adquiriu, junto à sociedade empresária Equipamentos Aquáticos, peças plásticas recreativas próprias para uso em piscinas, produzidas com material atóxico. Na primeira semana de uso, os produtos soltaram gradualmente sua tinta na vestimenta dos usuários, o que gerou apenas problema estético, na medida em que a pigmentação era atóxica e podia ser removida facilmente das roupas dos usuários por meio de uso de sabão.

O Condomínio do Edifício X, por seu representante, procurou você, como advogado(a), buscando orientação para receber de volta o valor pago e ser indenizado pelos danos morais suportados.

Nesse caso, cuida-se de

(A) fato do produto, sendo excluída a responsabilidade civil da sociedade empresária, respondendo pelo evento o fabricante das peças; não cabe indenização por danos extrapatrimoniais, por ser o Condomínio pessoa jurídica, que não sofre essa modalidade de dano.
(B) inaplicabilidade do CDC, haja vista a natureza da relação jurídica estabelecida entre o Condomínio e a sociedade empresária, cabendo a responsabilização civil com base nas regras gerais de Direito Civil, e incabível pleitear indenização por danos morais, por ter o Condomínio a qualidade de pessoa jurídica.
(C) aplicabilidade do CDC somente por meio de medida de defesa coletiva dos condôminos, cuja legitimidade será exercida pelo Condomínio, na defesa dos interesses a título coletivo.
(D) vício do produto, sendo solidária a responsabilidade da sociedade empresária e do fabricante das peças; o Condomínio do Edifício X é parte legítima para ingressar individualmente com a medida judicial por ser consumidor, segundo a teoria finalista mitigada.

45. O Ministério Público ajuizou ação coletiva em face de *Vaquinha Laticínios*, em função do descumprimento de normas para o transporte de alimentos lácteos.

A sentença condenou a ré ao pagamento de indenização a ser revertida em favor de um fundo específico, bem como a indenizar os consumidores genericamente considerados, além de determinar a publicação da parte dispositiva da sentença em jornais de grande circulação, a fim de que os consumidores tomassem ciência do ato judicial.

João, leitor de um dos jornais, procurou você como advogado(a) para saber de seus direitos, uma vez que era consumidor daqueles produtos.

Nesse caso, à luz do Código do Consumidor, trata-se de hipótese

(A) de interesse difuso; por esse motivo, as indenizações pelos prejuízos individuais de João perderão preferência no concurso de crédito frente às condenações decorrentes das ações civis públicas derivadas do mesmo evento danoso.
(B) de interesses individuais homogêneos; nesses casos, tem-se, por inviável, a liquidação e execução individual, devendo João aguardar que o Ministério Público, autor da ação, receba a verba indenizatória genérica para, então, habilitar-se como interessado junto ao referido órgão.
(C) de interesses coletivos; em razão disso, João poderá liquidar e executar a sentença individualmente, mas o mesmo direito não poderia ser exercido por seus sucessores, sendo inviável a sucessão processual na hipótese.
(D) de interesses individuais homogêneos; João pode, em legitimidade originária ou por seus sucessores, por meio de

processo de liquidação, provar a existência do seu dano pessoal e do nexo causal, a fim de quantificá-lo e promover a execução.

46. Determinadas pessoas naturais, em razão de sua atividade profissional, e certas espécies de pessoas jurídicas, todas devidamente registradas no órgão competente, gozam de tratamento simplificado, favorecido e diferenciado em relação aos demais agentes econômicos – microempresas e empresas de pequeno porte.

De acordo com a Lei Complementar 123, de 14 de dezembro de 2006, as microempresas e as empresas de pequeno porte, quanto à forma jurídica, são

(A) cooperativa de produção, empresário individual, empresa pública e sociedade limitada.
(B) empresário individual, empresa individual de responsabilidade limitada, sociedade simples e sociedade empresária, exceto por ações.
(C) cooperativa de crédito, empresário individual, empresa individual de responsabilidade limitada e sociedade simples.
(D) empresário individual, profissional liberal, empresa Individual de responsabilidade limitada e sociedade por ações.

47. Nos contratos de comissão, corretagem e agência, é dever do corretor, do comissário e do agente atuar com toda diligência, atendo-se às instruções recebidas da parte interessada. Apesar dessa característica comum, cada contrato conserva sua tipicidade em razão de seu *modus operandi*.

A esse respeito, assinale a afirmativa correta.

(A) O agente pratica, em nome próprio, os atos a ele incumbidos à conta do proponente; o comissário não pode tomar parte – sequer como mandatário – nos negócios que vierem a ser celebrados em razão de sua intermediação; o corretor pode receber poderes do cliente para representá-lo na conclusão dos contratos.
(B) O comissário pratica, em nome próprio, os atos a ele incumbidos à conta do comitente; o corretor não pode tomar parte – sequer como mandatário – nos negócios que vierem a ser celebrados em razão de sua mediação; o agente pode receber poderes do proponente para representá-lo na conclusão dos contratos.
(C) O corretor pratica, em nome próprio, os atos a ele incumbidos à conta do cliente; o agente não pode tomar parte – sequer como mandatário – nos negócios que vierem a ser celebrados no interesse do proponente; o comissário pode receber poderes do comitente para representá-lo na conclusão dos contratos.
(D) Tanto o comissário quanto o corretor praticam, em nome próprio, os atos a eles incumbidos pelo comitente ou cliente, mas o primeiro tem sua atuação restrita à zona geográfica fixada no contrato; o agente deve atuar com exclusividade tão somente na mediação para realização de negócios em favor do proponente.

48. Além da impontualidade, a falência pode ser decretada pela prática de atos de falência por parte do devedor empresário individual ou dos administradores da sociedade empresária.

Assinale a opção que constitui um ato de falência por parte do devedor.

(A) Deixar de pagar, no vencimento, obrigação líquida materializada em título executivo protestado por falta de pagamento, cuja soma ultrapasse o equivalente a 40 (quarenta) salários mínimos na data do pedido de falência.
(B) Transferir, durante a recuperação judicial, estabelecimento a terceiro sem o consentimento de todos os credores e sem ficar com bens suficientes para solver seu passivo, em cumprimento à disposição de plano de recuperação.
(C) Não pagar, depositar ou nomear à penhora, no prazo de 3 (três) dias, contados da citação, bens suficientes para garantir a execução.
(D) Deixar de cumprir, no prazo estabelecido, obrigação assumida no plano de recuperação judicial, após o cumprimento de todas as obrigações previstas no plano que vencerem até dois anos depois da concessão da recuperação judicial.

49. Amambaí Inovação e Engenharia S/A obteve, junto ao Instituto Nacional da Propriedade Industrial (INPI), patente de invenção no ano de 2013. Dois anos após, chegou ao conhecimento dos administradores a prática de atos violadores de direitos de patente. No entanto, a ação para reparação de dano causado ao direito de propriedade industrial só foi intentada no ano de 2019.

Você é consultado(a), como advogado(a), sobre o caso. Assinale a opção que apresenta seu parecer.

(A) A reparação do dano causado pode ser pleiteada, porque o direito de patente é protegido por 20 (vinte) anos, a contar da data do depósito.
(B) A pretensão indenizatória, na data da propositura da ação, encontrava-se prescrita, em razão do decurso de mais de 3 (três) anos.
(C) A pretensão indenizatória, na data da propositura da ação, não se encontrava prescrita porque o prazo de 5 (cinco) anos não havia se esgotado.
(D) A reparação do dano causado não pode ser pleiteada, porque a patente concedida não foi objeto de licenciamento pelo seu titular.

50. Rolim Crespo, administrador da sociedade Indústrias Reunidas Novo Horizonte do Oeste Ltda., consultou sua advogada para lhe prestar orientação quanto à inserção de cláusula compromissória em um contrato que a pessoa jurídica pretende celebrar com uma operadora de planos de saúde empresariais. Pela leitura da proposta, verifica-se que não há margem para a negociação das cláusulas, por tratar-se de contrato padronizado, aplicado a todos os aderentes.

Quanto à cláusula compromissória inserida nesse contrato, assinale a opção que apresenta a orientação dada pela advogada.

(A) É necessária a concordância expressa e por escrito do aderente com a sua instituição, em documento anexo ou em negrito, com a assinatura ou o visto para essa cláusula.
(B) É nula de pleno direito, por subtrair do aderente o direito fundamental de acesso à justiça, e o contrato não deve ser assinado.
(C) Somente será eficaz se o aderente tomar a iniciativa de instituir a arbitragem, e, como a iniciativa foi do proponente e unilateral, ela é nula.

(D) Somente será eficaz se houver a assinatura do aderente no contrato, vedada qualquer forma de manifestação da vontade em documento anexo ou, simplesmente, com o visto para essa cláusula.

51. Carolina foi citada para comparecer com seu advogado ao Centro Judiciário de Solução de Conflitos (CEJUSC) da comarca da capital, para Audiência de Mediação (Art. 334 do CPC), interessada em restabelecer o diálogo com Nestor, seu ex-marido.

O fato de o advogado de seu ex-cônjuge conversar intimamente com o mediador Teófilo, que asseverava ter celebrado cinco acordos na qualidade de mediador na última semana, retirou sua concentração e a deixou desconfiada da lisura daquela audiência. Não tendo sido possível o acordo nessa primeira oportunidade, foi marcada uma nova sessão de mediação para buscar a composição entre as partes, quinze dias mais tarde.

Sobre o caso narrado, assinale a afirmativa correta.

(A) Carolina pode comparecer sem seu advogado na próxima sessão de mediação.
(B) O advogado só pode atuar como mediador no CEJUSC se realizar concurso público específico para integrar quadro próprio do tribunal.
(C) Pode haver mais de uma sessão destinada à conciliação e à mediação, não podendo exceder 2 (dois) meses da data de realização da primeira sessão, desde que necessária(s) à composição das partes.
(D) O mediador judicial pode atuar como advogado da parte no CEJUSC, pois o CPC apenas impede o exercício da advocacia nos juízos em que desempenhe suas funções.

52. João dirigia seu carro a caminho do trabalho quando, ao virar em uma esquina, foi atingido por Fernando, que seguia na faixa ao lado. Diante dos danos ocasionados a seu veículo, João ingressou com ação, junto a uma Vara Cível, em face de Fernando, alegando que este trafegava pela faixa que teria como caminho obrigatório a rua para onde aquele seguiria.

Realizada a citação, Fernando procurou seu advogado, alegando que, além de oferecer sua defesa nos autos daquele processo, gostaria de formular pedido contra João, uma vez que este teria invadido a faixa sem antes acionar a "seta", sendo, portanto, o verdadeiro culpado pelo acidente.

Considerando o caso narrado, o advogado de Fernando deve

(A) instruí-lo a ajuizar nova ação, uma vez que não é possível formular pedido contra quem deu origem ao processo.
(B) informar-lhe que poderá, na contestação, propor reconvenção para manifestar pretensão própria, sendo desnecessária a conexão com a ação principal ou com o fundamento da defesa, bastando a identidade das partes.
(C) informar-lhe sobre a possibilidade de propor a reconvenção, advertindo-o, porém, que, caso João desista da ação, a reconvenção restará prejudicada.
(D) informar-lhe que poderá, na contestação, propor reconvenção para manifestar pretensão própria, desde que conexa com a ação principal ou com o fundamento da defesa.

53. Um advogado, com estudos apurados em torno das regras do CPC, resolve entrar em contato com o patrono da parte adversa de um processo em que atua. Sua intenção é tentar um saneamento compartilhado do processo.

Diante disso, acerca das situações que autorizam a prática de negócios jurídicos processuais, assinale a afirmativa correta.

(A) As partes poderão apresentar ao juiz a delimitação consensual das questões de fato e de direito da demanda litigiosa.
(B) As partes não poderão, na fase de saneamento, definir a inversão consensual do ônus probatório, uma vez que a regra sobre produção de provas é matéria de ordem pública.
(C) As partes poderão abrir mão do princípio do contraditório consensualmente de forma integral, em prol do princípio da duração razoável do processo.
(D) As partes poderão afastar a audiência de instrução e julgamento, mesmo se houver provas orais a serem produzidas no feito e que sejam essenciais à solução da controvérsia.

54. Daniel, sensibilizado com a necessidade de Joana em alugar um apartamento, disponibiliza-se a ser seu fiador no contrato de locação, fazendo constar nele cláusula de benefício de ordem. Um ano e meio após a assinatura do contrato, Daniel é citado em ação judicial visando à cobrança de aluguéis atrasados.

Ciente de que Joana possui bens suficientes para fazer frente à dívida contraída, Daniel consulta você, como advogado(a), sobre a possibilidade de Joana também figurar no polo passivo da ação.

Diante do caso narrado, assinale a opção que apresenta a modalidade de intervenção de terceiros a ser arguida por Daniel em sua contestação.

(A) Assistência.
(B) Denunciação da lide.
(C) Chamamento ao processo.
(D) Nomeação à autoria.

55. Cláudio, em face da execução por título extrajudicial que lhe moveu Daniel, ajuizou embargos à execução, os quais foram julgados improcedentes. O advogado de Cláudio, inconformado, interpõe recurso de apelação. Uma semana após a interposição do referido recurso, o advogado de Daniel requer a penhora de um automóvel pertencente a Cláudio.

Diante do caso concreto e considerando que o juízo não concedeu efeito suspensivo aos embargos, assinale a afirmativa correta.

(A) A penhora foi indevida, tendo em vista que os embargos à execução possuem efeito suspensivo decorrente de lei.
(B) O recurso de apelação interposto por Cláudio é dotado de efeito suspensivo por força de lei, tornando a penhora incorreta.
(C) A apelação interposta em face de sentença que julga improcedentes os embargos à execução é dotada de efeito meramente devolutivo, o que não impede a prática de atos de constrição patrimonial, tal como a penhora.
(D) O recurso de apelação não deve ser conhecido, pois o pronunciamento judicial que julga os embargos do executado tem natureza jurídica de decisão interlocutória, devendo ser impugnada por meio de agravo de instrumento.

56. A Associação "X", devidamente representada por seu advogado, visando à proteção de determinados interesses coletivos, propôs ação civil pública, cujos pedidos foram julgados improcedentes. Ademais, a associação foi condenada ao pagamento de honorários advocatícios no percentual de 20% (vinte por cento) sobre o valor da causa.

Diante de tal quadro, especificamente sobre os honorários advocatícios, a sentença está

(A) correta no que se refere à possibilidade de condenação ao pagamento de honorários e, incorreta, no que tange ao respectivo valor, porquanto fixado fora dos parâmetros estabelecidos pelo Art. 85 do CPC.

(B) incorreta, pois as associações não podem ser condenadas ao pagamento de honorários advocatícios, exceto no caso de litigância de má-fé, no âmbito da tutela individual e coletiva.

(C) correta, pois o juiz pode fixar os honorários de acordo com seu prudente arbítrio, observados os parâmetros do Art. 85 do CPC.

(D) incorreta, pois as associações são isentas do pagamento de honorários advocatícios em ações civis públicas, exceto no caso de má-fé, hipótese em que também serão condenadas ao pagamento do décuplo das custas.

57. O edifício Vila Real ajuizou ação de execução das contribuições de condomínio em atraso em face de Paper & Paper Ltda., proprietária da unidade 101. Citada a ré em janeiro de 2018, não houve o pagamento da dívida e, preenchidos os requisitos legais para tanto, houve a desconsideração da personalidade jurídica da devedora, a fim de que seus sócios Ana e Guilherme, casados, fossem citados, o que ocorreu em dezembro de 2018. Posteriormente, o condomínio exequente identificou que Ana e Guilherme venderam a Consuelo um imóvel de sua propriedade, em julho de 2018. Considerando que a execução em tela é capaz de reduzir à insolvência de Paper & Paper Ltda. e que não foram localizados bens penhoráveis de Ana e Guilherme, assinale a afirmativa correta.

(A) A alienação realizada por Ana e Guilherme configura fraude à execução, e deverá ser reconhecida independentemente da intimação de Consuelo.

(B) A alienação realizada por Ana e Guilherme configura fraude à execução e seu reconhecimento não pode se dar antes da intimação de Consuelo, que poderá opor embargos de terceiro.

(C) A alienação realizada por Ana e Guilherme não configura fraude à execução, pois realizada antes da citação dos sócios.

(D) A alienação realizada por Ana e Guilherme não configura fraude à execução, uma vez que a insolvência atingiria apenas a devedora original, e não os sócios.

58. Gabriel foi condenado pela prática de um crime de falso testemunho, sendo-lhe aplicada a pena de 03 anos de reclusão, em regime inicial aberto, substituída a pena privativa de liberdade por duas restritivas de direitos (prestação de serviços à comunidade e limitação de final de semana).

Após cumprir o equivalente a 01 ano da pena aplicada, Gabriel deixa de cumprir a prestação de serviços à comunidade. Ao ser informado sobre tal situação pela entidade beneficiada, o juiz da execução, de imediato, converte a pena restritiva de direitos em privativa de liberdade, determinando o cumprimento dos 03 anos da pena imposta em regime semiaberto, já que Gabriel teria demonstrado não preencher as condições para cumprimento de pena em regime aberto.

Para impugnar a decisão, o(a) advogado(a) de Gabriel deverá alegar que a conversão da pena restritiva de direitos em privativa de liberdade

(A) foi válida, mas o regime inicial a ser observado é o aberto, fixado na sentença, e não o semiaberto.

(B) foi válida, inclusive sendo possível ao magistrado determinar a regressão ao regime semiaberto, restando a Gabriel cumprir apenas 02 anos de pena privativa de liberdade, pois os serviços à comunidade já prestados são considerados pena cumprida.

(C) não foi válida, pois o descumprimento da prestação de serviços à comunidade não é causa a justificar a conversão em privativa de liberdade.

(D) não foi válida, pois, apesar de possível a conversão em privativa de liberdade pelo descumprimento da prestação de serviços à comunidade, deveria o apenado ser previamente intimado para justificar o descumprimento.

59. Enquanto assistia a um jogo de futebol em um bar, Francisco começou a provocar Raul, dizendo que seu clube, que perdia a partida, seria rebaixado. Inconformado com a indevida provocação, Raul, que estava acompanhado de um cachorro de grande porte, atiça o animal a atacar Francisco, o que efetivamente acontece. Na tentativa de se defender, Francisco desfere uma facada no cachorro de Raul, o qual vem a falecer. O fato foi levado à autoridade policial, que instaurou inquérito para apuração.

Francisco, então, contrata você, na condição de advogado(a), para patrocinar seus interesses.

Considerando os fatos narrados, com relação à conduta praticada por Francisco, você, como advogado(a), deverá esclarecer que seu cliente

(A) não poderá alegar qualquer excludente de ilicitude, em razão de sua provocação anterior.

(B) atuou escorado na excludente de ilicitude da legítima defesa.

(C) praticou conduta atípica, pois a vida do animal não é protegida penalmente.

(D) atuou escorado na excludente de ilicitude do estado de necessidade.

60. Mário trabalhava como jardineiro na casa de uma família rica, sendo tratado por todos como um funcionário exemplar, com livre acesso a toda a residência, em razão da confiança estabelecida. Certo dia, enfrentando dificuldades financeiras, Mário resolveu utilizar o cartão bancário de seu patrão, Joaquim, e, tendo conhecimento da respectiva senha, promoveu o saque da quantia de R$ 1.000,00 (mil reais).

Joaquim, ao ser comunicado pelo sistema eletrônico do banco sobre o saque feito em sua conta, efetuou o bloqueio do cartão e encerrou sua conta. Sem saber que o cartão se encontrava bloqueado e a conta encerrada, Mário tentou novo saque no dia seguinte, não obtendo êxito. De posse das filmagens das câmeras de segurança do banco, Mário foi identificado como o autor dos fatos, tendo admitido a prática delitiva.

Preocupado com as consequências jurídicas de seus atos, Mário procurou você, como advogado(a), para esclarecimentos em relação à tipificação de sua conduta.

Considerando as informações expostas, sob o ponto de vista técnico, você, como advogado(a) de Mário, deverá esclarecer que sua conduta configura

(A) os crimes de furto simples consumado e de furto simples tentado, na forma continuada.

(B) os crimes de furto qualificado pelo abuso de confiança consumado e de furto qualificado pelo abuso de confiança tentado, na forma continuada.

(C) um crime de furto qualificado pelo abuso de confiança consumado, apenas.

(D) os crimes de furto qualificado pelo abuso de confiança consumado e de furto qualificado pelo abuso de confiança tentado, em concurso material.

61. Regina dá à luz seu primeiro filho, Davi. Logo após realizado o parto, ela, sob influência do estado puerperal, comparece ao berçário da maternidade, no intuito de matar Davi. No entanto, pensando tratar-se de seu filho, ela, com uma corda, asfixia Bruno, filho recém-nascido do casal Marta e Rogério, causando-lhe a morte. Descobertos os fatos, Regina é denunciada pelo crime de homicídio qualificado pela asfixia com causa de aumento de pena pela idade da vítima.

Diante dos fatos acima narrados, o(a) advogado(a) de Regina, em alegações finais da primeira fase do procedimento do Tribunal do Júri, deverá requerer

(A) o afastamento da qualificadora, devendo Regina responder pelo crime de homicídio simples com causa de aumento, diante do erro de tipo.

(B) a desclassificação para o crime de infanticídio, diante do erro sobre a pessoa, não podendo ser reconhecida a agravante pelo fato de quem se pretendia atingir ser descendente da agente.

(C) a desclassificação para o crime de infanticídio, diante do erro na execução (*aberratio ictus*), podendo ser reconhecida a agravante de o crime ser contra descendente, já que são consideradas as características de quem se pretendia atingir.

(D) a desclassificação para o crime de infanticídio, diante do erro sobre a pessoa, podendo ser reconhecida a agravante de o crime ser contra descendente, já que são consideradas as características de quem se pretendia atingir.

62. Durante ação penal em que Guilherme figura como denunciado pela prática do crime de abandono de incapaz (Pena: detenção, de 6 meses a 3 anos), foi instaurado incidente de insanidade mental do acusado, constatando o laudo que Guilherme era, na data dos fatos (e permanecia até aquele momento), inteiramente incapaz de entender o caráter ilícito do fato, em razão de doença mental. Não foi indicado, porém, qual seria o tratamento adequado para Guilherme. Durante a instrução, os fatos imputados na denúncia são confirmados, assim como a autoria e a materialidade delitiva. Considerando apenas as informações expostas, com base nas previsões do Código Penal, no momento das alegações finais, a defesa técnica de Guilherme, sob o ponto de vista técnico, deverá requerer

(A) a absolvição imprópria, com aplicação de medida de segurança de tratamento ambulatorial, podendo a sentença ser considerada para fins de reincidência no futuro.

(B) a absolvição própria, sem aplicação de qualquer sanção, considerando a ausência de culpabilidade.

(C) a absolvição imprópria, com aplicação de medida de segurança de tratamento ambulatorial, não sendo a sentença considerada posteriormente para fins de reincidência.

(D) a absolvição imprópria, com aplicação de medida de segurança de internação pelo prazo máximo de 02 anos, não sendo a sentença considerada posteriormente para fins de reincidência.

63. Zélia, professora de determinada escola particular, no dia 12 de setembro de 2019, presencia, em via pública, o momento em que Luiz, nascido em 20 de dezembro de 2012, adota comportamento extremamente mal-educado e pega brinquedos de outras crianças que estavam no local.

Insatisfeita com a omissão da mãe da criança, sentindo-se na obrigação de intervir por ser professora, mesmo sem conhecer Luiz anteriormente, Zélia passa a, mediante grave ameaça, desferir golpes com um pedaço de madeira na mão de Luiz, como forma de lhe aplicar castigo pessoal, causando-lhe intenso sofrimento físico e mental.

Descobertos os fatos, foi instaurado inquérito policial. Nele, Zélia foi indiciada pelo crime de tortura com a causa de aumento em razão da idade da vítima. Após a instrução, confirmada a integralidade dos fatos, a ré foi condenada nos termos da denúncia, reconhecendo o magistrado, ainda, a presença da agravante em razão da idade de Luiz.

Considerando apenas as informações expostas, a defesa técnica de Zélia, no momento da apresentação da apelação, poderá, sob o ponto de vista técnico, requerer

(A) a absolvição de Zélia do crime imputado, pelo fato de sua conduta não se adequar à figura típica do crime de tortura.

(B) a absolvição de Zélia do delito de tortura, com fundamento na causa de exclusão da ilicitude do exercício regular do direito, em que pese a conduta seja formalmente típica em relação ao crime imputado.

(C) o afastamento da causa de aumento de pena em razão da idade da vítima, restando apenas a agravante com o mesmo fundamento, apesar de não ser possível pugnar pela absolvição em relação ao crime de tortura.

(D) o afastamento da agravante em razão da idade da vítima, sob pena de configurar bis in idem, já que não é possível requerer a absolvição do crime de tortura majorada.

64. O advogado de Josefina, ré em processo criminal, entendendo que, entre o recebimento da denúncia e o término da instrução, ocorreu a prescrição da pretensão punitiva estatal, apresentou requerimento, antes mesmo do oferecimento de alegações finais, de reconhecimento da extinção da punibilidade da agente, sendo o pedido imediatamente indeferido pelo magistrado.

Intimado, caberá ao(à) advogado(a) de Josefina, discordando da decisão, apresentar

(A) recurso em sentido estrito, no prazo de 5 dias.

(B) recurso de apelação, no prazo de 5 dias.

(C) carta testemunhável, no prazo de 48h.

(D) reclamação constitucional, no prazo de 15 dias.

65. Rogério foi denunciado pela prática de um crime de homicídio qualificado por fatos que teriam ocorrido em 2017. Após regular citação e apresentação de resposta à acusação, Rogério decide não comparecer aos atos do processo, apesar de regularmente intimado, razão pela qual foi decretada sua revelia.

Em audiência realizada na primeira fase do procedimento do Tribunal do Júri, sem a presença de Rogério, mas tão só de sua defesa técnica, foi proferida decisão de pronúncia. Rogério mudou-se e não informou ao juízo o novo endereço, não sendo localizado para ser pessoalmente intimado dessa decisão, ocorrendo, então, a intimação por edital. Posteriormente, a ação penal teve regular prosseguimento, sem a participação do acusado, sendo designada data para realização da sessão plenária.

Ao tomar conhecimento desse fato por terceiros, Rogério procura seu advogado para esclarecimentos, informando não ter interesse em comparecer à sessão plenária.

Com base apenas nas informações narradas, o advogado de Rogério deverá esclarecer que

(A) o processo e o curso do prazo prescricional, diante da intimação por edital, deveriam ficar suspensos.

(B) a intimação da decisão de pronúncia por edital não é admitida pelo Código de Processo Penal.

(C) o julgamento em sessão plenária do Tribunal do Júri, na hipótese, poderá ocorrer mesmo sem a presença do réu.

(D) a revelia gerou presunção de veracidade dos fatos e a intimação foi válida, mas a presença do réu é indispensável para a realização da sessão plenária do Tribunal do Júri.

66. Fred foi denunciado e condenado, em primeira instância, pela prática de crime de corrupção ativa, sendo ele e seu advogado intimados do teor da sentença no dia 05 de junho de 2018, terça-feira. A juntada do mandado de intimação do réu ao processo, todavia, somente ocorreu em 11 de junho de 2018, segunda-feira.

Considerando as informações narradas, o prazo para interposição de recurso de apelação pelo advogado de Fred, de acordo com a jurisprudência dos Tribunais Superiores, será iniciado

(A) no dia seguinte à juntada do mandado de intimação (12/06/18), devendo a data final do prazo ser prorrogada para o primeiro dia útil seguinte, caso se encerre no final de semana.

(B) no dia da juntada do mandado de intimação (11/06/18), devendo ser cumprido até o final do prazo de 05 dias previsto em lei, ainda que este ocorra no final de semana.

(C) no dia da intimação (05/06/18), independentemente da data da juntada do mandado, devendo ser cumprido até o final do prazo de 05 dias previsto em lei, ainda que este ocorra no final de semana.

(D) no dia seguinte à intimação (06/06/18), independentemente da data da juntada do mandado, devendo a data final do prazo ser prorrogada para o primeiro dia útil seguinte, caso se encerre no final de semana.

67. Enquanto cumpria pena em regime fechado, Antônio trabalhava na unidade prisional de maneira regular. Após progressão para o regime semiaberto, o apenado passou a estudar por meio de metodologia de ensino a distância, devidamente certificado pelas autoridades educacionais. Com a obtenção de livramento condicional, passou a frequentar curso de educação profissional. Ocorre que havia contra Antônio procedimento administrativo disciplinar em que se investigava a prática de falta grave durante o cumprimento da pena em regime semiaberto, sendo, após observância de todas as formalidades legais, reconhecida a prática da falta grave. Preocupado, Antônio procura seu advogado para esclarecimentos sobre o tempo de pena que poderá ser remido e as consequências do reconhecimento da falta grave. Considerando as informações narradas, o advogado de Antônio deverá esclarecer que

(A) o trabalho na unidade prisional e o estudo durante cumprimento de pena em regime semiaberto justificam a remição da pena, mas não o curso frequentado durante livramento condicional, sendo certo que a falta grave permite perda de parte dos dias remidos.

(B) o trabalho somente quando realizado em regime fechado ou semiaberto justifica a remição de pena, mas o estudo a distância e a frequência ao curso poderão gerar remição mesmo no regime aberto ou durante livramento condicional, podendo a punição por falta grave gerar perda de parte dos dias remidos.

(C) o reconhecimento de falta grave não permite a perda dos dias remidos com o trabalho na unidade e a frequência a curso em regime semiaberto, mas tão só a regressão do regime de cumprimento da pena.

(D) o tempo remido exclusivamente com o trabalho em regime fechado, mas não com o estudo, será computado como pena cumprida, para todos os efeitos, mas, diante da falta grave, poderá haver perda de todos os dias remidos anteriormente.

68. Após uma partida de futebol amador, realizada em 03/05/2018, o atleta André se desentendeu com jogadores da equipe adversária. Ao final do jogo, dirigiu-se ao estacionamento e encontrou, em seu carro, um bilhete anônimo, em que constavam diversas ofensas à sua honra. Em 28/06/2018, André encontrou um dos jogadores da equipe adversária, Marcelo, que lhe confessou a autoria do bilhete, ressaltando que Luiz e Rogério também estavam envolvidos na ofensa.

André, em 17/11/2018, procurou seu advogado, apresentando todas as provas do crime praticado, manifestando seu interesse em apresentar queixa-crime contra os três autores do fato. Diante disso, o advogado do ofendido, após procuração com poderes especiais, apresenta, em 14/12/2018, queixa-crime em face de Luiz, Rogério e Marcelo, imputando-lhes a prática dos crimes de calúnia e injúria.

Após o recebimento da queixa-crime pelo magistrado, André se arrependeu de ter buscado a responsabilização penal de Marcelo, tendo em vista que somente descobriu a autoria do crime em decorrência da ajuda por ele fornecida. Diante disso, comparece à residência de Marcelo, informa seu arrependimento, afirma não ter interesse em vê-lo responsabilizado criminalmente e o convida para a festa de aniversário de sua filha, sendo a conversa toda registrada em mídia audiovisual.

Considerando as informações narradas, é correto afirmar que o(a) advogado(a) dos querelados poderá

(A) questionar o recebimento da queixa-crime, com fundamento na ocorrência de decadência, já que oferecida a inicial mais de 06 meses após a data dos fatos.

(B) buscar a extinção da punibilidade dos três querelados, diante da renúncia ao exercício do direito de queixa realizado por André, que poderá ser expresso ou tácito.

(C) buscar a extinção da punibilidade de Marcelo, mas não de Luiz e Rogério, em razão da renúncia ao exercício do direito de queixa realizado por André.

(D) buscar a extinção da punibilidade dos três querelados, caso concordem, diante do perdão oferecido a Marcelo por parte de André, que deverá ser estendido aos demais coautores.

69. Carlos, advogado, em conversa com seus amigos, na cidade de Campinas, afirmou, categoricamente, que o desembargador Tício exigiu R$ 50.000,00 para proferir voto favorável para determinada parte em processo criminal de grande repercussão, na Comarca em que atuava.

Ao tomar conhecimento dos fatos, já que uma das pessoas que participavam da conversa era amiga do filho de Tício, o desembargador apresentou queixa-crime, imputando a Carlos o crime de calúnia majorada (Art. 138 c/c. o Art. 141, inciso II, ambos do CP. *Pena: 06 meses a 2 anos e multa, aumentada de 1/3*). Convicto de que sua afirmativa seria verdadeira, Carlos pretende apresentar exceção da verdade, com a intenção de demonstrar que Tício realmente havia realizado a conduta por ele mencionada. Procura, então, seu advogado, para adoção das medidas cabíveis.

Com base apenas nas informações narradas, o advogado de Carlos deverá esclarecer que, para julgamento da exceção da verdade, será competente

(A) a Vara Criminal da Comarca de Campinas, órgão competente para apreciar a queixa-crime apresentada.

(B) o Juizado Especial Criminal da Comarca de Campinas, órgão competente para apreciar a queixa-crime apresentada.

(C) o Tribunal de Justiça do Estado de São Paulo, apesar de não ser o órgão competente para apreciar a queixa-crime apresentada.

(D) o Superior Tribunal de Justiça, apesar de não ser o órgão competente para apreciar a queixa-crime apresentada.

70. Reinaldo é empregado da padaria Cruz de Prata Ltda., na qual exerce a função de auxiliar de padeiro, com jornada de segunda a sexta-feira, das 12h às 17h, e pausa alimentar de 15 minutos. Aproxima-se o final do ano, e Reinaldo aguarda ansiosamente pelo pagamento do 13º salário, pois pretende utilizá-lo para comprar uma televisão.

A respeito do 13º salário, assinale a afirmativa correta.

(A) Com a reforma da CLT, a gratificação natalina poderá ser paga em até três vezes, desde que haja concordância do empregado.

(B) A gratificação natalina deve ser paga em duas parcelas, sendo a primeira entre os meses de fevereiro e novembro e a segunda, até o dia 20 de dezembro de cada ano.

(C) Atualmente é possível negociar a supressão do 13º salário em convenção coletiva de trabalho.

(D) O empregado tem direito a receber a primeira parcela do 13º salário juntamente com as férias, desde que a requeira no mês de março.

71. Uma indústria de calçados, que se dedica à exportação, possui 75 empregados. No último ano, Davi foi aposentado por invalidez, Heitor pediu demissão do emprego, Lorenzo foi dispensado por justa causa e Laura rompeu o contrato por acordo com o empregador, aproveitando-se da nova modalidade de ruptura trazida pela Lei 13.467/17 (Reforma Trabalhista).

De acordo com a norma de regência, assinale a opção que indica, em razão dos eventos relatados, quem tem direito ao saque do FGTS.

(A) Davi e Laura, somente.

(B) Todos poderão sacar o FGTS.

(C) Laura, somente.

(D) Davi, Heitor e Lorenzo, somente.

72. João e Maria são casados e trabalham na mesma empresa, localizada em Fortaleza/CE. Maria ocupa cargo de confiança e, por absoluta necessidade do serviço, será transferida para Porto Alegre/RS, lá devendo fixar residência, em razão da distância.

Diante da situação retratada e da legislação em vigor, assinale a afirmativa correta.

(A) A transferência não poderá ser realizada, porque o núcleo familiar seria desfeito, daí ser vedada por Lei.

(B) A transferência poderá ser realizada, mas, como o casal ficará separado, isso deverá durar, no máximo, 1 ano.

(C) João terá direito, pela CLT, a ser transferido para o mesmo local da esposa e, com isso, manter a família unida.

(D) Não há óbice para a transferência, que poderá ser realizada sem que haja obrigação de a empresa transferir João.

73. Vera Lúcia tem 17 anos e foi contratada como atendente em uma loja de conveniência, trabalhando em escala de 12x36 horas, no horário de 19 às 7h, com pausa alimentar de 1 hora. Essa escala é prevista no acordo coletivo assinado pela loja com o sindicato de classe, em vigor. A empregada teve a CTPS assinada e tem, como atribuições, auxiliar os clientes, receber o pagamento das compras e dar o troco quando necessário.

Diante do quadro apresentado e das normas legais, assinale a afirmativa correta.

(A) A hipótese trata de trabalho proibido.

(B) O contrato é plenamente válido.

(C) A situação retrata caso de atividade com objeto ilícito.

(D) Por ter 17 anos, Vera Lúcia fica impedida de trabalhar em escala 12x36 horas, devendo ser alterada a jornada.

74. O sindicato dos empregados X entabulou com o sindicato dos empregadores Y, uma convenção coletiva de trabalho para vigorar de julho de 2019 a junho de 2021. Nela ficou acertado que a jornada seria marcada pelos trabalhadores por meio de um aplicativo desenvolvido pelos sindicatos; que haveria instituição de banco de horas anual; que, nas jornadas de trabalho de até 7 horas diárias, haveria intervalo para refeição de 20 minutos; e que a participação nos lucros seria dividida em 4 parcelas anuais.

Considerando o teor da norma coletiva e suas cláusulas, e considerando o disposto na CLT, assinale a afirmativa correta.

(A) A convenção é nula quanto à participação nos lucros, que não pode ser dividida em mais de 2 parcelas anuais.

(B) É nula a fixação de pausa alimentar inferior a 30 minutos para jornadas superiores a 6 horas, mesmo que por norma coletiva.

(C) Inválida a cláusula referente à modalidade de registro da jornada de trabalho, que não pode ser feito por meio de um aplicativo.

(D) Inválido o banco de horas estipulado, pois, em norma coletiva, ele somente pode ser realizado para compensação semestral.

75. Edimilson é vigia noturno em um condomínio residencial de apartamentos. Paulo é vigilante armado de uma agência bancária. Letícia é motociclista de entregas de uma empresa de logística. Avalie os três casos apresentados e, observadas as regras da CLT, assinale a afirmativa correta.

(A) Paulo e Letícia exercem atividade perigosa e fazem jus ao adicional de periculosidade. A atividade de Edimilson não é considerada perigosa, e, por isso, ele não deve receber adicional.

(B) Considerando que os três empregados não lidam com explosivos e inflamáveis, salvo por disposição em norma coletiva, nenhum deles terá direito ao recebimento de adicional de periculosidade.

(C) Os três empregados fazem jus ao adicional de periculosidade, pois as profissões de Edimilson e Paulo estão sujeitas ao risco de violência física e, a de Letícia, a risco de vida.

(D) Apenas Paulo e Edimilson têm direito ao adicional de periculosidade por conta do risco de violência física.

76. O juiz, em sede de execução trabalhista, intimou a parte para cumprir despacho, determinando que o exequente desse seguimento à execução, indicando os meios de prosseguimento na execução, já que não foram encontrados bens no patrimônio do réu.

Com fundamento na legislação vigente, assinale a afirmativa correta.

(A) O processo ficará parado aguardando a manifestação do exequente por período indefinido de tempo.

(B) A declaração de prescrição somente poderá ocorrer por requerimento da parte contrária.

(C) A prescrição intercorrente ocorrerá após dois anos, se a parte não cumprir com o comando judicial.

(D) O juiz deverá intimar novamente a parte, a fim de dar início ao curso do prazo prescricional.

77. Em sede de reclamação trabalhista proposta por Sávio, os pedidos liquidados somaram valor inferior a 40 salários mínimos nacionais. A ação foi movida em face do ex-empregador e da União, em razão de alegação de responsabilidade subsidiária. Sobre o caso apresentado, assinale a opção que indica o procedimento a ser seguido.

(A) A ação correrá sob o rito sumaríssimo, pois cabível o rito especial para qualquer parte na Justiça do Trabalho, desde que o valor da causa seja compatível.

(B) A ação correrá sob o rito ordinário, porque, em que pese o valor da causa, figura ente de direito público no polo passivo.

(C) A ação correrá no rito ordinário, mas, caso a primeira ré não seja encontrada, não será possível realizar a citação por edital, em vista de a segunda ré ser a União.

(D) A ação correrá no rito sumaríssimo, e, em caso de prova testemunhal, cada parte terá direito a ouvir até três testemunhas.

78. No decorrer de uma reclamação trabalhista, que transitou em julgado e que se encontra na fase executória, o juiz intimou o autor a apresentar os cálculos de liquidação respectivos, o que foi feito. Então, o juiz determinou que o cálculo fosse levado ao setor de Contadoria da Vara para conferência, tendo o calculista confirmado que os cálculos estavam adequados e em consonância com a coisa julgada. Diante disso, o juiz homologou a conta e determinou que o executado depositasse voluntariamente a quantia, sob pena de execução forçada.

Diante dessa narrativa e dos termos da CLT, assinale a afirmativa correta.

(A) Equivocou-se o juiz, porque ele não poderia homologar o cálculo sem antes conceder vista ao executado pelo prazo de 8 dias.

(B) Correta a atitude do magistrado, porque as contas foram conferidas e foi impressa celeridade ao processo do trabalho, observando a duração razoável do processo.

(C) A Lei não fixa a dinâmica específica para a liquidação, daí porque cada juiz tem liberdade para criar a forma que melhor atenda aos anseios da justiça.

(D) O juiz deveria conceder vista dos cálculos ao executado e ao INSS pelo prazo de 5 dias úteis, pelo que o procedimento adotado está errado.

79. Wilma foi dispensada sem justa causa e recebeu a indenização correspondente do ex-empregador. Ela, no entanto, alega ter direito a uma equiparação salarial com um colega que realizava as mesmas atividades. Em razão disso, Wilma procura você, como advogado(a), e, com sua assessoria, dá início a um acordo extrajudicial com o ex-empregador. O acordo é materializado em documento, especificando o valor e a identificação da parcela, sendo assinado pelas partes e seus respectivos advogados, e levado à Justiça do Trabalho para homologação. Contudo, a juíza do caso nega-se a homologar o acordo, argumentando que ele seria lesivo à trabalhadora, proferindo decisão nesse sentido. Diante disso, e de acordo com a norma legal, assinale a opção que indica a medida processual adequada para buscar a reforma da decisão proferida.

(A) Não há medida cabível, por se tratar de decisão interlocutória.

(B) Recurso Ordinário.

(C) Mandado de Segurança.

(D) Novo pedido de homologação de acordo extrajudicial idêntico, mas agora dirigido para outra Vara.

80. Considere as quatro situações jurídicas a seguir.

(I) A Instituição ABCD é uma entidade sem fins lucrativos.
(II) Rosemary é uma empregadora doméstica.
(III) O Instituto Sonhar é uma entidade filantrópica.
(IV) Mariana é uma microempreendedora individual.

Considere que todas essas pessoas são empregadoras e têm reclamações trabalhistas ajuizadas contra si e que nenhuma delas comprovou ter as condições para ser beneficiária de justiça gratuita.

Assinale a opção que indica, nos termos da CLT, quem estará isento de efetuar o depósito recursal para recorrer de uma sentença desfavorável proferida por uma Vara da Justiça do Trabalho.

(A) A Instituição ABCD e o Instituto Sonhar, somente.

(B) Todos estarão dispensados

(C) Instituto Sonhar, somente.

(D) Mariana e Rosemary, somente.

Folha de Respostas

#				
1	A	B	C	D
2	A	B	C	D
3	A	B	C	D
4	A	B	C	D
5	A	B	C	D
6	A	B	C	D
7	A	B	C	D
8	A	B	C	D
9	A	B	C	D
10	A	B	C	D
11	A	B	C	D
12	A	B	C	D
13	A	B	C	D
14	A	B	C	D
15	A	B	C	D
16	A	B	C	D
17	A	B	C	D
18	A	B	C	D
19	A	B	C	D
20	A	B	C	D
21	A	B	C	D
22	A	B	C	D
23	A	B	C	D
24	A	B	C	D
25	A	B	C	D
26	A	B	C	D
27	A	B	C	D
28	A	B	C	D
29	A	B	C	D
30	A	B	C	D
31	A	B	C	D
32	A	B	C	D
33	A	B	C	D
34	A	B	C	D
35	A	B	C	D
36	A	B	C	D
37	A	B	C	D
38	A	B	C	D
39	A	B	C	D
40	A	B	C	D
41	A	B	C	D
42	A	B	C	D
43	A	B	C	D
44	A	B	C	D
45	A	B	C	D
46	A	B	C	D
47	A	B	C	D
48	A	B	C	D
49	A	B	C	D
50	A	B	C	D
51	A	B	C	D
52	A	B	C	D
53	A	B	C	D
54	A	B	C	D
55	A	B	C	D
56	A	B	C	D
57	A	B	C	D
58	A	B	C	D
59	A	B	C	D
60	A	B	C	D
61	A	B	C	D
62	A	B	C	D
63	A	B	C	D
64	A	B	C	D
65	A	B	C	D
66	A	B	C	D
67	A	B	C	D
68	A	B	C	D
69	A	B	C	D
70	A	B	C	D
71	A	B	C	D
72	A	B	C	D
73	A	B	C	D
74	A	B	C	D
75	A	B	C	D
76	A	B	C	D
77	A	B	C	D
78	A	B	C	D
79	A	B	C	D
80	A	B	C	D

GABARITO COMENTADO

1. Gabarito "C"
Comentário: A: incorreta. De acordo com o art. 18, *caput*, do RGOAB, o desagravo público será promovido pelo Conselho competente, de ofício, a seu pedido (leia-se: pedido do advogado ofendido) ou de qualquer pessoa. Assim, de plano, incorreta a alternativa em comento, pois dispõe que a atuação da OAB se dará apenas mediante provocação, quando poderá, como visto, ser de ofício; **B** e **D:** incorretas. O pedido de desagravo público não poderá ser formulado pelo representante legal do advogado ofendido. Também não se exige, para o requerimento de instauração do processo de desagravo, que um advogado com inscrição na OAB apresente referido pedido; **C:** correta, conforme dispõem os §§ 1º e 2º, do precitado art. 18 do RGOAB.

2. Gabarito "B"
Comentário: A: incorreta. Extinto o mandato pela renúncia apresentada pelo advogado, será seu dever prosseguir na representação do (ex)cliente nos dez dias subsequentes à notificação, salvo se substituído antes do término de referido prazo (art. 5º, § 3º, EAOAB). Considerando que no enunciado há a informação de que o mandante, após três dias da notificação da renúncia, constituiu novo advogado, Geraldo não mais prosseguirá na representação do cliente pelos dias restantes; **B:** correta, nos exatos termos do que dispõe o art. 5º, § 3º, do EAOAB; **C** e **D:** incorretas, pois a representação do mandante após a renúncia do advogado estende-se pelo prazo máximo de 10 (dez) dias após a notificação, podendo ser ainda menor, caso, nesse interregno, um novo patrono seja constituído.

3. Gabarito "B"
Comentário: A: incorreta. Para disputar as eleições aos cargos de Subseção, devem os candidatos satisfazer os requisitos previstos no art. 63, § 2º, do EAOAB, com a redação que lhe foi dada pela Lei 13.875/2019, ou seja, comprovar situação regular perante a OAB, não ocupar cargo exonerável *ad nutum*, não ter sido condenado por infração disciplinar, salvo reabilitação, e exercer efetivamente a profissão há mais de 3 (três) anos, nas eleições para os cargos de Conselheiro Seccional e das Subseções, quando houver, e há mais de 5 (cinco) anos, nas eleições para os demais cargos; **B:** correta. Prevê o art. 63, *caput*, e § 1º, do EAOAB, que a eleição dos membros de todos os órgãos da OAB será realizada na segunda quinzena do mês de novembro, do último ano do mandato, mediante cédula única e votação direta dos advogados regularmente inscritos. A eleição, na forma e segundo os critérios e procedimentos estabelecidos no regulamento geral, é de comparecimento obrigatório para todos os advogados inscritos na OAB; **C:** incorreta. O mandato é, de fato, de três anos, iniciando-se, porém, em primeiro de janeiro do ano seguinte ao da eleição, salvo o Conselho Federal (art. 65, *caput*, EAOAB); **D:** incorreta. De acordo com o art. 66 do EAOAB, extingue-se automaticamente o mandato, antes de seu término, se o titular faltar, sem motivo justificado, a três reuniões ordinárias consecutivas (e não a mais de três reuniões, como consta na alternativa!) de cada órgão deliberativo do conselho ou da diretoria da Subseção ou da Caixa de Assistência dos Advogados, não podendo ser reconduzido no mesmo período de mandato.

4. Gabarito "C"
Comentário: De acordo com o art. 34, XXIII, do EAOAB, constitui infração disciplinar o fato de o advogado deixar de pagar as contribuições (anuidades), multas e preços de serviços devidos à OAB, depois de regularmente notificado a fazê-lo. A consequência pela prática de referida infração é, conforme dispõe o art. 37, § 2º, do EAOAB, a suspensão do advogado inadimplente do exercício profissional até que satisfaça integralmente à dívida, com correção monetária. Assim, correta a alternativa "C". Todavia, o STF, no julgamento do **Recurso Extraordinário 647.885**, com repercussão geral reconhecida, decidiu pela **inconstitucionalidade da suspensão do advogado em caso de inadimplência de anuidades** (art. 34, XXIII, EAOAB) ao argumento de que tal sanção acarreta ofensa à liberdade constitucional de exercício profissional. Confira-se, pela relevância, a ementa adiante transcrita, extraída do sítio eletrônico do STF: *O Tribunal, por maioria, apreciando o tema 732 da repercussão geral, conheceu do recurso extraordinário e deu-lhe provimento, declarando a inconstitucionalidade da Lei 8.906/1994, no tocante ao art. 34, XXIII, e ao excerto do art. 37, § 2º, que faz referência ao dispositivo anterior, ficando as despesas processuais às custas da parte vencida e invertida a condenação de honorários advocatícios sucumbenciais fixados no acórdão recorrido, nos termos do voto do Relator, vencido o Ministro Marco Aurélio. Foi fixada a seguinte tese: "É inconstitucional a suspensão realizada por conselho de fiscalização profissional do exercício laboral de seus inscritos por inadimplência de anuidades, pois a medida consiste em sanção política em matéria tributária". Plenário, Sessão Virtual de 17.4.2020 a 24.4.2020.*

5. Gabarito "D"
Comentário: O acometimento de doença mental curável é causa de licenciamento (ou licença) da atividade profissional, com fundamento no art. 12, III, do EAOAB. Significa dizer que o advogado ficará afastado dos quadros da OAB até alcançar a cura para sua moléstia psiquiátrica. Importante frisar que no período de licença, não poderá exercer a profissão, sob pena de nulidade dos atos praticados (art. 4º, parágrafo único, EAOAB). Correta, portanto, a alternativa "D", estando as demais, por evidente, erradas.

6. Gabarito "A"
Comentário: A: correta. De acordo com o art. 36 do CED, o sigilo profissional é de ordem pública, independendo de solicitação de reserva que lhe seja feita pelo cliente. Em outras palavras, ainda que Antônio tenha consultado seu cliente sobre a possibilidade de relatar os fatos relativos à sua vida pessoal e que foram tratados em processo judicial, o sigilo, como visto, é de ordem pública, vale dizer, tem que ser respeitado pelo advogado por se tratar de um dever ético, pouco importando eventual anuência de seu constituinte com sua revelação em trabalho acadêmico. Com relação ao advogado José, a revelação do sigilo por ele foi lícita, estando autorizada pelo art. 37 do CED, segundo o qual o sigilo profissional cederá em face de circunstâncias excepcionais que configurem justa causa, como nos casos de grave ameaça à honra; **B:** incorreta, pois, como visto, José não infringiu o disposto no CED no que toca ao sigilo profissional; **C:** incorreta, pois José, baseado no art. 37 do CED, para a defesa de sua honra, poderia violar o dever de sigilo profissional. Já Antônio, ao revelar em sua dissertação de mestrado fatos relacionados à vida pessoal de seu cliente, cujo conhecimento ocorreu em razão do exercício profissional, violou o art. 36 do CED; **D:** incorreta, pois, como visto, Antônio cometeu infração ética por violação, sem justa causa, de sigilo profissional.

7. Gabarito "A"
Comentário: A: correta. De acordo com o art. 33, parágrafo único, do RGOAB, com a redação que lhe foi dada pela Resolução 05/2016, do CFOAB, prevê que o nome social é a designação pela qual a pessoa travesti ou transexual se identifica e é socialmente reconhecida e será inserido na identificação do advogado mediante requerimento. Ademais, o art. 34, II, também do Regulamento Geral, prevê que o anverso do cartão de identidade do advogado alguns dados, na sequência nele especificada, inclusive o nome e o nome social (nesta ordem, portanto); **B:** incorreta. O nome social não necessita constar no registro civil, bastando que seja declarado pela pessoa travesti ou transexual perante seu Conselho Seccional. Com isso, o nome social, que não se confunde com o nome de registro, será incluído na identidade profissional do advogado, em campo próprio; **C:** incorreta. No cartão de identidade profissional do advogado constará, além do nome registral, o nome social. Não bastará, portanto, apenas a indicação do nome social no documento de identidade profissional do advogado, até porque, por força do art. 13 do EAOAB, referido documento faz prova da identificação civil para todos os fins legais; **D:** incorreta. Como visto, o art. 33, parágrafo único, do RGOAB, expressamente autoriza a inclusão do nome social em sua carteira de identidade profissional. Tal procedimento independe de qualquer

alteração do nome do advogado no registro civil, nem mesmo de cirurgia de redesignação sexual.

8. Gabarito "B"
Comentário: O exercício de mandato eletivo (no caso, vereador) acarreta ao advogado o impedimento (proibição parcial para advogar) de que trata o art. 30, II, do EAOAB, ficando impossibilitado de exercer a advocacia contra ou a favor de todo do Poder Público. Já a assunção do cargo de Procurador-Geral de um Município impõe ao advogado o exercício exclusivo – e limitado – da advocacia vinculada às funções que exercer, durante o período da investidura (art. 29 do EAOAB). Assim, no caso relatado no enunciado, João Pedro, nos anos de 2012 e 2013, por ser vereador, sofreria apenas as restrições trazidas no art. 30, II, do EAOAB, qual seja, o impedimento de advogar contra ou a favor do Poder Público em geral, em todos os níveis. Já nos anos de 2014 e 2015, enquanto ocupou o cargo de Procurador-Geral do Município Alfa, somente poderia advogar de forma limitada, ou seja, no exclusivo interesse do Município, conforme prevê o já citado art. 29 do EAOAB. Vamos, assim, às alternativas! **A:** incorreta, pois no período em que João Pedro exerce mandato de vereador, ficou impedido de advogar contra ou a favor do Poder Público em geral, inclusive entidades paraestatais (art. 30, II, EAOAB); **B:** correta. O impedimento de João Pedro, enquanto foi vereador, englobava o exercício da advocacia contra ou a favor de entes da Administração Pública direta, indireta, entidades paraestatais ou empresas concessionárias ou permissionárias de serviços públicos (art. 30, II, EAOAB); **C:** incorreta. Enquanto João Pedro ocupou o cargo de Procurador-Geral do Município, somente estaria autorizado a exercer a advocacia vinculada às funções públicas inerentes ao referido cargo, sendo vedada, portanto, a advocacia privada; **D:** incorreta, pois, na condição de Procurador-Geral do Município Alfa, advogar a favor de autarquia vinculada ao próprio Município seria parte integrante de suas atribuições de Procurador-Geral, em consonância com o art. 29 do EAOAB.

9. Gabarito "A"
Comentário: Para Neil MacCormick, o processo de argumentação é como um processo de justificação, portanto, a assertiva correta é a "A".

10. Gabarito "A"
Comentário: A assertiva "A" define corretamente o conceito de "utilidade" dentro do pensamento de John Stuart Mill, um dos principais filósofos utilitaristas.

11. Gabarito "D"
Comentário: A: incorreta. É possível que haja a superação legislativa das decisões definitivas de mérito do STF, no âmbito de uma ação declaratória de constitucionalidade. O projeto de lei, aprovado no Congresso Nacional, que disponha de forma contrária a decisão do Supremo, passará a valer e, eventualmente, poderá ser declarado inconstitucional pelo STF por meio do julgamento de nova ação. Isto é assim, pois a função legislativa não é atingida pelo efeito vinculante advindo das decisões proferidas em sede de controle concentrado de constitucionalidade, nem pelo efeito que uma súmula vinculante produz (art. 103-A, *caput*, da CF). Determina o § 2º do art. 102 da CF que as decisões definitivas de mérito, proferidas pelo STF, nas ações diretas de inconstitucionalidade e nas ações declaratórias de constitucionalidade, **produzirão eficácia contra todos e efeito vinculante, relativamente aos demais órgãos do Poder Judiciário e à administração pública** direta e indireta, nas esferas federal, estadual e municipal; **B:** incorreta. A primeira parte está correta. Por outro lado, a afirmação de que a Constituição de 1988 veda a rediscussão de temática já analisada pela Suprema Corte na mesma sessão legislativa está equivocada. O projeto de lei **não** apresenta vício formal de inconstitucionalidade. Essa vedação tem relação com a proposta de emenda constitucional (art. 60, §5º, da CF), não com as decisões do Supremo; **C:** incorreta. Como já afirmado, as decisões definitivas de mérito proferidas pelo Supremo Tribunal Federal em sede de controle concentrado de constitucionalidade, embora gozem de eficácia contra todos e efeito vinculante, não "vincula" a função legislativa (mesmo quando ela for exercida de forma atípica). Sendo assim, não cabe impugnação pela via da reclamação constitucional; **D:** correta. É o que se extrai do citado § 2º do art. 102 da CF.

12. Gabarito "B"
Comentário: A: incorreta. O ajuste firmado entre o ente municipal e a sociedade empresária é, ao contrário do mencionado, **constitucional**. De acordo com o § 1º do art. 199 da CF, as **instituições privadas poderão participar de forma complementar** do sistema único de saúde, segundo diretrizes deste, mediante contrato de direito público ou convênio, tendo preferência as entidades filantrópicas e as sem fins lucrativos; **B:** correta. É o que determina o § 2º do art. 199 da CF. Tal dispositivo **veda a destinação de recursos públicos** para auxílios ou subvenções **às instituições privadas com fins lucrativos**; **C:** incorreta. O repasse de recursos públicos às instituições privadas com fins lucrativos, como mencionado, é proibido pelo Texto Constitucional. **D:** incorreta. A execução das ações de vigilância sanitária e epidemiológica **fazem parte das atribuições do SUS**, conforme determina o inciso II do art. 200 da CF.

13. Gabarito "D"
Comentário: A: incorreta. **A fundamentação** empregada pelo Presidente da República para decretar o estado de defesa **está de acordo** com o Texto Constitucional. Determina o *caput* do art. 136 da CF que o estado de defesa pode ser decretado, dentre outras hipóteses, para preservar ou prontamente restabelecer locais restritos e determinados atingidos por calamidades de grandes proporções na natureza; **B:** incorreta. A primeira parte está correta. Por outro lado, **a afirmação** de que, durante a vigência do período de exceção, o Presidente não poder determinar o uso temporário de bens pertencentes a outros entes da federação **viola** o inciso II do § 1º do art. 136 da CF que autoriza a aplicação dessa medida coercitiva, desde que a União responda pelos danos e custos decorrentes da ocupação ou uso; **C:** incorreta. São várias as hipóteses de cabimento do estado de defesa, mas a apresentada pela alternativa não integra o rol. De acordo com o citado *caput* do art. 136 da CF, o estado de defesa poderá ser decretado para preservar ou prontamente restabelecer, em locais restritos e determinados, a ordem pública ou a paz social ameaçadas por grave e iminente instabilidade institucional ou atingidas por calamidades de grandes proporções na natureza. A **ineficácia** de medidas adotadas **durante o estado de defesa enseja a decretação do estado de sítio**, conforme determina o art. 137, I, da CF; **D:** correta. É o que determina o art. 136, *caput*, e§1º, II, da CF.

14. Gabarito "A"
Comentário: A: correta. De fato, o remédio correto para combater a inconstitucionalidade por omissão em um caso concreto é o mandado de injunção. Determina o LXXI do art. 5º da CF o cabimento do mandado de injunção sempre que a falta de norma regulamentadora tornar inviável o exercício dos direitos e liberdades constitucionais e das prerrogativas inerentes à nacionalidade, à soberania e à cidadania. O caso trazido se enquadra na previsão constitucional. Vale lembrar que a CF não menciona expressamente o cabimento do mandado de injunção coletivo. Embora diversas vezes admitido pela jurisprudência, com a edição da Lei 13.300/16, a via coletiva passou a ter previsão legal. Conforme determina o art. 12, III, da Lei, o mandado de injunção coletivo pode ser promovido, dentre outros legitimados, III – por **organização sindical**, entidade de classe ou associação legalmente constituída e em funcionamento há pelo menos 1 (um) ano, para assegurar o exercício de direitos, liberdades e prerrogativas em favor da totalidade ou de parte de seus membros ou associados, na forma de seus estatutos e desde que pertinentes a suas finalidades, dispensada, para tanto, autorização especial; **B:** incorreta. Como mencionado, **a organização tem legitimidade** para impetração do mandado de injunção coletivo; **C:** incorreta. Não há regra nesse sentido. Determina a do art. 9º, *caput* e § 1º, da Lei do MI que a decisão terá eficácia subjetiva limitada às partes e produzirá efeitos até o advento da norma regulamentadora e que **poderá ser conferida eficácia *ultra partes* ou *erga omnes* à decisão, quando isso for inerente ou indispensável ao exercício do direito, da liberdade ou da prerrogativa objeto da impetração**. Não há necessidade de autorização especial dos seus membros para tanto; **D:** incorreta. Se a mora for reconhecida a decisão **poderá estabelecer as condições** em que se dará o exercício do direito à aposentadoria especial, conforme dispõe o art. 8º, II, da citada Lei.

15. Gabarito "C"
Comentário: A: incorreta. É possível que Fernando busque a solução por meio do Poder Judiciário, após esgotadas as instâncias da justiça desportiva, conforme determina o § 1º do art. 217 da CF; **B:** incorreta. Como mencionado, o próprio Texto Constitucional exige o esgotamento da via administrativa (justiça desportiva) para a propositura de eventual ação no Poder Judiciário. Determina o STF: "No inciso XXXV do art. 5º, previu-se que "a lei não excluirá da apreciação do Poder Judiciário lesão ou ameaça a direito". (...) O próprio legislador constituinte de 1988 limitou a condição de ter-se o exaurimento da fase administrativa, para chegar-se à formalização de pleito no Judiciário. Fê-lo no tocante ao desporto, (...) no § 1º do art. 217 (...). Vale dizer que, sob o ângulo constitucional, o livre acesso ao Judiciário sofre uma mitigação e, aí, consubstanciando o preceito respectivo exceção, cabe tão só o empréstimo de interpretação estrita. Destarte, a necessidade de esgotamento da fase administrativa está jungida ao desporto e, mesmo assim, tratando-se de controvérsia a envolver disciplina e competições, sendo que a chamada Justiça desportiva há de atuar dentro do prazo máximo de sessenta dias, contados da formalização do processo, proferindo, então, decisão final – § 2º do art. 217 da CF [ADI 2.139 MC e ADI 2.160 MC, voto do rel. p/ o ac. min. Marco Aurélio, j. 13-5-2009, P, DJE de 23-10-2009.]; **C:** correta. Os §§ 1º e 2º do art. 217 da CF determinam exatamente o que está descrito na alternativa; **D:** incorreta. A CF/88, pelo contrário, prestigiou a justiça desportiva, conforme já abordado.

16. Gabarito "B"
Comentário: A: incorreta. A competência para processar e julgar a ação popular, conforme determina o art. 5º da Lei 4.717/65 (Ação Popular), é dada conforme a origem do ato impugnado. É competente, portanto, para conhecer da ação, processá-la e julgá-lo juiz que, de acordo com a organização judiciária de cada Estado, o for para as causas que interessem à União, ao Distrito Federal, ao Estado ou ao Município. (juízo de 1º grau). Não se enquadra nas hipóteses do art. 102, I, *f* ou *n*, da CF em que poderia a ação ser de competência do STF; **B:** correta. De fato, a ação deve prosperar, não apenas porque a competência para julgar a ação popular é do juiz de primeira instância da justiça comum, mas também Giuseppe é brasileiro naturalizado, tem o título de eleitor e está no exercício dos seus direitos políticos. Determina o § 3º do art. 1º da Lei da Ação Popular que a prova da cidadania, para ingresso em juízo, será feita com o título eleitoral, ou com documento que a ele corresponda. Não é necessário que Giuseppe faça parte da nação brasileira para propor a ação popular. Vale lembrar que tecnicamente o termo "nação" diz respeito ao conjunto de pessoas ligadas por semelhanças, afinidades de etnia, costumes, idioma. Os nacionais se enquadram na definição de nação. Os estrangeiros não, pois cada país tem seus hábitos, costumes, cultura, tradição etc.; **C:** incorreta. A primeira parte da alternativa está errada, pois, como já mencionado, a competência será do juiz de 1º grau, conforme a origem do ato impugnado. Não se enquadra nas hipóteses do art. 102, I, *f* ou *n*, da CF em que poderia a ação ser de competência do STF; **D:** incorreta. O autor tem legitimidade para propor a demanda, mas ação não é de competência do STF, como já mencionado.

17. Gabarito "C"
Comentário: A: incorreta. Bento não será proprietário, por extensão, do subsolo de sua propriedade, mas **participará nos resultados econômicos** decorrentes da exploração da referida atividade em sua propriedade. Determina o § 2º do art. 176 da CF que é assegurada participação ao proprietário do solo nos resultados da lavra, na forma e no valor que dispuser a lei; **B:** incorreta. Não haverá indenização, mas **direito a participação nos resultados** econômicos provenientes da atividade, de acordo com a lei; **C:** correta, conforme determina o citado § 2º do art. 176 da CF; **D:** incorreta. É garantida a participação nos resultados econômicos, conforme já mencionado. Vale lembrar que o art. 177 da CF determina que constituem **monopólio da União**: I – a pesquisa e a **lavra das jazidas de petróleo** e gás natural e outros hidrocarbonetos fluidos; II – a refinação do petróleo nacional ou estrangeiro; III – a importação e exportação dos produtos e derivados básicos resultantes das atividades previstas nos incisos anteriores; IV – o transporte marítimo do petróleo bruto de origem nacional ou de derivados básicos de petróleo produzidos no País, bem assim o transporte, por meio de conduto, de petróleo bruto, seus derivados e gás natural de qualquer origem; V – a pesquisa, a lavra, o enriquecimento, o reprocessamento, a industrialização e o comércio de minérios e minerais nucleares e seus derivados, com exceção dos radioisótopos cuja produção, comercialização e utilização poderão ser autorizadas sob regime de permissão, conforme as alíneas b e c do inciso XXIII do caput do art. 21 desta Constituição Federal. Por fim, e a título de atualização, determina o § 1º do art. 20 da CF, com redação dada pela **EC 102/19** que **é assegurada**, nos termos da lei, **à União, aos Estados, ao Distrito Federal e aos Municípios a participação no resultado da exploração de petróleo** ou gás natural, de recursos hídricos para fins de geração de energia elétrica e de outros recursos minerais no respectivo território, plataforma continental, mar territorial ou zona econômica exclusiva, ou compensação financeira por essa exploração. (Redação dada pela Emenda Constitucional 102, de 2019).

18. Gabarito "D"
Comentário: O artigo 10 Convenção Americana Sobre Direitos Humanos assim estatui: Toda pessoa tem direito de ser indenizada conforme a lei, no caso de haver sido condenada em sentença passada em julgado, por erro judiciário. Portanto, a assertiva D é a correta.

19. Gabarito "C"
Comentário: O artigo 3º da Lei de Migração define os princípios que regem a política migratória brasileira, e a assertiva "C" lista alguns princípios previstos no referido artigo (incisos III, V e VI).

20. Gabarito "Anulada"
Comentário: O Protocolo de Las Leñas criou um procedimento mais célere e simples para que as sentenças e os laudos arbitrais prolatados em um país-membro do Mercosul irradiem seus efeitos nos outros países-membros. O procedimento regional encontra-se disciplinado nos arts. 18 a 24 do Protocolo, sendo sua grande característica o fato de as sentenças irradiarem seus efeitos nos outros Estados-membros após seguirem o procedimento adotado para *exequatur* das cartas rogatórias. Ou seja, não é necessária a homologação da sentença prolatada por um Estado-membro do Mercosul. A questão foi anulada porque a homologação nesses casos não está dispensada, apenas segue um outro rito, conforme apontado acima no Protocolo de Las Leñas.

21. Gabarito "C"
Comentário: O artigo 10 da LINDB assim dispõe: "A sucessão por morte ou por ausência obedece à lei do país em que domiciliado o defunto ou o desaparecido, qualquer que seja a natureza e a situação dos bens". Logo, a assertiva correta é a "C".

22. Gabarito "D"
Comentário: A: incorreta, pois a competência tributária do Estado implica competência legislativa plena em relação ao tributo (com as exceções previstas na CF, por exemplo para normas gerais, que demandam lei complementar federal) – art. 6º do CTN; **B:** incorreta, pois a norma que afasta obrigação tributária retroage, nos termos e observadas as condicionantes do art. 106, II, *b*, do CTN; **C:** incorreta, pois, enquanto não houver julgamento definitivo, incide a retroatividade do art. 106, II, *b*, do CTN; **D:** correta, reproduzindo o disposto no art. 106, II, *b*, do CTN.

23. Gabarito "A"
Comentário: No caso de doação de bens móveis, títulos, ações, créditos, dinheiro etc. (qualquer coisa que não seja bem imóvel e respectivos direitos), o ITCMD é devido ao Estado (ou DF) onde domiciliado o doador, no caso, ao Estado X – art. 155, § 1º, II, da CF. Por essa razão, a alternativa "A" é a correta.

24. Gabarito "B"
Comentário: De fato, compete ao Senado Federal fixar as alíquotas mínimas do IPVA estadual, por força do art. 155, § 6º, I, da CF. Essa competência constitucional busca minorar a guerra fiscal entre Estados e DF (há casos de locadoras de veículos e outras empresas que costuma "emplacar" seus veículos em Estados com alíquota menor, ainda que seus negócios se concentrem em outras localidades).

25. Gabarito "D"
Comentário: Apesar de o ICMS ser tributo da competência dos Estados e DF, a concessão de benefícios fiscais tem regulação nacional, de modo a tentar minorar os efeitos da guerra fiscal (Estados que concedem benefícios agressivos para atrair empresas para seus territórios). Nesse sentido, o art. 155, § 2º, XII, *g*, da CF dispõe que lei complementar federal regula a forma como, mediante deliberação dos Estados e do Distrito Federal, isenções, incentivos e benefícios fiscais serão concedidos e revogados. Atualmente, é a LC 24/1975. Assim, não basta lei estadual para conceder o benefício, sendo necessário convênio interestadual decorrente de deliberação dos Estados e DF. Por essas razões, a alternativa "D" é a correta.

26. Gabarito "C"
Comentário: A: incorreta, pois a competência tributária (competência legislativa plena) é exercida em regra por meio de lei ordinária do ente competente (no caso, o Município, não o Estado) – art. 6º do CTN; **B:** incorreta, pois a competência tributária (competência para legislar sobre o tributo) é exclusiva do ente tributante, no caso, do Município – art. 7º do CTN. Alguns autores aceitam a exceção da moratória concedida pela União, nos termos do art. 152, I, *b*, do CTN; **C:** correta, conforme comentário anterior; **D:** incorreta, conforme comentários anteriores – somente o Município poderia legislar sobre o assunto.

27. Gabarito: "A"
Comentário: A: correta, pois, de acordo como o art. 4º, *caput*, da Lei 12.846/13, "Subsiste a responsabilidade da pessoa jurídica na hipótese de alteração contratual, **transformação**, incorporação, fusão ou cisão societária" (g.n.); **B:** incorreta, pois, pelos atos previstos na Lei 12.846/13, "As pessoas jurídicas serão responsabilizadas **objetivamente**, nos âmbitos administrativo e civil, pelos atos lesivos previstos nesta Lei praticados em seu interesse ou benefício, exclusivo ou não" (g.n.); **C:** incorreta, nos termos do comentário à alternativa "a"; **D:** incorreta, pois uma infração pode ter mais de um tipo diferente de sanção; o que não é possível é ter a mesma sanção aplicável duplamente; no caso a lei prevê a sanção de inidoneidade (art. 87, IV, da Lei 8.666/93) e também a de multa (art. 6º, I, da Lei 12.846/13), sem contar outras sanções previstas no art. 87 da Lei 8.666/93; vale salientar que hipóteses de incidência diferentes (tipos infrativos administrativos diferentes) também dão ensejo à aplicação independente de sanções administrativas, até mesmo sanções do mesmo tipo quando um tipo não for elemento do outro.

28. Gabarito "D"
Comentário: A: incorreta; de acordo com o art. 7º, § 5º, da Lei 8.666/93, de fato é vedada a preferência por marcas, mas lei ressalva os casos em que a preferência "for tecnicamente justificável", como é o caso trazido pelo enunciado da questão; **B:** incorreta, pois a licitação em tela envolve bens (e não serviços) e de uma marca determinada, tudo indicando que se trata de bens comuns, em que o pregão é aplicável, hipótese em que a inversão de fases licitatórias se dá, e a avaliação das propostas ocorrem antes da fase de habilitação; **C:** incorreta, pois o recurso no pregão (vide o comentário anterior sobre se tratar de um pregão) é feito só ao final, quando se tem um vencedor (art. 4º, XVIII, da Lei 10.520/02); **D:** correta, pois a homologação tem por objetivo assegurar como legal a escolha do vencedor, permitindo que o adjudicatário seja convocado para assinar o contrato (art. 4º, XII, da Lei 10.520/02).

29. Gabarito "C"
Comentário: A: incorreta, pois a licitação pode, em termos fáticos, ser feita, não se podendo falar em impossibilidade fática; a questão é que a licitação no caso não é conveniente, diante das circunstâncias emergenciais do caso; nesse sentido, tem-se um caso de dispensa de licitação (em que a licitação pode ser feita, mas a lei dispensa por motivo relevantes – art. 24 da Lei 8.666/93), e não de inexigibilidade de licitação (em que a licitação é inviável, por exemplo, por impossibilidade fática – art. 25 da Lei 8.666/93); **B:** incorreta, pois, como se viu no comentário anterior, o caso não é de inexigibilidade (art. 25 da Lei 8.666/93), mas de dispensa de licitação (art. 24 da Lei 8.666/93); **C:** correta, pois no caso em tela tem-se um situação emergencial, que autoriza a dispensa de licitação (art. 24, IV, da Lei 8.666/93) e não a inexigibilidade de licitação; **D:** incorreta, pois no caso em tela tem-se um situação emergencial, que autoriza a dispensa de licitação (art. 24, IV, da Lei 8.666/93).

30. Gabarito "ANULADA"

31. Gabarito "C"
Comentário: A e **B:** incorretas, pela aplicação da teoria dos motivos determinantes, conforme exposto no comentário à alternativa correta; **C:** correta; a questão traz a aplicação prática da teoria dos motivos determinantes; de acordo com essa teoria, quando o agente que expede um ato administrativo explicita o motivo fático que o está levando a expedir aquele ato, a existência ou não desses motivos determinam a validade do ato; assim, se houver prova de que os motivos eram falsos, o ato administrativo será considerado nulo; no caso em tela, a autoridade competente não tinha o deve de motivar (já que os cargos em comissão são de livre provimento e livre exoneração – art. 37, II, da CF), mas, uma vez que resolveu fazê-lo, passou a ficar vinculada aos motivos fáticos levantados; **D:** incorreta; primeiro porque o ato de exonerar alguém de um cargo em comissão não é vinculado, mas sim discricionário, já que a autoridade competente não precisa se explicar (livre nomeação e livre exoneração – art. 37, II, da CF); segundo porque, se fosse um ato discricionário, o Judiciário não poderia analisar o mérito em si desse ato; é errado afirmar que essa análise é possível; no caso o Judiciário só pode analisar porque se aplica a teoria dos motivos determinantes.

32. Gabarito "D"
Comentário: A: incorreta, pois o poder hierárquico se dá de um agente público superior para um agente público inferior, e não de um agente público para um particular; **B:** incorreta, porque o poder disciplinar se dá de um agente público sobre outro agente público, no caso os agentes que julgam as faltas disciplinares de um servidor público em relação a este servidor; **C:** incorreta, pois o poder regulamentar é o poder de expedir regulamentos gerais para a fiel execução da lei (é, portanto, normativo e geral), não sendo o caso presente, em que se tem uma fiscalização pontual sobre uma dada pessoa (é, portanto, fiscalizatório e específico sobre uma pessoa); **D:** correta, pois se trata de uma fiscalização específica sobre uma pessoa que violou as posturas municipais, com os dois aspectos mencionados na alternativa.

33. Gabarito "A"
Comentário: A: correta, nos termos do art. 38, I, da Lei 12.651/12 (Código Florestal); **B:** incorreta, pois o órgão competente para essa autorização é o estadual e o uso do fogo é a princípio proibido (não bastando fazer uma audiência pública), ressalvadas as poucas situações previstas no art. 38 da Lei 12.651/12; **C:** incorreta; geralmente, a queimada é proibida, mas há exceções na lei e uma delas é justamente a trazida na alternativa "a" da questão (art. 38 da Lei 12.651/12); **D:** incorreta, pois a regra é a proibição do uso do fogo em vegetações, salvo nas exceções trazidas no art. 38 da Lei 12.651/12, não havendo como exceção uma regra que permite o fogo diretamente desde que se mantenha o mínimo de cobertura vegetal a título de reserva legal.

34. Gabarito "B"
Comentário: A: incorreta, pois o zoneamento ambiental diz respeito a um regramento geral que recai para todas as propriedades que estejam numa dada zona, e o caso em questão diz respeito a uma restrição numa propriedade específica; **B:** correta; a Lei 6.938/81, em seu artigo 9º-A, regula o instituto da servidão ambiental; o caso trazido no enunciado se enquadra perfeitamente nesse instituto, uma vez que fala de um proprietário privado de um imóvel, de um instrumento particular criador da servidão, da averbação deste no Registro de Imóvel e de uma restrição de forma perpétua do uso da propriedade, todos itens previstos na regulamentação citada; ; **C:** incorreta, pois o instituto da "Área de Relevante Interesse Ecológico" é uma unidade de conservação, e, como tal, deve ser criada pelo Poder Público (art. 22, *caput*, da Lei 9.985/00), e não pelo particular como trazido pelo enunciado da questão.

35. Gabarito: "A"
Comentário: A: correta, pois não pode o adquirente demandar pela evicção, se sabia que a coisa era alheia ou litigiosa (art. 457 CC). Como Renata foi informada, assumiu risco quando decidiu levar o contrato de compra e venda

adiante; **B:** incorreta, pois o instituto da evicção aplica-se apenas a contratos onerosos (art. 447 CC). No caso da doação foi um contrato gratuito. **C:** incorreta, pois a cláusula que reforça a evicção apenas pode ser expressa, nunca tácita (art. 448 CC); **D:** incorreta, pois trata-se de contrato de doação (art. 538 CC) de natureza comutativa e não sujeito a evicção, pois ela somente se aplica a contratos onerosos (art. 447 CC).

36. Gabarito: "D"
Comentário: A: incorreta, pois nulo é o contrato de compra e venda, quando se deixa ao arbítrio exclusivo de uma das partes a fixação do preço (art. 489 CC); **B:** incorreta, pois Vilmar deverá pagar o valor integral a Geraldo, pois tratava-se de coisa futura cujo risco Vilmar assumiu de não vir a existir (art. 458 CC); **C:** incorreta, pois Vilmar terá de pagar o valor correspondente a cinco toneladas, afinal, tratava-se de coisa futura cujo risco assumiu de existir em qualquer quantidade (art. 459 CC); **D:** correta (art. 485, 1ª parte CC)

37. Gabarito: "B"
Comentário: A: incorreta, pois além da atualização monetária, juros e honorários de advogado, Leonardo também terá de devolver o equivalente (art. 418 CC); **B:** correta (art. 418 CC); **C:** incorreta, pois não há que se falar em devolução de metade e o fato de ter comunicado tão logo quanto possível não tem relevância. Precisará devolver o equivalente mais atualização monetária segundo índices oficiais regularmente estabelecidos, juros e honorários de advogado (art. 418 CC); **D:** incorreta, pois terá de devolver as arras, pois elas apenas serão consideradas início de pagamento no caso do adimplemento do contrato. Como o contrato não foi concluído por culpa de quem recebeu as arras, elas terão de ser devolvidas mais o equivalente somado a atualização monetária segundo índices oficiais regularmente estabelecidos, juros e honorários de advogado (art. 418 CC).

38. Gabarito: "D"
Comentário: A: incorreta, pois o herdeiro necessário pode ser privado de sua legítima no caso de deserdação (art. 1.961 CC); **B:** incorreta, pois o abandono pelos descendentes *não* é causa legal de exclusão da sucessão do ascendente, por indignidade (art. 1.814 CC). O rol do art. 1.814 CC é taxativo e lá não conta a causa "abandono". Essa circunstância trata-se de hipótese de deserdação (art. 1.962, IV CC) e deverá ser manifestada em testamento (art. 1.964 CC); **C:** incorreta, pois além dessas causas também existe a hipótese de *desamparo do ascendente em alienação mental ou grave enfermidade* (art. 1.962, IV CC). **D:** correta (art. 1.962, IV CC e art. 1.964 CC)

39. Gabarito: "A"
Comentário: A: correta, pois com o casamento foi extinta a menoridade de Alberto, logo, ele é plenamente capaz (art. 5º, parágrafo único II CC). Portanto, o contrato é plenamente válido; **B:** incorreta, pois Alberto é plenamente capaz, pois sua menoridade foi extinta com o casamento (art. 5º, parágrafo único II CC); **C:** incorreta, pois Alberto é plenamente capaz, pois apesar de ter 17 anos sua menoridade foi extinta quando contraiu casamento (art. 5º, parágrafo único II CC); **D:** incorreta, pois a anuência de Gabriela é completamente dispensada, logo, a eficácia do contrato não depende disso. O contrato é válido, pois possui partes maiores, capazes, objeto lícito, possível e determinável, forma adequada, motivo lícito, enfim, preenche todos os requisitos do art. 166 CC.

40. Gabarito: "C"
Comentário: A: incorreta, pois trata-se de penhor industrial e neste caso é permitido que os bens empenhados fiquem na posse do devedor (art. 1.431, parágrafo único CC); **B:** incorreta, pois o Banco XPTO não é terceiro de má-fé (afinal, o penhor foi constituído com todos os requisitos legais do contrato e à época Lucas era proprietário do bem recebido por doação, podendo, assim, empenhá-lo normalmente – art. 1.420 CC), logo, a realização do penhor não é causa impeditiva da revogação da doação feita por Pablo. Pablo pode revogar a doação com fundamento no art. 557, I CC; **C:** correta, pois a revogação por ingratidão não prejudica os direitos adquiridos por terceiros (art. 563 CC); **D:** incorreta, pois a revogação da doação não é automática, devendo ser pleiteada judicialmente dentro de um ano, a contar de quando chegue ao conhecimento do doador o fato que a autorizar, e de ter sido o donatário o seu autor (art. 559 CC). Ademais, os direitos adquiridos pelo Banco XPTO não se resolvem junto com a propriedade de Pablo, pois a revogação por ingratidão não prejudica os direitos adquiridos por terceiros (art. 536 CC).

41. Gabarito: "B"
Comentário: A: incorreta, pois exceto no regime da separação absoluta é necessário a consentimento do cônjuge quando houver alienação de bens imóveis (art. 1.647, I CC). A lei não dispensa essa autorização ainda que haja o incremento da renda familiar. **B:** correta, pois o art. 1.647 CC apenas dispensa a autorização quando se tratar de regime da separação absoluta de bens. Logo, sendo regime da comunhão parcial de bens, deve haver autorização do outro cônjuge, ainda que o bem seja particular; **C:** incorreta, pois mesmo sendo bem particular neste caso precisa de autorização (art. 1.647, I CC). Um cônjuge não terá ingerência nos bens particulares do outro nos casos do art. 1.659 CC; **D:** incorreta, pois o regime de bens é relevante para determinar se a autorização é necessária ou não, e não simplesmente o ato de casar-se. Apenas é dispensada a autorização se o casamento for no regime da separação absoluta (art. 1.647, I CC).

42. Gabarito "B"
Comentário: Por ter produzido um vídeo de animação simulando a participação de crianças em atos de pornografia, Roberta cometeu o crime previsto no art. 241-C, *caput*, do ECA.

43. Gabarito "A"
Comentário: O art. 207, *caput*, do ECA, que é bastante similar ao art. 261 do CPP, estabelece que nenhum adolescente será processado, pela prática de ato infracional, sem que esteja assistido por um defensor, ainda que se encontre foragido ou ausente. Reza o § 1º deste art. 207 do ECA que, não tendo o adolescente defensor constituído, deverá o juiz nomear-lhe um, podendo o adolescente, a todo tempo, constituir defensor de sua confiança.

44. Gabarito "D"
Comentário: A: incorreta. O caso não pode ser tratado como fato do produto (ou acidente de consumo) tendo em vista que não colocou em risco a saúde e a segurança dos consumidores. O caso deve ser estudado como sendo vício de produto, nos termos do art. 18 do CDC. Por outro lado, o Superior Tribunal de Justiça já emitiu a súmula 227, que garante indenização à pessoa jurídica: "A pessoa jurídica pode sofrer dano moral". **B:** incorreta. Trata-se de relação jurídica de consumo, sendo o condomínio considerado um consumidor final nos termos do art. 2º do CDC. Ademais, os condôminos também são considerados consumidores por serem os usuários finais do produto. **C:** incorreta. Não é cabível, na espécie, a aplicação da defesa dos direitos difusos e coletivos nos termos do art. 81 do CDC. Para que haja direitos transindividuais, deveria ter a configuração de um direito difuso, coletivo ou individual homogêneo, o que não se configura na espécie. **D:** correta. Trata-se de vício de produto nos termos do art. 18 do CDC, trazendo responsabilidade civil solidária entre todos os envolvidos na cadeia produtiva (vide também o art. 7º e o art. 25 do CDC). Ademais, a teoria finalista mitigada, adotada pelo STJ, entende que consumidor é a pessoa física ou jurídica que adquire ou utiliza produto ou serviço como destinatário final, para uso próprio ou fins profissionais, desde que haja vulnerabilidade. No caso em estudo, o condomínio adquiriu produto para utilização dos seus condôminos, sendo considerado destinatário final do produto. RD

45. Gabarito "D"
Comentário: São interesses ou direitos difusos "os transindividuais, de natureza indivisível, de que sejam titulares pessoas indeterminadas e ligadas por circunstâncias de fato" (art. 81, parágrafo único, I, do CDC). São direitos ou interesses coletivos "os transindividuais, de natureza indivisível de que seja titular grupo, categoria ou classe de pessoas ligadas entre si ou com a parte contrária por uma relação jurídica base" (art. 81, parágrafo único, II, do CDC). São direitos ou interesses individuais homogêneos, assim entendidos os decorrentes de origem comum (art. 81, III, parágrafo único, do CDC). **A:** incorreta. Há um pedido difuso que corresponde ao valor de indenização a ser convertido em favor de um fundo específico, no entanto, há também pedido individual homogêneo que beneficia o consumidor que foi atingido pelo evento danoso. **B:** incorreta. Tendo em vista o pedido individual homogêneo formulado pelo Ministério Público em ação coletiva, pode o consumidor

fazer o pedido de liquidação e a execução da sentença, nos termos o art. 97 do CDC. Por outro lado, pode a execução ser coletiva, promovida pelos legitimados da ação coletiva, nos termos do art. 98 do CDC. **C:** incorreta. Não se trata de direito ou interesse coletivo, posto que entre os interessados, não há uma "relação jurídica base". **D:** correta. Nos termos do art. 97 do CDC.

46. Gabarito: "B"
Comentário: Considera-se microempresa ou empresa de pequeno porte, para fins do tratamento simplificado e favorecido criado pela Lei Complementar 123/2006, o empresário individual, a empresa individual de responsabilidade limitada e as sociedades empresárias ou simples (art. 3º, *caput*, da LC 123/2006), desde que não sejam constituídas na forma de cooperativas (art. 3º, § 4º, VI, da LC 123/2006) ou sociedade por ações (art. 3º, § 4º, X, da LC 123/2006).

47. Gabarito: "B"
Comentário: A questão trata das semelhanças e diferenças nos contratos de colaboração, especificamente sobre a questão da possibilidade do empresário contratado poder agir em nome do contratante. No caso do contrato de comissão, tal atuação é inerente ao negócio jurídico: o comissário pratica, em nome próprio, os negócios jurídicos de interesse do comitente, à conta deste (art. 693 do CC); já na corretagem, é proibido ao corretor tomar parte nos contratos, ainda que sob o manto de um mandato (art. 722 do CC); por fim, na agência, é possível a outorga de mandato ao agente, desde que expressamente pactuado (art. 710, parágrafo único, do CC).

48. Gabarito: "D"
Comentário: A única alternativa que traz ato de falência previsto na legislação é a letra "D", que deve ser assinalada. É a hipótese estampada no art. 94, III, "g", da Lei 11.101/2005. Vale lembrar que os atos de falência são previstos em rol exaustivo, de forma que a tipicidade do fato à norma deve ser perfeita, sob pena de improcedência do pedido de quebra realizado com este fundamento.

49. Gabarito: "C"
Comentário: Nos termos do art. 225 da Lei 9.279/1996, a pretensão indenizatória em caso de ofensa a direito de propriedade intelectual prescreve em 5 anos. Como o enunciado não traz informações sobre a data em que o ato ilícito ocorreu, podemos presumir que este se deu "dois anos após" a concessão da patente, ou seja, em 2015. Logo, em 2019 o lustro prescricional ainda não tinha se esgotado.

50. Gabarito: "A"
Comentário: O art. 4º, § 2º, da Lei 9.307/1996 (Lei de Arbitragem) estabelece como condição de eficácia da cláusula compromissória inserida em contrato de adesão a concordância expressa do aderente, desde que por escrito em documento anexo ou em negrito, com assinatura ou visto para esta cláusula.

51. Gabarito: "C"
Comentário: A: Incorreta, pois é necessária a presença de advogado na audiência de conciliação (CPC, art. 334, § 9º); **B:** Incorreta, porque mesmo que possível concurso público para mediador e conciliador, não é fundamental que essa função seja exercida por concursados, sendo possível realizar um curso e se cadastrar como tal (CPC, art. 167, § 1º); **C:** Correta, porque é possível mais de uma audiência, mas a legislação limita que seja nesse prazo de dois meses da primeira (CPC, art. 334, § 2º); **D:** Incorreta, porque não é possível advogar onde se exerce a função de mediador (CPC, art. 167, § 5º).

52. Gabarito: "D"
Comentário: A: Incorreta, pois o CPC admite a formulação de pedido pelo réu, contra o autor, na mesma ação, pela via da reconvenção (CPC, art. 343); **B:** Incorreta, porque é possível a reconvenção desde que haja conexão com a ação ou a defesa (CPC, art. 343); **C:** Incorreta, considerando que, se houver a desistência da ação, a reconvenção prosseguirá, porque passa a ser uma ação autônoma (CPC, art. 343, § 2º); **D:** Correta. É possível a reconvenção, nos mesmos autos, mas desde que haja conexão com a ação principal ou defesa (CPC, art. 343, *caput*).

53. Gabarito "A"
Comentário: A: Correta. No que se refere aos negócios jurídicos processuais (NJP – CPC, art. 190), a lei expressamente prevê que "As partes podem apresentar ao juiz, para homologação, delimitação consensual das questões de fato e de direito (...)" (CPC, art. 357, § 2º); **B:** Incorreta, considerando que é possível NJP quanto às provas (CPC, art. 373, § 3º); **C:** Incorreta, pois não é possível NJP acerca do contraditório (princípio processual), considerando não haver previsão nesse sentido no art. 190, *caput*, do CPC; **D:** Incorreta, porque não é possível afastar provas essenciais à solução da controvérsia por NJP, pois isso envolve a atuação do juiz e não das partes (CPC, art. 190).

54. Gabarito "C"
Comentário: O fiador, para acionar o devedor principal, deve utilizar o chamamento ao processo (CPC, art. 130, I). Assim, a alternativa correta é "C". No mais, vale lembrar que não há, no atual CPC, a figura da nomeação à autoria, que existia no CPC/1973.

55. Gabarito "C"
Comentário: A: Incorreta, pois o efeito suspensivo não é automático nos embargos à execução, pois depende da presença de alguns requisitos (CPC, art. 919, *caput* e § 1º); **B:** Incorreta, porque apesar de em regra existir efeito suspensivo na apelação (CPC, art. 1.012, *caput*), há casos em que não há esse efeito – como nos embargos improcedentes (CPC, art. 1.012, § 1º, III); **C:** Correta. É possível a penhora no caso concreto, pois a apelação da sentença que julga improcedentes os embargos à execução não tem efeito suspensivo (CPC, art. 1.012, § 1º, III); **D:** Incorreta considerando que os embargos são julgados por sentença, de modo que cabível a apelação (CPC, art. 1.009).

56. Gabarito "D"
Comentário: A: Incorreta, pois a condenação em honorários advocatícios é indevida, porque só se admite a condenação em caso de má-fé (Lei n. 7.347/85, arts. 17 e 18); **B:** Incorreta, considerando que a previsão de condenação de associações em caso de má-fé só se refere a processo coletivo (Lei n. 7.347/85), e não individual. Assim, se uma associação ingressa em juízo para pleitear direito próprio, pagará honorários no caso de sucumbência; **C:** Incorreta, porque a condenação em honorários não deve existir (vide "A"); ademais, a fixação é feita conforme os critérios legais, e não arbítrio do juiz; **D:** Correta: só há, no processo coletivo, condenação em honorários e décuplo das custas em casos de má-fé (Lei n. 7.347/85, arts. 17 e 18).

57. Gabarito "ANULADA"

58. Gabarito: "D"
Comentário: Tendo em conta o que estabelecem os arts. 44, § 4º, do CP, e 181, § 1º, *c*, da LEP, somente poderá haver a conversão da pena restritiva de direitos em privativa de liberdade quando o descumprimento daquela for injustificado, cabendo ao magistrado intimar o reeducando para tanto. Na jurisprudência: "O entendimento desta Corte é firme no sentido de ser imprescindível a intimação do reeducando para esclarecer as razões do descumprimento das medidas restritivas de direito antes da conversão delas em pena privativa de liberdade, em homenagem aos princípios do contraditório e da ampla defesa. É nula a decisão que converte a pena restritiva de direito em privativa de liberdade, sem a prévia intimação do réu. Constrangimento ilegal evidenciado. Ordem concedida, de ofício, para o fim de cassar o acórdão e anular a decisão que converteu a pena restritiva de direito em privativa de liberdade, sem a prévia oitiva do reeducando, determinando a expedição de alvará de soltura, se por outro motivo não estiver preso" (STJ, HC 251.312/SP, Rel. Ministro MOURA RIBEIRO, QUINTA TURMA, julgado em 18/02/2014, DJe 21/02/2014).

59. Gabarito: "B"
Comentário: Em regra, a reação contra ataque de animal configura estado de necessidade, e não legítima defesa. É que a legítima defesa pressupõe o emprego de agressão pelo ser humano. Não há que se falar em agressão injusta realizada por um animal. Enfim, agressão é ato humano, e não animal. Por outro lado, o estado de necessidade pressupõe a existência de um perigo atual, não provocado voluntariamente pelo agente, consistente em um fato

da natureza, de um animal ou atividade humana. Dessa forma, o ataque (e não agressão) de um animal, que provocou uma situação perigosa, configura situação de necessidade. Situação diferente é aquela em que uma pessoa se utiliza do animal como instrumento do crime, incitando-o ao ataque. Nesta hipótese, restará configurada injusta agressão por parte daquele que incitou o cão ao ataque. A reação ao ataque do animal, aqui, constitui legítima defesa.

60. Gabarito: "C"
Comentário: Mário, por ter subtraído de seu patrão, de quem gozava de confiança adquira ao longo do tempo, a importância de mil reais, deverá responder pelo cometimento de um único crime de furto qualificado pelo abuso de confiança consumado (art. 155, § 4º, II, do CP), ainda que, após a consumação do crime, Mário tenha feito nova tentativa de subtração, utilizando-se, para tanto, do mesmo expediente, consistente no uso de cartão bancário da vítima. É que, após a primeira subtração, Joaquim, ao ser comunicado pelo sistema eletrônico do banco sobre o saque feito em sua conta, efetuou o bloqueio do cartão e encerrou sua conta, o que tornou impossível a segunda subtração. É hipótese configuradora de crime impossível (art. 17, CP), em que não se pune a tentativa quando, por ineficácia absoluta do meio ou por absoluta impropriedade do objeto, não é possível alcançar a consumação. O cartão, meio utilizado para a prática criminosa, depois de bloqueado, não poderia viabilizar uma segunda subtração. Em outras palavras, a consumação nunca seria alcançada por ineficácia do meio empregado (cartão bloqueado). Embora ele tenha servido para a primeira subtração, não poderia ser utilizado para a segunda.

61. Gabarito: "B"
Comentário: A mãe que, sob influência do estado puerperal, mata o filho alheio pensando se tratar do próprio filho incorre em erro sobre a pessoa, devendo ser responsabilizada, nos termos do art. 20, § 3º, do CP, como se tivesse investido contra quem ela queria praticar o crime (neste caso, o seu próprio filho recém-nascido). Serão desprezadas, portanto, as características da vítima efetivamente atingida. Não é o caso de se reconhecer a agravante do art. 61, II, e, do CP (crime contra descendente), haja vista que tal circunstância já constitui elementar do crime de infanticídio. Ou seja, a incidência desta agravante, neste caso, representa verdadeiro *bis in idem*.

62. Gabarito: "C"
Comentário: Segundo consta do enunciado proposto, Guilherme foi denunciado e processado pelo crime de abandono de incapaz, cuja pena cominada é de detenção de 6 meses a 3 anos. No curso da instrução processual, restou constatado, em sede de incidente de insanidade mental, que o acusado, ao tempo do crime, em razão de doença mental, era inteiramente incapaz de entender o caráter ilícito do fato por ele praticado. Trata-se, portanto, de réu inimputável, nos termos do art. 26, *caput*, do CP, razão pela qual a ele não poderá ser aplicada pena, em razão da ausência de seu pressuposto, isto é, a culpabilidade, devendo ser submetido, todavia, a medida de segurança. Como bem sabemos, a medida de segurança constitui modalidade de sanção penal com propósito exclusivamente preventivo. Seu objetivo, como se pode ver, é proporcionar ao inimputável portador de periculosidade tratamento adequado voltado, sempre que possível, a evitar a prática de novos crimes. Não se trata, como no caso da pena impingida ao imputável, de punição (retribuição, castigo) pelo mal causado pela prática criminosa. Nem poderia. Isso porque o inimputável, dada a sua ausência de higidez mental, não teria capacidade de compreender a punição a que seria submetido. Seria, pois, uma medida inócua. Pois bem. Por força do que dispõe o art. 96 do CP, a medida de segurança comporta duas espécies: detentiva e restritiva. A primeira (inciso I) consiste em internação em hospital de custódia e tratamento psiquiátrico. É dirigida, conforme estabelece o art. 97, *caput*, do CP, ao inimputável que pratica crime apenado com reclusão; a medida de segurança restritiva, prevista no inciso II, por sua vez, implica a sujeição do inimputável a tratamento ambulatorial, hipótese em que o agente permanece livre, mas submetido a acompanhamento médico. É aplicada aos casos de crime apenado com detenção. Esta última é a hipótese retratada no enunciado. Com efeito, o crime praticado por Guilherme tem como pena cominada detenção de 6 meses a 3 anos, devendo ser submetido, portanto, a tratamento ambulatorial. Por se tratar de medida de segurança (espécie de sanção penal), a sentença tem natureza absolutória imprópria (art. 386, parágrafo único, III, do CPP), assim entendida aquela que, a despeito de absolver o acusado, aplica-lhe medida de segurança, pois reconhece a sua inimputabilidade (art. 26, *caput*, CP).

63. Gabarito: "A"
Comentário: A conduta de Zélia se amolda, em princípio, ao crime de tortura capitulado no art. 1º, II, da Lei 9.455/1997. Sucede que este crime tem sujeito ativo qualificado, do qual, portanto, se exige determinado atributo. Com efeito, o agente deve investir contra pessoa sob sua guarda, poder ou autoridade. No caso acima narrado, fica claro que o encontro entre Zélia e a criança contra a qual ela investiu foi mero acaso. Apesar de ser professora (e aqui está a "pegadinha" da questão), Zélia não exerce qualquer poder ou autoridade sobre a criança, menos ainda detinha a sua guarda.

64. Gabarito "A"
Comentário: O indeferimento da decretação da extinção de punibilidade, aqui incluída a prescrição, desafia a interposição de recurso em sentido estrito, nos termos do art. 581, IX, do CPP, contando o recorrente, para tanto, com o interregno de cinco dias (art. 586, *caput*, do CPP).

65. Gabarito "C"
Comentário: A: incorreta, dado que a suspensão do processo e do curso do prazo prescricional somente poderá ocorrer, a teor do art. 366 do CPP, na hipótese do réu que, citado por edital, não comparece tampouco constitui defensor; **B:** incorreta, na medida em que o art. 420, parágrafo único, do CPP autoriza a intimação da decisão de pronúncia por edital, desde que o acusado esteja solto e não tenha sido localizado para ser intimado pessoalmente. Em outras palavras, a intimação ficta somente poderá ocorrer na hipótese de o réu pronunciado não ser localizado; **C:** correta, pois a ausência do réu que responde ao processo em liberdade não implicará o adiamento do julgamento, que será realizado mesmo assim (arts. 367 e 457, *caput*, do CPP); **D:** incorreta. A rigor, não há que se falar em revelia no âmbito do processo penal, ao menos tal como verificado no processo civil, em que, como sabemos, a falta de contestação do réu citado implica o reconhecimento, como verdadeiros, dos fatos articulados na inicial. No processo penal, diferentemente, a inação do réu, que foi regularmente intimado para comparecer à sessão do tribunal do júri, não pode acarretar o mesmo efeito produzido no processo civil. É dizer, o não comparecimento do réu não gera presunção de veracidade dos fatos.

66. Gabarito "D"
Comentário: A solução desta questão deve ser extraída da Súmula 710, do STF, segundo a qual *no processo penal, contam-se os prazos da data da intimação, e não da juntada aos autos do mandado ou da carta precatória ou de ordem*. Além disso, por se tratar de prazo de natureza processual, o marco inicial corresponde ao dia útil seguinte. Ao contrário do prazo de natureza penal, em que o primeiro dia é computado, no processo penal, diferentemente, o primeiro dia é desprezado, iniciando-se a contagem no dia seguinte. Ademais, se o prazo (processual) terminar em final de semana ou feriado, será prorrogado para o dia útil imediato (art. 798, § 3º, CPP).

67. Gabarito "B"
Comentário: A remição pelo trabalho somente é possível nos regimes fechado e semiaberto (art. 126, *caput*, do LEP); no regime aberto, somente poderá o condenado obter a remição pelo estudo, tal como autorizado pelo art. 126, § 6º, da LEP, que também estabelece que poderá o condenado que usufrui liberdade condicional remir, pelo estudo, parte do tempo do período de prova. Além disso, é fato que a punição por falta grave levará à revogação de até um terço do tempo remido (art. 127 da LEP). Atenção: a Lei 13.964/2019, com vigência a partir de 23 de janeiro de 2020 e posterior, portanto, à aplicação desta prova, introduziu novo requisito para a concessão do livramento condicional. Até então, tínhamos que o inciso III do art. 83 do CP continha os seguintes requisitos: comportamento satisfatório no curso da execução da pena; bom desempenho no trabalho atribuído ao reeducando; e aptidão para prover à própria subsistência por meio de trabalho honesto. O que fez a Lei 13.964/2019 foi inserir, neste inciso III, um quarto requisito. Doravante, além de preencher os requisitos contemplados no art. 83 do CP (nos seus cinco incisos), é de rigor que o reeducando, para fazer jus à concessão do livramento, não tenha cometido falta grave nos últimos 12 meses. O inciso III, que passou a abrigar esta

modificação, foi fracionado em quatro alíneas ("a", "b", "c" e "d"), cada qual correspondente a um requisito (os três aos quais me referi acima e este novo requisito introduzido pela *novel* lei).

68. Gabarito "D"
Comentário: A: incorreta. Antes de mais nada, devemos ter em mente que os crimes imputados a Luiz, Rogério e Marcelo, calúnia (art. 138, CP) e injúria (art. 140, CP), são de ação penal privada. Isso quer dizer que a iniciativa para deflagrar a ação penal cabe à vítima, neste caso André, que de fato o fez com o oferecimento de queixa-crime em face dos indigitados autores do crime. Segundo consta, os fatos teriam se dado no dia 03/05/2018, sem que a vítima, nesta oportunidade, tomasse conhecimento da identidade dos autores. Somente no dia 28/06/2018, André, ao encontrar um dos jogadores da equipe adversária, Marcelo, veio a saber quem foram os responsáveis pelas ofensas contra ele perpetradas. Passados alguns meses, André, no dia 17/11/2018, procurou seu advogado e lhe apresentou todas as provas do crime praticado, manifestando seu interesse em apresentar queixa-crime contra os três autores do fato. No dia 14/12/2018, o advogado contratado por André apresenta queixa-crime em face de Luiz, Rogério e Marcelo, imputando-lhes a prática dos crimes de calúnia e injúria. Pois bem. A questão que aqui se coloca é: tendo em conta que entre a data dos fatos e o ajuizamento da queixa transcorreu interregno superior a 6 meses, teria o ofendido decaído do seu direito de queixa, com a consequente extinção da punibilidade? A resposta deve ser negativa. Isso porque, à luz do que estabelece o art. 38, *caput*, do CPP, o marco inicial do prazo decadencial é representado pelo dia em que a vítima vem a conhecer a identidade do ofensor (e não da data dos fatos). Considerando que André veio a saber da identidade dos autores da ofensa no dia 28/06/2018 e a ação foi ajuizada em 14/10/2018, não há que se falar em extinção da punibilidade pela decadência, já que o período apurado é inferior a 6 meses; **B:** incorreta. A renúncia, no contexto da ação penal privada, somente tem lugar antes do ajuizamento da ação penal. Se a queixa já foi recebida pelo magistrado, como é o caso narrado no enunciado, não há que se falar mais em renúncia (arts. 48 e 49 do CPP); **C:** incorreta. Conforme já ponderado, tendo a queixa sido recebida, não á mais possível renunciá-la; ainda que fosse, a renúncia ao exercício do direito de queixa em relação a um dos autores do crime aproveita aos demais, nos termos do art. 49 do CPP. Em outras palavras, não é dado ao ofendido escolher contra quem a ação será promovida; se quiser processar um, que o faça em relação a todos (princípio da indivisibilidade – art. 48, CPP); **D:** correta. Uma vez ajuizada a ação penal, nada impede que o querelante, à luz do princípio da disponibilidade, desista de dar-lhe prosseguimento, o que o fará por meio dos institutos do perdão e da perempção. Na hipótese do enunciado, temos que André, após o ajuizamento da ação, ofereceu perdão a Marcelo, desculpando-o pelo ocorrido. Trata-se de modalidade tácita de oferecimento de perdão, já que o querelante, ao convidar Marcelo para a festa de aniversário de sua filha, praticou ato incompatível com o desejo de ver o seu ofensor punido. Duas observações quanto ao perdão: por se tratar de ato bilateral, a extinção da punibilidade somente será alcançada se o pedido (de perdão) for aceito pelo querelado; o perdão, se concedido a um dos querelados, a todos se estende, mas somente produzirá o efeito de extinguir a punibilidade daqueles que o aceitarem (art. 51 do CPP). Dessa forma, é correto afirmar-se que o perdão oferecido a Marcelo por André será estendido a Luiz e Rogério, que poderão aceitá-lo, levando à extinção da punibilidade (art. 107, VI, do CP).

69. Gabarito "D"
Comentário: Dentre os crimes contra a honra (injúria, calúnia e difamação), somente admitem a exceção da verdade a calúnia e a difamação, esta somente na hipótese de o ofendido ser funcionário público e a ofensa ser relativa ao exercício de suas funções (art. 139, parágrafo único, CP). Exceção da verdade nada mais é do que uma forma de defesa indireta, em que aquele ao qual se atribui a prática do crime de calúnia (ou difamação) pretende provar a veracidade da imputação. No contexto da exceção da verdade, o art. 85 do CPP estabelece que, nos crimes contra a honra que comportam a exceção da verdade (calúnia e difamação), caso esta seja oposta em face de querelante que detenha foro por prerrogativa de função, como é o caso do enunciado, o julgamento da exceção caberá ao Tribunal, neste caso, por se tratar de desembargador, ao Superior Tribunal de Justiça. Prevalece o entendimento, tanto na doutrina quanto na jurisprudência, no sentido de que somente é admitida a exceção da verdade, com gozo de prerrogativa de função, na calúnia.

70. Gabarito: "B"
Comentário: A: incorreta, pois a reforma trabalhista não cuidou do pagamento de 13º salário. B: correta, pois admite-se o pagamento em duas parcelas. Isso porque, nos termos do art. 1º da Lei 4.749/65 o 13º salário será pago pelo empregador até o dia 20 de dezembro de cada ano, compensada a importância que, a título de adiantamento, realizar. Contudo, nos termos do art. 2º da mesma lei, entre os meses de fevereiro e novembro de cada ano, o empregador pagará, como adiantamento da gratificação referida no artigo precedente, de uma só vez, metade do salário recebido pelo respectivo empregado no mês anterior. C: incorreta, pois nos termos do art. 611-B, V, da CLT é vedado. D: incorreta, pois nos termos do art. 2º da Lei 4.749/65, o pagamento deverá ocorrer entre os meses de fevereiro e novembro de cada ano.

71. Gabarito: "A"
Comentário: Davi, por ter sido aposentado por invalidez poderá movimentar sua conta, art. 20, III, da Lei 8.036/90; Heitor, por ter pedido demissão não poderá movimentar sua conta, pois o art. 20, I, da Lei 8.036/90 não prevê essa modalidade de rescisão como hipótese para movimentação da conta FGTS. O mesmo pode ser dito com relação a Lorenzo, dispensado por justa causa. Já Laura, que optou pelo distrato, art. 484-A da CLT, poderá movimentar a conta de FGTS na forma do art. 20 I-A, da Lei 8.036/90.

72. Gabarito: "D"
Comentário: A: incorreta, pois por possuir cargo de confiança e necessidade de serviço a alteração poderá ser feita, art. 469, § 1º, CLT. **B:** incorreta, pois não há tal previsão na lei. Veja art. 469 da CLT. **C:** incorreta, pois a alteração do local de trabalho é permitida no caso em análise. **D:** correta, pois nos termos do art. 469, § 1º, da CLT a alteração do local de trabalho é permitida.

73. Gabarito: "A"
Comentário: A hipótese narrada trata da figura do trabalho proibido. Isso porque, nos termos do art. 7º, XXXIII, da CF é proibido o trabalho noturno (aquele desempenhado entre as 22h de um dia até as 5 h do dia seguinte – art. 73, § 2º, da CLT) aos menores de idade. Vale dizer que trabalho proibido é aquele que, por motivos vários, a lei impede que seja exercido por determinadas pessoas ou em determinadas circunstâncias. Já o trabalho ilícito é aquele não permitido porque seu objeto consiste na prestação de atividades criminosas e/ou contravencionais. Nele não se cogita vínculo de emprego, pois o respectivo negócio jurídico é destituído de validade.

74. Gabarito: "B"
Comentário: A pactuação de jornada marcada pelos trabalhadores por meio de um aplicativo é considerada válida, art. 611-A, I, da CLT; a instituição de banco de horas anual é considerada válida, art. 611-A, II, CLT; intervalo para refeição de 20 minutos nas jornadas de trabalho de até 7 horas diárias se mostra inválido, tendo em vista que para ter validade deve respeitado o limite mínimo de trinta minutos para jornadas superiores a seis horas; a participação nos lucros seria dividida em 4 parcelas anuais é válido, art. 611-A, XV, CLT.

75. Gabarito: "A"
Comentário: Edmilson, por ser vigia noturno de um condomínio não exerce atividade perigosa, tendo em vista a falta de previsão legal, art. 193 da CLT. A função por ele exercida não se confunde com a dos vigilantes prevista na Lei 7.102/83. Já Paulo por ser vigilante armado, aplica-se a Lei 7.102/83, sendo considerado trabalho perigoso, pois está exposto a risco permanente de roubos ou de outras espécies de violência física, art. 193, II, CLT. O trabalho de motocicleta exercido por Letícia, nos termos do art. 193, § 4º, da CLT também é considerado perigoso. Assim, somente Paulo e Letícia, por exercerem trabalhos perigosos, possuem direito ao adicional de 30% sobre o salário, sem os acréscimos, conforme art. 193, § 1º, CLT.

76. Gabarito: "C"
Comentário: A: incorreta, pois sofrerá os efeitos da prescrição intercorrente no prazo de 2 anos, art. 11-A da CLT. **B:** incorreta, pois nos termos do art. 11-A, § 2º, da CLT, a declaração da prescrição intercorrente pode ser requerida ou declarada de ofício em qualquer grau de jurisdição. **C:** correta, pois nos termos do art. 11-A e seu § 1º a fluência do prazo prescricional intercorrente de 2 anos inicia-se quando o exequente deixa de cumprir determinação judicial no curso da execução. **D:** incorreta, pois nos termos do art. 11-A, § 1º, da CLT, a fluência do prazo prescricional intercorrente inicia-se quando o exequente deixa de cumprir determinação judicial no curso da execução. O texto de lei não traz a obrigatoriedade de nova intimação.

77. Gabarito: "B"
Comentário: O rito a ser seguido é o ordinário. Ainda que o valor dos pedidos seja inferior a 40 salários mínimos, não pode ser observado o procedimento sumaríssimo tendo em vista que o art. 852-A, parágrafo único exclui do procedimento sumaríssimo as demandas em que é parte a Administração Pública direta, autárquica e fundacional. Importante lembrar que nos termos do art. 852-H, § 2º, CLT cada parte terá direito a ouvir até duas testemunhas. Importante lembrar, também, que no procedimento sumaríssimo não se admite a citação por edital, art. 852-B, II, CLT.

78. Gabarito: "A"
Comentário: A: correta. Nos termos do art. 879, § 2º, da CLT elaborada a conta e tornada líquida, antes da homologação, o juízo deverá abrir às partes prazo comum de 8 dias para impugnação fundamentada com a indicação dos itens e valores objeto da discordância, sob pena de preclusão. **B:** incorreta, pois não foi observada a previsão legal disposta no art. 879, § 2º, CLT. **C:** incorreta, pois o art. 879, § 2º, CLT impõe a forma de atuação do Juiz ao indicar que as partes DEVERÃO ser intimadas. **D:** incorreta, pois a obrigatoriedade da vista dos cálculos para as partes está no art. 879, § 2º, CLT. Já para o INSS a previsão legal está no art. 879, § 3º, CLT.

79. Gabarito: "B"
Comentário: O processo de jurisdição voluntária para homologação de acordo extrajudicial está previsto no art. 855-B ao art. 855-E da CLT. No caso, o processo de homologação foi apresentado dentro dos ditames da Lei, portanto, válido, e apto. Pois bem, nos termos do art. 855-D da CLT no prazo de 15 dias a contar da distribuição da petição, o juiz analisará o acordo, designará audiência se entender necessário e proferirá SENTENÇA. Por ter sido proferida uma sentença, nos termos do art. 895, I, da CLT é cabível a interposição de Recurso Ordinário. Importante ressaltar que pelo fato de existir um recurso cabível, não se admite a impetração de Mandado de Segurança.

80. Gabarito: "C"
Comentário: Somente o Instituto Sonhar, por se tratar de uma entidade filantrópica será isenta do recolhimento de depósito recursal nos termos do art. 899, § 10, da CLT. As entidades sem fins lucrativos, os empregadores domésticos e o microempreendedor individual, possuem apenas a redução em 50% do valor referente ao depósito recursal, na forma do art. 899, § 9º, CLT.

2020.1 – XXXI EXAME DE ORDEM

1. Havendo indícios de que Sara obteve inscrição na Ordem dos Advogados do Brasil mediante prova falsa, foi instaurado contra ela processo disciplinar.

Sobre o tema, assinale a afirmativa correta.

(A) O processo disciplinar contra Sara pode ser instaurado de ofício ou mediante representação, que pode ser anônima.

(B) Em caso de revelia de Sara, o processo disciplinar seguirá, independentemente de designação de defensor dativo.

(C) O processo disciplinar instaurado contra Sara será, em regra, público.

(D) O recurso contra eventual decisão que determine o cancelamento da inscrição de Sara não terá efeito suspensivo.

2. Em certo município, os advogados André e Helena são os únicos especialistas em determinado assunto jurídico. Por isso, André foi convidado a participar de entrevista na imprensa escrita sobre as repercussões de medidas tomadas pelo Poder Executivo local, relacionadas à sua área de especialidade. Durante a entrevista, André convidou os leitores a litigarem em face da Administração Pública, conclamando-os a procurarem advogados especializados para ajuizarem, desde logo, as demandas que considerava tecnicamente cabíveis.

Porém, quando indagado sobre os meios de contato de seu escritório, para os leitores interessados, André disse que, por obrigação ética, não poderia divulgá-los por meio daquele veículo. Por sua vez, a advogada Helena, irresignada com as mesmas medidas tomadas pelo Executivo, procurou um programa de rádio, oferecendo-se para uma reportagem sobre o assunto. No programa, Helena manifestou-se de forma técnica, educativa e geral, evitando sensacionalismo.

Considerando as situações acima narradas e o disposto no Código de Ética e Disciplina da OAB, assinale a afirmativa correta.

(A) André e Helena agiram de forma ética, observando as normas previstas no Código de Ética e Disciplina da OAB.

(B) Nenhum dos dois advogados agiu de forma ética, tendo ambos inobservado as normas previstas no Código de Ética e Disciplina da OAB.

(C) Apenas André agiu de forma ética, observando as normas previstas no Código de Ética e Disciplina da OAB.

(D) Apenas Helena agiu de forma ética, observando as normas previstas no Código de Ética e Disciplina da OAB.

3. O advogado Fernando foi contratado por Flávio para defendê-lo, extrajudicialmente, tendo em vista a pendência de inquérito civil em face do cliente. O contrato celebrado por ambos foi assinado em 10/03/15, não prevista data de vencimento.

Em 10/03/17, foi concluída a atuação de Fernando, tendo sido homologado o arquivamento do inquérito civil junto ao Conselho Superior do Ministério Público. Em 10/03/18, Fernando notificou extrajudicialmente Flávio, pois este ainda não havia adimplido os valores relativos aos honorários contratuais acordados.

A ação de cobrança de honorários a ser proposta por Fernando prescreve em

(A) três anos, contados de 10/03/15.

(B) cinco anos, contados de 10/03/17.

(C) três anos, contados de 10/03/18.

(D) cinco anos, contados de 10/03/15.

4. Os sócios Antônio, Daniel e Marcos constituíram a sociedade *Antônio, Daniel & Marcos Advogados Associados*, com sede em São Paulo e filial em Brasília.

Após desentendimentos entre eles, Antônio constitui sociedade unipessoal de advocacia, com sede no Rio de Janeiro. Marcos, por sua vez, retira-se da sociedade *Antônio, Daniel & Marcos Advogados Associados*.

Sobre a situação apresentada, assinale a afirmativa correta.

(A) Daniel não está obrigado a manter inscrição suplementar em Brasília, já que a sociedade *Antônio, Daniel & Marcos Advogados Associados* tem sede em São Paulo.

(B) Antônio deverá retirar-se da *Antônio, Daniel & Marcos Advogados Associados*, já que não pode integrar, simultaneamente, uma sociedade de advogados e uma sociedade unipessoal de advocacia.

(C) Mesmo após Marcos se retirar da sociedade *Antônio, Daniel & Marcos Advogados Associados* permanece o impedimento para que ele e Antônio representem em juízo clientes com interesses opostos.

(D) Caso Antônio também se retire da *Antônio, Daniel & Marcos Advogados Associados*, a sociedade deverá passar a ser denominada *Daniel Sociedade Individual de Advocacia*.

5. Um escritório de renome internacional considera expandir suas operações, iniciando atividades no Brasil. Preocupados em adaptar seus procedimentos internos para que reflitam os códigos brasileiros de ética profissional, seus dirigentes estrangeiros desejam entender melhor as normas a respeito da relação entre clientes e advogados no país.

Sobre esse tema, é correto afirmar que os advogados brasileiros

(A) podem, para a adoção de medidas judiciais urgentes e inadiáveis, aceitar procuração de quem já tenha patrono constituído, sem prévio conhecimento deste.

(B) deverão considerar sua própria opinião a respeito da culpa do acusado ao assumir defesa criminal.

(C) podem funcionar, no mesmo processo, simultaneamente, como patrono e preposto de seu cliente, desde que tenham conhecimento direto dos fatos.

(D) podem representar, em juízo, clientes com interesses opostos se não integrarem a mesma sociedade profissional, mas estiverem reunidos em caráter permanente para cooperação recíproca.

6. O advogado João era conselheiro de certo Conselho Seccional da OAB. Todavia, por problemas pessoais, João decidiu renunciar ao mandato. Considerando o caso narrado, assinale a afirmativa correta.

(A) Compete ao plenário do Conselho Seccional respectivo declarar extinto o mandato, sendo exigido que previamente ouça João no prazo de dez dias, após notificação deste mediante ofício com aviso de recebimento.

(B) Compete à Diretoria do Conselho Seccional respectivo declarar extinto o mandato, independentemente de exigência de prévia notificação para oitiva de João.

(C) Compete ao plenário do Conselho Seccional respectivo declarar extinto o mandato, sendo exigido que previamente ouça João no prazo de quinze dias, após notificação pessoal deste.

(D) Compete à Segunda Câmara do Conselho Federal da OAB declarar extinto o mandato, independentemente de exigência de prévia notificação para oitiva de João.

7. A sociedade *Antônio, Breno, Caio & Diego Advogados Associados* é integrada, exclusivamente, pelos sócios Antônio, Breno, Caio e Diego, todos advogados regularmente inscritos na OAB.

Em um determinado momento, Antônio vem a falecer. Breno passa a exercer mandato de vereador, sem figurar entre os integrantes da Mesa Diretora da Câmara Municipal ou seus substitutos legais. Caio passa a exercer, em caráter temporário, função de direção em empresa concessionária de serviço público.

Considerando esses acontecimentos, assinale a afirmativa correta.

(A) O nome de Antônio poderá permanecer na razão social da sociedade após o seu falecimento, ainda que tal possibilidade não esteja prevista em seu ato constitutivo.

(B) Breno deverá licenciar-se durante o período em que exercer o mandato de vereador, devendo essa informação ser averbada no registro da sociedade.

(C) Caio deverá deixar a sociedade, por ter passado a exercer atividade incompatível com a advocacia.

(D) Com o falecimento de Antônio, se Breno e Caio deixarem a sociedade e nenhum outro sócio ingressar nela, Diego poderá continuar suas atividades, caso em que passará a ser titular de sociedade unipessoal de advocacia.

8. Os advogados Diego, Willian e Pablo, todos em situação regular perante a OAB, desejam candidatar-se ao cargo de conselheiro de um Conselho Seccional da OAB.

Diego é advogado há dois anos e um dia, sendo sócio de uma sociedade simples de prestação de serviços de advocacia e nunca foi condenado por infração disciplinar.

Willian, por sua vez, exerce a advocacia há exatos quatro anos e constituiu sociedade unipessoal de advocacia, por meio da qual advoga atualmente. Willian já foi condenado pela prática de infração disciplinar, tendo obtido reabilitação um ano e três meses após o cumprimento da sanção imposta.

Já Pablo é advogado há cinco anos e um dia e nunca respondeu por prática de qualquer infração disciplinar. Atualmente, Pablo exerce certo cargo em comissão, exonerável *ad nutum*, cumprindo atividades exclusivas da advocacia.

Considerando as informações acima e o disposto na Lei 8.906/94, assinale a afirmativa correta.

(A) Apenas Diego e Willian cumprem os requisitos para serem eleitos para o cargo pretendido.

(B) Apenas Willian cumpre os requisitos para ser eleito para o cargo pretendido.

(C) Apenas Diego e Pablo cumprem os requisitos para serem eleitos para o cargo pretendido.

(D) Apenas Pablo cumpre os requisitos para ser eleito para o cargo pretendido.

9. *É preciso sair do estado natural, no qual cada um age em função dos seus próprios caprichos, e convencionar com todos os demais em submeter-se a uma limitação exterior, publicamente acordada, e, por conseguinte, entrar num estado em que tudo que deve ser reconhecido como seu é determinado pela lei...*

Immanuel Kant

A perspectiva contratualista de Kant, apresentada na obra *Doutrina do Direito*, sustenta ser necessário passar de um estado de natureza, no qual as pessoas agem egoisticamente, para um estado civil, em que a vida em comum seja regulada pela lei, como forma de justiça pública. Isso implica interferir na liberdade das pessoas.

Em relação à liberdade no estado civil, assinale a opção que apresenta a posição que Kant sustenta na obra em referência.

(A) O homem deixou sua liberdade selvagem e sem freio para encontrar toda a sua liberdade na dependência legal, isto é, num estado jurídico, porque essa dependência procede de sua própria vontade legisladora.

(B) A liberdade num estado jurídico ou civil consiste na capacidade da vontade soberana de cada indivíduo de fazer aquilo que deseja, pois somente nesse estado o homem se vê livre das forças da natureza que limitam sua vontade.

(C) A liberdade civil resulta da estrutura política do estado, de forma que somente pode ser considerado liberdade aquilo que decorre de uma afirmação de vontade do soberano. No estado civil, a liberdade não pode ser considerada uma vontade pessoal.

(D) Na república, a liberdade é do governante para governar em prol de todos os cidadãos, de modo que o governante possui liberdade, e os governados possuem direitos que são instituídos pelo governo.

10. *Temos pois definido o justo e o injusto. Após distingui-los assim um do outro, é evidente que a ação justa é intermediária entre o agir injustamente e o ser vítima da injustiça; pois um deles é ter demais e o outro é ter demasiado pouco.*

ARISTÓTELES. Ética a Nicômaco. Coleção Os Pensadores. São Paulo: Abril Cultural, 1973.

Em seu livro *Ética a Nicômaco*, Aristóteles apresenta a justiça como uma virtude e a diferencia daquilo que é injusto.

Assinale a opção que define aquilo que, nos termos do livro citado, deve ser entendido como justiça enquanto virtude.

(A) Uma espécie de meio-termo, porém não no mesmo sentido que as outras virtudes, e sim porque se relaciona com uma quantia intermediária, enquanto a injustiça se relaciona com os extremos.

(B) Uma maneira de proteger aquilo que é o mais conveniente para o mais forte, uma vez que a justiça como produto do governo dos homens expressa sempre as forças que conseguem fazer valer seus próprios interesses.

(C) O cumprimento dos pactos que decorrem da vida em sociedade, seja da lei como pacto que vincula todos os cidadãos da cidade, seja dos contratos que funcionam como pactos celebrados entre particulares e vinculam as partes contratantes.

(D) Um imperativo categórico que define um modelo de ação moralmente desejável para toda e qualquer pessoa e se expressa da seguinte maneira: *"Age como se a máxima de tua ação devesse tornar-se, por meio da tua vontade, uma lei universal"*.

11. Preocupado com o grande número de ações judiciais referentes a possíveis omissões inconstitucionais sobre direitos sociais e, em especial, sobre o direito à saúde, o Procurador-Geral do Estado Beta (PGE) procurou traçar sua estratégia hermenêutica de defesa a partir de dois grandes argumentos jurídicos: em primeiro lugar, destacou que a efetividade dos direitos prestacionais de segunda dimensão, promovida pelo Poder Judiciário, deve levar em consideração a disponibilidade financeira estatal; um segundo argumento é o relativo à falta de legitimidade democrática de juízes e tribunais para fixar políticas públicas no lugar do legislador eleito pelo povo.

Diante de tal situação, assinale a opção que apresenta os conceitos jurídicos que correspondem aos argumentos usados pelo PGE do Estado Beta.

(A) Dificuldade contraparlamentar e reserva do impossível.

(B) Reserva do possível fática e separação dos Poderes.

(C) Reserva do possível jurídica e reserva de jurisdição do Poder Judiciário.

(D) Reserva do possível fática e reserva de plenário.

12. Josué, deputado federal no regular exercício do mandato, em entrevista dada, em sua residência, à revista Pensamento, acusa sua adversária política Aline de envolvimento com escândalos de desvio de verbas públicas, o que é objeto de investigação em Comissão Parlamentar de Inquérito instaurada poucos dias antes.

Não obstante, após ser indagado sobre os motivos que nutriam as acaloradas disputas entre ambos, Josué emite opinião com ofensas de cunho pessoal, sem qualquer relação com o exercício do mandato parlamentar.

Diante do caso hipotético narrado, conforme reiterada jurisprudência do Supremo Tribunal Federal sobre o tema, assinale a afirmativa correta.

(A) Josué poderá ser responsabilizado penal e civilmente, inclusive por danos morais, pelas ofensas proferidas em desfavor de Aline que não guardem qualquer relação com o exercício do mandato parlamentar.

(B) Josué encontra-se protegido pela imunidade material ou inviolabilidade por suas opiniões, palavras e votos, o que, considerado o caráter absoluto dessa prerrogativa, impede a sua responsabilização por quaisquer das declarações prestadas à revista.

(C) Josué poderá ter sua imunidade material afastada em virtude de as declarações terem sido prestadas fora da respectiva casa legislativa, independentemente de estarem, ou não, relacionadas ao exercício do mandato.

(D) A imunidade material, consagrada constitucionalmente, foi declarada inconstitucional pelo Supremo Tribunal Federal, de modo que Josué não poderá valer-se de tal prerrogativa para se isentar de eventual responsabilidade pelas ofensas dirigidas a Aline.

13. Diante das intensas chuvas que atingiram o Estado Alfa, que se encontra em situação de calamidade pública, o Presidente da República, ante a relevância e urgência latentes, edita a Medida Provisória XX/19, determinando a abertura de crédito extraordinário para atender às despesas imprevisíveis a serem realizadas pela União, em decorrência do referido desastre natural.

A partir da situação hipotética narrada, com base no texto constitucional vigente, assinale a afirmativa correta.

(A) A Constituição de 1988 veda, em absoluto, a edição de ato normativo dessa natureza sobre matéria orçamentária, de modo que a abertura de crédito extraordinário deve ser feita por meio de lei ordinária de iniciativa do Chefe do Executivo.

(B) A Constituição de 1988 veda a edição de ato normativo dessa natureza em matéria de orçamento e créditos adicionais e suplementares, mas ressalva a possibilidade de abertura de crédito extraordinário para atender a despesas imprevisíveis e urgentes, como as decorrentes de calamidade pública.

(C) O ato normativo editado afronta o princípio constitucional da anterioridade orçamentária, o qual impede quaisquer modificações nas leis orçamentárias após sua aprovação pelo Congresso Nacional e consequente promulgação presidencial.

(D) O ato normativo editado é harmônico com a ordem constitucional, que autoriza a edição de medidas provisórias que versem sobre planos plurianuais, diretrizes orçamentárias, orçamento e créditos adicionais, suplementares e extraordinários, desde que haja motivação razoável.

14. Alfa, entidade de classe de abrangência regional, legalmente constituída e em funcionamento há mais de 1 ano, ingressa, perante o Supremo Tribunal Federal, com mandado de segurança coletivo para tutelar os interesses jurídicos de seus representados. Considerando a urgência do caso, Alfa não colheu autorização dos seus associados para a impetração da medida.

Com base na narrativa acima, assinale a afirmativa correta.

(A) Alfa não tem legitimidade para impetrar mandado de segurança coletivo, de modo que a defesa dos seus associados em juízo deve ser feita pelo Ministério Público ou, caso evidenciada situação de vulnerabilidade, pela Defensoria Pública.

(B) Alfa goza de ampla legitimidade para impetrar mandado de segurança coletivo, inclusive para tutelar direitos e interesses titularizados por pessoas estranhas à classe por ela representada.

(C) Alfa possui legitimidade para impetrar mandado de segurança coletivo em defesa dos interesses jurídicos dos seus associados, sendo, todavia, imprescindível a prévia autorização nominal e individualizada dos representados, em assembleia especialmente convocada para esse fim.

(D) Alfa possui legitimidade para impetrar mandado de segurança coletivo em defesa dos interesses jurídicos da totalidade ou mesmo de parte dos seus associados, independentemente de autorização.

15. O governo federal, visando ao desenvolvimento e à redução das desigualdades no sertão nordestino do Brasil, editou a Lei Complementar Y, que dispôs sobre a concessão de isenções e reduções temporárias de tributos federais devidos por pessoas físicas e jurídicas situadas na referida região.

Sobre a Lei Complementar Y, assinale a afirmativa correta.

(A) É formalmente inconstitucional, eis que a Constituição da República de 1988 proíbe expressamente a criação de regiões, para efeitos administrativos, pela União.

(B) É materialmente inconstitucional, sendo vedada a concessão de incentivos regionais de tributos federais, sob pena de violação ao princípio da isonomia federativa.

(C) É formal e materialmente constitucional, sendo possível que a União conceda incentivos visando ao desenvolvimento econômico e à redução das desigualdades no sertão nordestino.

(D) Apresenta inconstitucionalidade formal subjetiva, eis que cabe aos Estados e ao Distrito Federal, privativamente, criar regiões administrativas visando ao seu desenvolvimento e à redução das desigualdades.

16. José Maria, no ano de 2016, foi eleito para exercer o seu primeiro mandato como Prefeito da Cidade Delta, situada no Estado Alfa. Nesse mesmo ano, a filha mais jovem de José Maria, Janaína (22 anos), elegeu-se vereadora e já se organiza para um segundo mandato como vereadora.

Rosária (26 anos), a outra filha de José Maria, animada com o sucesso da irmã mais nova e com a popularidade do pai, que pretende concorrer à reeleição, faz planos para ingressar na política, disputando uma das cadeiras da Assembleia Legislativa do Estado Alfa.

Diante desse quadro, a família contrata um advogado para orientá-la. Após analisar a situação, seguindo o sistema jurídico-constitucional brasileiro, o advogado afirma que

(A) as filhas não poderão concorrer aos cargos almejados, a menos que José Maria desista de concorrer à reeleição para o cargo de chefe do Poder Executivo do Município Delta.

(B) Rosária pode se candidatar ao cargo de deputada estadual, mas Janaína não poderá se candidatar ao cargo de vereadora em Delta, pois seu pai ocupa o cargo de chefe do Poder Executivo do referido município.

(C) as candidaturas de Janaína, para reeleição ao cargo de vereadora, e de Rosária, para o cargo de deputada estadual, não encontram obstáculo no fato de José Maria ser prefeito de Delta.

(D) Janaína pode se candidatar ao cargo de vereadora, mas sua irmã Rosária não poderá se candidatar ao cargo de deputada estadual, tendo em vista o fato de seu pai exercer a chefia do Poder Executivo do município.

17. João dos Santos foi selecionado para atuar como praça prestadora de serviço militar inicial, fato que lhe permitirá ser o principal responsável pelos meios de subsistência de sua família. No entanto, ficou indignado ao saber que sua remuneração será inferior ao salário mínimo, contrariando o texto constitucional, insculpido no Art. 7º, inciso IV, da CRFB/88.

Desesperado com tal situação, João entrou no gabinete do seu comandante e o questionou, de forma ríspida e descortês, acerca dessa remuneração supostamente inconstitucional, sofrendo, em consequência dessa conduta, punição administrativo-disciplinar de prisão por 5 dias, nos termos da legislação pertinente. Desolada, a família de João procurou um advogado para saber sobre a constitucionalidade da remuneração inferior ao salário mínimo, bem como da possibilidade de a prisão ser relaxada por ordem judicial.

Nessas circunstâncias, nos termos do direito constitucional brasileiro e da jurisprudência do STF, assinale a opção que apresenta a resposta do advogado.

(A) A remuneração inferior ao salário mínimo para as praças prestadoras de serviço militar inicial não viola a Constituição de 1988, bem como não cabe *habeas corpus* em relação às punições disciplinares militares, exceto para análise de pressupostos de legalidade, excluída a apreciação de questões referentes ao mérito.

(B) A remuneração inferior ao salário mínimo contraria o Art. 7º, inciso IV, da Constituição de 1988, bem como se reconhece o cabimento de *habeas corpus* para as punições disciplinares militares, qualquer que seja a circunstância.

(C) O estabelecimento de remuneração inferior ao salário mínimo para as praças prestadoras de serviço militar inicial não viola a Constituição da República, mas é cabível o *habeas corpus* para as punições disciplinares militares, até mesmo em relação a questões de mérito da sanção administrativa.

(D) A remuneração inferior ao salário mínimo contraria a ordem constitucional, mais especificamente o texto constitucional inserido no Art. 7º, inciso IV, da Constituição de 1988, bem como não se reconhece o cabimento de *habeas corpus* em relação às punições disciplinares militares, exceto para análise dos pressupostos de legalidade, excluídas as questões de mérito da sanção administrativa.

18. Recentemente assumiu a presidência da Câmara dos Deputados um parlamentar que afirma que o Brasil é um país soberano e não deve ter nenhum compromisso com os Direitos Humanos na ordem internacional. Afirma que, apesar de ter sido internamente ratificado, o *Pacto Internacional dos Direitos Civis e Políticos* não se caracteriza como norma vigente, e os direitos ali previstos podem ser suspensos ou não precisam ser aplicados.

Por ser atuante na área dos Direitos Humanos, você foi convidado(a) pela Comissão de Direitos Humanos da Câmara dos Deputados para prestar mais esclarecimentos sobre o assunto. Com base no que dispõe o próprio *Pacto Internacional dos Direitos Civis e Políticos – PIDCP*, assinale a opção que apresenta o esclarecimento dado à Comissão.

(A) Caso situações excepcionais ameacem a existência da nação e sejam proclamadas oficialmente, os Estados-partes podem adotar, na estrita medida exigida pela situação, medidas que suspendam as obrigações decorrentes do PIDCP, desde que tais medidas não acarretem discriminação por motivo de raça, cor, sexo, língua, religião ou origem social.

(B) É admissível a suspensão das obrigações decorrentes do PIDCP quando houver, no âmbito do Estado-parte, um ato formal do Poder Legislativo e do Poder Executivo declarando o efeito suspensivo, desde que tal ato declare um prazo para essa suspensão, que, em nenhuma hipótese, pode exceder o período de 2 anos.

(C) Em nenhuma hipótese ou situação os Estados-partes do PIDCP podem adotar medidas que suspendam as obrigações decorrentes do Pacto, uma vez que, ratificado o Pacto, todos os seus direitos vigoram de forma efetiva, não sendo admitida nenhuma possibilidade de suspensão ou exceção.

(D) Mesmo ratificado, o Pacto Internacional dos Direitos Civis e Políticos e os direitos nele contidos não podem ser caracterizados como normas vigentes, uma vez que se trata de direitos em sentido fraco, de forma que apenas os direitos fundamentais, previstos na Constituição, são direitos em sentido forte.

19. Recentemente houve grande polêmica na cidade de Piraporanga, porque o Prefeito proibiu o museu local de realizar uma exposição, sob a alegação de que as obras de arte misturavam temas religiosos com conteúdos sexuais, além de haver quadros e esculturas obscenas.

Você é contratada(o) para atuar no caso pelos autores das obras de arte e por intelectuais. Com base na Convenção Americana de Direitos Humanos e na Constituição Federal de 1988, assinale a opção que apresenta o argumento que você, como advogada(o), deveria adotar.

(A) A censura prévia por autoridades administrativas competentes, como mecanismo eficaz para assegurar o respeito à reputação de pessoas e como forma de garantir a moralidade pública, deve ser admitida.

(B) O exercício da liberdade de expressão e o da criação artística estão sujeitos à censura prévia, mas apenas por força de lei devidamente justificada, como forma de proteção da honra individual e da moral pública.

(C) A liberdade de expressão e de criação artística estão sujeitas à censura prévia pelas autoridades competentes quando elas ocorrem por meio de exposições em museus, tendo em vista a proteção da memória nacional e da ordem pública.

(D) A lei pode regular o acesso a diversões e espetáculos públicos, tendo em vista a proteção moral da infância e da adolescência, sendo vedada, porém, toda e qualquer censura prévia de natureza política, ideológica e artística.

20. Em razão da profunda crise econômica e da grave instabilidade institucional que assola seu país, Pablo resolve migrar para o Brasil, uma vez que, neste último, há melhores oportunidades para exercer seu trabalho e sustentar sua família. Em que pese Pablo possuir a finalidade de trabalhar, acabou por omitir tal informação, obtendo visto de visita, na modalidade turismo, para o Brasil.

Considerando-se o enunciado acima, à luz da Lei de Migração em vigor (Lei 13.445/17), assinale a afirmativa correta.

(A) Se Pablo, com o visto de visita, vier a exercer atividade remunerada no Brasil, poderá ser expulso do país.

(B) Se Pablo, com o visto de visita, vier a exercer atividade remunerada no Brasil, poderá ser extraditado do país.

(C) Pablo poderia solicitar, bem como obter, visto temporário para acolhida humanitária, diante da grave instabilidade institucional que assola seu país.

(D) Pablo poderá obter asilo, em razão da profunda crise econômica que assola seu país.

21. Em função do incremento nas atividades de transporte aéreo no Brasil, a sociedade empresária Fast Plane, sediada no país, resolveu adquirir helicópteros de última geração da pessoa jurídica holandesa *Nederland Air Transport*, que ficou responsável pela fabricação, montagem e envio da mercadoria. O contrato de compra e venda restou celebrado, presencialmente, nos Estados Unidos da América, restando ajustado que o cumprimento da obrigação se dará no Brasil.

No momento de receber as aeronaves, contudo, a adquirente verificou que o produto enviado era diverso do apontado no instrumento contratual. Decidiu a sociedade empresária *Fast Plane*, então, buscar auxílio jurídico para resolver a questão, inclusive para a propositura de eventual ação, caso não haja solução consensual.

Considerando-se o enunciado acima, aplicando-se a Lei de Introdução às Normas do Direito Brasileiro (Decreto-lei 4.657/42) e o Código de Processo Civil, assinale a afirmativa correta.

(A) A lei aplicável na solução da questão é a holandesa, em razão do local de fabricação e montagem das aeronaves adquiridas.

(B) A autoridade judiciária brasileira será competente para processar e julgar eventual ação proposta pela *Fast Plane*, mesmo se estabelecida cláusula de eleição de foro exclusivo estrangeiro, em razão do princípio da inafastabilidade da jurisdição.

(C) A autoridade judiciária brasileira tem competência exclusiva para processar e julgar eventual ação a ser proposta pela *Fast Plane* para resolver a questão.

(D) A autoridade judiciária brasileira tem competência concorrente para processar e julgar eventual ação a ser proposta pela *Fast Plane* para resolver a questão.

22. A sociedade empresária ABC, concessionária de serviço de transporte público coletivo de passageiros, opera a linha de ônibus 123, que inicia seu trajeto no Município X e completa seu percurso no Município Y, ambos localizados no Estado Z.

Sobre a prestação onerosa desse serviço de transporte, deve incidir

(A) o ISS, a ser recolhido para o Município X.

(B) o ISS, a ser recolhido para o Município Y.

(C) o ICMS, a ser cobrado de forma conjunta pelo Município X e o Município Y.

(D) o ICMS, a ser recolhido para o Estado em que se localizam o Município X e o Município Y.

23. João da Silva, servidor da Administração Tributária do Município Y, recebeu propina de José Pereira, adquirente de um imóvel, para, em conluio com este, emitir uma certidão que atestava falsamente a quitação de débito do Imposto de Transmissão de Bens Imóveis (ITBI) incidente sobre a transferência de propriedade. A certidão seria apresentada ao tabelião para lavrar-se a escritura pública de compra e venda imobiliária e para posterior registro.

Considerando-se que, nesse Município, o contribuinte de ITBI é o adquirente de imóvel, assinale a afirmativa correta.

(A) O servidor João da Silva poderá ser responsabilizado funcional e criminalmente por esse ato, mas a dívida tributária somente poderá ser cobrada de José Pereira, o único que é parte na relação jurídico-tributária com o Município credor.

(B) O servidor João da Silva poderá ser responsabilizado pessoalmente pelo crédito tributário e juros de mora acrescidos.

(C) O tabelião poderá ser o único responsabilizado pela dívida tributária e juros de mora acrescidos, por ter lavrado a escritura pública sem averiguar, junto ao Fisco Municipal, a veracidade das informações da certidão apresentada.

(D) Caso seja aplicada multa tributária punitiva contra José Pereira, este poderá exigir do Fisco que 50% do valor da multa seja cobrado do servidor João da Silva.

24. Maria dos Santos, querendo constituir hipoteca sobre imóvel de sua propriedade em garantia de empréstimo bancário a ser por ela contraído, vai a um tabelionato para lavrar a escritura pública da referida garantia real. Ali, é informada que o Município Z, onde se situa o bem, cobra o Imposto de Transmissão de Bens Imóveis (ITBI) sobre a constituição de direitos reais de garantia.

Diante desse cenário, assinale a afirmativa correta.

(A) É possível tal cobrança, pois a constituição de direito real de garantia sobre bens imóveis, por ato inter vivos, é uma das hipóteses de incidência do ITBI.
(B) O contribuinte do ITBI, nesse caso, não seria Maria dos Santos, mas sim a instituição bancária em favor de quem a garantia real será constituída.
(C) O tabelião atua como responsável por substituição tributária, recolhendo, no lugar do contribuinte, o ITBI devido em favor do Município Z nessa constituição de direitos reais de garantia.
(D) Não é possível exigir ITBI sobre direitos reais de garantia sobre imóveis.

25. Uma sociedade empresária em recuperação judicial requereu, perante a Secretaria Estadual de Fazenda do Estado X, o parcelamento de suas dívidas tributárias estaduais. O Estado X dispunha de uma lei geral de parcelamento tributário, mas não de uma lei específica para parcelamento de débitos tributários de devedor em recuperação judicial.

Diante desse cenário, assinale a afirmativa correta.

(A) O parcelamento não pode ser concedido caso inexista lei específica estadual que disponha sobre as condições de parcelamento dos créditos tributários do devedor em recuperação judicial.
(B) O prazo de parcelamento a ser concedido ao devedor em recuperação judicial quanto a tais débitos para com o Estado X não pode ser inferior ao concedido por lei federal específica de parcelamento dos créditos tributários do devedor em recuperação judicial.
(C) O parcelamento do crédito tributário exclui a incidência de juros, em regra, no caso de devedor em recuperação judicial.
(D) O parcelamento do crédito tributário exclui a incidência de multas, em regra, no caso de devedor em recuperação judicial.

26. Uma lei ordinária federal tratava de direitos do beneficiário de pensão previdenciária e também previa norma que ampliava, para 10 anos, o prazo decadencial para o lançamento dos créditos tributários referentes a uma contribuição previdenciária federal.

A respeito da ampliação de prazo, assinale a afirmativa correta.

(A) É inválida, pois, em razão do caráter nacional das contribuições previdenciárias federais, somente poderia ser veiculada por Resolução do Senado Federal.
(B) É inválida, pois somente poderia ser veiculada por Lei Complementar.
(C) É válida, pois o CTN prevê a possibilidade de que o prazo geral de 5 anos, nele previsto para a Fazenda Pública constituir o crédito tributário, seja ampliado por meio de Lei Ordinária Específica.
(D) É válida, por existir expressa previsão constitucional, específica para contribuições de seguridade social, autorizando a alteração de prazo de constituição do crédito tributário por Lei Ordinária.

27. Maria foi contratada, temporariamente, sem a realização de concurso público, para exercer o cargo de professora substituta em entidade autárquica federal, em decorrência do grande número de professores do quadro permanente em gozo de licença. A contratação foi objeto de prorrogação, de modo que Maria permaneceu em exercício por mais três anos, período durante o qual recebeu muitos elogios. Em razão disso, alunos, pais e colegas de trabalho levaram à direção da autarquia o pedido de criação de um cargo em comissão de professora, para que Maria fosse nomeada para ocupá-lo e continuasse a ali lecionar. Avalie a situação hipotética apresentada e, na qualidade de advogado(a), assinale a afirmativa correta.

(A) Não é possível a criação de um cargo em comissão de professora, visto que tais cargos destinam-se apenas às funções de direção, chefia e assessoramento.
(B) É adequada a criação de um cargo em comissão para que Maria prolongue suas atividades como professora na entidade administrativa, diante do justificado interesse público.
(C) Maria tem estabilidade porque exerceu a função de professora por mais de três anos consecutivos, tornando desnecessária a criação de um cargo em comissão para que ela continue como professora na entidade autárquica.
(D) Não é necessária a criação de um cargo em comissão para que Maria permaneça exercendo a função de professora, porque a contratação temporária pode ser prorrogada por tempo indeterminado.

28. Otacílio, novo prefeito do Município Kappa, acredita que o controle interno é uma das principais ferramentas da função administrativa, razão pela qual determinou o levantamento de dados nos mais diversos setores da Administração local, a fim de apurar se os atos administrativos até então praticados continham vícios, bem como se ainda atendiam ao interesse público. Diante dos resultados de tal apuração, Otacílio deverá

(A) revogar os atos administrativos que contenham vícios insanáveis, ainda que com base em valores jurídicos abstratos.
(B) convalidar os atos administrativos que apresentem vícios sanáveis, mesmo que acarretem lesão ao interesse público.
(C) desconsiderar as circunstâncias jurídicas e administrativas que houvessem imposto, limitado ou condicionado a conduta do agente nas decisões sobre a regularidade de ato administrativo.
(D) indicar, de modo expresso, as consequências jurídicas e administrativas da invalidação de ato administrativo.

29. A autoridade competente, em âmbito federal, no regular exercício do poder de polícia, aplicou à sociedade empresária Soneca S/A multa em razão do descumprimento das normas administrativas pertinentes. Inconformada, a sociedade Soneca S/A apresentou recurso administrativo, ao qual foi conferido efeito suspensivo, sendo certo que não sobreveio qualquer manifestação do superior hierárquico responsável pelo julgamento, após o transcurso do prazo de oitenta dias. Considerando o contexto descrito, assinale a afirmativa correta.

(A) Não se concederá Mandado de Segurança para invalidar a penalidade de multa aplicada a Soneca S/A, submetida a recurso administrativo provido de efeito suspensivo.
(B) O ajuizamento de qualquer medida judicial por Soneca S/A depende do esgotamento da via administrativa.
(C) Não há mora da autoridade superior hierárquica, que, por determinação legal, dispõe do prazo de noventa dias para decidir.
(D) A omissão da autoridade competente em relação ao seu dever de decidir, ainda que se prolongue por período mais extenso, não enseja a concessão de Mandado de Segurança.

30. O Município Beta concedeu a execução do serviço público de veículos leves sobre trilhos e, ao verificar que a concessionária não estava cumprindo adequadamente as obrigações determinadas no respectivo contrato, considerou tomar as providências cabíveis para a regularização das atividades em favor dos usuários. Nesse caso,

(A) impõe-se a encampação, mediante a retomada do serviço pelo Município Beta, sem o pagamento de indenização.
(B) a hipótese é de caducidade a ser declarada pelo Município Beta, mediante decreto, que independe da verificação prévia da inadimplência da concessionária.
(C) cabe a revogação do contrato administrativo pelo Município Beta, diante da discricionariedade e precariedade da concessão, formalizada por mero ato administrativo.
(D) é possível a intervenção do Município Beta na concessão, com o fim de assegurar a adequada prestação dos serviços, por decreto do poder concedente, que conterá designação do interventor, o prazo, os objetivos e os limites da medida.

31. Diante da necessidade de construção de uma barragem no Município Alfa, a ser efetuada em terreno rural de propriedade de certa sociedade de economia mista federal, o Poder Legislativo local fez editar uma lei para declarar a desapropriação por utilidade pública, após a autorização por decreto do Presidente da República, sendo certo que, diante do sucesso das tratativas entre os chefes do Executivo dos entes federativos em questão, foi realizado acordo na via administrativa para ultimar tal intervenção do Estado na propriedade. Diante dessa situação hipotética, assinale a afirmativa correta.

(A) A autorização por decreto não pode viabilizar a desapropriação do bem em questão pelo Município Alfa, porque os bens federais não são expropriáveis.
(B) A iniciativa do Poder Legislativo do Município Alfa para declarar a desapropriação é válida, cumprindo ao respectivo Executivo praticar os atos necessários para sua efetivação.
(C) A intervenção na propriedade em tela não pode ser ultimada na via administrativa, mediante acordo entre os entes federativos envolvidos.
(D) O Município Alfa não tem competência para declarar a desapropriação por utilidade pública de propriedades rurais.

32. Rafael, funcionário da concessionária prestadora do serviço público de fornecimento de gás canalizado, realizava reparo na rede subterrânea, quando deixou a tampa do bueiro aberta, sem qualquer sinalização, causando a queda de Sônia, transeunte que caminhava pela calçada. Sônia, que trabalha como faxineira diarista, quebrou o fêmur da perna direita em razão do ocorrido e ficou internada no hospital por 60 dias, sem poder trabalhar. Após receber alta, Sônia procurou você, como advogado(a), para ajuizar ação indenizatória em face

(A) da concessionária, com base em sua responsabilidade civil objetiva, para cuja configuração é desnecessária a comprovação de dolo ou culpa de Rafael.
(B) do Estado, como poder concedente, com base em sua responsabilidade civil direta e subjetiva, para cuja configuração é prescindível a comprovação de dolo ou culpa de Rafael.
(C) de Rafael, com base em sua responsabilidade civil direta e objetiva, para cuja configuração é desnecessária a comprovação de ter agido com dolo ou culpa, assegurado o direito de regresso contra a concessionária.
(D) do Município, como poder concedente, com base em sua responsabilidade civil objetiva, para cuja configuração é imprescindível a comprovação de dolo ou culpa de Rafael.

33. Seguindo plano de expansão de seu parque industrial para a produção de bebidas, o conselho de administração da sociedade empresária Frescor S/A autoriza a destruição de parte de floresta inserida em Área de Preservação Permanente, medida que se consuma na implantação de nova fábrica. Sobre responsabilidade ambiental, tendo como referência a hipótese narrada, assinale a afirmativa correta.

(A) Frescor S/A responde civil e administrativamente, sendo excluída a responsabilidade penal por ter a decisão sido tomada por órgão colegiado da sociedade.
(B) Frescor S/A responde civil e administrativamente, uma vez que não há tipificação criminal para casos de destruição de Área de Preservação Permanente, mas apenas de Unidades de Conservação.
(C) Frescor S/A responde civil, administrativa e penalmente, sendo a ação penal pública, condicionada à prévia apuração pela autoridade ambiental competente.
(D) Frescor S/A responde civil, administrativa e penalmente, sendo agravante da pena a intenção de obtenção de vantagem pecuniária.

34. Efeito Estufa Ltda., sociedade empresária que atua no processamento de alimentos, pretende instalar nova unidade produtiva na área urbana do Município de Ar Puro, inserida no Estado Y. Para esse fim, verificou que a autoridade competente para realizar o licenciamento ambiental será a do próprio Município de Ar Puro. Sobre o caso, assinale a opção que indica quem deve realizar o estudo de impacto ambiental.

(A) O Município de Ar Puro.
(B) O Estado Y.
(C) O IBAMA.
(D) Profissionais legalmente habilitados, às expensas do empreendedor.

35. João, único herdeiro de seu avô Leonardo, recebeu, por ocasião da abertura da sucessão deste último, todos os seus bens, inclusive uma casa repleta de antiguidades.

Necessitando de dinheiro para quitar suas dívidas, uma das primeiras providências de João foi alienar uma pintura antiga que sempre estivera exposta na sala da casa, por um valor módico, ao primeiro comprador que encontrou.

João, semanas depois, leu nos jornais a notícia de que reaparecera no mercado de arte uma pintura valiosíssima de um célebre artista plástico. Sua surpresa foi enorme ao descobrir que se tratava da pintura que ele alienara, com valor milhares de vezes maior do que o por ela cobrado. Por isso, pretende pleitear a invalidação da alienação.

A respeito do caso narrado, assinale a afirmativa correta.

(A) O negócio jurídico de alienação da pintura celebrado por João está viciado por lesão e chegou a produzir seus efeitos regulares, no momento de sua celebração.

(B) O direito de João a obter a invalidação do negócio jurídico, por erro, de alienação da pintura, não se sujeita a nenhum prazo prescricional

(C) A validade do negócio jurídico de alienação da pintura subordina-se necessariamente à prova de que o comprador desejava se aproveitar de sua necessidade de obter dinheiro rapidamente.

(D) Se o comprador da pintura oferecer suplemento do preço pago de acordo com o valor de mercado da obra, João poderá optar entre aceitar a oferta ou invalidar o negócio.

36. Salomão, solteiro, sem filhos, 65 anos, é filho de Lígia e Célio, que faleceram recentemente e eram divorciados. Ele é irmão de Bernardo, 35 anos, médico bem-sucedido, filho único do segundo casamento de Lígia. Salomão, por circunstâncias sociais, não mantinha contato com Bernardo.

Em razão de uma deficiência física, Salomão nunca exerceu atividade laborativa e sempre morou com o pai, Célio, até o falecimento deste. Com frequência, seu primo Marcos, comerciante e grande amigo, o visita.

Com base no caso apresentado, assinale a opção que indica quem tem obrigação de pagar alimento a Salomão.

(A) Marcos é obrigado a pagar alimentos a Salomão, no caso de necessidade deste.

(B) Por ser irmão unilateral, Bernardo não deve, em hipótese alguma, alimentos a Salomão.

(C) Bernardo, no caso de necessidade de Salomão, deve arcar com alimentos.

(D) Bernardo e Marcos deverão dividir alimentos, entre ambos, de forma igualitária.

37. Jacira mora em um apartamento alugado, sendo a locação garantida por fiança prestada por seu pai, José. Certa vez, Jacira conversava com sua irmã Laura acerca de suas dificuldades financeiras, e declarou que temia não ser capaz de pagar o próximo aluguel do imóvel. Compadecida da situação da irmã, Laura procurou o locador do imóvel e, na data de vencimento do aluguel, pagou, em nome próprio, o valor devido por Jacira, sem oposição desta.

Nesse cenário, em relação ao débito do aluguel daquele mês, assinale a afirmativa correta.

(A) Laura, como terceira interessada, sub-rogou-se em todos os direitos que o locador tinha em face de Jacira, inclusive a garantia fidejussória.

(B) Laura, como terceira não interessada, tem apenas direito de regresso em face de Jacira.

(C) Laura, como devedora solidária, sub-rogou-se nos direitos que o locador tinha em face de Jacira, mas não quanto à garantia fidejussória.

(D) Laura, tendo realizado mera liberalidade, não tem qualquer direito em face de Jacira.

38. Antônio, divorciado, proprietário de três imóveis devidamente registrados no RGI, de valores de mercado semelhantes, decidiu transferir onerosamente um de seus bens ao seu filho mais velho, Bruno, que mostrou interesse na aquisição por valor próximo ao de mercado.

No entanto, ao consultar seus dois outros filhos (irmãos do pretendente comprador), um deles, Carlos, opôs-se à venda. Diante disso, bastante chateado com a atitude de Carlos, seu filho que não concordou com a compra e venda do imóvel, decidiu realizar uma doação a favor de Bruno.

Em face do exposto, assinale a afirmativa correta.

(A) A compra e venda de ascendente para descendente só pode ser impedida pelos demais descendentes e pelo cônjuge, se a oposição for unânime.

(B) Não há, na ordem civil, qualquer impedimento à realização de contrato de compra e venda de pai para filho, motivo pelo qual a oposição feita por Carlos não poderia gerar a anulação do negócio.

(C) Antônio não poderia, como reação à legítima oposição de Carlos, promover a doação do bem para um de seus filhos (Bruno), sendo tal contrato nulo de pleno direito.

(D) É legítima a doação de ascendentes para descendente, independentemente da anuência dos demais, eis que o ato importa antecipação do que lhe cabe na herança.

39. Márcia, adolescente com 17 anos de idade, sempre demonstrou uma maturidade muito superior à sua faixa etária. Seu maior objetivo profissional é o de tornar-se professora de História e, por isso, decidiu criar um canal em uma plataforma *on-line*, na qual publica vídeos com aulas por ela própria elaboradas sobre conteúdos históricos.

O canal tornou-se um sucesso, atraindo multidões de jovens seguidores e despertando o interesse de vários patrocinadores, que começaram a procurar a jovem, propondo contratos de publicidade. Embora ainda não tenha obtido nenhum lucro com o canal, Márcia está animada com a perspectiva de conseguir custear seus estudos na Faculdade de História se conseguir firmar alguns desses contratos. Para facilitar as atividades da jovem, seus pais decidiram emancipá-la, o que permitirá que celebre negócios com futuros patrocinadores com mais agilidade.

Sobre o ato de emancipação de Márcia por seus pais, assinale a afirmativa correta.

(A) Depende de homologação judicial, tendo em vista o alto grau de exposição que a adolescente tem na internet.

(B) Não tem requisitos formais específicos, podendo ser concedida por instrumento particular.

(C) Deve, necessariamente, ser levado a registro no cartório competente do Registro Civil de Pessoas Naturais.

(D) É nulo, pois ela apenas poderia ser emancipada caso já contasse com economia própria, o que ainda não aconteceu.

40. Arnaldo faleceu e deixou os filhos Roberto e Álvaro. No inventário judicial de Arnaldo, Roberto, devedor contumaz na praça, renunciou à herança, em 05/11/2019, conforme declaração nos autos. Considerando que o falecido não deixou testamento e nem dívidas a serem pagas, o valor líquido do monte a ser partilhado era de R$ 100.000,00 (cem mil reais). Bruno é primo de Roberto e também seu credor no valor de R$ 30.000,00 (trinta mil reais). No dia 09/11/2019, Bruno tomou conhecimento da manifestação de renúncia supracitada e, no dia 29/11/2019, procurou um advogado para tomar as medidas cabíveis.

Sobre esta situação, assinale a afirmativa correta.

(A) Em nenhuma hipótese Bruno poderá contestar a renúncia da herança feita por Roberto.
(B) Bruno poderá aceitar a herança em nome de Roberto, desde que o faça no prazo de quarenta dias seguintes ao conhecimento do fato.
(C) Bruno poderá, mediante autorização judicial, aceitar a herança em nome de Roberto, recebendo integralmente o quinhão do renunciante.
(D) Bruno poderá, mediante autorização judicial, aceitar a herança em nome de Roberto, no limite de seu crédito.

41. Aldo e Mariane são casados sob o regime da comunhão parcial de bens, desde setembro de 2013. Em momento anterior ao casamento, Rubens, pai de Mariane, realizou a doação de um imóvel à filha. Desde então, a nova proprietária acumula os valores que lhe foram pagos pelos locatários do imóvel.

No ano corrente, alguns desentendimentos fizeram com que Mariane pretendesse se divorciar de Aldo. Para tal finalidade, procurou um advogado, informando que a soma dos aluguéis que lhe foram pagos desde a doação do imóvel totalizava R$ 150.000,00 (cento e cinquenta mil reais), sendo que R$ 50.000,00 (cinquenta mil reais) foram auferidos antes do casamento e o restante, após. Mariane relatou, ainda, que atualmente o imóvel se encontra vazio, sem locatários.

Sobre essa situação e diante de eventual divórcio, assinale a afirmativa correta.

(A) Quanto aos aluguéis, Aldo tem direito à meação sob o total dos valores.
(B) Tendo em vista que o imóvel locado por Mariane é seu bem particular, os aluguéis por ela auferidos não se comunicam com Aldo.
(C) Aldo tem direito à meação dos valores recebidos por Mariane, durante o casamento, a título de aluguel.
(D) Aldo faz jus à meação tanto sobre a propriedade do imóvel doado a Mariane por Rubens, quanto sobre os valores recebidos a título de aluguel desse imóvel na constância do casamento.

42. O adolescente João, com 16 anos completos, foi apreendido em flagrante quando praticava ato infracional análogo ao crime de furto. Devidamente conduzido o processo, de forma hígida, ele foi sentenciado ao cumprimento de medida socioeducativa de 1 ano, em regime de semiliberdade.

Sobre as medidas socioeducativas aplicadas a João, assinale a afirmativa correta.

(A) A medida de liberdade assistida será fixada pelo prazo máximo de 6 meses, sendo que, ao final de tal período, caso João não se revele suficientemente ressocializado, a medida será convolada em internação.
(B) A medida aplicada foi equivocada, pois deveria ter sido, necessariamente, determinada a internação de João.
(C) No regime de semiliberdade, João poderia sair da instituição para ocupações rotineiras de trabalho e estudo, sem necessidade de autorização judicial.
(D) A medida aplicada foi equivocada, pois não poderia, pelo fato análogo ao furto, ter a si aplicada medida diversa da liberdade assistida.

43. Maria chega à maternidade já em trabalho de parto, sendo atendida emergencialmente. Felizmente, o parto ocorre sem problemas e Maria dá à luz, Fernanda.

No mesmo dia do parto, a enfermeira Cláudia escuta a conversa entre Maria e uma amiga que a visitava, na qual Maria oferecia Fernanda a essa amiga em adoção, por não se sentir preparada para a maternidade.

Preocupada com a conversa, Cláudia a relata ao médico obstetra de plantão, Paulo, o qual, por sua vez, noticia o ocorrido a Carlos, diretor-geral do hospital.

Naquela noite, já recuperada, Maria e a mesma amiga vão embora da maternidade, sem que nada tenha ocorrido e nenhuma providência tenha sido tomada por qualquer dos personagens envolvidos – Cláudia, Paulo ou Carlos.

Diante dos fatos acima, assinale a afirmativa correta.

(A) Não foi cometida qualquer infração, porque a adoção irregular não se consumou no âmbito da maternidade.
(B) Carlos cometeu infração administrativa, consubstanciada no não encaminhamento do caso à autoridade judiciária, porque somente o diretor do hospital pode fazê-lo.
(C) Carlos e Paulo não cometeram infração administrativa ao não encaminharem o caso à autoridade judiciária, porque não cabe ao corpo médico tal atribuição.
(D) Carlos, Paulo e Cláudia cometeram infração administrativa por não encaminharem o caso de que tinham conhecimento para a autoridade judiciária.

44. O médico de João indicou a necessidade de realizar a cirurgia de gastroplastia (bariátrica) como tratamento de obesidade mórbida, com a finalidade de reduzir peso. Posteriormente, o profissional de saúde explicou a necessidade de realizar a cirurgia plástica pós-gastroplastia, visando à remoção de excesso epitelial que comumente acomete os pacientes nessas condições, impactando a qualidade de vida daquele que deixou de ser obeso mórbido.

Nesse caso, nos termos do Código de Defesa do Consumidor e do entendimento do STJ, o plano de saúde de João

(A) terá que custear ambas as cirurgias, porque configuram tratamentos, sendo a cirurgia plástica medida reparadora; portanto, terapêutica.
(B) terá que custear apenas a cirurgia de gastroplastia, e não a plástica, considerada estética e excluída da cobertura dos planos de saúde.
(C) não terá que custear as cirurgias, exceto mediante previsão contratual expressa para esses tipos de procedimentos.
(D) não terá que custear qualquer das cirurgias até que passem a integrar o rol de procedimentos da ANS, competente para a regulação das coberturas contratuais.

45. Adriano, por meio de um *site* especializado, efetuou reserva de hotel para estada com sua família em praia caribenha. A reserva foi imediatamente confirmada pelo *site*, um mês antes das suas férias, quando fariam a viagem.

Ocorre que, dez dias antes do embarque, o site especializado comunicou a Adriano que o hotel havia informado o cancelamento da contratação por erro no parcelamento com o cartão de crédito. Adriano, então, buscou nova compra do serviço, mas os valores estavam cerca de 30% mais caros do que na contratação inicial, com o qual anuiu por não ser mais possível alterar a data de suas férias.

Ao retornar de viagem, Adriano procurou você, como advogado(a), a fim de saber se seria possível a restituição dessa diferença de valores.

Neste caso, é correto afirmar que o ressarcimento da diferença arcada pelo consumidor

(A) poderá ser buscado em face exclusivamente do hotel, fornecedor que cancelou a contratação.

(B) poderá ser buscado em face do site de viagens e do hotel, que respondem solidariamente, por comporem a cadeia de fornecimento do serviço.

(C) não poderá ser revisto, porque o consumidor tinha o dever de confirmar a compra em sua fatura de cartão de crédito.

(D) poderá ser revisto, sendo a responsabilidade exclusiva do site de viagens, com base na teoria da aparência, respondendo o hotel apenas subsidiariamente.

46. No contrato da sociedade empresária Arealva Calçados Finos Ltda., não consta cláusula de regência supletiva pelas disposições de outro tipo societário. Ademais, tanto no contrato social quanto nas disposições legais relativas ao tipo adotado pela sociedade não há norma regulando a sucessão por morte de sócio.

Diante da situação narrada, assinale a afirmativa correta.

(A) Haverá resolução da sociedade em relação ao sócio em caso de morte.

(B) Haverá transmissão *causa mortis* da quota social.

(C) Caberá aos sócios remanescentes regular a substituição do sócio falecido.

(D) Os sócios serão obrigados a incluir, no contrato, cláusula dispondo sobre a sucessão por morte de sócio.

47. Anadia e Deodoro são condôminos de uma quota de sociedade limitada no valor de R$ 13.000,00 (treze mil reais). Nem a quota nem o capital da sociedade – fixado em R$ 50.000,00 (cinquenta mil reais) – se encontram integralizados.

Você é consultado(a), como advogado(a), sobre a possibilidade de a sociedade demandar os condôminos para que integralizem a referida quota. Assinale a opção que apresenta a resposta correta.

(A) Eles são obrigados à integralização apenas a partir da decretação de falência da sociedade.

(B) Eles não são obrigados à integralização, pelo fato de serem condôminos de quota indivisa.

(C) Eles são obrigados à integralização, porque todos os sócios, mesmo os condôminos, devem integralizar o capital.

(D) Eles não são obrigados à integralização, porque o capital da sociedade é inferior a 100 salários mínimos.

48. As sociedades empresárias Y e J celebraram contrato tendo por objeto a alienação do estabelecimento da primeira, situado em Antônio Dias/MG. Na data da assinatura do contrato, dentre outros débitos regularmente contabilizados, constava uma nota promissória vencida havia três meses no valor de R$ 25.000,00 (vinte e cinco mil reais). O contrato não tem nenhuma cláusula quanto à existência de solidariedade entre as partes, tanto pelos débitos vencidos quanto pelos vincendos.

Sabendo-se que, em 15/10/2018, após averbação na Junta Comercial competente, houve publicação do contrato na imprensa oficial e, tomando por base comparativa o dia 15/01/2020, o alienante

(A) responderá pelo débito vencido com o adquirente por não terem decorrido cinco anos da publicação do contrato na imprensa oficial.

(B) não responderá pelo débito vencido com o adquirente em razão de não ter sido estipulada tal solidariedade no contrato.

(C) responderá pelo débito vencido com o adquirente até a ocorrência da prescrição relativa à cobrança da nota promissória.

(D) não responderá pelo débito vencido com o adquirente diante do decurso de mais de 1 (um) ano da publicação do contrato na imprensa oficial.

49. Duas sociedades empresárias celebraram contrato de agência com uma terceira sociedade empresária, que assumiu a obrigação de, em caráter não eventual e sem vínculos de dependência com as proponentes, promover, à conta das primeiras, mediante retribuição, a realização de certos negócios com exclusividade, nos municípios integrantes da região metropolitana de Curitiba/PR.

Ficou pactuado que as proponentes conferirão poderes à agente para que esta as represente, como mandatária, na conclusão dos contratos. Antônio Prado, sócio de uma das sociedades empresárias contratantes, consulta seu advogado quanto à legalidade do contrato, notadamente da delimitação de zona geográfica e da concessão de mandato ao agente.

Sobre a hipótese apresentada, considerando as disposições legais relativas ao contrato de agência, assinale a afirmativa correta.

(A) Não há ilegalidade quanto à delimitação de zona geográfica para atuação exclusiva do agente, bem como em relação à possibilidade de ser o agente mandatário das proponentes, por serem características do contrato de agência.

(B) Há ilegalidade na fixação de zona determinada para atuação exclusiva do agente, por ferir a livre concorrência entre agentes, mas não há ilegalidade na outorga de mandato ao agente para representação das proponentes.

(C) Há ilegalidade tanto na outorga de mandato ao agente para representação dos proponentes, por ser vedada qualquer relação de dependência entre agente e proponente, e também quanto à fixação de zona determinada para atuação exclusiva do agente.

(D) Não há ilegalidade quanto à fixação de zona determinada para atuação exclusiva do agente, mas há ilegalidade quanto à concessão de mandato do agente, porque é obrigatório por lei que o agente apenas faça a mediação dos negócios no interesse do proponente.

50. José da Silva, credor de sociedade empresária, consulta você, como advogado(a), para obter orientação quanto aos efeitos de uma provável convolação de recuperação judicial em falência.

Em relação à hipótese apresentada, analise as afirmativas a seguir e assinale a única correta.

(A) Os créditos remanescentes da recuperação judicial serão considerados habilitados quando definitivamente incluídos no quadro-geral de credores, tendo prosseguimento as habilitações que estiverem em curso.

(B) As ações que devam ser propostas no juízo da falência estão sujeitas à distribuição por dependência, exceto a ação revocatória e a ação revisional de crédito admitido ao quadro geral de credores.

(C) A decretação da falência determina o vencimento antecipado das dívidas do devedor quanto aos créditos excluídos dos efeitos da recuperação judicial; quanto aos créditos submetidos ao plano de recuperação, são mantidos os prazos nele estabelecidos e homologados pelo juiz.

(D) As ações intentadas pelo devedor durante a recuperação judicial serão encerradas, devendo ser intimado o administrador judicial da extinção dos feitos, sob pena de nulidade do processo.

51. Julieta ajuizou demanda em face de Rafaela e, a fim de provar os fatos constitutivos de seu direito, arrolou como testemunhas Fernanda e Vicente. A demandada, por sua vez, arrolou as testemunhas Pedro e Mônica.

Durante a instrução, Fernanda e Vicente em nada contribuíram para o esclarecimento dos fatos, enquanto Pedro e Mônica confirmaram o alegado na petição inicial. Em razões finais, o advogado da autora requereu a procedência dos pedidos, ao que se contrapôs o patrono da ré, sob o argumento de que as provas produzidas pela autora não confirmaram suas alegações e, ademais, as provas produzidas pela ré não podem prejudicá-la.

Consideradas as normas processuais em vigor, assinale a afirmativa correta.

(A) O advogado da demandada está correto, pois competia à demandante a prova dos fatos constitutivos do seu direito.

(B) O advogado da demandante está correto, porque a prova, uma vez produzida, pode beneficiar parte distinta da que a requereu.

(C) O advogado da demandante está incorreto, pois o princípio da aquisição da prova não é aplicável à hipótese.

(D) O advogado da demandada está incorreto, porque as provas só podem beneficiar a parte que as produziu, segundo o princípio da aquisição da prova.

52. Um advogado elabora uma petição inicial em observância aos requisitos legais. Da análise da peça postulatória, mesmo se deparando com controvérsia fática, o magistrado julga o pedido improcedente liminarmente. Diante dessa situação, o patrono do autor opta por recorrer contra o provimento do juiz, arguindo a nulidade da decisão por necessidade de dilação probatória.

Com base nessa situação hipotética, assinale a afirmativa correta.

(A) O advogado pode aduzir que, antes de proferir sentença extintiva, o juiz deve, necessariamente, determinar a emenda à inicial, em atenção ao princípio da primazia de mérito.

(B) Não existem hipóteses de improcedência liminar no atual sistema processual, por traduzirem restrição do princípio da inafastabilidade da prestação jurisdicional e ofensa ao princípio do devido processo legal.

(C) Somente a inépcia da petição inicial autoriza a improcedência liminar dos pedidos.

(D) Nas hipóteses em que há necessidade de dilação probatória, não cabe improcedência liminar do pedido.

53. Marcos foi contratado por Júlio para realizar obras de instalação elétrica no apartamento deste. Por negligência de Marcos, houve um incêndio que destruiu boa parte do imóvel e dos móveis que o guarneciam.

Como não conseguiu obter a reparação dos prejuízos amigavelmente, Júlio ajuizou ação em face de Marcos e obteve sua condenação ao pagamento da quantia de R$ 148.000,00 (cento e quarenta e oito mil reais).

Após a prolação da sentença, foi interposta apelação por Marcos, que ainda aguarda julgamento pelo Tribunal. Júlio, ato contínuo, apresentou cópia da sentença perante o cartório de registro imobiliário, para registro da hipoteca judiciária sob um imóvel de propriedade de Marcos, visando a garantir futuro pagamento do crédito.

Sobre o caso apresentado, assinale a afirmativa correta.

(A) Júlio não pode solicitar o registro da hipoteca judiciária, uma vez que ainda está pendente de julgamento o recurso de apelação de Marcos.

(B) Júlio, mesmo que seja registrada a hipoteca judiciária, não terá direito de preferência sobre o bem em relação a outros credores.

(C) A hipoteca judiciária apenas poderá ser constituída e registrada mediante decisão proferida no Tribunal, em caráter de tutela provisória, na pendência do recurso de apelação interposto por Marcos.

(D) Júlio poderá levar a registro a sentença, e, uma vez constituída a hipoteca judiciária, esta conferirá a Júlio o direito de preferência em relação a outros credores, observada a prioridade do registro.

54. Bruno ajuizou contra Flávio ação de execução de título executivo extrajudicial, com base em instrumento particular, firmado por duas testemunhas, para obter o pagamento forçado de R$ 10.000,00 (dez mil reais).

Devidamente citado, Flávio prestou, em juízo, garantia integral do valor executado e opôs embargos à execução dentro do prazo legal, alegando, preliminarmente, a incompetência relativa do juízo da execução e, no mérito, que o exequente pleiteia quantia superior à do título (excesso de execução). No entanto, em seus embargos à execução, embora tenha alegado excesso de execução, Flávio não apontou o valor que entendia ser correto, tampouco apresentou cálculo com o demonstrativo discriminado e atualizado do valor em questão.

Considerando essa situação hipotética, assinale a afirmativa correta.

(A) Os embargos à execução devem ser liminarmente rejeitados, sem resolução do mérito, porquanto Flávio não demonstrou adequadamente o excesso de execução, ao deixar de apontar o valor que entendia correto e de apresentar cálculo com o demonstrativo discriminado e atualizado do valor em questão.
(B) O juiz deverá rejeitar as alegações de incompetência relativa do juízo e de excesso de execução deduzidas por Flávio, por não constituírem matérias passíveis de alegação em sede de embargos à execução.
(C) Os embargos à execução serão processados para a apreciação da alegação de incompetência relativa do juízo, mas o juiz não examinará a alegação de excesso de execução, tendo em vista que Flávio não indicou o valor que entendia correto para a execução, não apresentando o cálculo discriminado e atualizado do valor em questão.
(D) O juiz deverá processar e julgar os embargos à execução em sua integralidade, não surtindo qualquer efeito a falta de indicação do valor alegado como excesso e a ausência de apresentação de cálculo discriminado e atualizado do valor em questão, uma vez que os embargos foram apresentados dentro do prazo legal.

55. Em um processo em que Carla disputava a titularidade de um apartamento com Marcos, este obteve sentença favorável, por apresentar, em juízo, cópia de um contrato de compra e venda e termo de quitação, anteriores ao contrato firmado por Carla.

A sentença transitou em julgado sem que Carla apresentasse recurso. Alguns meses depois, Carla descobriu que Marcos era réu em um processo criminal no qual tinha sido comprovada a falsidade de vários documentos, dentre eles o contrato de compra e venda do apartamento disputado e o referido termo de quitação.

Carla pretende, com base em seu contrato, retornar a juízo para buscar o direito ao imóvel. Para isso, ela pode

(A) interpor recurso de apelação contra a sentença, ainda que já tenha ocorrido o trânsito em julgado, fundado em prova nova.
(B) propor reclamação, para garantir a autoridade da decisão prolatada no juízo criminal, e formular pedido que lhe reconheça o direito ao imóvel.
(C) ajuizar rescisória, demonstrando que a sentença foi fundada em prova cuja falsidade foi apurada em processo criminal.
(D) requerer cumprimento de sentença diretamente no juízo criminal, para que a decisão que reconheceu a falsidade do documento valha como título judicial para transferência da propriedade do imóvel para seu nome.

56. Gustavo procura você, como advogado(a), visando ao ajuizamento de uma ação em face de João, para a defesa da posse de um imóvel localizado em Minas Gerais.

Na defesa dos interesses do seu cliente, quanto à ação possessória a ser proposta, assinale a afirmativa correta.

(A) Não é lícito cumular o pedido possessório com condenação em perdas e danos a Gustavo, dada a especialidade do procedimento.
(B) Na pendência da ação possessória proposta por Gustavo, não é possível, nem a ele, nem a João, propor ação de reconhecimento de domínio, salvo em face de terceira pessoa.
(C) Se a proposta de ação de manutenção de posse por Gustavo for um esbulho, o juiz não pode receber a ação de manutenção de posse como reintegração de posse, por falta de interesse de adequação.
(D) Caso se entenda possuidor do imóvel e pretenda defender sua posse, o meio adequado a ser utilizado por João é a reconvenção em face de Gustavo.

57. O arquiteto Fernando ajuizou ação exclusivamente em face de Daniela, sua cliente, buscando a cobrança de valores que não teriam sido pagos no âmbito de um contrato de reforma de apartamento.

Daniela, devidamente citada, deixou de oferecer contestação, mas, em litisconsórcio com seu marido José, apresentou reconvenção em peça autônoma, buscando indenização por danos morais em face de Fernando e sua empresa, sob o argumento de que estes, após a conclusão das obras de reforma, expuseram, em site próprio, fotos do interior do imóvel dos reconvintes sem que tivessem autorização para tanto.

Diante dessa situação hipotética, assinale a afirmativa correta.

(A) Como Daniela deixou de contestar a ação, ela e seu marido não poderiam ter apresentado reconvenção, devendo ter ajuizado ação autônoma para buscar a indenização pretendida.
(B) A reconvenção deverá ser processada, a despeito de Daniela não ter contestado a ação originária, na medida em que o réu pode propor reconvenção independentemente de oferecer contestação.
(C) A reconvenção não poderá ser processada, na medida em que não é lícito a Daniela propor reconvenção em litisconsórcio com seu marido, que é um terceiro que não faz parte da ação originária.
(D) A reconvenção não poderá ser processada, na medida em que não é lícito a Daniela incluir no polo passivo da reconvenção a empresa de Fernando, que é um terceiro que não faz parte da ação originária.

58. Caio, funcionário público, Antônio, empresário, Ricardo, comerciante, e Vitor, adolescente, de forma recorrente se reúnem, de maneira estruturalmente ordenada e com clara divisão de tarefas, inclusive Antônio figurando como líder, com o objetivo de organizarem a prática de diversos delitos de falsidade ideológica de documento particular (Art. 299 do CP: pena: 01 a 03 anos de reclusão e multa). Apesar de o objetivo ser a falsificação de documentos particulares, Caio utilizava-se da sua função pública para obter as informações a serem inseridas de forma falsa na documentação.

Descobertos os fatos, Caio, Ricardo e Antônio foram denunciados, devidamente processados e condenados como incursos nas sanções do Art. 2º da Lei 12.850/13 (constituir organização criminosa), sendo reconhecidas as causas de aumento em razão do envolvimento de funcionário público e em razão do envolvimento de adolescente. A Antônio foi, ainda, agravada a pena diante da posição de liderança.

Constituído nos autos apenas para defesa dos interesses de Antônio, o advogado, em sede de recurso, sob o ponto de vista técnico, de acordo com as previsões legais, deverá requerer

(A) desclassificação para o crime de associação criminosa, previsto no Código Penal (antigo bando ou quadrilha).

(B) afastamento da causa de aumento em razão do envolvimento de adolescente, diante da ausência de previsão legal.

(C) afastamento da causa de aumento em razão da presença de funcionário público, tendo em vista que Antônio não é funcionário público e nem equiparado, devendo a majorante ser restrita a Caio.

(D) afastamento da agravante, pelo fato de Antônio ser o comandante da organização criminosa, uma vez que tal incremento da pena não está previsto na Lei 12.850/13.

59. Maria, em uma loja de departamento, apresentou roupas no valor de R$ 1.200 (mil e duzentos reais) ao caixa, buscando efetuar o pagamento por meio de um cheque de terceira pessoa, inclusive assinando como se fosse a titular da conta. Na ocasião, não foi exigido qualquer documento de identidade. Todavia, o caixa da loja desconfiou do seu nervosismo no preenchimento do cheque, apesar da assinatura perfeita, e consultou o banco sacado, constatando que aquele documento constava como furtado.

Assim, Maria foi presa em flagrante naquele momento e, posteriormente, denunciada pelos crimes de estelionato e falsificação de documento público, em concurso material.

Confirmados os fatos, o advogado de Maria, no momento das alegações finais, sob o ponto de vista técnico, deverá buscar o reconhecimento

(A) do concurso formal entre os crimes de estelionato consumado e falsificação de documento público.

(B) do concurso formal entre os crimes de estelionato tentado e falsificação de documento particular.

(C) de crime único de estelionato, na forma consumada, afastando-se o concurso de crimes.

(D) de crime único de estelionato, na forma tentada, afastando-se o concurso de crimes.

60. Durante uma reunião de condomínio, Paulo, com o *animus* de ofender a honra objetiva do condômino Arthur, funcionário público, mesmo sabendo que o ofendido foi absolvido daquela imputação por decisão transitada em julgado, afirmou que Artur não tem condições morais para conviver naquele prédio, porquanto se apropriara de dinheiro do condomínio quando exercia a função de síndico.

Inconformado com a ofensa à sua honra, Arthur ofereceu queixa-crime em face de Paulo, imputando-lhe a prática do crime de calúnia. Preocupado com as consequências de seu ato, após ser regularmente citado, Paulo procura você, como advogado(a), para assistência técnica.

Considerando apenas as informações expostas, você deverá esclarecer que a conduta de Paulo configura crime de

(A) difamação, não de calúnia, cabendo exceção da verdade por parte de Paulo.

(B) injúria, não de calúnia, de modo que não cabe exceção da verdade por parte de Paulo.

(C) calúnia efetivamente imputado, não cabendo exceção da verdade por parte de Paulo.

(D) calúnia efetivamente imputado, sendo possível o oferecimento da exceção da verdade por parte de Paulo.

61. Inconformado por estar desempregado, Lúcio resolve se embriagar. Quando se encontrava no interior do coletivo retornando para casa, ele verifica que o passageiro sentado à sua frente estava dormindo, e o telefone celular deste estava solto em seu bolso. Aproveitando-se da situação, Lúcio subtrai o aparelho sem ser notado pelo lesado, que continuava dormindo profundamente. Ao tentar sair do coletivo, Lúcio foi interpelado por outro passageiro, que assistiu ao ocorrido, iniciando-se uma grande confusão, que fez com que o lesado acordasse e verificasse que seu aparelho fora subtraído.

Após denúncia pelo crime de furto qualificado pela destreza e regular processamento do feito, Lúcio foi condenado nos termos da denúncia, sendo, ainda, aplicada a agravante da embriaguez preordenada, já que Lúcio teria se embriagado dolosamente.

Considerando apenas as informações expostas e que os fatos foram confirmados, o(a) advogado(a) de Lúcio, no momento da apresentação de recurso de apelação, poderá requerer

(A) o reconhecimento de causa de diminuição de pena diante da redução da capacidade em razão da sua embriaguez, mas não o afastamento da qualificadora da destreza.

(B) a desclassificação para o crime de furto simples, mas não o afastamento da agravante da embriaguez preordenada.

(C) a desclassificação para o crime de furto simples e o afastamento da agravante, não devendo a embriaguez do autor do fato interferir na tipificação da conduta ou na dosimetria da pena.

(D) a absolvição, diante da ausência de culpabilidade, em razão da embriaguez completa.

62. Yuri foi denunciado pela suposta prática de crime de estupro qualificado em razão da idade da vítima, porque teria praticado conjunção carnal contra a vontade de Luana, de 15 anos, mediante emprego de grave ameaça. No curso da instrução, Luana mudou sua versão e afirmou que, na realidade, havia consentido na prática do ato sexual, sendo a informação confirmada por Yuri em seu interrogatório.

Considerando apenas as informações expostas, no momento de apresentar alegações finais, a defesa técnica de Yuri deverá pugnar por sua absolvição, sob o fundamento de que o consentimento da suposta ofendida, na hipótese, funciona como

(A) causa supralegal de exclusão da ilicitude.

(B) causa legal de exclusão da ilicitude.

(C) fundamento para reconhecimento da atipicidade da conduta.

(D) causa supralegal de exclusão da culpabilidade.

63. André, nascido em 21/11/2001, adquiriu de Francisco, em 18/11/2019, grande quantidade de droga, com o fim de vendê-la aos convidados de seu aniversário, que seria celebrado em 24/11/2019. Imediatamente após a compra, guardou a droga no armário de seu quarto.

Em 23/11/2019, a partir de uma denúncia anônima e munidos do respectivo mandado de busca e apreensão deferido judicialmente, policiais compareceram à residência de André, onde encontraram e apreenderam a droga que era por ele armazenada. De imediato, a mãe de André entrou em contato com o advogado da família.

Considerando apenas as informações expostas, na Delegacia, o advogado de André deverá esclarecer à família que André, penalmente, será considerado

(A) inimputável, devendo responder apenas por ato infracional análogo ao delito de tráfico, em razão de sua menoridade quando da aquisição da droga, com base na Teoria da Atividade adotada pelo Código Penal para definir o momento do crime.

(B) inimputável, devendo responder apenas por ato infracional análogo ao delito de tráfico, tendo em vista que o Código Penal adota a Teoria da Ubiquidade para definir o momento do crime.

(C) imputável, podendo responder pelo delito de tráfico de drogas, mesmo adotando o Código Penal a Teoria da Atividade para definir o momento do crime.

(D) imputável, podendo responder pelo delito de associação para o tráfico, que tem natureza permanente, tendo em vista que o Código Penal adota a Teoria do Resultado para definir o momento do crime.

64. Ricardo foi pronunciado pela suposta prática do crime de homicídio qualificado. No dia anterior à sessão plenária do Tribunal do Júri, o defensor público que assistia Ricardo até aquele momento acostou ao processo a folha de antecedentes criminais da vítima, matérias jornalísticas e fotografias que poderiam ser favoráveis à defesa do acusado. O Ministério Público, em sessão plenária, foi surpreendido por aquele material do qual não tinha tido ciência, mas o juiz presidente manteve o julgamento para a data agendada e, após o defensor público mencionar a documentação acostada, Ricardo foi absolvido pelos jurados, em 23/10/2018 (terça-feira).

No dia 29/10/2018, o Ministério Público apresentou recurso de apelação, acompanhado das razões recursais, requerendo a realização de novo júri, pois a decisão dos jurados havia sido manifestamente contrária à prova dos autos.

O Tribunal de Justiça conheceu do recurso interposto e anulou o julgamento realizado, determinando nova sessão plenária, sob o fundamento de que a defesa se utilizou em plenário de documentos acostados fora do prazo permitido pela lei. A família de Ricardo procura você, como advogado(a), para patrocinar os interesses do réu.

Considerando as informações narradas, você, como advogado(a) de Ricardo, deverá questionar a decisão do Tribunal, sob o fundamento de que

(A) respeitando-se o princípio da amplitude de defesa, não existe vedação legal na juntada e utilização em plenário de documentação pela defesa no prazo mencionado.

(B) diante da nulidade reconhecida, caberia ao Tribunal de Justiça realizar, diretamente, novo julgamento, e não submeter o réu a novo julgamento pelo Tribunal do Júri.

(C) não poderia o Tribunal anular o julgamento com base em nulidade não arguida, mas tão só reconhecer, se fosse o caso, que a decisão dos jurados era manifestamente contrária à prova dos autos.

(D) o recurso foi apresentado de maneira intempestiva, de modo que sequer deveria ter sido conhecido.

65. Mariana foi vítima de um crime de apropriação indébita consumado, que teria sido praticado por Paloma.

Ao tomar conhecimento de que Paloma teria sido denunciada pelo crime mencionado, inclusive sendo apresentado pelo Ministério Público o valor do prejuízo sofrido pela vítima e o requerimento de reparação do dano, Mariana passou a acompanhar o andamento processual, sem, porém, habilitar-se como assistente de acusação.

No momento em que constatou que os autos estariam conclusos para sentença, Mariana procurou seu advogado para adoção das medidas cabíveis, esclarecendo o temor de ver a ré absolvida e não ter seu prejuízo reparado.

O advogado de Mariana deverá informar à sua cliente que

(A) não poderá ser fixado pelo juiz valor mínimo a título de indenização, mas, em caso de sentença condenatória, poderá esta ser executada, por meio de ação civil ex delicto, por Mariana ou seu representante legal.

(B) poderá ser apresentado recurso de apelação, diante de eventual sentença absolutória e omissão do Ministério Público, por parte de Mariana, por meio de seu patrono, ainda que não esteja, no momento da sentença, habilitada como assistente de acusação.

(C) poderá ser fixado pelo juiz valor a título de indenização em caso de sentença condenatória, não podendo a ofendida, porém, nesta hipótese, buscar a apuração do dano efetivamente sofrido perante o juízo cível.

(D) não poderá ser buscada reparação cível diante de eventual sentença absolutória, com trânsito em julgado, que reconheça não existir prova suficiente para condenação.

66. Durante escuta telefônica devidamente deferida para investigar organização criminosa destinada ao contrabando de armas, policiais obtiveram a informação de que Marcelo receberia, naquele dia, grande quantidade de armamento, que seria depois repassada a Daniel, chefe de sua facção.

Diante dessa informação, os policiais se dirigiram até o local combinado. Após informarem o fato à autoridade policial, que o comunicou ao juízo competente, eles acompanharam o recebimento do armamento por Marcelo, optando por não o prender naquele momento, pois aguardariam que ele se encontrasse com o chefe da sua organização para, então, prendê-los. De posse do armamento, Marcelo se dirigiu ao encontro de Daniel e lhe repassou as armas contrabandeadas, quando, então, ambos foram surpreendidos e presos em flagrante pelos policiais que monitoravam a operação.

Encaminhados para a Delegacia, os presos entraram em contato com um advogado para esclarecimentos sobre a validade das prisões ocorridas.

Com base nos fatos acima narrados, o advogado deverá esclarecer aos seus clientes que a prisão em flagrante efetuada pelos policiais foi

(A) ilegal, por se tratar de flagrante esperado.

(B) legal, restando configurado o flagrante preparado.

(C) legal, tratando-se de flagrante retardado.

(D) ilegal, pois a conduta dos policiais dependeria de prévia autorização judicial.

67. O Ministério Público ofereceu denúncia em face de Tiago e Talles, imputando-lhes a prática do crime de sequestro qualificado, arrolando como testemunhas de acusação a vítima, pessoas que presenciaram o fato, os policiais responsáveis pela prisão em flagrante, além da esposa do acusado Tiago, que teria conhecimento sobre o ocorrido.

Na audiência de instrução e julgamento, por ter sido arrolada como testemunha de acusação, Rosa, esposa de Tiago, compareceu, mas demonstrou que não tinha interesse em prestar declarações. O Ministério Público insistiu na sua oitiva, mesmo com outras testemunhas tendo conhecimento sobre os fatos. Temendo pelas consequências, já que foi prestado o compromisso de dizer a verdade perante o magistrado, Rosa disse o que tinha conhecimento, mesmo contra sua vontade, o que veio a prejudicar seu marido. Por ocasião dos interrogatórios, Tiago, que seria interrogado por último, foi retirado da sala de audiência enquanto o corréu prestava suas declarações, apesar de seu advogado ter participado do ato.

Com base nas previsões do Código de Processo Penal, considerando apenas as informações narradas, Tiago

(A) não teria direito de anular a instrução probatória com fundamento na sua ausência durante o interrogatório de Talles e nem na oitiva de Rosa na condição de testemunha, já que devidamente arrolada pelo Ministério Público.

(B) teria direito de anular a instrução probatória com fundamento na ausência de Tiago no interrogatório de Talles e na oitiva de Rosa na condição de testemunha.

(C) não teria direito de anular a instrução probatória com base na sua ausência no interrogatório de Talles, mas deveria questionar a oitiva de Rosa como testemunha, já que ela poderia se recusar a prestar declarações.

(D) não teria direito de anular a instrução probatória com base na sua ausência no interrogatório de Talles, mas deveria questionar a oitiva de Rosa como testemunha, pois, em que pese seja obrigada a prestar declarações, deveria ser ouvida na condição de informante, sem compromisso legal de dizer a verdade.

68. Durante longa investigação, o Ministério Público identificou que determinado senador seria autor de um crime de concussão no exercício do mandato, que teria sido praticado após sua diplomação. Com o indiciamento, o senador foi intimado a, se fosse de sua vontade, prestar esclarecimentos sobre os fatos no procedimento investigatório. Preocupado com as consequências, o senador procurou seu advogado para esclarecimentos.

Considerando apenas as informações narradas e com base nas previsões constitucionais, o advogado deverá esclarecer que

(A) o Ministério Público não poderá oferecer denúncia em face do senador sem autorização da Casa Legislativa, pois a Constituição prevê imunidade de natureza formal aos parlamentares.

(B) a denúncia poderá ser oferecida e recebida, assim como a ação penal ter regular prosseguimento, independentemente de autorização da Casa Legislativa, que não poderá determinar a suspensão do processo, considerando que o crime imputado é comum, e não de responsabilidade.

(C) a denúncia não poderá ser recebida pelo Poder Judiciário sem autorização da Casa Legislativa, em razão da imunidade material prevista na Constituição, apesar de poder ser oferecida pelo Ministério Público independentemente de tal autorização.

(D) a denúncia poderá ser oferecida e recebida independentemente de autorização parlamentar, mas deverá ser dada ciência à Casa Legislativa respectiva, que poderá, seguidas as exigências, até a decisão final, sustar o andamento da ação.

69. Caio foi denunciado pela suposta prática do crime de estupro de vulnerável. Ocorre que, apesar da capitulação delitiva, a denúncia apresentava-se confusa na narrativa dos fatos, inclusive não sendo indicada qual seria a idade da vítima. Logo após a citação, Caio procurou seu advogado para esclarecimentos, destacando a dificuldade na compreensão dos fatos imputados.

O advogado de Caio, constatando que a denúncia estava inepta, deve esclarecer ao cliente que, sob o ponto de vista técnico, com esse fundamento poderia buscar

(A) a rejeição da denúncia, podendo o Ministério Público apresentar recurso em sentido estrito em caso de acolhimento do pedido pelo magistrado, ou oferecer, posteriormente, nova denúncia.

(B) sua absolvição sumária, podendo o Ministério Público apresentar recurso de apelação em caso de acolhimento do pedido pelo magistrado, ou oferecer, posteriormente, nova denúncia.

(C) sua absolvição sumária, podendo o Ministério Público apresentar recurso em sentido estrito em caso de acolhimento do pedido pelo magistrado, mas, transitada em julgado a decisão, não poderá ser oferecida nova denúncia com base nos mesmos fatos.

(D) a rejeição da denúncia, podendo o Ministério Público apresentar recurso de apelação em caso de acolhimento do pedido pelo magistrado, mas, uma vez transitada em julgado a decisão, não caberá oferecimento de nova denúncia.

70. Gervásia é empregada na Lanchonete Pará desde fevereiro de 2018, exercendo a função de atendente e recebendo o valor correspondente a um salário mínimo por mês. Acerca da cláusula compromissória de arbitragem que o empregador pretende inserir no contrato da empregada, de acordo com a CLT, assinale a afirmativa correta.

(A) A inserção não é possível, porque, no Direito do Trabalho, não cabe arbitragem em lides individuais.

(B) A cláusula compromissória de arbitragem não poderá ser inserida no contrato citado, em razão do salário recebido pela empregada.

(C) Não há mais óbice à inserção de cláusula compromissória de arbitragem nos contratos de trabalho, inclusive no de Gervásia.

(D) A cláusula de arbitragem pode ser inserida em todos os contratos de trabalho, sendo admitida de forma expressa ou tácita.

71. Paulo trabalhou para a *Editora Livro Legal Ltda.* de 10/12/2017 a 30/08/2018 sem receber as verbas rescisórias ao final do contrato, sob a alegação de dificuldades financeiras da empregadora. Em razão disso, ele pretende ajuizar ação trabalhista e procurou você, como advogado(a). Sabe-se que a empregadora de Paulo estava sob o controle e a direção da sócia majoritária, a *Editora Mundial Ltda*. Assinale a afirmativa que melhor atende à necessidade e à segurança de satisfazer o crédito do seu cliente.

(A) Poderá incluir a sociedade empresária controladora no polo passivo da demanda, e esta responderá solidariamente com a empregadora, pois se trata de grupo econômico.
(B) Poderá incluir a sociedade empresária controladora no polo passivo da demanda, e esta responderá subsidiariamente com a empregadora, pois se trata de grupo econômico.
(C) Não há relação de responsabilização entre as sociedades empresárias, uma vez que possuem personalidades jurídicas distintas, o que afasta a caracterização de grupo econômico.
(D) Não se trata de grupo econômico, porque a mera identidade de sócios não o caracteriza; portanto, descabe a responsabilização da segunda sociedade empresária.

72. Enzo é professor de Matemática em uma escola particular, em que é empregado há 8 anos. Após 2 anos de namoro e 1 ano de noivado, irá se casar com Carla, advogada, empregada em um escritório de advocacia há 5 anos.

Sobre o direito à licença pelo casamento, de acordo com a CLT, assinale a afirmativa correta.

(A) O casal poderá faltar aos seus empregos respectivos por até 3 dias úteis para as núpcias.
(B) Carla, por ser advogada, terá afastamento de 5 dias e Enzo, por ser professor, poderá faltar por 2 dias corridos.
(C) Enzo poderá faltar ao serviço por 9 dias, enquanto Carla poderá se ausentar por 3 dias consecutivos.
(D) Não há previsão específica, devendo ser acertado o período de afastamento com o empregador, observado o limite de 10 dias.

73. Rafaela trabalha em uma empresa de calçados. Apesar de sua formação como estoquista, foi preterida em uma vaga para tal por ser mulher, o que seria uma promoção e geraria aumento salarial. Um mês depois, a empresa exigiu que todas as funcionárias do sexo feminino apresentassem atestado médico de gravidez. Rafaela, 4 meses após esse fato, engravidou e, após apresentação de atestado médico, teve a jornada reduzida em duas horas, por se tratar de uma gestação delicada, o que acarretou a redução salarial proporcional. Sete meses após o parto, Rafaela foi dispensada.

Como advogado(a) de Rafaela, de acordo com a legislação trabalhista em vigor, assinale a opção que contém todas as violações aos direitos trabalhistas de Rafaela.

(A) Recusa, fundamentada no sexo, da promoção para a função de estoquista.
(B) Recusa, fundamentada no sexo, da promoção para a função de estoquista, exigência de atestado de gravidez e redução salarial.
(C) Recusa, fundamentada no sexo, da promoção para a função de estoquista, exigência de atestado de gravidez, redução salarial e dispensa dentro do período de estabilidade gestante.
(D) Dispensa dentro do período de estabilidade gestante.

74. Eduardo e Carla são empregados do Supermercado Praiano Ltda., exercendo a função de caixa. Após 10 meses de vigência do contrato, ambos receberam aviso-prévio em setembro de 2019, para ser cumprido com trabalho. Contudo, 17 dias após, o Supermercado resolveu reconsiderar a sua decisão e manter Eduardo e Carla no seu quadro de empregados. Ocorre que ambos não desejam prosseguir, porque, nesse período, distribuíram seus currículos e conseguiram a promessa de outras colocações num concorrente do Supermercado Praiano, com salário um pouco superior.

Diante da situação posta e dos termos da CLT, assinale a afirmativa correta.

(A) Os empregados não são obrigados a aceitar a retratação, que só gera efeito se houver consenso entre empregado e empregador.
(B) Os empregados são obrigados a aceitá-la, uma vez que a retratação foi feita pelo empregador ainda no período do aviso-prévio.
(C) A retratação deve ser obrigatoriamente aceita pela parte contrária se o aviso-prévio for trabalhado, e, se for indenizado, há necessidade de concordância das partes.
(D) O empregador jamais poderia ter feito isso, porque a CLT não prevê a possibilidade de reconsideração de aviso-prévio, que se torna irreversível a partir da concessão.

75. Renato é um empregado doméstico que atua como caseiro no sítio de lazer do seu empregador. Contudo, a CTPS de Renato foi assinada como sendo operador de máquinas da empresa de titularidade do seu empregador. Renato tem receio de que, no futuro, não possa comprovar experiência na função de empregado doméstico e, por isso, intenciona ajuizar reclamação trabalhista para regularizar a situação.

Considerando a situação narrada e o entendimento consolidado do TST, assinale a afirmativa correta.

(A) Caso comprove que, de fato, é doméstico, Renato conseguirá a retificação na CTPS, pois as anotações nela lançadas têm presunção relativa.
(B) Somente o salário poderia ser objeto de demanda judicial para se comprovar que o empregado recebia valor superior ao anotado, sendo que a alteração na função não é prevista, e a demanda não terá sucesso.
(C) Caso Renato comprove que é doméstico, o pedido será julgado procedente, mas a alteração será feita com modulação de efeitos, com retificação da data da sentença em diante.
(D) Renato não terá sucesso na sua reclamação trabalhista, porque a anotação feita na carteira profissional tem presunção absoluta.

76. Após tentar executar judicialmente seu ex-empregador (a empresa Tecidos Suaves Ltda.) sem sucesso, o credor trabalhista Rodrigo instaurou o incidente de desconsideração de personalidade jurídica, objetivando direcionar a execução contra os sócios da empresa, o que foi aceito pelo magistrado. De acordo com a CLT, assinale a opção que indica o ato seguinte.

(A) O sócio será citado por oficial de justiça para pagar a dívida em 48 horas.
(B) O sócio será citado para manifestar-se e requerer as provas cabíveis no prazo de 15 dias.
(C) O juiz determinará de plano o bloqueio de bens e valores do sócio, posto que desnecessária a sua citação ou intimação.

(D) Será conferida vista prévia ao Ministério Público do Trabalho, para que o *parquet* diga se concorda com a desconsideração pretendida.

77. José da Silva, que trabalhou em determinada sociedade empresária de 20/11/2018 a 30/04/2019, recebeu, apenas parcialmente, as verbas rescisórias, não tendo recebido algumas horas extras e reflexos. A sociedade empresária pretende pagar ao ex-empregado o que entende devido, mas também quer evitar uma possível ação trabalhista. Sobre a hipótese, na qualidade de advogado(a) da sociedade empresária, assinale a afirmativa correta.

(A) Deverá ser indicado e custeado um advogado para o empregado, a fim de que seja ajuizada uma ação para, então, comparecerem para um acordo, que já estará previamente entabulado no valor pretendido pela empresa.
(B) Deverá ser instaurado um processo de homologação de acordo extrajudicial, proposto em petição conjunta, mas com cada parte representada obrigatoriamente por advogado diferente.
(C) Deverá ser instaurado um processo de homologação de acordo extrajudicial, proposto em petição conjunta, mas cada parte poderá ser representada por advogado, ou não, já que, na Justiça do Trabalho, vigora o *jus postulandi*.
(D) Deverá ser instaurado um processo de homologação de acordo extrajudicial, proposto em petição conjunta, mas com advogado único representando ambas as partes, por se tratar de acordo extrajudicial.

78. Você foi contratado(a) para atuar nas seguintes ações trabalhistas: (i) uma ação de cumprimento, como advogado da parte autora; (ii) uma reclamação plúrima, também como advogado da parte autora; (iii) uma reclamação trabalhista movida por João, ex-empregado de uma empresa, autor da ação; (iv) uma reclamação trabalhista, por uma sociedade empresária, ré na ação.

Sobre essas ações, de acordo com a legislação trabalhista em vigor, assinale a afirmativa correta.

(A) Tanto na ação de cumprimento como na ação plúrima, todos os empregados autores deverão obrigatoriamente estar presentes. O mesmo deve ocorrer com João. Já a sociedade empresária poderá se fazer representar por preposto não empregado da ré.
(B) O sindicato de classe da categoria poderá representar os empregados nas ações plúrima e de cumprimento. João deverá estar presente, em qualquer hipótese, de forma obrigatória. A sociedade empresária tem que se fazer representar por preposto, que não precisa ser empregado da ré.
(C) Nas ações plúrima e de cumprimento, a parte autora poderá se fazer representar pelo Sindicato da categoria. João deverá estar presente, mas, por doença ou motivo ponderoso comprovado, poderá se fazer representar por empregado da mesma profissão ou pelo seu sindicato. Na ação em face da sociedade empresária, o preposto não precisará ser empregado da ré.
(D) O sindicato da categoria poderá representar os empregados nas ações plúrima e de cumprimento. João deverá estar presente, mas, por doença ou motivo ponderoso comprovado, poderá se fazer representar por empregado da mesma profissão ou pelo seu sindicato. Na ação em face da sociedade empresária, o preposto deverá, obrigatoriamente, ser empregado da ré.

79. Em setembro de 2019, durante a audiência de um caso que envolvia apenas pedido de adicional de insalubridade, o Juiz do Trabalho determinou a realização de perícia e que a reclamada antecipasse os honorários periciais. Inconformada com essa decisão, a sociedade empresária impetrou mandado de segurança contra esse ato judicial, mas o TRT, em decisão colegiada, não concedeu a segurança. Caso a sociedade empresária pretenda recorrer dessa decisão, assinale a opção que indica a medida recursal da qual deverá se valer.

(A) Agravo de Instrumento.
(B) Recurso Ordinário.
(C) Agravo de Petição.
(D) Recurso de Revista.

80. Heloísa era empregada doméstica e ajuizou, em julho de 2019, ação contra sua ex-empregadora, Selma Reis. Após regularmente instruída, foi prolatada sentença julgando o pedido procedente em parte. A sentença foi proferida de forma líquida, apurando o valor devido de R$ 9.000,00 (nove mil reais) e custas de R$ 180,00 (cento e oitenta reais). A ex-empregadora, não se conformando com a decisão, pretende dela recorrer.

Indique a opção que corresponde ao preparo que a ex-empregadora deverá realizar para viabilizar o seu recurso, sabendo-se que ela não requereu gratuidade de justiça porque tem boas condições financeiras.

(A) Tratando-se de empregador doméstico, só haverá necessidade de recolher as custas.
(B) Deverá recolher integralmente as custas e o depósito recursal.
(C) Por ser empregador doméstico, basta efetuar o recolhimento do depósito recursal.
(D) Deverá recolher as custas integralmente e metade do depósito recursal.

Folha de Respostas

1	A	B	C	D
2	A	B	C	D
3	A	B	C	D
4	A	B	C	D
5	A	B	C	D
6	A	B	C	D
7	A	B	C	D
8	A	B	C	D
9	A	B	C	D
10	A	B	C	D
11	A	B	C	D
12	A	B	C	D
13	A	B	C	D
14	A	B	C	D
15	A	B	C	D
16	A	B	C	D
17	A	B	C	D
18	A	B	C	D
19	A	B	C	D
20	A	B	C	D
21	A	B	C	D
22	A	B	C	D
23	A	B	C	D
24	A	B	C	D
25	A	B	C	D
26	A	B	C	D
27	A	B	C	D
28	A	B	C	D
29	A	B	C	D
30	A	B	C	D
31	A	B	C	D
32	A	B	C	D
33	A	B	C	D
34	A	B	C	D
35	A	B	C	D
36	A	B	C	D
37	A	B	C	D
38	A	B	C	D
39	A	B	C	D
40	A	B	C	D

41	A	B	C	D
42	A	B	C	D
43	A	B	C	D
44	A	B	C	D
45	A	B	C	D
46	A	B	C	D
47	A	B	C	D
48	A	B	C	D
49	A	B	C	D
50	A	B	C	D
51	A	B	C	D
52	A	B	C	D
53	A	B	C	D
54	A	B	C	D
55	A	B	C	D
56	A	B	C	D
57	A	B	C	D
58	A	B	C	D
59	A	B	C	D
60	A	B	C	D
61	A	B	C	D
62	A	B	C	D
63	A	B	C	D
64	A	B	C	D
65	A	B	C	D
66	A	B	C	D
67	A	B	C	D
68	A	B	C	D
69	A	B	C	D
70	A	B	C	D
71	A	B	C	D
72	A	B	C	D
73	A	B	C	D
74	A	B	C	D
75	A	B	C	D
76	A	B	C	D
77	A	B	C	D
78	A	B	C	D
79	A	B	C	D
80	A	B	C	D

GABARITO COMENTADO

1. Gabarito "D"
Comentário: A: incorreta, pois o processo disciplinar não pode ser instaurado mediante representação anônima, conforme dispõe o art. 55, § 2º, do CED; **B:** incorreta. Em caso de revelia, será nomeado ao advogado acusado da prática de infração ética um defensor dativo (art. 59, § 2º, do CED); **C:** incorreta. No processo disciplinar, até o seu término, vigora a regra do sigilo, vale dizer, às suas informações somente terão acesso as partes, seus procuradores ou a autoridade judiciária competente (art. 72, § 2º, do EAOAB); **D:** correta. A regra no processo disciplinar é que os recursos são dotados de duplo efeito (devolutivo e suspensivo), nos termos do que dispõe o art. 77, *caput*, do EAOAB. No entanto, há apenas três hipóteses em que os recursos não terão efeito suspensivo, vale dizer, a decisão já produzirá efeitos desde logo, independentemente da interposição e pendência de julgamento do recurso. Referidas exceções estão previstas no já citado art. 77, *caput*, do EAOAB, quais sejam, eleições, suspensão preventiva decidida pelo TED e cancelamento de inscrição obtida com prova falsa. Considerando que Sara teria obtido inscrição na OAB mediante prova falsa, eventual recurso contra a decisão que reconhecesse a prática de referida infração seria recebido somente no efeito devolutivo (ou seja, não teria efeito suspensivo).

2. Gabarito "B"
Comentário: Antes de comentarmos cada uma das alternativas, relevante mencionarmos que os arts. 39 a 47 do Código de Ética e Disciplina da OAB (CED) tratam da publicidade profissional na advocacia. No tocante ao histórico trazido no enunciado, com relação ao advogado André, não se vê qualquer irregularidade no fato de ele ter sido convidado a participar de entrevista na imprensa escrita, conforme admite o art. 43, *caput*, do CED. Porém, durante a entrevista, ao convidar os leitores a litigarem em face da Administração Pública, violou frontalmente tal proibição, constante no art. 41 do CED. Errou o advogado André, também, ao dizer que não poderia fornecer qualquer meio de contato de seu escritório, pois o art. 40, V, do CED, admite, como única referência para contato, o e-mail do profissional. Quanto à advogada Helena, errou ao insinuar-se para um programa de rádio para participar de reportagem, em frontal violação ao art. 42, V, do CED, que veda expressamente que o advogado se insinue para reportagens e declarações públicas. Em resumo, violaram as disposições do CED os dois advogados. Vamos, agora, às alternativas! **A, C e D:** incorretas, pois André e Helena, como explicado anteriormente, violaram as disposições do CED; **B:** correta. Como visto, os advogados André e Helena violaram regras do CED em matéria de publicidade profissional.

3. Gabarito "B"
Comentário: De acordo com o art. 25 do EAOAB, prescreve em 5 (cinco) anos a ação de cobrança de honorários de advogado, contado o prazo, dentre outras hipóteses, a partir da ultimação do serviço extrajudicial (inc. III). No enunciado em comento, o advogado Fernando foi contratado em 10/03/2015 para defender extrajudicialmente seu cliente Flávio. Não havendo data de vencimento do contrato (que poderia ser um dos termos iniciais de contagem do prazo prescricional, conforme inc. I, do art. 25 do EAOAB), houve o encerramento da atuação extrajudicial do advogado em 10/03/2017, considerado, portanto, o termo inicial da prescrição quinquenal da cobrança de honorários advocatícios, conforme art. 25, III, do EAOAB. Assim, incorretas, de plano, as alternativas "A" e "C", que trazem o prazo prescricional de três anos. Incorreta, ainda, a alternativa "D", pois o início de fluência do prazo prescricional não pode ser o da assinatura do contrato (momento da contratação), mas, no caso referido, o da ultimação (leia-se: finalização) do serviço extrajudicial. Correta, assim, a alternativa "B".

4. Gabarito "D"
Comentário: A: incorreta. Uma vez constituída uma filial de sociedade de advogados, todos os sócios estão obrigados à inscrição suplementar, conforme denuncia o art. 15, § 5º, parte final, do EAOAB. Considerando que a sociedade Antônio, Daniel & Marcos Advogados Associados tem sede em São Paulo e filial em Brasília, todos os três sócios devem ter inscrição suplementar na OAB/DF; **B:** incorreta. Os sócios de uma sociedade simples de advocacia podem integrar outras sociedades de advogados (de natureza pluripessoal ou unipessoal), desde que em Conselho Seccional distinto (art. 15, § 4º, do EAOAB). Se a sociedade pluripessoal tem sede em São Paulo e filial em Brasília, não há problema em o advogado Antônio constituir sociedade unipessoal de advocacia com sede no Rio de Janeiro, que é Conselho Seccional distinto ao da outra sociedade que integra; **C:** incorreta. O art. 15, § 6º, do EAOAB, proíbe que advogados que integrem uma mesma sociedade de advocacia representem em juízo clientes com interesses opostos. Se o advogado Marcos retirar-se da sociedade, deixa de existir o impedimento referido; **D:** correta. Se uma sociedade inicialmente pluripessoal passar a ter em seu corpo societário um único advogado, será o caso de sua transformação para sociedade unipessoal, conforme autoriza o art. 15, § 7º, do EAOAB. No enunciado há a informação que o advogado Marcos retirou-se da sociedade, remanescendo, assim, os advogados Antônio e Daniel. Caso aquele também se retire da sociedade, esta ficará reduzida à unipessoalidade, razão por que Daniel deverá promover a alteração do tipo societário para sociedade unipessoal de advocacia, cujo nome deverá ser formado pelo nome completo ou parcial de seu titular, seguido da expressão "Sociedade Individual de Advocacia" (art. 16, § 4º, do EAOAB).

5. Gabarito "A"
Comentário: A: correta, nos termos do art. 14 do CED, que determina que o advogado não aceite procuração de quem já tenha patrono constituído sem prévio conhecimento deste, salvo por motivo plenamente justificável ou para a adoção de medidas judiciais consideradas urgentes e inadiáveis; **B:** incorreta. Prevê o art. 23 do CED que é direto e dever do advogado assumir a defesa criminal sem considerar sua própria opinião sobre a culpa do acusado; **C:** incorreta. O art. 25 do CED proíbe expressamente que um mesmo advogado funcione, simultaneamente, no mesmo processo, como patrono e preposto do empregador ou cliente; **D:** incorreta. Prevê o art. 19 do CED que os advogados integrantes da mesma sociedade profissional, ou reunidos em caráter permanente para cooperação recíproca, não podem representar, em juízo ou fora dele, clientes com interesses opostos.

6. Gabarito "B"
Comentário: Nos termos do art. 54, § 1º, do RGOAB (Regulamento Geral do Estatuto da OAB), a Diretoria do Conselhos Federal e Seccionais, da Subseção ou da Caixa de Assistência, antes de declarar extinto o mandato, salvo no caso de morte ou renúncia, ouvirá o interessado no prazo de 15 (quinze) dias, notificando-o mediante ofício com aviso de recebimento. Considerando que João, conselheiro de determinado Conselho Seccional da OAB, decidiu renunciar ao mandato, caberá à Diretoria de referido Conselho declarar extinto o mandato, não sendo o caso de prévia oitiva do advogado. Correta, portanto, a alternativa "B", estando as demais em descompasso com referido dispositivo regulamentar.

7. Gabarito "D"
Comentário: A: incorreta. Com o falecimento de Antônio, seu nome poderá permanecer na razão social da sociedade, desde que haja expressa previsão no ato constitutivo, conforme autoriza o art. 16, § 1º, do EAOAB; **B:** incorreta. Breno, ao assumir o mandato parlamentar como vereador, tornou-se impedido de advogar, na forma prevista no art. 30, II, do EAOAB. Trata-se, é bom repetir, de impedimento, gerador de proibição parcial para advogar. Tal restrição ao exercício profissional não impede que Breno continue a integrar a sociedade de advocacia. Caso integrasse a Mesa da Câmara de Vereadores,

aí sim tornar-se-ia incompatível com a advocacia (art. 28, I, do EAOAB), o que inviabilizaria sua permanência na sociedade de advogados; **C:** incorreta. A incompatibilidade, quando temporária, como é o caso de Caio, somente deverá ser averbada no registro da sociedade, não alterando sua constituição (art. 16, § 2º, do EAOAB); **D:** correta. Se somente Diego restar na sociedade, esta deverá transformar-se em unipessoal, tornando-se ele seu titular (art. 15, § 7º, do EAOAB).

8. Gabarito "B"
Comentário: Nos termos do art. 63, § 2º, do EAOAB, com a nova redação que lhe foi dada pela Lei 13.875/2019, para concorrer às eleições aos cargos nos órgãos da OAB, o candidato deve comprovar situação regular perante a entidade, não ocupar cargo exonerável **ad nutum**, não ter sido condenado por infração disciplinar, salvo reabilitação, e exercer efetivamente a profissão há mais de 3 (três) anos, nas eleições para os cargos de Conselheiro Seccional e das Subseções, quando houver, e há mais de 5 (cinco) anos, nas eleições para os demais cargos. Os advogados Pablo, Willian e Diego pretendem se candidatar ao cargo de conselheiro de um Conselho Seccional da OAB, razão por que devem preencher todos os requisitos citados, com destaque para o tempo de efetivo exercício da advocacia, que deve ser superior a 3 (três) anos, vale dizer, três anos e um dia. De plano, já vemos que Diego não preenche referido requisito. Com relação a Willian, preenche o requisito de tempo de efetivo exercício da advocacia. Embora apresente condenação por infração disciplinar, já se reabilitou, o que satisfaz a condição subjetiva prevista no art. 63, § 2º, do EAOAB. Já Pablo, embora exerça a profissão há mais de cinco anos, tempo suficiente para sua candidatura ao cargo de conselheiro de Conselho Seccional, exerce cargo exonerável **ad nutum**, o que é proibido (trata-se de condição de elegibilidade não preenchida por ele). Portanto, apenas Willian cumpre os requisitos para ser eleito para o cargo pretendido, estando correta a alternativa "B".

9. Gabarito "A"
Comentário: A única assertiva que corresponde ao pensamento de Kant exposto na obra "Doutrina do Direito" é a "A". Para o pensador, o Direito é uma garantia externa da liberdade.

10. Gabarito "A"
Comentário: Para Aristóteles, a justiça está no meio-termo, portanto, a assertiva "A» é a correta. A mediania ou medida relativa que caracteriza a virtude é o justo meio, entendido como equilíbrio ou moderação entre dois extremos (excesso e escassez). A justiça (vontade racional) é o cálculo moderador que encontra o justo meio entre dois extremos. A ética aparece, assim, como a ciência da moderação e do equilíbrio, isto é, da prudência ou *phronesis*. Hybris é, conforme especificado pelos antigos, a falta de medida, a origem do vício por excesso ou por escassez. Em outras palavras, pode-se dizer que em Aristóteles, a justiça corresponde ao controle da *hybris*, tanto no excesso quanto na escassez. Coragem (virtude), por exemplo, é o justo meio entre a temeridade (excesso) e a covardia (escassez); amor (virtude) é o justo meio entre a possessão (excesso) e a indiferença (escassez); e assim em relação a todas as virtudes. Nesse sentido, a noção aristotélica de justiça tem algo a ver com a antiga noção de *diké*.

11. Gabarito "B"
Comentário: Em relação à reserva do possível, vale a observação de que ela pode ser fática ou jurídica. A primeira diz respeito a impossibilidade concreta, por exemplo, quando o Estado não possui dinheiro para implementar uma política pública que vise concretizar um direito constitucionalmente assegurado. Em diversas situações isso ocorre, mas não basta que o Estado alegue que não tem dinheiro para deixar de aplicar uma norma constitucional, é necessário que ele comprove. Enfim, a efetividade dos direitos prestacionais de segunda dimensão precisa levar em conta a disponibilidade financeira estatal. Por outro lado, a reserva do possível jurídica tem relação com o princípio da razoabilidade. O Poder Público não pode, por exemplo, gastar todo o seu recurso financeiro custeando o tratamento médico especializado e de alto custo de uma única pessoa e, com isso, inviabilizar o atendimento básico que qualquer pronto socorro deve efetivar. O primeiro grande argumento utilizado pelo Procurador-Geral do Estado Beta (PGE) foi, de fato, a reserva do possível fática, pois diz respeito a efetividade dos direitos prestacionais de segunda dimensão e que ela deve levar em consideração a disponibilidade financeira estatal. O segundo, relacionado à falta de legitimidade democrática de juízes e tribunais para fixar políticas públicas no lugar do legislador eleito pelo povo, diz respeito ao princípio da separação dos poderes, protegido constitucionalmente pelo inciso III do § 4º do art. 60 da CF (cláusulas pétreas). BV

12. Gabarito "A"
Comentário: A: correta. As imunidades parlamentares são prerrogativas públicas dadas aos parlamentares para que exerçam a função com liberdade. Elas não têm caráter pessoal, estão relacionadas ao exercício da função. Desse modo, ofensas que não tenham relação com o exercício do mandato parlamentar não são protegidas pelas imunidades parlamentares; **B:** incorreta. Somente as declarações prestadas à revista que tenham relação com o exercício do mandato parlamentar é que são protegidas pela imunidade material, prevista no *caput* do art. 53 da CF/88. Vale acrescentar que quando a relação com o exercício da função existir, as imunidades terão caráter absoluto. Isso significa que os parlamentares não responderão pelas palavras, opiniões e votos proferidos no exercício do mandato, nem durante nem após a extinção do mandato; **C:** incorreta. O local em que as ofensas foram proferidas não importa, o que se exige, como já mencionado, é que essas ofensas tenham relação com o exercício do mandato; **D:** incorreta. Ao contrário do mencionado, a imunidade material **não** foi declarada inconstitucional pelo STF. Julgado recente traz parâmetros e reforça o entendimento que ela valerá sempre que o ato praticado tiver relação com o exercício do mandato. Vale a leitura do julgado (STF): "(...) o fato de o parlamentar estar na Casa legislativa no momento em que proferiu as declarações não afasta a possibilidade de cometimento de crimes contra a honra, nos casos em que as ofensas são divulgadas pelo próprio parlamentar na Internet. (...) a inviolabilidade material somente abarca as declarações que apresentem nexo direto e evidente com o exercício das funções parlamentares. (...) O Parlamento é o local por excelência para o livre mercado de ideias – não para o livre mercado de ofensas. A liberdade de expressão política dos parlamentares, ainda que vigorosa, deve se manter nos limites da civilidade. Ninguém pode se escudar na inviolabilidade parlamentar para, sem vinculação com a função, agredir a dignidade alheia ou difundir discursos de ódio, violência e discriminação. [PET 7.174, rel. p/ o ac. min. Marco Aurélio, j. 10-3-2020, 1ª T, Informativo 969]. (BV)

13. Gabarito "B"
Comentário: A: incorreta. A vedação existe, mas não de maneira absoluta, como afirmado na alternativa. Determina o art. 62, § 1º, "d", da CF/88 que é proibida a edição de medidas provisórias sobre planos plurianuais, diretrizes orçamentárias, **orçamento** e créditos adicionais e suplementares, ressalvado o previsto no art. 167, § 3º. Este último dispositivo **excepciona** justamente **a abertura de crédito extraordinário para atender a despesas imprevisíveis e urgentes**, como as decorrentes de guerra, comoção interna ou **calamidade pública**; **B:** correta. É o que determina os citados artigos 62, § 1º, "d", e, 167, § 3º, ambos da CF/88; **C:** incorreta. Não há afronta ao princípio, pois a exceção decorre do próprio Texto Constitucional; **D:** incorreta. Como mencionado, em **regra**, é **vedada** a edição de medidas provisórias nessas hipóteses. O fundamento da harmonia com o Texto Constitucional decorre da garantia da sua excepcionalidade **para atender a despesas imprevisíveis e urgentes**, não do fato de ser permitida (o que não é) a criação de medidas provisórias que versem sobre planos plurianuais, diretrizes orçamentárias, orçamento e créditos adicionais, suplementares, ainda que haja motivação razoável. BV

14. Gabarito "D"
Comentário: A: incorreta. Ao contrário do mencionado, a entidade de classe tem legitimidade para impetrar o mandado de segurança coletivo. Determina o inciso LXX do art. 5º da CF que o mandado de segurança coletivo pode ser impetrado por: a) partido político com representação no Congresso Nacional, b) organização sindical, **entidade de classe** ou associação legalmente constituída e em funcionamento há pelo menos um ano, em defesa dos interesses de seus membros ou associados; **B:** incorreta. **Pessoas estranhas** à classe **não podem ser representadas** pela entidade na impetração do mandado de segurança coletivo. Por outro lado, se a pretensão veiculada for de interesse de apenas uma parte da categoria, o STF admite a impetração (Súmula 630). Tal permissão também advém do art. 21 da Lei 12.016/09; **C:** incorreta. Mais uma vez o fundamento advém da jurisprudência do STF

(Súmula 629). De acordo com essa orientação, a impetração do mandado de segurança coletivo por entidade de classe em favor dos associados **independe** da autorização destes; **D:** correta. De fato, é possível que a entidade de classe impetre mandado de segurança coletivo em defesa dos interesses jurídicos da totalidade ou de parte dos seus associados (Súmula 630 do CF e art. 21 da Lei 12.016/09) e não precisa de autorização dos associados para impetrar o remédio (Súmula 629 do STF).

15. Gabarito "C"
Comentário: A e **B**: incorretas. Não há inconstitucionalidade (formal ou material) na norma. Determina o *caput* art. 43 da CF que a União poderá articular sua ação em um mesmo complexo geoeconômico e social, visando a seu desenvolvimento e à **redução das desigualdades regionais**. O § 1º, I e II, do mesmo dispositivo autoriza a União, por meio de lei complementar, a dispor sobre as condições para integração de regiões em desenvolvimento e a composição dos organismos regionais que executarão, na forma da lei, os planos regionais, integrantes dos planos nacionais de desenvolvimento econômico e social, aprovados juntamente com estes. Por fim, o § 2º também do art. 43, ao tratar dos incentivos regionais, informa que eles compreenderão, além de outros, a concessão de isenções, reduções ou diferimento temporário de tributos federais devidos por pessoas físicas ou jurídicas; **C:** correta. É o que determina o mencionado art. 43, §§ 1º e 2º, III, da CF; **D:** incorreta. Como mencionado, não há inconstitucionalidade na Lei Complementar Y editada pelo governo federal.

16. Gabarito "C"
Comentário: A: incorreta. Ao contrário do mencionado, não há obstáculo para as candidaturas das filhas de José Maria, portanto ele não precisa desistir da reeleição para que elas concorram aos cargos almejados. Determina o § 7º do art. 14 da CF que são **inelegíveis, no território de jurisdição do titular**, o cônjuge e os **parentes consanguíneos** ou afins, **até o segundo grau** ou por adoção, do Presidente da República, de Governador de Estado ou Território, do Distrito Federal, **de Prefeito** ou de quem os haja substituído dentro dos seis meses anteriores ao pleito, **salvo se já titular de mandato eletivo** e candidato à reeleição. Como José Maria ainda não era prefeito no ano em que Janaína foi eleita, não houve impedimento para que ela se candidatasse e não há para a próxima candidatura como vereadora. Aliás, não há limites para Janaína se candidatar ao cargo de vereadora. Quanto à Rosaria, também não há impedimento para que ela concorra ao cargo de deputada estadual, pois a abrangência da inelegibilidade de seu pai se restringe ao município Delta. São os eleitores do estado que a elegem, não apenas os do município em que seu pai, José Maria, é prefeito; **B:** incorreta. Como mencionado, ambas podem se candidatar. Janaína já possui mandato eletivo, não sendo atingida pela regra da inelegibilidade prevista no § 7º do art. 14 da CF. Pode se candidatar ao cargo de vereadora quantas vezes desejar; **C:** correta. De fato, as candidaturas de ambas não encontram obstáculo no ordenamento jurídico brasileiro; **D:** incorreta. Rosária poderá se candidatar ao cargo de deputada estadual. Apenas na circunscrição do município de seu pai é que ela seria inelegível.

17. Gabarito "A"
Comentário: A: correta. Determina a Súmula Vinculante 6 que não viola a Constituição o estabelecimento de remuneração inferior ao salário mínimo para as praças prestadoras de serviço militar inicial. Além disso, a CF/88, em seu art. 142, § 2º, dispõe que não cabe *habeas corpus* em relação a punições disciplinares militares. Com isso, permite-se a existência de regras especiais de conduta, por vezes mais rígidas no âmbito militar, quando comparadas ao âmbito civil. Por outro lado, se a discussão referente à punição disciplinar militar for sobre a legalidade do procedimento aplicado e ou sobre a competência da autoridade responsável pela expedição da ordem, é possível a impetração do remédio, conforme determina o STF; **B:** incorreta. O art. 7º, IV, da CF/88 não se aplica aos militares. De acordo com o art. 142, VIII, da CF/88 – aplica-se aos militares o disposto no art. 7º, incisos VIII, XII, XVII, XVIII, XIX e XXV, e no art. 37, incisos XI, XIII, XIV e XV, bem como, na forma da lei e com prevalência da atividade militar, no art. 37, inciso XVI, alínea "c". Além disso, como já mencionado, é possível a impetração do *habeas corpus* em relação à punição disciplinar militar se a discussão for sobre os pressupostos de legalidade, não sobre o mérito da sanção administrativa;

C: incorreta. Questões relacionadas ao mérito da sanção administrativa decorrente de infração disciplinar militar não são passíveis de *habeas corpus*, conforme determina o § 2º do art. 142 da CF/88; **D:** incorreta. Conforme já explicado, o art. 7º, IV, da CF/88 não se aplica aos militares.

18. Gabarito "A"
Comentário: Conforme o artigo 4º do Pacto Internacional dos Direitos Civis e Políticos, é possível sim a suspensão das obrigações decorrentes do Pacto. Portanto, a assertiva "A" é a correta e deve ser assinalada.

19. Gabarito "D"
Comentário: Conforme o artigo 13, ponto 4, da Convenção Americana de Direitos Humanos e o artigo 220 da CF, a lei pode regular o acesso a diversões e espetáculos públicos, tendo em vista a proteção moral da infância e da adolescência, conforme o disposto na assertiva "D".

20. Gabarito "C"
Comentário: Pablo poderia ter solicitado visto temporário para acolhida humanitária, conforme define o artigo 14, c e § 3º, da Lei de Migração.

21. Gabarito "D"
Comentário: A: incorreta, pois a lei aplicável para qualificar e reger as obrigações, é a lei do país em que se constituírem (art. 9º, *caput* da LINDB). Como o contrato foi fechado presencialmente nos Estados Unidos, a lei que rege a obrigação é a lei americana; **B:** incorreta, pois a cláusula de eleição de foro prevalece neste caso, logo, torna a autoridade judiciária incompetente (art. 63 CPC); **C:** incorreta, pois a competência judiciária brasileira é concorrente (art. 21, II CPC e art. 12, *caput* LINDB); **D:** correta, pois trata-se de obrigação a ser executada no Brasil, logo, a competência pé concorrente (art. 21 II CPC e art. 12, *caput* LINDB).

22. Gabarito "D"
Comentário: Trata-se de transporte intermunicipal de passageiros. Nesse caso, incide o ICMS estadual, nos termos do art. 155, II, da CF. Por essa razão, a alternativa "D" é a correta. Se o transporte fosse interestadual, o ICMS seria em regra devido ao Estado em que se inicia o serviço de transporte – arts. 11, II, *a*, e 12, V, da LC 87/1996.

23. Gabarito "B"
Comentário: A: incorreta, pois o servidor público é também responsável pessoalmente pelo crédito tributário e juros de mora acrescidos, conforme o art. 208 do CTN; **B:** correta, conforme comentário anterior; **C:** incorreta, pois o servidor será responsabilizado, conforme comentários anteriores. Ademais, pelo relato, a certidão é formalmente perfeita (o vício é quanto ao seu conteúdo, não quanto a sua forma), de modo que o tabelião não pode ser responsabilizado, a não ser que a legislação imponha alguma obrigação específica de conferência da certidão junto ao Fisco; **D:** incorreta, pois não há benefício de ordem, nem divisão dos valores devidos – art. 208 do CTN.

24. Gabarito "D"
Comentário: A: incorreta, pois o ITBI não incide em relação a direitos reais de garantia – art. 156, II, da CF; **B** e **C:** incorretas, pois, inexistindo incidência, não há falar em contribuinte ou responsável tributário, conforme comentário anterior; **D:** correta, conforme o art. 156, II, da CF.

25. Gabarito "B"
Comentário: A: incorreta, pois o art. 155-A, § 4º, do CTN regula exatamente essa situação, dispondo que a inexistência da lei específica importa na aplicação das leis gerais de parcelamento do ente da Federação ao devedor em recuperação judicial, não podendo, neste caso, ser o prazo de parcelamento inferior ao concedido pela lei federal específica; **B:** correta, conforme comentário anterior; **C:** incorreta, pois, salvo disposição de lei em contrário, o parcelamento do crédito tributário não exclui a incidência de juros e multa – art. 155-A, § 1º, do CTN; **D:** incorreta, conforme comentário anterior.

26. Gabarito "B"
Comentário: O STF de fato declarou inconstitucionais os arts. 45 e 46 da Lei 8.212/1991 que tratavam de prazos decadencial e prescricional em matéria tributária. O entendimento é que decadência e prescrição se referem a normas gerais de direito tributário e, como tais, devem ser veiculadas por lei complementar federal (jamais por lei ordinária) – ver RE 560.626/RS e art. 146, III, *b*, da CF. Por essa razão, a alternativa "B" é a correta.

27. Gabarito: "A"
Comentário: A: correta; de fato, um cargo em comissão só pode ser criado para funções de "direção, chefia e assessoramento" (art. 37, V, da CF), e esse não é o caso da função de professor; a função de diretor da escola, ao contrário, se enquadraria no requisito mencionado; porém, isso não ajuda na questão, pois ela fala na criação de cargo em comissão de professora; vale lembrar ainda, que somente por meio de lei é que se pode criar um novo cargo, seja ela de comissão ou não, sem contar que nenhuma lei pode ser criada com o objetivo de beneficiar uma pessoa só, como é o caso trazido no enunciado; **B:** incorreta, pois um cargo em comissão só pode ser criado para funções de "direção, chefia e assessoramento" (art. 37, V, da CF), e esse não é o caso da função de professor; **C:** incorreta, pois a estabilidade só é alcançada, após 3 anos de efetivo exercício, se a pessoa foi aprovada em concurso público para um cargo efetivo (art. 41, *caput*, da CF); no caso em tela não há nem concurso público, nem cargo efetivo, mas uma mera contratação temporária; **D:** incorreta, pois a Constituição deixa claro que essa contratação só pode ser feita para um período determinado (art. 37, IX).

28. Gabarito "D"
Comentário: A: incorreta, pois atos que contêm vícios insanáveis são atos nulos e, assim, devem ser anulados, e não revogados; **B:** incorreta, pois atos que contenham vícios sanáveis podem sim ser convalidados, mas desde que não acarretem lesão ao interesse público (art. 55 da Lei 9.784/99); vale adicionar que eles também não poderiam ser convalidados se houver prejuízo a terceiros; **C:** incorreta, pois a Lei de Introdução às Normas do Direito Brasileiro estabelece agora que, na análise da regularidade de um ato administrativo, é necessário levar em conta as circunstâncias que houverem imposto, limitado ou condicionado a ação do agente público (art. 22, § 1º); **D:** correta, nos termos do art. 21, *caput*, da Lei de Introdução às Normas do Direito Brasileiro.

29. Gabarito "A"
Comentário: A: correta; nos termos do art. 5º, I, da Lei 12.016/2009 (Lei de Mandado de Segurança), "Não se concederá mandado de segurança quando se tratar: I – de ato do qual caiba recurso administrativo com efeito suspensivo, independentemente de caução;"; **B:** incorreta, pois o que a lei impede é a concessão de mandado de segurança se há decisão sujeita a recurso administrativo com efeito suspensivo independentemente de caução; porém, se houver uma decisão que não pode ser suspensa por um recurso sem caução, caberá mandado de segurança mesmo que a via administrativa não esteja ainda esgotada; em qualquer caso, caberá também ação de outra natureza, em razão do princípio da inafastabilidade do controle jurisdicional (art. 5º, XXXV, da CF); **C:** incorreta; em geral, o prazo para decidir recursos administrativos na esfera federal é de 30 dias (art. 59, § 1º, da Lei 9.784/99); **D:** incorreta; cabe mandado de segurança contra a omissão em decidir; o juiz pode determinar que a autoridade decida imediatamente, sob pena de desobediência à ordem judicial.

30. Gabarito "D"
Comentário: A: incorreta, pois o instituto encampação impõe indenização e é usado quando há interesse público na retomada do serviço público para a esfera do Poder Público (art. 37 da Lei 8.987/95), e não quando há descumprimento de obrigações, caso em que cabe intervenção e, no limite, extinção da concessão pelo instituto da caducidade (art. 38 da Lei 8.987/95); **B:** incorreta, pois a caducidade depende da verificação da inadimplência da concessionária (art. 38, *caput*, da Lei 8.987/95); **C:** incorreta, pois concessão é um contrato, portanto um ato não precário; por isso, não se fala em revogação, cabendo o instituto da encampação, que depende de lei e de indenização para ser aplicado; **D:** correta, nos termos do art. 32 da Lei 8.987/95; vale salientar que nada impede que a concessão seja também extinta pela caducidade, nos termos do art. 38 da Lei 8.987/95.

31. Gabarito "B"
Comentário: A: incorreta, pois no caso de imóvel de sociedade de economia mista federal, basta a autorização do Presidente da República (art. 2º, § 3º, do Dec.-lei 3.365/41); **B:** correta, pois o art. 8º do Dec.-lei 3.365/41 autoriza que o Poder Legislativo tome a iniciativa da desapropriação fazendo a declaração de utilidade pública, devendo o Poder Executivo, num segundo momento, praticar os atos necessários à sua execução; **C:** incorreta, pois, nos termos do art. 10 do Dec.-lei 3.365/41, a desapropriação pode ser efetivada por meio de acordo, ou seja, no âmbito administrativa; **D:** incorreta, pois não há limitação alguma nesse sentido na Lei de Desapropriações (Dec.-lei 3.365/41).

32. Gabarito "A"
Comentário: A: correta, pois, nos termos do art. 37, § 6º, da CF, as pessoas jurídicas de direito privado prestadoras de serviço público (e esse é justamente o caso da concessionária do serviço público de fornecimento de gás canalizado) respondem independentemente de culpa ou dolo; **B:** incorreta; primeiro porque o Estado não responde diretamente quando uma pessoa jurídica concessionária de serviço público causa um dano em razão da prestação do serviço; o Estado só responderia subsidiariamente nesses casos, ou seja, se a concessionária não tivesse recursos para arcar com a indenização; segundo porque o Estado não responderia subjetivamente nesse caso, mas sim objetivamente, ou seja, independentemente de culpa ou dolo; **C:** incorreta; os agentes dessas concessionárias não respondem direta e objetivamente; quem responde diretamente é a concessionária de serviço público, a qual pode até se voltar contra o seu agente no futuro, se este tiver agido com culpa ou dolo (responsabilidade subjetiva), tudo nos termos do art. 37, § 6º, da CF; **D:** incorreta, pois o poder concedente, independentemente de ser o município ou o estado, não responde diretamente quando uma pessoa jurídica concessionária de serviço público causa um dano em razão da prestação do serviço; o poder concedente só responde subsidiariamente nesses casos; ademais, a responsabilização subsidiária do poder concedente é objetiva, não dependendo de comprovação de culpa ou dolo de Rafael.

33. Gabarito "D"
Comentário: A: incorreta, pois, de acordo com o art. 3º, *caput*, da Lei 9.605/98, em matéria de Direito Ambiental "As pessoas jurídicas serão responsabilizadas administrativa, civil e penalmente"; ou seja, a responsabilização da pessoa jurídica é possível nas três áreas citadas; o mesmo dispositivo estabelece como requisito para a responsabilização da pessoa jurídica por uma infração que esta "seja cometida por decisão de seu representante legal ou contratual, ou de seu órgão colegiado, no interesse ou benefício da sua entidade"; no caso em tela, a infração foi cometida por decisão do conselho de administração da sociedade (ou seja, por um órgão colegiado da pessoa jurídica) e em benefício desta (já que se deu para a expansão de seu parque industrial), portanto, cabe a responsabilidade penal no caso e a alternativa está incorreta; **B:** incorreta, pois o art. 38 da Lei 9.605/98 tipifica criminalmente sim a destruição de áreas de preservação permanente; **C:** incorreta, pois, de acordo com o art. 26 da Lei 9.605/98, "Nas infrações penais previstas nesta Lei, a ação penal é pública incondicionada"; **D:** correta, nos termos do art. 3º, *caput* (responsabilidade penal da pessoa jurídica por decisão do conselho de administração) cumulado com o artigo 38 (tipificação criminal da destruição de área de preservação permanente) cumulado com o art. 15, II, "a" (agravante pela intenção de obtenção de vantagem pecuniária), todos da Lei 9.605/98.

34. Gabarito "D"
Comentário: De acordo com a Resolução CONAMA 01/86, os estudos de impacto ambiental serão feitos por "equipe multidisciplinar habilitada!" (art. 7º) e "correrão por conta do proponente do projeto todas as despesas e custos referentes à realização do estudo de impacto ambiental" (art. 8º). Ou seja, o estudo não é feito pelo Poder Público, mas por profissionais habilitados, e o responsável pelo pagamento é o empreendedor. Assim, a alternativa "d" é a correta.

35. Gabarito: "A"
Comentário: A: correta, pois o vício da lesão é aquele que em que uma pessoa, sob premente necessidade, ou por inexperiência, se obriga a prestação manifestamente desproporcional ao valor da prestação oposta (art. 157, *caput* CC). Neste caso, João era inexperiente e o comprador se aproveitou disso para fazer o negócio. O negócio produz efeitos até que seja declarada sua invalidade; **B:** incorreta, pois não se trata de erro, pois o erro se configura quando a declaração de vontade emanar de um engano substancial que poderia ser percebido por pessoa de diligência normal, em face das circunstâncias do negócio (art. 138 CC). O prazo para pedir anulação é decadencial de 4 anos (art. 178, II CC); **C:** incorreta, pois, a Lei não exige prova de que o comprador tinha intenção de se aproveitar do devedor. A simples realização do negócio jurídico já faz presumir isso pelo instituto da lesão (art. 157, *caput* CC); **D:** incorreta, pois neste caso não de decretará a anulação do negócio (art. 157, §2º CC).

36. Gabarito: "C"
Comentário: A: incorreta, pois o vínculo de parentesco de Marcos é na linha colateral no quarto grau. Considerando que Salomão tem um irmão vivo, o qual ocupa a posição de parentesco na linha colateral no segundo grau e detém condições financeiras, logo, é este último que deve prestar os alimentos, nos termos do art. 1.697 CC, vez que os de grau mais próximos excluem os de grau mais remoto; **B:** incorreta, pois o art. 1.697 CC é claro ao dizer que na falta de ascendentes, descendentes a obrigação alimentar passa aos irmãos, sejam germanos como unilaterais; **C:** correta, apesar de ser irmão unilateral de Salomão, Bernardo tem a obrigação legal de prestar os alimentos a Salomão (art. 1.697 CC); **D:** incorreta, pois Bernardo tem condições financeiras de arcar com os alimentos por inteiro, logo, apenas ele deve pagar num primeiro momento. Marcos apenas seria chamado a complementar o valor se Bernardo não tivesse condições de pagar o valor integral (art. 1698 CC).

37. Gabarito: "B"
Comentário: A: incorreta, pois Laura é terceira não interessada. Pagou por mera liberalidade, logo não se sub-roga nos direitos do credor (art. 305, *caput* CC); **B:** correta (art. 305, *caput* CC); **C:** incorreta, pois Laura não é devedora solidária, mas sim terceira não interessada, afinal, não tinha nenhum vínculo contratual de locação com o locador. Ao pagar a dívida de Jacira, Laura não se sub-roga em nenhum dos direitos do credor, mas apenas tem direito de regresso contra Jacira (art. 305, *caput* CC); **D:** incorreta, pois Laura tem direto de regresso contra Jacira (art. 305, *caput* CC).

38. Gabarito: "D"
Comentário: A: incorreta, pois basta a oposição de um só para que a compra e venda fique impedida (art. 496, *caput* CC); **B:** incorreta, pois *há impedimento expresso* na ordem civil à realização de contrato de compra e venda de pai para filho, motivo pelo qual a oposição feita por Carlos *poderia* gerar a anulação do negócio (art. 496, *caput* CC); **C:** incorreta, pois Antônio é livre para promover a doação para o filho Bruno, sendo tal contrato plenamente válido (art. 544 CC); **D:** correta (art. 544 CC).

39. Gabarito: "C"
Comentário: A: incorreta, pois considerando ser emancipação voluntária dos pais, não é necessário homologação judicial (art. 5º, parágrafo único, I CC). O fato de haver exposição na internet não afeta em nada; **B:** incorreta, pois a emancipação precisa ser feita em cartório por instrumento público (art. 5º, parágrafo único, I CC); **C:** correta, pois a emancipação será feita por instrumento público no cartório competente do Registro Civil de Pessoas Naturais (art. 5º, parágrafo único, I CC); **D:** incorreta, pois os pais têm o poder de emancipar o filho maior de 16 anos, ainda que ele não tenha economia própria (art. 5º, parágrafo único, I CC). A emancipação é uma das causas de cessação da incapacidade. Mas também cessa a incapacidade pelo estabelecimento civil ou comercial, ou pela existência de relação de emprego, desde que, em função deles, o menor com dezesseis anos completos tenha economia própria (art. 5º, parágrafo único, V CC). Logo, como se vê, ter economia própria não está ligado à emancipação (está ligado na verdade à essa questão de relação de emprego).

40. Gabarito: "D"
Comentário: A: incorreta, pois como credor Bruno tem o direito de contestar a renúncia da herança feita por Roberto, a fim de receber o que lhe é devido (art. 1.813 CC); **B:** incorreta, pois o prazo é de trinta dias do conhecimento do fato (art. 1.813, § 1º CC); **C:** incorreta, pois Bruno apenas receberá o quinhão correspondente ao valor da dívida (art. 1.813, § 2º CC); **D:** correta (art. 1.813 *caput* e §2º CC).

41. Gabarito: "C"
Comentário: A: incorreta, pois a parcela de aluguéis que comunica é apenas aquela referente ao montante recebido na constância do casamento (art. 1.660, V CC); **B:** incorreta, pois apesar de o imóvel ser bem particular de Mariane, os frutos auferidos na constância do casamento comunicam com Aldo (art. 1.660, V CC); **C:** correta (art. 1.660, V CC); **D:** incorreta, pois ficam excluídos da comunhão os bens que sobrevierem ao cônjuge na constância do casamento por doação ou sucessão, logo Aldo não faz jus a meação do imóvel (art. 1.659, I CC). Referente aos valores do aluguel tem direito de meação apenas quanto ao montante recebido na constância do casamento (art. 1.660, V CC).

42. Gabarito "C"
Comentário: A: incorreta. Das medidas socioeducativas em meio aberto, a liberdade assistida é a mais rígida. O adolescente submetido a esta medida permanece na companhia de sua família e inserido na comunidade, com vistas a fortalecer seus vínculos, mas deverá sujeitar-se a acompanhamento, auxílio e orientação (art. 118 do ECA). Será executada por entidade de atendimento, que cuidará de indicar pessoa capacitada para a função de orientadora (com designação pelo juiz). A liberdade assistida será fixada pelo prazo *mínimo* de seis meses (aqui está o erro da assertiva), podendo, a qualquer tempo, ser prorrogada, revogada ou substituída por outra medida, ouvido o orientador, o MP e o defensor (art. 118, § 2º, do ECA). Quanto ao prazo máximo, nada previu a esse respeito o legislador, sendo o caso, assim, de aplicar, por analogia, o dispositivo que prevê o período máximo para a internação (3 anos). No mais, o descumprimento reiterado da liberdade assistida, desde que injustificável, pode ensejar a decretação da chamada *internação sanção*, por período não superior a três meses (art. 122, III, do ECA); **B:** incorreta, na medida em que o ato infracional cometido por João (análogo ao crime de furto) não se enquadra no art. 122 do ECA, que contém as hipóteses em que é possível a decretação da internação como medida socioeducativa, a saber: ato infracional cometido mediante violência a pessoa ou grave ameaça; reiteração no cometimento de outras infrações graves; e em razão do descumprimento reiterado e injustificável da medida anteriormente imposta; **C:** correta. É espécie de medida socioeducativa privativa da liberdade. Situa-se entre a internação, a mais severa de todas, e as medidas em meio aberto. Diferentemente da internação, a inserção em regime de semiliberdade (art. 120 do ECA) permite ao adolescente a realização de atividades externas, independentemente de autorização judicial. É obrigatória a escolarização e a profissionalização, devendo, sempre que possível, ser utilizados os recursos existentes na comunidade. A exemplo da internação, esta medida não comporta prazo determinado, sendo, pois, seu prazo máximo de três anos, devendo a sua manutenção ser avaliada no máximo a cada seis meses, já que se deve aplicar, no que couber, as disposições relativas à internação. No mais, pode ser determinada desde o início ou como forma de transição para o meio aberto; **D:** incorreta, uma vez que, segundo estabelece o art. 112, § 1º, do ECA, o magistrado deve lançar mão da medida socioeducativa mais adequada ao adolescente, levando em conta a sua capacidade de cumpri-la, as circunstâncias e a gravidade da infração.

43. Gabarito "D"
Comentário: A conduta levada a efeito por Carlos, Paulo e Cláudia está prevista no art. 258-B do ECA, que constitui infração administrativa e estabelece multa de mil a três mil reais. Cuida-se de conduta omissiva, que consiste em deixar de comunicar ao juiz caso que diga respeito a mãe ou gestante que tenha manifestado o desejo de entregar seu filho para adoção. Este dispositivo foi inserido no ECA por meio da Lei 12.010/2009 (Lei Nacional de Adoção) e tem como propósito evitar a chamada "adoção dirigida", em que a mãe, não se sentindo preparada para a maternidade, entrega o filho recém-nascido a pessoa de sua confiança, que se encarregará de sua criação.

44. Gabarito "A"
Comentário: O Superior Tribunal de Justiça já externou entendimento no sentido de que as despesas com a cirurgia bariátrica devem ser custeadas pelo plano de saúde (Resoluções CFM 1.766/2005 e 1.942/2010). Apesar de estarem excluídos da cobertura dos planos de saúde os tratamentos puramente estéticos (art. 10, II, da Lei 9.656/1998), a cirurgia plástica para retirada de pele após a cirurgia bariátrica não tem finalidade estética, tendo característica de cirurgia reparadora e funcional, devendo ser custeada pelo plano de saúde (Veja, STJ REsp 1.757.938/DF). Vale notar que o Superior Tribunal de Justiça, através do REsp 1.870.834/RJ (Tema 1.069), suspendeu todos os casos que versem sobre assunto em 17/10/2020.

45. Gabarito "B"
Comentário: Trata-se de vício de serviço previsto no art. 20 do Código de Defesa do Consumidor. Há, na doutrina, quem defenda a ideia de tratar-se de defeito de serviço, nos termos do art. 14 do CDC. No entanto, tendo em vista que a saúde e segurança dos consumidores (art. 14) não foram colocadas em risco, melhor entendimento é aquele que enquadra a situação exposta como sendo vício de serviço (art. 20). De um modo ou de outro, trata-se de responsabilidade solidária do site que vendeu as reservas e do hotel, com fundamento no *caput* do art. 20, no art. 7º e no art. 25 do Código de Defesa do Consumidor.

46. Gabarito: "A"
Comentário: Considerando que não há qualquer menção no contrato social à regência supletiva de suas disposições, aplicar-se-ão as regras atinentes à sociedade simples (art. 1.053, parágrafo único, do CC). Sendo assim, no silêncio do contrato sobre a regulamentação da sucessão por morte de sócio, opera-se a resolução da sociedade em relação ao sócio falecido (ou dissolução parcial da sociedade), nos termos do art. 1.028 do CC.

47. Gabarito: "C"
Comentário: Para responder à questão, o candidato precisa reconhecer no enunciado que estamos diante de quota indivisa de sociedade limitada, isto é, uma quota que não se considera divisível. Isso se denota pelo fato de que se trata de **uma única quota** do capital no valor de R$ 13.000,00 – logo, mesmo tendo seu valor expresso em moeda, que em tese é divisível, não existe "meia quota" de capital, demonstrando sua indivisibilidade. Sendo assim, aplica-se o art. 1.056, § 2º, do CC, que estabelece a responsabilidade solidária dos condôminos da quota pela integralização do capital.

48. Gabarito: "D"
Comentário: No caso descrito, o alienante não tem mais obrigação de pagar o débito vencido. Nos termos do art. 1.146 do CC, o alienante é solidariamente responsável pelos débitos anteriores à transferência, regularmente contabilizados, pelo prazo de um ano contado da publicação do trespasse. Sendo assim, na data de 15/01/2020, o prazo já havia se esvaído.

49. Gabarito: "A"
Comentário: A outorga de mandato e a exclusividade de zona são permitidos no contrato de agência desde que expressamente pactuados, nos termos dos arts. 710, parágrafo único, e 711, primeira parte, do CC. Logo, não há qualquer ilegalidade no caso em exame.

50. Gabarito: "A"
Comentário: A: correta, nos termos do art. 80 da Lei 11.101/2005; **B:** incorreta. Também a ação revocatória e a ação revisional de crédito são atraídas ao juízo universal da falência e devem ser distribuídas por dependência a este; **C:** incorreta. A Lei de Falências não faz qualquer distinção entre as dívidas em caso de convolação da recuperação judicial em falência: a todas elas será aplicado o art. 77 da LF, que impõe o vencimento antecipado; **D:** incorreta. As ações nas quais a massa falida seja autora prosseguirão, sendo esta representada pelo Administrador Judicial (art. 22 III, "n", da Lei de Falências), dado o interesse dos credores no eventual crédito decorrente da procedência dos pedidos.

51. Gabarito "B"
Comentário: A: Incorreta, pois a prova produzida nos autos não se presta apenas a quem produz, mas ao processo como o todo – assim, houve produção de prova dos fatos constitutivos; **B:** Correta. Considerando o princípio da comunhão da prova (ou da aquisição da prova), não importa quem produziu a prova, mas sim que ela foi produzida e pode influir na convicção do juiz (CPC, art. 371. O juiz apreciará a prova constante dos autos, *independentemente do sujeito que a tiver promovido (...)*.**C:** Incorreta pois, conforme mencionado no item anterior, o princípio da comunhão da prova é aplicado no processo civil brasileiro; **D:** Incorreta, conforme exposto em "B" e "C".

52. Gabarito "D"
Comentário: A: Incorreta, pois ainda que exista o princípio da primazia do mérito no CPC (em diversos artigos), o sistema permite a improcedência liminar do pedido (CPC, art. 332); **B:** Incorreta, considerando que as hipóteses de improcedência liminar não violam princípios processuais, pois existe, no caso, o acesso à justiça e a resposta do Judiciário (porém, isso ocorre antes da citação do réu); **C:** Incorreta, porque a inépcia da inicial é hipótese de indeferimento liminar do pedido (CPC, art. 330, I), na qual há decisão sem resolução do mérito, e não caso de improcedência liminar (CPC, art. 332), em que se tem decisão com resolução do mérito. **D:** Correta, porque só cabe improcedência liminar do pedido "nas causas que dispensem a fase instrutória" (CPC, art. 332, *caput*).

53. Gabarito "D"
Comentário: A: Incorreta, pois a hipoteca judiciária não depende do julgamento do recurso pelo tribunal (CPC, art. 495, § 1º, III); **B:** Incorreta, porque a hipoteca judiciária que foi registrada traz como consequência o direito de preferência para quem a registrou (CPC, art. 495, § 4º); **C:** Incorreta, considerando que a hipoteca judiciária independe "de ordem judicial, de declaração expressa do juiz ou de demonstração de urgência" (CPC, art. 495, § 2º); **D:** Correta. A hipoteca judiciária decorre da sentença de procedência, independe de ordem expressa do juiz, permite que haja o registro da sentença em cartório de imóvel para garantir ao credor "o direito de preferência, quanto ao pagamento, em relação a outros credores, observada a prioridade no registro". (CPC, art. 495, § 4º).

54. Gabarito "C"
Comentário: A: Incorreta, pois se há existir, nos embargos, algum argumento além do excesso de execução, não há que se falar em indeferimento liminar, pois os embargos devem ser processados pelo outro fundamento, "mas o juiz não examinará a alegação de excesso de execução" (CPC, art. 917, § 4º, II).; **B:** Incorreta, porque as duas matérias podem ser alegadas nos embargos à execução (CPC, art. 917, III e V); **C:** Correta. Quando houver alegação de excesso de execução, deve necessariamente ser indicado o valor que se entende devido (CPC, art. 917, § 3º). Se isso não ocorrer e houver mais de um argumento, os embargos são apreciados pelo outro argumento, mas não pelo excesso – como visto na alternativa "A"; **D:** Incorreta, conforme os argumentos expostos em "A" e "C".

55. Gabarito "C"
Comentário: A: Incorreta, pois transitada em julgado a sentença, não é mais possível interpor apelação. Somente cabe recurso antes do trânsito em julgado da decisão; **B:** Incorreta, porque descabe reclamação (que não é recurso) de decisão transitada em julgado (CPC, art. 988, § 5º, I); **C:** Correta. Com o trânsito em julgado, a forma de impugnar a decisão de mérito é a ação rescisória, cabível apenas em hipóteses expressamente previstas em lei – sendo que uma das hipóteses é, exatamente, a existência de prova falsa apurada em processo criminal (CPC, art. 966, VI); **D:** Incorreta, considerando que não existe cumprimento de sentença no crime, para impugnar decisão proferida no cível, pois não há previsão legal nesse sentido.

56. Gabarito "B"
Comentário: A: Incorreta, pois o Código permite, nas ações possessórias, a cumulação de pedido possessório com perdas e danos (CPC, art. 555, I); **B:** Correta (CPC, art. 557, sendo que a finalidade do artigo é fazer com que se decida primeiro a questão da posse, e depois da propriedade); **C:** Incorreta,

porque há a fungibilidade entre as ações possessórias (CPC, art. 554), de modo que possível que se receba a manutenção (usando em caso de turbação) como reintegração (utilizada quando há esbulho); **D:** Incorreta, considerando que se admite o pedido contraposto nas possessórias – ou seja, a formulação de pedido do réu contra o autor, na própria contestação, independentemente de reconvenção (CPC, art. 556).

57. Gabarito "B"
Comentário: A: Incorreta, conforme explicação em "B"; **B:** Correta. Ainda que a reconvenção seja apresentada na própria contestação, é possível a apresentação de reconvenção mesmo que não haja contestação (CPC, art. 343, § 6º), não sendo obrigatório o uso de ação autônoma para isso; **C:** Incorreta, pois é possível a reconvenção em litisconsórcio ativo com terceiro (com quem não é réu na ação movida pelo autor – CPC, art. 343, § 4º); **D:** Incorreta, considerando ser possível a reconvenção em litisconsórcio passivo com terceiro (com quem não é autor na demanda originária – CPC, art. 343, § 3º).

58. Gabarito: "A"
Comentário: A: correta. Embora esteja presente o requisito do número mínimo de associados para compor a organização criminosa (art. 1º, § 1º, da Lei 12.850/2013), certo é que a pena máxima cominada ao delito que pretendiam praticar de forma reiterada (falsidade ideológica de documento particular – art. 299 do CP) corresponde a 3 anos de reclusão e multa, o que de plano afasta a configuração da organização criminosa e, por conseguinte, do crime capitulado no art. 2º da Lei 12.850/2013. Sendo assim, os agentes devem responder pelo crime de associação criminosa, previsto no art. 288 do CP, que consiste na reunião de três ou mais pessoas imbuídas do propósito de cometer crimes; **B:** incorreta. Se considerássemos que os agentes tivessem incorrido no crime definido no art. 2º da Lei 12.850/2013, o inciso I do § 4º deste dispositivo estabelece que a pena será aumentada em 1/6 a 2/3 na hipótese de participação de criança ou adolescente; **C:** incorreta, pois todos estão sujeitos à incidência da causa de aumento prevista no art. 2º, § 4º, II, da Lei 12.850/2013; **D:** incorreta, na medida em que, por força do que dispõe o art. 2º, § 3º, da Lei 12.850/2013, a pena será agravada para quem exerce o comando, individual ou coletivo, da organização criminosa.

59. Gabarito: "D"
Comentário: Maria, fazendo uso de um cheque produto de furto, tenta fazer compras no valor de mil e duzentos reais em uma loja de departamentos. Sua empreitada foi frustrada pelo caixa da loja, que ficou desconfiado pelo fato de Maria, ao lançar sua assinatura no cheque, encontrar-se bastante nervosa. A primeira questão que aqui se coloca é saber se Maria deverá responder pelos crimes de estelionato e falsidade, em concurso material/formal, ou somente pelo delito de estelionato. A solução deve ser extraída da Súmula 17, do STJ: *quando o falso se exaure no estelionato, sem mais potencialidade lesiva, é por este absorvido*, que configura hipótese de incidência da regra/princípio da consunção. Segundo o entendimento sedimentado nesta súmula, o agente que falsifica um cheque pertencente a outrem, fazendo-se passar pelo titular da conta, deve tão somente ser responsabilizado pelo estelionato, na medida em que, uma vez entregue o cheque ao vendedor, o agente dele não poderia mais fazer uso para aplicar outros golpes, ou seja, a falsificação se exauriu no estelionato. Outro ponto que deve ser aqui analisado refere-se ao momento consumativo do delito de estelionato. Fazendo uma leitura do tipo penal do art. 171 do CP, logo se percebe que se trata de crime material, o que significa dizer que a consumação do estelionato somente é alcançada com o desfalque patrimonial experimentado pela vítima, o que ocorre no momento em que o agente efetivamente obtém a vantagem ilícita perseguida. Sendo assim, a tentativa mostra-se possível, já que a conduta pode ser fracionada em vários momentos do *iter criminis*, desde que haja início de execução e ausência de consumação por circunstâncias alheias à vontade do agente. No caso tratado no enunciado, há inequívoco início de execução por parte de Maria, que tentou efetuar o pagamento com cheque furtado. Antes, porém, de alcançar o resultado pretendido (obtenção de vantagem ilícita), o funcionário da loja, desconfiado em razão do nervosismo de Maria, impede o crime seja consumado. Trata-se, portanto, de crime único na modalidade tentada.

60. Gabarito: "C"
Comentário: Antes de mais nada, façamos algumas considerações a respeito dos crimes contra a honra, diferenciando-os. No crime de *injúria*, temos que o agente, sem imputar fato criminoso ou desonroso ao ofendido, atribui-lhe qualidade negativa. É a adjetivação pejorativa, o xingamento, enfim a ofensa à honra subjetiva da vítima. Não deve, portanto, ser confundida com os crimes de calúnia e difamação, em que o agente imputa ao ofendido fato definido como crime (no caso da calúnia) ou ofensivo à sua reputação (no caso da difamação). No que concerne à exceção da verdade, esta é admissível, apenas, para o crime de calúnia (art. 138, § 3º, do CP) e difamação cometida contra funcionário público, desde que a ofensa seja relativa ao exercício de suas funções (art. 139, parágrafo único, do CP). Portanto, o crime de injúria não comporta a exceção da verdade. Sucede que a exceção da verdade será cabível no crime de calúnia como regra geral, ficando ressalvadas as hipóteses definidas no art. 138, § 3º, I a III, do CP, entre as quais está aquela em que o ofendido é absolvido do crime imputado por sentença irrecorrível. Paulo imputou a Arthur crime em relação ao qual este fora absolvido por sentença que transitou em julgado, sendo vedada, neste caso, a oposição de exceção da verdade por parte do ofensor, já que o assunto já foi julgado em definitivo pelo Poder Judiciário.

61. Gabarito: "C"
Comentário: Pela narrativa contida no enunciado, Lúcio, pelo fato de encontrar-se desempregado, resolve se embriagar. Sob o efeito de álcool e já no interior do coletivo que o levaria para casa, ao perceber que um passageiro dormia, subtraiu-lhe o celular, que se achava em seu bolso. No momento em que deixava o coletivo, Lúcio foi abordado por outro passageiro que assistira à subtração, dando início, a partir daí, a uma grande confusão, o que fez com que a vítima do crime praticado por Lúcio acordasse e desse por falta de seu celular. Denunciado, Lúcio foi ao final condenado pela prática do crime de furto qualificado pela destreza, aplicando-se-lhe, ainda, a agravante da embriaguez preordenada, já que Lúcio teria se embriagado dolosamente. Pois bem. Analisemos, em primeiro lugar, a incidência da qualificadora prevista do art. 155, § 4º, II, do CP (destreza) no caso acima narrado. Devemos entender por destreza a habilidade do agente que lhe permite efetuar a subtração do bem que a vítima traz consigo sem que ela perceba. A destreza revela uma habilidade ímpar, especial por parte do agente. Exemplo sempre lembrado pela doutrina é o do batedor de carteira (punguista), que, com habilidade diferenciada, subtrai a carteira da vítima sem que ela se dê conta. Agora, se a vítima estiver dormindo ou mesmo embriagada, não haverá a incidência desta qualificadora, na medida em que a ação do agente, neste caso, não requer especial habilidade (a vítima, por estar dormindo ou embriagada, está em situação de maior vulnerabilidade). Dito isso, passemos à análise da agravante da embriaguez preordenada, presente no art. 61, II, *l*, do CP. É tranquilo o entendimento, tanto na doutrina quanto na jurisprudência, no sentido de que tal agravante somente restará configurada na hipótese de o agente embriagar-se com o fim de cometer determinado crime. Em outras palavras, o sujeito se coloca em situação de embriaguez com o propósito de encorajar-se e, com isso, cometer o crime por ele desejado. Há, portanto, um planejamento do agente, consistente em se embriagar com vistas à prática criminosa. Pela análise da hipótese narrada no enunciado, logo se percebe que Lúcio não se embriagou para efetuar a subtração. A ingestão de álcool se deu pelo fato de ele estar desempregado, e não com a finalidade de tomar coragem para realizar a subtração. Por tudo que foi dito, deve ser afastada a agravante de embriaguez preordenada.

62. Gabarito: "C"
Comentário: No estupro, delito definido no art. 213 do CP, a conduta do agente consiste em *constranger*, cujo significado é *obrigar, compelir, forçar* o sujeito passivo, mediante violência ou grave ameaça, à conjunção carnal ou qualquer outro ato libidinoso. Sendo assim, é imprescindível que fique evidenciada a *resistência* da vítima em submeter-se ao ato sexual. É fato que tal oposição não precisa ser sobrenatural, mas é necessário, isto sim, que seja inequívoca e inquestionável, de forma a não deixar dúvida que a vítima não aderiu à vontade do agente. Logo, como se pode ver, o dissenso da vítima é o ponto fulcral no crime de estupro. Sem isso não há crime, ao menos a figura do art. 213, *caput*, do CP. O consentimento da vítima, portanto, desde que válido, tem o condão de afastar a tipicidade da conduta do agente.

Situação diferente, é importante que se diga, é a do art. 217-A do CP, que define o crime de estupro de vulnerável, em que o consentimento da vítima é irrelevante para a caracterização do crime, a teor do que dispõe a Súmula 593 do STJ: *O crime de estupro de vulnerável configura com a conjunção carnal ou prática de ato libidinoso com menor de 14 anos, sendo irrelevante o eventual consentimento da vítima para a prática do ato, experiência sexual anterior ou existência de relacionamento amoroso com o agente.* Na hipótese descrita no enunciado, fica claro que Luana não era, ao tempo da conduta, menor de 14 anos, bem como nada foi informado a respeito de sua higidez mental. Bem por isso, devemos concluir pela validade de seu consentimento, o que afasta a tipicidade do crime de estupro.

63. Gabarito: "C"
Comentário: Segundo consta, André, quando ainda contava com 17 anos de idade, adquiriu, no dia 18/11/2019, grande quantidade de droga com o fim de comercializá-la por ocasião de seu aniversário de 18 anos, que seria celebrado alguns dias depois, mais especificamente no dia 24/11/2019. Neste ínterim, durante o qual André permaneceu na posse da droga por ele adquirida, foi alcançada a sua maioridade (21/11/2019). Passou a ser considerado, portanto, a partir de então, imputável. A questão que se coloca é saber se se deve considerar, como momento do crime, a conduta consistente em adquirir a droga, o que se deu ao tempo em que André contava com 17 anos e, portanto, era inimputável, ou o momento em que ele foi preso em flagrante quando guardava a substância que adquirira. Como bem sabemos, o tipo penal do art. 33, *caput*, da Lei de Drogas abriga diversos verbos nucleares, entre os quais *guardar*, que tem o sentido de tomar conta, proteger. Esta conduta configura modalidade permanente de crime, isto é, a consumação, que se protrai no tempo, ocorre enquanto o agente permanece na posse do entorpecente. No caso acima narrado, a consumação teve início quando da aquisição da droga por André e assim permaneceu até o momento de sua prisão em flagrante. Como se pode perceber, ao tempo em que André já atingira a maioridade, o crime estava em processo de consumação. Em razão disso, é correto afirmar que André deverá responder pelo crime de tráfico de drogas como imputável.

64. Gabarito "C"
Comentário: Nada obsta que o defensor do réu exiba, em plenário, matérias jornalísticas, fotografias, vídeos bem como a folha de antecedentes criminais da vítima, com vistas a explorar a sua personalidade e convencer os jurados de que se trata de pessoa de comportamento agressivo ou desabonador. O que a legislação impõe (art. 479, *caput*, do CPP) é que o documento, assim considerado todo e qualquer objeto apto a demonstrar a verdade de um fato, apresentado (lido ou exibido), em plenário, seja juntado aos autos com antecedência mínima de três dias úteis, para que a parte contrária, neste caso a acusação, dele tenha conhecimento e possa traçar uma linha de defesa para se contrapor ao seu conteúdo. Busca-se, pois, evitar que a parte contrária seja surpreendida e não tenha condição de se insurgir, de forma adequada, contra o documento lido ou exibido. Perceba que esta regra, presente no art. 479, *caput*, do CPP, constitui exceção, na medida em que, no processo penal, "salvo os casos expressos em lei, as partes poderão apresentar documentos em qualquer fase do processo" (art. 231, CPP). No caso narrado no enunciado, a despeito de o Ministério Público, em sessão plenária, ter sido surpreendido por material que fora juntado aos autos em prazo inferior ao estabelecido no art. 479, *caput*, do CPP, o magistrado manteve o julgamento, permitindo que o defensor público explorasse a documentação, resultando na absolvição, pelo conselho de sentença, do acusado. O Ministério Público, inconformado com a decisão absolutória, apresentou recurso de apelação, acompanhado das razões recursais, requerendo a realização de novo júri, pois a decisão dos jurados havia sido manifestamente contrária à prova dos autos. No apelo, o *parquet* não suscitou a nulidade decorrente da violação à regra contida no art. 479, *caput*, do CPP. O Tribunal, por sua vez, anulou o julgamento realizado, determinando nova sessão plenária, ao argumento de que a defesa se utilizou em plenário de documentos acostados fora do prazo permitido pela lei. Ou seja, o Tribunal anulou o julgamento com base em nulidade não arguida, o que é vedado, conforme entendimento sedimentado na Súmula 160, do STF: "É nula a decisão do Tribunal que acolhe, contra o réu, nulidade não arguida no recurso da acusação, ressalvados os casos de recurso de ofício". Dessa forma, o advogado procurado pela defesa do acusado deve se insurgir contra a decisão do Tribunal, de que não poderia anular o julgamento com base em nulidade não arguida, mas tão somente, se o caso fosse, reconhecer que a decisão dos jurados era manifestamente contrária à prova dos autos (art. 593, III, *d*, CPP).

65. Gabarito "B"
Comentário: A: incorreta. Isso porque ao juiz é dado, com base no art. 387, IV, do CPP, fixar valor mínimo para reparação dos danos causados pela infração. Para tanto, é de rigor que haja pedido formal, feito pela vítima (habilitada como assistente de acusação) ou mesmo pelo MP, para que o valor seja apurado, com a indicação de provas aptas a sustentar o pleito indenizatório. Somente dessa forma a parte contrária poderá questionar o valor pleiteado e as provas que lhe servem de base. Se não houver tal pedido, é defeso ao magistrado fixar valor indenizatório; **B:** correta, pois retrata o disposto no art. 598 do CPP, que assegura ao ofendido, mesmo que não habilitado como assistente, a prerrogativa de interpor recurso de apelação, em face de sentença absolutória contra a qual o MP não recorreu; **C:** incorreta, uma vez que, com o trânsito em julgado da sentença condenatória, poderá o ofendido realizar a execução do valor reparatório fixado pelo juízo criminal (art. 387, IV, do CPP), sem prejuízo da possibilidade de buscar, no juízo cível, a indenização que corresponda à real extensão do dano que lhe fora causado pela prática criminosa (art. 63, parágrafo único, CPP); **D:** incorreta. Isso porque não faz coisa julgada na esfera cível, entre outras, a sentença absolutória que declara não existir prova suficiente para condenação (arts. 66 e 386, VII, CPP).

66. Gabarito "C"
Comentário: Segundo o que do enunciado consta, no curso de interceptação telefônica devidamente autorizada pelo Poder Judiciário, policiais que investigavam a ação de organização criminosa voltada à prática de contrabando de armas tomam conhecimento de que um dos membros dessa organização receberia, em determinado dia e em certo local, grande quantidade de armamento, que, sem seguida, seria repassada ao chefe da facção. Com o objetivo de conferir maior efetividade à investigação, os agentes decidem protelar o momento da prisão em flagrante, pois assim seria possível efetuar a detenção não somente do membro da facção incumbido do recebimento e entrega do armamento, mas também do seu líder. Além do que, o retardamento da intervenção policial torna possível amealhar um espectro mais amplo de provas. Conforme é sabido, a autoridade policial e seus agentes, à luz do que estabelece o art. 301 do CPP, devem prender quem quer que se encontre em situação de flagrante. Contudo, em situações excepcionais, poderá a polícia, ainda que diante da concretização de crime por organização criminosa, optar por não efetuar a prisão naquele instante, deixando para fazê-lo em momento oportuno do ponto de vista da prova a ser colhida. Na hipótese narrada no enunciado, os agentes deveriam, em princípio, efetuar a prisão em flagrante no momento em que Marcelo recebia o armamento contrabandeado. Lançando mão do meio de obtenção de prova previsto no art. 3º, III, e disciplinado no art. 8º, ambos da Lei 12.850/2013 (ação controlada), os policiais, no lugar de prender Marcelo na primeira oportunidade, monitoram a sua ação até o momento em que é feita a entrega do armamento ao chefe da organização criminosa, Daniel, quando então ambos são presos em flagrante. As detenções não padecem de ilegalidade, já que realizadas de acordo com as regras estabelecidas no art. 8º da Lei 12.850/2013. Trata-se do chamado flagrante *retardado* ou *diferido*. É importante que se diga que o art. 8º, § 1º, da Lei 12.850/2013 (Organização Criminosa) reza que a ação controlada será *comunicada* ao juiz competente, que estabelecerá, conforme o caso, os limites da medida e comunicará ao MP. Perceba que, neste caso, o legislador não impôs a necessidade de o magistrado autorizar o retardamento da intervenção policial; exigiu tão somente a sua comunicação. Já a Lei de Drogas (Lei 11.343/2006), em seu art. 53, *caput* e II, estabelece que a implementação da ação controlada deve ser precedida de autorização judicial e manifestação do MP.

67. Gabarito "C"
Comentário: Tiago e Talles, segundo o enunciado, estão sendo processados pelo cometimento do crime de sequestro qualificado. O MP, ao oferecer a denúncia, arrolou, além da vítima e de outras pessoas que presenciaram o fato, também a esposa do acusado Tiago, que teria conhecimento sobre o ocorrido. Quando da realização da audiência de instrução e julgamento, Rosa, esposa de Tiago, intimada que foi para o ato, a ele compareceu,

demonstrando, nesta oportunidade, por razões óbvias, seu desinteresse em prestar declarações. Mesmo contrariada, Rosa, acuada, já que temia pelas consequências que poderiam acarretar da sua recusa, acaba por prestar declarações, o que veio a prejudicar seu marido. É claro o enunciado ao informar que havia outras testemunhas que detinham conhecimento sobre os fatos, o que permite concluir que a prova poderia ser obtida por outros meios. Pois bem. Como bem sabemos, uma vez arrolada como testemunha, a pessoa tem o dever de comparecer e prestar seu depoimento. Cuida-se, portanto, de uma obrigação imposta por lei (art. 206, CPP). Atrelado ao dever de comparecimento, temos que a testemunha também está obrigada a prestar compromisso, dizendo a verdade do que souber. Se não comparecer, será conduzida coercitivamente; se faltar com a verdade, incorrerá em crime de falso testemunho (art. 342, CP). Ocorre que determinadas pessoas, em razão de sua vinculação com o acusado, podem se recusar a depor, sem que isso lhes acarrete consequências, salvo se não for possível obter a prova de outra forma (como já dissemos, não é este o caso do enunciado). Segundo o art. 206 do CPP, a esposa do réu pode se recusar a servir como testemunha. Cuidado: não se trata de uma proibição, mas, sim, de uma faculdade conferida a determinadas pessoas que, em tese, não têm a necessária isenção de ânimo para testemunhar. Se optarem por prestar seu depoimento, serão ouvidas na qualidade de informantes, já que delas não será tomado o compromisso de dizer a verdade (art. 208, CPP). Dessa forma, o depoimento de Rosa, que não desejava prestá-lo, deverá ser questionado. Já a retirada de Tiago da sala de audiência para o interrogatório do corréu não constitui ilegalidade. Pelo contrário. Estabelece o art. 191 do CPP que o interrogatório dos corréus deve ocorrer separadamente.

68. Gabarito "D"
Comentário: A solução desta questão deve ser extraída do art. 53, § 3°, da CF: "Recebida a denúncia contra Senador ou Deputado, por crime ocorrido após a diplomação, o Supremo Tribunal Federal dará ciência à Casa respectiva, que, por iniciativa de partido político nela representado e pelo voto da maioria de seus membros, poderá, até a decisão final, sustar o andamento da ação".

69. Gabarito "A"
Comentário: O Ministério Público, ao oferecer a denúncia, deverá descrever o fato de forma minuciosa e clara (art. 41, CPP), de sorte a propiciar ao denunciado exercer amplamente o seu direito de defesa. Se os fatos são expostos na denúncia de forma confusa, não é possível à defesa conhecer com a necessária exatidão os motivos pelos quais o agente foi denunciado. Haverá, pois, inevitável prejuízo à defesa. A denúncia que não atende aos requisitos essenciais contemplados no art. 41 do CPP deve ser considerada inepta, como é o caso da inicial que descreve os fatos de forma confusa. Sendo inepta a denúncia, impõe-se a sua rejeição (art. 395, I, CPP), decisão contra a qual cabe recurso em sentido estrito (art. 581, I, CPP).

70. Gabarito: "B"
Comentário: Nos termos do art. 507-A da CLT, inserido pela Lei 13.467/2017, apenas nos contratos individuais de trabalho cuja remuneração seja superior a duas vezes o limite máximo estabelecido para os benefícios do Regime Geral de Previdência Social (em outubro/2020 – R$ 12.202,12), poderá ser pactuada cláusula compromissória de arbitragem, desde que por iniciativa do empregado ou mediante a sua concordância expressa, nos termos previstos na Lei 9.307/96.

71. Gabarito: "A"
Comentário: Considera-se grupo de empresas sempre que uma ou mais empresas, tendo, embora, cada uma delas, personalidade jurídica própria, estiverem sob a direção, controle ou administração de outra, ou ainda quando, mesmo guardando cada uma sua autonomia, integrem grupo econômico, serão responsáveis solidariamente pelas obrigações decorrentes da relação de emprego. É a teoria do empregador único, na qual a empresa principal e cada uma das subordinadas serão solidariamente responsáveis, para os efeitos da relação de emprego, nos exatos termos do art. 2°, § 2°, da CLT. De acordo com a nova disposição consolidada para a caracterização do grupo econômico, não basta a mera identidade de sócios. A nova regra requer a comunhão de interesses, demonstração de interesse integrado e atuação conjunta das empresas que pertençam ao mesmo grupo econômico. Dessa forma, para que fique constatado grupo econômico, com a consequente responsabilidade solidária entre as empresas, os empregados deverão comprovar que, de fato, as empresas possuem interesse comum e atuação conjunta.

72. Gabarito: "C"
Comentário: Por se professor Enzo terá 9 dias de licença remunerada por conta do matrimônio, nos termos do art. 320 da CLT. Já Carla, por ser advogada terá direito a 3 dias consecutivos de licença remunerada em razão do casamento, art. 473, II, CLT.

73. Gabarito: "B"
Comentário: O primeiro direito violado foi a recusa da promoção fundamentada no sexo. Isso porque, nos termos do art. 373-A, II, da CLT é vedado recusar emprego, promoção ou motivar a dispensa do trabalho em razão de sexo, idade, cor, situação familiar ou estado de gravidez, salvo quando a natureza da atividade seja notória e publicamente incompatível. O segundo direito violado foi a exigência de atestado médico, na medida em que o art. 373-A, IV, da CLT ensina ser vedado exigir atestado ou exame, de qualquer natureza, para comprovação de esterilidade ou gravidez, na admissão ou permanência no emprego. O terceiro direito violado foi a redução salarial. Isso porque, nos termos do art. 377 da CLT a adoção de medidas de proteção ao trabalho das mulheres é considerada de ordem pública, não justificando, em hipótese alguma, a redução de salário. Há de se ressaltar que no presente caso o direito a estabilidade provisória desde a confirmação da gravidez até 5 meses após o parto (art. 10, II, *b*, ADCT) foi respeitado.

74. Gabarito: "A"
Comentário: É possível a reconsideração do aviso-prévio. Isso porque, dado o aviso-prévio, a rescisão torna-se efetiva depois de expirado o respectivo prazo. Isso possibilita à parte notificante reconsiderar o ato, antes de seu termo. Porém, é facultado à outra parte aceitar ou não o pedido de reconsideração, ou seja, deve haver o consentimento da parte notificada do aviso-prévio, art. 489 da CLT.

75. Gabarito: "A"
Comentário: Nos termos da súmula 12 do TST as anotações apostas pelo empregador na carteira profissional do empregado não geram presunção "juris et de jure", ou seja, absoluta, mas apenas "juris tantum", ou seja, relativa. Assim, em uma eventual reclamação trabalhista, uma vez comprovada suas alegações, a CPTS poderá ser retificada.

76. Gabarito: "B"
Comentário: De acordo com o art. 855-A da CLT, o incidente de desconsideração da personalidade jurídica regulado no CPC/2015 (arts. 133 a 137) será aplicável ao Processo do Trabalho, com as adaptações pertinentes ao processo trabalhista. Assim, nos termos do art. 135 do CPC instaurado o incidente, o sócio ou a pessoa jurídica será citado para manifestar-se e requerer as provas cabíveis no prazo de 15 (quinze) dias.

77. Gabarito: "B"
Comentário: Os arts. 855-B ao 855-E da CLT cuidam do procedimento para homologação de acordo extrajudicial. Assim, o art. 855-B da CLT dispõe sobre o processo para homologação de acordo extrajudicial. Referido dispositivo ensina que o processo de homologação de acordo extrajudicial terá início por petição conjunta, sendo obrigatória a representação das partes por advogado, sendo certo que as partes não poderão ser representadas por advogado comum, ou seja, devem estar assistidas por advogados diferentes, um representando o empregado e outro o empregador. Note que nesse processo, as partes não poderão fazer uso do *jus postulandi* previsto no art. 791 da CLT. Contudo, é facultado ao trabalhador ser assistido pelo advogado do sindicato de sua categoria.

78. Gabarito: "C"
Comentário: Nos termos do art. 843, parte final, da CLT nos casos de Reclamatórias Plúrimas ou nas Ações de Cumprimento, quando os empregados poderão fazer-se representar pelo Sindicato de sua categoria. Já na ação movida por João por ser ele o Autor da ação (reclamante) deve ele estar

presente, podendo ser fazer-se representar por outro empregado que pertença à mesma profissão, ou pelo seu sindicato. Se por doença ou qualquer outro motivo poderoso, devidamente comprovado, não for possível ao empregado comparecer pessoalmente à audiência, art. 843, § 2º, da CLT. Importante lembrar que nessa hipótese a representação por outro empregado ou sindicato apenas evitará o arquivamento do processo. Já na reclamação trabalhista em patrocínio da Reclamada, nos termos do art. 843, § 3º, da CLT o preposto não precisa ser empregado da parte reclamada.

79. Gabarito: "B"
Comentário: A: incorreta, pois nos termos do art. 897, *b*, da CLT o agravo de instrumento será cabível, no prazo de 8 dias, para impugnar os despachos proferidos pelo juízo *a quo* no 1º juízo de admissibilidade recursal que negarem seguimento a recursos. **B:** correta, pois no caso em tela, por se tratar de competência originária, o Mandado de Segurança foi impetrado no TRT. Assim, nos termos do art. 895, II, da CLT, o recurso cabível é o Recurso Ordinário no prazo de 8 dias. **C:** incorreta, pois previsto no art. 897, "a", da CLT, o agravo de petição é o recurso cabível, no prazo de 8 dias, em face das decisões do Juiz do Trabalho proferidas na fase de execução de sentença. **D:** incorreta, pois nos termos do art. 896 da CLT cabe, no prazo de 8 dias, Recurso de Revista para Turma do Tribunal Superior do Trabalho das decisões proferidas em grau de recurso ordinário, em dissídio individual, pelos Tribunais Regionais do Trabalho.

80. Gabarito: "D"
Comentário: Nos termos do art. 899, § 9º, da CLT o valor do depósito recursal será reduzido pela metade para entidades sem fins lucrativos, empregadores domésticos, microempreendedores individuais, microempresas e empresas de pequeno porte. Contudo, não há isenção parcial ou total para o empregador doméstico com relação às custas processuais, art. 789, § 1º, CLT. Importante notar que o enunciado é expresso no sentido de que a parte não requereu os benefícios da justiça gratuita.

2020.2 – XXXII EXAME DE ORDEM

1. A advogada Clotilde, em manifestação oral em juízo, proferiu algumas palavras sobre o adversário processual de seu cliente. Na ocasião, a pessoa mencionada alegou que teria sido vítima de crime de injúria.

Considerando o disposto no Estatuto da Advocacia e da OAB, é correto afirmar que

(A) as palavras proferidas podem constituir crime de injúria, a fim de se tutelar a adequada condução da atividade jurisdicional. Além disso, Clotilde poderá responder disciplinarmente perante a OAB pelos excessos que tiver cometido.

(B) a imunidade profissional conferida a Clotilde assegura que as palavras proferidas não constituem injúria, tampouco são passíveis de responsabilização disciplinar perante a OAB, independentemente da alegação de excesso.

(C) a imunidade profissional conferida a Clotilde assegura que as palavras proferidas não constituem injúria. Contudo, ela poderá responder disciplinarmente perante a OAB pelos excessos que tiver cometido.

(D) as palavras proferidas podem constituir crime de injúria, a fim de se tutelar a adequada condução da atividade jurisdicional. Contudo, não são passíveis de responsabilização disciplinar perante a OAB, independentemente da alegação de excesso.

2. Maria, advogada, adotou o recém-nascido João. A fim de organizar sua rotina, Maria verifica que tem contestação a apresentar em quinze dias e audiência agendada em quarenta dias, em processos distintos, nos quais figura como única advogada das partes que representa.

Sobre a situação apresentada, assinale a afirmativa correta.

(A) Maria, ao comparecer ao fórum para a realização da audiência, terá direito a reserva de vaga na garagem.

(B) Maria terá preferência de ordem para a realização da audiência, mediante comprovação de sua condição.

(C) Maria terá o prazo para apresentar a contestação interrompido, desde que notifique o cliente por escrito.

(D) Maria, ao comparecer ao fórum para a realização da audiência, não deverá ser submetida a detectores de metais e aparelhos de raio X, se estiver acompanhada de João.

3. Em janeiro de 2011, Roberto, como advogado, recebeu da parte contrária valores relacionados com o objeto do mandato, sem autorização de seu constituinte. Esse fato foi oficialmente constatado em fevereiro de 2011, quando, imediatamente, se instaurou processo administrativo disciplinar contra ele.

A produção de provas se estendeu até janeiro de 2014. Em março de 2014, o Tribunal de Ética e Disciplina do Conselho Seccional proferiu decisão por meio da qual aplicou-lhe a penalidade cabível. Roberto interpôs recurso perante o Conselho Federal, o qual somente veio a ser julgado em fevereiro de 2017, ocasião em que se confirmou integralmente a decisão proferida.

Sobre os fatos narrados, assinale a afirmativa correta.

(A) O Tribunal de Ética e Disciplina do Conselho Seccional deveria ter reconhecido a prescrição da pretensão à punibilidade da infração disciplinar, porque passados mais de três anos entre a data do fato e a prolação de decisão condenatória recorrível.

(B) O Tribunal de Ética e Disciplina do Conselho Seccional deveria ter determinado o arquivamento do processo administrativo disciplinar de ofício, porque passados mais de três anos entre sua instauração e a prolação de decisão condenatória recorrível.

(C) O Conselho Federal deveria ter reconhecido a prescrição da pretensão à punibilidade da infração disciplinar, porque passados mais de cinco anos entre a data da constatação oficial do fato e a prolação de decisão condenatória irrecorrível.

(D) A punição aplicada, após o trânsito em julgado da decisão, deverá constar dos assentamentos de Roberto.

4. O advogado Gerson responde a processo disciplinar perante a OAB pela prática de infração prevista na Lei nº 8.906/94. No curso do feito, dá-se a apreciação, pelo órgão julgador, de matéria processual sobre a qual se entendeu cabível decisão de ofício. Não é conferida oportunidade de manifestação sobre tal matéria à defesa de Gerson.

Considerando o caso narrado, assinale a afirmativa correta.

(A) Em grau recursal, é vedada decisão com base em fundamento sobre o qual não foi dada oportunidade de manifestação à defesa de Gerson, ainda que se trate de matéria que se deva decidir de ofício. Excepcionam-se, dessa regra, as medidas de urgência previstas na Lei nº 8.906/94. Por sua vez, em primeiro grau, cuidando-se de matéria de ordem pública, passível de decisão de ofício, ou tratando-se de medidas de urgência previstas na Lei nº 8.906/94, autoriza-se a apreciação sem que seja facultada prévia manifestação às partes.

(B) Em qualquer grau de julgamento, é vedada decisão com base em fundamento sobre o qual não foi dada oportunidade de manifestação à defesa de Gerson, ainda que se trate de matéria sobre a qual se deva decidir de ofício. Excepcionam-se dessa regra as medidas de urgência previstas na Lei nº 8.906/94.

(C) Em grau recursal, é vedada decisão com base em fundamento sobre o qual não foi dada oportunidade de manifestação à defesa de Gerson, ainda que se trate de matéria que se deva decidir de ofício. Tal vedação abrange, inclusive, as medidas de urgência previstas na Lei nº 8.906/94. Por sua vez, em primeiro grau, tratando-se de matéria de ordem pública, passível de decisão de ofício, ou em caso de medidas de urgência, autoriza-se a apreciação sem que seja facultada prévia manifestação às partes.

(D) Em qualquer grau de julgamento, é vedada decisão com base em fundamento sobre o qual não foi dada oportunidade de manifestação à defesa de Gerson, ainda que se cuide de matéria sobre a qual se deva decidir de ofício, ou que se trate de medidas de urgência previstas na Lei nº 8.906/94.

5. O advogado Júnior foi procurado pela família de João, preso em razão da decretação de prisão temporária em certo estabelecimento prisional. Dirigindo-se ao local, Júnior foi informado que João é considerado um preso de alta periculosidade pelo sistema prisional, tendo em vista o cometimento de diversos crimes violentos, inclusive contra um advogado, integração a organização criminosa e descobrimento de um plano de fuga a ser executado pelo mesmo grupo.

Diante de tais circunstâncias, o diretor do estabelecimento conduziu Júnior a uma sala especial, onde poderia conversar com João na presença de um agente prisional destinado a garantir a segurança do próprio Júnior e dos demais. Além disso, foi exigida a apresentação de procuração pelo advogado antes de deixar o estabelecimento prisional.

Considerando o caso narrado, assinale a afirmativa correta.

(A) É exigível a apresentação de procuração. Quanto às condições exigidas para a realização da entrevista, por serem devidamente justificadas, não indicam violação de direitos.
(B) Não é exigível a apresentação de procuração. Já as condições exigidas para a realização da entrevista violam direitos e implicam o cometimento de fato penalmente típico pelo diretor do estabelecimento.
(C) É exigível a apresentação de procuração. Já as condições exigidas para a realização da entrevista indicam violação de direitos, devendo ser combatidas por meio das medidas judiciais cabíveis, tais como a impetração de habeas corpus.
(D) Não é exigível a apresentação de procuração. Já as condições exigidas para a realização da entrevista indicam violação de direitos, devendo ser combatidas por meio das medidas judiciais cabíveis, tais como a impetração de habeas corpus, não se tratando de fato tipificado penalmente.

6. O advogado Filipe, em razão de sua notoriedade na atuação em defesa das minorias, foi procurado por representantes de certa pessoa jurídica X, que solicitaram sua atuação *pro bono* em favor da referida pessoa jurídica, em determinados processos judiciais.

De acordo com o Código de Ética e Disciplina da OAB, assinale a opção que apresenta a resposta que deve ser dada por Filipe a tal consulta.

(A) É vedada a atuação *pro bono* em favor de pessoas jurídicas, embora seja possível a defesa das pessoas físicas que sejam destinatárias das suas atividades, desde que estas não disponham de recursos para contratação de profissional.
(B) É autorizada a atuação *pro bono* em favor de pessoas jurídicas, desde que consideradas instituições sociais e que não se destinem a fins econômicos, e aos seus assistidos, sempre que os beneficiários não dispuserem de recursos para a contratação de profissional.
(C) É autorizada a atuação *pro bono* em favor de pessoas jurídicas, mesmo que destinadas a fins econômicos, desde que a atividade advocatícia atenda a motivos considerados socialmente relevantes, independentemente da existência de recursos para contratação de profissional.
(D) É autorizada a atuação *pro bono* em favor de pessoas jurídicas, mesmo que destinadas a fins econômicos, desde que a atividade advocatícia se dirija a motivos considerados socialmente relevantes e as pessoas físicas beneficiárias das suas atividades não disponham de recursos para contratação de profissional.

7. Caio procurou o advogado Rodrigo para que este ajuizasse, em favor do primeiro, determinada demanda judicial. Rodrigo, interessado no patrocínio da causa, celebrou com Caio contrato de prestação de serviços advocatícios com adoção de cláusula quota litis.

Considerando o contrato celebrado, assinale a afirmativa correta.

(A) A adoção da cláusula *quota litis* é vedada pelo Código de Ética e Disciplina da OAB, de modo que o caso deverá ser regido pela disciplina afeta aos contratos silentes sobre os valores devidos a título de honorários contratuais.
(B) A adoção da mencionada cláusula é admitida, mas é vedado que os honorários contratados, acrescidos dos honorários da sucumbência, sejam superiores às vantagens advindas por Caio; além disso, não é admitido que os honorários advocatícios incidam sobre o valor de prestações vincendas.
(C) A inclusão da cláusula em questão é autorizada, caso em que os honorários contratuais devem ser limitados às vantagens advindas por Caio, excluídos de tal limitação os honorários da sucumbência; além disso, não é admitido que os honorários advocatícios incidam sobre o valor de prestações vincendas.
(D) A cláusula *quota litis*, incluída no contrato, é permitida, mas é vedado que os honorários contratados, acrescidos dos honorários da sucumbência, sejam superiores às vantagens advindas por Caio; além disso, admite-se que os honorários advocatícios incidam sobre o valor de prestações vincendas, se estabelecidos com moderação e razoabilidade.

8. A sociedade de advogados "A e B Advogados" está sediada no Rio de Janeiro. Entretanto, em razão das circunstâncias de mercado dos seus clientes, verificou que seria necessário ao bom desempenho das suas atividades profissionais constituir uma filial em São Paulo.

No que se refere ao ato de constituição da filial e a atuação dos sócios, assinale a afirmativa correta.

(A) O ato de constituição da filial deve ser averbado no registro da sociedade e arquivado no Conselho Seccional de São Paulo, ficando todos seus sócios obrigados à inscrição suplementar junto ao Conselho Seccional de São Paulo.
(B) O ato de constituição da filial deve ser averbado no registro da sociedade e arquivado no Conselho Seccional de São Paulo, ficando obrigados à inscrição suplementar junto ao Conselho Seccional de São Paulo apenas aqueles sócios que habitualmente exercerem a profissão naquela localidade, considerando-se habitualidade a intervenção judicial que exceder cinco causas por ano.
(C) O ato de constituição da filial deve ser averbado no registro da sociedade e arquivado no Conselho Seccional do Rio de Janeiro, ficando obrigados à inscrição suplementar junto ao Conselho Seccional de São Paulo apenas aqueles sócios que habitualmente exercerem a profissão naquela localidade, considerando-se habitualidade a intervenção judicial que exceder cinco causas por ano.
(D) O ato de constituição da filial deve ser averbado no registro da sociedade e arquivado no Conselho Seccional do Rio de Janeiro, ficando todos seus sócios obrigados à inscrição suplementar junto ao Conselho Seccional de São Paulo.

9. Miguel Reale, ao tratar do tema da validade da norma jurídica em seu livro *Lições Preliminares de Direito*, fala de uma dimensão denominada por ele validade social ou, ainda, eficácia ou efetividade. Segundo Reale, a eficácia seria a regra jurídica enquanto momento da conduta humana.

Com base no livro em referência, assinale a opção que apresenta a ideia de eficácia ou efetividade da norma jurídica.

(A) Executoriedade compulsória de uma regra de direito, por haver preenchido os requisitos essenciais à sua feitura ou elaboração.

(B) Obediência das normas jurídicas às determinações formais e materiais da Constituição Federal, sem o que uma norma jurídica não teria capacidade de produzir efeitos.

(C) O fundamento da norma jurídica, isto é, o valor ou o fim objetivado pela regra de direito; a razão de ser da norma, pois é impossível conceber uma regra jurídica desvinculada de sua finalidade.

(D) A norma em sua dimensão experimental, pois se refere ao cumprimento efetivo do direito por parte de uma sociedade ou, ainda, aos efeitos sociais que uma regra suscita por meio de seu cumprimento.

10. Norberto Bobbio, em seu livro *O Positivismo Jurídico: lições de Filosofia do Direito*, afirma que o positivismo jurídico é uma teoria na medida em que se propõe a descrever o Direito, mas que também pode ser uma ideologia na medida em que se propõe a ser um certo modo de querer o Direito.

Assinale a opção que, segundo Bobbio, no livro em referência, expressa essa suposta ideologia do positivismo jurídico, denominada por ele positivismo ético.

(A) A ética como fundamento moral para a autoridade competente propor e aprovar a lei.

(B) A lei só é válida se for moralmente aceitável por parte da maioria da população.

(C) A lei deve ser obedecida apenas na medida em que se revelar socialmente útil.

(D) O dever absoluto ou incondicional de obedecer a lei enquanto tal.

11. Em razão de profunda crise fiscal vivenciada pela República Delta, que teve como consequência a diminuição drástica de suas receitas tributárias, o governo do país resolveu recorrer a um empréstimo, de forma a obter os recursos financeiros necessários para que o Tesouro Nacional pudesse honrar os compromissos assumidos.

Neste sentido, o Presidente da República, seguindo os trâmites institucionais exigidos, recorre ao Banco Central, a fim de obter os referidos recursos a juros mais baixos que os praticados pelos bancos privados nacionais ou internacionais.

Se situação similar viesse a ocorrer na República Federativa do Brasil, segundo o nosso sistema jurídico-constitucional, o Banco Central

(A) teria que conceder o empréstimo, como instituição integrante do Poder Executivo, mas observando o limite máximo de cinquenta por cento de suas reservas.

(B) não poderia conceder o referido empréstimo para o Tesouro Nacional brasileiro, com base em expressa disposição constante na Constituição Federal de 1988.

(C) avaliaria as condições concretas do caso, podendo, ou não, conceder o empréstimo, atuando em bases semelhantes às utilizadas pela iniciativa privada.

(D) não poderia fazê-lo em termos que viessem a colocar em risco a saúde financeira da instituição, embora esteja obrigado a realizar o empréstimo.

12. No Município Alfa, 20% (vinte por cento) da população pertence a uma comunidade indígena. Hoje, o Município vive uma grande polêmica, porque alguns líderes da referida comunidade têm protestado contra a política educacional do Município, segundo a qual o ensino fundamental deve ser ofertado exclusivamente em língua portuguesa, rejeitando a possibilidade de a língua materna da comunidade indígena ser também utilizada no referido processo educacional.

Sobre a posição defendida pelos referidos líderes da comunidade indígena, segundo o sistema jurídico-constitucional brasileiro, assinale a afirmativa correta.

(A) Encontra base na Constituição de 1988, que, respeitando uma posição multiculturalista, abdica de definir uma língua específica como idioma oficial no território brasileiro.

(B) Não encontra fundamento na Constituição da República, que estabelece a língua portuguesa como a única língua passível de ser utilizada no ensino fundamental.

(C) Alicerça-se na Constituição de 1988, que assegura aos membros da comunidade indígena o direito de, no processo de aprendizagem do ensino fundamental, utilizar sua língua materna.

(D) Não se alicerça na Constituição de 1988, principalmente porque o reconhecimento da nacionalidade brasileira ao indígena tem por condição a capacidade deste último de se comunicar em língua portuguesa.

13. No dia 1º de janeiro de 2015, foi eleito o Presidente da República Alfa, para um mandato de quatro anos. Pouco depois, já no exercício do cargo, foi denunciado pelo Ministério Público de Alfa por ter sido flagrado cometendo o crime (comum) de lesão corporal contra um parente. Embora o referido crime não guarde nenhuma relação com o exercício da função, o Presidente da República Alfa mostra-se temeroso com a possibilidade de ser imediatamente afastado do exercício da presidência e preso.

Se a situação ocorrida na República Alfa acontecesse no Brasil, segundo o sistema jurídico-constitucional brasileiro, dar-se-ia

(A) o afastamento do Presidente da República se o Senado Federal deliberasse dessa maneira por maioria absoluta.

(B) a permanência do Presidente da República no exercício da função, embora tenha que responder pelo crime cometido após a finalização do seu mandato.

(C) o afastamento do Presidente da República se, após autorização da Câmara dos Deputados, houvesse sua condenação pelo Supremo Tribunal Federal.

(D) a autorização para que o Presidente da República finalizasse o seu mandato, caso o Senado Federal assim decidisse, após manifestação da Câmara dos Deputados.

14. Ante a ausência de norma regulamentadora de direito social na Constituição da República, cuja edição é de competência da União, ao que se soma a constatação de que a mora legislativa já fora reconhecida em diversas decisões do tribunal competente, o Sindicato dos Radiologistas do Estado Alfa, organização sindical regularmente constituída e em funcionamento há mais de 1 (um) ano, ingressa com Mandado de Injunção Coletivo perante o Supremo Tribunal Federal, pugnando pelo estabelecimento das condições necessárias à fruição do referido direito, de interesse de todos os servidores públicos lotados no Hospital de Diagnóstico por Imagem do respectivo ente, uma fundação pública estadual.

A partir do caso apresentado, com base na Constituição vigente e na Lei nº 13.300/16, assinale a afirmativa correta.

(A) A petição inicial do Mandado de Injunção Coletivo deverá ser indeferida desde logo, eis que manifestamente incabível, pois o autor não tem legitimidade ativa para a sua propositura.

(B) Ainda que reconhecido o estado de mora legislativa, o Supremo Tribunal Federal não pode estabelecer as condições para o exercício de um direito social.

(C) O Mandado de Injunção Coletivo deveria ter sido proposto perante o Tribunal de Justiça do Estado Alfa, pois a decisão abrangerá apenas os servidores da fundação pública estadual do respectivo ente.

(D) Com o trânsito em julgado da decisão do Supremo Tribunal Federal, julgando procedente o pedido formulado, seus efeitos podem ser estendidos a casos análogos por decisão monocrática do relator.

15. Durante pronunciamento em rede nacional, o Presidente da República é alertado por seus assessores sobre a ocorrência de um ataque balístico, em solo pátrio, oriundo de país fronteiriço ao Brasil. Imediatamente, anuncia que tal agressão armada não ficará sem resposta.

Após reunir-se com o Conselho da República e o Conselho de Defesa Nacional, solicita autorização ao Congresso Nacional para decretar o estado de sítio e adotar as seguintes medidas: I – a população que reside nas proximidades da área atacada deve permanecer dentro de suas casas ou em abrigos indicados pelo governo; II – imposição de restrições relativas à inviolabilidade da correspondência e ao sigilo das comunicações.

A partir do enunciado proposto, com base na ordem constitucional vigente, assinale a afirmativa correta.

(A) Cabe ao Congresso Nacional decidir, por maioria absoluta, sobre a decretação do estado de sítio, visto que as medidas propostas pelo Presidente da República revelam-se compatíveis com a ordem constitucional.

(B) Além de as medidas a serem adotadas serem incompatíveis com a ordem constitucional, a resposta à agressão armada estrangeira é causa de decretação do estado de defesa, mas não do estado de sítio.

(C) Embora as medidas a serem adotadas guardem compatibilidade com a ordem constitucional, a decretação do estado de sítio prescinde de prévia aprovação pelo Congresso Nacional.

(D) Cabe ao Congresso Nacional decidir, por maioria simples, sobre a instituição do estado de sítio, mas as medidas propostas pelo Presidente apresentam flagrante inconstitucionalidade.

16. A Constituição do Estado Alfa, em seu Art. 32, dispõe que "os vencimentos dos servidores públicos municipais da administração direta e indireta são pagos até o último dia de cada mês, corrigindo-se monetariamente seus valores se o pagamento se der além desse prazo".

Considerando os termos do preceito mencionado, assinale a afirmativa correta.

(A) Embora a CRFB/88 preconize ser de competência dos Municípios dispor sobre assuntos de interesse local, incumbe à União legislar, privativamente, sobre a organização administrativa e financeira dos entes federados; logo, o Art. 32 da Constituição do Estado Alfa é inconstitucional.

(B) Apesar de o Art. 32 da Constituição do Estado Alfa não apresentar vício formal de inconstitucionalidade, ele apresenta vício de ordem material, pois a CRFB/88 dispõe que os vencimentos dos servidores públicos devem ser pagos até o quinto dia útil do mês subsequente.

(C) O Art. 32 da Constituição do Estado Alfa não padece de vício de inconstitucionalidade, pois a CRFB/88 autoriza os Estados a dispor sobre a organização administrativa dos entes municipais que se encontram em sua circunscrição territorial.

(D) O referido dispositivo da Constituição do Estado Alfa é inconstitucional porque, ao estabelecer regra afeta aos servidores municipais, viola, com isso, a autonomia municipal para disciplinar a matéria.

17. Deputados Federais da oposição articularam-se na Câmara dos Deputados e obtiveram apoio de 1/3 (um terço) dos respectivos membros para instaurarem Comissão Parlamentar de Inquérito (CPI), visando a apurar supostos ilícitos praticados pelo Presidente da República. Para evitar que integrantes da base governista se imiscuíssem e atrapalhassem as investigações, foi deliberado que somente integrantes dos partidos oposicionistas comporiam a Comissão.

Diante do caso hipotético narrado, com base na ordem constitucional vigente, assinale a afirmativa correta.

(A) O procedimento está viciado porque não foi atingido o quórum mínimo de maioria simples, exigido pela Constituição de 1988, para a instauração da Comissão Parlamentar de Inquérito.

(B) O procedimento encontra-se viciado porque não assegurou a representação proporcional dos partidos ou blocos parlamentares que participam da Casa Legislativa.

(C) O procedimento encontra-se viciado em razão da inobservância do quórum mínimo exigido, de maioria absoluta.

(D) O procedimento narrado não apresenta quaisquer vícios de ordem material e formal, estando de acordo com os preceitos da Constituição de 1988.

18. Como advogada(o) atuante na área dos Direitos Humanos, você foi convidada(o) para participar de um evento na OAB sobre o Sistema Interamericano de Direitos Humanos. Em meio ao debate, foi alegado que a Convenção Americana dos Direitos Humanos não vincula juridicamente os Estados que a ratificaram, mas apenas cria um compromisso moral.

Em relação a tal alegação, é fundamental invocar o conhecido e importante Caso Velásquez Rodriguez. Essa decisão da Corte Interamericana dos Direitos Humanos é especialmente relevante porque

(A) foi a primeira condenação do Brasil pela Corte Interamericana de Direitos Humanos e obrigou o Estado brasileiro a reconhecer suas omissões, a indenizar os familiares da vítima e a promover ajustes no sistema de saúde pública brasileiro.

(B) afirmou que os Estados partes devem prevenir, investigar e punir toda violação dos direitos reconhecidos pela

Convenção Americana, bem como procurar, ademais, o restabelecimento, se possível, do direito violado e, se for o caso, a reparação dos danos produzidos pela violação dos Direitos Humanos.

(C) admitiu que o Sistema Interamericano dos Direitos Humanos é formado por um conjunto de órgãos que estão vinculados à Secretaria Geral da Organização dos Estados Americanos e subordinados à Assembleia Geral dessa mesma Organização, de forma que suas decisões apenas adquirem força vinculante quando confirmadas pela Assembleia Geral.

(D) estabeleceu o procedimento de eficácia das próprias decisões da Corte, que, após serem prolatadas, deverão ser encaminhadas para os tribunais superiores dos Estados partes da Convenção Americana dos Direitos Humanos, a fim de que sejam ratificadas por esses tribunais. Somente após essa confirmação é que as decisões se tornarão juridicamente vinculantes.

19. Maria, sua cliente, é mulher transexual e professora servidora pública lotada no Colégio de Aplicação de uma universidade federal. Na ocasião do concurso que prestou, Maria ainda era reconhecida como homem em sua identidade de gênero. Contudo, após a cirurgia de transgenitalização, pretende ser reconhecida como mulher. Ela procurou você porque tentou adotar o nome social – Maria – na Administração Pública, mas foi informada que, por trabalhar com adolescentes no ensino médio, isso não seria possível.

Assim, com base na norma que regulamenta o assunto, cabe a você esclarecer à administração da universidade que

(A) os órgãos e as entidades da administração pública federal direta, autárquica e fundacional, em seus atos e procedimentos, deverão adotar o nome social da pessoa travesti ou transexual, de acordo com seu requerimento.

(B) a Convenção Americana sobre Direitos Humanos, da qual o Brasil é signatário, determina que os Estados Partes assegurem a utilização do nome social de travestis e transexuais, tanto no âmbito da vida privada quanto da vida pública.

(C) após decisão do Supremo Tribunal Federal, o Conselho Nacional de Justiça já regulamentou que pessoas transexuais e travestis podem adotar o nome social nos contratos de trabalho, contratos civis e na relação com a administração pública.

(D) embora seja ato discricionário da administração pública acolher, ou não, o requerimento de travestis e transexuais para utilização do nome social, o requerimento deve ser acolhido, pois os alunos de Maria já a reconhecem como mulher desde a transgenitalização.

20. Pedro, cidadão de nacionalidade argentina e nesse país residente, ajuizou ação em face de sociedade empresária de origem canadense, a qual, ao final do processo, foi condenada ao pagamento de determinada indenização. Pedro, então, ingressou com pedido de homologação dessa sentença estrangeira no Brasil. Sobre a hipótese apresentada, assinale a afirmativa correta.

(A) Para que a sentença estrangeira seja homologada no Brasil, é necessário que ela tenha transitado em julgado no exterior.

(B) A sentença condenatória argentina não poderá ser homologada no Brasil por falta de tratado bilateral específico para esse tema entre os dois países.

(C) A sentença poderá ser regularmente homologada no Brasil, ainda que não tenha imposto qualquer obrigação a ser cumprida em território nacional, não envolva partes brasileiras ou domiciliadas no país e não se refira a fatos ocorridos no Brasil.

(D) De acordo com o princípio da efetividade, todo pedido de homologação de sentença alienígena, por apresentar elementos transfronteiriços, exige que haja algum ponto de conexão entre o exercício da jurisdição pelo Estado brasileiro e o caso concreto a ele submetido.

21. Michel, francês residente em Salvador há 12 anos, possui um filho brasileiro de 11 anos que vive às suas expensas, chamado Fernando, embora o menor resida exclusivamente com sua genitora, Sofia, brasileira, na cidade de São Paulo.

Sofia, ex-companheira de Michel, possui a guarda unilateral de Fernando. Por sentença transitada em julgado, Michel, que possui 47 anos, foi condenado por homicídio culposo a três anos de detenção.

Com relação ao caso narrado, segundo o que dispõe a Lei de Migração (Lei nº 13.445/17), assinale a afirmativa correta.

(A) Michel não poderá ser expulso do Brasil pelo fato de que sua condenação, ainda que transitada em julgado, decorre do cometimento de crime culposo.

(B) A dependência econômica de Fernando em relação a Michel não é suficiente para garantir a permanência do último no país, sendo necessário, ainda, que o filho esteja sob a guarda de Michel.

(C) O tempo de residência de Michel no Brasil, por ser superior há 10 anos, impossibilita que se proceda à sua expulsão.

(D) É desnecessário garantir o contraditório no processo de expulsão de Michel, porquanto se presume que a referida garantia constitucional já fora observada durante o processo penal.

22. A sociedade empresária Quitutes da Vó Ltda. teve sua falência decretada, tendo dívidas de obrigação tributária principal relativas a tributos e multas, dívida de R$ 300.000,00 decorrente de acidente de trabalho, bem como dívidas civis com garantia real.

Diante desse cenário, assinale a afirmativa correta.

(A) O crédito tributário de obrigação principal tem preferência sobre as dívidas civis com garantia real.

(B) A dívida decorrente de acidente de trabalho tem preferência sobre o crédito tributário de obrigação principal.

(C) O crédito tributário decorrente de multas tem preferência sobre a dívida de R$ 300.000,00 decorrente de acidente de trabalho.

(D) O crédito relativo às multas tem preferência sobre o crédito tributário de obrigação principal.

23. Maria Silva, que, durante sua vida, foi domiciliada no Distrito Federal, faleceu deixando um apartamento no Rio de Janeiro e um automóvel que, embora registrado no DETRAN do Amazonas, atualmente está em uso por um de seus herdeiros no Ceará. O inventário está em curso no Distrito Federal.

Quanto ao Imposto de Transmissão Causa Mortis e Doação – ITCMD devido, assinale a afirmativa correta.

(A) O ITCMD referente ao apartamento compete ao Distrito Federal, local onde o inventário está sendo processado.
(B) O ITCMD referente ao automóvel compete ao Ceará, local onde o bem está sendo usado.
(C) O ITCMD referente ao automóvel compete ao Distrito Federal, local onde o inventário está sendo processado.
(D) O ITCMD referente ao automóvel compete ao Amazonas, local onde o bem está registrado.

24. Rodrigo, em janeiro de 2018, objetivando melhorar o seu inglês, mudou-se para a Austrália para realizar um intercâmbio de 5 (cinco) meses, sem, contudo, prestar qualquer tipo de informação à Secretaria da Receita Federal do Brasil.

Durante o seu intercâmbio, precisando aumentar sua renda, Rodrigo prestou alguns serviços no exterior, recebendo por mês o equivalente a R$ 20.000,00 (vinte mil reais), totalizando R$ 100.000,00 (cem mil reais) ao longo dos cinco meses. Tais valores foram tributados na Austrália.

Em abril do ano seguinte, Rodrigo questiona você sobre se deve declarar tais rendimentos à Secretaria da Receita Federal do Brasil, para fins de apuração do Imposto sobre a Renda de Pessoa Física (IRPF).

Sobre a hipótese formulada e considerando que o Brasil não possui convenção internacional com a Austrália para evitar a bitributação, assinale a afirmativa correta.

(A) Como os rendimentos foram obtidos no exterior, o Fisco Federal não possui competência para cobrá-los; sendo assim, Rodrigo não deve declará-los.
(B) Como os rendimentos foram tributados no exterior, Rodrigo não deve declará-los, sob pena de bitributação.
(C) Rodrigo não está obrigado a declarar e recolher o IRPF, uma vez que os rendimentos obtidos no exterior estão alcançados por imunidade.
(D) Os rendimentos de Rodrigo deverão ser declarados e tributados, uma vez que, tratando-se de residente fiscal no Brasil, a tributação do imposto sobre a renda independe da origem dos rendimentos.

25. Decretado estado de calamidade pública financeira, o Presidente da República edita Medida Provisória (MP), instituindo, temporariamente, imposto extraordinário, incidente sobre os serviços de qualquer natureza, a ser suprimido, gradativamente, no prazo máximo de 5 (cinco) anos. Em seu último parágrafo, a MP prevê que entra em vigor e passa a gerar efeitos a partir da sua publicação, o que se dá em 20/12/2019.

Assinale a opção que apresenta o vício da referida Medida Provisória, tal como editada.

(A) À Lei Complementar, e não a uma MP, cabe instituir impostos extraordinários.
(B) A instituição de impostos extraordinários só é permitida na iminência ou no caso de guerra externa.
(C) À União é vedado cobrar tributos no mesmo exercício financeiro em que haja sido publicada a lei que os instituiu ou aumentou.
(D) A referida MP viola a competência constitucional privativa dos Municípios para instituir impostos sobre serviços de qualquer natureza.

26. José está sendo executado por dívida tributária municipal não paga. Na Certidão de Dívida Ativa (CDA) que instrui a execução fiscal, constam o nome do devedor e seu domicílio; a quantia devida e a maneira de calcular os juros de mora; a origem e natureza do crédito, com menção do decreto municipal em que está fundado; e a data em que foi inscrito. José oferece embargos à execução, atacando a CDA, que reputa incorreta.

Diante desse cenário, José

(A) tem razão, pois cabe à Fazenda Pública o ônus da prova de que a CDA cumpre todos os requisitos obrigatoriamente exigidos por lei.
(B) tem razão, pois a CDA deve mencionar dispositivo de lei em que o crédito tributário está fundado.
(C) não tem razão, pois esta CDA goza de presunção *iuris et de iure* (absoluta) de certeza e liquidez.
(D) não tem razão, pois esta CDA contém todos os requisitos obrigatoriamente exigidos por lei.

27. Amadeu, assim que concluiu o ensino médio, inscreveu-se e foi aprovado em concurso público para o cargo de técnico administrativo do quadro permanente de determinado Tribunal Regional Federal, cargo em que alcançou a estabilidade, após o preenchimento dos respectivos requisitos legais.

Enquanto estava no exercício das funções desse cargo, Amadeu cursou e concluiu a Faculdade de Direito, razão pela qual decidiu prestar concurso público e foi aprovado para ingressar como advogado de certa sociedade de economia mista federal, que recebe recursos da União para o seu custeio geral.

Diante dessa situação hipotética, assinale a afirmativa correta.

(A) Amadeu poderá acumular o cargo no Tribunal com o emprego na sociedade de economia mista federal, se houver compatibilidade de horários.
(B) A estabilidade já alcançada por Amadeu estende-se à sociedade de economia mista, considerando-se que aquela se consuma no serviço público, e não no cargo.
(C) Amadeu, ao ser contratado pela sociedade de economia mista, continua submetido ao teto remuneratório do serviço público federal.
(D) Amadeu poderia ser transferido para integrar os quadros da sociedade de economia mista sem a realização de novo concurso público.

28. O Ministério Público Federal denunciou Marcos, fiscal da Receita Federal, pelo crime de peculato doloso, em decorrência da existência de provas contundentes de que tal servidor apropriou-se de dinheiro público de que tinha guarda.

Ao tomar conhecimento de tais fatos, durante o trâmite do processo penal, a autoridade administrativa competente determinou a instauração de processo administrativo disciplinar, que, após o devido processo legal, levou à demissão de Marcos antes do julgamento da ação penal.

Sobre a questão apresentada, assinale a afirmativa correta.

(A) A Administração fica vinculada à capitulação estabelecida no processo penal, vedada a incidência de qualquer falta residual no âmbito administrativo, considerando que peculato constitui crime contra a Administração Pública.
(B) A demissão de Marcos na esfera administrativa é válida, mas a superveniência de eventual sentença penal absolutória,

por ausência de provas, exige a reintegração do servidor no mesmo cargo que ocupava.
(C) O processo administrativo disciplinar deveria ter sido instaurado para apurar a conduta de Marcos, mas impunha-se sua suspensão diante da existência de processo criminal pelos mesmos fatos.
(D) Deve ser aplicado ao processo administrativo disciplinar o prazo prescricional previsto na lei penal para o crime de peculato cometido por Marcos.

29. O Município Alfa pretende formalizar uma parceria público-privada para a realização de obras, instalação de postes e prestação de serviços de iluminação pública. A contraprestação da concessionária vencedora da licitação seria inteiramente custeada pela Administração Pública local, mediante ordem bancária e por outorga de direitos sobre bens públicos dominicais do município.

Sobre essa situação hipotética, assinale a afirmativa correta.

(A) A contratação almejada não é possível, porque o ordenamento não admite que a Administração arque com o custeio integral de parceria público-privada.
(B) A outorga de direitos sobre bens públicos dominicais não é contraprestação admissível para a formalização da parceria.
(C) O Município Alfa deveria utilizar-se de concessão administrativa para a formalização da contratação pretendida.
(D) A natureza individual (*uti singuli*) do serviço em questão exige a cobrança de tarifa do usuário para a realização da parceria público-privada almejada.

30. (ADAPTADA) Ao tomar conhecimento de fraude em licitação ocorrida em novembro de 2013, decorrente de conluio entre a *sociedade empresária Espertinha* e Garibaldo, servidor ocupante, exclusivamente, de cargo comissionado, o Ministério Público, em janeiro de 2019, ajuizou ação civil pública por improbidade, em razão de ato que causou prejuízo ao erário, em desfavor de ambos os envolvidos.

Comunicada de tais fatos, a Administração Pública demitiu Garibaldo em abril de 2019, após garantir-lhe ampla defesa e contraditório em processo administrativo.

Sobre a questão apresentada, na qualidade de advogado consultado pela *sociedade empresária Espertinha*, especificamente sobre a possibilidade de aplicação da sanção de proibição de contratar com a Administração Pública e receber benefícios fiscais, assinale a afirmativa correta.

(A) A prescrição da pretensão ministerial de aplicação da sanção questionada para qualquer dos demandados não se consumou.
(B) A pretensão do Ministério Público, de aplicação da sanção questionada, está prescrita em relação a Garibaldo e à sociedade *empresária Espertinha*, dado que o prazo relativo a ambos iniciou-se com a realização da conduta.
(C) A prescrição da pretensão ministerial para aplicação da sanção apenas em relação à sociedade *empresária Espertinha* operou-se, na medida em que o prazo a ela aplicável iniciou-se com a realização da conduta.
(D) A sociedade *empresária Espertinha*, por não se enquadrar no conceito de agente público, não pode responder por improbidade administrativa, não sendo a ela aplicável a sanção questionada.

31. A União, diante da necessidade de utilização do imóvel produtivo de Astrobaldo para fazer passar importante oleoduto, fez editar Decreto que declarou a utilidade pública do bem para tal finalidade e determinou que a concessionária do setor levasse a efeito a mencionada intervenção, na forma do contrato de concessão, de modo a instituir o respectivo direito real de gozo para a Administração Pública.

Astrobaldo recusou-se a permitir o ingresso de prepostos da referida sociedade no bem para realizar as respectivas obras, o que levou a concessionária a ajuizar ação específica, com pedido liminar de imissão provisória na posse, para a implementação do estabelecido no Decreto.

Diante dessa situação hipotética, assinale a afirmativa correta.

(A) A concessionária não poderia levar a efeito a intervenção do Estado na propriedade pretendida pela União, porque não pode exercer poder de polícia.
(B) A intervenção do Estado na propriedade pretendida é a requisição, considerando a necessidade do bem de Astrobaldo para a realização de serviço público.
(C) O pedido de imissão provisória na posse foi equivocado, porque não é cabível o procedimento da ação de desapropriação na intervenção em comento, cuja modalidade é a servidão.
(D) O eventual deferimento da imissão provisória na posse importará no dever de acrescer juros compensatórios sobre a indenização que venha a ser determinada no processo.

32. O Município Delta está passando por graves dificuldades financeiras e recebeu da *sociedade empresária Incorporatudo* uma proposta para alienar determinada praça pública, situada em bairro valorizado, por montante consideravelmente superior ao praticado no mercado, em decorrência do grande interesse que a *Incorporatudo* tem de promover um empreendimento de luxo no local.

Diante dessa situação hipotética, assinale a afirmativa correta.

(A) O Município Delta pode alienar o bem em questão, mediante autorização por Decreto e sem licitação, diante da obtenção do lucro que poderia ser revertido para a coletividade.
(B) O bem em foco, por ser dominical, poderia ser alienado pelo Município Delta mediante autorização legislativa, dispensada a licitação em razão do alto valor oferecido.
(C) O bem público em comento, em razão de ser de uso comum, só poderia ser alienado se houvesse a sua prévia desafetação e fossem seguidos os ditames da lei geral de licitações.
(D) O bem de uso especial é passível de alienação pelo Município Delta, apesar de, na hipótese, ser necessária a licitação.

33. A sociedade empresária Alfa opera, com regular licença ambiental expedida pelo órgão federal competente, empreendimento da área de refino de petróleo que está instalado nos limites do território do Estado da Federação Beta e localizado no interior de unidade de conservação instituída pela União. Durante o prazo de validade da licença de operação, o órgão federal competente, com a aquiescência do órgão estadual competente do Estado Beta, deseja delegar a execução de ações administrativas a ele atribuídas, consistente na fiscalização do cumprimento de condicionantes da licença ambiental para o Estado Beta.

Sobre a delegação pretendida pelo órgão federal, consoante dispõe a Lei Complementar nº 140/2011, assinale a afirmativa correta.

(A) É possível, desde que o Estado Beta disponha de órgão ambiental capacitado a executar as ações administrativas a serem delegadas e de conselho de meio ambiente.

(B) É possível, desde que haja prévia manifestação dos conselhos nacional e estadual do meio ambiente, do Ministério Público e homologação judicial.

(C) Não é possível, eis que a competência para licenciamento ambiental é definida por critérios objetivos estabelecidos na legislação, sendo vedada a delegação de competência do poder de polícia ambiental.

(D) Não é possível, eis que a delegação de ações administrativas somente é permitida quando realizada do Município para Estado ou União, ou de Estado para União, vedada a delegação de atribuição ambiental federal.

34. O Estado Z promulga lei autorizando a supressão de vegetação em Área de Preservação Permanente para pequenas construções. A área máxima para supressão, segundo a lei, é de 100 metros quadrados quando utilizados para lazer e de 500 metros quadrados quando utilizados para fins comerciais.

Sobre a referida lei, assinale a afirmativa correta.

(A) A lei é válida, uma vez que é competência privativa dos Estados legislar sobre as Áreas de Preservação Permanente inseridas em seu território.

(B) A lei é válida apenas com relação à utilização com finalidade de lazer, uma vez que é vedada a exploração comercial em Área de Preservação Permanente.

(C) A lei é inconstitucional, uma vez que compete aos Municípios legislar sobre impactos ambientais de âmbito local.

(D) A lei é inconstitucional, uma vez que é competência da União dispor sobre normas gerais sobre proteção do meio ambiente.

35. Joel e Simone se casaram em regime de comunhão total de bens em 2010. Em 2015, depois de vários períodos conturbados, Joel abandonou a primeira e única residência de 150 m2, em área urbana, que o casal havia adquirido mediante pagamento à vista, com recursos próprios de ambos, e não dá qualquer notícia sobre seu paradeiro ou intenções futuras.

Em 2018, após Simone ter iniciado um relacionamento com Roberto, Joel reaparece subitamente, notificando sua ex-mulher, que não é proprietária nem possuidora de outro imóvel, de que deseja retomar sua parte no bem, eis que não admitiria que ela passasse a morar com Roberto no apartamento que ele e ela haviam comprado juntos.

Sobre a hipótese narrada, assinale a afirmativa correta.

(A) Apesar de ser possuidora de boa-fé, Simone pode se considerar proprietária da totalidade do imóvel, tendo em vista a efetivação da usucapião extraordinária.

(B) Uma vez que a permanência de Simone no imóvel é decorrente de um negócio jurídico realizado entre ela e Joel, é correto indicar um desdobramento da posse no caso narrado.

(C) Como Joel deixou o imóvel há mais de dois anos, Simone pode alegar usucapião da fração do imóvel originalmente pertencente ao ex-cônjuge.

(D) A hipótese de usucapião é impossível, diante do condomínio sobre o imóvel entre Joel e Simone, eis que ambos são proprietários.

36. Liz e seu marido Hélio adquirem uma fração de tempo em regime de multipropriedade imobiliária no hotel-fazenda *Cidade Linda*, no estado de Goiás. Pelos termos do negócio, eles têm direito a ocupar uma das unidades do empreendimento durante os meses de dezembro e janeiro, em regime fixo.

No ano seguinte à realização do negócio, as filhas do casal, Samantha e Laura, ficam doentes exatamente em dezembro, o que os impede de viajar. Para contornar a situação, Liz oferece à sua mãe, Alda, o direito de ir para o *Cidade Linda* no lugar deles.

Ao chegar ao local, porém, Alda é barrada pela administração do hotel, sob o fundamento de que somente a família proprietária poderia ocupar as instalações da unidade.

Você, como advogado(a), deve esclarecer se o ato é legal, assinalando a opção que indica sua orientação.

(A) O ato é legal, pois o regime de multipropriedade, ao contrário do condominial, é personalíssimo.

(B) O ato é ilegal, pois, como hipótese de condomínio necessário, a multipropriedade admite o uso das unidades por terceiros.

(C) O ato é ilegal, pois a possibilidade de cessão da fração de tempo do multiproprietário em comodato é expressamente prevista no Código Civil.

(D) O ato é legal, pois o multiproprietário tem apenas o direito de doar ou vender a sua fração de tempo, mas nunca cedê-la em comodato.

37. Hugo, corretor de imóveis, recebe oferta de contrato, por prazo indeterminado, para intermediar a realização de negócios sobre novo empreendimento imobiliário, cujo lançamento ocorrerá em data próxima, obtendo as seguintes informações:

(i) as características gerais do empreendimento, com a descrição da planta, da área e do valor de cada unidade autônoma projetada, em condomínio edilício;

(ii) o valor oferecido em remuneração pelos serviços de corretagem correspondente a 4% sobre o valor da venda.

Entusiasmado, Hugo entra em contato com diversos clientes (potenciais compradores), a fim de mediar a celebração de compromissos de compra e venda com o dono do negócio.

Nesse ínterim, consegue marcar uma reunião entre o incorporador (dono do negócio) e seu melhor cliente, sócio de uma grande rede de farmácias, pretendendo adquirir a loja principal do empreendimento. Após a reunião, em que as partes se mostraram interessadas em prosseguir com as negociações, nenhum dos futuros contratantes tornou a responder ao corretor, que não mais atuou nesse empreendimento, ante a sua dispensa. Soube, meses depois, que o negócio havia sido fechado entre o incorporador e o comprador, em negociação direta, ao valor de R$ 5.000.000,00 (cinco milhões de reais).

Diante do exposto, assinale a afirmativa correta.

(A) A dispensa do corretor não ilide o dever de pagar a remuneração que lhe era devida, pois o negócio se realizou posteriormente, como fruto de sua mediação.

(B) Ainda que tenha iniciado a negociação com a atuação do corretor, uma vez concluído o negócio diretamente entre as partes, nenhuma remuneração será devida.

(C) A ausência do corretor na negociação que resultou no acordo de venda evidencia o descumprimento do dever de diligência e prudência, motivo pelo qual perde o direito à remuneração.

(D) O corretor tem direito à remuneração parcial e proporcional, pois, apesar de dispensado, iniciou a intermediação, e o negócio ao final se concretizou.

38. Ao falecer em 2019, Januário deixa duas filhas vivas: Rosana, mãe de Luna, e Helena, mãe de Gabriel. O filho mais velho de Januário, Humberto, falecera em 2016, deixando-lhe dois netos: Lucas e João. Sobre a sucessão de Januário, assinale a afirmativa correta.

(A) Lucas, João, Luna, Gabriel e Vinícius são seus herdeiros.
(B) Helena, Rosana, Lucas e João são seus herdeiros, cada um herdando uma quota igual da herança deixada por Januário.
(C) Apenas Helena e Rosana são suas herdeiras.
(D) São seus herdeiros Helena, Rosana e os sobrinhos Lucas e João, que receberão, cada um, metade equivalente ao quinhão de uma das tias.

39. Érico é amigo de Astolfo, famoso colecionador de obras de arte. Érico, que está abrindo uma galeria de arte, perguntou se Astolfo aceitaria locar uma das pinturas de seu acervo para ser exibida na grande noite de abertura, como forma de atrair mais visitantes. Astolfo prontamente aceitou a proposta, e ambos celebraram o contrato de locação da obra, tendo Érico se obrigado a restituí-la já no dia seguinte ao da inauguração. O aluguel, fixado em parcela única, foi pago imediatamente na data de celebração do contrato.

A abertura da galeria foi um grande sucesso, e Érico, assoberbado de trabalho nos dias que se seguiram, não providenciou a devolução da obra de arte para Astolfo. Embora a galeria dispusesse de moderna estrutura de segurança, cerca de uma semana após a inauguração, Diego, estudante universitário, invadiu o local e vandalizou todas as obras de arte ali expostas, destruindo por completo a pintura que fora cedida por Astolfo. As câmeras de segurança possibilitaram a pronta identificação do vândalo.

De acordo com o caso narrado, assinale a afirmativa correta.

(A) Érico tem o dever de indenizar Astolfo, integralmente, pelos prejuízos sofridos em decorrência da destruição da pintura.
(B) Érico não pode ser obrigado a indenizar Astolfo pelos prejuízos decorrentes da destruição da pintura porque Diego, o causador do dano, foi prontamente identificado.
(C) Érico não pode ser obrigado a indenizar Astolfo pelos prejuízos decorrentes da destruição da pintura porque adotou todas as medidas de segurança necessárias para proteger a obra de arte.
(D) Érico somente estará obrigado a indenizar Astolfo se restar comprovado que colaborou, em alguma medida, para que Diego realizasse os atos de vandalismo.

40. Leandro decide realizar uma doação com a finalidade exclusiva de remunerar serviços prestados voluntária e espontaneamente por Carmen em sua ONG (Organização Não Governamental). Oferece, então, um pequeno imóvel residencial, avaliado em R$ 100.000,00 (cem mil reais), por instrumento particular, oportunidade na qual o doador fez questão de estipular uma obrigação: Carmen teria que realizar benfeitorias específicas na casa, tais como a troca dos canos enferrujados, da fiação deteriorada, bem como a finalização do acabamento das paredes, com a devida pintura final.

A donatária aceita os termos da doação e assina o documento particular, imitindo-se na posse do bem e dando início às obras. Alguns dias depois, orientada por um vizinho, reúne-se com o doador e decide formalizar a doação pela via de escritura pública, no ofício competente, constando também cláusula de renúncia antecipada do doador a pleitear a revogação da doação por ingratidão.

Dois anos depois, após sérios desentendimentos e ofensas públicas desferidas por Carmen, esta é condenada, em processo cível, a indenizar Leandro ante a prática de ato ilícito, qualificado como injúria grave. Leandro, então, propõe uma ação de revogação da doação.

Diante desse fato, assinale a afirmativa correta.

(A) Mesmo diante da prática de injúria grave por parte de Carmen, Leandro não pode pretender revogar a doação, porque houve renúncia expressa no contrato.
(B) A doação para Carmen se qualifica como condicional, eis que depende do cumprimento da obrigação de realizar as obras para a sua confirmação.
(C) A doação para Carmen não pode ser revogada por ingratidão, porque o ato de liberalidade do doador teve motivação puramente remuneratória.
(D) O ordenamento admite que a doação para Carmen fosse realizada por instrumento particular, razão pela qual a realização da escritura pública foi um ato desnecessário.

41. Carlos, motorista de táxi, estava parado em um cruzamento devido ao sinal vermelho. De repente, de um prédio em péssimo estado de conservação, de propriedade da sociedade empresária XYZ e alugado para a sociedade ABC, caiu um bloco de mármore da fachada e atingiu seu carro.

Sobre o fato narrado, assinale a afirmativa correta.

(A) Carlos pode pleitear, da sociedade XYZ, indenização pelos danos sofridos.
(B) Carlos pode pleitear indenização pelos danos sofridos apenas da sociedade ABC.
(C) A sociedade XYZ pode se eximir de responsabilidade alegando culpa da sociedade ABC.
(D) A sociedade ABC pode se eximir de responsabilidade alegando culpa exclusiva da vítima.

42. A proteção da estrutura familiar da criança e do adolescente e o fomento ao convívio familiar em condições salutares à pessoa em desenvolvimento fizeram com que o legislador, na concepção do Estatuto da Criança e do Adolescente, previsse medidas aplicáveis aos pais ou responsáveis em casos de problemas familiares envolvendo crianças e adolescentes.

Diante do exposto, assinale a afirmativa correta.

(A) As medidas de inclusão em programa oficial ou comunitário de auxílio, de orientação e tratamento a alcoólatras e toxicômanos, e de encaminhamento a tratamento psicológico ou psiquiátrico podem ser aplicadas direta e autonomamente pelos Conselhos Tutelares.
(B) As medidas de encaminhamento a cursos ou programas de orientação e de matricular obrigatoriamente o filho ou pupilo e acompanhar sua frequência e seu aproveitamento escolar somente podem ser aplicadas pela autoridade judiciária.

(C) As medidas de encaminhamento a serviços e programas oficiais ou comunitários de proteção, apoio e promoção da família e de obrigação de encaminhar a criança ou o adolescente a tratamento especializado não podem ser aplicadas diretamente pelos Conselhos Tutelares.

(D) As medidas de encaminhamento a tratamento psiquiátrico, de perda da guarda, de destituição da tutela ou de suspensão ou destituição do poder familiar somente podem ser aplicadas pela autoridade judiciária.

43. Augusto, que atua como Promotor de Justiça com atribuição na área de Justiça da Infância e da Juventude do Município Sigma, é casado com a filha de Isabela, cujo outro filho, Ramiro, pretende se candidatar à função de conselheiro tutelar no mesmo município.

Considerando o caso hipotético narrado e de acordo com as normas do Estatuto da Criança e do Adolescente, assinale a afirmativa correta.

(A) O impedimento legal para que Ramiro desempenhe a função de conselheiro tutelar no Município Sigma não se extingue com a dissolução do casamento de sua irmã.

(B) O parentesco por afinidade entre Augusto e Ramiro configura impedimento legal para que Ramiro desempenhe a função de conselheiro tutelar no município da comarca em que Augusto atua.

(C) A situação não impede que Ramiro sirva na função de conselheiro tutelar no município sob a atuação de Augusto, mas o impede de atuar nos atendimentos em que Augusto figure como promotor.

(D) A situação não impede que Ramiro atue na função de conselheiro tutelar, porque o ECA veda apenas que parentes, consanguíneos ou por adoção, do representante do Ministério Público com atuação na Justiça da Infância e da Juventude sirvam no mesmo conselho tutelar.

44. Maria compareceu à loja Bela, que integra rede de franquias de produtos de beleza e cuidados com a pele. A vendedora ofereceu a Maria a possibilidade de experimentar gratuitamente o produto na própria loja, sendo questionada pela cliente se esta poderia fazer uso com quadro de acne em erupção e inflamada, oportunidade em que a funcionária afirmou que sim. Porém, imediatamente após a aplicação do produto, Maria sentiu ardência e vermelhidão intensas, não o comprando. Logo após sair da loja, a situação agravou-se, e Maria buscou imediato atendimento médico de emergência, onde se constataram graves lesões na pele. Da leitura do rótulo obtido através do site da loja, evidenciou-se erro da vendedora, que utilizou no rosto da cliente produto contraindicado para o seu caso.

Nessa situação, à luz do Código de Defesa do Consumidor e do entendimento do Superior Tribunal de Justiça, é correto afirmar que

(A) é objetiva a responsabilidade civil da vendedora que aplicou o produto em Maria sem observar as contraindicações, afastando-se a responsabilidade da empresa por culpa de terceiro.

(B) a responsabilidade civil objetiva recai exclusivamente sobre a franqueadora, a quem faculta-se ingressar com ação de regresso em face da franqueada.

(C) se a franqueadora for demandada judicialmente, não poderá invocar denunciação da lide à franqueada, por se tratar de acidente de consumo.

(D) não há relação de consumo, uma vez que se tratou de hipótese de amostra grátis, sem que tenha se materializado a relação de consumo, em razão de o produto não ter sido comprado por Maria.

45. Josefina trabalhou por trinta anos na sociedade empresária X e, durante todo o tempo em que esteve na ativa, Josefina aderiu ao plano de saúde na modalidade coletiva, que era oferecido aos funcionários da sociedade empresária.

Ao se aposentar, Josefina foi unilateralmente desligada do plano de saúde coletivo, por ato da operadora do plano de saúde, sob a justificativa de que os inativos não poderiam integrar o contrato coletivo, mesmo a consumidora se dispondo a realizar o pagamento integral da mensalidade, correspondente ao valor da sua contribuição, enquanto vigente seu contrato de trabalho, e a parte antes subsidiada por sua ex-empregadora.

A aposentada, então, procurou você, como advogado(a), para que a orientasse, nos termos dos Direitos do Consumidor e do entendimento do STJ.

Assinale a opção que apresenta, corretamente, sua orientação.

(A) Em razão do desligamento da empresa por motivo de aposentadoria, Josefina está impedida de manter-se vinculada ao contrato coletivo, por expressa vedação legal que regula os contratos coletivos.

(B) Mesmo se desligando da empresa por motivo de aposentadoria, Josefina tem direito à manutenção do plano de saúde, porém reservando-se à operadora a possibilidade de limitar a cobertura assistencial.

(C) Ainda que tenha se aposentado e se desligado da empresa, Josefina tem direito à manutenção no plano de saúde nas mesmas condições de cobertura assistencial de que gozava, quando da vigência do contrato de trabalho.

(D) Em razão do desligamento da empresa por motivo de aposentadoria, a operadora do plano de saúde possui autonomia para cancelar o plano de saúde de Josefina, devendo à consumidora pactuar novo contrato, na modalidade individual.

46. Alexandre Larocque pretende constituir sociedade do tipo limitada sem se reunir a nenhuma outra pessoa e consulta sua advogada para saber a possibilidade de efetivar sua pretensão.

Assinale a opção que apresenta a resposta dada pela advogada ao seu cliente.

(A) É possível. A sociedade limitada pode ser constituída por uma pessoa, hipótese em que se aplicarão ao ato de instituição, no que couberem, as disposições sobre o contrato social.

(B) Não é possível. A sociedade limitada só pode ser unipessoal acidentalmente e pelo prazo máximo de 180 dias, nos casos em que remanescer apenas um sócio pessoa natural.

(C) Não é possível. Apenas a empresa pública e a subsidiária integral podem ser sociedades unipessoais e constituídas com apenas sócio pessoa jurídica.

(D) É possível, desde que o capital mínimo da sociedade limitada seja igual ou superior a 100 (cem) salários mínimos e esteja totalmente integralizado.

47. Bonfim emitiu nota promissória à ordem em favor de Normandia, com vencimento em 15 de março de 2020 e pagamento na cidade de Alto Alegre/RR. O título de crédito passou por três endossos antes de seu vencimento. O primeiro endosso foi em favor de Iracema, com proibição de novo endosso; o segundo endosso, sem garantia, se deu em favor de Moura; no terceiro e último endosso, o endossante indicou Cantá como endossatário.

Vencido o título sem pagamento, o portador poderá promover a ação de cobrança em face de

(A) Bonfim, o emitente e coobrigado, e dos obrigados principais Iracema e Moura, observado o aponte tempestivo do título a protesto por falta de pagamento para o exercício do direito de ação somente em face do coobrigado.

(B) Bonfim, o emitente e obrigado principal, e do endossante e coobrigado Moura, observado o aponte tempestivo do título a protesto por falta de pagamento para o exercício do direito de ação em face do coobrigado.

(C) Normandia, primeira endossante e obrigado principal, e do endossante Moura, observado o aponte tempestivo do título a protesto por falta de pagamento para o exercício do direito de ação em face de ambos.

(D) Iracema, Normandia e Cantá, endossantes e coobrigados da nota promissória, dispensado o aponte do título a protesto por falta de pagamento para o exercício do direito de ação em face deles.

48. Andropoulos Inc. é uma sociedade constituída na Grécia, com sede em Atenas e sócios de nacionalidade grega, exceto a sócia Querência, brasileira nata, que detém participação de 80% do capital, dividido em quotas.

Se essa sociedade quiser atuar no Brasil por meio de uma sucursal em São Paulo/SP, será necessário

(A) ter, permanentemente, representante no Brasil, com poderes para resolver quaisquer questões, exceto receber citação judicial pela sociedade.

(B) transferir sua sede para o Brasil, na hipótese de nacionalizar-se, mediante deliberação unânime de seus sócios, independentemente de autorização do Poder Executivo.

(C) obter autorização do Poder Executivo e, em até seis meses do início de sua atividade, realizar sua inscrição na Junta Comercial do Estado de São Paulo, lugar em que deve se estabelecer.

(D) sujeitar-se às leis e aos tribunais brasileiros quanto às operações praticadas no Brasil, e qualquer modificação no contrato dependerá da aprovação do Poder Executivo para produzir efeitos no país.

49. Moema, Madalena e Carmen são sócias em uma sociedade empresária administrada por Antônio Cardoso. O objeto social é a distribuição de artigos de limpeza e asseio. Moema tem 90% do capital, Madalena tem 9% e Carmen, 1%.

Ficando caracterizada confusão patrimonial pelo cumprimento repetitivo pela sociedade de obrigações pessoais das sócias por ação do administrador e a mando delas, o juiz poderá desconsiderar a personalidade jurídica da sociedade, para atingir os bens particulares

(A) de Moema, somente.

(B) de Antônio, somente.

(C) de Moema, Madalena, Carmen e Antônio.

(D) de Moema e Madalena, somente.

50. A sociedade Nerópolis Fretamentos de Cargas Ltda. está passando por grave crise financeira e precisa, com a máxima urgência, pleitear recuperação judicial. A pedido de um dos administradores, o sócio Irapuan Pinheiro, titular de 70% do capital social, autorizou o pedido de recuperação judicial por esse administrador, o que foi feito.

Acerca da situação narrada, assinale a afirmativa correta.

(A) A conduta do sócio Irapuan Pinheiro foi ilícita, pois somente por decisão unânime dos sócios é possível pleitear a recuperação judicial de sociedade limitada.

(B) A conduta do administrador foi lícita, pois é dispensável, em qualquer caso, a manifestação da assembleia de sócios para o pedido de recuperação judicial de sociedade limitada.

(C) A conduta do sócio Irapuan Pinheiro foi lícita, pois, em caso de urgência, é possível a qualquer sócio titular de mais da metade do capital social autorizar os administradores a requerer recuperação judicial.

(D) A conduta do administrador foi ilícita, pois deveria ter sido convocada assembleia de sócios para deliberar sobre a matéria com quórum de, no mínimo, 3/4 (três quartos) do capital social.

51. Patrícia aluga seu escritório profissional no edifício *Law Offices*, tendo ajuizado ação em face de sua locadora, a fim de rever o valor do aluguel. Aberto prazo para a apresentação de réplica, ficou silente a parte autora.

O juiz, ao examinar os autos para prolação da sentença, verificou não ter constado o nome do patrono da autora da publicação do despacho para oferta de réplica. Entretanto, não foi determinada a repetição do ato, e o pedido foi julgado procedente.

Sobre o processo em questão, assinale a afirmativa correta.

(A) Se a ré alegar, em sede de apelação, a irregularidade da intimação para apresentação de réplica, deverá ser pronunciada a nulidade.

(B) Não havia necessidade de repetição da intimação para apresentação de réplica, já que o mérito foi decidido em favor da parte autora.

(C) Caso tivesse sido reconhecida a irregularidade da intimação para apresentação de réplica, caberia ao juiz retomar o processo do seu início, determinando novamente a citação da ré.

(D) Independentemente de ter havido ou não prejuízo à parte autora, a intimação deveria ter sido repetida, sob pena de ofensa ao princípio do contraditório.

52. Guilherme, em 13/03/2019, ajuizou ação indenizatória contra Rodrigo, a qual tramita no Juízo da 5ª Vara Cível da Comarca de Belo Horizonte, em autos físicos. Em contestação, Rodrigo defendeu, preliminarmente, a incompetência do Poder Judiciário, pois as partes teriam pactuado convenção de arbitragem no contrato que fundamentava a demanda movida por Guilherme.

Rodrigo, no mérito de sua defesa, requereu a improcedência do pedido indenizatório, uma vez que teria cumprido o contrato celebrado entre as partes. Após a apresentação de réplica, o

Juízo da 5ª Vara Cível da Comarca de Belo Horizonte proferiu decisão na qual rejeitou a preliminar arguida por Rodrigo e intimou as partes para informar as provas que pretendiam produzir.

Inconformado, Rodrigo interpôs agravo de instrumento contra a parcela da decisão que rejeitou a preliminar de convenção de arbitragem. No entanto, Rodrigo não cumpriu a obrigação de comunicação ao juízo de primeiro grau da interposição do agravo no prazo de 3 dias, deixando de apresentar a cópia da petição do agravo de instrumento e o comprovante de sua interposição para o Juízo da 5ª Vara Cível da Comarca de Belo Horizonte.

Para que o recurso de Rodrigo não seja conhecido com base nesse vício formal, assinale a opção que apresenta a medida a ser adotada por Guilherme.

(A) Ele não pode fazer nada, pois o vício formal é sanável, de ofício, pelo desembargador responsável por relatar o agravo de instrumento, o qual deve intimar Rodrigo para apresentar cópia da petição do agravo de instrumento e o comprovante de sua interposição.

(B) Ele poderá, em qualquer momento da tramitação do agravo de instrumento, apontar que Rodrigo descumpriu a exigência de comunicação ao primeiro grau.

(C) Ele deverá, em suas contrarrazões ao agravo de instrumento, apontar que Rodrigo descumpriu a exigência de comunicação em questão.

(D) Ele não precisará fazer nada, pois esse vício formal é insanável e poderá ser conhecido, de ofício, pelo desembargador responsável por relatar o agravo de instrumento.

53. O Juízo da 1ª Vara de Fazenda Pública da Comarca da Capital do Estado do Rio de Janeiro, em ação ajuizada por Jorge, servidor público, condenou o Município do Rio de Janeiro ao pagamento de verbas remuneratórias atrasadas que não haviam sido pagas pelo ente municipal.

Após o trânsito em julgado, Jorge deu início ao cumprimento de sentença do valor de R$ 600.000 (seiscentos mil reais), tendo o Município apresentado impugnação no prazo de 25 dias úteis após sua intimação, alegando haver excesso de execução de R$ 200.000,00 (duzentos mil reais), na medida em que Jorge teria computado juros e correção monetária de forma equivocada ao calcular o valor exequendo.

Diante dessa situação hipotética, assinale a afirmativa correta.

(A) A impugnação do Município do Rio de Janeiro se afigura intempestiva, na medida em que o prazo previsto no Código de Processo Civil para a impugnação ao cumprimento de sentença é de 15 (quinze) dias úteis.

(B) O juiz, considerando que o Município do Rio de Janeiro não efetuou o pagamento voluntário do crédito exequendo no prazo de 15 dias úteis após sua intimação, deverá aplicar multa de 10% (dez por cento) sobre o valor da dívida.

(C) Jorge, tendo em vista que o Município do Rio de Janeiro impugnou apenas parcialmente o crédito ao alegar excesso, poderá prosseguir com a execução da parte que não foi questionada, requerendo a expedição do respectivo precatório judicial da parcela incontroversa da dívida.

(D) O Município do Rio de Janeiro, ao alegar o excesso de execução, não precisava declarar, de imediato, em sua impugnação, o valor que entende correto da dívida, podendo deixar para fazê-lo em momento posterior.

54. Em determinado Mandado de Segurança individual, contra ato de um dos Ministros de Estado, o Superior Tribunal de Justiça, em sua competência constitucional originária, denegou a segurança na primeira e única instância de jurisdição.

Diante do julgamento desse caso concreto, assinale a opção que apresenta a hipótese de cabimento para o Recurso Ordinário Constitucional dirigido ao STF.

(A) Os mandados de segurança, os *habeas data* e os mandados de injunção decididos em única instância pelos tribunais superiores, quando denegatória a decisão.

(B) Os mandados de segurança, os *habeas data* e os mandados de injunção decididos em última instância pelos tribunais superiores, quando concessiva a decisão.

(C) Os mandados de segurança decididos em única instância pelos tribunais regionais federais ou pelos tribunais de justiça dos Estados e do Distrito Federal e Territórios, quando denegatória a decisão.

(D) Os processos em que forem partes, de um lado, Estado estrangeiro ou organismo internacional e, de outro, Município ou pessoa residente ou domiciliada no país.

55. Crispino recebe a citação de uma demanda, na qual Cleusa pretende disputar, em juízo, a titularidade de um veículo. Crispino procura você, na qualidade de advogado(a), para que o ajude a sair vencedor da demanda, uma vez que o alienante do bem, vendedor de carros, garantiu a legitimidade da negociação da compra e venda e a legitimidade do título de propriedade do veículo.

Com base na situação fática narrada, assinale a afirmativa correta.

(A) É admissível a intervenção de terceiros através do chamamento ao processo por Crispino em face do vendedor do veículo.

(B) É admissível a intervenção de terceiros através da denunciação da lide por Crispino em face do vendedor do veículo.

(C) Seria cabível, nessa hipótese, mais de uma denunciação sucessiva em relação a todos os vendedores de carro da cadeia de compra e venda.

(D) Seria cabível, nessa hipótese, o chamamento ao processo em relação a todos os vendedores de veículo da cadeia de compra e venda.

56. Em virtude do inadimplemento do pagamento de uma nota promissória, o Banco Mais Dinheiro ajuizou ação de execução por título extrajudicial em face do Supermercado Baratão.

Citado o réu, não houve o pagamento da dívida, tampouco foram encontrados bens penhoráveis. Em consequência, o exequente requereu a penhora de 100% do faturamento do executado, o que foi deferido pela juíza responsável pelo processo, sob o fundamento de que se tratava de dívida muito elevada. O executado interpôs agravo de instrumento impugnando essa decisão.

Sobre tais fatos, assinale a afirmativa correta.

(A) O agravante tem razão, na medida em que a penhora da integralidade do faturamento tornaria inviável o exercício da atividade empresarial.

(B) O agravante não tem razão, uma vez que a penhora do faturamento equivale à penhora de dinheiro e é a primeira na ordem de preferência legal, o que autoriza a constrição da integralidade do faturamento.

(C) O agravo deve ser provido, pois o faturamento de empresa executada é impenhorável.

(D) O agravo deve ser desprovido, visto que não existe limite para o percentual do faturamento a ser objeto de penhora, cabendo ao juiz sua fixação no percentual necessário para a imediata satisfação da execução.

57. Em determinada demanda indenizatória, houve a condenação do réu para pagar a quantia de R$ 10.000 (dez mil reais) em sentença transitada em julgada em prol do autor.

Na qualidade de patrono deste último, assinale a opção que representa a medida adequada a ser providenciada.

(A) Aguardar o depósito judicial da quantia referente à condenação, pois as sentenças que condenam a obrigação de pagar são instauradas de ofício, independentemente de requerimento do exequente, assim como as obrigações de fazer e não fazer.

(B) Peticionar a inclusão de multa legal e honorários advocatícios tão logo seja certificado o trânsito em julgado, independentemente de qualquer prazo para que o réu cumpra voluntariamente a obrigação, já que ela deveria ter sido cumprida logo após a publicação da sentença.

(C) Aguardar a iniciativa do juiz para instauração da fase executiva, para atender ao princípio da cooperação, consagrado no Art. 6º do CPC.

(D) Peticionar para iniciar a fase executiva após a certificação do trânsito em julgado, requerendo a intimação do devedor para pagamento voluntário no prazo de 15 dias, sob pena de acréscimos de consectários legais.

58. João, em 17/06/2015, foi condenado pela prática de crime militar próprio. Após cumprir a pena respectiva, João, em 30/02/2018, veio a praticar um crime de roubo com violência real, sendo denunciado pelo órgão ministerial. No curso da instrução criminal, João reparou o dano causado à vítima, bem como, quando interrogado, admitiu a prática do delito. No momento da sentença condenatória, o magistrado reconheceu a agravante da reincidência, não reconhecendo atenuantes da pena e nem causas de aumento e de diminuição da reprimenda penal.

Considerando as informações expostas, em sede de apelação, o advogado de João poderá requerer

(A) o reconhecimento da atenuante da confissão e da causa de diminuição de pena do arrependimento posterior, mas não o afastamento da agravante da reincidência.

(B) o reconhecimento das atenuantes da reparação do dano e da confissão, mas não o afastamento da agravante da reincidência.

(C) o reconhecimento das atenuantes da confissão e da reparação do dano e o afastamento da agravante da reincidência.

(D) o reconhecimento da atenuante da confissão e da causa de diminuição de pena do arrependimento posterior, bem como o afastamento da agravante da reincidência.

59. Francisco foi vítima de uma contravenção penal de vias de fato, pois, enquanto estava de costas para o autor, recebeu um tapa em sua cabeça. Acreditando que a infração teria sido praticada por Roberto, seu desafeto que estava no local, compareceu em sede policial e narrou o ocorrido, apontando, de maneira precipitada, o rival como autor.

Diante disso, foi instaurado procedimento investigatório em desfavor de Roberto, sendo, posteriormente, verificado em câmeras de segurança que, na verdade, um desconhecido teria praticado o ato. Ao tomar conhecimento dos fatos, antes mesmo de ouvir Roberto ou Francisco, o Ministério Público ofereceu denúncia em face deste, por denunciação caluniosa.

Considerando apenas as informações expostas, você, como advogado(a) de Francisco, deverá, sob o ponto de vista técnico, pleitear

(A) a absolvição, pois Francisco deu causa à instauração de investigação policial imputando a Roberto a prática de contravenção, e não crime.

(B) extinção da punibilidade diante da ausência de representação, já que o crime é de ação penal pública condicionada à representação.

(C) reconhecimento de causa de diminuição de pena em razão da tentativa, pois não foi proposta ação penal em face de Roberto.

(D) a absolvição, pois o tipo penal exige dolo direto por parte do agente.

60. Paulo é dono de uma loja de compra e venda de veículos usados. Procurado por um cliente interessado na aquisição de um veículo Audi Q7 e não tendo nenhum similar para vender, Paulo promete ao cliente que conseguirá aquele modelo no prazo de sete dias.

No dia seguinte, Paulo verifica que um carro, do mesmo modelo pretendido, se achava estacionado no pátio de um supermercado e, assim, aciona Júlio e Felipe, conhecidos furtadores de carros da localidade, prometendo a eles adquirir o veículo após sua subtração pela dupla, logo pensando na venda vantajosa que faria para o cliente interessado.

Júlio e Felipe, tranquilos com a venda que seria realizada, subtraíram o carro referido e Paulo efetuou a compra e o pagamento respectivo. Dias após, Paulo vende o carro para o cliente. Todavia, a polícia identificou a autoria do furto, em razão de a ação ter sido monitorada pelo sistema de câmeras do supermercado, sendo o veículo apreendido e recuperado com o cliente de Paulo.

Paulo foi denunciado pela prática dos crimes de receptação qualificada e furto qualificado em concurso material. Confirmados integralmente os fatos durante a instrução, inclusive com a confissão de Paulo, sob o ponto de vista técnico, cabe ao advogado de Paulo buscar o reconhecimento do

(A) crime de receptação simples e furto qualificado, em concurso material.

(B) crime de receptação qualificada, apenas.

(C) crime de furto qualificado, apenas.

(D) crime de receptação simples, apenas.

61. Após uma discussão em razão de futebol, Paulo efetua um disparo de arma de fogo no peito de Armando, pretendendo causar sua morte, empreendendo fuga em seguida. Levado para o hospital por familiares, Armando não é atendido pelo médico plantonista Ismael, que presenciou o estado grave do paciente, mas alegava estar em greve. Armando vem a falecer enquanto aguardava atendimento em uma maca, ficando demonstrado que o não atendimento médico contribuiu para o resultado morte.

Revoltados com o resultado, os familiares de Armando procuram você para assistência jurídica, destacando o interesse na habilitação como futuro assistente de acusação.

Indagado sobre a responsabilidade penal de Paulo e Ismael, você deverá esclarecer que

(A) Paulo deverá responder por tentativa de homicídio doloso e Ismael, por homicídio doloso consumado em razão da omissão.

(B) Paulo deverá responder por homicídio doloso consumado e Ismael, por omissão de socorro qualificada pelo resultado morte.

(C) Paulo deverá responder por homicídio doloso consumado, e Ismael não praticou conduta típica.

(D) Paulo e Ismael deverão responder por homicídio doloso consumado.

62. Paulo e Júlia viajaram para Portugal, em novembro de 2019, em comemoração ao aniversário de um ano de casamento. Na cidade de Lisboa, dentro do quarto do hotel, por ciúmes da esposa que teria olhado para terceira pessoa durante o jantar, Paulo veio a agredi-la, causando-lhe lesões leves reconhecidas no laudo próprio. Com a intervenção de funcionários do hotel que ouviram os gritos da vítima, Paulo acabou encaminhado para Delegacia, sendo liberado mediante o pagamento de fiança e autorizado seu retorno ao Brasil.

Paulo, na semana seguinte, retornou para o Brasil, sem que houvesse qualquer ação penal em seu desfavor em Portugal, enquanto Júlia permaneceu em Lisboa. Ciente de que o fato já era do conhecimento das autoridades brasileiras e preocupado com sua situação jurídica no país, Paulo procura você, na condição de advogado(a), para obter sua orientação.

Considerando apenas as informações narradas, você, como advogado(a), deve esclarecer que a lei brasileira

(A) não poderá ser aplicada, tendo em vista que houve prisão em flagrante em Portugal e em razão da vedação do bis in idem.

(B) poderá ser aplicada diante do retorno de Paulo ao Brasil, independentemente do retorno de Júlia e de sua manifestação de vontade sobre o interesse de ver o autor responsabilizado criminalmente.

(C) poderá ser aplicada, desde que Júlia retorne ao país e ofereça representação no prazo decadencial de seis meses.

(D) poderá ser aplicada, ainda que Paulo venha a ser denunciado e absolvido pela justiça de Portugal.

63. Cláudio, durante a comemoração do aniversário de 18 anos do filho Alceu, sem qualquer envolvimento pretérito com o aparato policial e judicial, permitiu que este conduzisse seu veículo automotor em via pública, mesmo sabendo que o filho não tinha habilitação legal para tanto.

Cerca de 50 minutos após iniciar a condução, apesar de não ter causado qualquer acidente, Alceu é abordado por policiais militares, que o encaminham para a Delegacia ao verificarem a falta de carteira de motorista. Em sede policial, Alceu narra o ocorrido, e Cláudio, preocupado com as consequências jurídicas de seus atos, liga para o advogado da família para esclarecimentos, informando que a autoridade policial pretendia lavrar termo circunstanciado pela prática do crime de entregar veículo a pessoa não habilitada (Art. 310 da Lei nº 9.503/97, Código de Trânsito Brasileiro, cuja pena em abstrato prevista é de detenção de 06 meses a 01 ano, ou multa).

Considerando apenas as informações narradas, o(a) advogado(a) de Cláudio deverá esclarecer que, de acordo com as previsões da Lei nº 9.503/97 (Código de Trânsito Brasileiro), sua conduta

(A) configura o delito imputado, na forma consumada, com natureza de crime de perigo abstrato, cabendo oferecimento de proposta de transação penal por parte do Ministério Público.

(B) configura o crime previsto no Art. 310 do CTB, na forma consumada, que independe de lesão ou perigo concreto, cabendo oferecimento de proposta de composição civil dos danos por parte do Ministério Público.

(C) não configura o crime do Art. 310 do CTB, mas mero ilícito de natureza administrativa, tendo em vista que o crime trazido pelo Código de Trânsito Brasileiro para aquele que entrega a direção de veículo automotor a pessoa não habilitada é classificado como de perigo concreto.

(D) configura o crime de entrega de veículo a pessoa não habilitada, em sua modalidade tentada, tendo em vista que a punição do agente pelo crime previsto no Código de Trânsito Brasileiro na modalidade consumada exige que haja resultado lesão, sendo classificado como crime de dano.

64. Rafael, preso provisório, agride dolosamente o seu companheiro de cela, causando-lhe lesão corporal de natureza grave e gerando grande confusão que iniciou uma subversão da ordem interna. Após procedimento disciplinar, assegurado direito de defesa, o diretor do estabelecimento prisional aplica a Rafael sanção disciplinar consistente na sua inclusão no regime disciplinar diferenciado, pelo período de 45 dias.

Considerando os fatos narrados, o advogado de Rafael poderá buscar o reconhecimento da ilegalidade da sanção aplicada, porque

(A) o fato praticado pelo preso não constitui falta grave.

(B) a inclusão do preso em regime disciplinar diferenciado depende de decisão do juízo competente.

(C) o preso provisório não está sujeito ao regime disciplinar diferenciado.

(D) a inclusão no regime disciplinar diferenciado não pode ultrapassar o período inicial de 30 dias, apesar da possível prorrogação por igual período.

65. Após concluído inquérito policial para apurar a prática do crime de homicídio em desfavor de Jonas, o Ministério Público requereu o seu arquivamento por falta de justa causa, pois não conseguiu identificar o(s) autor(es) do delito, o que restou devidamente homologado pelo juiz competente. Um mês após o arquivamento do inquérito policial, uma testemunha, que não havia sido anteriormente identificada, compareceu à delegacia de polícia alegando possuir informações quanto ao autor do homicídio de Jonas.

A família de Jonas, ao tomar conhecimento dos fatos, procura você, como advogado(a) da família, para esclarecimentos. Diante da notícia de existência de novas provas aptas a identificar o autor do crime, você deverá esclarecer aos familiares da vítima que o órgão ministerial

(A) poderá promover o desarquivamento do inquérito, pois a decisão de arquivamento não faz coisa julgada material independentemente de seu fundamento.
(B) não poderá promover o desarquivamento do inquérito, pois a decisão de arquivamento é imutável na presente hipótese.
(C) não poderá promover o desarquivamento do inquérito, pois se trata de mera notícia, inexistindo efetivamente qualquer prova nova quanto à autoria do delito.
(D) poderá promover o desarquivamento do inquérito, pois a decisão de arquivamento fez apenas coisa julgada formal no caso concreto.

66. Rita foi denunciada pela suposta prática de crime de furto qualificado, pois teria, mediante fraude, subtraído uma bicicleta de sua amiga Regina. Ao ser citada, de imediato Rita procurou seu advogado, informando que, na verdade, a bicicleta seria de sua propriedade e que, inclusive, já era autora de ação cível na qual buscava o reconhecimento da propriedade do objeto, mas que a questão não seria de simples solução.

Com base apenas nas informações expostas, o advogado de Rita poderá buscar

(A) a suspensão da ação penal diante da existência de questão prejudicial obrigatória, ficando, nessa hipótese, suspenso também o curso do prazo prescricional.
(B) a suspensão da ação penal diante da existência de questão prejudicial facultativa, e, caso o juiz indefira o pedido, caberá recurso em sentido estrito.
(C) a suspensão da ação penal diante da existência de questão prejudicial facultativa, podendo o magistrado também decretar a suspensão de ofício.
(D) a intervenção do Ministério Público na ação de natureza cível, mas não a suspensão da ação penal, diante da independência entre as instâncias.

67. Vitor foi denunciado pela suposta prática dos crimes de furto e ameaça, já que teria ingressado em estabelecimento comercial e, enquanto subtraía produtos, teria, para garantir o sucesso da empreitada delitiva, ameaçado o funcionário que realizava sua abordagem. Considerando que o funcionário não compareceu em juízo para esclarecimento dos fatos, Vitor veio a ser absolvido por insuficiência de provas, transitando em julgado a sentença.

Outro promotor de justiça, ao tomar conhecimento dos fatos e localizar o funcionário para ser ouvido em juízo, veio a denunciar Vitor pelo mesmo evento, mas, dessa vez, pelo crime de roubo impróprio.

Após citação, caberá ao(à) advogado(a) de Vitor, sob o ponto de vista técnico,

(A) buscar a desclassificação para o crime de furto simples em concurso com o de ameaça no momento das alegações finais, mas não a extinção do processo, considerando que a absolvição anterior foi fundamentada em insuficiência probatória.
(B) requerer, em resposta à acusação, a absolvição sumária de Vitor, pois está provado que o fato não ocorreu.
(C) apresentar exceção de litispendência, requerendo a extinção do processo.
(D) apresentar exceção de coisa julgada, buscando extinção do processo.

68. Caio praticou um crime de furto (Art. 155 – pena: reclusão, de 1 a 4 anos, e multa) no interior da sede da Caixa Econômica Federal, empresa pública, em Vitória (ES), ocasião em que subtraiu dinheiro e diversos bens públicos. Ao sair do estabelecimento, para assegurar a fuga, subtraiu, mediante grave ameaça, o carro da vítima, Cláudia (Art. 157 – pena: reclusão, de 4 a 10 anos, e multa). Houve perseguição policial, somente vindo Caio a ser preso na cidade de Cariacica, onde foi encontrado em seu poder um celular produto de crime anterior (Art. 180 – pena: reclusão, de 1 a 4 anos, e multa).

Considerando a conexão existente entre os crimes de furto simples, roubo simples e receptação, bem como a jurisprudência dos Tribunais Superiores, assinale a opção que indica a Vara Criminal competente para o julgamento de Caio.

(A) A Justiça Estadual, em relação aos três crimes, sendo competente, territorialmente, a comarca de Vitória.
(B) A Justiça Estadual, em relação aos três crimes, sendo competente, territorialmente, a comarca de Cariacica.
(C) A Justiça Federal, em relação ao crime de furto, e a Vara Criminal de Vitória, da Justiça Estadual, no que tange aos crimes de roubo e receptação.
(D) A Justiça Federal, em relação a todos os delitos.

69. Em 14/01/2021, Valentim, reincidente, foi denunciado como incurso nas sanções penais do Art. 14 da Lei nº 10.826/03, cuja pena prevista é de reclusão, de 2 a 4 anos, narrando a denúncia que, em 10/01/2017, o denunciado portava, em via pública, arma de fogo de uso permitido.

Após recebimento da denúncia e apresentação de resposta à acusação, o magistrado, verificando que a única outra anotação que constava da Folha de Antecedentes Criminais era referente a delito da mesma natureza, decretou, apesar da ausência de requerimento, a prisão preventiva do denunciado, destacando o risco de reiteração delitiva.

Ao tomar conhecimento dos fatos, sob o ponto de vista técnico, a defesa de Valentim deverá argumentar que a prisão é inadequada porque

(A) não poderia ter sido decretada de ofício e pela ausência de contemporaneidade, apesar de a pena máxima, por si só, não impedir o decreto prisional na situação diante da reincidência.
(B) não poderia ter sido decretada de ofício, não havia contemporaneidade e porque, considerando a pena máxima, os pressupostos legais não estariam preenchidos.
(C) não haveria contemporaneidade, apesar da possibilidade de decretação de ofício pelo momento processual e com base na reincidência.
(D) não haveria contemporaneidade e considerando a pena máxima prevista para o delito, apesar de, pelo momento processual, ser possível a decretação de ofício.

70. Uma indústria de chocolates constatou que precisava de mais trabalhadores para produzir ovos de Páscoa e, em razão disso, contratou vários trabalhadores temporários, pelo prazo de 30 dias, por meio de uma empresa de trabalho temporário. Maria era uma dessas trabalhadoras temporárias. Ocorre que a empresa contratada (a empresa de trabalho temporário) teve a falência decretada pela Justiça e não pagou nada a esses trabalhadores temporários.

Maria procura você, como advogado(a), para saber se a indústria de chocolates, tomadora do serviço, teria alguma responsabilidade.

Sobre a hipótese, de acordo com a norma de regência, assinale a afirmativa correta.

(A) A indústria de chocolates contratante terá responsabilidade solidária.
(B) Não haverá qualquer tipo de responsabilidade da contratante, porque a terceirização foi lícita.
(C) A então contratante se tornará empregadora dos trabalhadores temporários em razão da falência da empresa contratada.
(D) A indústria de chocolates contratante terá responsabilidade subsidiária se isso estiver previsto no contrato que entabulou com a empresa prestadora dos serviços.

71. Luiz e Selma são casados e trabalham para o mesmo empregador. Ambos são teletrabalhadores, tendo o empregador montado um *home office* no apartamento do casal, de onde eles trabalham na recepção e no tratamento de dados informatizados.

Para a impressão dos dados que serão objeto de análise, o casal necessitará de algumas resmas de papel, assim como de *toner* para a impressora que utilizarão.

Assinale a opção que indica quem deverá arcar com esses gastos, de acordo com a CLT.

(A) Cada parte deverá arcar com 50% desse gasto.
(B) A empresa deverá arcar com o gasto porque é seu o risco do negócio.
(C) A responsabilidade por esse gasto deverá ser prevista em contrato escrito.
(D) O casal deverá arcar com o gasto, pois não há como o empregador fiscalizar se o material será utilizado apenas no trabalho.

72. Desde abril de 2019, Denilson é empregado em uma indústria de cosméticos, com carteira profissional assinada. No último contracheque de Denilson verifica-se o pagamento das seguintes parcelas: abono, prêmio, comissão e diária para viagem.

Considerando essa situação, assinale a opção que indica a verba que, de acordo com a CLT, integra o salário e constitui base de incidência de encargo trabalhista.

(A) Abono.
(B) Prêmio.
(C) Comissão.
(D) Diária para viagem.

73. Regina foi admitida pela sociedade empresária Calçados Macios Ltda., em abril de 2020, para exercer a função de estoquista. No processo de admissão, foi ofertado a Regina um plano de previdência privada, parcialmente patrocinado pelo empregador. Uma vez que as condições pareceram vantajosas, Regina aderiu formalmente ao plano em questão. No primeiro contracheque, Regina, verificou que, na parte de descontos, havia subtrações a título de INSS e de previdência privada.

Assinale a opção que indica, de acordo com a CLT, a natureza jurídica desses descontos.

(A) Ambos são descontos legais.
(B) INSS é desconto legal e previdência privada, contratual.
(C) Ambos são descontos contratuais.
(D) INSS é desconto contratual e previdência privada, legal.

74. Godofredo foi contratado como vendedor de automóveis usados pela sociedade empresária Carango de Ouro Ltda., em julho de 2019. Godofredo recebia salário fixo acrescido de 5% sobre as vendas por ele efetuadas. Em março de 2020, Godofredo vendeu um automóvel por R$ 30.000,00, divididos em 10 parcelas de R$ 3.000,00 mensais. Ocorre que Godofredo foi dispensado, por justa causa, dois meses após.

Sobre a situação retratada, segundo os termos da CLT, assinale a afirmativa correta.

(A) O empregado perderá o direito à comissão vincenda, em razão da falta grave que motivou a dispensa por justa causa.
(B) Godofredo terá direito a receber antecipadamente a comissão sobre as parcelas futuras, porque o motivo da ruptura contratual é irrelevante.
(C) O empregador poderá pagar a comissão ao empregado dispensado, de acordo com a respectiva liquidação, ao longo do tempo.
(D) A Lei determina o pagamento de metade da comissão vincenda, uma vez que Godofredo praticou falta grave.

75. Bruno era empregado em uma sociedade empresária, na qual atuava como teleoperador de vendas *on-line* de livros e artigos religiosos, usando, em sua estação de trabalho, computador e *headset*. Em determinado dia, o sistema de câmeras internas flagrou Bruno acessando, pelo computador, um *site* pornográfico por 30 minutos, durante o horário de expediente. Esse fato foi levado à direção no dia seguinte, que, indignada, puniu Bruno com suspensão por 40 dias, apesar de ele nunca ter tido qualquer deslize funcional anterior.

Diante da situação apresentada e dos termos da CLT, assinale a afirmativa correta.

(A) A punição, tal qual aplicada pela empresa, importa na rescisão injusta do contrato de trabalho.
(B) A punição é compatível com a gravidade da falta, devendo Bruno retornar ao emprego após os 40 dias de suspensão.
(C) A empresa deveria dispensar Bruno por justa causa, porque pornografia é crime, e, como não o fez, considera-se perdoada a falta.
(D) A empresa errou, porque, sendo a primeira falta praticada pelo empregado, a Lei determina que se aplique a pena de advertência.

76. A sociedade empresária de transportes Mundo Pequeno Ltda. foi condenada ao pagamento de horas extras e diferença salarial na ação movida por Mauro Duarte, seu ex-empregado.

Após o trânsito em julgado e apuração do valor devido, a executada foi citada para efetuar o pagamento de R$ 120.000,00. Ocorre que a sociedade empresária pretende apresentar embargos à execução, pois entende que o valor homologado é superior ao devido, mas não tem o dinheiro disponível para depositar nos autos.

Sobre o caso relatado, de acordo com o que está previsto na CLT, assinale a afirmativa correta.

(A) Na Justiça do Trabalho não é necessário garantir o juízo para ajuizar embargos à execução.
(B) A sociedade empresária poderá apresentar seguro-garantia judicial para então apresentar embargos à execução.
(C) A sociedade empresária poderá assinar uma nota promissória judicial e, com isso, ter direito a ajuizar embargos de devedor.
(D) Se for comprovada a situação de necessidade, a sociedade empresária, depositando 50% do valor da dívida, poderá embargar.

77. Helena ajuizou reclamação trabalhista, na qual requereu o pagamento do 13º salário integral do último ano trabalhado, no valor de R$ 1.300,00, indicando o referido valor à causa. A sociedade empresária alegou, em defesa, a quitação regular de tal verba, mas não fez prova documental ou testemunhal desse fato. Em razão disso, o pedido foi julgado procedente, tendo o juiz proferido sentença líquida cujo valor, já incluídos juros e correção monetária, passou a ser de R$ 1.345,00.

Sobre esse caso, de acordo com as leis de regência, assinale a afirmativa correta.

(A) A sociedade empresária poderá interpor recurso de apelação no prazo de 15 dias.
(B) O recurso não será admitido, haja vista o valor da condenação e a matéria tratada.
(C) O juiz deverá submeter a decisão ao duplo grau de jurisdição obrigatório, uma vez que a condenação é inferior a 5 salários mínimos.
(D) A sociedade empresária poderá interpor recurso ordinário contra a sentença, mas deverá comprovar o recolhimento de custas e o depósito recursal.

78. Após ser alvo de um inquérito civil junto ao Ministério Público do Trabalho – MPT, tendo sido investigada pela prática de suposta irregularidade, a sociedade empresária Vida Global assinou um Termo de Ajuste de Conduta (TAC) com o MPT para sanar o problema e evitar a judicialização daquela situação, o que poderia abalar sua credibilidade perante os investidores nacionais e estrangeiros.

Ocorre que a sociedade empresária não cumpriu o que foi estipulado no TAC, seja no tocante à obrigação de fazer, seja no pagamento de multa pelo dano moral coletivo.

Diante dessa situação, e de acordo com os termos da CLT, assinale a afirmativa correta.

(A) O parquet deverá propor execução de título judicial.
(B) O MPT deverá ajuizar execução de título extrajudicial.
(C) A ação própria para a cobrança será o inquérito judicial.
(D) O MPT deverá propor reclamação trabalhista pelo rito ordinário.

79. No decorrer de uma execução trabalhista, não se conseguiu penhorar nenhum bem da empresa executada nem reter qualquer numerário dela em ativos financeiros. Então, o exequente instaurou um incidente de desconsideração de personalidade jurídica para direcionar a execução em face de um sócio. O referido sócio foi citado e, no prazo de 15 dias, manifestou-se contrariamente à sua execução.

Submetida a manifestação ao contraditório e não havendo outras provas a produzir, o juiz julgou procedente o incidente e incluiu o sócio no polo passivo da execução na condição de executado, sendo, então, publicada essa decisão.

Considerando a situação retratada e os ditames da CLT, assinale a afirmativa correta.

(A) Por ser interlocutória, essa decisão é irrecorrível, devendo o sócio se submeter ao comando e pagar a dívida.
(B) O sócio em questão poderá recorrer da decisão independentemente de garantia do juízo.
(C) Sendo a Lei omissa a respeito, caberá ao juiz definir se a decisão do incidente poderá ser objeto de recurso e se será necessário garantir o juízo.
(D) O sócio poderá recorrer da decisão, mas terá de garantir o juízo em 50%.

80. Melissa era uma empregada terceirizada do setor de limpeza que atuou durante todo o seu contrato em uma sociedade de economia mista federal, que era a tomadora dos serviços (contratante).

Após ter sido dispensada e não ter recebido nem mesmo as verbas resilitórias, Melissa ajuizou reclamação trabalhista contra o ex-empregador e contra a sociedade de economia mista federal, requerendo desta a responsabilidade subsidiária por ser tomadora dos serviços. O volume dos pedidos de Melissa alcança o valor de R$ 17.000,00.

Considerando os fatos narrados, assinale a afirmativa correta.

(A) A ação tramitará pelo procedimento sumaríssimo, de modo que Melissa poderá conduzir, no máximo, duas testemunhas.
(B) Diante do valor dos pedidos formulados, a reclamação deverá se submeter ao rito sumário e, da decisão que vier a ser proferida, não caberá recurso.
(C) A reclamação adotará o rito especial misto e será possível a citação por edital caso o ex-empregador não seja localizado na fase de conhecimento.
(D) A demanda observará rito ordinário, independentemente do valor do pedido de Melissa, pois um dos réus é ente público.

Folha de Respostas

#						#				
1	A	B	C	D		41	A	B	C	D
2	A	B	C	D		42	A	B	C	D
3	A	B	C	D		43	A	B	C	D
4	A	B	C	D		44	A	B	C	D
5	A	B	C	D		45	A	B	C	D
6	A	B	C	D		46	A	B	C	D
7	A	B	C	D		47	A	B	C	D
8	A	B	C	D		48	A	B	C	D
9	A	B	C	D		49	A	B	C	D
10	A	B	C	D		50	A	B	C	D
11	A	B	C	D		51	A	B	C	D
12	A	B	C	D		52	A	B	C	D
13	A	B	C	D		53	A	B	C	D
14	A	B	C	D		54	A	B	C	D
15	A	B	C	D		55	A	B	C	D
16	A	B	C	D		56	A	B	C	D
17	A	B	C	D		57	A	B	C	D
18	A	B	C	D		58	A	B	C	D
19	A	B	C	D		59	A	B	C	D
20	A	B	C	D		60	A	B	C	D
21	A	B	C	D		61	A	B	C	D
22	A	B	C	D		62	A	B	C	D
23	A	B	C	D		63	A	B	C	D
24	A	B	C	D		64	A	B	C	D
25	A	B	C	D		65	A	B	C	D
26	A	B	C	D		66	A	B	C	D
27	A	B	C	D		67	A	B	C	D
28	A	B	C	D		68	A	B	C	D
29	A	B	C	D		69	A	B	C	D
30	A	B	C	D		70	A	B	C	D
31	A	B	C	D		71	A	B	C	D
32	A	B	C	D		72	A	B	C	D
33	A	B	C	D		73	A	B	C	D
34	A	B	C	D		74	A	B	C	D
35	A	B	C	D		75	A	B	C	D
36	A	B	C	D		76	A	B	C	D
37	A	B	C	D		77	A	B	C	D
38	A	B	C	D		78	A	B	C	D
39	A	B	C	D		79	A	B	C	D
40	A	B	C	D		80	A	B	C	D

GABARITO COMENTADO

1. Gabarito "C"
Comentário: O Estatuto da OAB (EAOAB), em seu art. 7º, § 2º, dispõe que o advogado tem imunidade profissional, não constituindo injúria ou difamação puníveis qualquer manifestação de sua parte, no exercício de sua atividade, em juízo ou fora dele, sem prejuízo das sanções disciplinares perante a OAB, pelos excessos que cometer. Importante recordar que, quanto ao desacato, o STF, no julgamento da ADI 1.127-8, declarou inconstitucional referida expressão, razão por que a imunidade do advogado não alcança referido crime. Assim, se a advogada Clotilde, em manifestação oral em juízo, houver proferido palavras sobre o adversário processual de seu cliente que constituam injúria ou difamação, não será punível por sua conduta, em razão da imunidade prevista no já citado art. 7º, § 2º, do EAOAB. No entanto, a lei é clara: o advogado será punido disciplinarmente (leia-se: será processado por infração ética) em razão de excessos que venha a cometer. Analisemos, assim, as alternativas! **A:** incorreta, pois a imunidade profissional do advogado, desde que por manifestações decorrentes do exercício profissional, elimina a possibilidade de punição pelos crimes de injúria e difamação; **B:** incorreta, pois a imunidade profissional do advogado não inviabiliza responsabilização disciplinar perante a OAB, desde que haja excesso cometido; **C:** correta, nos termos do art. 7º, § 2º, do EAOAB; **D:** incorreta, pois as palavras proferidas por Clotilde, em manifestação oral em juízo, não constituirão injúria (ou mesmo difamação) puníveis. No entanto, são passíveis de punição disciplinar, perante a OAB, caso constatado excesso.

2. Gabarito "B"
Comentário: A: incorreta, pois o direito a reserva de vaga de garagem nos fóruns e nos tribunais é conferido às advogadas gestantes (art. 7º-A, I, "b", do EAOAB); **B:** correta. De fato, à advogada que houver adotado, o EAOAB, em seu art. 7º-A, III, assegura a preferência na ordem das sustentações orais e das audiências a serem realizadas a cada dia, mediante comprovação de sua condição; **C:** incorreta. À advogada adotante, confere-se a suspensão dos prazos processuais quando for a única patrona da causa, desde que haja notificação por escrito ao cliente (art. 7º-A, IV, do EAOAB). Veja-se: o Estatuto da OAB prevê a suspensão, e não a interrupção do prazo; **D:** incorreto, pois o direito à não submissão a aparelhos de raio-X e a detectores de metais nos tribunais, nos termos do art. 7º-A, I, do EAOAB, é assegurado apenas às advogadas gestantes.

3. Gabarito "ANULADA"

4. Gabarito "B"
Comentário: De acordo com o art. 144-B do Regulamento Geral (RGOAB), não se pode decidir, em grau algum de julgamento, com base em fundamento a respeito do qual não se tenha dado às partes oportunidade de se manifestar anteriormente, ainda que se trate de matéria sobre a qual se deva decidir de ofício, salvo quanto às medidas de urgência previstas no Estatuto. Assim, as alternativas "A" e "C", de plano, estão incorretas, pois tratam apenas de "grau recursal", como se somente nessa etapa do processo houvesse proibição de prolação de decisão com fundamento sobre o qual não se oportunizou às partes manifestação a respeito. A alternativa "D" também é incorreta, pois o já citado art. 144-B do RGOAB excepciona as medidas urgentes previstas no EAOAB, sendo, nesses casos, possível que se decida mesmo sem prévia oitiva das partes. Por fim, correta a alternativa "B", que vai ao encontro do art. 144-B do RGOAB.

5. Gabarito "B"
Comentário: O Estatuto da OAB, em seu art. 7º, III, confere ao advogado a prerrogativa de comunicar-se com seus clientes, pessoal e reservadamente, mesmo sem procuração, quando estes se acharem presos, detidos ou recolhidos em estabelecimentos civis ou militares, ainda que considerados incomunicáveis. Assim, a partir do enunciado proposto, temos que o diretor do estabelecimento onde se encontrava preso João, ao conduzir o advogado Júnior a uma sala onde poderia conversar com seu cliente na presença de um agente prisional, violou a prerrogativa em comento, que assegura ao advogado o direito de comunicar-se reservadamente com seu constituinte. Além disso, também há ilegalidade na exigência de procuração para que o advogado pudesse exercer sua prerrogativa de acesso ao cliente preso. Por fim, a violação ao direito previsto no citado art. 7º, III, do EAOAB, constitui crime de abuso de autoridade, conforme prevê o art. 7º-B do Estatuto da OAB, incluído pela Nova Lei de Abuso de Autoridade (Lei 13.869/2019). Correta, portanto, a alternativa "B". Veja-se que as alternativas "A" e "C" preveem a exigência de procuração como condição para que o advogado tenha acesso ao cliente preso, o que já vimos não corresponder à prerrogativa do art. 7º, III, do EAOAB. Também incorreta está a alternativa "D", ao afirmar que a violação da prerrogativa não constitui fato penalmente típico. Lembre-se que o desrespeito ao direito em enfoque constitui crime de abuso de autoridade (fato típico, portanto).

6. Gabarito "B"
Comentário: A: incorreta, pois o art. 30 do CED, tratando da advocacia *pro bono*, permite sua prática em favor de pessoas jurídicas, desde que sejam instituições sociais sem fins econômicos (ex.: ONGs) e que não tenham recursos para a contratação de profissional; **B:** correta, nos termos do art. 30, § 1º, do CED; **C** e **D:** incorretas, pois, como dito, pessoas jurídicas somente poderão ser destinatárias da advocacia *pro bono* se se tratarem de instituições sociais sem fins econômicos.

7. Gabarito "D"
Comentário: A: incorreta, pois a adoção de cláusula *quota litis* é autorizada expressamente pelo art. 50 do CED, desde que respeitados os requisitos nele previstos; **B:** incorreta. De fato, é proibido que os ganhos do advogado, já considerados os honorários sucumbenciais, superem os ganhos do cliente. Não há, porém, proibição de que os honorários incidam sobre prestações vincendas, desde que haja moderação e razoabilidade (art. 50, § 2º, CED); **C:** incorreta. Em caso de adoção de cláusula *quota litis*, nada impede que o advogado receba, também, honorários sucumbenciais, desde que a soma de seus ganhos (honorários convencionados com o cliente e os honorários de sucumbência) não sejam superiores aos do cliente; **D:** correta, conforme art. 50, *caput*, e §2º, CED.

8. Gabarito "A"
Comentário: A: correta. A filial de uma sociedade de advogados, para ser regularmente aberta, exigirá que seu ato constitutivo seja arquivado no Conselho Seccional onde for instalada, bem como a averbação de referido ato no registro da sociedade. Ademais, os sócios da sociedade estarão obrigados a pedirem inscrição suplementar, tudo conforme art. 15, § 5º, do EAOAB; **B:** incorreta. O ato de constituição deverá ser arquivado no Conselho Seccional da filial e averbado no registro da sociedade. Ademais, a exigência de inscrição suplementar não se restringe apenas aos sócios que foram exercer a profissão com habitualidade, pois esta – a habitualidade – não é requisito para a inscrição suplementar. É que, constituída a filial, automaticamente, vale dizer, independentemente de habitualidade, os sócios necessitarão promover inscrição suplementar no respectivo Conselho Seccional; **C** e **D:** incorretas, pois o arquivamento do ato constitutivo deverá ocorrer no Conselho Seccional de São Paulo, que é onde será instalada a filial, e não no Conselho Seccional em que registrada a sociedade (Rio de Janeiro).

9. Gabarito "D"
Comentário: A assertiva correta conforme o pensamento de Miguel Reale é a "D". Trata-se da materialização da norma.

10. Gabarito "D"
Comentário: Para Bobbio, o positivismo jurídico como ideologia se refere ao dever absoluto de obedecer a lei enquanto tal, sem qualquer ponderação crítica.

11. Gabarito "B"
Comentário: A: incorreta. De acordo com o § 1º do art. 164 da CF, é **vedado ao banco central conceder**, direta ou indiretamente, **empréstimos ao Tesouro Nacional** e a qualquer órgão ou entidade que não seja instituição financeira; **B:** correta. Conforme mencionado, o § 1º do art. 164 da CF proíbe esse tipo de empréstimo; **C:** incorreta. **Não há faculdade em relação à concessão do empréstimo**, de modo que avaliar as condições concretas do caso não interfere na decisão do Banco Central; **D:** incorreta. Mais uma vez, o § 1º do art. 164 da CF proíbe que o banco central conceda esse empréstimo. Além disso, o texto dessa alternativa é contraditório, inviável a sua concretização.

12. Gabarito "C"
Comentário: A: incorreta. A Constituição de 1988, embora respeite a posição multiculturalista (art. 210, *caput*, da CF), **não** abdica de definir uma língua específica como idioma oficial no território brasileiro. De acordo com o § 2º do art. 210, o ensino fundamental regular será ministrado em **língua portuguesa, assegurada às comunidades indígenas também a utilização de suas línguas maternas** e processos próprios de aprendizagem; **B:** incorreta. Ao contrário do mencionado, **a posição** defendida pelos referidos líderes da comunidade indígena **encontra fundamento** no Texto Constitucional. Embora no ensino fundamental regular seja ministrado língua portuguesa, é garantida às comunidades indígenas também a utilização de suas línguas maternas e processos próprios de aprendizagem (art. 210, § 2º, da CF). Sendo assim, a língua portuguesa não é única passível de ser utilizada no ensino fundamental. Além disso, o *caput* do art. 210 da CF determina que sejam fixados conteúdos mínimos para o ensino fundamental, de maneira a assegurar formação básica comum e respeito aos valores culturais e artísticos, nacionais e regionais; **C:** correta. É o que determina o citado § 2º do art. 210 da CF; **D:** incorreta. **Não há a exigência dessa condição** no Texto constitucional.

13. Gabarito "B"
Comentário: A: incorreta. **Ainda que houvesse deliberação** pela maioria absoluta do Senado Federal, o Presidente da República **não poderia ser afastado** do exercício das suas funções, pois ele não pode ser responsabilizado por atos estranhos ao exercício de suas funções, **durante a vigência** de seu mandato. É o que determina o § 4º do art. 86 da CF; **B:** correta. De fato, o Presidente da República permaneceria no exercício da função, pois, como mencionado, **não pode ser responsabilizado por atos estranhos ao exercício de suas funções, durante a vigência de seu mandato; C** e **D:** incorretas. Como o crime praticado pelo Presidente da República não teve relação com o exercício das suas funções, não haverá responsabilização durante a vigência do mandato, **apenas após o término do mandato** (relativa irresponsabilidade penal). Vale acrescentar a jurisprudência do STF sobre o assunto: "O que art. 86, § 4º, confere ao presidente da República não é imunidade penal, mas **imunidade temporária à persecução penal**: nele não se prescreve que o presidente é irresponsável por crimes não funcionais praticados no curso do mandato, mas apenas que, por tais crimes, não poderá ser responsabilizado, enquanto não cesse a investidura na presidência. Da impossibilidade, segundo o art. 86, § 4º, de que, enquanto dure o mandato, tenha curso ou se instaure processo penal contra o presidente da República por crimes não funcionais, decorre que, se o fato é anterior à sua investidura, o Supremo Tribunal não será originariamente competente para a ação penal, nem consequentemente para o *habeas corpus* por falta de justa causa para o curso futuro do processo. Na questão similar do impedimento temporário à persecução penal do congressista, quando não concedida a licença para o processo, o STF já extraíra, antes que a Constituição o tornasse expresso, a suspensão do curso da prescrição, até a extinção do mandato parlamentar: deixa-se, no entanto, de dar força de decisão à aplicabilidade, no caso, da mesma solução, à falta de competência do Tribunal para, neste momento, decidir a respeito. [HC 83.154, rel. min. Sepúlveda Pertence]"

14. Gabarito "D"
Comentário: A: incorreta. Ao contrário do mencionado, **o Sindicato** dos Radiologistas do Estado Alfa, organização sindical regularmente constituída e em funcionamento há mais de 1 (um) ano, **é legitimado ativo** para ingressar com Mandado de Injunção Coletivo perante o STF, conforme determina o art. 12, III, da lei 13.300/16 (Mandado de Injunção); **B:** incorreta. Diversamente disso, **o STF poderá estabelecer as condições em que se dará o exercício do direito**. Determina o art. 8º da citada lei que reconhecido o estado de mora legislativa, será deferida a injunção para: I – determinar prazo razoável para que o impetrado promova a edição da norma regulamentadora, II – **estabelecer as condições em que se dará o exercício dos direitos**, das liberdades ou das prerrogativas reclamados ou, se for o caso, as condições em que poderá o interessado promover ação própria visando a exercê-los, caso não seja suprida a mora legislativa no prazo determinado; **C:** incorreta. De acordo com o art. 102, I, "q", da CF, compete ao STF processar e julgar, de forma originária, o mandado de injunção, quando a elaboração da norma regulamentadora for atribuição do Presidente da República, **do Congresso Nacional**, da Câmara dos Deputados, do Senado Federal, das Mesas de uma dessas Casas Legislativas, do Tribunal de Contas da União, de um dos Tribunais Superiores, ou do próprio Supremo Tribunal Federal; **D:** correta. É o que determina o § 2º do art. 9º da Lei 13.300/16. De acordo com o citado dispositivo, transitada em julgado a decisão, seus efeitos poderão ser estendidos aos casos análogos por decisão monocrática do relator.

15. Gabarito "A"
Comentário: B: incorreta. A **resposta a agressão armada estrangeira** é **hipótese de decretação do estado de sítio**, conforme determina o inciso II do art. 137 da CF. Em relação às **medidas coercitivas** adotadas nesta modalidade de decretação do estado de sítio (art. 137, II, da CF), a CF/88 não as traz expressamente. Vicente Paulo e Marcelo Alexandrino, em Direito Constitucional Descomplicado, 20ª Ed., p. 904, ensinam que: "... em tese, as restrições poderão ser mais amplas, atingindo outras garantias fundamentais além daquelas autorizadas pelo art. 139 para o caso de decretação de estado de sítio com fundamento no inciso I do art. 137 da CF. Mas, para que sejam adotadas tais medidas coercitivas contra as pessoas, será indispensável o cumprimento dos seguintes requisitos: (a) justificação quanto à necessidade de adoção das medidas pelo Presidente da República; (b) aprovação das medidas coercitivas pelo Congresso Nacional, por maioria de seus membros; (c) previsão expressa da adoção das medidas no decreto que instituir o estado de sítio; **C:** incorreta. A decretação do estado de sítio, ao contrário do mencionado, **depende de prévia aprovação pelo Congresso Nacional**. Determina o *caput* do art. 137 da CF que o **Presidente da República pode**, ouvidos o Conselho da República e o Conselho de Defesa Nacional, **solicitar ao Congresso Nacional autorização para decretar o estado de sítio**; **D:** incorreta. O Congresso Nacional deve autorizar, por **maioria absoluta,** sobre a instituição do estado de sítio. Determina o parágrafo único do art. 137 da CF que o Presidente da República, ao solicitar autorização para decretar o estado de sítio ou sua prorrogação, relatará os motivos determinantes do pedido, **devendo o Congresso Nacional decidir por maioria absoluta**. Em relação às medidas coercitivas propostas pelo Presidente, como a CF não as traz expressamente, deverá ser observado se os requisitos (justificação quanto à necessidade, aprovação pelo Congresso Nacional e previsão expressa das medidas no decreto que instituir o estado de sítio) foram cumpridos.

16. Gabarito "D"
Comentário: A: incorreta. Há **violação ao princípio da autonomia municipal**. Determina o STF [...] No entanto, como bem apontado no acórdão que julgou a medida liminar, a Constituição do Rio Grande do Norte estende a obrigação aos servidores municipais e aos empregados celetistas de empresas públicas e sociedades de economia mista. Nesse ponto, a discussão transfere-se para a preservação de dois importantes valores constitucionais: a autonomia municipal e a competência da União para legislar em matéria de direito do trabalho. Especificamente quanto à imposição aos servidores municipais, caracteriza-se disposição de flagrante violação à autonomia administrativa e financeira municipal, disposta nos arts. 29; 30, I; e 34, VII, c, da CF. [ADI 144, voto do rel. min. Gilmar Mendes, j. 19-2-2014, P, DJE de 3-4-2014]; **B:** incorreta. **Não há essa previsão** no Texto Constitucional de 1988. O vício de inconstitucionalidade existente, como mencionado, diz respeito à autonomia municipal, tratada pela CF como um dos princípios constitucionais sensíveis (art. 34, VII, "c", da CF). Vale reforçar que quando houver violação a um dos princípios, previstos no inciso VII do art. 34 da CF, caberá intervenção federal; **C:** incorreta. O Art. 32 da Constituição do Estado Alfa **padece de**

vício de inconstitucionalidade, pois a CRFB/88 garante autonomia aos entes federativos. **D:** correta. De fato, a Constituição do Estado, ao adentrar em tema dos servidores municipais, viola a autonomia municipal para disciplinar a matéria (arts. 29, 30 e 34, VII, "c", todos da CF).

17. Gabarito "B"
Comentário: A: incorreta. O quórum para instalação das CPIs está correto e respeita o denominado "direito das minorias de investigar". Determina o § 3º do art. 58 da CF que as comissões parlamentares de inquérito, que terão poderes de investigação próprios das autoridades judiciais, além de outros previstos nos regimentos das respectivas Casas, serão criadas pela Câmara dos Deputados e pelo Senado Federal, em conjunto ou separadamente, **mediante requerimento de um terço de seus membros**, para a apuração de fato determinado e por prazo certo, sendo suas conclusões, se for o caso, encaminhadas ao Ministério Público, para que promova a responsabilidade civil ou criminal dos infratores.; **B:** correta. Determina o § 1º do art. 58 da CF que **na constituição** das Mesas e **de cada Comissão, é assegurada**, tanto quanto possível, **a representação proporcional dos partidos ou dos blocos parlamentares** que participam da respectiva Casa; **C:** incorreta. O quórum para instalação da CPI, como mencionado, é de 1/3 dos membros, não de maioria absoluta; **D:** incorreta. Há vício formal no procedimento, pois a representação proporcional dos partidos ou blocos parlamentares que participam da Casa Legislativa não foi respeitada quando da criação da comissão.

18. Gabarito "B"
Comentário: Segue um trecho da importante sentença da Corte Interamericana de Direitos Humanos exarada no caso Velásquez Rodríguez, ocasião em que foi explicitada a obrigação de os Estados-partes garantirem o livre e o pleno exercício dos direitos reconhecidos na Convenção Americana de Direitos Humanos:
"Esta obrigação implica o dever dos Estados-partes de organizar todo o aparato governamental e, em geral, todas as estruturas por meio das quais se manifesta o exercício do poder público, de maneira que sejam capazes de assegurar juridicamente o livre e pleno exercício dos direitos humanos. Como consequência dessa obrigação, os *Estados devem prevenir, investigar e sancionar toda violação dos direitos reconhecidos pela Convenção* e procurar, ademais, o restabelecimento, se possível, do direito violado e também a reparação dos danos produzidos pela violação dos direitos humanos" (tradução minha).
O caso analisado trata de um estudante universitário de Honduras – Velásquez Rodríguez – que foi detido por autoridades policiais hondurenhas, sendo, posteriormente, vítima de tortura até ser tido como desaparecido. Em sentença de 29.07.1998, a Corte Interamericana de Direitos Humanos declarou, por unanimidade, que Honduras violou, em prejuízo de Velásquez Rodríguez, o direito à liberdade pessoal (art. 7º da Convenção), o direito à integridade pessoal (art. 5º da Convenção) e o direito à vida (art. 4º da Convenção), todos em conexão com o art. 1º, ponto 1, da Convenção. A Corte declarou ainda, também por unanimidade, que Honduras deveria pagar uma justa indenização compensadora para os familiares da vítima, mas não fixou os parâmetros para o pagamento, apenas ressalvou que, se a Comissão Interamericana de Direitos Humanos e Honduras não chegassem a um acordo, a Corte seria responsável por estabelecer a forma e a quantia da indenização.

19. Gabarito "A"
Comentário: A resposta correta conforme o Decreto nº 8.727, de 2016, é a "A" (art. 2º).

20. Gabarito "D"
Comentário: A sentença judicial é um ato soberano, confeccionada pela autoridade judicial de um determinado Estado. Por ser um ato de soberania, a sentença, como todo ato soberano, incide apenas no território nacional e, destarte, é endereçada à população desse Estado.
Todavia, alguns fatos ou relações jurídicas interessam a mais de um país. Assim, o juiz de um desses Estados exercerá sua competência e aplicará o direito material indicado por seu DIPr, mas, como dito, a decisão só valerá no território nacional do juiz prolator, apesar do interesse de outras jurisdições. É nesse contexto que surge a figura da homologação de sentença estrangeira.

Após a homologação pela autoridade competente, a sentença, já apta a produzir efeitos no país prolator, passa a produzir efeitos em outra jurisdição também.[1]
Porém, de acordo com o princípio da efetividade, todo pedido de homologação de sentença estrangeira exige que haja algum ponto de conexão entre o exercício da jurisdição pelo Estado brasileiro e o caso concreto a ele submetido. Tem que ter pertinência.

21. Gabarito "A"
Comentário: A: correta (art. 54, § 1º, II, da Lei de Migração); **B:** incorreta (art. 55, II *a*, da Lei de Migração); **C:** incorreta (art. 55, II *d*, da Lei de Migração); **D:** incorreta (art. 58, da Lei de Migração)

22. Gabarito "B"
Comentário: A: incorreta, pois os créditos com garantia real preferem aos tributários – art. 186, p. único, I, do CTN e art. 83 da Lei de Recuperação e Falência – LF (Lei 11.101/2005); **B:** correta, art. 186, *caput*, do CTN e art. 83 da LF; **C:** incorreta, pois o crédito tributário decorrente de multa prefere apenas aos créditos subordinados – art. 186, III, do CTN e art. 83 da LF; **D:** incorreta, pois as multas ficam no final da lista de preferências, conforme comentário anterior.

23. Gabarito "C"
Comentário: A regra relativa à sujeição ativa do ITCMD, na situação *causa mortis*, é: (a) para bens imóveis, o local do imóvel e (b) para bens móveis, títulos e créditos, local do inventário ou arrolamento – art. 155, § 1º, da CF. Por essa razão, a alternativa C é a correta.

24. Gabarito "D"
Comentário: A: incorreta, pois a tributação pelo imposto de renda segue o princípio da universalidade, abrangendo todas as rendas e proventos apurados no período, inclusive no exterior no caso dos brasileiros que não saíram definitivamente do país – art. 153, § 2º, I, da CF e art. 14, § 3º, do Regulamento do Imposto de Renda – RIR (Decreto 9.580/2018); **B:** incorreta, pois o brasileiro que não saiu definitivamente do Brasil deve declarar a renda auferida no exterior, sendo permitida a dedução do valor do tributo lá pago sobre essa renda, mesmo no caso de inexistir tratado contra bitributação, desde que haja reciprocidade de tratamento em relação aos rendimentos produzidos no Brasil – art. 115 do RIR; **C:** incorreta, conforme comentários anteriores; **D:** correta, conforme comentários anteriores – art. 115 do RIR.

25. Gabarito "B"
Comentário: A: incorreta, pois o imposto extraordinário pode ser instituído por lei ordinária e, portanto, por medida provisória – arts. 62, § 2º, e 154, II, da CF; **B:** correta – art. 154, II, da CF; **C:** incorreta, pois anterioridade não se aplica ao imposto extraordinário – art. 150, § 1º, da CF; **D:** incorreta, pois o imposto extraordinário pode ter o mesmo fato gerador de tributo já existente, sendo exceção à vedação de bitributação ou de *bis in idem*.

26. Gabarito "B"
Comentário: A: incorreta, pois a presunção de liquidez e certeza favorece o fisco, não o devedor – art. 204, p. único, do CTN; **B:** correta, conforme o princípio da legalidade e a previsão expressa no art. 202, III, do CTN; **C:** incorreta, pois a presunção de liquidez e certeza da CDA é relativa (*iuris tantum*), podendo se ilidida por prova inequívoca, a cargo do sujeito passivo ou do terceiro a que aproveite – art. 204, p. único, do CTN; **D:** incorreta, pois é exigida a indicação específica da lei em que seja fundado o crédito – art. 202, III, do CTN.

27. Gabarito: "C"
Comentário: A: incorreta, pois, como regra, é vedada a acumulação remunerada de *cargos*, *empregos* e *funções* públicos, e o caso em tela não está entre

---
1. Art. 961 do CPC: "A decisão estrangeira somente terá eficácia no Brasil após a homologação de sentença estrangeira ou a concessão do *exequatur* às cartas rogatórias, salvo disposição em sentido contrário de lei ou tratado".. A sentença estrangeira homologada pelo STJ é título executivo judicial.

as exceções previstas na CF (art. 37, XVI, "a" a "c"); o fato de ser um "cargo" e um "emprego" não retira a aplicação da regra, como se pode verificar na redação do art. 37, XVII, da CF); **B:** incorreta; primeiro porque o instituto da estabilidade diz respeito aos "cargos públicos de provimento efetivo", e não aos "empregos públicos" (art. 40, *caput*, da CF); segundo porque, caso fosse possível a estabilidade num "emprego público", seriam necessário cumprir 3 anos de estágio probatório na nova função e aprovação numa específica avaliação de desempenho na nova função (art. 40, *caput* e § 4º, da CF), para verificar especificamente se o agente público está preparado para continuar a exercer aquela função, não se podendo presumir que se exerceu bem a função anterior irá também exercer bem a nova função; **C:** correta, pois o teto remuneratório se aplica também as empresas estatais que recebem recursos do ente federativo para o seu custeio em geral (art. 37, § 9º da CF); **D:** incorreta, pois tanto a investidura num "cargo" como num "emprego" dependem de prévia aprovação num concurso público específico idealizado de acordo com a natureza e a complexidade da função (art. 37, II, da CF).

28. Gabarito "D"
Comentário: A: incorreta, pois as responsabilizações penal, administrativa e civil são independentes entre si (art. 125 da Lei 8.112/90); um dos efeitos disso é que os "tipos disciplinares" são independentes dos "tipos penais" aplicáveis ao servidor; assim, é possível que um servidor infrinja um "tipo disciplinar" mas que não infrinja um "tipo penal", hipótese em que se poderá dizer que não cometeu um crime mas que cometeu uma falta administrativa residual; **B:** incorreta, pois somente as absolvições penais por "negativa de autoria" ou por "inexistência material do fato" são suficientes para impor a reintegração do servidor público demitido (art. 126 da Lei 8.112/90); no caso de mera absolvição criminal por "falta de provas", a demissão administrativa será mantida, não havendo direito à reintegração; **C:** incorreta, pois as responsabilizações penal, administrativa e civil são independentes entre si (art. 125 da Lei 8.112/90), não havendo, então, justificativa para suspender a responsabilização administrativa enquanto corre o processo de responsabilização penal; **D:** correta, pois, de fato, o prazo prescricional para a ação disciplinar é o mesmo previsto na lei penal para o crime quando a infração disciplinar supostamente cometida também for tipificada como crime pela lei (art. 142, § 2º, da Lei 8.112/90), hipótese que aconteceu no caso narrado na questão.

29. Gabarito "C"
Comentário: A: incorreta, pois, numa PPP (parceria público-privada) somente a modalidade "concessão patrocinada" exige que o custeio do serviço se dê com a cobrança de tarifas dos usuários (art. 2º, § 1º, da Lei 11.079/04); já na modalidade "concessão administrativa", é cabível que a Administração arque com o custeio integral da PPP (sem cobrança de tarifas dos usuários), por se tratar de uma verdadeira prestação de serviços para a Administração, e não de uma concessão de um serviço público (art. 2º, § 2º, da Lei 11.079/04); **B:** incorreta, pois uma das formas de contraprestação da Administração Pública é justamente a "outorga de direitos sobre bens públicos dominicais" (art. 6º, IV, da Lei 11.079/04); **C:** correta, pois a "concessão administrativa" é a modalidade de PPP adequada quando não há cobrança de tarifas dos usuários, mas sim com valores dos serviços inteiramente custeados pela Administração Pública (art. 2º, § 2º, da Lei 11.079/04); **D:** incorreta, pois o serviço de iluminação pública não é *uti singuli*, ou seja, não aquele tipo de serviço que pode ser destacado e fruído individualmente pelas pessoas (usuários específicos), como é o serviço de água e energia elétrica; ao contrário, a iluminação pública é um serviço *uti universi*, que é fruído por usuários indeterminados, não sendo possível mensurar o uso individual de cada um, o que impede a cobrança de tarifas dos usuários; ou seja, esse tipo de serviço (*uti universi*) não é passível de cobrança de tarifa do usuário, de modo que uma PPP no caso só poderá ser feita na modalidade "concessão administrativa", em que a Administração arca sozinha com todos os custos, sem cobrança de tarifas dos usuários.

30. Gabarito "A"
Comentário: A; correta; o prazo prescricional agora é de 8 anos, contado da data da ocorrência dos fatos ou do dia em que cessou a permanência, no caso das infrações permanentes (art. 23 da Lei 8.429/92 – alterada pela Lei 14.230/21); na questão em análise, o prazo prescricional é de 8 anos contados da consumação da fraude, em novembro de 2013; vale apontar que a prescrição na ação de improbidade sofreu várias modificações (por exemplo, no prazo prescricional e termo inicial desse prazo) e uma delas é que a lei estabeleceu várias hipóteses de interrupção da prescrição, cujo o prazo recomeça a correr da respectiva interrupção, pela metade do prazo legal de 8 anos (art. 23, pp. 4º e 5º, da Lei 8.429/92); B e C: incorretas, pois o prazo é de 8 anos e se inicia na mesma data para a empresa e o servidor; vale salientar que quando do ingresso com a ação de improbidade, esse período ainda não tinha transcorrido; D: incorreta, pois o particular que contrata com a Administração está sujeito sim à ação de improbidade, assim como aquele que induz ou concorre dolosamente para a prática do ato (arts. 2º, p. ún, e 3º, caput, da Lei 8.429/92).

31. Gabarito "D"
Comentário: A: incorreta, pois essa intervenção na propriedade tem o nome de *servidão administrativa*, e é instituída nos termos da Lei de Desapropriações, a qual autoriza que se dê à concessionária de serviço público o poder de executar essa medida (art. 3º, I, do Dec.-lei 3.365/41); **B:** incorreta, pois a requisição de serviço público é uma intervenção temporária na propriedade; no caso se quer uma intervenção duradoura, sem retirada da propriedade do particular; então o instituto aplicável é o da *servidão administrativa*; **C:** incorreta, pois a servidão administrativa é instituída nos termos da Lei de Desapropriações (art. 40, do Dec.-lei 3.365/41) a qual autoriza a imissão provisória na posse do imóvel (art. 15 do Dec.-lei 3.365/41); **D:** correta, pois há previsão legal de juros compensatórios em caso de imissão provisória na posse (art. 15-A, *caput*, e § 1º, do Dec.-lei 3.365/41). A lei inclusive explica que "os juros compensatórios destinam-se, apenas, a compensar a perda de renda comprovadamente sofrida pelo proprietário".

32. Gabarito "C"
Comentário: A: incorreta; uma praça pública é um bem de uso comum do povo e, de acordo com o art. 100 do Código Civil, "Os bens públicos de uso comum do povo e os de uso especial são inalienáveis, enquanto conservarem a sua qualificação, na forma que a lei determinar"; dessa forma, somente por meio de lei será possível autorizar a venda de um bem dessa natureza; ademais, a Constituição Federal determina que as alienações públicas devem ser precedidas, como regra, de licitação (art. 37, XXI, da CF), de modo que a alternativa em análise também está errada quando afirma que não é necessário licitação no caso; **B:** incorreta, pois o bem em questão não é "dominical", mas sim de "uso comum do povo", nos exatos termos do art. 99, I, do Código Civil; **C:** correta, pois de fato o bem é de "uso comum do povo" (art. 99, I, do Código Civil) e, assim, requer autorização legislativa para alienação (art. 100 do Código Civil); **D:** incorreta, pois o bem em questão não é "de uso especial", mas sim de "uso comum do povo", nos exatos termos do art. 99, I, do Código Civil.

33. Gabarito "A"
Comentário: A: correta, pois, de acordo com o art. 5º da Lei Complementar 140/2011, "O ente federativo poderá delegar, mediante convênio, a execução de ações administrativas a ele atribuídas nesta Lei Complementar, desde que o ente destinatário da delegação disponha de órgão ambiental capacitado a executar as ações administrativas a serem delegadas e de conselho de meio ambiente"; no caso em questão a alternativa deixa claro que esses dois órgãos existem (órgão local capacitado + conselho local de meio ambiente), então é possível a delegação; **B:** incorreta, pois a Lei Complementar não exige nada disso, mas sim um convênio entre os entes e a presença no órgão delegatário de órgãos técnicos preparados para essa atividade e de um conselho de meio ambiente (art. 5º da LC 140/11); **C:** incorreta, pois o art. 5º da LC 140/11 admite a delegação nesse caso; **D:** incorreta, pois a LC 140/11 não traz faz essa restrição quando dispõe sobre essa delegação (art. 5º da LC, 140/11).

34. Gabarito "D"
Comentário: A: incorreta, pois a competência para legislar sobre meio ambiente é *concorrente* da União, dos Estados e do DF (art. 24, VI, da CF), e não *privativa* dos Estados; **B** e **C:** incorretas, pois, no âmbito da competência concorrente da União, dos Estados e do DF (art. 24, VI, da CF), compete à União dispor sobre *normas gerais* de proteção do meio ambiente (art. 24, § 1º, da CF), e o tema em questão (permissão de supressão para obras de pequeno porte) é um tema de norma geral e não de norma local estadual ou

municipal; **D:** correta, pois, de fato, compete à União dispor sobre *normas gerais* de proteção do meio ambiente (art. 24, § 1º, da CF), e o tema em questão (permissão de supressão para obras de pequeno porte) é um tema de norma geral (ou seja, que deve estar unificado em todo o país), e não de norma local estadual ou municipal.

35. Gabarito: "C"
Comentário: A: incorreta, pois neste caso não se configurou usucapião extraordinária, uma vez que para que esta se configure o prazo é de quinze anos de permanência no imóvel, fora os demais requisitos da usucapião (art. 1.238 CC); **B:** incorreta, pois a permanência de Simone no imóvel não é decorrente de um negócio jurídico realizado entre ela e Joel. Originalmente o negócio jurídico foi realizado entre o casal e o antigo proprietário do imóvel. Com a compra e venda e registro em cartório, o casal se tornou legítimo proprietário do imóvel. Simone terá direito a adquirir o imóvel em sua totalidade, pois exerceu a posse direta por mais de 2 anos ininterruptos sem oposição (art. 1.240-A CC); **C:** correta, pois trata-se de modalidade de usucapião familiar, cujos requisitos são: exercer, por 2 anos ininterruptamente e sem oposição, posse direta, com exclusividade, sobre imóvel urbano de até 250m² cuja propriedade divida com ex-cônjuge ou ex-companheiro que abandonou o lar, utilizando-o para sua moradia ou de sua família e não ser proprietário de outro imóvel urbano ou rural (art. 1.240-A CC). Simone preenche todos os itens; **D:** incorreta, pois embora sejam condôminos, existe previsão específica no Código Civil que supera a regra do condomínio e dá o direito de propriedade exclusiva a um dos cônjuges, preenchidos os requisitos do art. 1.240-A CC.

36. Gabarito: "C"
Comentário: A: incorreta, pois a recusa é ilegal, uma vez que o *time sharing* não é personalíssimo, pois a Lei permite que haja locação e comodato nesta modalidade de contrato, logo, não precisa apenas ser exercido pelo proprietário (art. 1.358-I, II, CC); **B:** incorreta, pois condomínio necessário trata-se de uma modalidade forçada ou compulsória de compartilhamento da propriedade, que tem por objeto a meação de paredes, cercas, muros e valas, aos quais se aplicam as normas dos arts. 1.297 e 1.298 e 1.304 a 1.307 CC; **C:** correta (art. art. 1.358-I, II, CC); **D:** incorreta, pois o ato é ilegal, pois além de doar e vender a fração de tempo, o proprietário também pode locar e dar em comodato (art. art. 1.358-I, II CC).

37. Gabarito: "A"
Comentário: A: correta (art. 727 CC). O corretor terá direito a sua remuneração, pois trata-se de contrato por prazo indeterminado e foi ele que deu início a negociação entre as partes; **B:** incorreta, pois o corretor tem direito a remuneração, pois foi ele que iniciou o negócio entre as partes (art. 727 CC). Ele não teria direito apenas se o negócio tivesse se iniciado e concluído sem a sua participação; **C:** incorreta, pois ele não foi negligente, inerte ou ocioso. O que houve foi a sua dispensa pelas partes. Neste caso ele tem direito a remuneração (arts. 726 e 727 CC); **D:** incorreta, pois ele tem direito a remuneração integral dos 4%, pois foi ele que iniciou as negociações com as partes (art. 727 CC).

38. Gabarito: "D"
Comentário: A: incorreta, pois embora Lucas, João e Luna sejam herdeiros (art. 1.845 CC), não existe nenhum Vinícius mencionado na história, logo ele não é herdeiro; **B:** incorreta, pois ainda que todos sejam herdeiros, Lucas e João não receberão cota igual a das tias, mas sim metade, pois eles herdam por representação do pai pré-morto Humberto (art. 1.855 CC); **C:** incorreta, pois Lucas e João também são herdeiros, porém herdam por representação e não por cabeça (art. 1.851 CC); **D:** correta, pois a herança deve ser dividida em três partes: Rosana, Helena e Humberto. Como Humberto pré-morto, sua cota passará aos seus filhos dividida na metade para cada um. Eles herdarão por representação metade da cota que as tias receberam (arts. 1.851 e 1.855 CC).

39. Gabarito: "A"
Comentário: A: correta (art. 239 CC). Trata-se de obrigação de restituir coisa certa, que pereceu por culpa do devedor, afinal, Érico não devolveu a pintura no prazo, logo, a responsabilidade pelo dano é sua; **B:** incorreta, pois Érico estava inadimplente no contrato de locação da pintura, uma vez que o prazo de restituição não foi respeitado. Logo, ele é quem deve arcar com os ônus de sua demora (art. 239 CC). Diego também poderá sofrer sanções, mas elas não excluem a responsabilidade de Érico; **C:** incorreta, pois ainda que Érico tenha adotado todas as medidas necessárias sua obrigação de indenizar se dá por motivo diverso, isto é, a não restituição da coisa no prazo contratado. Logo, ele assume o ônus dos danos da coisa (art. 239 CC). **D:** incorreta, pois o dever de indenizar neste caso é um dever legal que independe a comprovação de culpa. Em decorrência do descumprimento contratual a própria lei já fixa as consequências no caso de dano da coisa (art. 239 CC).

40. Gabarito: "C"
Comentário: A: incorreta, pois esta cláusula de renúncia é nula, vez que não se pode renunciar antecipadamente o direito de revogar a liberalidade por ingratidão do donatário (art. 556 CC); **B:** incorreta, pois trata-se de doação com encargo (aquela em que há uma obrigação a ser cumprida por parte do donatário quando receber a coisa – arts. 539 e 540 CC), e não condicional ("só doo se você fizer tal coisa"); **C:** correta (art. 564, I CC); **D:** incorreta, pois por se tratar de bem imóvel em valor superior a trinta vezes o maior salário mínimo vigente no país, este negócio jurídico apenas terá validade se feito por escritura pública (art. 108 CC).

41. Gabarito: "A"
Comentário: A: correta (art. 937 CC); **B:** incorreta, pois a responsabilidade no caso de má conservação do prédio é do dono e não do locatário do prédio (art. 937 CC); **C:** incorreta, pois a sociedade XYZ não pode se eximir da responsabilidade, uma vez que por dever legal cabe a ela se responsabilizar pela conservação do imóvel, evitando sua ruína. Logo, os danos decorrentes da negligência de seu dever deverão ser por ela arcados (art. 937 CC); **D:** incorreta, pois a sociedade ABC pode eximir-se da responsabilidade alegando culpa exclusiva da proprietária e não da vítima (art. 937 CC).

42. Gabarito "A"
Comentário: A: correta, pois corresponde ao que estabelece o art. 136, II, do ECA; **B:** incorreta, pois contraria o disposto no art. 136, II, do ECA, que confere ao Conselho Tutelar as atribuições, entre outras, consistentes no encaminhamento a cursos ou programas de orientação (art. 129, IV, ECA) e no ato de matricular obrigatoriamente o filho ou pupilo e acompanhar sua frequência e seu aproveitamento escolar (art. 129, V, ECA); **C:** incorreta, uma vez que fazem parte do rol de atribuições do Conselho Tutelar (art. 136, II, do ECA) as medidas de encaminhamento a serviços e programas oficiais ou comunitários de proteção, apoio e promoção da família (art. 129, I, ECA) e a de obrigação de encaminhar a criança ou o adolescente a tratamento especializado (art. 129, VI, ECA); **D:** incorreta, já que a medida de encaminhamento a tratamento psiquiátrico pode ser aplicada pelo Conselho Tutelar (art. 129, III, ECA). As demais somente podem ser determinadas pela autoridade judiciária.

43. Gabarito "B"
Comentário: O art. 140 do ECA estabelece que é impedido de ser conselheiro tutelar, entre outros, o cunhado do promotor com atuação na Justiça da Infância e Juventude, em exercício na comarca.

44. Gabarito "C"
Comentário: A: Incorreta. Tratando-se de fato do produto, a responsabilidade civil objetiva e solidária do fabricante e do franqueador está definida no art. 12 do CDC. De fato, entende o Superior Tribunal de Justiça que "1. Os contratos de franquia caracterizam-se por um vínculo associativo em que empresas distintas acordam quanto à exploração de bens intelectuais do franqueador e têm pertinência estritamente *inter partes*. 2. Aos olhos do consumidor, trata-se de mera intermediação ou revenda de bens ou serviços do franqueador – fornecedor no mercado de consumo, ainda que de bens imateriais. 3. Extrai-se dos arts. 14 e 18 do CDC a responsabilização solidária de todos que participem da introdução do produto ou serviço no mercado, inclusive daqueles que organizem a cadeia de fornecimento, pelos eventuais defeitos ou vícios apresentados. (REsp 1426578/SP, Rel. Ministro Marco Aurélio Bellizze, Terceira Turma, julgado em 23/06/2015, DJe 22/09/2015). Assim, as hipóteses de excludentes de responsabilidade definidas no art. 12, § 3º, do CDC, não são aplicáveis ao caso. **B:** Incorreta. Trata-se de responsabilidade civil

objetiva e solidária. **C:** Correta. O Código de Defesa do Consumidor, no seu art. 88, veda a denunciação da lide, o que é corroborado pela jurisprudência do STJ, que entende que a "denunciação da lide em processos de consumo é vedada porque poderia implicar maior dilação probatória, gerando a produção de provas talvez inúteis para o deslinde da questão principal, de interesse do consumidor". Vide REsp 917.687; REsp 1.165.279 e Ag 1.333.671. **D:** Incorreta. Para ser considerado fornecedor basta colocar o produto ou o serviço no mercado de consumo. Nesse caso, a amostra grátis deve ser vista como forma de publicidade do produto, configurando-se a relação de consumo.

45. Gabarito "ANULADA"

46. Gabarito: "A"
Comentário: Desde a edição da Lei nº 13.874/2019, é possível a constituição de sociedade limitada unipessoal, aplicando-se-lhe, no que couber, as disposições sobre o contrato social (art. 1.052, §§ 1º e 2º, do Código Civil). Correta, portanto, a alternativa "A". Deve-se ter cuidado com a redação da letra "E", pois ela trata de exigência relativa à EIRELI, que não se confunde com a sociedade limitada unipessoal.

47. Gabarito: "B"
Comentário: A questão parece complexa, mas é simples: basta identificar quem é o devedor principal e coobrigados na nota promissória. **A:** incorreta. Bonfim é o devedor principal da nota, por ser seu emitente, e não coobrigado; **B:** correta. Normandia e Iracema não respondem pelo pagamento da cártula, vez que nela apuseram a cláusula "sem garantia", que equivale à proibição de novo endosso (art. 15 da Lei Uniforme de Genebra); **C:** incorreta. Normandia é coobrigada ao pagamento, e não devedora principal; **D:** incorreta. Cantá é o último endossatário, portanto é o credor do título.

48. Gabarito: "D"
Comentário: A: incorreta. O representante no Brasil deve ter poderes para receber citações (art. 1.138 do CC); **B:** incorreta. Não é obrigatória a nacionalização da sociedade estrangeira, mas, se o fizer, dependerá de autorização do Poder Executivo (art. 1.141 do CC); **C:** incorreta. O registro deve se dar antes do início de suas atividades (art. 1.136 do CC); **D:** correta, nos termos dos arts. 1.137 e 1.139 do CC.

49. Gabarito: "C"
Comentário: A desconsideração da personalidade jurídica atinge indistintamente sócios e administrador da empresa, nos termos do art. 50 do CC.

50. Gabarito: "C"
Comentário: O caso concreto descrito no enunciado se amolda ao art. 1.072, § 4º, do Código Civil, que autoriza o administrador a "requerer concordata preventiva" em caso de urgência, desde que esteja autorizado por sócios que representem mais da metade do capital social. Vale destacar que o citado dispositivo legal demanda interpretação histórica, considerando que ainda não foi atualizado – então, onde está escrito "concordata preventiva", devemos ler "recuperação judicial", vez que aquela foi substituída por esta desde a Lei nº 11.101/2005.

51. Gabarito "B"
Comentário: A: incorreta, tendo em vista que o ato somente será declarado nulo quando houver prejuízo à parte – e, no caso, como o pedido foi procedente, não houve prejuízo à parte autora (não há nulidade se não houver prejuízo, o brocardo *"pas de nullité sans grief"* – CPC, art. 282, §§ 1º e 2º); **B:** correta, considerando o exposto em "A" (CPC, art. 282, § 2º); **C:** incorreta, pelo exposto em "A" e considerando que a declaração de nulidade afeta os atos *subsequentes* que dependam do ato nulo e não todo o processo (CPC, arts. 281 e 282); **D:** incorreta, pois, como já visto, a declaração de nulidade do ato depende da demonstração de prejuízo à parte (CPC, art. 282, §§ 1º e 2º).

52. Gabarito "C"
Comentário: A: incorreta, pois não há previsão legal no sentido de que o relator determine a correção dessa falha – que, inclusive, só o juiz de 1º grau a percebe (CPC, art. 1.018, §§ 2º e 3º); **B:** incorreta, já que as nulidades devem ser apontadas na primeira oportunidade, sob pena de preclusão (CPC, art. 278); **C:** correta, por expressa previsão legal nesse sentido – aplicável apenas quando se tratar de *processo físico* (CPC, art. 1.018, §§ 2º e 3º). E somente nesse caso (se o agravado alegar isso na resposta ao agravo) é o que o AI não será conhecido; **D:** incorreta, tendo em vista que o vício deve ser arguido e provado pela *parte contrária*, ou seja, o agravado (CPC, art. 1.018, §§ 2º e 3º).

53. Gabarito "C"
Comentário: A: incorreta, porque o prazo da Fazenda Pública para apresentar impugnação ao cumprimento de sentença de pagar quantia certa é de 30 dias úteis (CPC, arts. 219 e 535); **B:** incorreta, pois não haverá incidência de multa contra a Fazenda Pública, já que os pagamentos pela Fazenda se sujeitam ao regime de precatório e, portanto, a Fazenda não é intimada para pagar sob pena de multa (CPC, art. 523), apenas para apresentar impugnação ao cumprimento de sentença (CPC, arts. 534, § 2º e 535); **C:** correta, por ser essa a previsão legal (CPC, art. 535, § 4º e, também, STF-ADI 5534); **D:** incorreta, já que a Fazenda deve declarar de imediato o valor que entende correto, sob pena de não conhecimento da arguição (CPC, art. 535, §2º).

54. Gabarito "A"
Comentário: A: correta, por expressa previsão legal (CF, art. 102, II, "a" e CPC, art. 1.027, I); **B:** incorreta, já que o ROC é cabível em face de decisões *denegatórias* as ações constitucionais de competência originária (CF, art. 102, II, "a" e CPC, art. 1.027, I); **C:** incorreta, tendo em vista ser essa hipótese de cabimento de ROC dirigido *ao STJ* - e não ao STF, como aponta o enunciado (CF, art. 105, II, "b" e CPC, art. 1.027, II, "a"); **D:** incorreta, pois essa é hipótese de cabimento de ROC *dirigido ao STJ* - e não ao STF, como aponta o enunciado (CF, art. 105, II, "c" e CPC, art. 1.027, II, "b").

55. Gabarito "ANULADA"

56. Gabarito "A"
Comentário: A: correta, já que o CPC possibilita a penhora de *parcela* do faturamento da empresa, de modo a não inviabilizar a continuidade da atividade empresarial (CPC, art. 866, § 1º). Na praxe forense, usualmente há penhora de cerca de 30% do faturamento; **B:** incorreta, pois a penhora de faturamento não é a primeira na ordem de preferência legal (e não há essa equiparação a dinheiro), e a lei busca garantir a viabilidade da atividade empresarial, como exposto acima (CPC, arts. 835, X e 866, § 1º); **C:** incorreta, tendo em vista a expressa previsão legal da possibilidade de penhora do faturamento da empresa (CPC, arts. 835, X e 866, § 1º); **D:** incorreta, considerando que, embora não haja um percentual máximo fixado em lei, a penhora da totalidade do faturamento inviabiliza a atividade empresarial, o que é vedado (CPC, art. 866, § 1º).

57. Gabarito "D"
Comentário: A: incorreta, porque, tratando-se de obrigação de pagar quantia certa, o cumprimento se inicia por meio de requerimento da parte (CPC, arts. 523 e 536), e não de ofício; **B:** incorreta, tendo em vista que, antes da inclusão de multa e outros consectários, o executado é intimado para realizar o pagamento voluntário do débito, no prazo de 15 dias (CPC, art. 523, § 1º); **C:** incorreta, pois a fase de cumprimento de sentença depende de requerimento do exequente, conforme já exposto em "A" (CPC, arts. 513, § 1º e 523); **D:** correta, por ser essa a previsão legal (CPC, art. 523, *caput* e § 1º).

58. Gabarito: "C"
Comentário: A: incorreta, na medida em que não poderá ser reconhecida a causa de diminuição de pena do arrependimento posterior, prevista no art. 16 do CP, cuja incidência é exclusiva nos crimes cometidos sem violência ou grave ameaça à pessoa. Conforme o enunciado, João praticou o crime de roubo (art. 157, CP), não fazendo jus, portanto, à benesse do art. 16 do CP; **B:** incorreta. Deve ser afastada a agravante da reincidência, já que não se consideram, para tal efeito, os crimes militares próprios, assim entendidos aqueles previstos exclusivamente no Código Penal Militar (art. 64, II, CP); **C:** correta. Como acima dito, é de rigor o afastamento da agravante da reincidência. De outro lado, devem ser reconhecidas as atenuantes da reparação

do dano e da confissão (art. 65, III, *b* e *d*, CP); **D:** incorreta. Conforme explicado no comentário à assertiva "A", não é o caso de reconhecer a causa de diminuição de pena do arrependimento posterior. Isso porque esta somente terá lugar nos crimes desprovidos de violência ou grave ameaça contra a pessoa (art. 16, CP).

59. Gabarito: "D"
Comentário: De fato, o elemento subjetivo, no crime de denunciação caluniosa (art. 339, CP), é representado tão somente pelo dolo *direto* (não é suficiente o dolo *eventual*), já que o tipo penal impõe que o sujeito ativo saiba da inocência do sujeito passivo. Note que, na hipótese narrada no enunciado, a imputação é de contravenção penal, o que ensejaria, se o dolo fosse direito, o reconhecimento da causa de diminuição de pena prevista no art. 339, § 2º, do CP. Nesse sentido o STF, "O crime de denunciação caluniosa (art. 339 do CP) exige, para sua configuração, que o agente tenha dolo direto de imputar a outrem, que efetivamente sabe ser inocente, a prática de fato definido como crime, não se adequando ao tipo penal a conduta daquele que vivencia uma situação conflituosa e reporta-se à autoridade competente para dar o seu relato sobre os acontecimentos. Precedente (Inq 1547, Relator(a): Min. Carlos Velloso, Relator(a) p/ Acórdão: Min. Marco Aurélio, Tribunal Pleno, julgado em 21/10/2004). 2. A doutrina sobre o tema assenta que, *verbis*: "Para perfeição do crime não basta que o conteúdo da denúncia seja desconforme com a realidade; é mister o dolo. (...) Se ele [o agente] tem convicção sincera de que aquele realmente é autor de certo delito, não cometerá o crime definido" (NORONHA, Edgard Magalhães. Direito Penal. 4º volume. 8ª ed. São Paulo: Saraiva, 1976. p. 376-378)" (Inq 3133, Relator(a): Min. Luiz Fux, Primeira Turma, julgado em 05.08.2014, acórdão eletrônico *DJe*-176 divulg 10.09.2014).

60. Gabarito: "C"
Comentário: Considerando que Paulo é partícipe do crime de furto do veículo, já que a sua subtração foi por ele encomendada, não lhe poderá ser imputado o crime de receptação do mesmo bem. Isso porque o sujeito que figura como coautor ou partícipe do delito antecedente não responde pela receptação do bem que recebeu. Deverá ser responsabilizado, portanto, tão somente pelo delito de furto qualificado (art. 155, § 4º, IV, do CP).

61. Gabarito: "ANULADA"

62. Gabarito: "B"
Comentário: Cuida-se de hipótese de extraterritorialidade, já que incidirá a lei brasileira a fato ocorrido fora do território nacional (Portugal). A extraterritorialidade da lei penal pode ser de duas espécies, a saber: *incondicionada*, quando a aplicação da lei não depender de nenhuma condição. São as hipóteses previstas no art. 7º, I, do CP; *condicionada*: quando a aplicação da lei brasileira depender de determinada condição. São as hipóteses elencadas no art. 7º, II, do CP. O caso narrado no enunciado constitui hipótese de extraterritorialidade condicionada, nos termos do art. 7º, II, *b*, do CP: crimes praticados por brasileiros. Neste caso, a aplicação da lei brasileira depende do concurso das seguintes condições: a) entrar o agente no território nacional; b) ser o fato punível também no país em que foi praticado; c) estar o crime incluído entre aqueles pelos quais a lei brasileira autoriza a extradição; d) não ter sido o agente absolvido no estrangeiro ou não ter aí cumprido pena; e) não ter sido o agente perdoado no estrangeiro ou, por outro motivo, não estar extinta a punibilidade, segundo a lei mais favorável. Perceba que o crime praticado por Paulo contra Júlia se deu no contexto de violência doméstica, sendo a ação penal, por isso, pública incondicionada, conforme entendimento consagrado na Súmula n. 542, do STJ.

63. Gabarito: "A"
Comentário: Segundo consta do enunciado, Cláudio, por ocasião da comemoração do aniversário de 18 anos de seu filho Alceu, permitiu que este conduzisse seu veículo automotor em via pública, mesmo ciente de que o filho não tinha habilitação legal para tanto. A conduta do pai corresponde à descrição típica do art. 310 do CTB. Pelo que é possível inferir dos dados fornecidos, a despeito de Alceu não ser habilitado, sua condução não expôs ninguém a perigo de lesão (não causou qualquer acidente). A questão que aqui se coloca é saber se o fato de ele haver dirigido de forma satisfatória, sem causar dano ou mesmo perigo de dano, elide a configuração deste crime. A resposta é negativa. Com efeito, por se tratar de delito formal, a sua consumação não está condicionada à produção de resultado naturalístico consistente na existência de lesão a alguém. Nesse sentido a Súmula 575 do STJ: *Constitui crime a conduta de permitir, confiar ou entregar a direção de veículo automotor a pessoa que não seja habilitada, ou que se encontre em qualquer das situações previstas no art. 310 do CTB, independentemente da ocorrência de lesão ou de perigo de dano concreto na condução do veículo.* Dessa forma, está configurado o crime do art. 310 do CTB, que é de perigo abstrato. Tendo em conta que a pena máxima cominada é de 1 ano de detenção, caberá oferecimento de proposta de transação penal por parte do Ministério Público, nos termos do art. 76 da Lei 9.099/1995.

64. Gabarito "B"
Comentário: Consta do enunciado que Rafael, preso provisório, agride dolosamente o seu companheiro de cela, causando-lhe lesão corporal de natureza grave e, com isso, gerando grande confusão que iniciou uma subversão da ordem interna. Como se pode ver, Rafael praticou fato definido como crime doloso (art. 129, § 1º, CP) que ocasionou a subversão da ordem interna. Tal fato, por si só, já pode ensejar a inclusão de Rafael no regime disciplinar diferenciado (art. 52, *caput*, da LEP). Sucede que tal providência (inserção do preso em RDD) somente pode se dar por decisão do juízo competente (art. 54, § 2º, da LEP). Na hipótese narrada no enunciado, a inclusão de Rafael no RDD foi determinada pelo diretor do estabelecimento prisional, o que torna tal providência, portanto, ilegal.

65. Gabarito "D"
Comentário: Segundo o relato contido no enunciado, após o arquivamento de inquérito policial, motivado pelo fato de o autor não ter sido identificado, surge uma testemunha cujo depoimento é apto a identificar a autoria do crime de homicídio que vitimou Jonas. Neste caso, tendo em conta que a decisão que determinou o arquivamento do inquérito faz coisa julgada apenas formal, poderá ser promovido o seu desarquivamento, com a retomada das investigações. Se o arquivamento do inquérito se desse por ausência de tipicidade, a decisão, neste caso, teria efeito preclusivo, é dizer, produziria coisa julgada material, impedindo, dessa forma, o desarquivamento (Informativo STF 375). Registre-se que as "outras provas" a que faz alusão o art. 18 do CPP devem ser entendidas como provas substancialmente novas, ou seja, aquelas que até então não eram de conhecimento das autoridades. Conferir, nesse sentido, a Súmula 524 do STF: "Arquivado o inquérito policial, por despacho do juiz, a requerimento do Promotor de Justiça, não pode a ação penal ser iniciada, sem novas provas". Não há dúvidas de que o depoimento da testemunha, não colhido à época das investigações do inquérito policial, porque dela não se tinha conhecimento, é considerado prova substancialmente nova, tendo o condão, portanto, de ensejar a retomada das investigações.
DICA: com o advento da Lei 13.964/2019, conhecida como Pacote Anticrime, alterou-se toda a sistemática que rege o arquivamento do inquérito policial. Até então, tínhamos que cabia ao membro do MP promover (requerer) o arquivamento e ao juiz, se concordasse, determiná-lo. Pois bem. Com a modificação operada na redação do art. 28 do CPP pela Lei 13.964/2019, o representante do *parquet* deixa de requerer o arquivamento e passa a, ele mesmo, determiná-lo, sem qualquer interferência do magistrado, cuja atuação, nesta etapa, em homenagem ao sistema acusatório, deixa de existir. No entanto, ao determinar o arquivamento do IP, o membro do MP deverá submeter sua decisão, segundo a nova redação conferida ao art. 28, *caput*, do CPP, à instância revisora dentro do próprio Ministério Público, para fins de homologação. Sem prejuízo disso, caberá ao promotor que determinou o arquivamento comunicar a sua decisão ao investigado, à autoridade policial e à vítima. Esta última, por sua vez, ou quem a represente, poderá, se assim entender, dentro do prazo de 30 dias, a contar da comunicação de arquivamento, submeter a matéria à revisão da instância superior do órgão ministerial (art. 28, § 1º, CPP). Por fim, o § 2º deste art. 28, com a redação que lhe deu a Lei 13.964/2019, estabelece que, nas ações relativas a crimes praticados em detrimento da União, Estados e Municípios, a revisão do arquivamento do IP poderá ser provocada pela chefia do órgão a quem couber a sua representação judicial. Este novo art. 28 do CPP, que, como dissemos, alterou todo o procedimento que rege o arquivamento do IP, no entanto,

teve suspensa, por força de decisão cautelar proferida pelo STF, a sua eficácia. O ministro Luiz Fux, relator, ponderou, em sua decisão, tomada na ADI 6.305, de 22.01.2020, que, embora se trate de inovação louvável, a sua implementação, no prazo de 30 dias (*vacatio legis*), revela-se inviável, dada a dimensão dos impactos sistêmicos e financeiros que por certo ensejarão a adoção do novo procedimento de arquivamento do inquérito policial.

66. Gabarito "C"
Comentário: A: incorreta, já que se trata de questão prejudicial facultativa; **B:** incorreta, na medida em que, segundo estabelece o art. 93, § 2º, do CPP, *do despacho que denegar a suspensão não caberá recurso*; **C:** correta. Com efeito, o enunciado descreve hipótese de questão prejudicial *facultativa*. Conforme o disposto no art. 93 do CPP, o magistrado, como a própria classificação sugere, tem a faculdade, não a obrigação, de suspender o processo. São questões que não envolvem o estado das pessoas, como é o caso da discussão acerca da propriedade de determinado bem. Neste caso (prejudicial facultativa), o juiz, depois de transcorrido o prazo por ele estabelecido, poderá fazer prosseguir o processo, retomando sua competência para resolver a matéria da acusação ou da defesa. Diferentemente, a chamada questão prejudicial *obrigatória*, prevista no art. 92 do CPP, é aquela que necessariamente enseja a suspensão do processo, sendo tão somente suficiente que se trate de questão atinente ao estado civil das pessoas que o magistrado do juízo criminal repute séria e fundada. Aqui, o juiz deverá determinar a paralisação do feito até que o juízo cível emita sua manifestação. O legislador não estabeleceu prazo durante o qual o curso da ação penal permanecerá suspenso. Envolve questões atinentes à própria existência do crime. É importante que se diga que, segundo preleciona o art. 116, I, do CP, o curso da prescrição ficará suspenso; **D:** incorreta, já que não corresponde ao que dispõe o art. 93, § 3º, do CPP, segundo o qual a intervenção do MP na causa cível, sendo a ação penal pública (como é o caso do furto), é de rigor.

67. Gabarito "D"
Comentário: Se o mérito da causa já foi decidido em favor do acusado, com o trânsito em julgado da sentença penal absolutória, não poderá o julgado ser objeto de nova avaliação, visto que a decisão tornou-se, porque passou em julgado, imutável. Não poderá o acusado, portanto, pelos mesmos fatos, ser de novo processado. É o que chamamos de *coisa julgada material*. É exatamente essa a hipótese narrada no enunciado. Com efeito, à parte a discussão acerca da tipificação da conduta levada a efeito por Vitor, fato é que a sentença que o absolveu transitou em julgado e, por conta disso, adquiriu status de coisa julgada, o que impede seja ele novamente processando pelo mesmo fato, pouco importando a classificação jurídica que a ele tenha sido emprestado em momento anterior. Dessa forma, caberá à defesa de Vitor, após a sua citação, apresentar exceção de coisa julgada, com vistas a promover a extinção do processo (art. 95, V, do CPP). Cuidado: a mesma sorte não tem a sentença condenatória, que, mesmo depois do trânsito em julgado, poderá ser reavaliada por meio da revisão criminal.

68. Gabarito "D"
Comentário: É inconteste que o crime de furto praticado por Caio é da competência da 'Justiça Federal, uma vez que cometido em detrimento de agência da Caixa Econômica Federal, que é empresa pública federal, conforme dispõe o art. 109, IV, da CF. Sucede que, ao deixar o estabelecimento, Caio, para assegurar sua fuga, subtraiu, mediante grave ameaça, o carro da vítima Cláudia. Ou seja, Caio cometeu um crime de roubo, cuja competência para o respectivo julgamento cabe à Justiça Comum estadual. Ato contínuo, houve perseguição policial, após o que veio Caio a ser preso em flagrante na cidade de Cariacica, onde foi encontrado em seu poder um celular produto de crime anterior, incorrendo o agente no crime de receptação (art. 180, CP), delito este, em princípio, também da competência da Justiça Estadual. Sucede que, diante da conexão existente entre esses três delitos, tendo em vista a força atrativa da Justiça Federal em face da Estadual, o julgamento de todos caberá àquela (Justiça Federal). É esse o entendimento sedimentado na Súmula 122 do STJ: *Compete à Justiça Federal o processo e julgamento unificado dos crimes conexos de competência federal e estadual, não se aplicando a regra do art. 78, II, a, do Código de Processo Penal.*

69. Gabarito "A"
Comentário: Até a edição da Lei 13.964/2019, ao juiz era dado decretar de ofício a custódia preventiva no curso da ação penal, conforme dispunha o art. 311 do CPP, com a redação dada pela Lei 12.403/2011. Pois bem. Prestigiando o sistema acusatório, a Lei 13.964/2019 (Pacote Anticrime) alterou a redação do art. 311 do CPP, desta vez para vedar a decretação de ofício, pelo juiz, da custódia preventiva, quer na fase investigativa, como antes já ocorria, quer na etapa instrutória, o que até a edição do pacote anticrime era permitido. É dizer, para que a custódia preventiva, atualmente, seja decretada no curso da investigação ou no decorrer da ação penal, somente mediante provocação da autoridade policial, se no curso do inquérito, ou a requerimento do Ministério Público, se no curso da ação penal ou das investigações. Com isso, também fica vedada, segundo têm entendido os tribunais superiores, a conversão da prisão em flagrante em preventiva de ofício. Além disso, o art. 312, § 2º, do CPP, introduzido pela Lei 13.964/2019, impõe que a decisão que decretar a custódia preventiva leve em conta aspectos contemporâneos que representem risco de o réu permanecer em liberdade. Os fatos se deram em 2017 e o fundamento de que se valeu o magistrado para decretar a prisão é uma condenação anterior pelo mesmo fato. Considerando que o decreto de prisão preventiva se deu em 2021, é patente a ausência de contemporaneidade, o que constitui óbice à prisão de Valentim. Não percamos de vista que a prisão preventiva, por constituir providência extrema tomada antes da formação de culpa, somente deve ser empregada em último caso. Ou seja, só se deve a ela recorrer quando de fato revelar-se necessária e diante da inexistência de outros instrumentos menos rigorosos, como as medidas cautelares previstas no art. 319 do CPP (art. 282, § 6º, do CPP, com redação alterada pela Lei 13.964/2019). Por fim, registre-se que, segundo entendimento sedimentado nos tribunais superiores, a reincidência, por si só, não é apta a autorizar a decretação da prisão preventiva. Conferir: "A privação antecipada da liberdade do cidadão acusado de crime reveste-se de caráter excepcional em nosso ordenamento jurídico, e a medida deve estar embasada em decisão judicial fundamentada (art. 93, IX, da CF) que demonstre a existência da prova da materialidade do crime e a presença de indícios suficientes da autoria e de perigo gerado pelo estado de liberdade do imputado, bem como a ocorrência de um ou mais pressupostos do artigo 312 do Código de Processo Penal. 3. Caso em que o decreto que impôs a prisão preventiva ao paciente não apresentou motivação concreta apta a justificar a necessidade, adequação e a imprescindibilidade da medida extrema. Consta apenas que o paciente foi encontrado na posse de três objetos alheios (painel frontal de um som automotivo, um par de chinelo e uma caixa de máscaras), subtraídos de um veículo que estava fechado, porém não trancado, em via pública; e que possui diversas condenações criminais. Não há *modus operandi* excepcional (delito cometido sem violência ou grave ameaça) e a reincidência, por si só, notadamente diante do cenário de pandemia que estamos vivendo, não justifica a prisão preventiva. Constrangimento ilegal configurado" (STJ, HC 618.229/SP, Rel. Ministro REYNALDO SOARES DA FONSECA, QUINTA TURMA, julgado em 20/10/2020, DJe 26/10/2020).

70. Gabarito: "A"
Comentário: Nos termos do art. 16 da Lei 6.019/74 no caso de falência da empresa de trabalho temporário, a empresa tomadora ou cliente é solidariamente responsável pelo recolhimento das contribuições previdenciárias, no tocante ao tempo em que o trabalhador esteve sob suas ordens, assim como em referência ao mesmo período, pela remuneração e indenização.

71. Gabarito: "C"
Comentário: As disposições relativas à responsabilidade pela aquisição, manutenção ou fornecimento dos equipamentos tecnológicos e da infraestrutura necessária e adequada à prestação do trabalho remoto, bem como ao reembolso de despesas arcadas pelo empregado, serão previstas em contrato escrito, nos termos do art. 75-D da CLT.

72. Gabarito: "C"
Comentário: A: incorreta, pois a verba denominada abono não integra o salário do empregado, não se incorporam ao contrato de trabalho e não constituem base de incidência de qualquer encargo trabalhista e previdenciário, art. 457, § 2º, CLT. **B:** incorreto, pois prêmios não integram o salário do empregado, não se incorporam ao contrato de trabalho e não constituem base de incidência de qualquer encargo trabalhista e previdenciário, art. 457, § 2º, CLT. **C:** correta,

pois nos termos do art. 457, § 1º, CLT integram o salário a importância fixa estipulada, as gratificações legais e as comissões pagas pelo empregador. **D:** incorreta, pois as diárias para viagens não integram o salário do empregado, não se incorporam ao contrato de trabalho e não constituem base de incidência de qualquer encargo trabalhista e previdenciário, art. 457, § 2º, CLT.

73. Gabarito: "B"
Comentário: Nos termos do art. 462 da CLT ao empregador é vedado efetuar qualquer desconto nos salários do empregado, salvo quando este resultar de adiantamentos, de dispositivos de lei ou de contrato coletivo. Os descontos referentes ao INSS são descontos legais, veja arts. 22, 23 e 24 da Lei 8212/1991. O desconto de previdência privado é contratual. Nesse sentido a súmula 342 do TST Descontos salariais efetuados pelo empregador, com a autorização prévia e por escrito do empregado, para ser integrado em planos de assistência odontológica, médico-hospitalar, de seguro, de previdência privada, ou de entidade cooperativa, cultural ou recreativo-associativa de seus trabalhadores, em seu benefício e de seus dependentes, não afrontam o disposto no art. 462 da CLT, salvo se ficar demonstrada a existência de coação ou de outro defeito que vicie o ato jurídico.

74. Gabarito: "ANULADA"

75. Gabarito: "A"
Comentário: A suspensão do empregado não pode ser superior a 30 dias. Assim, nos termos do art. 474 da CLT a suspensão do empregado por mais de 30 (trinta) dias consecutivos importa na rescisão injusta do contrato de trabalho.

76. Gabarito: "B"
Comentário: A: incorreto, pois somente após a garantia do juízo poderá opor embargos à execução, art. 884 da CLT. **B:** correta, pois nos termos do art. 882 da CLT o executado que não pagar a importância reclamada poderá garantir a execução mediante depósito da quantia correspondente, atualizada e acrescida das despesas processuais, apresentação de seguro-garantia judicial ou nomeação de bens à penhora, observada a ordem preferencial estabelecida no art. 835 do CPC. **C:** incorreta, pois inexiste tal previsão legal. Veja art. 882 da CLT. **D:** incorreta, pois o depósito deve ser integral, art. 884 da CLT.

77. Gabarito: "B"
Comentário: A: incorreto, inexiste no processo do trabalho o recurso de apelação, art. 893 da CLT. **B:** correto. Isso porque, em razão do valor da causa fixado ser abaixo de 2 salários mínimos, a ação tramitou pelo procedimento sumário, previsto no art. 2º, §§ 2º e 3º da Lei 5.584/70. Nesse procedimento somente é cabível recurso extraordinário ao STF no prazo de 15 dias, se versarem sobre matéria constitucional. **C:** incorreto, pois no caso em tela não há duplo grau de jurisdição obrigatório, art. 496 CPC. **D:** incorreto, pois no procedimento sumário, não é cabível recurso ordinário, art. 2º, §4º, da Lei 5.584/70.

78. Gabarito: "B"
Comentário: Os termos de ajuste de conduta firmados perante o Ministério Público do Trabalho constituem título executivo extrajudicial e, portanto, serão executados mediante Processo de Execução na forma dos arts. 876 e seguintes da CLT.

79. Gabarito: "B"
Comentário: Embora a decisão proferida seja considerada uma decisão interlocutória (art. 203, § 2º, CPC), não se aplica o princípio da irrecorribilidade imediata das decisões interlocutória, prevista no art. 893, § 1º, da CLT, pois nos termos do art. 855-A, § 1º, II, da CLT é cabível o recurso de agravo de petição, independente da garantia de juízo.

80. Gabarito: "A"
Comentário: A: correto, pois nos termos do art. 852-A da CLT as causas cujo valor não ultrapassarem 40 salários-mínimos seguirão o procedimento sumaríssimo, em que se permite conduzir duas testemunhas, art. 852-H, § 2º da CLT. Vale lembrar que sociedade de economia mista pode figurar no polo passivo da demanda. Somente estão excluídas do rito sumaríssimo as demandas em que é parte a Administração Pública direta, autárquica e fundacional, art. 852-A, parágrafo único, CLT. **B:** incorreto, pois o rito sumário será adotado para as causas cujo valor seja de até dois salários mínimos, art. 2º, §§ 2º e 3º, da Lei 5.584/70. **D:** incorreto, pois estão excluídas do rito sumaríssimo as demandas em que é parte a Administração Pública direta, autárquica e fundacional, art. 852-A, parágrafo único, CLT.

2020.3 – XXXIII EXAME DE ORDEM

1. Gabriel, advogado, exerce o patrocínio de Bruno em certo processo administrativo. Todavia, foi necessário o substabelecimento do mandato a Henrique.

Considerando a hipótese apresentada, assinale a afirmativa correta.

(A) O substabelecimento do mandato com reserva de poderes a Henrique exigirá inequívoco conhecimento de Bruno.
(B) Diante de substabelecimento com reserva de poderes, Henrique deverá ajustar antecipadamente os seus honorários com Bruno.
(C) Caso Bruno não aceite a atuação de Henrique, por preferir o trabalho de outro advogado, Gabriel deverá privilegiar a atuação do outro profissional com ele no processo.
(D) Diante de substabelecimento com reserva de poderes a Henrique, este não poderá cobrar honorários sem a intervenção de Gabriel.

2. O renomado advogado José deseja editar, para fins de publicidade, cartões de apresentação de suas atividades profissionais como advogado.

José, especialista em arbitragem e conciliação, já exerceu a função de conciliador junto a órgãos do Poder Judiciário. Além disso, José, atualmente, é conselheiro em certo Conselho Seccional da OAB e é professor aposentado do curso de Direito de certa universidade federal.

Considerando as informações dadas, assinale a afirmativa correta.

(A) É vedada menção, nos cartões de apresentação de José, à sua condição de conselheiro do Conselho Seccional, bem como à pregressa atuação de José como conciliador e à de professor universitário.
(B) É vedada menção, nos cartões de apresentação de José, à sua condição de conselheiro do Conselho Seccional. Todavia, autoriza-se a referência nos cartões à pregressa atuação de José como conciliador e à atividade de professor universitário.
(C) É vedada menção, nos cartões de apresentação de José, à sua pregressa atuação como conciliador. Todavia, autoriza-se a referência nos cartões à condição de conselheiro do Conselho Seccional, bem como, à atividade de professor universitário.
(D) É vedada menção, nos cartões de apresentação de José, à sua condição de conselheiro do Conselho Seccional, bem como à pregressa atuação de José como conciliador. Todavia, autoriza-se a referência nos cartões à atividade de professor universitário.

3. Lia, aluna do oitavo período de uma Faculdade de Direito, obteve de certo escritório de advocacia a proposta de um estágio profissional. Assim, pretende providenciar sua inscrição como estagiária junto à OAB.

Lia deverá requerer sua inscrição como estagiária junto ao Conselho Seccional em cujo território se situa

(A) a sede do escritório onde atuará.
(B) a sede principal da sua atividade de estagiária de advocacia.
(C) o seu domicílio de pessoa física.
(D) a Faculdade de Direito em que estuda.

4. Anderson, advogado, decidiu renunciar ao mandato outorgado por Adriana. Nessa hipótese, segundo o Estatuto da Advocacia e da OAB, é correto afirmar que Anderson continuará a representar Adriana por

(A) 10 dias, contados da notificação da renúncia, ainda que Adriana constitua novo advogado antes desse prazo.
(B) 15 dias, contados da notificação da renúncia, ainda que Adriana constitua novo advogado antes desse prazo.
(C) 15 dias, contados da notificação da renúncia, exceto se Adriana constituir novo advogado antes desse prazo.
(D) 10 dias, contados da notificação da renúncia, exceto se Adriana constituir novo advogado antes desse prazo.

5. A entidade de classe X, atuando em substituição processual, obteve, no âmbito de certo processo coletivo, decisão favorável aos membros da categoria. A advogada Cleide patrocinou a demanda, tendo convencionado com a entidade, previamente, certo valor em honorários. Ao final do feito, foram fixados honorários sucumbenciais pelo juiz.

Sobre o caso apresentado, assinale a afirmativa correta.

(A) Cleide deverá optar entre os honorários convencionais e os sucumbenciais.
(B) Cleide terá direito aos honorários sucumbenciais, sem prejuízo dos honorários convencionais.
(C) Cleide só terá direito aos honorários convencionais e não aos sucumbenciais, que competirão à entidade de classe.
(D) Cleide terá apenas direito aos honorários convencionais e não aos sucumbenciais, que reverterão ao Fundo de Amparo ao Trabalhador.

6. Carlos é aluno do primeiro período do curso de Direito. Vinícius é bacharel em Direito, que ainda não realizou o Exame da Ordem. Fernanda é advogada inscrita na OAB. Todos eles são aprovados em concurso público realizado por Tribunal de Justiça para o preenchimento de vagas de Técnico Judiciário.

Após a investidura de Carlos, Vinícius e Fernanda em tal cargo efetivo e, enquanto permanecerem em atividade, é correto afirmar que

(A) Carlos não poderá frequentar o estágio ministrado pela instituição de ensino superior em que está matriculado.
(B) Vinícius preencherá os requisitos necessários para ser inscrito como advogado na OAB, caso venha a ser aprovado no Exame da Ordem.
(C) Fernanda deverá ter sua inscrição na OAB cancelada de ofício ou em virtude de comunicação que pode ser feita por qualquer pessoa.
(D) Fernanda deverá ter sua inscrição na OAB suspensa, restaurando-se o número em caso de novo pedido.

7. Antônio, residente no Município do Rio de Janeiro, ajuizou em tal foro, assistido pelo advogado Bernardo, ação ordinária em face do Banco Legal, com pedido de pagamento de indenização por danos morais supostamente sofridos por ter sido ofendido por segurança quando tentava ingressar em agência bancária localizada em Niterói.

Ao despachar a petição inicial, o juiz verificou que Antônio ocultou a circunstância de que já havia proposto, perante um dos juizados especiais cíveis da comarca de Niterói, outra ação em face do Banco Legal em razão dos mesmos fatos, na qual o pedido indenizatório foi julgado improcedente, em decisão que já havia transitado em julgado quando ajuizada a ação no Rio de Janeiro.

Em tal situação, caso se comprove que Bernardo agiu de forma coligada com Antônio para lesar o Banco Legal, Bernardo será responsabilizado

(A) solidariamente com Antônio, conforme apurado em ação própria.
(B) solidariamente com Antônio, conforme apurado nos próprios autos.
(C) subsidiariamente com Antônio, conforme apurado em ação própria.
(D) subsidiariamente em relação a Antônio, conforme apurado nos próprios autos.

8. Luiz Felipe, advogado, mantém uma coluna semanal em portal na internet destinado ao público jurídico. Para que a conduta de Luiz Felipe esteja de acordo com as normas relativas à publicidade da profissão de advogado, ele poderá

(A) debater causa sob o patrocínio de outro advogado.
(B) externar posicionamento que induza o leitor a litigar.
(C) responder à consulta sobre matéria jurídica de forma esporádica.
(D) fazer referência ao seu telefone e-mail de contato ao final da coluna.

9. *Este sistema, que consiste em fazer uso da oposição e da rivalidade dos interesses, na falta de motivos melhores, é o segredo de todos os negócios humanos, quer sejam particulares, quer públicos.*

MADISON, James; HAMILTON, Alexander; JAY, John. In *O Federalista*

Os textos conhecidos na forma do livro *O Federalista* expressam um princípio de governo republicano que ficou conhecido como *freios e contrapesos*, que se propõe a assegurar a justiça e a liberdade que deveriam ser, segundo os autores, o fim de todo governo e da sociedade civil.

Assinale a opção que melhor expressa, com base no livro em referência, o princípio dos freios e contrapesos.

(A) Assegurar o devido processo legal, de modo que todos aqueles que sejam acusados de terem cometido um ilícito contra um particular ou contra o Poder Público possam se valer de todos os instrumentos de defesa técnica adequada, tendo em vista impedir que o magistrado da causa julgue com base em suas convicções morais, filosóficas ou religiosas.
(B) Assegurar um sistema de representação eleitoral em que a população manifeste sua vontade, mas escolhendo apenas representantes que tenham passado por um devido processo de formação política oferecido pela Escola de Governo da República. Essa Escola deve ser mantida pela União e as vagas devem ser repartidas proporcionalmente entre os partidos políticos.
(C) Assegurar a ampla defesa e o contraditório, de forma que no desenrolar de uma ação judicial os argumentos de acusação e defesa se coloquem em equilíbrio e, dessa forma, não haja um peso excessivo apenas para um dos lados da causa, o que geraria uma inevitável injustiça.
(D) Assegurar a vontade própria de cada Poder do Estado, de modo que aqueles que o exercitam tenham a menor influência na escolha dos representantes dos demais poderes. Além disso, deve-se organizar o poder legislativo em duas casas legislativas com eleições independentes, e deve-se, também, impedir que uma facção política destrua a outra.

10. Norberto Bobbio, em seu livro *Teoria da Norma Jurídica*, considera a sanção uma das mais significativas características da norma jurídica. Ele diferencia a sanção jurídica da sanção moral e da sanção social, pelo fato de a sanção jurídica ser institucionalizada.

Assinale a opção que, segundo Bobbio na obra em referência, expressa as características da sanção institucionalizada.

(A) A sanção que obriga a consciência dos destinatários da norma e que produz um sentimento de culpa, que é a consequência negativa ou desagradável decorrente da eventual violação da norma.
(B) A sanção que resulta dos costumes e da vida em sociedade em geral, e que possui como fim tornar mais fácil ou menos difícil a convivência social.
(C) A sanção que foi feita para os casos de violação de uma regra primária e que tem sua medida estabelecida dentro de certos termos, para ser executada por pessoas previamente determinadas.
(D) A sanção instituída pelo direito natural e que decorre da natureza mesma das coisas, da vontade de Deus e da razão humana.

11. Ao apreciar as contas anuais do chefe do Poder Executivo do Município Y, o Tribunal de Contas emitiu parecer técnico contrário à sua aprovação, por entender que diversos dispositivos da Lei de Responsabilidade Fiscal teriam sido violados. Ainda assim, em contrariedade a tal entendimento, a Câmara Municipal, por decisão dos seus membros, com apenas um voto vencido, julgou e aprovou tais contas.

À luz da hipótese narrada, com fundamento no texto constitucional, assinale a afirmativa correta.

(A) A aprovação das contas do Prefeito do Município Y se deu em conformidade com o disposto no texto constitucional, já que parecer prévio do Tribunal de Contas não possui caráter vinculante, deixando de prevalecer por voto de, ao menos, dois terços dos membros da Câmara Municipal.
(B) O parecer técnico emitido pelo Tribunal de Contas possui, excepcionalmente, caráter vinculante, de modo que, no caso em análise, as contas anuais apresentadas pelo Chefe do Executivo não poderiam ter sido aprovadas pela Câmara Municipal.
(C) O Tribunal de Contas, órgão de controle externo auxiliar do Poder Legislativo, tem competência para analisar, julgar e rejeitar, em caráter definitivo, as contas anuais apresentadas pelo Chefe do Executivo local; portanto, é desnecessária a submissão do seu parecer à Câmara Municipal.
(D) Como corolário da autonomia financeira e orçamentária inerente aos três poderes, as contas anuais do Chefe do Executivo municipal não se submetem à aprovação da Câmara local, eis que tal situação implica em indevida ingerência do Poder Legislativo sobre o Poder Executivo.

12. A Lei Y do Estado Beta obriga pessoas físicas ou jurídicas, independentemente da atividade que exercem, a oferecer estacionamento ao público, a cercar o respectivo local e a manter funcionários próprios para garantia da segurança, sob pena de pagamento de indenização em caso de prejuízos causados ao dono do veículo.

A Confederação Nacional do Comércio procurou seus serviços, como advogado(a), visando obter esclarecimentos quanto à constitucionalidade da referida lei estadual.

Sobre a Lei Y, com base na ordem jurídico-constitucional vigente, assinale a afirmativa correta.

(A) É inconstitucional, pois viola a competência privativa da União de legislar sobre matéria concernente ao Direito Civil.

(B) É inconstitucional, pois, conforme a Constituição Federal, compete ao ente municipal legislar sobre Direito do Consumidor.

(C) É constitucional, pois versa sobre matéria afeta ao Direito do Consumidor, cuja competência legislativa privativa pertence ao Estado Beta.

(D) É constitucional, pois, tratando a Lei de temática afeta ao Direito Civil, a competência legislativa concorrente entre a União e os Estados permite que Beta legisle sobre a matéria.

13. No Município X, foi editada lei proibindo a queima da palha de cana-de-açúcar e o uso do fogo em atividades agrícolas. Tal diploma legal foi, então, impugnado pelo sindicato patronal representante dos produtores de álcool da região, ao argumento de que a municipalidade não detém competência para dispor sobre o assunto.

A partir do caso enunciado, com base no texto constitucional, assinale a afirmativa correta.

(A) Os Municípios apenas detêm competência para legislar sobre assuntos de interesse local; logo, como a proteção do meio ambiente engloba interesse federal e estadual, a lei municipal é inconstitucional.

(B) A lei municipal é constitucional, eis que os Municípios possuem competência para dispor sobre a proteção do meio ambiente e o controle da poluição, no limite de seu interesse local e em harmonia com a disciplina estabelecida pelos demais entes federados.

(C) Os Municípios têm competência para legislar sobre assuntos de interesse local; mas como o direito ao meio ambiente equilibrado demanda tratamento uniforme por todas as unidades da Federação, a lei municipal é inconstitucional.

(D) Os Municípios possuem competência exclusiva para legislar sobre assuntos de interesse local e a preservação do meio ambiente, de modo que a lei municipal em questão é constitucional.

14. A União, com o objetivo de recrudescer o combate aos crimes contra o patrimônio, insere, por meio da Lei Ordinária federal X, um novo artigo no Título II da Parte Especial do Código Penal, dispondo que *"as penas de prestação de serviços à comunidade, se não forem cumpridas em até 10 (dez) dias após o trânsito em julgado da condenação, comunicam-se, desde que maiores de 18 (dezoito) e menores de 60 (sessenta) anos, aos parentes em linha reta dos condenados."*

Sobre a hipotética situação narrada, com base no ordenamento constitucional vigente, assinale a afirmativa correta.

(A) A Lei X é formal e materialmente constitucional, pois compete à União legislar privativamente sobre direito penal e processual.

(B) A Lei X é inconstitucional, porque, apesar de a edição de normas com conteúdo penal estar inserida no rol de competências privativas da União, normas que impliquem em situação mais gravosa aos apenados demandam lei complementar.

(C) A Lei X é formal e materialmente constitucional, pois o princípio da intransmissibilidade da pena, inserido no rol de direitos e garantias fundamentais, restringe-se às sanções que impliquem em privação ou restrição à liberdade.

(D) A Lei X é materialmente inconstitucional, pois as penas de prestação de serviços não podem transcender a pessoa do condenado, sob pena de ofensa ao princípio da pessoalidade ou intransmissibilidade da pena.

15. O Município Alfa, situado no Estado Beta, negou-se a apresentar contas anuais de numerosos exercícios ao Tribunal de Contas do referido Estado. Convencido de não se tratar de meros equívocos, mas sim de tentativa de dissimular uma série de irregularidades administrativas, o Governador do Estado Beta encaminhou a questão à Procuradoria do Estado, a fim de saber se a situação ensejaria uma intervenção.

A Procuradoria de Beta, após análise da Constituição Federal, informou corretamente que o caso

(A) não admite intervenção em Alfa, pois o fato de os Municípios brasileiros serem entes federativos autônomos lhes garante total independência no trato de seus recursos, impossibilitando a ingerência de outros entes.

(B) pode ensejar intervenção federal no Município Alfa, sendo que o Presidente da República somente poderá vir a decretá-la após solicitação formal por parte do Governador de Beta e o devido controle político pelo Congresso Nacional.

(C) enseja a intervenção estadual por decreto do próprio Governador de Beta, sendo o referido ato necessariamente dirigido, posteriormente, à Assembleia Legislativa de Beta, para que realize o devido controle político.

(D) admite a intervenção estadual no Município Alfa, mas o Governador somente poderá decretá-la após a devida e formal solicitação por parte da Câmara Municipal de Alfa, que deverá, em seguida, exercer o controle político do ato.

16. O parlamentar José, em apresentação na Câmara dos Deputados, afirmou que os direitos à informação e à liberdade jornalística possuem normatividade absoluta e, por esta razão, não podem ceder quando em colisão com os direitos à privacidade e à intimidade, já que estes últimos apenas tutelam interesses meramente individuais.

Preocupado com o que reputou "um discurso radical", o deputado Pedro recorreu a um advogado constitucionalista, a fim de que este lhe esclarecesse sobre quais direitos devem prevalecer quando os direitos à intimidade e à privacidade colidem com os direitos à liberdade jornalística e à informação.

O advogado afirmou que, segundo o sistema jurídico-constitucional brasileiro, o parlamentar José

(A) está correto, pois, em razão do patamar atingido pelo Estado Democrático de Direito contemporâneo, os direitos à liberdade jornalística e à informação possuem valor absoluto em confronto com qualquer outro direito fundamental.

(B) está equivocado, pois os tribunais entendem que os direitos à intimidade e à privacidade têm prevalência apriorística sobre os direitos à liberdade jornalística e à informação.

(C) está equivocado, pois, tratando-se de uma colisão entre direitos fundamentais, se deve buscar a conciliação entre eles, aplicando-se cada um em extensão variável, conforme a relevância que apresentem no caso concreto específico.

(D) está correto, pois a questão envolve tão somente um conflito aparente de normas, que poderá ser adequadamente solucionado se corretamente utilizados os critérios da hierarquia, da temporalidade e da especialidade.

17. João, considerado suspeito de ter comercializado drogas ilícitas em festa realizada há duas semanas em badalada praia do Município Delta, após investigação policial, teve localizado seu endereço.

Os policiais, sem perda de tempo, resolvem se dirigir para o referido endereço, e lá chegando, às 22h, mesmo sem permissão, entram na casa de João e realizam uma busca por provas e evidências.

Segundo o sistema jurídico-constitucional brasileiro, a ação policial

(A) respeitou o direito à inviolabilidade domiciliar, já que a Constituição da República dispensa a necessidade de mandado judicial em situações nas quais esteja em questão a possibilidade de obtenção de provas para investigação criminal em curso.

(B) desrespeitou o direito à inviolabilidade domiciliar, já que, como a Constituição da República não prevê explicitamente qualquer exceção a este direito, o ingresso na casa alheia, contra a vontade do morador, sempre exige ordem judicial.

(C) respeitou o direito à inviolabilidade domiciliar, já que o sistema jurídico brasileiro considera que a plena fruição desse direito somente pode ser relativizada em situações nas quais o seu exercício venha a conceder proteção a alguma ação criminosa.

(D) desrespeitou o direito à inviolabilidade domiciliar, já que, embora esse direito não seja absoluto e possua restrições expressas no próprio texto constitucional, a atuação dos agentes estatais não se deu no âmbito destas exceções.

18. Você, que atua na defesa de Direitos Humanos, foi convidado(a) para participar de um debate promovido pela Comissão de Direitos Humanos da OAB. Um dos debatedores afirmou, com base na Declaração e Programa de Ação de Viena, que é importante compreender que Direitos Humanos são indivisíveis e devem ser considerados com igual ênfase. Outro debatedor retrucou essa afirmação.

No momento da sua fala, você deve esclarecer que, de acordo com a Declaração citada, os Direitos Humanos são

(A) indivisíveis, interdependentes e inter-relacionados, e a comunidade internacional deve considerá-los em pé de igualdade.

(B) divididos em direitos públicos e direitos privados, com ênfase nos direitos públicos como parte do Direito Positivo de cada país.

(C) divididos em direitos em sentido forte e direitos em sentido fraco, e que apenas os direitos civis e políticos são direitos humanos em sentido forte.

(D) conceitos acadêmicos sempre em disputa e que a Declaração e Programa de Ação de Viena não fala da indivisibilidade ou da divisibilidade dos Direitos Humanos.

19. Você, como advogada(o) atuante na defesa dos Direitos Humanos, foi convidada(o) para participar de um programa de debate na rádio local sobre a questão da pena de morte.

Um dos debatedores, em certo ponto do programa, afirmou que, caso fosse aprovada uma Proposta de Emenda Constitucional (PEC) suprimindo a vedação da pena de morte presente na Constituição, o Brasil poderia adotar esse tipo de pena. Na opinião desse debatedor, tratar-se-ia apenas de vontade política e não de questão jurídica.

Diante disso, cabe a você esclarecer que

(A) essa PEC poderia ser aprovada pelo Congresso Nacional e surtir seus efeitos jurídicos mas, por se tratar de uma questão política, o ideal seria que essa decisão fosse precedida de amplo debate popular.

(B) essa PEC poderia ser aprovada pelo Congresso Nacional mas, de acordo com a Constituição da República, uma decisão nesse sentido somente poderia ser implementada após aprovação em referendo popular.

(C) essa PEC não é juridicamente adequada, porque tal vedação é cláusula pétrea da Constituição e porque o Brasil promulgou o Protocolo Adicional à Convenção Americana sobre Direitos Humanos referente à abolição da pena de morte.

(D) de acordo com a Constituição da República e a Convenção Americana sobre Direitos Humanos, apenas o Supremo Tribunal Federal poderia admitir a pena de morte, porque possui competência para relativizar a proteção a um direito fundamental, desde que para proteger outro direito fundamental.

20. John, de nacionalidade americana, possui interesse em visitar seu filho Mário, brasileiro nato, de 18 anos, que reside no Brasil com sua mãe. Em sua visita, John pretende permanecer no país por apenas 10 (dez) dias.

Diante do interesse manifestado por John em visitar o filho no Brasil, à luz da atual Lei de Migração (Lei nº 13.445/17), assinale a afirmativa correta.

(A) Uma vez obtido o visto de visita, é direito subjetivo de John ingressar no Brasil.

(B) John tem direito subjetivo ao visto de visita, em razão de a política migratória brasileira estabelecer a garantia do direito à reunião familiar, independentemente de outros requisitos previstos na atual Lei de Migração.

(C) John, mesmo após obter o visto de visita, poderá ser impedido de ingressar no Brasil, caso tenha sido condenado ou esteja respondendo a processo em outro país por crime doloso passível de extradição segundo a lei brasileira.

(D) Se John tiver o intuito de estabelecer residência por tempo determinado no Brasil, deverá obrigatoriamente solicitar visto para trabalho, uma vez que a Lei de Migração não possui a previsão de concessão de visto temporário para reunião familiar.

21. Carlyle Schneider, engenheiro suíço, morava em Madison, Wisconsin, Estados Unidos da América, há 12 anos.

Em meados de 2015, participou da construção de dois edifícios em Florianópolis, Brasil, dos quais se afeiçoou de tal modo, que decidiu adquirir uma unidade residencial em cada prédio. Portanto, apesar de bem estabelecido em Madison, era o Sr. Schneider proprietário de dois imóveis no Brasil.

Em 10/12/2017, viajou à Alemanha e, ao visitar um antigo casarão a ser restaurado, foi surpreendido pelo desabamento da construção sobre si, falecendo logo em seguida. Carlyle Schneider deixou 3 (três) filhos, que moravam na Suíça.

A respeito dos limites da jurisdição nacional e da cooperação internacional, com base nas normas constantes do Código de Processo Civil, assinale a afirmativa correta.

(A) Em matéria de sucessão hereditária, compete exclusivamente à autoridade judiciária da Suíça, país de nacionalidade do autor da herança e de nacionalidade e residência dos herdeiros legítimos, proceder à partilha dos dois bens imóveis situados no Brasil.

(B) Em matéria de sucessão hereditária, compete concorrentemente à autoridade judiciária da Alemanha, local de óbito do autor da herança, proceder à partilha dos dois bens imóveis situados no Brasil.

(C) Em matéria de sucessão hereditária, compete exclusivamente ao Estado brasileiro, local de situação dos imóveis, proceder ao inventário e à partilha dos dois bens imóveis.

(D) Em matéria de sucessão hereditária, compete concorrentemente à autoridade judiciária dos Estados Unidos da América, país de residência do autor da herança, proceder à partilha dos dois bens imóveis situados no Brasil.

22. Um carregamento de computadores foi abandonado no porto pelo importador, que não chegou a realizar o desembaraço aduaneiro dentro do prazo previsto na legislação tributária. Por isso, a autoridade tributária, após o devido processo legal, aplicou a pena de perdimento e realizou leilão para alienação dos computadores.

Diante dessa situação, a base de cálculo do imposto sobre a importação incidente na hipótese será o valor

(A) de mercado dos bens.
(B) da arrematação.
(C) arbitrado pela autoridade tributária.
(D) estimado dos bens, deduzindo-se os custos com armazenagem e as comissões do leiloeiro público.

23. A Assembleia Legislativa do Estado Alfa, castigado por chuvas torrenciais que causaram graves enchentes, aprovou lei complementar estadual de iniciativa parlamentar que instituiu empréstimo compulsório sobre a aquisição de veículos automotores no território estadual, vinculando os recursos obtidos ao combate dos efeitos das enchentes.

Diante desse cenário, assinale a afirmativa correta.

(A) A iniciativa da lei que instituiu o empréstimo compulsório é privativa do chefe do Poder Executivo.
(B) O empréstimo compulsório necessita de lei complementar estadual para sua instituição.
(C) O Estado não pode instituir empréstimos compulsórios.
(D) A vinculação da receita de empréstimos compulsórios é inconstitucional.

24. Lei municipal específica instituiu contribuição de melhoria para custeio de pavimentação asfáltica integralmente custeada pelo ente público na Rua ABC, localizada no Município X. Finalizada a obra e seguido o devido procedimento previsto na legislação para cálculo e cobrança deste tributo, Lucas, proprietário de imóvel substancialmente valorizado em decorrência da obra, recebeu notificação, em 01/06/2021, para pagamento do tributo até 30/06/2021. Contudo, nem pagou nem impugnou o débito tributário.

Diante desse cenário, assinale a afirmativa correta.

(A) O prazo decadencial para constituição deste crédito tributário se encerra em cinco anos contados a partir da data de 01/06/2021.
(B) O prazo decadencial para constituição deste crédito tributário se encerra em cinco anos contados a partir da data de 30/06/2021.
(C) O prazo prescricional para cobrança deste crédito tributário se encerra em cinco anos contados a partir da data de 01/06/2021.
(D) O prazo prescricional para cobrança deste crédito tributário se encerra em cinco anos contados a partir da data de 30/06/2021.

25. Em 10/11/2020, foi publicada lei ordinária federal que majorava a alíquota de contribuição previdenciária a ser cobrada do empregador, incidente sobre a folha de salários e demais rendimentos do trabalho pagos ou creditados, a qualquer título, à pessoa física que lhe preste serviço, mesmo sem vínculo empregatício.

Diante desse cenário, a nova alíquota poderá ser aplicada

(A) a partir da data da publicação da lei.
(B) noventa dias a contar da data da publicação da lei.
(C) a partir do primeiro dia do exercício financeiro seguinte.
(D) a partir de noventa dias contados do primeiro dia do exercício financeiro seguinte.

26. *Panificadora Pães Fofos Ltda.*, tendo como sócio-administrador José, alienou seu fundo de comércio à *Panificadora Flor de Lisboa Ltda.*, deixando de atuar comercialmente. Contudo, 9 meses após a alienação do fundo de comércio, a *Panificadora Pães Fofos Ltda.* alugou um novo ponto comercial e retornou às atividades de panificação.

Diante desse cenário, assinale a afirmativa correta.

(A) A *Panificadora Flor de Lisboa Ltda.* responde, integralmente, pelos tributos relativos ao fundo adquirido, devidos até à data do ato de aquisição.
(B) Ambas as panificadoras respondem, solidariamente, pelos tributos relativos ao fundo adquirido, devidos até à data do ato de aquisição.
(C) A *Panificadora Pães Fofos Ltda.* responde, subsidiariamente, pelos tributos relativos ao fundo adquirido, devidos até à data do ato de aquisição.
(D) A *Panificadora Pães Fofos Ltda.* e José, seu sócio-administrador, respondem, subsidiariamente, pelos tributos relativos ao fundo adquirido, devidos até à data do ato de aquisição.

27. Flávio, oficial de justiça de determinado Tribunal Regional Federal, no exercício de suas atribuições, ao se dirigir para uma diligência, foi surpreendido por intenso tiroteio. Em razão disso, Flávio adentrou clandestinamente o imóvel de Júlia, sendo que permaneceu no local sem determinação judicial, por longo período e contra a vontade da proprietária.

Diante da configuração de crime previsto na Lei de Abuso de Autoridade, Flávio foi denunciado no âmbito criminal, sendo certo que, após o devido processo legal, ele foi absolvido, em decorrência da caracterização de estado de necessidade, operando-se o trânsito em julgado da sentença. Paralelamente, foi instaurado processo administrativo disciplinar, para fins de obter a responsabilização de Flávio pela respectiva falta funcional.

Diante dessa situação hipotética, assinale a afirmativa correta.

(A) O reconhecimento de que Flávio praticou o ato de abuso de autoridade em estado de necessidade na decisão prolatada na esfera penal faz coisa julgada no âmbito administrativo-disciplinar.

(B) A existência de ação penal por abuso de autoridade em face de Flávio deveria ter impedido a instauração do processo administrativo disciplinar, pois não é admitida duplicidade de responsabilização.

(C) A sentença penal que absolveu Flávio não pode repercutir na esfera administrativa-disciplinar, uma vez que a sentença absolutória criminal somente pode refletir em outras esferas nas hipóteses de negativa de autoria.

(D) Não é possível aplicar penalidade administrativa-disciplinar a Flávio, na medida em que toda sentença absolutória penal vincula o controle pela Administração Pública, ainda que o fundamento criminal seja a ausência de prova.

28. Há muitos anos, Bruno invadiu sorrateiramente uma terra devoluta indispensável à defesa de fronteira, que já havia sido devidamente discriminada. Como não houve oposição, Bruno construiu uma casa, na qual passou a residir com sua família, além de usar o terreno subjacente para a agricultura de subsistência. A União, muitos anos depois do início da utilização do bem por Bruno, promoveu a sua notificação para desocupar o imóvel, em decorrência de sua finalidade de interesse público.

Na qualidade de advogado(a) consultado(a) por Bruno, assinale a afirmativa correta.

(A) Bruno terá que desocupar o bem em questão e não terá direito à indenização pelas acessões e benfeitorias realizadas, pois era mero detentor do bem da União.

(B) A União não poderia ter notificado Bruno para desocupar bem que não lhe pertence, na medida em que todas as terras devolutas são de propriedade dos estados em que se situam.

(C) Bruno pode invocar o direito fundamental à moradia para reter o bem em questão, até que a União efetue o pagamento pelas acessões e benfeitorias realizadas.

(D) Caso Bruno preencha os requisitos da usucapião extraordinária, não precisará desocupar o imóvel da União.

29. Para fins de contratar serviço de engenharia necessário ao desenvolvimento de sua atividade, que não abarca reforma de edifício ou equipamento, certa empresa pública federal realizou licitação, na forma da Lei nº 13.303/16. A sociedade empresária *Feliz* sagrou-se vencedora do certame. Após regular formalização do contrato, a entidade administrativa, diante do advento de nova tecnologia relevante, decidiu alterar as especificações do objeto, mediante aditamento.

Acerca dessa situação hipotética, assinale a afirmativa correta.

(A) Ainda que haja acordo entre as partes, a alteração do contrato pretendida não é possível, em decorrência do princípio de que o pactuado deve ser respeitado.

(B) A empresa pública tem a prerrogativa de realizar a alteração do contrato, independentemente de acordo com a sociedade empresária *Feliz*.

(C) A alteração do contrato depende de acordo com a sociedade empresária *Feliz* e deve respeitar o limite estabelecido na lei de regência.

(D) Se houver acordo entre as partes, não há limitação para a alteração do contrato formalizado com a sociedade empresária *Feliz*.

30. Luciano, proprietário de um terreno localizado no Município Ômega, viajou para o exterior, pelo período de 8 meses, para realizar curso de especialização profissional.

Quando retornou de viagem, verificou que o Município, sem expedir qualquer notificação, de forma irregular e ilícita, invadiu sua propriedade e construiu uma escola, em verdadeiro apossamento administrativo. As aulas na nova escola municipal já se iniciaram há dois meses e verifica-se a evidente impossibilidade de se reverter a situação sem ensejar prejuízos aos interesses da coletividade.

Ao buscar assistência jurídica junto a conhecido escritório de advocacia, foi manejada em favor de Luciano ação de

(A) indenização por retrocessão, por abuso de poder da municipalidade, que gera direito à justa e imediata indenização, exigível quando do trânsito em julgado da ação.

(B) indenização por desapropriação indireta, que visa à justa e posterior indenização, a ser paga por meio de precatório.

(C) reintegração de posse por tredestinação ilícita, por desvio de finalidade, que visa à justa e posterior indenização, a ser paga por meio de precatório.

(D) interdito proibitório por desvio de finalidade, que gera direito à justa e imediata indenização, exigível quando do trânsito em julgado da ação.

31. A sociedade empresária *Espertinha* praticou atos de corrupção contra determinada organização pública internacional, mediante oferecimento de suborno para a obtenção de vantagens indevidas. Em razão disso, a Controladoria Geral da União (CGU) instaurou procedimento administrativo para apurar a responsabilização administrativa de tal sociedade.

Considerando o disposto na Lei nº 12.846/13 (Lei Anticorrupção), assinale a afirmativa correta.

(A) Não é possível a responsabilização administrativa da sociedade empresária *Espertinha* por atos de corrupção praticados contra organização pública internacional.

(B) A responsabilização administrativa pela CGU não necessita da caracterização do elemento subjetivo na conduta da sociedade empresária *Espertinha*, pois tal responsabilidade é objetiva.

(C) A aplicação de penalidades administrativas pela CGU depende da responsabilização individual de pessoa natural, na figura de sócio ou dirigente da sociedade empresária *Espertinha*.

(D) O processo administrativo instaurado pela CGU poderá resultar na aplicação das penalidades de multa e de dissolução compulsória da sociedade empresária *Espertinha*.

32. João da Silva, Governador do Estado Alfa, de forma dolosa, no exercício das funções, revelou, em entrevista a veículo de imprensa, fato de que tinha ciência em razão de suas atribuições e que devia permanecer em segredo, consistente em relatório de inteligência policial, cujas diligências ainda estavam em curso. A publicização indevida comprometeu as atividades de inteligência, bem como de investigação em andamento, relacionadas com a prevenção e repressão de infrações.

O Ministério Público estadual instaurou inquérito civil para apurar os fatos e, finda a investigação, restou comprovada a prática de ato ilícito, razão pela qual o MP ajuizou ação

(A) civil pública por ato de improbidade administrativa que atentou contra os princípios da administração pública.

(B) por crime de responsabilidade, já que nenhum agente político se sujeita ao regime jurídico da lei de improbidade administrativa.

(C) por crime de responsabilidade, já que Governador de Estado não se sujeita ao regime jurídico da lei de improbidade administrativa.

(D) civil pública com pedido de *impeachment*, por abuso de poder político e ofensa ao decoro e à moralidade administrativa.

33. Determinado empreendedor requereu ao órgão ambiental competente licença ambiental para indústria geradora de significativa poluição atmosférica, que seria instalada em zona industrial que, contudo, já está saturada.

Após a análise técnica necessária, feita com base nos riscos e impactos já de antemão conhecidos em razão de certeza científica, concluiu-se que os impactos negativos decorrentes da atividade não poderiam sequer ser mitigados a contento, diante da sinergia e cumulatividades com as atividades das demais fábricas já existentes na localidade.

Assim, o órgão ambiental indeferiu o pedido de licença, com objetivo de impedir a ocorrência de danos ambientais, já que sabidamente a atividade comprometeria a capacidade de suporte dos ecossistemas locais.

Assinale a opção que indica o princípio de Direito Ambiental em que a decisão de indeferimento do pedido de licença está fundada específica e diretamente.

(A) Princípio da precaução, eis que a operação do empreendimento pretendido causa riscos hipotéticos que devem ser evitados.

(B) Princípio da prevenção, eis que a operação do empreendimento pretendido causa perigo certo, com riscos previamente conhecidos.

(C) Princípio do poluidor-pagador, eis que a operação do empreendimento pretendido está condicionada à adoção das cautelas ambientais cabíveis para mitigar e reparar os danos ambientais.

(D) Princípio da responsabilidade ambiental objetiva, eis que a operação do empreendimento pretendido está condicionada ao prévio depósito de caução para garantir o pagamento de eventuais danos ambientais.

34. Há grande interesse das sociedades empresárias do setor petrolífero na exploração de áreas localizadas no mar. Nessas áreas, segundo grupos ambientalistas, foi constatada a presença de rara e sensível formação de recifes costeiros.

Sobre a hipótese, assinale a opção que indica a medida adequada que o Poder Público deve tomar para manter a área preservada.

(A) Criar uma Reserva Legal.

(B) Criar um Parque Nacional Marinho.

(C) Autorizar a criação de uma Zona de Amortecimento.

(D) Estabelecer uma Área de Indisponibilidade da Zona Costeira.

35. Antônio, advogado, passou a residir com sua namorada Lorena, em 2012, com objetivo declarado, pelo próprio casal, de constituir uma união estável, ainda que não guarnecida por escritura pública. A partir de então, Antônio começou a participar do cotidiano de Lucas, filho de Lorena, cuja identidade do pai biológico a própria mãe desconhecia. No início de 2018, Antônio procedeu ao reconhecimento voluntário de paternidade socioafetiva de Lucas, com base no Provimento nº 63/2017 CNJ.

Em meados de agosto de 2020, a convivência de Antônio e Lorena chegou ao fim. Diante deste cenário, Antônio comprometeu-se a pagar alimentos para Lucas, que estava com 13 anos de idade, até os 21 anos de idade do filho, no valor de R$ 2.500,00 (dois mil e quinhentos reais), mediante acordo homologado judicialmente. Porém, no final de 2020, Antônio recebeu a notícia de que o escritório de que ele é sócio perdeu um de seus principais clientes, fato cujo impacto financeiro gerou a redução de 30% dos seus rendimentos mensais.

Quando soube de tal notícia, Antônio procurou Lorena, como representante legal de Lucas, para fixar um valor mais baixo de pensão a ser pago, ao menos durante um período, mas ela recusou-se a estabelecer um novo acordo.

Conforme este contexto, assinale a afirmativa correta.

(A) A redução do encargo alimentar apenas poderá acontecer caso Lucas, por meio de sua representante legal, Lorena, concorde com ela.

(B) Os filhos socioafetivos não tem o direito de pleitear alimentos frente aos seus pais.

(C) Diante da mudança de sua situação financeira, Antônio poderá requerer ao juiz a redução do encargo alimentar.

(D) Caso eventual pedido de redução do valor pago a título de obrigação alimentar seja procedente, Lucas nunca mais poderá pleitear a majoração do encargo, nem mesmo se a situação financeira de Antônio melhorar.

36. Bruna visitou a mansão neoclássica que André herdara de seu tio e cuja venda estava anunciando. Bruna ficou fascinada com a sala principal, decorada com um piano do século XIX e dois quadros do conhecido pintor Monet, e com os banheiros, ornados com torneiras desenhadas pelos melhores profissionais da época. Diante disso, decidiu comprá-la.

Na ausência de acordo específico entre Bruna e André, por ocasião da transferência da propriedade, Bruna receberá

(A) a mansão com os quadros, o piano e as torneiras, pois todos esses bens são classificados como benfeitorias, que seguem o destino do bem principal vendido.

(B) apenas a mansão, eis que o princípio da gravitação jurídica não é aplicável aos demais bens citados no caso.

(C) a mansão juntamente com as torneiras dos banheiros, consideradas partes integrantes, mas não os quadros e o piano, considerados pertenças.

(D) a mansão e os quadros, pois, sendo considerados pertenças, impõe-se a regra de que o acessório deve seguir o destino do principal, mas o piano e as torneiras poderão ser removidos por André antes da transferência.

37. Valdeir e Max assinaram contrato particular de promessa de compra e venda com direito de arrependimento, no qual Valdeir prometeu vender o apartamento 901 de sua propriedade por R$ 500.000,00 (quinhentos mil reais). Max, por sua vez, se comprometeu a comprar o imóvel e, no mesmo ato de assinatura do contrato, pagou arras penitenciais de R$ 50.000,00 (cinquenta mil reais).

A escritura definitiva de compra e venda seria outorgada em 90 (noventa) dias a contar da assinatura da promessa de compra e venda, com o consequente pagamento do saldo do preço. Contudo, 10 (dez) dias antes da assinatura da escritura de compra e venda, Valdeir celebrou escritura definitiva de compra e venda, alienando o imóvel à Ana Lúcia que pagou a importância de R$ 750.000,00 (setecentos e cinquenta mil reais) pelo mesmo imóvel. Max, surpreendido e indignado, procura você, como advogado(a), para defesa de seus interesses.

Sobre a hipótese apresentada, assinale a afirmativa correta.

(A) Max poderá exigir de Valdeir a importância paga a título de arras mais o equivalente, com atualização monetária segundo índices oficiais regularmente estabelecidos, juros e honorários de advogado.

(B) Por se tratar de arras penitenciais, Max poderá exigir de Valdeir apenas R$ 50.000,00 (cinquenta mil reais), e exigir a reparação pelas perdas e danos que conseguir comprovar.

(C) Max poderá exigir de Valdeir até o triplo pago a título de arras penitencias.

(D) Max não poderá exigir nada além do que pagou a título de arras penitenciais.

38. Antônio decide ceder gratuitamente a posse de um de seus imóveis residenciais a Carlos, seu grande amigo que vem passando por dificuldades financeiras, sem fixar prazo para a devolução do bem.

Passados 5 (cinco) anos, Antônio decide notificar Carlos para que se retire do imóvel, após descobrir que estava deteriorado por pura desídia do possuidor, que não estava realizando os atos de conservação necessários. Carlos realiza uma contranotificação, informando que não vai devolver o imóvel, na medida em que ainda necessita dele para sua moradia. Em razão disso, Carlos decide arbitrar o aluguel pelo uso do bem imóvel.

Neste contexto, assinale a afirmativa correta.

(A) O contrato firmado é de depósito, motivo pelo qual tem Carlos o dever de guardá-lo e conservá-lo até que Antônio o reclame, sob pena de pagar alugueis.

(B) O contrato firmado é de mútuo, que transfere o domínio da coisa emprestada ao mutuário, correndo por conta deste os riscos desde a tradição, sendo indevidos os alugueis.

(C) O contrato celebrado é de comodato, sendo o comodatário obrigado a conservar a coisa emprestada e, uma vez constituído em mora, a pagar alugueis.

(D) O contrato pactuado é de locação, que se iniciou com a renúncia à cobrança de alugueis pelo locador e, após a notificação, tornou a exigi-los, como é da natureza do contrato.

39. Matheus, médico clínico-geral, recebe para atendimento em seu consultório o paciente Victor, mergulhador profissional. Realizando a anamnese, Victor relata que é alérgico à ácido acetilsalicílico.

Desatento, Matheus ministra justamente esta droga a Victor como parte de seu tratamento. Victor tem danos permanentes em razão do agravamento de sua asma pelo uso inadequado do medicamento, tendo que comprar novos medicamentos para seu tratamento e, ainda mais grave, fica impedido de trabalhar nos dois anos seguintes.

A respeito da responsabilidade civil de Matheus, assinale a afirmativa correta.

(A) Ele responderá pelo regime objetivo de responsabilidade civil, tendo em vista que a atividade de Matheus é arriscada.

(B) Ele deverá indenizar Victor independentemente de culpa, isto é, de imperícia de sua parte, considerando existir relação de consumo.

(C) Ele, sendo profissional liberal, terá apurada sua responsabilidade mediante a verificação de culpa, responsabilizando-se unicamente pelos danos diretos verificados no caso.

(D) Ele deverá indenizar Victor pelas despesas do tratamento e pelos lucros cessantes até o fim da convalescença, além da pensão correspondente à importância do trabalho para que se inabilitou.

40. Marta, 75 anos, solteira, sem filhos, com todos os ascendentes falecidos, é irmã de Alberto e prima de Donizete. Proprietária de alguns imóveis, Marta procurou um cartório para lavrar testamento público em 2019. Ainda que seu contato com o irmão Alberto fosse ocasional, sendo muito mais próxima de Donizete, optou por dividir sua herança entre ambos.

Contudo, ao longo de 2020, durante a pandemia de Covid-19, Marta passou a residir junto de Donizete e sua família. Enquanto a convivência somente aumentou o afeto e a consideração entre os primos, o contato entre Marta e Alberto tornou-se ainda mais raro. Não por outro motivo, em agosto de 2020, Marta procurou o mesmo cartório e lavrou um novo testamento público, o qual nomeava Donizete como seu único herdeiro.

Em janeiro de 2021, Marta faleceu. Ao tomar conhecimento da disposição de última vontade da irmã, Alberto consulta você, como advogado(a), a respeito da situação.

Com efeito, é correto afirmar que

(A) o testamento feito por Marta em agosto de 2020 revoga o testamento feito pela mesma em 2019. Portanto, toda herança de Marta deverá ser transmitida a Donizete.

(B) no testamento, Marta deveria deixar ao menos metade de sua herança para Alberto, seu irmão e, assim, herdeiro necessário.

(C) Marta apenas poderia afastar o direito à herança de Alberto por meio de deserdação fundada no abandono afetivo.

(D) Marta encontrava-se proibida de testar novamente desde o momento em que testou pela primeira vez no ano de 2019, pois o testamento é sempre irrevogável.

41. Daniel, habilitado e dentro do limite de velocidade, dirigia seu carro na BR 101 quando uma criança atravessou a pista, à sua frente. Daniel, para evitar o atropelamento da criança, saiu de sua faixa de rolamento e colidiu com o carro de Mário, taxista, que estava a serviço e não teve nenhuma culpa no acidente.

Daniel se nega ao pagamento de qualquer valor a Mário por alegar que a responsabilidade, em verdade, seria de José, pai da criança.

A respeito da responsabilidade de Daniel pelos danos causados no acidente em análise, assinale a afirmativa correta.

(A) Ele não praticou ato ilícito mas, ainda assim, terá que indenizar Mário.

(B) Ele praticou ato ilícito ao causar danos a Mario, violando o princípio do *neminem laedere*.

(C) Ele não praticou ato ilícito e não terá que indenizar Mario por atuar em estado de necessidade.

(D) Ele praticou ato ilícito ao causar danos a Mário e responderá objetivamente pelos danos a que der causa.

42. Paulo recebeu vídeos pornográficos em seu celular, enviados por um amigo para um grupo de mensagens do qual faz parte. Em um dos vídeos, Paulo percebeu que havia uma criança em cena de ato libidinoso e nudez. Por isso, Paulo não repassou o vídeo ou o divulgou sob qualquer forma, mantendo-o em sigilo, arquivado no seu celular, sequer mencionando-o.

Sobre o fato acima, assinale a afirmativa correta.

(A) A conduta de Paulo foi correta, pois produzir e divulgar imagens de cunho pornográfico envolvendo crianças, e não apenas seu armazenamento, é crime específico do ECA.

(B) Paulo praticou ato designado genericamente como pedofilia, mas sem cunho criminoso, por não ter sido ele o autor do vídeo.

(C) Paulo ao armazenar, ainda que sem divulgar a terceiros, o vídeo de natureza pornográfica envolvendo criança, cometeu crime específico do ECA.

(D) Paulo praticou ato designado genericamente como pedofilia, mas sem cunho criminoso, por não ter divulgado o vídeo, mas apenas o armazenado.

43. João, de 17 anos, teve sua participação como artista, em determinado espetáculo público, vedada pela autoridade judiciária, ao argumento de que se trataria de exposição indevida a conteúdo psicologicamente danoso.

Procurado pela genitora de João para defender sua participação no espetáculo, você, como advogado(a) deve

(A) impetrar mandado de segurança contra a decisão que reputa ilegal.

(B) interpor recurso de apelação com vistas a reformar a decisão.

(C) interpor recurso de agravo de instrumento para suspender os efeitos da decisão.

(D) ajuizar ação rescisória contra a decisão que reputa ilegal.

44. A era digital vem revolucionando o Direito, que busca se adequar aos mais diversos canais de realização da vida inserida ou tangenciada por elementos virtuais. Nesse cenário, consagram-se avanços normativos a fim de atender às situações jurídicas que se apresentam, sendo ponto importante a recorrência dos chamados *youtubers*, atividade não rara realizada por crianças e destinada ao público infantil. Nesse contexto, os *youtubers* mirins vêm desenvolvendo atividades que necessitam de intervenção jurídica, notadamente quando se mostram portadores de prática publicitária.

A esse respeito, instrumentos normativos que visam a salvaguardar interesses na publicidade infantil estão em vigor e outros previstos em projetos de lei.

Sobre o fato narrado, de acordo com o CDC, assinale a afirmativa correta.

(A) A comunicação mercadológica realizada por *youtubers* mirins para o público infantil não pode ser considerada abusiva em razão da deficiência de julgamento e experiência das crianças, porque é realizada igualmente por crianças.

(B) A publicidade que se aproveita da deficiência de julgamento e experiência da criança ou se prevaleça da sua idade e conhecimento imaturo para lhe impingir produtos ou serviços é considerada abusiva.

(C) A publicidade não pode ser considerada abusiva ou enganosa se o público para a qual foi destinado, de forma fácil e imediata, identifica a mensagem mercadológica como tal.

(D) A publicidade dirigida às crianças, que se aproveite da sua deficiência de julgamento para lhe impingir produtos ou serviços, é considerada enganosa.

45. Godofredo procurou a Seguradora X para contratar seguro residencial, mas a venda direta foi-lhe negada, ao argumento de que o proponente possuía restrição financeira junto aos órgãos de proteção ao crédito. Godofredo explicou que pagaria o seguro à vista, mas, ainda assim, a Seguradora negou a contratação. Indignado, Godofredo registrou sua reclamação no Ministério Público, que verificou significativo número de pessoas na mesma situação, merecendo melhor análise quanto ao cabimento ou não de medida para a defesa de interesses e direitos de consumidores a título coletivo.

Sobre a hipótese apresentada, à luz do Código de Defesa do Consumidor, assinale a afirmativa correta.

(A) A questão versa sobre interesses heterogêneos, não cabendo ação coletiva, bem como casos de restrição creditícia possibilitam a recusa de contratação do seguro mesmo quando o pagamento do prêmio for à vista.

(B) A matéria consagra hipótese de direito individual homogêneo, podendo ser objeto de ação coletiva para a defesa dos interesses e direitos dos consumidores, e a recusa à contratação somente pode ser posta se o pagamento do prêmio for parcelado.

(C) A Seguradora não pode recusar a proposta nem mesmo após análise de risco, quando a contratação se der mediante pronto pagamento do prêmio, conforme expressamente disposto na norma consumerista e cuida-se da hipótese de direito difuso, justificando a ação coletiva.

(D) A Seguradora pode recusar a contratação, mesmo mediante pronto pagamento, sob a justificativa de que o proponente possui anotação de restrição financeira junto aos órgãos de proteção ao crédito; quanto à defesa coletiva essa é incabível pela natureza da demanda, sendo possível apenas a formação de litisconsórcio ativo.

46. Antenor subscreveu nota promissória no valor de R$ 12.000,00 (doze mil reais) pagável em 16 de setembro de 2021. A obrigação do subscritor foi avalizada por Belizário, que tem como avalista Miguel, e esse tem, como avalista, Antônio.

Após o vencimento, caso o avalista Miguel venha a pagar o valor da nota promissória ao credor, assinale a opção que indica a(s) pessoa(s) que poderá(ão) ser demandada(s) em ação de regresso.

(A) Antenor e Belizário, podendo Miguel cobrar de ambos o valor integral do título.

(B) Belizário e Antônio, podendo Miguel cobrar de ambos apenas a quota-parte do valor do título.

(C) Antenor e Antônio, podendo Miguel cobrar do primeiro o valor integral e, do segundo, apenas a quota-parte do valor do título.

(D) Antenor, podendo Miguel cobrar dele o valor integral, eis que os demais avalistas ficaram desonerados com o pagamento.

47. Na Comarca de Imperatriz/MA funcionam 4 (quatro) Varas Cíveis, com competência concorrente para o julgamento de causas de falência e recuperação judicial. Em 22 de agosto de 2019, foi apresentado requerimento de falência de uma sociedade empresária enquadrada como empresa de pequeno porte, com principal estabelecimento naquele município. O requerimento foi distribuído para a 3ª Vara Cível.

Tendo sido determinada a citação do devedor, no prazo da contestação, Coelho Dutra, administrador e representante legal da sociedade, requereu sua recuperação judicial, devidamente autorizado por deliberação dos sócios.

Com base nestas informações, assinale a afirmativa correta.

(A) O requerimento de recuperação judicial não está sujeito à distribuição por dependência, podendo ser apreciado por qualquer um dos quatro juízos cíveis da comarca.

(B) A distribuição do pedido de falência previne a jurisdição para o pedido de recuperação judicial formulado pelo devedor, de modo que será competente o juízo da 3ª Vara Cível.

(C) Por se tratar de devedor enquadrado como empresa de pequeno porte, há tratamento diferenciado para o pedido de recuperação judicial, estando prevento o juízo que conheceu do pedido de falência.

(D) Como o devedor não se enquadra na definição legal de microempresa (incluído o microempreendedor individual), o requerimento de recuperação judicial não está sujeito à distribuição por dependência.

48. Socorro, empresária individual, sacou duplicata de venda na forma cartular, em face de *Laticínios Aguaí Ltda.* com vencimento para o dia 11 de setembro de 2020. Antes do vencimento, no dia 31 de agosto de 2020, a duplicata, já aceita, foi endossada para a sociedade *Bariri & Piraju Ltda.*

Considerando-se que, no dia 9 de outubro de 2020, a duplicata foi apresentada ao tabelionato de protestos para ser protestada por falta de pagamento, é correto afirmar que o endossatário

(A) não poderá promover a execução em face de nenhum dos signatários diante da perda do prazo para a apresentação da duplicata a protesto por falta de pagamento.

(B) poderá promover a execução da duplicata em face do aceitante e do endossante, por ser facultativo o protesto por falta de pagamento da duplicata, caso tenha sido aceita pelo sacado.

(C) poderá promover a execução da duplicata em face do aceitante e do endossante, pelo fato de o título ter sido apresentado a protesto em tempo hábil e por ser o aceitante o obrigado principal.

(D) não poderá promover a execução em face do endossante, diante da perda do prazo para a apresentação da duplicata a protesto por falta de pagamento, mas poderá intentá-la em face do aceitante, por ser ele o obrigado principal.

49. *Farmácias Mundo Novo Ltda.* é locatária de um imóvel não residencial onde funciona uma de suas filiais. No curso da vigência do contrato, que se encontra sob a égide do direito à renovação, faleceu um dos sócios, Sr. Deodato. Diante deste acontecimento, os sócios remanescentes deliberaram dissolver a sociedade. A sócia Angélica, prima de Deodato, gostaria de continuar a locação, aproveitando a localização excelente do ponto e a manutenção do aviamento objetivo da empresa.

Angélica consulta um advogado especializado para saber se teria direito à renovação, mesmo não sendo a locatária do imóvel. Assinale a afirmativa que apresenta a resposta dada.

(A) Angélica tem direito à renovação da locação como sub-rogatória da sociedade dissolvida, mas deve informar ao locador sua condição no prazo de 30 (trinta) dias do arquivamento da ata de encerramento da liquidação, sob pena de decadência.

(B) Angélica não tem direito à renovação da locação, pois somente a sociedade dissolvida poderia exercer tal direito, por ter sido a parte contratante, incidindo o princípio da relatividade dos contratos.

(C) Angélica tem direito à renovação da locação como sub-rogatória da sociedade dissolvida, mas deve continuar a explorar o mesmo ramo de atividade que a sociedade dissolvida.

(D) Angélica não tem direito à renovação da locação, pois tal direito somente é conferido ao(s) sócio(s) remanescente(s) quando a sociedade sofre resolução por morte de sócio, e não dissolução.

50. Em razão das medidas de isolamento social propagadas nos anos de 2020 e 2021, muitos administradores precisaram de orientação quanto à licitude da realização de reuniões ou assembleias de sócios nas sociedades limitadas, de forma digital, ou à possibilidade do modelo híbrido, ou seja, o conclave é presencial, mas com a possibilidade de participação remota de sócio, inclusive proferindo voto.

Assinale a afirmativa que apresenta a orientação correta.

(A) Na sociedade limitada é vedada tanto a reunião ou assembleia de sócios, de forma digital, quanto a participação do sócio e o voto à distância.

(B) Na sociedade limitada é vedada a reunião ou assembleia de sócios, de forma digital, mas é possível a participação de sócio e o voto à distância.

(C) Na sociedade limitada é vedada a participação e voto à distância nas reuniões e assembleias, mas é possível a reunião ou assembleia de forma digital.

(D) Na sociedade limitada é possível tanto a reunião ou a assembleia de sócios, de forma digital, quanto a participação do sócio e o voto à distância.

51. Joana, em decorrência de diversos problemas conjugais, decidiu se divorciar de Marcelo. Contudo, em razão da resistência do cônjuge em consentir com sua decisão, foi preciso propor ação de divórcio.

Após distribuída a ação, o juiz determinou a emenda da petição inicial, tendo em vista a ausência de cópia da certidão do casamento celebrado entre as partes, dentre os documentos anexados à inicial.

Considerando o caso narrado e as disposições legais a respeito da ausência de documentos indispensáveis à propositura da ação, assinale a afirmativa correta.

(A) Ausente documento indispensável à propositura da ação, a petição inicial deve ser indeferida de imediato.

(B) A certidão de casamento é documento indispensável à propositura de qualquer ação. Constatando-se sua ausência, deve o autor ser intimado para emendar ou completar a inicial no prazo de 5 (cinco) dias.

(C) Ausente documento indispensável à propositura da ação, o autor deve ser intimado para emendar ou completar a inicial no prazo de 15 (quinze) dias.

(D) A ausência de documento indispensável à propositura da ação configura hipótese de improcedência liminar.

52. Karine teve conhecimento de que Pedro propôs ação reivindicatória em face de Joana relativamente à Fazenda Felicidade, situada em Atibaia. Karine, furiosa, apresenta oposição, por entender que aquela fazenda lhe pertence, já que a recebeu em testamento pelo falecido tio de Joana.

Sobre o caso narrado, assinale a afirmativa correta.

(A) Se a oposição foi proposta antes do início da audiência do processo originário, a oposição será apensada aos autos e tramitará simultaneamente à ação reivindicatória, sendo ambas julgadas pela mesma sentença.

(B) Se houver possibilidade de julgamento conjunto, o juiz deverá observar a relação de prejudicialidade existente entre a oposição apresentada por Karine e a ação reivindicatória proposta por Pedro, sendo que o pedido desta última deve ser julgado em primeiro lugar.

(C) Os opostos formam um litisconsórcio passivo unitário, devendo a sentença dividir de modo idêntico o mérito para ambos.

(D) Se Pedro reconhecer a procedência do pedido da oponente, Karine deverá ser reconhecida como legítima proprietária do imóvel.

53. Após anos de relacionamento conjugal, Adriana e Marcelo resolvem se divorciar. Diante da recusa do cônjuge ao pagamento de alimentos, Adriana, desempregada, resolve ingressar com ação a fim de exigir o pagamento.

A ação teve regular processamento, tendo o juiz proferido sentença de procedência, condenando o réu ao pagamento de R$ 2.000,00 (dois mil reais) mensais à autora, sendo publicada no dia seguinte. Inconformado, o réu interpõe recurso de apelação, mas Adriana promove, imediatamente, o cumprimento provisório da decisão.

Diante das informações expostas, assinale a afirmativa correta.

(A) A sentença não pode ser executada neste momento, pois o recurso de apelação possui efeito suspensivo.

(B) A sentença não pode ser executada, uma vez que a sentença declaratória não permite a execução provisória.

(C) Poderá ser iniciada a execução provisória, pois a sentença que condena a pagar alimentos começa a produzir efeitos imediatamente após a sua publicação.

(D) Pode ser iniciada execução provisória, pois os recursos de apelação nunca possuem efeito suspensivo.

54. O Tribunal de Justiça do Estado do Rio de Janeiro, se deparando com pedido de instauração de Incidente de Resolução de Demandas Repetitivas (IRDR) para solucionar as causas de um acidente aéreo com numerosas vítimas, que demandaria a realização de prova pericial para aferir se houve falha elétrica ou se algum outro fator causou a queda da aeronave, designou sessão de julgamento para análise colegiada a respeito do cabimento do incidente.

A respeito da referida análise quanto ao cabimento e às consequências da instauração, assinale a afirmativa correta.

(A) O IRDR é cabível, e, uma vez admitida sua instauração, não haverá a suspensão dos processos ajuizados pelas múltiplas vítimas, e o entendimento firmado no IRDR apenas será aplicável aos processos que venham a ser ajuizados após a sua prolação.

(B) O IRDR não é cabível, uma vez que a técnica processual visa apenas a resolver controvérsia sobre questão unicamente de direito, seja processual ou material.

(C) A instauração do IRDR é possível, uma vez que visa a resolver controvérsia sobre questão de fato, com o objetivo de permitir a realização de prova pericial única, tal como na hipótese concreta.

(D) Não é possível instaurar o IRDR, que apenas é cabível em primeira instância e nos tribunais superiores.

55. João Carlos ajuizou ação em face do *Shopping Sky Mall*, objetivando a devolução dos valores que superem o limite máximo previsto em lei de seu município, pagos em virtude do estacionamento de seu automóvel. Julgado procedente o pedido e iniciado o cumprimento de sentença, o executado apresentou impugnação, alegando ser inexigível a obrigação. Sustentou que o Supremo Tribunal Federal, em controle difuso de constitucionalidade, reconheceu a inconstitucionalidade da referida lei municipal que ampara o título judicial.

Considerando que a decisão do STF foi proferida após o trânsito em julgado da ação movida por João Carlos, assinale a afirmativa correta.

(A) É possível acolher a alegação do executado veiculada em sua impugnação, pois a decisão do STF sempre se sobrepõe ao título judicial.

(B) É possível acolher a alegação do executado apresentada em sua impugnação, pois não houve a modulação dos efeitos da decisão do STF.

(C) Não é possível acolher a alegação do executado veiculada por meio de impugnação, sendo necessário o ajuizamento de ação rescisória para desconstituir o título.

(D) Não é possível acolher a alegação do executado apresentada em sua impugnação, pois o reconhecimento da inconstitucionalidade se deu em controle difuso de inconstitucionalidade.

56. A corretora de seguros *XYZ* ajuizou ação de cobrança em face da *Alegria Assistência Médica*, pugnando pelo pagamento da taxa de comissão de corretagem que a segunda se recusa a pagar, apesar de a autora estar prestando devidamente serviços de corretagem.

O juízo de primeiro grau julgou pela procedência do pedido, na mesma oportunidade concedendo tutela antecipada, para que a *Alegria* faça os pagamentos da comissão devida mensalmente.

Nessa circunstância, o(a) advogado(a) da *Alegria Assistência Médica*, buscando imediatamente suspender os efeitos da sentença, deve

(A) interpor Recurso Extraordinário, no prazo de 15 dias úteis, para que o Supremo Tribunal Federal reforme a sentença e pleiteando efeito suspensivo.

(B) interpor Apelação Cível, no prazo de 15 dias úteis, objetivando a reforma da sentença, e pleitear efeito suspensivo diretamente ao tribunal, por pedido próprio, durante a tramitação da apelação em primeiro grau.

(C) impetrar Mandado de Segurança contra a decisão que reputa ilegal, tendo como autoridade coatora o juízo sentenciante, para sustar os efeitos da sentença.

(D) interpor Agravo de Instrumento, no prazo de 15 dias úteis, para reforma da tutela antecipada.

57. Thiago, empresário com renda mensal de R$ 1.000.000,00 (um milhão de reais), ajuizou ação pelo procedimento comum em face do plano de saúde X, com pedido de tutela provisória de urgência, para que o plano seja compelido a custear tratamento médico no valor de R$ 300.000,00 (trezentos mil reais).

O juízo, embora entendendo estarem presentes a probabilidade de existência do direito alegado por Thiago e o risco à sua saúde, condicionou a concessão da tutela provisória de urgência à prestação de caução equivalente a R$ 100.000,00 (cem mil reais), de modo a ressarcir eventuais prejuízos que o plano de saúde X possa sofrer em havendo a cessação de eficácia da medida.

A este respeito, assinale a afirmativa correta.

(A) A exigência de caução para concessão de tutela provisória de urgência no caso em tela é desprovida de fundamento legal, razão pela qual é indevida.

(B) A decisão judicial que condicione a concessão de tutela provisória de urgência à prestação de caução é impugnável por meio de preliminar no recurso de apelação.

(C) A decisão está em desconformidade com o Código de Processo Civil, pois a caução para a concessão de tutela provisória deve ser de, no mínimo, 50% do valor econômico da pretensão.

(D) A exigência de caução, para concessão de tutela provisória de urgência, é admissível como forma de proteção ao ressarcimento de danos que o requerido possa sofrer em virtude da tutela.

58. Félix, com dolo de matar seus vizinhos Lucas e Mário, detona uma granada na varanda da casa desses, que ali conversavam tranquilamente, obtendo o resultado desejado. Os fatos são descobertos pelo Ministério Público, que denuncia Félix por dois crimes autônomos de homicídio, em concurso material. Após regular procedimento, o Tribunal do Júri condenou o réu pelos dois crimes imputados e o magistrado, ao aplicar a pena, reconheceu o concurso material.

Diante da sentença publicada, Félix indaga, reservadamente, se sua conduta efetivamente configuraria concurso material de dois crimes de homicídio dolosos. Na ocasião, o(a) advogado(a) do réu, sob o ponto de vista técnico, deverá esclarecer ao seu cliente que sua conduta configura dois crimes autônomos de homicídio,

(A) em concurso material, sendo necessária a soma das penas aplicadas para cada um dos delitos.

(B) devendo ser reconhecida a forma continuada e, consequentemente, aplicada a regra da exasperação de uma das penas e não do cúmulo material.

(C) devendo ser reconhecido o concurso formal próprio e, consequentemente, aplicada a regra da exasperação de uma das penas e não do cúmulo material.

(D) devendo ser reconhecido o concurso formal impróprio, o que também imporia a regra da soma das penas aplicadas.

59. Augusto foi condenado com trânsito em julgado pela prática da contravenção penal de perturbação da tranquilidade, prevista no Art. 65 da Lei das Contravenções Penais (Decreto-Lei nº 3.688/41). No ano seguinte à sua condenação definitiva, Augusto foi preso pela prática do crime de estupro.

Diante do caso narrado, Augusto, ao ser julgado pelo crime de estupro, deverá ser considerado

(A) primário com maus antecedentes, já que o cometimento de crime após condenação com trânsito em julgado por contravenção penal não gera reincidência.

(B) reincidente, na medida em que a lei das contravenções penais considera que a condenação por crime após a condenação pela contravenção gera reincidência.

(C) reincidente, na medida em que o Código Penal estabelece que tanto o cometimento de crime quanto de contravenção gera reincidência.

(D) primário com bons antecedentes, na medida em que a condenação com trânsito em julgado por contravenção não tem o condão de gerar nem reincidência nem maus antecedentes.

60. Vitor, embora não tenha prestado concurso público, está exercendo, transitoriamente e sem receber qualquer remuneração, uma função pública. Em razão do exercício dessa função pública, Vitor aceita promessa de José, particular, de lhe pagar R$ 500,00 (quinhentos reais) em troca de um auxílio relacionado ao exercício dessa função. Ocorre que, apesar do auxílio, José não fez a transferência do valor prometido.

Os fatos são descobertos pelo superior hierárquico de Vitor, que o indaga sobre o ocorrido. Na ocasião, Vitor confirma o acontecido, mas esclarece que não acreditava estar causando prejuízo para a Administração Pública. Em seguida, preocupado com as consequências jurídicas de seus atos, Vitor procura seu advogado em busca de assegurar que sua conduta fora legítima.

Considerando apenas as informações narradas, o advogado de Vitor deverá esclarecer que sua conduta

(A) não configura crime em razão de a função ser apenas transitória, logo não pode ser considerado funcionário público para efeitos penais, apesar de o recebimento de remuneração ser dispensável a tal conceito.

(B) não configura crime em razão de não receber remuneração pela prestação da função pública, logo não pode ser considerado funcionário público para efeitos penais, apesar de o exercício da função transitória não afastar, por si só, tal conceito.

(C) configura crime de corrupção ativa, na sua modalidade tentada.

(D) configura crime de corrupção passiva, na sua modalidade consumada.

61. João e Carlos procuram Paulo para que, juntos, pratiquem um crime de roubo de carga. Apesar de se recusar a acompanhá-los na ação delituosa, Paulo oferece a garagem de sua casa para a guarda da carga roubada, conduta que seria fundamental na empreitada criminosa, já que João e Carlos não teriam outro local para esconder os bens subtraídos.

Apenas por terem conseguido o acordo com Paulo, João e Carlos operam a subtração. Ao chegarem à casa de Paulo, este lhes informa que a garagem estava ocupada naquele momento e não poderia mais ser utilizada. Assim, o trio que dividiria os lucros procura o vizinho Pedro e, após contarem o ocorrido, pedem a garagem emprestada por um tempo, proposta que é aceita por Pedro. Sendo todos os fatos apurados e recuperada a carga na garagem de Pedro, as famílias de Paulo e Pedro procuram um(a) advogado(a) para saber acerca da situação jurídica deles.

Na ocasião da assistência jurídica, o(a) advogado(a) deverá esclarecer que

(A) não configura crime em razão de a função ser apenas transitória, logo não pode ser considerado A)   ambos poderão ser responsabilizados pelo crime de roubo majorado.
(B) Paulo poderá ser responsabilizado pelo crime de roubo majorado, enquanto Pedro, apenas pelo crime de receptação.
(C) Paulo poderá ser responsabilizado pelo crime de roubo majorado, enquanto Pedro, apenas pelo crime de favorecimento real.
(D) Pedro e Paulo poderão ser responsabilizados pelo crime de favorecimento real.

62. Após o expediente, Márcio saiu com seus colegas de trabalho para comemorar o sucesso das vendas naquele mês e sua escolha como melhor funcionário do período. Ao chegarem ao bar, Márcio entregou a chave de seu carro aos colegas, alertando-os que *iria beber até se embriagar e cair*.

Após cumprir a promessa feita aos colegas, Márcio, completamente alterado, se dirigiu até o caixa do bar para pagar sua conta. Devido a divergências quanto à quantidade de bebida consumida, Márcio iniciou uma forte discussão com o atendente do estabelecimento e arremessou a garrafa de cerveja que segurava em sua direção, acertando a cabeça do funcionário e causando-lhe ferimentos de natureza grave.

Preocupado com as consequências jurídicas de seu ato, Márcio o(a) procura, na condição de advogado(a), para assistência técnica.

Considerando apenas as informações expostas, sob o ponto de vista técnico, você, como advogado(a), deverá esclarecer que a conduta praticada por Márcio configura

(A) crime de lesão corporal grave, diante da embriaguez culposa, podendo ser reconhecida causa de diminuição de pena, já que a embriaguez era completa.
(B) conduta típica e ilícita, mas não culpável, diante da embriaguez culposa, afastando a culpabilidade do agente.
(C) crime de lesão corporal grave, com reconhecimento de agravante, diante da embriaguez preordenada.
(D) crime de lesão corporal grave, diante da embriaguez voluntária.

63. Vitor foi condenado pela prática de um crime de lesão corporal leve no contexto da violência doméstica e familiar contra a mulher, sendo aplicada pena privativa de liberdade de três meses de detenção, a ser cumprida em regime aberto, já que era primário e de bons antecedentes.

Considerando a natureza do delito, o juiz deixou de substituir a pena privativa de liberdade por restritiva de direitos e não aplicou qualquer outro dispositivo legal que impedisse o recolhimento do autor ao cárcere.

No momento da apelação, a defesa técnica de Vitor, de acordo com a legislação brasileira,

(A) não poderá requerer a substituição da pena privativa de liberdade por restritiva de direitos, mas poderá pleitear a suspensão condicional da pena, que, inclusive, admite que seja fixada prestação de serviços à comunidade e limitação de final de semana por espaço de tempo.
(B) não poderá requerer a substituição da pena privativa de liberdade por restritiva de direitos, mas poderá pleitear a suspensão condicional da pena, que não admite que seja fixada como condição o cumprimento de prestação de serviços à comunidade.
(C) não poderá requerer a substituição da pena privativa de liberdade por restritiva de direitos e nem a suspensão condicional da pena, mas poderá pleitear que o regime aberto seja cumprido em prisão domiciliar com tornozeleira eletrônica.
(D) poderá requerer a substituição da pena privativa de liberdade por restritiva de direitos, que, contudo, não poderá ser apenas de prestação pecuniária por expressa vedação legal.

64. Vanessa foi presa em flagrante, logo após cometer um crime de furto em residência. A proprietária do imóvel, Jurema, 61 anos, informou aos policiais que viu, pelas câmeras de segurança, Vanessa escalando o alto muro da residência e ingressando na casa, acreditando a vítima que a mesma rompeu o cadeado da porta, já que este encontrava-se arrombado. Por determinação da autoridade policial, um perito oficial compareceu à residência de Jurema e realizou laudo pericial para confirmar que o muro que Vanessa pulou era de grande altura e demandava esforço no ato. Deixou, porém, de realizar a perícia no cadeado e na porta por onde Vanessa teria entrado na casa.

Vanessa foi denunciada pelo crime de furto qualificado, sendo imputado pelo Ministério Público a qualificadora da escalada e do rompimento de obstáculo. No curso da instrução, assistida a ré pela Defensoria Pública, as partes tiveram acesso ao laudo pericial e, em seu interrogatório, Vanessa confessou os fatos, inclusive o rompimento do cadeado para ingresso na residência, bem como informou que sabia que a lesada era uma senhora de idade. A vítima Jurema não compareceu, alegando que não poderia deixar sua residência exposta, já que o cadeado da casa ainda estava arrombado, argumentando ser idosa, acostando sua carteira de habilitação, e destacando que as imagens da câmera de segurança, já juntadas ao processo, confirmavam a autoria delitiva.

Você, como advogado(a), foi constituído(a) por Vanessa para a apresentação de alegações finais. Considerando as informações expostas, você deverá alegar que

(A) a perícia realizada no muro não poderá ser considerada prova, mas tão só elemento informativo a ser confirmado por provas produzidas sob o crivo do contraditório, tendo em vista que as partes não participaram da elaboração do laudo.
(B) deve ser afastada a qualificadora com fundamento no rompimento de obstáculo, já que não foi produzida prova pericial, não sendo suficiente a confissão da acusada.
(C) a perícia realizada para demonstrar a escalada foi inválida, pois não foi realizada por dois peritos oficiais, nos termos da determinação do Código de Processo Penal.
(D) a idade da vítima não foi comprovada por documento idôneo, não podendo ser reconhecida agravante por tal fundamento.

65. Durante uma festa em uma casa noturna, Michele se desentende com sua amiga Flávia e lhe desfere um tapa no rosto, causando-lhe lesão corporal de natureza leve. Flávia, então, se dirige à autoridade policial e registra o fato, manifestando expressamente seu interesse em representar contra Michele, tendo em vista a natureza de ação penal pública condicionada à representação.

Findo o procedimento policial, os autos foram encaminhados ao Juizado Especial competente e o Ministério Público apresentou proposta de transação penal à Michele, que não a aceitou. Após o oferecimento de denúncia pelo *Parquet*, Flávia se diz arrependida e manifesta ao seu advogado interesse em se retratar da representação oferecida, destacando que ainda não foi recebida a inicial acusatória.

Considerando os fatos acima narrados, você, como advogado(a) de Flávia, deverá esclarecer que

(A) a representação será irretratável na hipótese, por já ter sido oferecida a denúncia.

(B) a retratação da representação poderá ser realizada até o momento da sentença, não dependendo de formalidades legais.

(C) a retratação da representação será cabível até o recebimento da denúncia, em audiência perante o juiz, especialmente designada para tal finalidade.

(D) a representação será irretratável, independentemente do momento processual, por se tratar de ação penal de natureza pública, de modo que o Ministério Público continua sendo o titular da ação.

66. Fernando foi preso em flagrante e indiciado pela suposta prática do crime previsto no Art. 306 da Lei 9.503/97 (Código de Trânsito Brasileiro), pois conduzia veículo automotor em via pública sob a influência de álcool.

O magistrado competente, ao analisar o auto de prisão em flagrante, concedeu a liberdade provisória, aplicando a cautelar de suspensão da habilitação para dirigir veículo automotor. Fernando, entendendo que a cautelar prejudicaria seu sustento, já que era motorista de caminhão, solicita que você, como advogado(a), adote as medidas cabíveis para questionar a decisão do magistrado de aplicar a cautelar alternativa de suspensão da habilitação.

Considerando apenas as informações expostas, de acordo com a Lei nº 9.503/97, o(a) advogado(a) de Fernando

(A) não poderá apresentar recurso, tendo em vista que a decisão que aplica cautelar alternativa é irrecorrível.

(B) poderá apresentar recurso de apelação.

(C) poderá apresentar recurso em sentido estrito.

(D) poderá apresentar recurso de agravo.

67. Bartolomeu foi denunciado e pronunciado pela suposta prática de um crime de homicídio qualificado. No dia da sessão plenária do Tribunal do Júri, no momento dos debates orais, o Promotor de Justiça iniciou sua fala lendo o teor da denúncia para que os jurados tivessem conhecimento sobre os fatos imputados. Após, afirmou que estaria presente a prova da materialidade e de autoria, passando a ler a decisão de pronúncia e destacar que esta demonstraria a veracidade do que assegurava sobre a prova da prática do crime por Bartolomeu. Por fim, o *Parquet* leu reportagem jornalística que apontava Bartolomeu como possível autor do homicídio, sendo certo que tal documentação foi acostada ao procedimento sete dias antes da sessão plenária, tendo a defesa acesso à mesma quatro dias úteis antes do julgamento. Em sua fala, a defesa técnica de Bartolomeu pugnou pela absolvição, negando a autoria, e consignou em ata seu inconformismo com a leitura da denúncia, a menção à pronúncia e a leitura da reportagem jornalística. O réu foi condenado.

Considerando as informações narradas, com base nas previsões legais e sob o ponto de vista técnico, no momento de apresentar recurso de apelação, o(a) advogado(a) de Bartolomeu poderá alegar a existência de nulidade, em razão

(A) da leitura da denúncia, da menção à pronúncia e leitura da reportagem jornalística.

(B) da menção à pronúncia e leitura da reportagem jornalística, apenas.

(C) da leitura da reportagem jornalística, apenas.

(D) da menção à pronúncia, apenas.

68. Paulo, advogado, foi intimado de duas decisões proferidas pelo juízo da execução penal do Rio de Janeiro, em relação a dois de seus clientes. Na primeira, foi determinada a perda de 1/5 (um quinto) dos dias remidos por Lúcio, considerando que foi reconhecida, por meio de procedimento regular, observadas as exigências legais, a prática de falta grave pelo mesmo. Na segunda decisão, o pedido de progressão de regime formulado por Paulo em relação ao apenado Flávio foi deferido, tendo o magistrado fixado, como condição a ser observada no regime aberto, o cumprimento de prestação de serviços à comunidade. Diante das intimações, Paulo poderá apresentar

(A) recurso em sentido estrito para questionar as duas decisões do magistrado, que seriam ilegais.

(B) agravo para questionar as duas decisões do magistrado, que seriam ilegais.

(C) agravo para questionar apenas a decisão que determinou a perda dos dias remidos, que seria ilegal, mas não a que fixou condições especiais para a progressão de regime.

(D) agravo para questionar a decisão que fixou a prestação de serviço à comunidade como condição para a progressão para o regime aberto, não havendo ilegalidade, porém, na determinação da perda de 1/5 (um quinto) dos dias remidos por Lúcio.

69. Carlos, em relatório final conclusivo de inquérito policial, foi indiciado pela prática do crime de receptação qualificada *(Art. 180, §1º, CP – pena: 3 a 8 anos de reclusão e multa)*. Recebido o procedimento investigatório, o Promotor de Justiça verificou, na Folha de Antecedentes Criminais, que Carlos possuía uma única anotação e era tecnicamente primário, mas que teria sido beneficiado, oito anos antes da suposta nova prática delitiva, por proposta de suspensão condicional do processo em relação a crime de estelionato.

Considerando as informações expostas, você, como advogado(a) de Carlos, deverá esclarecer que, de acordo com o Código de Processo Penal,

(A) poderá ser proposto acordo de não persecução penal, independentemente da confissão do indiciado, podendo, contudo, ser imposto ressarcimento do dano e prestação de serviço à comunidade por tempo limitado em caso de aceitação.

(B) não poderá ser proposto o acordo de não persecução penal, tendo em vista que o suposto autor já foi beneficiado com suspensão condicional do processo anteriormente.

(C) poderá ser proposto acordo de não persecução penal, considerando a pena e natureza do crime, mas Carlos necessariamente deverá confessar a prática delitiva.

(D) não poderá ser proposto o acordo de não persecução penal, em razão da pena máxima prevista para o delito ultrapassar quatro anos de reclusão.

70. Walmir foi empregado da sociedade empresária *Lanchonete Chapa Quente Ltda.*, na qual atuou como atendente por um ano e três meses, sendo dispensado sem justa causa em julho de 2021.

A sociedade empresária procura você, como advogado(a), para saber o modo de pagamento dos direitos devidos a Walmir.

De acordo com o que dispõe a CLT, sabendo-se que a norma coletiva nada dispõe a respeito, assinale a afirmativa correta.

(A) Uma vez que o contrato vigorou por mais de um ano, deve ser feita a homologação perante o sindicato de classe do empregado ou perante o Ministério do Trabalho.

(B) O pagamento poderá ocorrer na própria empresa, pois não há mais necessidade de homologação da rescisão contratual pelo sindicato profissional ou pelo Ministério do Trabalho.

(C) Não havendo discórdia sobre o valor devido a Walmir, deverá ser apresentada uma homologação de acordo extrajudicial na Justiça do Trabalho, com assinatura de advogado comum.

(D) A sociedade empresária, ao optar por fazer o pagamento em suas próprias instalações, deverá obrigatoriamente depositar o valor na conta do trabalhador para ter a prova futura do adimplemento.

71. Carlos foi contratado como estagiário, em 2018, por uma indústria automobilística, pelo prazo de dois anos. Todas as exigências legais foram atendidas, e o estágio era remunerado. Após um ano de vigência do contrato, ele procura você, como advogado(a), para saber se terá direito a férias nos 12 meses seguintes.

Sobre a situação narrada, de acordo com a Lei de regência, assinale a afirmativa correta.

(A) Não haverá direito a qualquer paralisação, porque somente o empregado tem direito a férias.

(B) O estagiário tem direito a férias normais acrescidas do terço constitucional.

(C) Uma vez que a Lei é omissa a respeito, caberá ao empregador conceder, ou não, algum período de descanso a Carlos.

(D) Carlos terá direito a um recesso remunerado de 30 dias, mas sem direito ao acréscimo de 1/3 (um terço).

72. Um grupo de investidores está estimando custos para montar empresas em diversos ramos. Por isso, procuraram você, como advogado(a), para serem informados sobre os custos dos adicionais de periculosidade e insalubridade nas folhas de pagamento.

Sobre a orientação dada, de acordo com o texto da CLT, assinale a afirmativa correta.

(A) O adicional de insalubridade varia entre os graus mínimo, médio e máximo sobre o salário mínimo; o de periculosidade tem percentual fixo: 30% do salário básico do empregado.

(B) Os adicionais de periculosidade e insalubridade variam entre os graus mínimo, médio e máximo, sendo, respectivamente, de 10%, 20% e 30% do salário dos empregados.

(C) As atividades com inflamáveis, explosivos e energia elétrica são consideradas as de maior risco, com um adicional de 50% sobre as remunerações dos empregados.

(D) O direito do empregado ao adicional de insalubridade ou periculosidade só pode cessar com a mudança de função ou por determinação judicial.

73. Genilson e Carla trabalham como operadores de atendimento em uma sociedade empresária de *telemarketing*. Ambos possuem plano de saúde empresarial, previsto no regulamento interno e custeado integralmente pelo empregador, com direito a uma ampla rede credenciada e quarto particular em caso de eventual internação. Ocorre que a sociedade empresária, desejando reduzir seus custos, alterou o regulamento e informou seus empregados que o plano foi modificado, com redução significativa da rede credenciada e que, eventual internação hospitalar, seria feita em enfermaria – e não mais em quarto particular.

Sobre a alteração efetuada e de acordo com a CLT, assinale a afirmativa correta.

(A) A alteração não é válida para Genilson e Carla, porque só pode ser efetivada para aqueles admitidos após a mudança.

(B) A alteração é válida para Genilson e Carla, porque o plano de saúde continuou a ser mantido, ainda que em condições diferentes.

(C) A alteração somente será válida para os admitidos anteriormente à mudança.

(D) A alteração, que alcança apenas os admitidos após a mudança, deve ser homologada judicialmente.

74. Suelen trabalhava na *Churrascaria Boi Mal Passado Ltda.* como auxiliar de cozinha, recebendo salário fixo de R$ 1.500,00 (um mil e quinhentos reais) mensais. Por encontrar-se em dificuldade financeira, Suelen pediu ao seu empregador um empréstimo de R$ 4.500,00 (quatro mil e quinhentos reais) para ser descontado em parcelas de R$ 500,00 (quinhentos reais) ao longo do tempo. Sensibilizado com a situação da empregada, a sociedade empresária fez o empréstimo solicitado, mas 1 mês após Suelen pediu demissão, sem ter pago qualquer parcela do empréstimo.

Considerando a situação de fato, a previsão da CLT e que a empresa elaborará o termo de rescisão do contrato de trabalho (TRCT), assinale a afirmativa correta.

(A) A sociedade empresária poderá descontar todo o resíduo do empréstimo do TRCT.

(B) A sociedade empresária poderá, no máximo, descontar no TRCT o valor de R$ 1.500,00 (um mil e quinhentos reais).

(C) Não pode haver qualquer desconto no TRCT, porque o empréstimo tem a natureza de contrato civil, de modo que a sociedade empresária deverá cobrá-lo na justiça comum.

(D) Por Lei, a sociedade empresária tem direito de descontar no TRCT o dobro da remuneração do empregado por eventual dívida dele.

75. Jorge e Manoel integram a Comissão Interna de Prevenção de Acidentes (CIPA) da empresa na qual trabalham. Jorge é representante do empregador e Manoel, representante dos empregados. Durante a vigência dos seus mandatos, ambos foram dispensados, sem justa causa, na mesma semana, recebendo aviso prévio indenizado.

Considerando a situação de fato e a previsão da CLT, assinale a afirmativa correta.

(A) Não há empecilho à dispensa de Jorge, mas Manoel tem garantia no emprego e não poderia ser desligado sem justa causa.
(B) Ambos os empregados podem ser dispensados, porque o empregador concedeu aviso prévio indenizado.
(C) Jorge, por ser representante do empregador junto à CIPA e dele ter confiança, não poderá ser dispensado, exceto por justa causa.
(D) Nenhum empregado integrante da CIPA pode ser dispensado sem justa causa durante o mandato e até 1 ano após.

76. Maurício ajuizou reclamação trabalhista, em agosto de 2021, contra a sua ex-empregadora, a sociedade empresária *Sorvetes Glacial Ltda.*, postulando o pagamento de horas extras e verbas resilitórias.

No dia da audiência inaugural, feito o pregão com pontualidade, o autor compareceu acompanhado de seu advogado, estando ainda presente o advogado da empresa, mas ausente o preposto. O advogado do réu requereu que se aguardasse o prazo de 15 minutos, mas diante da negativa do advogado do autor, que não concordou em aguardar, teve início a audiência.

O advogado do autor requereu a aplicação da revelia e o advogado do réu informou que havia protocolizado defesa com documentos pelo processo judicial eletrônico (PJe), requerendo que fossem recebidos.

Diante da situação e dos termos da CLT, assinale a afirmativa correta.

(A) Deverá ser aplicada a revelia em razão da ausência do preposto e desprezada a defesa.
(B) Há nulidade do ato porque a CLT determina que se aguarde a parte até 15 minutos após o horário designado.
(C) Sendo a CLT omissa a respeito, caberá ao juiz definir se haverá revelia ou remarcação da audiência.
(D) A defesa e os documentos apresentados devem ser aceitos.

77. Renata, professora de Artes, lecionou na *Escola do Futuro*. Em sede de reclamação trabalhista, um de seus pedidos foi julgado improcedente, sendo certo que o que você pleiteava, na qualidade de advogado(a) de Renata, estava fundamentado na aplicação incontroversa de súmula do TST a respeito da matéria. Ainda assim, o TRT respectivo, ao julgar seu recurso, manteve a decisão de primeira instância.

Considerando que a referida decisão não deixou margem à oposição de embargos de declaração, assinale a opção que indica a medida jurídica a ser adotada.

(A) Interposição de agravo de instrumento.
(B) Interposição de agravo de petição.
(C) Ajuizamento de ação rescisória.
(D) Interposição de recurso de revista.

78. Duas irmãs costureiras trabalharam juntas em uma confecção. A mais velha era empregadora da mais nova, que gerenciava a atividade. Devido a um desentendimento em família, a irmã mais nova foi dispensada.

Em decorrência da relação fraternal, chegaram a um bom termo sem a necessidade de ajuizamento da demanda. Porém, por segurança de ambas, gostariam de ver garantidos, judicialmente, os termos do acordo e procuraram você, como advogado consultor.

Diante disso, observados os termos da CLT, assinale a afirmativa correta.

(A) Deverá ser distribuída uma petição requerendo a homologação de acordo extrajudicial, sendo que as partes deverão obrigatoriamente estar representadas por advogado, ainda que comum.
(B) Deverá ser ajuizada uma ação trabalhista e realizado um acordo na primeira audiência, vigorando o *jus postulandi*.
(C) Deverá ser distribuída uma petição requerendo a homologação de acordo extrajudicial, sendo que as partes não precisarão estar representadas por advogado, em razão do *jus postulandi*.
(D) Deverá ser distribuída uma petição requerendo a homologação de acordo extrajudicial, sendo que as partes deverão obrigatoriamente estar representadas por advogados distintos.

79. Uma sociedade de economia mista do Estado do Maranhão, após devidamente citada em reclamação trabalhista de um empregado, apresentou defesa e produziu provas em juízo, mas foi condenada na sentença.

Assinale a opção que, de acordo com a CLT, indica o prazo que a empresa em questão possui para recorrer ao TRT.

(A) 8 dias úteis.
(B) 16 dias úteis.
(C) 8 dias corridos.
(D) 16 dias corridos.

80. A sociedade empresária *Refeições Tempero de Casa Ltda.* é ré em uma reclamação trabalhista movida por sua ex-empregada Rosângela, que lá atuou como cozinheira. Após devidamente contestada e instruída, foi prolatada sentença, em outubro de 2021, julgando os pedidos procedentes em parte. Ocorre que no mesmo dia da publicação da sentença, a sociedade empresária teve sua recuperação judicial deferida pela justiça estadual. Nada foi decidido a respeito de gratuidade de justiça para a sociedade empresária.

Diante da situação apresentada, da previsão contida na CLT e considerando que a sociedade pretende recorrer da sentença, assinale a afirmativa correta.

(A) Com a recuperação judicial deferida, a sociedade empresária fica dispensada de efetuar qualquer preparo para recorrer.
(B) A sociedade empresária terá de recolher as custas, mas não precisará efetuar o depósito recursal para recorrer.
(C) Como a sociedade empresária não teve a falência decretada, mas sim a recuperação judicial deferida, efetuará normalmente o preparo.
(D) A sociedade empresária, diante da recuperação judicial deferida, pagará metade das custas e do depósito recursal.

Folha de Respostas

1	A	B	C	D
2	A	B	C	D
3	A	B	C	D
4	A	B	C	D
5	A	B	C	D
6	A	B	C	D
7	A	B	C	D
8	A	B	C	D
9	A	B	C	D
10	A	B	C	D
11	A	B	C	D
12	A	B	C	D
13	A	B	C	D
14	A	B	C	D
15	A	B	C	D
16	A	B	C	D
17	A	B	C	D
18	A	B	C	D
19	A	B	C	D
20	A	B	C	D
21	A	B	C	D
22	A	B	C	D
23	A	B	C	D
24	A	B	C	D
25	A	B	C	D
26	A	B	C	D
27	A	B	C	D
28	A	B	C	D
29	A	B	C	D
30	A	B	C	D
31	A	B	C	D
32	A	B	C	D
33	A	B	C	D
34	A	B	C	D
35	A	B	C	D
36	A	B	C	D
37	A	B	C	D
38	A	B	C	D
39	A	B	C	D
40	A	B	C	D
41	A	B	C	D
42	A	B	C	D
43	A	B	C	D
44	A	B	C	D
45	A	B	C	D
46	A	B	C	D
47	A	B	C	D
48	A	B	C	D
49	A	B	C	D
50	A	B	C	D
51	A	B	C	D
52	A	B	C	D
53	A	B	C	D
54	A	B	C	D
55	A	B	C	D
56	A	B	C	D
57	A	B	C	D
58	A	B	C	D
59	A	B	C	D
60	A	B	C	D
61	A	B	C	D
62	A	B	C	D
63	A	B	C	D
64	A	B	C	D
65	A	B	C	D
66	A	B	C	D
67	A	B	C	D
68	A	B	C	D
69	A	B	C	D
70	A	B	C	D
71	A	B	C	D
72	A	B	C	D
73	A	B	C	D
74	A	B	C	D
75	A	B	C	D
76	A	B	C	D
77	A	B	C	D
78	A	B	C	D
79	A	B	C	D
80	A	B	C	D

GABARITO COMENTADO

1. Gabarito "D"
Comentário: A: incorreta, pois somente o substabelecimento sem reserva de poderes exigirá prévio e inequívoco conhecimento do cliente (art. 26, § 1º, do CED); **B:** incorreta. O prévio ajuste de honorários deve ocorrer entre advogado substabelecido (no caso do enunciado, Henrique) e advogado substabelecente (Fabriel), conforme determina o art. 26, § 2º, do CED. Não é caso, portanto, de Henrique (advogado substabelecido com reserva de poderes) ajustar seus honorários diretamente com o cliente Bruno, mas, sim, com Gabriel; **C:** incorreta. O art. 24 do CED prevê que o advogado não será obrigado a aceitar a indicação de outro advogado para com ele trabalhar no processo; **D:** correta. Em caso de substabelecimento com reserva de poderes, o advogado substabelecido (no caso do enunciado, Henrique) não poderá cobrar honorários sem a intervenção de Gabriel, que foi quem lhe conferiu o substabelecimento.

2. Gabarito "D"
Comentário: Nos termos do art. 44, § 2º, do CED, é vedada a inclusão de fotografias pessoais ou de terceiros nos cartões de visitas do advogado, bem como menção a qualquer emprego, cargo ou função ocupado, atual ou pretérito, em qualquer órgão ou instituição, salvo o de professor universitário. Portanto, José não poderá, em seus cartões de visita, fazer constar sua condição de Conselheiro Seccional, nem a de conciliador em órgãos do Judiciário. Incorretas, assim, as alternativas "B" e "C". Incorreta, também, a alternativa "A", pois é permitida a referência à condição de professor universitário, ainda que aposentado. Por fim, correta a alternativa "D", conforme redação do já citado art. 44, § 2º, do CED.

3. Gabarito "D"
Comentário: Nos termos do art. 9º, § 2º, do Estatuto da OAB (EAOAB), a inscrição do estagiário é feita no Conselho Seccional em cujo território se localize seu curso jurídico. Assim, o local adequado para a aluna Lia pedir sua inscrição na OAB, como estagiária, é o do Conselho Seccional onde se situa sua Faculdade de Direito, estando correta a alternativa "D". Pouco importará o local do estágio (alternativa "A"), ou da sede principal de sua atividade de estagiária (alternativa "B") ou de seu domicílio civil (alternativa "C"). O que importa é o local do curso jurídico!

4. Gabarito "D"
Comentário: Nos termos do art. 5º, § 3º, do EAOAB, o advogado que renunciar ao mandato continuará, durante os dez dias seguintes à notificação da renúncia, a representar o mandante, salvo se for substituído antes do término desse prazo. Assim, incorretas, de plano, as alternativas "B" e "C", que mencionam o prazo de 15 dias. Já a alternativa "A" também apresenta incorreção em sua parte final, ao afirmar que o prazo de 10 dias subsiste ainda que novo advogado seja constituído antes desse interregno. Correta, por se amoldar ao dispositivo legal citado, a alternativa "D".

5. Gabarito "B"
Comentário: O art. 22, § 6º, do EAOAB, tratando dos honorários, dispõe que o disposto neste artigo aplica-se aos honorários assistenciais, compreendidos como os fixados em ações coletivas propostas por entidades de classe em substituição processual, sem prejuízo aos honorários convencionais. Significa dizer que há possibilidade de cumulação dos honorários assistenciais (pagos pela parte derrotada na ação coletiva elaborada pelo advogado) com os convencionais (pagos pela parte contratante, ou seja, pelo cliente). Por isso, incorretas as alternativas "A", "C" e "D", que, de alguma forma, afirmam ser proibida a cumulação de referidas espécies de honorários. Correta, portanto, a alternativa "B".

6. Gabarito "C"
Comentário: De acordo com o enunciado proposto, Carlos, Vinícius e Fernanda foram aprovados em concurso realizado pelo Tribunal de Justiça para vagas de Técnico Judiciário. A partir da investidura nos cargos, os três passaram a exercer atividade incompatível com a advocacia, ou seja, tornaram-se totalmente proibidos de advogar, inclusive em causa própria, conforme art. 28, *caput*, e inciso IV, do Estatuto da OAB. O efeito da incompatibilidade, no caso em tela, será o de impedir a inscrição nos quadros da OAB daquele que ainda não for advogado (Carlos, aluno de Direito, e Vinicius, bacharel em Direito), ou irá acarretar o cancelamento da inscrição de quem já for advogado (Fernanda). Assim, passemos à análise das alternativas. **A:** incorreta, pois, a despeito de Carlos, com a posse decorrente da aprovação no concurso, ter se tornado incompatível com a advocacia, poderá frequentar o estágio na instituição de ensino que frequenta, embora vedada a inscrição na OAB (art. 9º, § 3º, EAOAB); **B:** incorreta, pois, ainda que Vinicius seja aprovado em Exame da Ordem, não poderá obter inscrição como estagiário, já que o art. 8º, V, do EAOAB, prevê como um dos requisitos para a inscrição o de não exercer atividade incompatível. Ser Técnico Judiciário é considerado atividade incompatível (art. 28, IV, EAOAB); **C:** correta. Considerando o exercício de atividade incompatível por Fernanda, que já era advogada, o art. 11, § 1º, do EAOAB, prevê que o cancelamento da inscrição ocorrerá de ofício, pelo Conselho Seccional competente, ou em virtude de comunicação por qualquer pessoa; **D:** incorreta, pois, cancelada a inscrição do advogado, em caso de novo pedido de inscrição, não será restaurada a numeração anterior (art. 11, § 2º, EAOAB).

7. Gabarito "A"
Comentário: Nos termos do art. 32, *caput*, do EAOAB, o advogado é responsável pelos atos que, no exercício profissional, praticar com dolo ou culpa. E, prosseguindo, o parágrafo único do citado dispositivo legal, dispõe que em caso de lide temerária, o advogado será solidariamente responsável com seu cliente, desde que coligado com este para lesar a parte contrária, o que será apurado em ação própria. Assim, de plano, tendo em vista a expressa previsão de responsabilidade solidária do advogado, incorretas as alternativas "C" e "D". Incorreta, ainda, a alternativa "B", eis que a apuração da responsabilidade solidária do advogado por ter patrocinado lide temerária de seu cliente, com ele estando coligado para lesar a parte adversa, deverá ocorrer em ação própria, e não nos próprios autos. Correta, assim, a alternativa "A".

8. Gabarito "C"
Comentário: A: incorreta. De acordo com o art. 42 do CED, é vedado ao advogado: I – responder com habitualidade a consulta sobre matéria jurídica, nos meios de comunicação social; II – debater, em qualquer meio de comunicação, causa sob o patrocínio de outro advogado; III – abordar tema de modo a comprometer a dignidade da profissão e da instituição que o congrega; IV – divulgar ou deixar que sejam divulgadas listas de clientes e demandas; V – insinuar-se para reportagens e declarações públicas; **B:** incorreta. Conforme art. 41 do CED, as colunas que o advogado mantiver nos meios de comunicação social ou os textos que por meio deles divulgar não deverão induzir o leitor a litigar nem promover, dessa forma, captação de clientela; **C:** correta. Há vedação do advogado em responder com habitualidade a consulta sobre matéria jurídica (art. 42, I, CED). Porém, de forma esporádica, não há proibição; **D:** incorreta. Nos termos do art. 40, V, do CED, é proibido ao advogado, o fornecimento de dados de contato, como endereço e telefone, em colunas ou artigos literários, culturais, acadêmicos ou jurídicos, publicados na imprensa, bem assim quando de eventual participação em programas de rádio ou televisão, ou em veiculação de matérias pela internet, sendo permitida

a referência a e-mail. Veja: somente o e-mail pode ser informado na coluna, mas, não, o telefone do advogado.

9. Gabarito "D"
Comentário: A assertiva "D" traz a definição correta, conforme o livro, do princípio dos freios e contrapesos. O Brasil é uma república federativa como seu art. 1º anuncia. A título de curiosidade, o livro reúne uma série de 85 artigos que argumentam para ratificar a Constituição dos Estados Unidos. É o resultado de reuniões que ocorreram na Filadélfia em 1787, para elaborar a Constituição Americana. E pode ser acessado no seguinte site: https://bd.camara.leg.br/bd/handle/bdcamara/17661.

10. Gabarito "C"
Comentário: A sanção institucionalizada, para Bobbio, é aquela feita para os casos de violação de uma regra primária e que tem sua medida estabelecida dentro de certos termos, para ser executada por pessoas previamente determinadas, conforme determina a assertiva C.

11. Gabarito "A"
Comentário: A: correta. De fato, a aprovação das contas do Prefeito do Município Y se deu em conformidade com o disposto no texto constitucional. Determina o § 2º do art. 31 da CF que o parecer prévio, emitido pelo órgão competente sobre as contas que o Prefeito deve anualmente prestar, **só deixará de prevalecer por decisão de dois terços** dos membros da Câmara Municipal; **B:** incorreta. As contas anuais apresentadas pelo Chefe do Executivo, ao contrário do mencionado, **poderiam ter sido aprovadas** pela Câmara Municipal e essa aprovação só deixaria de prevalecer se os membros, por dois terços, decidissem dessa maneira, o que não ocorreu; **C:** incorreta. A decisão do Tribunal de Contas **não possui caráter definitivo**, é um **parecer prévio** que pode ser derrubado por dois terços da Câmara, caso eles decidam dessa maneira o que, como já mencionado, não ocorreu; **D:** incorreta. Ao contrário do mencionado, as contas são fiscalizadas pelo legislativo, com base no sistema de freios e contrapesos. De acordo com o § 2º do art. 31 da CF o parecer prévio, emitido pelo órgão competente sobre as contas que o Prefeito deve anualmente prestar, só deixará de prevalecer por decisão de dois terços dos membros da Câmara Municipal.

12. Gabarito "A"
Comentário: A: correta. De acordo com o art. 22, I, da CF, a competência para legislar sobre Direito Civil é privativa da União. Assim, como houve usurpação de competência, a Lei Y do Estado Beta é inconstitucional; **B:** incorreta. Como mencionado, o assunto é considerado de Direito Civil, portanto de **competência privativa da União**. Além disso, a lei viola o princípio constitucional da livre-iniciativa, previsto no art. 170 da CF. O STF já enfrentou o tema: "Lei estadual que impõe a prestação de serviço segurança em estacionamento a toda pessoa física ou jurídica que disponibilize local para estacionamento é inconstitucional, quer por violação à competência privativa da União para legislar sobre direito civil, quer por violar a livre-iniciativa."[ADI 451, rel. min. Roberto Barroso, j. 1º-8-2017, P, DJE de 9-3-2018.]. Em relação à legislação sobre o Direito do Consumidor, vale lembrar que a competência é concorrente entre a União, aos Estados e ao Distrito Federal, conforme determina o art. 24, V, da CF; **C:** incorreta. Como mencionado, compete à União, aos Estados e ao DF legislar **concorrentemente** sobre produção e **consumo**; **D:** incorreta. A competência para legislar sobre Direito Civil é privativa da União, conforme art. 22, I, da CF.

13. Gabarito "B"
Comentário: A: incorreta. O STF já enfrentou o tema no julgamento do RE 586.224, São Paulo, e definiu que "**o Município é competente para legislar sobre meio ambiente com União e Estado, no limite de seu interesse local** e desde que tal **regramento** seja e **harmônico** com a disciplina estabelecida pelos demais entes federados (art. 24, VI c/c 30, I e II da CRFB)"; **B:** correta. A alternativa foi criada com base no julgamento citado e, de fato, **a lei é constitucional**. Embora o Município não conste do art. 24 da CF, que trata da competência concorrente, a decisão do STF o incluiu nesta hipótese. A Suprema Corte também se valeu do art. 30, I e II, da CF os qual traz a competência municipal para legislar sobre assunto de interesse local e para suplementar a legislação federal e estadual, no que couber; **C:** incorreta. **Não há previsão constitucional** sobre tratamento uniforme ao meio ambiente equilibrado por todas as unidades da Federação; **D:** incorreta. Os Municípios, de fato, legislam sobre assuntos de **interesse local**, conforme determina o art. 30, I, da CF. Por outro lado, a preservação do meio ambiente é assunto da competência **concorrente**, conforme determina o art. 24, VI, da CF.

14. Gabarito "D"
Comentário: A: incorreta. A inconstitucionalidade não está atrelada à competência, não há vício formal na norma, mas no conteúdo. De acordo com o art. 5º, XLV, da CF, **nenhuma pena passará da pessoa do condenado**, podendo a obrigação de reparar o dano e a decretação do perdimento de bens ser, nos termos da lei, estendidas aos sucessores e contra eles executadas, até o limite do valor do patrimônio transferido. Ou seja: **apenas** as obrigações patrimoniais é que podem ser estendidas aos sucessores e dentro do limite do patrimônio transferido. A pena de prestação de serviço à comunidade não pode ser transferida, como afirmado na alternativa; **B:** incorreta. Como mencionado, o vício da norma é material, não formal. A instituição por lei complementar não resolveria o problema, pois o conteúdo da norma viola a CF; **C:** incorreta. O vício é formal e o princípio da intransmissibilidade da pena, inserido no rol de direitos e garantias fundamentais, determina que nenhuma **pena** passe da pessoa do condenado; **D:** correta. O conteúdo da Lei X é inconstitucional, pois afronta o princípio da pessoalidade ou intransmissibilidade da pena.

15. Gabarito "C"
Comentário: A: incorreta. A regra é a não intervenção. Excepcionalmente pode um Estado intervir em um Município localizado no seu território, conforme determina o art. 35 da CF. A hipótese apresentada se enquadra no inciso II do art. 35 que menciona que o Estado não intervirá em seus Municípios exceto quando **não forem prestadas contas devidas**, na forma da lei; **B:** incorreta. A intervenção estadual **será decretada pelo Governador**, não pelo Presidente da República, como mencionado na questão; **C:** correta. É o que determina o art. 35, II e art. 36, §1º, ambos da CF. Vale lembrar que o decreto de intervenção deverá especificar a amplitude, o prazo e as condições de execução, além de ser submetido da Assembleia Legislativa do Estado, no prazo de (24) vinte e quatro horas; **D:** incorreta. Trata-se de hipótese de **intervenção espontânea**, ou seja, o Governador, de ofício, declara a intervenção, após, submete o decreto à Assembleia Legislativa dentro (24) vinte e quatro horas.

16. Gabarito "C"
Comentário: A: incorreta. **Não** há **direito absoluto**. Na crise advinda do confronto entre dois ou mais direitos fundamentais, ambos terão de ceder. Nas hipóteses o STF terá de ponderar valores e verificar no caso concreto o direito que deve prevalecer; **B:** incorreta. Não há hierarquia entre direitos fundamentais. Sendo assim, **não** é possível afirmar que os direitos à intimidade e à privacidade têm prevalência apriorística sobre os direitos à liberdade jornalística e à informação; **C:** correta. Na colisão entre dois ou mais direitos fundamentais, o intérprete buscará a conciliação entre eles, evitando sacrifício total de algum deles. O STF, portanto, **reduzirá equilibradamente o âmbito de alcance de cada direito** questionado, conforme a relevância que eles apresentem no caso concreto. **D:** incorreta. Na colisão entre direitos fundamentais, o intérprete não utilizará hierarquia, temporalidade e especialidade, mas **ponderação de valores**, aplicando o princípio da **harmonização ou concordância prática**.

17. Gabarito "D"
Comentário: A: incorreta. Os policiais não poderiam ter entrado com a finalidade de fazer busca por provas e evidências, pois essa hipótese não se enquadra nas exceções previstas constitucionalmente. De acordo com o art. 5º, XI, da CF, a casa é asilo inviolável do indivíduo, ninguém nela podendo penetrar sem consentimento do morador, salvo em caso de **flagrante delito** ou **desastre**, ou para **prestar socorro**, ou, durante o dia, **por determinação judicial**; **B:** incorreta. Como mencionado, há quatro exceções previstas constitucionalmente em que poderá haver a entrada sem o consentimento do morador e isso não será considerado quebra da inviolabilidade domiciliar (**desastre, flagrante delito, prestação de socorro e ordem judicial, durante o dia**); **C:** incorreta. A atuação dos policiais, ao contrário do mencionado, desrespeitou o texto constitucional; **D:** correta.

De fato, a atuação dos policiais de entrar na casa de João, sem o seu consentimento, com a finalidade de fazer busca por provas e evidências, desrespeitou o direito à inviolabilidade domiciliar, garantindo constitucionalmente pelo inciso XI do art. 5º.

18. Gabarito "A"
Comentário: Todos os direitos humanos se retroalimentam e se complementam, assim, é infrutífero buscar a proteção e a promoção de apenas uma parcela deles. Tanto é assim que o art. 13 da Carta Democrática Interamericana, instrumento integrante do sistema interamericano (regional) de proteção dos direitos humanos, crava que "a promoção e observância dos direitos econômicos, sociais e culturais são inerentes ao desenvolvimento integral, ao crescimento econômico com equidade e à consolidação da democracia dos Estados do Hemisfério". E também cabe citar a Nota Geral 3 (natureza e alcance das obrigações das partes contratantes) dos Princípios de Limburgo relativos à aplicabilidade do Pacto Internacional dos Direitos Econômicos, Sociais e Culturais: "tendo em conta que os direitos humanos são indivisíveis e interdependentes, deveria ser canalizada a mesma atenção à aplicação, fomento e proteção dos direitos civis e políticos, como dos econômicos, sociais e culturais. Os direitos humanos se retroalimentam e se complementam, destarte, cada direito depende dos outros para ser substancialmente realizado. É importante transcrever o ponto 5 da Declaração de Direitos Humanos de Viena, que sintetiza as características dos direitos humanos de modo geral:
"Todos os direitos humanos são universais, indivisíveis, interdependentes e inter-relacionados. A comunidade internacional deve tratar os direitos humanos de forma global, justa e equitativa, em pé de igualdade e com a mesma ênfase. Embora particularidades nacionais e regionais devam ser levadas em consideração, assim como diversos contextos históricos, culturais e religiosos, é dever dos Estados promover e proteger todos os direitos humanos e liberdades fundamentais, sejam quais forem seus sistemas políticos, econômicos e culturais".

19. Gabarito "C"
Comentário: Em 08.06.1990 foi adotado, em Assunção, no Paraguai, outro Protocolo Facultativo à Convenção Americana sobre Direitos Humanos, dessa vez sobre a abolição da pena de morte. Os Estados que aderem ao Protocolo ficam impedidos, em qualquer hipótese, de aplicar a pena de morte; assim, estão revogadas as disposições de direito interno que prevejam a pena capital. Esse Protocolo foi influenciado diretamente pelo Segundo Protocolo Facultativo ao Pacto Internacional dos Direitos Civis e Políticos de 1989. O Brasil, ao ratificar o Protocolo sobre abolição da pena de morte, declarou, devido à imperativos constitucionais, reserva[1] conforme o estabelecido no art. 2º do Protocolo em questão, o qual assegura aos Estados-partes o direito de aplicar pena de morte em tempo de guerra, de acordo com o Direito Internacional, para delitos sumamente graves de caráter militar. O Protocolo foi promulgado no Brasil via o Decreto presidencial 2.754/1998.

20. Gabarito "C"
Comentário: A única assertiva correta conforme a Lei de Migração é a "C". O art. 45 da Lei de Migração que cuida das situações impeditivas de ingresso do estrangeiro no Brasil, prevê especificamente isso no seu inciso III.

21. Gabarito "C"
Comentário: O art. 23, I, do CPC dispõe que compete à autoridade judiciária brasileira, com exclusão de qualquer outra, conhecer de ações relativas a imóveis situados no Brasil. No mesmo sentido, o art. 8º da LINDB.

22. Gabarito "B"
Comentário: Em caso de produto apreendido ou abandonado, levado a leilão, a base de cálculo do imposto de importação é o preço da arrematação, conforme o art. 20, III, do CTN. Por essa razão, a alternativa "B" é a correta.

---

1. *A reserva é um condicionante do consentimento. Ou seja, é a declaração unilateral do Estado aceitando o tratado, mas sob a condição de que certas disposições não valerão para ele.*

23. Gabarito "C"
Comentário: O empréstimo compulsório é espécie tributária da competência exclusiva da União, por meio de lei complementar federal, para fazer frente a (i) a despesas extraordinárias, decorrentes de calamidade pública, de guerra externa ou sua iminência ou para (ii) investimento público de caráter urgente e de relevante interesse nacional, nos termos do art. 148 da CF. Por essa razão, a alternativa "C" é a correta.

24. Gabarito "D"
Comentário: A e **B:** incorretas, pois o crédito já foi constituído, o que é pressuposto para a notificação do contribuinte. Assim, não há falar em prazo decadencial para a constituição do crédito – art. 173 do CTN; **C:** incorreta, pois o prazo prescricional quinquenal para a cobrança se inicia a partir do vencimento, ou seja, em 30/06/2021 – art. 174 do CTN; **D:** correta, conforme comentário anterior.

25. Gabarito "B"
Comentário: A: incorreta, pois a majoração de contribuição social sujeita-se à anterioridade nonagesimal – art. 195, § 6º, da CF; **B:** correta, conforme comentário anterior; **C:** incorreta, pois as contribuições sociais não se sujeitam à anterioridade anual – art. 195, § 6º, *in fine*, da CF; **D:** incorreta, pois a anterioridade nonagesimal aplicável às contribuições sociais não é computada cumulativamente com a anterioridade anual, o seja, os noventa dias são contados a partir da publicação da lei que instituiu ou majorou a contribuição social – art. 195, § 6º, da CF.

26. Gabarito "A"
Comentário: A: correta, pois o adquirente do fundo de comércio ou estabelecimento, que prossegue na exploração da atividade empresarial do alienante, responde integralmente pelos débitos tributários deixados pelo alienante. A responsabilidade é integral, sendo subsidiária apenas se o alienante prosseguir na exploração da mesma atividade, imediatamente ou em até seis meses contados da alienação – art. 133, I e II, do CTN; **B:** incorreta, pois, na terminologia do CTN, a responsabilidade do adquirente é integral, conforme comentário anterior. Na prática, entretanto, o fisco poderá cobrar também do alienante, que não se exime do dever de recolher o tributo por conta da alienação ou da responsabilidade do adquirente – art. 133 do CTN; **C:** incorreta, pois, pela terminologia do CTN, é o adquirente que responde integralmente pelo débito, o que exclui a figura da subsidiariedade. De fato, a responsabilidade do adquirente é integral, e não simplesmente subsidiária, já que o alienante só retornou à mesma atividade empresarial após o prazo de seis meses contados da alienação – art. 133 do CTN. Vide, entretanto, nossa observação à primeira alternativa; **D:** incorreta, conforme comentário anterior. Ademais, a aquisição do fundo de comércio não implica, por si, responsabilidade do sócio administrador do alienante ou do adquirente.

27. Gabarito: "A"
Comentário: A: correta; o estado de necessidade é uma excludente de ilicitude prevista tanto na lei civil (art. 188, II, do Código Civil) como na lei penal (art. 23, I, do Código Penal), portanto, não havendo ilicitude, não há que se falar em penalização de qualquer espécie, seja penal, civil ou administrativa; o máximo que poderá caber numa situação como essa é um pedido reparação civil (art. 929 do Código Civil) em favor do proprietário do bem, mas, ainda assim, desde que haja dano comprovado e acionando-se o Poder Público, pelo fato de que o oficial de justiça estava atuando como tal quando invadiu o imóvel, não podendo ser acionado diretamente pela vítima; **B:** incorreta, pois as instâncias penal e administrativa são independentes (art. 125 da Lei 8.112/90); **C:** incorreta; em primeiro lugar porque é incorreto dizer que só a *negativa de autoria* permite a aplicação da decisão penal na esfera administrativa; a lei também admite essa aplicabilidade se for reconhecida a *inexistência material do fato* (art. 126 da Lei 8.112/90); e segundo porque a lei deve ser interpretada sistematicamente, o que impõe a análise do sistema jurídico como um todo, sistema esse que retira a *ilicitude do fato* em caso de estado de necessidade, o que também impõe a aplicação da decisão criminal na esfera administrativa; **D:** incorreta, pois a sentença absolutória penal somente vincula a Administração em caso de *inexistência material do fato*, *negativa de autoria* e reconhecimento de *excludente de ilicitude*, o mesmo não acontecendo em caso de absolvição por *falta de provas*.

28. Gabarito "A"
Comentário: A: correta; o fato de os bens públicos não estarem sujeitos à usucapião (art. 183, § 3º, da CF) impede, segundo a doutrina e a jurisprudência, que a ocupação não autorizada deles por particulares gere "posse"; essa ocupação é considerada pela doutrina como mera "detenção", instituto que não permite a continuidade da ocupação mesmo que esta seja por longo período, nem gera direito à indenização por acessões e benfeitorias realizadas; **B:** incorreta, pois, de acordo com o art. 22, II, da CF "as terras devolutas indispensáveis à defesa das fronteiras" são bens da União, e não dos estados em que se situam; **C** e **D:** incorretas, pois a ocupação não autorizada desse tipo de bem por particulares não gera "posse"; essa ocupação é considerada pela doutrina como mera "detenção", instituto que não permite a continuidade da ocupação mesmo que esta seja por longo período, nem gera direito à indenização por acessões e benfeitorias realizadas.

29. Gabarito "C"
Comentário: A: incorreta, pois o art. 81, I, da Lei 13.303/16 admite alteração contratual nesse caso; **B:** incorreta, pois o art. 81, *caput*, da Lei 13.303/16 exige que haja "acordo entre as partes"; **C:** correta, pois é verdadeiro afirmar que a alteração depende de "acordo entre as partes" (art. 81, *caput*, da Lei 13.303/16) e também é correto afirmar que há limitações sim, tanto nas alterações quantitativas como nas demais alterações (art. 81, §§ 1º e 2º, da Lei 13.303/16); **D:** incorreta, pois há limitações sim, tanto nas alterações quantitativas como nas demais alterações (art. 81, §§ 1º e 2º, da Lei 13.303/16).

30. Gabarito "B"
Comentário: A e **C:** incorretas; há direito à indenização, mas não pelos institutos da "retrocessão" e da "tredestinação ilícita", e sim pelo instituto da "desapropriação indireta"; o instituto da retrocessão se aplica quando a Administração não usa o bem desapropriado em atividade de interesse público, permitindo ao particular que retome o bem; já a tredestinação ilícita se dá quando a Administração usa o bem em atividade que não é de interesse público, o que também permite que o particular retome o bem por meio da retrocessão; no caso trazido pelo enunciado, a Administração está usando o bem em atividade de interesse público (escola), portanto, não há que se falar em "retrocessão" nem em "tredestinação ilícita"; **B:** correta; de fato, quando a Administração invade um bem público e o usa em atividade de interesse público, está-se diante de uma desapropriação indireta, também conhecida como apossamento administrativo; e em virtude da supremacia do interesse público sobre o privado, o particular não tem como reaver o bem, mas terá direito a uma indenização completa, que será paga por meio de precatório; **D:** incorreta; o interdito proibitório é uma tutela processual destinada a impedir agressões iminentes que ameaçam a posse de alguém; ele não se aplica ao caso por dois motivos: primeiro porque a agressão à posse não está para acontecer (não é "iminente"); ela já aconteceu e a posse já se consolidou; segundo porque não cabe nenhuma proteção possessória no caso, já que, quando a Administração invade um bem público e o usa em atividade de interesse público, está-se diante de uma desapropriação indireta, que impede o particular de reaver o bem por qualquer meio possessório ou reivindicatório, cabendo apenas o direito de ser indenizado.

31. Gabarito "B"
Comentário: A: incorreta, pois a Lei Anticorrupção protege tanto a administração pública nacional como a estrangeira (art. 5º, *caput*), além de equiparar as *organizações públicas internacionais* à administração pública estrangeira (art. 5º, 2º, da Lei 12.846/13); **B:** correta, pois a responsabilidade administrativa prevista na Lei Anticorrupção é objetiva (art. 1º, *caput*, da Lei 12.846/13); vale reiterar que a lei em questão protege tanto a administração pública nacional como a estrangeira (art. 5º, *caput*, da Lei 12.846/13), sendo certo que também equipara as *organizações públicas internacionais* à administração pública estrangeira (art. 5º, 2º, da Lei 12.846/13); **C:** incorreta, pois, de acordo com o art. 3º, § 1º, da Lei 12.846/13, "a pessoa jurídica será responsabilizada independentemente da responsabilização individual das pessoas naturais (...)"; **D:** incorreta, pois a dissolução compulsória da sociedade depende de uma ação judicial (art. 19, III, da Lei 12.846/13).

32. Gabarito "A"

Comentário: A: correta, pois foi violado os princípios da legalidade (a lei impunha sigilo) e da moralidade, bem como o disposto no art. 11, III, da Lei 8.429/92; **B** e **C:** incorretas, pois os agentes políticos (inclusive o Governador de Estado) se sujeitam sim à Lei de Improbidade Administrativa, com algumas exceções, para que não ocorra um *bis in idem*; a verdade é que, como regra, há uma autonomia das instâncias de improbidade administrativa e de crime de responsabilidade, como se pode verificar da leitura da Tese 576 do STF: ""O processo e julgamento de prefeito municipal por crime de responsabilidade (Decreto-lei 201/67) não impede sua responsabilização por atos de improbidade administrativa previstos na Lei 8.429/1992, **em virtude da autonomia das instâncias**" (g.n.); **D:** incorreta, pois o Ministério Público não tem legitimidade para pedir o *impeachment* judicial, pedido esse que inclusive é juridicamente impossível perante o Judiciário, uma vez que esse pedido deve ser julgado pelo Poder Legislativo, ainda que com intervenção do Judiciário.

33. Gabarito "B"
Comentário: A: incorreta, pois o princípio da precaução incide em caso de *dúvida científica* sobre o perigo de lesão ao meio ambiente, que não é o caso, já que o enunciado fala em "certeza científica" do dano ambiental; **B:** correta, pois em havendo *certeza científica* dos riscos ambientais (expressão que consta do enunciado da questão), o princípio aplicável é o da prevenção; **C:** incorreta, pois o caso é de indeferimento da licença, e não de deferimento dela mediante adoção de medidas mitigadoras; **D:** incorreta, pois esse princípio incide quando se está diante de um dano ambiental já configurado, impondo a responsabilização civil com vistas à reparação desse dano; no caso em tela, o empreendedor ainda não causou dano algum, já que ainda está numa fase preliminar, na qual pede uma licença ambiental para iniciar a sua atividade.

34. Gabarito "B"
Comentário: A: incorreta, pois vários motivos; primeiro porque a reserva legal é uma reserva que não é propriamente criada, mas sim imposta diretamente pela lei (art. 12, *caput*, da Lei 12.651/12); segundo porque a reserva legal é um instrumento voltado aos imóveis rurais em geral, e não exatamente à formação vegetal marítima; e terceiro porque a reserva legal protege apenas uma fração da propriedade (por exemplo, 20% dela – art. 12, II, da Lei 12.651/12), o que não traria a proteção esperada no caso em análise; **B:** correta; há previsão legal expressa para a criação de um Parque Nacional para a preservação de ecossistemas naturais de grande relevância ecológica e beleza cênica (art. 11, *caput*, da Lei 9.985/00), como parece ser o caso; outro ponto importante é que o mar é considerado uma área pública, e o Parque Nacional é um tipo de unidade de conservação específica voltada para as áreas públicas (art. 11, § 1º, da Lei 9.985/00); **C:** incorreta, pois a zona de amortecimento é uma zona criada no **entorno** de uma unidade de conservação, com o objetivo de restringir atividades humanas (art. 2º, XVIII, da Lei 9.985/00) para minimizar os impactos negativos sobre a unidade, e, no caso em tela, a ideia é preservar **por inteiro** essas formações, daí porque é necessário criar uma específica unidade de conservação para tanto, sem prejuízo de uma zona de amortecimento adicional à unidade criada; e; **D:** incorreta, pois não existe uma tipo de unidade de conservação com esse nome destinada a proteger as formações mencionadas no enunciado da questão.

35. Gabarito: "C"
Comentário: A: incorreta, pois a redução do encargo alimentar independe da concordância da representante legal de Lucas. Neste caso, basta Antônio pleitear judicialmente a redução comprovando a mudança de sua situação fática (art. 1.699 CC); **B:** incorreta, pois os filhos socioafetivos têm os mesmos direitos de pleitear alimentos frente aos seus pais. Para fins de direitos não existe diferença entre filhos biológicos e socioafetivos e, uma vez reconhecido o vínculo, em regra esse ato é irrevogável, salvo se comprovada vício de vontade, fraude ou simulação (art. 10, § 1º Provimento 63/2017 CNJ). Sendo assim, na qualidade de filho possui o direito de pedir alimentos (art. 1.694 CC); **C:** correta (art. 1.699 CC); **D:** incorreta, pois se a situação financeira de Antônio mudar, Lucas poderá pedir a revisão em seu favor pleiteando a majoração dos alimentos, afinal o pai tem condições de pagar um valor mais alto (art. 1.699 CC).

36. Gabarito: "C"

Comentário: A: incorreta, pois os quadros e o piano são considerados pertenças, se destinando ao aformoseamento do bem principal (art. 93 CC). Os negócios jurídicos que dizem respeito ao bem principal não abrangem as pertenças, salvo se o contrário resultar da lei, da manifestação de vontade, ou das circunstâncias do caso (art. 94 CC). Como não houve manifestação expressa do vendedor quando a estes objetos, logo eles não integram o contrato; **B:** incorreta, pois as torneiras constituem parte integrante da mansão, logo, a acompanham (art. 93 CC); **C:** correta, pois as torneiras são parte integrante, logo, acompanham o bem principal. Os quadros e o piano são pertenças, sendo assim, só acompanhariam o bem principal se houvesse manifestação expressa, determinação legal ou se as circunstâncias do caso assim determinassem, porém, no caso não houve essas hipóteses (art. 94 CC); **D:** incorreta, pois tanto os quadros como o piano são considerados pertenças e só acompanhariam o bem principal se houvesse os mesmos fatores mencionados na alternativa C.

37. Gabarito: "A"
Comentário: A: correta. Trata-se de arras penitenciais, isto é, aquelas que garantem o direito ao arrependimento, porém não indenização suplementar. Logo, aquele que recebeu as arras deverá devolvê-la mais o equivalente, com atualização monetária segundo índices oficiais regularmente estabelecidos, juros e honorários de advogado (art. 420 CC); **B:** incorreta, pois ele pode cobrar o valor dado como arras mais o equivalente, logo, daria R$ 100.000,00. Não pode, porém, pedir indenização suplementar (art. 420 CC); **C:** incorreta, pois pode exigir apenas o valor equivalente, e não o triplo (art. 420 CC); **D:** incorreta, pois poderá exigir o equivalente, com atualização monetária segundo índices oficiais regularmente estabelecidos, juros e honorários de advogado (art. 420 CC). Apenas o que não pode exigir é indenização suplementar.

38. Gabarito: "C"
Comentário: A: incorreta, pois o contrato não é de depósito, uma vez que neste contrato o depositário recebe um objeto móvel, para guardar, até que o depositante o reclame (art. 627 CC). No caso em tela Carlos recebeu um bem imóvel; **B:** incorreta, pois no contrato de mútuo há o empréstimo de coisa fungível (art. 586 CC). O imóvel é coisa infungível; **C:** correta, pois o comodato é o empréstimo gratuito de coisas não fungíveis. O comodatário é obrigado a conservar a coisa e uma vez constituído em mora deve pagar aluguéis (art. 579 e 582 CC); **D:** incorreta, pois um dos elementos constitutivos do contrato de locação são os aluguéis. O art. 565 CC é expresso ao dizer que no contrato de locação de coisas deve haver certa retribuição e a Lei de Locação (Lei 8.245/91) também faz menção expressa aos aluguéis em seu artigo 17 em diante. Quando não há cobrança de aluguéis desconfigura a locação.

39. Gabarito: "D"
Comentário: A: incorreta, pois a responsabilidade civil do médico é subjetiva (art. 14, § 4º CDC), logo, não é suficiente que Victor apenas alegue o erro e o prejuízo, sem demonstrar que o profissional contribuiu culposamente para tanto; **B:** incorreta, pois é indispensável que fique verificada a culpa, pois ainda que ainda que exista relação de consumo, a culpa precisa ser comprovada (art. 14, § 4º CDC); **C:** incorreta, pois não responderá apenas pelos danos diretos, mas também pelos lucros cessantes até ao fim da convalescença, incluirá pensão correspondente à importância do trabalho para que se inabilitou, ou da depreciação que ele sofreu (art. 950 CC); **D:** correta (art. 950 CC).

40. Gabarito: "A"
Comentário: A: correta, pois Marta é livre para testar a totalidade da herança, pois não tinha herdeiros necessários. Neste passo são herdeiros necessários o cônjuge, os ascendentes e os descendentes (art. 1.845 CC). Quando o testador os possui, apenas pode testar a metade da herança (art. 1.846 CC). Quando não os possui pode testar a totalidade. No caso em tela Alberto é parente na linha colateral, não se constituindo como herdeiro necessário; **B:** incorreta, pois Alberto não é herdeiro necessário, pois é irmão (art. 1.845 CC); **C:** incorreta, pois não é cabível ação de deserdação, pois esta apenas é cabível contra herdeiros necessários e ele não se configura como tal (art. 1.961 CC); **D:** incorreta, pois o testamento pode ser revogado pelo mesmo modo e forma como foi feito, podendo sua revogação ser total ou parcial (arts. 1.969 e 1.970 CC).

41. Gabarito: "A"
Comentário: A: correta, pois ele não praticou ato ilícito, pois agiu dentro dos limites legais para remover perigo iminente (art. 188, II e parágrafo único). Contudo, considerando que Mário não foi culpado pelo perigo, ele tem o direito de ser indenizado por Daniel (art. 929 CC) e este tem o direito de mover ação regressiva contra o pai da criança (art. 930 *caput* CC); **B:** incorreta, pois ele não praticou ato ilícito, pois agiu amparado pelo art. 188, II CC visando remover perigo iminente; **C:** incorreta, pois ele terá de indenizar Mário, nos termos do art. 929 CC, pois de qualquer forma causou-lhe um dano. Contudo terá direito regressivo em face de José, pai da criança (art. 930, *caput* CC); **D:** incorreta, pois a lei exclui a ilicitude (art. 188, II CC) e responderá com base nos arts. 929 e 930 CC.

42. Gabarito "C"
Comentário: O mero armazenamento de vídeo contendo cena de ato libidinoso e nudez de criança já constitui o crime definido no art. 241-B do ECA: *adquirir, possuir ou armazenar, por qualquer meio, fotografia, vídeo ou outra forma de registro que contenha cena de sexo explícito ou pornografia envolvendo criança ou adolescente.*

43. Gabarito "B"
Comentário: A solução desta questão deve ser extraída do art. 199 do ECA, segundo o qual *contra as decisões proferidas com base no art. 149 caberá recurso de apelação*.

44. Gabarito "B"
Comentário: A: incorreta. Na forma do art. 37 do Código de Defesa do Consumidor, é considerada abusiva, entre outras, a publicidade "que se aproveite da deficiência de julgamento e experiência da criança". No caso da publicidade destinada ao público infantil, o Código de Ética do CONAR, no seu art. 37, determina que: "Nos conteúdos segmentados, criados, produzidos ou programados especificamente para o público infantil, qualquer que seja o veículo utilizado, a publicidade de produtos e serviços destinados exclusivamente a esse público estará restrita aos intervalos e espaços comerciais" (inciso IV) e "para a avaliação da conformidade das ações de merchandising ou publicidade indireta contratada ao disposto nesta Seção, levar-se-á em consideração que: a: o público-alvo a que elas são dirigidas seja adulto; b: o produto ou serviço não seja anunciado objetivando seu consumo por crianças; c: a linguagem, imagens, sons e outros artifícios nelas presentes sejam destituídos da finalidade de despertar a curiosidade ou a atenção das crianças" (inciso V). **B:** correta. Vide justificativa anterior. **C:** incorreta. Em razão do princípio da identificação publicitária estampado no art. 36 do Código de Defesa do Consumidor, a publicidade não pode ser indireta, ou seja, qualquer pessoa que se depare com uma publicidade deve entendê-la como tal. A alternativa correlaciona apenas ao fato de a publicidade ser abusiva ou enganosa, não se configurando nem uma nem a outra. **D:** incorreta. Como visto, não se trata de publicidade enganosa.

45. Gabarito "B"
Comentário: A: incorreta. A questão versa sobre direitos metaindividuais, e a recusa da contratação de seguros na hipótese configura prática comercial abusiva (vide justificativa da alternativa "B"). **B:** correta. O Superior Tribunal de Justiça já entendeu que a seguradora não pode recusar contratação por pessoa com restrição de crédito disposta a pagar o seguro à vista, sob pena de configurar prática comercial abusiva, nos termos do art. 39, IX, do CDC. (Vide REsp 1.594.024). Ademais, trata-se de direito metaindividual, nos termos o art. 81 do Código de Defesa do Consumidor. No caso, trata-se de direito individual homogêneo (art. 81, parágrafo único, III, do CDC: tendo em vista ser possível identificar o sujeito de direitos, ser suscetível de apropriação, ter origem comum e ser acidentalmente coletivo. **C:** incorreta. O interesse/direito difuso é caracterizado pela impossibilidade de identificar o sujeito de direitos, não é suscetível de apropriação, tem origem em circunstância de fato e é essencialmente coletivo. Tendo em vista a possibilidade de identificar os indivíduos que tiveram a recusa pela seguradora, não pode ser caracterizado o direito difuso no caso. **D:** incorreta. Vide justificativa da alternativa "B".

46. Gabarito: "A"
Comentário: Podem ser cobrados Antenor e Belizário, considerando que os avais são sucessivos (Miguel é avalista do avalista), de modo que o pagamento realizado por Miguel não desobriga Belizário – o que ocorreria se os avais fossem simultâneos (ambos fossem avalistas de Antenor).

47. Gabarito: "B"
Comentário: Nos termos do art. 78, parágrafo único, da Lei de Falências, as ações que devam ser propostas no juízo falimentar estão sujeitas à distribuição por dependência, independentemente do devedor se tratar ou não de microempresa ou empresa de pequeno porte. No caso, o pedido de recuperação judicial foi elaborado exclusivamente como contraponto ao pedido de falência, de maneira que está a este adstrito. Correta, portanto, a alternativa "B", que deve ser assinalada.

48. Gabarito: "C"
Comentário: Dispõe o art. 13, § 4º, da Lei nº 5.474/1968, que o protesto por falta de pagamento deve ser tirado no prazo de 30 dias a contar do vencimento, sob pena do credor perder o direito de regresso contra os coobrigados e respectivos avalistas. No caso, como o protesto foi feito antes de completados os 30 dias, está garantida tal possibilidade de cobrança dos endossantes. Além disso, poderá cobrar também do aceitante, vez que este é o devedor principal da cártula.

49. Gabarito: "C"
Comentário: Em caso de dissolução da sociedade locatária por força do falecimento de um dos sócios, qualquer sócio sobrevivente ficará sub-rogado no direito à renovação do aluguel, desde que continue no mesmo ramo de atividade – requisito que foi reconhecido no enunciado (art. 51, § 3º, da Lei nº 8.245/1991).

50. Gabarito: "D"
Comentário: A Lei nº 14.030/2020 inseriu o art. 1.080-A no Código Civil, que garante tanto o direito do sócio participar e votar à distância em assembleia ou reunião, quanto a possibilidade destas se realizarem de forma digital no âmbito das sociedades limitadas.

51. Gabarito "C"
Comentário: A: Incorreta, pois o indeferimento de plano é uma solução extrema, apenas para casos de vício insanável (CPC, art. 330); **B:** incorreta pois a certidão é indispensável para ações relativas ao casamento, mas não em todos os processos; **C:** correta, porque se faltar documento essencial, deve ser determinada a emenda, que deve ser realizada no prazo de 15 dias (CPC, art. 321); **D:** incorreta, considerando que a improcedência liminar é para situações de mérito (CPC, art. 332), sendo que o problema relacionado ao documento é de ordem processual.

52. Gabarito "A"
Comentário: A: correta, tendo em vista que a oposição – procedimento especial de jurisdição contenciosa – será julgada em conjunto com a ação originária (CPC, art. 685); **B:** incorreta, pois se for caso de julgamento conjunto, inicialmente será julgada a oposição (CPC, art. 686); **C:** incorreta, porque se o pedido do oponente for julgado procedente, fica prejudicada a ação principal. Contudo, se a oposição for julgada improcedente, então haverá o julgamento da ação originária, com resultado distinto entre os litigantes; **D:** incorreta, pois se um dos opostos reconhecer a procedência do pedido, o outro prosseguirá no processo (CPC, art. 684).

53. Gabarito "C"
Comentário: A: incorreta, pois a apelação dessa sentença não tem efeito suspensivo (CPC, art. 1.012, § 1º, II), mas então é possível o cumprimento provisório de sentença (CPC, art. 520); **B:** incorreta, porque a sentença que determina o pagamento de alimentos é condenatória e permite o cumprimento, até mesmo sob pena de prisão (CPC, art. 528); **C:** Correta, sendo essa a previsão legal (CPC, art. 1.012, § 1º, III: a apelação não tem efeito suspensivo e CPC, art. 520: é possível o cumprimento provisório de sentença); **D:** incorreta, porque em regra os recursos de apelação têm efeito suspensivo (CPC, art. 1.012).

54. Gabarito "B"
Comentário: A: incorreta, pois como a questão envolve prova e fato, não se admite o IRDR (CPC, art. 976, I, que aponta ser possível o incidente quando houver "repetição de processos que contenham controvérsia sobre a mesma questão *unicamente de direito*"); **B:** correta, por expressa previsão legal (CPC, art. 976, I); **C:** incorreta, porque a realização de perícia envolve matéria de fato, de modo que então descabe o IRDR – conforme já exposto em "A"; **D:** incorreta, pois não se admite IRDR em 1º grau (o art. 976 do CPC está inserido no capítulo que trata do trâmite dos processos *no tribunal*).

55. Gabarito "C"
Comentário: A: incorreta, pois para que prevaleça a decisão do STF, necessário que seja ajuizada ação rescisória (CPC, art. 525, § 15); **B:** incorreta, porque se houve o trânsito em julgado, há necessidade de AR para afastar a eficácia da decisão (CPC, art. 525, § 15); **C:** correta, sendo essa a previsão do Código, no sentido da necessidade de AR (CPC, art. 525, § 15); **D:** incorreta, considerando que a possibilidade de AR em virtude de decisão do STF, após o trânsito em julgado da decisão exequenda, pode ser feita a partir de controle concentrado *ou difuso* (CPC, art. 525, § 12, parte final).

56. Gabarito "B"
Comentário: A: incorreta, pois se trata de decisão que não pode ser impugnada por RE, pois esse recurso só é cabível para impugnar acórdão (CPC, art. 1.029); **B:** correta, porque a decisão que conclui pela procedência é sentença, a qual pode trazer, em seu bojo, a concessão de antecipação de tutela. E, pelo princípio da unirrecorribilidade recursal, só cabe um recurso de cada decisão; no caso, a apelação (CPC, art. 1.009); **C:** incorreta, pois se cabe recurso (como visto em "B"), não cabe o MS (Súmula 267/STF: Não cabe mandado de segurança contra ato judicial passível de recurso ou correição); **D:** incorreta, porque não se trata de decisão interlocutória (pois foi proferida em conjunto com ato que extinguiu o processo), de modo que não cabe agravo.

57. Gabarito "D"
Comentário: A: incorreta, pois o juiz poderá, ao deferir a liminar, determinar a prestação de caução (CPC, art. 300, § 1º); **B:** incorreta, porque em se tratando de decisão interlocutória, o recurso cabível é o agravo de instrumento (CPC, art. 1.015, I); **C:** incorreta, pois não há previsão de qual o percentual da caução a ser determinada pelo juiz (CPC, art. 300, § 1º); **D:** correta, pois essa é a previsão legal (CPC, art. 300, § 1º).

58. Gabarito: "D"
Comentário: A: incorreta, pois o concurso material (art. 69, CP) pressupõe a prática de *mais* de uma ação ou omissão. Em outras palavras, a pluralidade de condutas, além da pluralidade de crimes, constitui requisito dessa modalidade de concurso de crimes. No caso narrado no enunciado, a detonação da granada por Félix, ainda que tenha produzido duplo resultado (mortes de Lucas e Mário), constitui uma só conduta, o que afasta, de plano, a possibilidade de se reconhecer o concurso material de crimes; **B:** incorreta. A hipótese descrita no enunciado não contém os requisitos do art. 71 do CP (crime continuado), a começar pela exigência imposta pelo dispositivo legal de existência de várias ações ou omissões. Em verdade, a continuidade delitiva foi concebida com o propósito de evitar, em situações bem específicas, a incidência do concurso material; **C:** incorreta. É fato que o enunciado descreve o fenômeno do *concurso formal*, que pressupõe, ao contrário do concurso material, a prática, pelo agente, de uma só ação ou omissão (um só comportamento), nos termos do que dispõe o art. 70 do CP. Já o *concurso material*, como já ponderado acima, se dá nas hipóteses em que "o agente, mediante mais de uma ação ou omissão, pratica dois ou mais crimes, idênticos ou não". Nesse caso, as penas correspondentes a cada crime são somadas (sistema do *cúmulo material*). Voltando ao concurso formal, este poderá ser *próprio* (perfeito) ou *impróprio* (imperfeito). No primeiro caso (primeira parte do *caput*), temos que o agente, por meio de uma única ação ou omissão (um só comportamento), pratica dois ou mais crimes, idênticos ou não, com *unidade de desígnio*; já no *concurso formal impróprio* ou *imperfeito* (segunda parte do *caput*), a situação é diferente. Aqui, a conduta única decorre de desígnios autônomos,

vale dizer, o agente, no seu atuar, deseja os resultados produzidos. Como consequência, as penas serão somadas, aplicando-se o critério ou sistema do *cúmulo material*. No concurso formal perfeito, diferentemente, se as penas previstas forem idênticas, aplica-se somente uma; se diferentes, aplica-se a maior, acrescida, em qualquer caso, de um sexto até metade (sistema da exasperação). Dito isso, deve ser afastado o reconhecimento do concurso formal próprio, na medida em que, conforme consta do enunciado, Félix, ao detonar a granada, revelou desígnios autônomos, isto é, agiu com vontades independentes (dolos distintos) em relação a cada resultado (duas mortes); **D:** correta. Conforme já dito, há de se reconhecer a modalidade imprópria do concurso formal (art. 70, 2ª parte, do CP). Isso porque o agente, embora tenha concretizado uma só conduta (detonação da granada), produziu dois resultados (duas mortes), que foram por ele perseguidos. Em outras palavras, ele atuou com desígnios autônomos em relação às duas mortes. No concurso formal impróprio, tal como se dá no concurso material, as penas de cada um dos crimes praticados serão somadas (sistema do cúmulo material).

59. Gabarito: "A"
Comentário: Da aplicação conjugada dos arts. 63 do CP e 7º da Lei das Contravenções Penais, temos que a reincidência ocorrerá nos seguintes casos: a) crime (antes) + crime (depois); b) contravenção (antes) + contravenção (depois); e c) crime (antes) + contravenção (depois). Não se admite, por falta de amparo legal, contravenção (antes) + crime (depois), sendo este o caso narrado no enunciado. Por essa razão, Augusto não poderá ser considerado reincidente. Entretanto, poderá ser considerado portador de maus antecedentes. Conferir: "Em relação às contravenções penais, sabe-se que a condenação definitiva anterior por contravenção penal não gera reincidência, caso o agente cometa um delito posterior, porquanto o art. 63 do Código Penal é expresso em sua referência a novo crime. Contudo, não obstante não caracterize reincidência, a contravenção penal pode ser considerada como reveladora de maus antecedentes (AgRg no AREsp 896.312/SP, minha relatoria, QUINTA TURMA, julgado em 21/06/2016, DJe 29/06/2016). 4. Nos termos da jurisprudência desta Corte Superior, as condenações criminais alcançadas pelo período depurador de 5 anos, previsto no art. 64, inciso I, do Código Penal, afastam os efeitos da reincidência, contudo, não impedem a configuração de maus antecedentes, autorizando o aumento da pena-base acima do mínimo legal" (STJ, HC 396.726/SP, Rel. Ministro REYNALDO SOARES DA FONSECA, QUINTA TURMA, julgado em 17/10/2017, DJe 23/10/2017).

60. Gabarito: "D"
Comentário: Segundo consta do enunciado, Vitor, mesmo não sendo concursado, exerce, de forma transitória e sem remuneração, determinada função pública. Valendo-se disso, aceita promessa formulada por José consistente no pagamento de quinhentos reais em troca de um auxílio relacionado ao exercício dessa função. Consta ainda que a transferência do valor prometido não foi concretizada. Pois bem. Há duas questões a considerar. Em primeiro lugar, deve-se perquirir se Vitor pode ou não ser considerado, para efeitos penais, funcionário público. A resposta deve ser positiva. Com efeito, tendo em conta o que estabelece o art. 327 do CP, do qual deve ser extraído o conceito de funcionário público para fins penais, aquele que exerce cargo, emprego ou função, ainda que transitoriamente e sem remuneração, deve ser considerado, para os efeitos penais, funcionário público. E nessa qualidade, Vitor, porque aceitou promessa de receber determinada vantagem, deverá ser responsabilizado pelo crime definido no art. 317 do CP (corrupção passiva). Segundo ponto que merece destaque é saber se o crime praticado por Vitor alcançou ou não a sua consumação. Como bem sabemos, o crime de corrupção passiva é considerado formal. Isso quer dizer que a consumação é atingida com a mera aceitação pelo funcionário da vantagem indevida, dispensando-se, pois, a sua implementação. Dito isso, a conduta levada a efeito por Vitor configura o crime de corrupção passiva na modalidade consumada.

61. Gabarito: "C"
Comentário: Pelo fato de ter combinado com João e Carlos previamente à execução do crime que o produto deste seria guardado na garagem de sua residência, Paulo será responsabilizado pelo crime de roubo, já que colaborou para que a empreitada se concretizasse (atuou como partícipe), ainda que, ao final e ao cabo, o local, por qualquer razão, não pudesse ser utilizado. Já a situação de Pedro é diferente. Com efeito, a ele não poderá ser imputado o cometimento do crime de roubo, já que, quando dele teve conhecimento, a consumação já havia sido alcançada. No entanto, ciente do ocorrido, Pedro cede sua garagem para a guarda do produto do roubo, devendo ser responsabilizado, por isso, pelo crime de favorecimento real, na medida em que prestou a criminoso auxílio com vistas a tornar seguro o produto do crime (art. 349, CP).

62. Gabarito: "D"
Comentário: Acerca da embriaguez, o CP adotou a teoria da *actio libera in causa*. Se o agente, deliberadamente (voluntariamente), ingerir álcool ou substância com efeitos análogos, mesmo que no momento da prática da infração não tenha capacidade de entendimento e autodeterminação, ainda assim será responsabilizado (art. 28, II, CP). Apenas se a embriaguez for involuntária, e desde que completa, ficará o agente isento de pena (art. 28, § 1º, do CP). A regra, portanto, é a de que a embriaguez não exclui a imputabilidade penal (art. 28, II, do CP). Assim, vamos à análise das alternativas. **A:** incorreta. *Culposa* é a modalidade de embriaguez em que a vontade do agente é de somente beber, sem se embriagar. Não é este o caso de Márcio, que, pelo que consta do enunciado, deixou evidente aos colegas seu propósito de beber até se embriagar e cair. Seja como for, é importante que se diga que a embriaguez culposa não tem o condão de afastar a imputabilidade penal (art. 28, II, CP); **B:** incorreta, já que a embriaguez culposa e também a voluntária não excluem a imputabilidade penal. Sendo assim, Márcio praticou uma conduta típica, ilícita e culpável. A propósito, a embriaguez de Márcio deve ser classificada como voluntária (ou intencional), que é aquela em que o agente ingere bebida alcoólica imbuído do propósito de embriagar-se, sem a intenção, contudo, de cometer crimes; **C:** incorreta. Preordenada é aquela modalidade de embriaguez em que o agente se embriaga com o propósito de cometer crime. Ou seja, a ingestão de álcool, aqui, tem o propósito de fazer com que o indivíduo adquira coragem para a prática de certa infração penal. Não é este o caso de Márcio, que, como já dissemos, bebeu com o propósito de embriagar-se. Somente isso; **D:** correta. De fato, a embriaguez de Márcio deve ser considerada voluntária, já que a sua intenção, ao ingerir bebida alcoólica, era tão somente de atingir o estado de embriaguez. Sendo assim, deverá ser responsabilizado pelo crime que praticou, qual seja, o de lesão corporal de natureza grave.

63. Gabarito: "A"
Comentário: De fato, Vitor não poderá requerer a substituição da pena privativa de liberdade por restritiva de direitos, conforme entendimento sedimentado na Súmula 588, STJ: "A prática de crime ou contravenção penal contra a mulher com violência ou grave ameaça no ambiente doméstico impossibilita a substituição da pena privativa de liberdade por restritiva de direitos". Agora, nada obsta que em seu favor seja concedida a suspensão condicional da pena (*sursis*). Nesse sentido, conferir o magistério de Guilherme de Souza Nucci: *é inadmissível a substituição da pena privativa de liberdade por restritiva de direitos, nos casos de violência doméstica, por dois motivos básicos: a) trata-se de delito cometido com emprego de violência ou grave ameaça; b) por medida de política criminal, a violência doméstica não comporta penas alternativas, extremamente benéficas, ao arrepio da ideia de rigidez em relação à conduta praticada. Porém, cabe suspensão condicional da pena, quando a pena não for superior aos prazos estabelecidos no art. 77 do CP* (*Código Penal Comentado*, 18ª ed. Forense, 2017. p. 607).

64. Gabarito: "B"
Comentário: O enunciado trata de formas qualificadas do delito de furto, entre elas aquela em que o agente, com vistas a subtrair a coisa alheia móvel, rompe ou destrói obstáculo. Neste caso, é de rigor, tal como estabelece o art. 171 do CPP, a realização do exame de corpo de delito a fim de constatar a existência desta qualificadora. Em regra, a perícia deverá realizar-se, de forma direta, sobre os vestígios do crime, a qual, no entanto, poderá ser suprida por prova testemunhal quando tais vestígios, por qualquer razão, desaparecerem. O que não se admite é que o exame seja suprido pela confissão do acusado (art. 158, CPP). No caso narrado no enunciado, vê-se que a perícia não foi realizada no cadeado e na porta que, em princípio, teriam sido arrombados, tampouco foram colhidos depoimentos de testemunhas que pudessem confirmar o arrombamento, razão pela qual esta qualificadora deve ser afastada.

65. Gabarito "A"
Comentário: Como bem sabemos, o crime de lesão corporal leve, capitulado no art. 129, *caput*, do CP, somente se procede, nos termos do art. 88 da Lei 9.099/1995, mediante *representação*. Significa dizer que o titular da ação penal, que é o Ministério Público, somente estará credenciado a agir, ajuizando a ação penal, caso a vítima manifeste, por meio da representação, sua vontade no sentido de ver processado seu ofensor. Na hipótese narrada no enunciado, temos que a vítima, após o oferecimento de denúncia pelo MP, arrepende-se de ter oferecido representação e manifesta ao seu advogado interesse em se retratar. Sucede que a retratação somente é possível, conforme disposto no art. 25 do CPP, na hipótese de a denúncia ainda não ter sido oferecida. Como o MP já ofereceu a denúncia, não há mais nada que se possa fazer.

66. Gabarito "C"
Comentário: A solução desta questão deve ser extraída do art. 294, parágrafo único, da Lei 9.503/1997 (Código de Trânsito Brasileiro), que estabelece que, *da decisão que decretar a suspensão ou a medida cautelar, ou da que indeferir o requerimento do Ministério Público, caberá recurso em sentido estrito, sem efeito suspensivo.*

67. Gabarito "D"
Comentário: Por imposição do art. 478, I, do CPP, é vedado às partes, durante os debates, sob pena de nulidade, fazer referência *à decisão de pronúncia, às decisões posteriores que julgaram admissível a acusação ou à determinação do uso de algemas como argumento de autoridade que beneficiem ou prejudiquem o acusado*. O inciso II do mesmo dispositivo impede que se faça referência *ao silêncio do acusado ou à ausência de interrogatório por falta de requerimento, em seu prejuízo*. Como se pode ver, a menção à denúncia não foi contemplada na vedação legal. No mais, a leitura da reportagem jornalística pelo representante do Ministério Público está em consonância com a regra disposta no art. 479 do CPP, em que se exige que a respectiva juntada aos autos ocorra com antecedência mínima de três dias úteis. No caso narrado no enunciado, o acesso ao material, pela defesa, ocorreu quatro dias úteis antes do julgamento perante do Tribunal Popular.

68. Gabarito "D"
Comentário: Tendo em conta o teor da Súmula 493 dos STJ ("É inadmissível a fixação de pena substitutiva (art. 44 do CP) como condição especial ao regime aberto"), Paulo deverá interpor recurso de agravo em execução (art. 197, LEP) com vistas a rebater a imposição de cumprimento de prestação de serviços à comunidade como condição para possibilitar a progressão de regime em benefício do reeducando Flávio. Já a determinação da perda de 1/5 (um quinto) dos dias remidos por Lúcio encontra previsão no art. 127 da LEP, que autoriza o magistrado, diante da prática de falta grave, a revogar até um terço do tempo remido.

69. Gabarito "C"
Comentário: A Lei 13.964/2019, conhecida como Pacote Anticrime, que promoveu diversas inovações nos campos penal e processual penal, introduziu no art. 28-A do CPP o chamado *acordo de não persecução penal*, que consiste, *grosso modo*, no ajuste obrigacional firmado entre o Ministério Público e o investigado, em que este admite sua responsabilidade pela prática criminosa e aceita se submeter a determinadas condições menos severas do que a pena que porventura ser-lhe-ia aplicada em caso de condenação. Este instrumento de justiça penal consensual não é novidade no ordenamento jurídico brasileiro, uma vez que já contava com previsão na Resolução 181/2017, editada pelo CNMP, posteriormente modificada pela Resolução 183/2018. O art. 28-A do CPP impõe os seguintes requisitos à celebração do acordo de não persecução penal: a) que não seja caso de arquivamento da investigação; b) crime praticado sem violência ou grave ameaça à pessoa; c) crime punido com pena mínima inferior a 4 anos; d) confissão formal e circunstanciada; e) que o acordo se mostre necessário e suficiente para reprovação e prevenção do crime; f) não ser o investigado reincidente; g) não haver elementos probatórios que indiquem conduta criminosa habitual, reiterada ou profissional; h) não ter o agente sido agraciado com outro acordo de não persecução, transação penal ou suspensão condicional do processo nos 5 anos anteriores ao cometimento do crime; i) não se tratar de crimes praticados no âmbito de violência doméstica ou familiar ou praticados contra a mulher por razões da condição de sexo feminino, em favor do agressor. Dito isso, passemos à análise das alternativas. **A:** incorreta, na medida em que a confissão formal e circunstanciada constitui requisito à celebração do acordo de não persecução penal (art. 28-A, *caput*, CPP); **B:** incorreta. O art. 28-A, § 2º, III, do CPP obsta a celebração do acordo de não persecução ao agente que tenha sido agraciado com outro acordo de não persecução, transação penal ou suspensão condicional do processo nos 5 anos anteriores ao cometimento do crime. Perceba que não é este o caso narrado no enunciado, uma vez que, segundo consta, teria Carlos sido beneficiado por proposta de suspensão condicional do processo em relação a crime de estelionato *oito* anos antes da suposta nova prática delitiva; **C:** correta. De fato, conforme já dito acima, a confissão formal e detalhada é de rigor para que se possa celebrar o acordo de não persecução; **D:** incorreta, na medida em que o critério empregado é a pena *mínima* cominada ao crime, que deverá ser inferior a 4 anos (art. 28-A, *caput*, CPP).

70. Gabarito: "B"
Comentário: A legislação trabalhista em vigor não exige homologação da rescisão contratual perante o sindicato de classe. Tal exigência estava prevista no art. 477, § 1º, da CLT, dispositivo legal este revogado pela reforma trabalhista da Lei 13.467/2017.

71. Gabarito: "D"
Comentário: O estagiário é regulado pela Lei 11.788/2008. De acordo com o art. 13 da lei não se fala em férias, mas sim um período de recesso. Por não se tratar de férias propriamente ditas, não há pagamento do acréscimo de 1/3. Assim, nos termos do art. 13 da Lei 11.788/2008 é assegurado ao estagiário, sempre que o estágio tenha duração igual ou superior a 1 (um) ano, período de recesso de 30 (trinta) dias, a ser gozado preferencialmente durante suas férias escolares. Porém, nos termos do § 1º do próprio art. 13 o recesso apenas deverá ser remunerado quando o estagiário receber bolsa ou outra forma de contraprestação. Assim, como o estágio de Carlos era remunerado, fará jus ao recesso remunerado, sem o acréscimo de 1/3.

72. Gabarito: "A"
Comentário: A: correto, pois reflete a disposição dos arts. 192 e 193, § 1º, CLT. **B:** incorreto, pois somente o adicional de insalubridade varia entre os graus mínimo, médio e máximo, art. 192 da CLT. O adicional de periculosidade é fixo em 30 % sobre o salário básico do empregado, ou seja, sobre o salário sem os acréscimos resultantes de gratificações, prêmios ou participações nos lucros da empresa, art. 193, § 1º, CLT **C:** incorreta, pois as atividades com inflamáveis, explosivos e energia elétrica são consideradas perigosas (art. 193, I, CLT), com adicional de 30% sobre o salário, art. 193, § 1º, CLT. **D:** incorreto, pois nos termos do art. 191 da CLT a eliminação ou a neutralização da insalubridade ocorrerá: I: com a adoção de medidas que conservem o ambiente de trabalho dentro dos limites de tolerância e II: com a utilização de equipamentos de proteção individual ao trabalhador, que diminuam a intensidade do agente agressivo a limites de tolerância.

73. Gabarito: "A"
Comentário: A: correta. Isso porque, nos termos da súmula 51, I do TST as cláusulas regulamentares, que revoguem ou alterem vantagens deferidas anteriormente, só atingirão os trabalhadores admitidos após a revogação ou alteração do regulamento. **B:** incorreta, pois ainda que mantido o plano de saúde, as condições foram alteradas e, portanto, inválida. **C:** incorreta, pois a alteração não atingirá os admitidos anteriormente à mudança, súmula 51, I, TST. **D:** incorreta, pois a lei não exige homologação judicial para validade do regulamento de empresa.

74. Gabarito: "B"
Comentário: Nos termos do art. 477, § 5º, da CLT qualquer compensação no pagamento das verbas rescisórias não poderá exceder o equivalente a um mês de remuneração do empregado.

75. Gabarito: "A"
Comentário: A garantia de emprego para o representante dos empregados da CIPA está prevista no art. 10, II, *a*, ADCT. Por ser Jorge representante da CIPA indicado pelo empregador, não goza de tal garantia de emprego, que é devida somente ao empregado eleito pelos empregados, ou seja, representante dos empregados na CIPA, como é o caso de Manoel.

76. Gabarito: "D"
Comentário: Nos termos do art. 844, § 5º, da CLT ainda que ausente o reclamado, presente o advogado na audiência, serão aceitos a contestação e os documentos eventualmente apresentados.

77. Gabarito: "D"
Comentário: A: incorreto, pois o agravo de instrumento é o recurso cabível dos despachos que denegarem a interposição de recursos, art. 897, *b*, CLT. **B:** incorreto, pois o agravo de petição é o recurso cabível contra decisões na fase de execução, art. 897, *a*, CLT. **C:** incorreto, pois a ação rescisória é uma ação que objetiva o desfazimento de coisa julgada, art. 836 CLT e arts. 966 e seguintes do CPC. **D:** correta, pois recurso de revista e aquele cabível contra decisões proferidas em grau de recurso ordinário, em dissídio individual, pelos Tribunais Regionais do Trabalho, quando contrariarem súmula de jurisprudência uniforme do TST, art. 896, *a*, CLT.

78. Gabarito: "D"
Comentário: O art. 855-B da CLT dispõe sobre o processo para homologação de acordo extrajudicial. Referido dispositivo ensina que o processo de homologação de acordo extrajudicial terá início por petição conjunta, sendo obrigatória a representação das partes por advogado, sendo certo que as partes não poderão ser representadas por advogado comum, ou seja, devem estar assistidas por advogados diferentes, um representando o empregado e outro o empregador. Nesse processo, as partes não poderão fazer uso do *jus postulandi* previsto no art. 791 da CLT. Contudo, é facultado ao trabalhador ser assistido pelo advogado do sindicato de sua categoria.

79. Gabarito: "A"
Comentário: À Sociedade de Economia Mista não se aplicam os privilégios do prazo em dobro, que se aplicam para a União Federal, aos Estados, Municípios, Distrito Federal e Autarquias ou Fundações de direito público que não explorem atividade econômica, art. 1º, III, Decreto-Lei 779/69 e art. 183 do CPC. Portanto, a Sociedade de Economia Mista deve interpor recurso no prazo de 8 dias úteis, art. 775 CLT e art. 895, I, CLT.

80. Gabarito: "B"
Comentário: No processo do trabalho para a reclamada interpor recurso, sob pena de inadmissibilidade do recurso por deserção, deverá efetuar o preparo, ou seja, recolhimento de custas e depósito recursal. Com relação ao recolhimento de custas, nos termos do art. 789, § 1º, da CLT no caso de recurso, as custas serão pagas e comprovado o recolhimento dentro do prazo recursal. As hipóteses de isenção de custas estão dispostas no art. 790-A da CLT e não contempla as empresas em recuperação judicial. Já com relação ao depósito recursal, há no art. 899, § 10, da CLT as empresas em recuperação judicial são isentas do recolhimento. Assim, A sociedade empresária terá de recolher as custas, mas não precisará efetuar o depósito recursal para recorrer.

2022.1 – XXXIV EXAME DE ORDEM

1. O advogado César foi procurado pelo cliente Vinícius, que pretendia sua atuação defendendo-o em processo judicial. Ambos, então, ajustaram certo valor em honorários, por meio de contrato escrito. Na fase de execução do processo, César recebeu pagamentos de importâncias devidas a Vinícius e pretende realizar a compensação com os créditos de que é titular.

Com base no caso narrado, assinale a afirmativa correta.

(A) É admissível a compensação de créditos apenas na hipótese de o contrato de prestação de serviços a autorizar; se for silente o contrato, é vedada, mesmo diante de autorização posterior pelo cliente.

(B) É admissível a compensação de créditos somente se o contrato de prestação de serviços a autorizar; caso silente o contrato, é possível a compensação, se houver autorização especial firmada pelo cliente para esse fim.

(C) A compensação pretendida apenas será cabível se houver autorização especial firmada pelo cliente para esse fim; no contrato de prestação de serviços não é admitida a inclusão prévia de cláusula autorizativa de compensação de créditos.

(D) A compensação de créditos é vedada, não sendo admitida a inclusão prévia de cláusula autorizativa no contrato de prestação de serviços; tampouco, autoriza-se tal compensação, ainda que diante de autorização especial firmada pelo cliente para esse fim.

2. A sociedade empresária Y presta, com estrutura organizacional, atividades de consultoria jurídica e de orientação de marketing para pequenos empreendedores.

Considerando as atividades exercidas pela sociedade hipotética, assinale a afirmativa correta.

(A) A sociedade Y deve ter seus atos constitutivos registrados apenas na Junta Comercial.

(B) A sociedade Y deve ter seus atos constitutivos registrados apenas no Conselho Seccional da OAB em cuja base territorial tem sede.

(C) É vedado o registro dos atos constitutivos da sociedade Y nos Conselhos Seccionais da OAB e também é vedado seu registro na Junta Comercial.

(D) Os atos constitutivos da sociedade Y devem ser registrados na Junta Comercial e no Conselho Seccional da OAB em cuja base territorial tem sede.

3. Aline, advogada inscrita na OAB, poderá praticar validamente, durante o período em que estiver cumprindo sanção disciplinar de suspensão, o seguinte ato:

(A) impetrar *habeas corpus* perante o Superior Tribunal de Justiça.

(B) visar ato constitutivo de cooperativa, para que seja levado a registro.

(C) complementar parecer que elaborara em resposta à consulta jurídica.

(D) interpor recurso com pedido de reforma de sentença que lhe foi desfavorável em processo no qual atuava em causa própria.

4. Anderson, titular de sociedade individual de advocacia, é contratado pela sociedade empresária *Polvilho Confeitaria Ltda.* para atuar em sua defesa em ação judicial ajuizada por Pedro, consumidor insatisfeito.

No curso da demanda, a impugnação ao cumprimento de sentença não foi conhecida por ter sido injustificadamente protocolizada por Anderson após o prazo previsto em lei, o que faz com que Pedro receba valor maior do que teria direito e, consequentemente, a sociedade empresária *Polvilho Confeitaria Ltda.* sofra danos materiais.

Diante dessa situação, Anderson, sem prejuízo da responsabilidade disciplinar em que possa incorrer, poderá responder com seu patrimônio pessoal pelos danos materiais causados à sociedade empresária *Polvilho Confeitaria Ltda.*

(A) Solidariamente, com a sociedade individual de advocacia e de forma ilimitada.

(B) Subsidiariamente, em relação à sociedade individual de advocacia e de forma ilimitada.

(C) Solidariamente, com a sociedade individual de advocacia e de forma limitada.

(D) Subsidiariamente, em relação à sociedade individual de advocacia e de forma limitada.

5. Leandro, advogado, celebrou contrato com associação de servidores públicos para pleitear em juízo o pagamento de determinada indenização em face do ente público respectivo. O contrato previu que Leandro receberia percentual do valor a que fizesse jus cada servidor que aderisse aos seus termos. O pedido em questão foi julgado procedente em ação coletiva.

Após o trânsito em julgado dessa decisão, Leandro passou a representar em execução individual os interesses de Hugo, servidor substituído em juízo pela associação que optou, expressamente, por adquirir os direitos decorrentes daquele contrato. Em tal caso, o montante destinado a Leandro era inferior ao limite fixado em lei para as obrigações de pequeno valor, mas o mesmo não ocorria com relação ao crédito titularizado por Hugo. Assim, Leandro juntou aos autos, no momento oportuno, o contrato de honorários celebrado com a associação e a opção pelo mesmo firmada por Hugo. Fez, ainda, três requerimentos: o destaque da parcela relativa aos honorários convencionados do valor total devido a Hugo, a expedição de precatório em nome de Hugo e a expedição de requisição de pequeno valor em seu nome.

Considerando essa situação, assinale a afirmativa correta.

(A) Apenas o requerimento de expedição do precatório deve ser deferido, já que, por ter atuado em prol de entidade de classe em substituição processual, Leandro somente faz jus aos honorários assistenciais fixados na ação coletiva.

(B) Apenas o requerimento de expedição do precatório deve ser deferido, já que, como o contrato de honorários foi celebrado entre Leandro e a associação, as obrigações dele decorrentes não podem ser assumidas por Hugo sem a necessidade de mais formalidades.

(C) Apenas o requerimento de expedição de requisição de pequeno valor deve ser indeferido, já que o juiz deve determinar que os honorários contratuais sejam deduzidos do valor devido a Hugo após o pagamento pelo ente público.

(D) Todos os requerimentos devem ser deferidos.

6. Beatriz, advogada, oferece representação perante a OAB em razão de Isabela, outra advogada que atua na mesma área e na mesma cidade, ter supostamente praticado atos de captação de causas.

Preocupada com as consequências dessa representação, Isabela decidiu estudar as normas que regem possível processo disciplinar a ser instaurado perante a OAB.

Ao fazê-lo, Isabela concluiu que

(A) o processo disciplinar pode ser instaurado de ofício, não dependendo de representação de autoridade ou da pessoa interessada.

(B) o processo disciplinar tramita em sigilo até o seu término, permitindo-se o acesso às suas informações somente às partes e a seus defensores por ordem da autoridade judiciária competente.

(C) ao representado deve ser assegurado amplo direito de defesa, cabendo ao Tribunal de Ética e Disciplina, por ocasião do julgamento, avaliar a necessidade de defesa oral.

(D) se, após a defesa prévia, o relator se manifestar pelo indeferimento liminar da representação, o processo deverá ser levado a julgamento pelo Tribunal de Ética e Disciplina, que poderá determinar seu arquivamento.

7. Determinada sociedade de advogados sustenta que os serviços por ela prestados são considerados de notória especialização, para fins de contratação com a Administração Pública.

Sobre tal conceito, nos termos do Estatuto da Advocacia e da OAB, assinale a afirmativa correta.

(A) Todas as atividades privativas da advocacia são consideradas como serviços de notória especialização, tratando-se de atributo da atuação técnica do advogado, não extensível à sociedade de advogados.

(B) Todas as atividades privativas da advocacia são consideradas como serviços de notória especialização, conceito que se estende à atuação profissional do advogado ou da sociedade de advogados.

(C) Apenas exercem serviços de notória especialização o advogado ou a sociedade de advogados cujo trabalho seja possível inferir ser essencial e, indiscutivelmente, o mais adequado à plena satisfação do objeto do contrato.

(D) Apenas exercem serviços de notória especialização o advogado cujo trabalho seja possível inferir ser essencial e, indiscutivelmente, o mais adequado à plena satisfação do objeto do contrato, tratando-se de atributo da atuação técnica do advogado, não extensível à sociedade de advogados.

8. O advogado Pedro praticou infração disciplinar punível com censura, a qual gerou repercussão bastante negativa à advocacia, uma vez que ganhou grande destaque na mídia nacional. Por sua vez, o advogado Hélio praticou infração disciplinar punível com suspensão, a qual não gerou maiores repercussões públicas, uma vez que não houve divulgação do caso para além dos atores processuais envolvidos.

Considerando a situação hipotética narrada, assinale a afirmativa correta.

(A) É admissível a celebração de termo de ajustamento de conduta tanto por Pedro como por Hélio.

(B) Não é admissível a celebração de termo de ajustamento de conduta por Pedro nem por Hélio.

(C) É admissível a celebração de termo de ajustamento de conduta por Pedro, mas não é admissível a celebração de termo de ajustamento de conduta por Hélio.

(D) É admissível a celebração de termo de ajustamento de conduta por Hélio, mas não é admissível a celebração de termo de ajustamento de conduta por Pedro.

9. *Mas tal como os homens, tendo em vista conseguir a paz, e através disso sua própria conservação, criaram um homem artificial, ao qual chamamos Estado, assim também criaram cadeias artificiais, chamadas leis civis, as quais eles mesmos, mediante pactos mútuos, prenderam numa das pontas à boca daquele homem ou assembleia a quem confiaram o poder soberano, e na outra ponta a seus próprios ouvidos.*

Thomas Hobbes

Em seu livro *Leviatã*, Hobbes fala de um direito natural à liberdade de preservar sua própria vida. Porém, ele fala, também, da liberdade resultante do Pacto que institui o Estado Civil, isto é, da liberdade dos súditos.

Assinale a opção que expressa essa ideia de liberdade dos súditos, segundo Hobbes no livro em referência.

(A) Agir conforme os princípios do direito internacional, das tradições e dos costumes que são amplamente conhecidos pelos governos e pelos povos.

(B) Ser livre para instaurar uma assembleia soberana que decida acerca das condutas que serão permitidas, proibidas e obrigatórias no âmbito do Estado Civil.

(C) O poder do mais forte de decidir sobre os mais fracos, tal qual fazem os Estados soberanos após batalharem entre si e algum deles vencer a guerra.

(D) A liberdade de fazer as coisas conforme elas foram reguladas pelo poder soberano, tais como comprar, vender e realizar outros contratos mútuos.

10. John Locke, em seu livro *Segundo Tratado sobre o Governo*, afirma que *no estado de natureza as pessoas são livres, porém não possuem as condições de fruição da liberdade*. Assim, é necessário instituir uma sociedade política com um governo civil.

Assinale a opção que, segundo o autor no livro em referência, expressa os fins da sociedade política e do governo.

(A) Estabelecer um processo de dominação de classe.

(B) Promover a autocontenção da animalidade humana.

(C) Garantir a mútua conservação da vida, da liberdade e da propriedade.

(D) Assegurar o governo de um soberano forte e limitado apenas pela própria vontade.

11. O governador do Estado Alfa, como represália às críticas oriundas dos professores das redes públicas de ensino, determinou cortes na educação básica do referido ente, bem como instituiu a necessidade de pagamento de mensalidades pelos alunos de estabelecimentos oficiais de ensino que não comprovassem ser oriundos de famílias de baixa renda.

Sobre a conduta do governador, com base na CRFB/88, assinale a afirmativa correta.

(A) Está errada, pois a gratuidade do ensino público em estabelecimentos oficiais está prevista na ordem constitucional, de modo que o seu não oferecimento ou o oferecimento irregular pode ensejar, inclusive, a responsabilização do governador do Estado Alfa.

(B) Está errada, pois o Estado deve garantir a educação básica obrigatória e gratuita dos 4 aos 17 anos de idade, de modo que ele apenas poderia restringir sua oferta gratuita em relação àqueles que a ela não tiveram acesso na idade própria.

(C) Está certa, pois a gratuidade do ensino público, com a promulgação da Constituição de 1988, deixou de ser obrigatória, sendo facultado o exercício das atividades de ensino pela inciativa privada.

(D) Está errada, pois os Estados e o Distrito Federal devem atuar, exclusivamente, no ensino médio e fundamental, de sorte que o governador do Estado Alfa não poderia adotar medida que viesse a atingir, indistintamente, todos os alunos da educação básica.

12. O governador do Estado Alfa propôs, perante o Supremo Tribunal Federal, Ação Declaratória de Constitucionalidade (ADC), com pedido de tutela cautelar de urgência, para ver confirmada a legitimidade jurídico-constitucional de dispositivos da Constituição estadual, isto em razão da recalcitrância de alguns órgãos jurisdicionais na sua observância. Foi requerida medida cautelar.

A partir do caso narrado, assinale a afirmativa correta.

(A) A ADC pode ser conhecida e provida pelo STF, para que venha a ser declarada a constitucionalidade dos dispositivos da Constituição do Estado Alfa indicados pelo governador.

(B) Embora a ADC proposta pelo governador do Estado Alfa possa ser conhecida e julgada pelo STF, revela-se incabível o deferimento de tutela cautelar de urgência nessa modalidade de ação de controle abstrato de constitucionalidade.

(C) A admissibilidade da ADC prescinde da existência do requisito da controvérsia judicial relevante, uma vez que a norma sobre a qual se funda o pedido de declaração de constitucionalidade tem natureza supralegal.

(D) A ADC não consubstancia a via adequada à análise da pretensão formulada, uma vez que a Constituição do Estado Alfa não pode ser objeto de controle em tal modalidade de ação abstrata de constitucionalidade.

13. O perfil de proteção jurídica dos direitos fundamentais já passou e vem passando por momentos de avanços e involuções atrelados aos diferentes paradigmas constitucionais. Formam uma categoria aberta e dinâmica, que se encontra em constante mutação, em razão do Art. 5º, § 2º, da CRFB/88. Nessa perspectiva, em 2017, foi editada a Lei X que regulamentou diversos direitos sociais do rol constante do seu Art. 6º. Com isso, incorporou vários direitos sociais ao patrimônio jurídico do povo. No entanto, em 2019, foi aprovada a Lei Y, que revogou completamente a Lei X, desconstituindo pura e simplesmente o grau de concretização que o legislador democrático já havia dado ao Art. 6º da CRFB/88, sem apresentar nenhum outro instrumento protetivo no seu lugar.

Diante de tal situação e de acordo com o direito constitucional contemporâneo, a Lei Y deve ser considerada

(A) inconstitucional, pois a revogação total da Lei X, sem apresentação de lei regulamentadora alternativa, viola o princípio da "reserva do possível".

(B) inconstitucional, pois a revogação total da Lei X, sem apresentação de lei regulamentadora alternativa, viola o princípio da "proibição de retrocesso social".

(C) constitucional, pois predomina no direito brasileiro o princípio da "reserva do possível", cuja interpretação garante a onipotência do Poder Legislativo na concretização dos direitos sociais.

(D) constitucional, pois predomina no direito brasileiro o princípio da "proibição do retrocesso social", de modo que os direitos sociais não têm imperatividade, podendo ser livremente regulamentados.

14. Faltando um ano e meio para a eleição dos cargos políticos federais e estaduais, é promulgada pelo Presidente da República uma lei que estabelece diversas alterações no processo eleitoral. Alguns partidos políticos se insurgem, alegando ser inconstitucional que essa lei produza efeitos já na próxima eleição. Afirmam que uma nova lei eleitoral não pode ser aplicada na eleição imediata, pois isso contrariaria o princípio da anterioridade.

No que tange à discussão referida, a possibilidade de a referida lei produzir efeitos já nas próximas eleições é

(A) constitucional, já que o lapso temporal, entre a data de entrada em vigor da lei e a data da realização da próxima eleição, não afronta a regra temporal imposta pela Constituição Federal.

(B) inconstitucional, por violação expressa ao princípio da anterioridade da legislação eleitoral, nos limites que a Constituição Federal de 1988 a ele concedeu.

(C) inconstitucional, porque qualquer alteração do processo eleitoral somente poderia vir a ocorrer por via do poder constituinte derivado reformador.

(D) constitucional, pois a Constituição Federal não impõe ao legislador qualquer limite temporal para a realização de alteração no processo eleitoral.

15. A zona oeste do Estado Delta foi atingida por chuvas de grande intensidade por duas semanas, levando os especialistas a classificar tal situação como de calamidade de grandes proporções na natureza, em virtude dos estragos observados. O governador de Delta, ao decidir pela decretação do estado de defesa, convoca os procuradores do Estado para que estes se manifestem acerca da constitucionalidade da medida.

Os procuradores informam ao governador que, segundo o sistema jurídico-constitucional brasileiro, a decretação do estado de defesa

(A) é um meio institucional adequado para o enfrentamento da crise, mas depende de prévia consulta à Assembleia Legislativa do Estado Delta.

(B) pode ser promovida pelo governador do Estado Delta, caso o Presidente da República delegue tais poderes ao Chefe do Poder Executivo estadual.

(C) não pode se concretizar, pois a ocorrência de calamidade de grandes proporções na natureza não configura hipótese justificadora da referida medida.

(D) é competência indelegável do Presidente da República, não sendo constitucionalmente prevista sua extensão aos chefes do poder executivo estadual.

16. Clarisse, em razão da deficiência severa, não possui quaisquer meios de prover sua própria manutenção. Como sua deficiência foi adquirida ainda na infância, jamais exerceu qualquer atividade laborativa, e por essa razão não contribuiu para a previdência social no decorrer de sua vida. Alguns vizinhos, consternados com o quadro de grandes dificuldades por que passa Clarisse e interessados em auxiliá-la, procuram aconselhamento jurídico junto a competente advogado.

Este, ao tomar ciência detalhada da situação, informa que, segundo o sistema jurídico-constitucional brasileiro, comprovada sua deficiência, Clarisse

(A) possuirá a garantia de receber um salário-mínimo de benefício mensal, independentemente de qualquer contribuição à seguridade social, nos termos da lei.

(B) poderá acessar o sistema previdenciário para que este lhe conceda uma pensão por invalidez, cujo valor, nos termos da lei, não ultrapassará dois salários-mínimos.

(C) possuirá direito a um benefício de metade do salário-mínimo vigente, mensalmente, se vier a comprovar, nos termos da lei, sua filiação ao sistema previdenciário.

(D) terá que contribuir com ao menos uma parcela, a fim de ser considerada filiada ao sistema previdenciário e, só assim, terá direito a benefício no valor estabelecido em lei.

17. João Santos, eleito para o cargo de governador do Estado Delta, em cumprimento de uma promessa de campanha, resolve realizar severa reforma administrativa, de modo a melhorar as condições econômico-financeiras do Estado Delta. Para tanto, entre várias propostas, sugere a extinção da Defensoria Pública do Estado, sendo que a Procuradoria Geral do Estado passaria a ter, então, a incumbência de exercer as atribuições da instituição a ser extinta.

Segundo a ordem jurídico-constitucional brasileira, o governador está

(A) correto, pois os interesses público primários e secundários são coincidentes, não havendo motivos para que mais de um órgão venha a ter a competência concorrente de tutelar a ambos.

(B) equivocado, pois a extinção da Defensoria Pública teria, por consequência automática, o repasse das atribuições do órgão a ser extinto para o Ministério Público do Estado Delta.

(C) correto, pois a organização da estrutura administrativa do Estado Delta é atribuição do Governador do Estado, como decorrência natural do princípio federativo.

(D) equivocado, sendo que sua proposta viola a Constituição Federal, já que a Defensoria Pública, como instituição permanente, é essencial à função jurisdicional do Estado.

18. Você está trabalhando, como advogada(o), para um grupo de estudantes universitários com deficiência visual. Eles relataram ter muita dificuldade para estudar, pois há pouquíssima disponibilidade de obras científicas com exemplar em formato acessível. Para preparar sua atuação no caso, você recorreu ao *Tratado de Marraqueche para Facilitar o Acesso a Obras Publicadas às Pessoas Cegas, com Deficiência Visual ou com Outras Dificuldades para Ter Acesso ao Texto Impresso*.

Como ponto de partida do seu caso, *exemplar em formato acessível*, segundo o Tratado de Marraqueche, deve ser entendido como

(A) disponibilização da obra no sistema de escrita e leitura tátil baseada em símbolos em relevo, conhecido como método Braille. Tal disponibilização deve se dar em centros governamentais ou não governamentais especializados em apoio às pessoas com deficiência visual.

(B) venda ou reprodução de obras literárias, artísticas ou científicas por preços de no máximo 30% do valor de mercado destinada exclusivamente às pessoas com deficiência visual. As empresas editoriais contarão com isenções tributárias para compensar o custo de produção.

(C) reprodução de uma obra de uma maneira ou forma alternativa que dê aos beneficiários acesso à obra, inclusive para permitir que a pessoa tenha acesso de maneira tão prática e cômoda como uma pessoa sem deficiência visual ou sem outras dificuldades para ter acesso ao texto impresso.

(D) exemplar disponível para as pessoas com deficiência visual em bibliotecas que tenham ledores disponíveis durante todo o seu horário de funcionamento.

19. Você, como advogado(a), representa um grupo de familiares que possuem algum ente internado em estabelecimento público de tratamento de saúde mental onde, comprovadamente, tem havido tratamento cruel e degradante, violando o Art. 5º da Convenção Americana sobre Direitos Humanos. Após tentativas frustradas de resolução do problema por via administrativa junto aos órgãos competentes, você ingressou com petição na Comissão Interamericana de Direitos Humanos.

Tendo em vista que se trata de uma situação de gravidade e urgência, e considerando o que dispõe o Regulamento da Comissão Interamericana de Direitos Humanos, cabe a você esclarecer aos familiares e às próprias vítimas que, mesmo diante da gravidade e urgência da situação, a Comissão

(A) deverá emitir o seu relatório final com recomendações para o Estado brasileiro, caso ele seja considerado responsável pelas violações ocorridas.

(B) pode decidir liminarmente o caso, porém essa decisão liminar favorável às vítimas deverá ser homologada pelo Superior Tribunal de Justiça brasileiro para que possa ser devidamente executada.

(C) deverá encaminhar de imediato o caso para a Corte Interamericana de Direitos Humanos para que esta adote medida prévia que vise à garantia dos direitos violados das vítimas.

(D) poderá solicitar que o Estado brasileiro adote medidas cautelares para prevenir danos irreparáveis às pessoas vítimas da violação dos Direitos Humanos.

20. Klaus, nascido na Alemanha, é filho de Ângela, também alemã, e de Afonso, brasileiro, que estava no país germânico porque fora contratado por empresa privada local, como engenheiro mecânico. Klaus, com 18 anos, resolve seguir os passos do pai, e vem para o Brasil cursar engenharia mecânica em conceituada universidade federal. Para tanto, e para concorrer às vagas comuns, deseja ter reconhecida a nacionalidade brasileira.

Acerca do caso narrado, e com base no que dispõe a Constituição da República, assinale a afirmativa correta.

(A) Klaus não poderá optar pela nacionalidade brasileira, pois Afonso, ainda que brasileiro, não estava na Alemanha a serviço do Brasil.

(B) Klaus poderá ter reconhecida a condição de brasileiro nato se fixar residência no Brasil e optar pela nacionalidade brasileira, ainda que não tenha sido registrado em repartição brasileira competente na Alemanha.

(C) Tendo em vista que Klaus já atingiu a maioridade, poderá requerer a nacionalidade brasileira apenas na condição de naturalizado.
(D) A comunicação em língua portuguesa mostra-se como condição para a obtenção da nacionalidade brasileira por Klaus.

21. Ao imigrar para o Brasil, uma família de venezuelanos procura um advogado a fim de obter orientação jurídica acerca dos direitos relativos à moradia, educação para os filhos e abertura de conta corrente perante instituição financeira brasileira, tendo em vista ser assegurado aos imigrantes determinados direitos, em condições de igualdade com os nacionais, em todo o território nacional.

Em relação a esses direitos, assinale a afirmativa correta.

(A) É assegurado o direito à liberdade de circulação em território nacional, restrita à área fronteiriça por onde ingressou.
(B) É assegurado o direito à educação pública, vedada a discriminação em razão da nacionalidade e da condição migratória.
(C) É vedado o direito de transferir recursos decorrentes de sua renda e economias pessoais para outro país.
(D) É vedada a abertura de conta corrente em instituições financeiras nacionais.

22. O Município X, desejando fomentar os pequenos negócios de tinturaria e lavanderia na cidade (item 14.10 da lista anexa à Lei Complementar 116/2003), editou, em 2018, Lei Ordinária que fixou a alíquota do Imposto sobre Serviços (ISS) em 1,5% sobre o preço desses serviços.

Diante desse cenário, assinale a afirmativa correta.

(A) A referida alíquota de ISS não poderia ser fixada por lei ordinária, mas sim por lei complementar municipal.
(B) A referida alíquota de ISS foi fixada sobre base de cálculo equivocada, pois não deveria incidir sobre o preço do serviço.
(C) A referida alíquota de ISS não viola a alíquota mínima geral de ISS estabelecida em lei complementar federal, pois os serviços de tinturaria e lavanderia constituem uma das hipóteses de exceção à regra geral de alíquota mínima.
(D) A referida alíquota de ISS viola a alíquota mínima geral de ISS estabelecida em lei complementar federal.

23. Maria recebeu de seu tio, em 2019, a posse de um automóvel de alto valor para facilitar seu transporte até a faculdade. Em 2020, seu tio resolveu realizar, em favor de Maria, a doação do automóvel, sob condição suspensiva, por escritura pública. O evento previsto na condição era o de que Maria se formasse na faculdade até o fim do ano de 2021. Contudo, ela abandona a faculdade, escoando o ano de 2021 sem que se formasse.

Diante desse cenário, à luz do CTN, o Imposto sobre a Transmissão *Causa Mortis* e Doação (ITCMD)

(A) é devido na data de efetiva transferência da posse do automóvel.
(B) é devido na data de efetiva lavratura da escritura pública de doação.
(C) não é devido, por se tratar de doação de bem móvel.
(D) não é devido, pois a doação não se tornou perfeita e acabada em virtude da ausência do implemento do evento previsto na condição.

24. Projeto de lei ordinária municipal deseja criar tributo para custear a prestação do serviço público de iluminação das vias e logradouros públicos do Município Alfa. O projeto prevê também que o tributo será cobrado na fatura de consumo de energia elétrica.

Diante deste cenário, o tributo a ser criado poderá ser

(A) a taxa de iluminação pública, mas sua arrecadação não pode ser feita na fatura de consumo de energia elétrica.
(B) a contribuição de iluminação pública e sua arrecadação pode ser feita na fatura de consumo de energia elétrica.
(C) a taxa de iluminação pública e sua arrecadação pode ser feita na fatura de consumo de energia elétrica.
(D) a contribuição de iluminação pública, mas sua arrecadação não pode ser feita na fatura de consumo de energia elétrica.

25. Pequenos produtores rurais do interior do Estado Alfa vendem sua produção de leite para uma indústria de laticínios localizada no Município Beta, no mesmo Estado. Por determinação em lei do Estado Alfa, fica atribuída a tal indústria a responsabilidade tributária pelo pagamento do ICMS vinculado ao fato gerador da etapa de circulação da mercadoria dos pequenos produtores rurais para a indústria (excluindo-se a responsabilidade dos contribuintes produtores rurais).

Diante desse cenário, assinale a afirmativa correta.

(A) A indústria é substituta tributária no âmbito de uma substituição tributária regressiva (substituição "para trás").
(B) A indústria é substituta tributária no âmbito de uma substituição tributária progressiva (substituição "para frente").
(C) A indústria realiza um fato gerador presumido.
(D) A indústria realiza um fato gerador fictício.

26. José e João eram sócios da *Sociedade Empresária XYZ Ltda.* entre os anos de 2017 e 2019, cada um com 50% do capital social e poderes de administração.

Em janeiro de 2020, João se retira regularmente da sociedade, alienando suas cotas sociais para Joaquim, passando este a exercer a gestão juntamente com José. Em novembro de 2021 é ajuizada uma ação de execução fiscal contra a *Sociedade Empresarial XYZ Ltda.* para a cobrança de um crédito tributário relativo a fato gerador ocorrido no ano de 2018. No momento da citação, verifica-se que a empresa havia sido dissolvida irregularmente poucos meses antes, não possuindo mais bens.

O procurador responsável pela ação decide requerer o redirecionamento da execução fiscal.

Diante deste cenário e à Luz do CTN, assinale a afirmativa correta.

(A) Apenas José e João respondem solidariamente em caso de redirecionamento da execução fiscal por dissolução irregular da sociedade.
(B) Apenas José responderá pessoalmente em caso de redirecionamento da execução fiscal por dissolução irregular da sociedade.
(C) Apenas a *Sociedade Empresária XYZ Ltda.* responderá pela dívida tributária, não sendo possível o redirecionamento da execução fiscal por dissolução irregular da sociedade.
(D) Apenas José e Joaquim respondem pessoalmente em caso de redirecionamento da execução fiscal por dissolução irregular.

27. Márcio é policial militar do Estado Ômega e, ao longo de suas férias, em movimentada praia no litoral do Estado Alfa, durante festa em que se encontrava à paisana, envolveu-se em uma briga, durante a qual sacou a arma da corporação, que sempre portava, e desferiu tiros contra Bernardo, que veio a óbito imediato. Mirtes, mãe de Bernardo, pretende ajuizar ação indenizatória em decorrência de tal evento.

Sobre a situação narrada, assinale a afirmativa correta.

(A) A ação indenizatória não poderá ser ajuizada em face do Estado Ômega, na medida em que o fato ocorreu no território do Estado Alfa.
(B) A ação deverá ser ajuizada em face da União, que é competente para promover a segurança pública.
(C) Há legitimidade passiva do Estado Ômega, considerando que Márcio tinha a posse de uma arma da corporação, em decorrência da qualidade de agente público.
(D) O Estado Ômega deve responder civilmente pela conduta de Márcio, já que o ordenamento jurídico pátrio adotou a teoria do risco integral.

28. Em determinado hospital municipal ocorreu grave incêndio, iniciado por pane elétrica no sistema de refrigeração. Todos os pacientes foram imediatamente retirados do hospital e, diante do iminente perigo público, a autoridade competente determinou que, até que fosse providenciada a remoção dos pacientes para outras unidades de saúde, os enfermos fossem abrigados no pátio de uma grande escola particular situada em frente ao nosocômio.

Buscando obter informações sobre seu eventual direito à indenização, o proprietário da escola particular procurou você, como advogado(a), para obter a orientação jurídica correta.

Segundo sua orientação, no caso em tela, o agente público fez uso da

(A) ocupação administrativa temporária, e o proprietário da escola particular não faz jus à indenização, em razão da supremacia do interesse público.
(B) limitação administrativa, que assegura ao proprietário da escola particular o direito à indenização imediata e ao poder público o direito de preempção.
(C) servidão administrativa, que assegura ao proprietário da escola particular o direito à prévia indenização, em razão do uso temporário de seu bem imóvel.
(D) requisição administrativa, que assegura ao proprietário da escola particular o direito à indenização ulterior, caso haja dano.

29. Ataulfo é servidor público estável de um pequeno Município, ocupante de cargo administrativo de carreira junto ao Poder Executivo, cuja remuneração era composta pelas seguintes rubricas, determinadas por lei do mencionado ente federativo: (I) vencimento-base, de valor inferior ao salário-mínimo; (II) abono salarial, utilizado para alcançar o salário-mínimo; (III) adicional de tempo de serviço.

O Município editou, recentemente, a Lei XYZ, que conferiu à carreira de Ataulfo nova gratificação, estipulada em 10% (dez por cento) sobre o total da remuneração até então percebida pelo mencionado servidor (somatório das rubricas (I), (II) e (III)).

Acerca da remuneração de Ataulfo, com base na situação hipotética narrada, assinale a afirmativa correta.

(A) A remuneração de Ataulfo é inconstitucional porque seu vencimento-base não poderia ser inferior ao salário-mínimo.
(B) O Município não precisava ter editado lei para instituir a nova gratificação, na medida em que a alteração da remuneração de Ataulfo poderia ser efetuada por decreto.
(C) A gratificação instituída pela Lei XYZ é inconstitucional, porque o seu cálculo incidiu sobre verbas que não podem ser computadas para a concessão de acréscimos ulteriores.
(D) A remuneração de Ataulfo é inconstitucional, pois é obrigatório que sua remuneração seja realizada, exclusivamente, por subsídio, que é parcela única, vedado o acréscimo de qualquer parcela remuneratória.

30. Com vistas a atender a relevante interesse social e coletivo, o Estado Alfa decidiu criar uma sociedade de economia mista para o desempenho de atividade econômica de sua competência.

Após os devidos trâmites para a criação de tal pessoa jurídica, designada de *Empreendere*, verificou-se a necessidade da contratação de pessoal para que a entidade administrativa pudesse desempenhar suas atividades.

Considerando a situação delimitada, assinale a afirmativa correta.

(A) Por desempenhar atividade econômica, não há necessidade de *Empreendere* realizar concurso público para a contratação de pessoal.
(B) Por se tratar de pessoa jurídica de direito privado, a criação de *Empreendere* não depende de autorização legislativa.
(C) O regime de pessoal a ser adotado por *Empreendere* será o de emprego público, ou seja, o regime celetista.
(D) *Empreendere* é uma pessoa jurídica de direito público, cuja criação decorre diretamente da lei, independentemente do registro dos atos constitutivos.

31. Carlos, conhecido advogado de notório saber jurídico e de reputação ilibada, com 30 (trinta) anos de efetiva atividade profissional, acaba de ser nomeado Desembargador junto ao Tribunal de Justiça do Estado Alfa.

Em razão da natureza do cargo que passará a ocupar e do grau de responsabilidade de suas novas funções, Carlos gozará da prerrogativa da vitaliciedade, que garante que a perda de seu cargo apenas pode ocorrer mediante sentença judicial transitada em julgado.

A vitaliciedade no cargo do Carlos será adquirida

(A) imediatamente, no momento de sua posse e exercício, não sendo necessária a observância de qualquer prazo ou a prática de qualquer ato administrativo específico.
(B) após 2 (dois) anos de efetivo exercício, período no qual desempenhará estágio probatório supervisionado pelo Tribunal de Justiça estadual.
(C) após 3 (três) anos de efetivo exercício, durante os quais cumprirá estágio probatório supervisionado, em conjunto, pela seccional da Ordem dos Advogados do Brasil e pelo Tribunal de Justiça estadual.
(D) no prazo de 30 (trinta) dias após sua posse, por meio de ato administrativo complexo a ser praticado pela seccional da Ordem dos Advogados do Brasil e pelo Tribunal de Justiça estadual.

32. O Parque de Diversões Alegrias ABC obteve legalmente autorização do Município Alfa para uso de bem público, de maneira a montar suas instalações e exercer suas atividades em determinada praça pública, pelo período de três meses. Um mês após a edição do ato de autorização de uso, sobreveio legislação municipal, alterando o plano diretor da cidade, tornando aquela área residencial e proibindo expressamente sua autorização de uso para fins recreativos, como a instalação de parques de diversão.

No caso em tela, houve extinção do ato administrativo de autorização de uso inicialmente válido por meio da

(A) cassação, devendo a autoridade municipal que emitiu o ato revogá-lo expressamente para o fiel cumprimento da lei e o Parque de Diversões Alegrias ABC não tem direito à indenização.

(B) caducidade, por força de ilegalidade superveniente causada pela alteração legislativa, sem culpa do beneficiário do ato Parque de Diversões Alegrias ABC.

(C) anulação, que ocorre de forma tácita, em razão de fato do príncipe superveniente, consistente na alteração do plano diretor da cidade, com direito de indenização ao Parque de Diversões Alegrias ABC.

(D) contraposição, por força de ilegalidade superveniente decorrente da nova lei municipal editada, devendo ser perquirida eventual culpa do Parque de Diversões Alegrias ABC.

33. Após regular trâmite de ação penal, João foi condenado criminalmente por ter enviado para o exterior grande quantidade de peles e couros de jacaré em bruto, sem a autorização da autoridade ambiental competente.

Na sentença condenatória, o juízo substituiu a pena privativa de liberdade de reclusão de 2 (dois) anos por pena restritiva de direitos de prestação pecuniária consistente no pagamento em dinheiro à determinada entidade pública, no valor de 400 (quatrocentos) salários-mínimos.

Especificamente, no que tange ao valor da prestação pecuniária, o(a) advogado(a) de João deve recorrer da sentença, alegando que, de acordo com a legislação de regência, tal montante

(A) deve consistir em 40 (quarenta) salários-mínimos, sendo vedada a dedução do valor pago de eventual multa administrativa a que João for condenado.

(B) deve estar limitado a 40 (quarenta) salários-mínimos, sendo certo que o valor pago será abatido do montante de eventual multa penal a que João for condenado.

(C) não pode ser superior a 60 (sessenta) salários-mínimos, sendo vedada a dedução do valor pago de eventual multa civil a que João for condenado.

(D) não pode ser inferior a 1 (um) salário-mínimo nem superior a 360 (trezentos e sessenta) salários-mínimos, sendo certo que o valor pago será deduzido do montante de eventual reparação civil a que João for condenado.

34. A Constituição da República dispõe que *são reconhecidos aos índios sua organização social, costumes, línguas, crenças e tradições, e os direitos originários sobre as terras que tradicionalmente ocupam.*

Do ponto de vista histórico e cultural, percebe-se que a comunidade indígena está intimamente ligada ao meio ambiente, inclusive colaborando em sua defesa e preservação.

Nesse contexto, de acordo com o texto constitucional, a pesquisa e a lavra das riquezas minerais em terras indígenas

(A) só podem ser efetivadas com autorização de todos os órgãos que integram o SISNAMA (Sistema Nacional do Meio Ambiente), na forma da lei.

(B) só podem ser efetivadas com autorização do Congresso Nacional, ouvidas as comunidades afetadas, ficando-lhes assegurada participação nos resultados da lavra, na forma da lei.

(C) não podem ser efetivadas em qualquer hipótese, eis que são terras inalienáveis e indisponíveis, e devem ser exploradas nos limites de atividades de subsistência para os índios.

(D) não podem ser efetivadas em qualquer hipótese, diante de expressa vedação constitucional, para não descaracterizar a área de relevante interesse social.

35. Joana e Mário são pais de Ricardo, atualmente com 8 anos, e que se encontra no início de sua vida escolar. Tércio, irmão de Joana, decide doar, ao sobrinho Ricardo, certa quantia em dinheiro.

Para que esta doação seja válida, o contrato

(A) deve ser anuído pelo próprio sobrinho, Ricardo.

(B) precisa contar com o consentimento de Ricardo, expressado por Joana e Mário.

(C) dispensa a aceitação, por ser pura e realizada em favor de absolutamente incapaz.

(D) prescinde de consentimento de Ricardo, pois se trata de negócio jurídico unilateral.

36. Ivan, sócio da Soluções Inteligentes Ltda., celebra contrato de empreitada, na qualidade de dono da obra, com Demétrio, sócio da Construções Sólidas Ltda., tendo esta como a empresa empreiteira. A obra tem prazo de duração de 1 (um) ano, contratada a um custo de R$ 2.400.000,00 (dois milhões e quatrocentos mil reais), fracionados em 12 (doze) prestações mensais de R$ 200.000,00 (duzentos mil reais).

O contratante, Ivan, necessita da obra pronta no prazo acordado. Em razão disso, acordou com Demétrio uma cláusula resolutiva expressa, informando que o atraso superior a 30 (trinta) dias importará em extinção automática do contrato. Para se resguardar, Ivan exigiu de Demétrio que expusesse seu acervo patrimonial, mostrando o balanço contábil da empresa, de modo a ter convicção em torno da capacidade econômica da empreiteira para levar a cabo uma obra importante, sem maiores riscos.

Transcorridos três meses de obra, que seguia em ritmo normal, em conformidade com o cronograma, Ivan teve conhecimento de que a empreiteira sofreu uma violenta execução judicial, impondo redução de mais de 90% (noventa por cento) de seu ativo patrimonial, fato que tornou ao menos duvidosa a capacidade da empreiteira de executar plenamente a obrigação pela qual se obrigou.

Diante deste fato, assinale a afirmativa correta.

(A) Ivan pode se recusar a pagar o restante das parcelas da remuneração da obra até que Demétrio dê garantia bastante de satisfazê-la.

(B) O dono da obra pode requerer a extinção do contrato, ao fundamento de que há inadimplemento anterior ao termo, pela posterior redução da capacidade financeira da empreiteira.
(C) A cláusula resolutiva expressa prevista no contrato é nula, pois o ordenamento não permite a resolução automática dos contratos, por inadimplemento, impondo-se a via judicial.
(D) A parte contratante tem direito de invocar a exceção de contrato não cumprido, em face do risco iminente de inadimplemento.

37. Bento Albuquerque com o intuito de realizar o sonho de passar a aposentadoria na beira da praia, procura Inácio Monteiro, proprietário de uma quadra de lotes a 100 (cem) metros da famosa Praia dos Coqueiros, para comprar um lote sobre o qual seria construída sua sonhada casa de veraneio. Bento mostrou o projeto arquitetônico de sua futura casa na praia a Inácio e ressaltou que o lote para construção do projeto deveria contar com, no mínimo, 420 m² (quatrocentos e vinte metros quadrados), metragem necessária para construção da piscina, sauna e churrasqueira, além da casa projetada para ter quatro quartos.

Nas tratativas e na escritura de compra e venda do imóvel, restou consignado que o imóvel possui 420 m² (quatrocentos e vinte metros quadrados) e que o preço certo e ajustado para essa metragem era de R$ 180.000,00 (cento e oitenta mil reais). No entanto, Bento ao levar o arquiteto para medidas de praxe e conhecer o lote sobre o qual o projeto seria construído, foi surpreendido ao ser informado que o imóvel contava apenas com 365m² (trezentos e sessenta e cinco metros quadrados) e que o projeto idealizado não poderia ser construído naquele lote.

Sobre a hipótese narrada, assinale a afirmativa correta.

(A) Bento nada pode fazer em relação a metragem faltante, tendo em vista que era sua obrigação conferi-la antes de adquirir o imóvel.
(B) Bento tem o direito de exigir o complemento da área faltante, e, caso não seja possível, tem a faculdade de rescindir o contrato ou pedir pelo abatimento do preço de acordo com a metragem correta do imóvel.
(C) Não haverá complemento de área, pois o imóvel foi vendido como coisa certa e discriminada, tendo sido apenas enunciativa a referência às suas dimensões.
(D) Presume-se que a referência às dimensões do imóvel é enunciativa, pois a diferença de metragem não chega a 20%, (vinte por cento), logo, deverá ter, prioritariamente, abatimento do preço, mas não a complementação da metragem faltante.

38. Luiz, sem filhos, é casado com Aline sob o regime da comunhão universal. No ano de 2018, Luiz perdeu o pai, Mário. Como seu irmão, Rogério, morava em outra cidade e sua mãe, Catarina, precisava de cuidados diários, Luiz levou-a para morar junto dele e de Aline.

Durante à pandemia de Covid-19, tanto Luiz, quanto Catarina contraíram a doença e foram internados. Ambos não resistiram e no dia 30 de junho, Luiz faleceu, sem deixar testamento. Catarina morreu no dia 15 de agosto, também sem deixar testamento.

Tendo em vista a hipótese apresentada, assinale a afirmativa correta.

(A) A herança de Catarina deve dividir-se entre Luiz (seu herdeiro de direito receberá o quinhão) e Rogério.
(B) Rogério será herdeiro de Catarina e, na sucessão de Luiz, serão chamadas Aline e Catarina (seu herdeiro, Rogério, receberá o quinhão como parte da herança deixada pela mãe).
(C) Aline não será herdeira de Rogério, em razão do casamento reger-se pela comunhão universal de bens.
(D) Rogério será herdeiro de Catarina e apenas Aline será herdeira de Luiz.

39. Clóvis, funcionário público aposentado, divorciado, falecido em março de 2020 com 75 anos, era pai de Leonora, 40 anos, e Luciana, 16 anos. Faleceu sem deixar dívidas e sem realizar doações aos seus herdeiros necessários. Titular de um patrimônio razoável, foi vítima de um câncer descoberto no estágio terminal, 6 (seis) meses antes de sua morte. Desde o nascimento de Luciana, sempre foi uma preocupação de Clóvis proporcionar para ela as mesmas oportunidades desfrutadas por Leonora, quais sejam, cursar o ensino superior com auxílio paterno e, assim, conseguir o subsídio necessário para buscar uma carreira de sucesso profissional.

Por este motivo, Clóvis vendeu os 3 (três) imóveis – que compõem 70% do seu patrimônio – de que era proprietário quando Luciana ainda era criança e depositou este dinheiro em conta bancária, juntamente com todas as suas economias, no intuito de deixar, quando de sua morte, somente patrimônio em dinheiro.

No ano de 2019, ao saber de sua doença, Clóvis, em pleno exercício de suas faculdades mentais, elaborou um testamento público, destinando toda a parte disponível de sua herança à Luciana.

Diante de seu falecimento, é possível afirmar que

(A) Clóvis não poderia vender seus imóveis ao longo de sua vida, pois lhe era vedado determinar a conversão dos bens da legítima em outros de espécie diversa.
(B) caberá à Luciana 75% da herança de Clóvis. Já Leonora receberá 25% da mesma herança.
(C) Clóvis perdeu a capacidade de dispor do seu patrimônio por testamento a partir do momento em que descobriu o diagnóstico de câncer.
(D) a herança deve ser dividia em partes iguais entre as filhas de Clóvis, ou seja, 50% para Luciana e 50% para Leonora.

40. Jorge foi atropelado por Vitor, em 02/02/2016. Em razão desse evento, Jorge sofreu danos morais, materiais e estéticos, os quais surgiram e foram percebidos por ele imediatamente após o acidente. Tempos depois, em 31/01/2021, Jorge procurou você, como advogado(a), e disse que pretendia ajuizar uma ação de reparação contra Vitor.

Sobre a hipótese apresentada, você deverá informar para Jorge que

(A) o prazo prescricional da pretensão de reparação civil extracontratual é de 10 (dez) anos.
(B) a pretensão está prescrita, tendo em vista o prazo de 3 (três) anos ao qual se vincula a pretensão de reparação civil extracontratual.

(C) a pretensão está prestes a ser fulminada pela prescrição, uma vez que a pretensão de reparação civil extracontratual prescreve em 5 (cinco) anos.

(D) houve prescrição apenas da pretensão de demandar a seguradora da qual Vitor é segurado, mas que permanece viável a pretensão de reparação civil extracontratual, por seu prazo de 10 (dez) anos.

41. Júlia, 22 anos, com espectro autista, tem, em razão de sua deficiência, impedimento de longo prazo de natureza mental que pode, em algumas atividades cotidianas, obstruir sua participação plena e efetiva na sociedade em igualdade de condições com as demais pessoas.

Júlia, apaixona-se por Rodrigo, 19 anos, também com espectro autista, com quem quer se casar. Mas Rita, mãe de Júlia, temendo que Júlia não tenha o discernimento adequado para tomar as decisões certas em sua vida, e no intuito de proteger o melhor interesse de sua filha, impede o casamento.

Sobre a hipótese apresentada, assinale a afirmativa correta.

(A) Júlia é relativamente incapaz e, assim o sendo, precisará de anuência de sua mãe, Rita, para celebrar o ato, em prol da proteção de sua dignidade.

(B) A deficiência não afeta a plena capacidade civil da pessoa para casar-se, de modo que Rita não poderá impedir o casamento de Júlia.

(C) Júlia é plenamente capaz em razão de sua idade, mas, em razão da deficiência que a acomete, deverá confirmar sua vontade com o curador que deverá ser instituído.

(D) Rita, ainda que esteja atuando no melhor interesse de Júlia, na qualidade de mãe, não pode impedir o casamento podendo, contudo, impor à Júlia, sua curatela.

42. Joana, com 10 anos, viajou de ônibus com a mãe, Marcela, do Espírito Santo para Mato Grosso do Sul, sem que a empresa de transporte verificasse, em nenhum momento, a documentação de comprovação do vínculo parental entre ela e a mãe.

Em uma parada, um agente da autoridade fiscalizatória adentrou no coletivo e, indagando a Marcela sobre a comprovação documental, recebeu desta a informação de que não havia sido requerida tal prova em nenhum momento.

Dada a situação acima, assinale a afirmativa correta.

(A) Ainda que o vínculo parental efetivamente exista e seja posteriormente comprovado, a empresa de ônibus cometeu infração administrativa prevista no Estatuto da Criança e do Adolescente ao não exigir tal prova antes de iniciar a viagem.

(B) A prova do vínculo de parentesco pode ser feita posteriormente, afastando a consumação da infração administrativa por parte da empresa de ônibus.

(C) A prova do vínculo de parentesco não é exigência legal para viagens interestaduais com crianças, bastando a autoidentificação pela suposta mãe.

(D) A infração administrativa não está consumada senão quando da efetiva ausência do vínculo de parentesco, o que não aconteceu no caso presente.

43. José, diretor de uma entidade de acolhimento institucional, recebeu em sua instituição Maria, criança com 11 anos, em situação de verdadeiro desespero, narrando confusamente que havia sido vítima de abusos por parte do companheiro de sua mãe, e que esta nada havia feito para impedir o ato. Maria estava aos prantos e demonstrava sinais de ter sofrido violência.

Procurado por José, você, como advogado(a), o orienta a

(A) buscar imediato contato com a mãe de Maria, sem efetuar a institucionalização por meio de acolhimento emergencial sem que haja este prévio contato, por ser vedada tal providência.

(B) comunicar o fato ao Ministério Público incontinenti, pois não é permitido o acolhimento sem prévio encaminhamento por este órgão.

(C) oferecer acolhimento emergencial à Maria, comunicando ao Juiz da Infância e da Juventude tal medida, em no máximo, 24h.

(D) comunicar o fato ao Conselho Tutelar para, apenas mediante encaminhamento deste órgão, efetuar o o acolhimento.

44. José procurou a instituição financeira Banco Bom com o objetivo de firmar contrato de penhor. Para tanto, depositou um colar de pérolas raras, adquirido por seus ascendentes e que passara por gerações até tornar-se sua pertença através de herança. O negócio deu-se na modalidade contrato de adesão, contendo cláusulas claras a respeito das obrigações pactuadas, inclusive com redação em destaque quanto à limitação do valor da indenização em caso de furto ou roubo, o que foi compreendido por José.

Posteriormente, José procurou você, como advogado(a), apresentando dúvidas a respeito de diferentes pontos.

Sobre os temas indagados, de acordo com o Código de Defesa do Consumidor, assinale a afirmativa correta.

(A) A cláusula que limita o valor da indenização pelo furto ou roubo do bem empenhado é abusiva e nula, ainda que redigida com redação clara e compreensível por José e em destaque no texto, pois o que a vicia não é a compreensão redacional e sim o direito material indevidamente limitado.

(B) A cláusula que limita os direitos de José em caso de furto ou roubo é lícita, uma vez que redigida em destaque e com termos compreensíveis pelo consumidor, impondo-se a responsabilidade subjetiva da instituição financeira em caso de roubo ou furto por se tratar de ato praticado por terceiro, revelando fortuito externo.

(C) O negócio realizado não configura relação consumerista devendo ser afastada a incidência do Código de Defesa do Consumidor e aplicado o Código Civil em matéria de contratos de mútuo e de depósito, uma vez que inquestionável o dever de guarda e restituição do bem mediante pagamento do valor acordado no empréstimo.

(D) A cláusula que limita o valor da indenização pelo furto ou roubo do bem empenhado é lícita, desde que redigida com redação clara e compreensível e, em caso de furto ou roubo do colar, isso será considerado inadimplemento contratual e não falha na prestação do serviço, incidindo o prazo prescricional de 2 (dois) anos, caso seja necessário ajuizar eventual pleito indenizatório.

45. Eleonora passeava de motocicleta por uma rodovia federal quando foi surpreendida por um buraco na estrada, em um trecho sob exploração por concessionária. Não tendo tempo de desviar, ainda que atenta ao limite de velocidade, passou pelo buraco do asfalto, desequilibrou-se e caiu, vindo a sofrer várias escoriações e danos materiais na moto. Os danos físicos exigiram longo período de internação, diversas cirurgias e revelaram reflexos de ordem estética.

Você, como advogado(a), foi procurado(a) por Eleonora para ingressar com a medida judicial cabível diante do evento. À luz do Código de Defesa do Consumidor, você afirmou, corretamente, que

(A) compete à Eleonora comprovar o nexo de causalidade entre a má conservação da via e o acidente sofrido, bem como a culpa da concessionária.

(B) aplica-se a teoria da responsabilidade civil subjetiva à concessionária.

(C) há relação de consumo entre Eleonora e a concessionária, cuja responsabilidade é objetiva.

(D) pela teoria do risco administrativo, afasta-se a incidência do CDC, aplicando-se a responsabilidade civil da Constituição Federal.

46. Em 2019 foram estabelecidas, inicialmente por medida provisória posteriormente convertida na Lei nº 13.874, normas de proteção à livre iniciativa e ao livre exercício de atividade econômica e disposições sobre a atuação do Estado como agente normativo e regulador.

Em relação aos contratos empresariais, assinale a afirmativa correta.

(A) Os contratos empresariais são presumidos paritários e simétricos, exceto diante da presença na relação jurídica de um empresário individual ou empresa individual de responsabilidade limitada.

(B) As partes negociantes poderão estabelecer parâmetros objetivos para a interpretação das cláusulas negociais e de seus pressupostos de revisão ou de resolução.

(C) A alocação de riscos definida pelas partes deverá ser respeitada e observada, porém até o ponto em que o Estado julgue, discricionariamente, que deve intervir no exercício da atividade econômica.

(D) A revisão contratual ocorrerá de maneira excepcional e ilimitada sempre que uma das partes for vulnerável, sendo que, no caso de microempresas e empresas de pequeno porte, essa presunção é absoluta.

47. Em ação declaratória de nulidade da sentença arbitral, a autora da ação, parte no juízo arbitral, alegou, como fundamento jurídico do pedido, (I) o fato de a sentença ter sido baseada apenas em regras de direito, (II) omitir a data e (III) o lugar em que foi proferida, requisitos formais da sentença, segundo ela.

Na contestação, a outra parte (favorecida pela decisão), alegou que a omissão do lugar e da data são erros meramente materiais, supríveis por outros meios, como a convenção de arbitragem, onde se encontra estipulado o local da sede da arbitragem, e por documentos dos árbitros onde constam a data-limite para ser proferida a decisão. Assim, não se pode anular a sentença arbitral simplesmente por omissões supríveis.

Quanto ao mérito e atentando para as disposições legais da sentença arbitral, assinale a afirmativa correta.

(A) Os argumentos apresentados pela ré são procedentes, eis que a ausência da data e do lugar da arbitragem configura erro material, sanável pela produção de todos os meios de prova admitidos em direito.

(B) Os argumentos apresentados pela ré são procedentes, eis que é dispensável na sentença menção à data ou ao lugar em que foi proferida, sanável pelo conteúdo da convenção de arbitragem.

(C) Os argumentos apresentados pela autora são procedentes, eis que é necessário na sentença arbitral a data e o lugar em que foi proferida, exceto se os árbitros julgaram por equidade.

(D) Os argumentos apresentados pela autora são procedentes, eis que é nula a sentença arbitral que não contiver a data e o lugar em que foi proferida.

48. Tibagi Verduras e Legumes Ltda. requereu sua recuperação judicial no juízo do seu principal estabelecimento, localizado em Apucarana/PR. Na petição inicial informou sua condição de microempresa, comprovando na documentação acostada seu enquadramento legal e que apresentará, oportunamente, plano especial de recuperação. Considerando as informações prestadas e as disposições da legislação sobre o plano especial de recuperação, assinale a única afirmativa correta.

(A) A sociedade devedora poderá oferecer aos credores quirografários, inclusive àqueles decorrentes de repasse de recursos oficiais, o pagamento em até 36 (trinta e seis) parcelas mensais, iguais e sucessivas, acrescidas de juros equivalentes à taxa SELIC, podendo propor o abatimento do valor das dívidas.

(B) O plano especial de recuperação deverá prever que o devedor realize o pagamento da primeira parcela aos credores sujeitos à recuperação, no prazo máximo de 360 (trezentos e sessenta) dias, contados da data da concessão da recuperação judicial.

(C) A sociedade limitada não poderá incluir no plano especial os credores titulares de propriedade fiduciária de bens móveis ou imóveis, proprietários em contrato de compra e venda com reserva de domínio, que terão preservadas as condições contratuais e as disposições legais.

(D) Por se tratar de devedora microempresa e em razão do tratamento favorecido que lhe é dispensado, o plano especial de recuperação poderá ser apresentado em até 60 (sessenta) dias, contados da data do pedido de recuperação, admitida uma única prorrogação e por igual prazo.

49. Na companhia fechada Gráfica Redenção da Serra S/A, o estatuto prevê a criação de classes de ações ordinárias em função de (I) conversibilidade em ações preferenciais e (II) atribuição de voto plural na razão de 5 (cinco) votos por 1 (uma) ação ordinária.

Ao analisar a cláusula estatutária você conclui que ela é

(A) parcialmente válida, pois é nula a atribuição de voto plural a qualquer classe de ação ordinária, porém é possível a conversibilidade em ações preferenciais.

(B) parcialmente nula, pois é válida no tocante a atribuição de voto plural, já que não excede o limite de 10 (dez) votos por ação, e nula no tocante à conversibilidade em ações preferenciais.

(C) plenamente válida, pois ambos os parâmetros adotados pelo estatuto (voto plural e conversão em ações preferenciais) são possíveis e lícitos nas companhias fechadas.

(D) totalmente nula, pois são vedadas tanto a conversibilidade de ações ordinárias em preferenciais quanto a atribuição de voto plural nas companhias fechadas.

50. A sociedade cooperativa é dotada de características próprias que lhe atribuem singularidade em relação a outros tipos societários, dentre elas o critério de distribuição de resultados. Das alternativas abaixo, assinale a única que indica corretamente tal critério.

(A) A distribuição dos resultados é realizada proporcionalmente ao valor da quota-parte de cada sócio, salvo disposição diversa do estatuto.

(B) A distribuição dos resultados é realizada proporcionalmente ao valor dos bens conferidos por cada cooperado, para formação do capital social.

(C) A distribuição dos resultados é realizada proporcionalmente ao valor das operações efetuadas pelo sócio com a sociedade, podendo ser atribuído juro fixo ao capital realizado.

(D) A distribuição dos resultados é realizada proporcionalmente à contribuição de cada cooperado, para formação dos Fundos de Reserva e de Assistência Técnica Educacional e Social.

51. Fernando é inventariante do espólio de Marcos, seu irmão mais velho. A irmã de ambos, Maria, requereu a remoção de Fernando do cargo de inventariante ao juízo de sucessões, sustentando que Fernando está se apropriando de verbas pertencentes ao espólio, e instruiu seu pedido com extratos bancários de conta corrente de titularidade de Fernando, com registro de vultosos depósitos.

O juiz, entendendo relevante a alegação de Maria, sem a oitiva de Fernando, nos próprios autos do processo de inventário, determinou sua remoção e nomeou Maria como nova inventariante.

A este respeito, assinale a afirmativa correta.

(A) O magistrado agiu corretamente, pois, comprovado o desvio de bens do espólio em favor do inventariante, cabe sua imediata remoção, independentemente de oitiva prévia.

(B) A remoção de Fernando depende, cumulativamente, da instauração de incidente de remoção, apenso aos autos do inventário, e da outorga do direito de defesa e produção de provas.

(C) Maria não pode requerer a remoção de Fernando do cargo de inventariante, pois somente o cônjuge supérstite possui legitimidade para requerer a remoção de inventariante.

(D) O desvio de bens em favor do inventariante não é causa que dê ensejo à sua remoção.

52. Pedro possui uma fazenda contígua à de Vitório. Certo dia, Pedro identificou que funcionários de Vitório estavam retirando parte da cerca divisória entre as fazendas, de modo a aumentar a área da fazenda de Vitório e reduzir a sua.

Inconformado, Pedro ajuizou ação de interdito proibitório, pelo procedimento especial das ações possessórias, com pedido para que Vitório se abstenha de ocupar a área de sua fazenda, bem como indenização pelos gastos com a colocação de nova cerca divisória, de modo a retomar a linha divisória antes existente entre as fazendas.

O juiz, entendendo que a pretensão de Pedro é de reintegração de posse, julga procedente o pedido, determinando que Vitório retire a cerca divisória que seus funcionários colocaram, bem como indenize Pedro em relação ao valor gasto com a colocação de nova cerca divisória.

Você, como advogada(o) de Vitório, analisou a sentença proferida. Assinale a opção que indica corretamente sua análise.

(A) O juiz violou o princípio da congruência, pois não é dado ao juiz conceder prestação diversa da pretendida pelo autor da demanda.

(B) O pedido de condenação do réu ao pagamento de indenização deveria ser extinto sem resolução do mérito, pois não é lícita a cumulação de pedidos em sede de ações possessórias.

(C) Na hipótese, houve aplicação da fungibilidade das ações possessórias.

(D) Houve inadequação da via eleita, pois a ação cabível seria a ação de demarcação de terras particulares.

53. Paulo é possuidor com *animus domini*, há 35 (trinta e cinco) anos, de apartamento situado no Município X. O referido imóvel foi adquirido da construtora do edifício mediante escritura pública, a qual não foi levada a registro, tendo havido pagamento integral do preço.

Em processo movido por credor da construtora do edifício, a qual é proprietária do bem perante o Registro de Imóveis, foi deferida a penhora do apartamento em fase de cumprimento de sentença, a qual foi averbada junto à matrícula do imóvel 6 (seis) meses após a publicação da decisão que determinou tal penhora no órgão oficial de publicações.

Na hipótese, assinale a opção que indica a medida processual cabível para a defesa dos interesses de Paulo.

(A) Propositura de ação de oposição, buscando se opor ao credor da construtora e à medida por ele requerida.

(B) Ajuizamento de embargos de terceiro, buscando atacar a medida constritiva em face do imóvel adquirido.

(C) Formular pedido de habilitação nos autos do processo movido pelo credor da construtora, para a defesa de seus interesses.

(D) Interposição de agravo de instrumento em face da decisão que determinou a penhora do bem, buscando reformá-la.

54. Diante da multiplicidade de recursos especiais fundados em idêntica questão de direito, o Desembargador 3º Vice-Presidente do Tribunal de Justiça do Estado do Rio de Janeiro seleciona dois dos recursos e os remete ao Superior Tribunal de Justiça para fins de afetação, determinando a suspensão de todos os processos pendentes que tramitam no respectivo Estado que versem sobre a mesma matéria.

Uma vez recebido o recurso representativo da controvérsia, o Ministro Relator resolve proferir decisão de afetação. Após seu trâmite, o recurso é julgado pela Corte Especial do Superior Tribunal de Justiça, que fixa a tese jurídica.

Diante da situação hipotética acima descrita, assinale a afirmativa correta.

(A) A tese jurídica fixada pelo Superior Tribunal de Justiça por ocasião do julgamento dos recursos especiais representativos da controvérsia não poderá ser alterada ou superada no futuro, em qualquer hipótese, nem mesmo pelo próprio Superior Tribunal de Justiça.

(B) Para a formação de seu convencimento acerca da controvérsia objeto dos recursos especiais repetitivos, o Ministro Relator não poderá admitir a participação de terceiros, na qualidade de *amicus curiae*, e tampouco realizar audiências públicas para a qualificação do contraditório.

(C) A controvérsia objeto dos recursos especiais submetidos ao rito dos repetitivos não poderá ter natureza de direito processual, mas apenas de direito material.

(D) A escolha dos recursos feita pelo 3º Vice-Presidente do Tribunal de Justiça do Estado do Rio de Janeiro não possuía o efeito de vincular o Ministro Relator no Superior Tribunal de Justiça, que, se entendesse pertinente, poderia ter selecionado outros recursos representativos da controvérsia.

55. Em ação coletiva ajuizada pela Associação Brasileira XYZ, foi proferida sentença que julgou improcedentes os pedidos formulados na petição inicial. Em segunda instância, o tribunal negou provimento à apelação interposta pela Associação Brasileira XYZ e manteve a sentença proferida.

A Associação, contudo, notou que um outro tribunal do país, em específico, decidiu sobre questão de direito similar de forma distinta, tendo atribuído interpretação diversa à mesma norma infraconstitucional federal.

A respeito da hipótese narrada, assinale a opção que apresenta a medida judicial a ser adotada pela Associação Brasileira XYZ.

(A) Interposição de recurso especial fundado em dissídio jurisprudencial, devendo a Associação recorrente comprovar no recurso a divergência entre o acórdão recorrido e o julgado do outro tribunal, além de mencionar as circunstâncias que identifiquem ou assemelhem os casos confrontados.

(B) Interposição de embargos de divergência direcionados ao Superior Tribunal de Justiça, no intuito de uniformizar o entendimento divergente dos tribunais.

(C) Pedido de instauração de incidente de assunção de competência, ainda que se trate de divergência entre tribunais sobre questão de direito sem relevância e repercussão social.

(D) Pedido de instauração de incidente de resolução de demandas repetitivas direcionado a relator de turma do Superior Tribunal de Justiça, com o objetivo de uniformizar o entendimento divergente dos tribunais.

56. Adriana ajuizou ação de cobrança em face de Ricardo, para buscar o pagamento de diversos serviços de arquitetura por ela prestados e não pagos. Saneado o feito, o juízo de primeiro grau determinou a produção de prova testemunhal, requerida como indispensável pela autora, intimando-a para apresentar o seu rol de testemunhas, com nome e endereço. Transcorrido mais de 1 (um) mês, Adriana, embora regularmente intimada daquela decisão, manteve-se inerte, não tendo fornecido o rol contendo a identificação de suas testemunhas. Diante disso, o juízo determinou a derradeira intimação da autora para dar andamento ao feito, no prazo de 5 (cinco) dias, sob pena de extinção. Essa intimação foi feita pelo Diário da Justiça, na pessoa de seu advogado constituído nos autos. Findo o prazo sem manifestação, foi proferida, a requerimento de Ricardo, sentença de extinção do processo sem resolução de mérito, tendo em vista o abandono da causa pela autora por mais de 30 (trinta) dias, condenando Adriana ao pagamento das despesas processuais e dos honorários advocatícios.

Na qualidade de advogado de Adriana, sobre essa sentença assinale a afirmativa correta.

(A) Está incorreta, pois, para que o processo seja extinto por abandono, o CPC exige prévia intimação pessoal da parte autora para promover os atos e as diligências que lhe incumbir, no prazo de 5 (cinco) dias.

(B) Está correta, pois, para que o processo seja extinto por abandono, o CPC exige, como único requisito, o decurso de mais de 30 (trinta) dias sem que haja manifestação da parte autora.

(C) Está incorreta, pois, para que o processo seja extinto por abandono, o CPC exige, como único requisito, o decurso de mais de 60 (sessenta) dias sem que haja manifestação da parte autora.

(D) Está incorreta, pois o CPC não prevê hipótese de extinção do processo por abandono da causa pela parte autora.

57. João Eustáquio, após passar por situação vexatória promovida por Lucia Helena, decide procurar um advogado. Após narrar os fatos, o advogado de João Eustáquio promove uma ação indenizatória em face de Lucia Helena, no Juizado Especial Cível de Sousa/PB.

Lucia Helena, devidamente representada por seu advogado, apresenta contestação de forma oral, bem como apresenta uma reconvenção contra João Eustáquio.

João Eustáquio, indignado com tal situação, questiona se é válida a defesa processual promovida por Lucia Helena.

Como advogado de João Eustáquio, nos termos da Lei nº 9.099/95, assinale a afirmativa correta.

(A) A contestação pode ser apresentada de forma oral, porém não se admitirá a apresentação de reconvenção.

(B) A contestação não pode ser apresentada de forma oral, sendo somente permitida de forma escrita. Além disso, não se admitirá a apresentação de reconvenção.

(C) A reconvenção pode ser apresentada, prezando pelo princípio da eventualidade, porém a contestação deve ser feita de forma escrita.

(D) A contestação pode ser apresentada de forma oral, bem como é cabível a apresentação de reconvenção.

58. Em um mesmo contexto, por meio de uma ação fracionada, Carlos praticou dois crimes autônomos cujas sanções penais, previstas no Código Penal, são de pena privativa de liberdade e pena de multa cumulativa. No momento de fixar a multa de cada um dos crimes, reconhecido o concurso formal, o magistrado aplicou a pena máxima de 360 dias para ambas as infrações penais, sendo determinado que o valor do dia-multa seria o máximo de 05 salários-mínimos, considerando, em ambos os momentos, a gravidade em concreto do delito. A pena privativa de liberdade aplicada, contudo, por não ultrapassar 04 anos, foi substituída por duas restritivas de direitos.

Carlos, intimado da sentença, procura você, como advogado(a), informando não ter condições de arcar com a multa aplicada, já que recebe apenas R$ 2.000,00 (dois mil reais) mensais.

Na ocasião, o(a) advogado(a) de Carlos deverá esclarecer ao seu cliente que

(A) poderá ser buscada a redução do valor do dia-multa e da quantidade de dias aplicada, tendo em vista que em ambos os momentos deverá considerar o magistrado a capacidade econômica financeira do réu e não a gravidade em concreto do fato, podendo o próprio juiz do conhecimento deixar de aplicar multa com base na situação de pobreza do acusado.
(B) poderá ser buscada a redução do valor do dia-multa, que deverá considerar a capacidade econômica financeira do agente, ainda que a quantidade de dias-multa possa valorizar a gravidade em concreto do fato.
(C) poderá haver conversão da pena de multa em privativa de liberdade em caso de não pagamento injustificado da mesma.
(D) poderá a pena de multa de um dos delitos ser majorada de 1/6 a 2/3, de acordo com as previsões do Código Penal, diante do concurso formal de crimes, afastada a soma das penas.

59. Após ter sido exonerado do cargo em comissão que ocupava há mais de dez anos, Lúcio, abatido com a perda financeira que iria sofrer, vai a um bar situado na porta da repartição estadual em que trabalhava e começa a beber para tentar esquecer os problemas financeiros que viria a encontrar.

Duas horas depois, completamente embriagado, na saída do trabalho, encontra seu chefe Plínio, que fora o responsável por sua exoneração. Assim, com a intenção de causar a morte de Plínio, resolve empurrá-lo na direção de um ônibus que trafegava pela rua, vindo a vítima efetivamente a ser atropelada. Levado para o hospital totalmente consciente, mas com uma lesão significativa na perna a justificar o recebimento de analgésicos, Plinio vem a falecer, reconhecendo o auto de necropsia que a causa da morte foi unicamente envenenamento, decorrente de erro na medicação que lhe fora ministrada ao chegar ao hospital, já que o remédio estaria fora de validade e sequer seria adequado no tratamento da perna da vítima.

Lúcio foi denunciado, perante o Tribunal do Júri, pela prática do crime de homicídio consumado, imputando a denúncia a agravante da embriaguez preordenada.

Confirmados os fatos, no momento das alegações finais da primeira fase do procedimento do Tribunal do Júri, sob o ponto de vista técnico, a defesa deverá pleitear

(A) o afastamento da agravante da embriaguez, ainda que adequada a pronúncia pelo crime de homicídio consumado.
(B) o afastamento, na pronúncia, da forma consumada do crime, bem como o afastamento da agravante da embriaguez.
(C) o afastamento, na pronúncia, da forma consumada do crime, ainda que possível a manutenção da agravante da embriaguez.
(D) a desclassificação para o crime de lesão corporal seguida de morte, bem como o afastamento da agravante da embriaguez.

60. Gabriel, funcionário há 20 (vinte) dias de uma loja de eletrodomésticos, soube, por terceira pessoa, que Ricardo, seu amigo de longa data, pretendia furtar o estabelecimento em que trabalhava, após o encerramento do expediente daquele dia, apenas não decidindo o autor do fato como faria para ingressar no local sem acionar o alarme.

Ciente do plano de Ricardo, Gabriel, pretendendo facilitar o ato de seu amigo, sem que aquele soubesse, ao sair do trabalho naquele dia, deixou propositalmente aberto o portão de acesso à loja, desligando os alarmes. Ricardo, ao chegar ao local, percebeu o portão de acesso aberto, entrou no estabelecimento e furtou diversos bens de seu interior.

Após investigação, todos os fatos são descobertos. Os proprietários do estabelecimento lesado, então, procuram a assistência de um advogado, esclarecendo que tomaram conhecimento de que Ricardo, após o crime, falecera em razão de doença pré-existente.

Considerando apenas as informações expostas, o advogado deverá esclarecer aos lesados que Gabriel poderá ser responsabilizado pelo crime de

(A) furto qualificado pelo concurso de pessoas.
(B) furto simples, sem a qualificadora do concurso de pessoas em razão da ausência do elemento subjetivo.
(C) furto simples, sem a qualificadora do concurso de pessoas em razão da contribuição ter sido inócua para a consumação delitiva.
(D) favorecimento real, mas não poderá ser imputado o crime de furto, simples ou qualificado.

61. Rômulo, 35 anos, José, 28 anos e Guilherme, 15 anos, durante 3 (três) meses, reuniram-se, na casa da mãe do adolescente, para discutirem a prática de crimes considerados de menor potencial ofensivo.

Ao descobrir o objetivo das reuniões, a mãe de Guilherme informou os fatos à autoridade policial, que instaurou procedimento investigatório. Concluídas as investigações e confirmados os fatos, o Ministério Público ofereceu denúncia, em face de Rômulo e José, pelo crime de organização criminosa com causa de aumento pelo envolvimento do adolescente.

Considerando apenas as informações narradas, a defesa de Rômulo e José poderá pleitear, sob o ponto de vista técnico,

(A) a desclassificação para o crime de associação criminosa, apesar de possível a aplicação da causa de aumento pelo envolvimento de adolescente.
(B) o afastamento da causa de aumento pelo envolvimento de adolescente, apesar de possível a condenação pelo crime de constituição de organização criminosa.
(C) a absolvição dos réus, já que, considerando a inimputabilidade de Guilherme, não poderiam responder nem pela constituição de organização criminosa nem pela associação criminosa.
(D) a desclassificação para o crime de associação criminosa, não havendo previsão de causa de aumento pelo envolvimento de adolescente, mas tão só se houvesse emprego de arma de fogo.

62 Durante uma festa de confraternização entre amigos da faculdade, em 1º de junho de 2020, começou uma discussão entre Plinio e Carlos, tendo a mãe de Plínio procurado intervir para colocar fim à briga. Nesse momento, Carlos passou a ofender a mãe de Plinio, chamando-a de "macumbeira", que "deveria estar em um terreiro".

Revoltadas, pessoas que presenciaram o ocorrido compareceram ao Ministério Público e narraram os fatos. A mãe de Plinio disse, em sua residência, que não pretendia manter discórdia com colegas do filho, não tendo comparecido à Delegacia e nem ao órgão ministerial para tratar do evento. O Ministério

Público, em 2 de dezembro de 2020, denunciou Carlos pelo crime de racismo, trazido pela Lei nº 7.716/89.

Você, como advogado(a) de Carlos, deverá alegar, em sua defesa, que deverá

(A) ocorrer extinção da punibilidade, pois não houve a indispensável representação da vítima, apesar de, efetivamente, o crime praticado ter sido de racismo.
(B) haver desclassificação para o crime de injúria simples, que é de ação penal privada, não tendo o Ministério Público legitimidade para oferecimento da denúncia.
(C) haver desclassificação para o crime de injúria qualificada pela utilização de elementos referentes à religião, que é de ação penal privada, não tendo o Ministério Público legitimidade para oferecimento de denúncia.
(D) haver desclassificação para o crime de injúria qualificada pela utilização de elementos referentes à religião, que é de ação penal pública condicionada, justificando extinção da punibilidade por não ter havido representação por parte da vítima.

63. Joana, sob influência do estado puerperal, levanta da cama do quarto do hospital, onde estava internada após o parto, com o propósito de matar seu filho recém-nascido, que se encontrava no berçário. Aproveitando-se da distração do segurança que, ao sair para ir ao banheiro, deixara sua arma sobre a mesa no corredor, Joana pega a arma e se dirige até o vidro do berçário.

Lá chegando, identifica o berço de seu filho, aponta a arma e efetua o disparo. Ocorre que, devido ao tranco da arma, Joana erra o disparo e atinge o berço onde estava o filho de Maria.

Acerca do caso, é correto afirmar que Joana responderá pelo crime de

(A) homicídio, uma vez que acertou o filho de Maria e não o seu próprio filho.
(B) infanticídio, em razão da incidência do erro sobre a pessoa.
(C) infanticídio, em razão da incidência do erro na execução.
(D) infanticídio, em razão da incidência do resultado diverso do pretendido.

64. Lorena, em 01/01/2019, foi violentamente agredida por seu ex-companheiro Manuel, em razão de ciúmes do novo relacionamento, o que teria deixado marcas em sua barriga.

Policiais militares compareceram ao local dos fatos, após gritos da vítima, e encaminharam os envolvidos à Delegacia, destacando os agentes da lei que não presenciaram a briga e nem verificaram se Lorena estava ou não lesionada. Por sua vez, Lorena, que não precisou de atendimento médico, disse não ter interesse em ver o autor do fato processado, já que seria pai de suas filhas, não esclarecendo o ocorrido. Manuel, arrependido, porém, confessou a agressão na Delegacia, dizendo que desferiu um soco no estômago de Lorena, que lhe deixou marcas.

A vítima foi para sua residência, sem realizar exame técnico, mas, com base na confissão de Manuel, foi o autor do fato denunciado pelo crime de lesão corporal praticada no contexto de violência doméstica e familiar contra a mulher (Art. 129, § 9º, do CP, na forma da Lei nº 11.340/06). Durante a instrução, foi juntada apenas a Folha de Antecedentes Criminais de Manuel, sem outras anotações, não comparecendo a vítima à audiência de instrução e julgamento. Os policiais confirmaram apenas que escutaram um grito de Lorena, não tendo presenciado os fatos. Manuel, em seu interrogatório, reitera a confissão realizada em sede policial.

No momento das alegações finais, o novo advogado de Manuel, constituído após audiência, poderá pleitear

(A) a absolvição sumária de seu cliente, tendo em vista que não houve a indispensável representação por parte da vítima e a lesão causada seria de natureza leve.
(B) a nulidade da decisão que recebeu a denúncia, tendo em vista que não houve a indispensável representação por parte da vítima e a lesão identificada foi de natureza leve.
(C) a absolvição de seu cliente, diante da ausência de laudo indicando a existência de lesão, não podendo a confissão do acusado suprir tal omissão.
(D) a suspensão condicional da pena, já que não se admite a substituição da pena privativa de liberdade por restritiva de direitos no crime, mas a representação da vítima era dispensável, assim como o corpo de delito.

65. Matheus está sendo investigado por suposta prática de crime de uso de documento público falso. Após representação da autoridade policial, o juiz deferiu que fosse realizada busca e apreensão na residência do investigado.

Realizadas diversas diligências e concluído o procedimento investigatório, os autos foram encaminhados ao Ministério Público, ocasião em que Lúcia, promotora de justiça junto à 5ª Vara Criminal daquela mesma comarca, ofereceu denúncia imputando a Matheus a prática do crime do Art. 304 (uso de documento falso) do Código Penal.

O magistrado recebeu a denúncia oferecida, e a defesa técnica de Matheus foi intimada, após citação, para a adoção das medidas cabíveis. Ocorre que o advogado de Matheus veio a tomar conhecimento que o denunciado devia R$ 2.000,00 (dois mil reais) a Lúcia, pois, em momento anterior, não havia prestado um serviço contratado e pago pela promotora de justiça.

Considerando as informações narradas e de acordo com as previsões do Código de Processo Penal, o advogado de Matheus poderá

(A) apresentar resposta à acusação, mas não exceção, tendo em vista que as causas de suspeição e impedimento do magistrado não são aplicáveis aos membros do Ministério Público.
(B) opor exceção de ilegitimidade da parte, diante da constatação de causa de impedimento do membro do Ministério Público que ofereceu denúncia.
(C) opor exceção de suspeição, diante da causa de impedimento do membro do Ministério Público que ofereceu a denúncia.
(D) opor exceção de suspeição, diante da constatação de causa de suspeição do membro do Ministério Público que ofereceu a denúncia.

66. José, primário e de bons antecedentes, foi denunciado pela prática do crime de receptação simples (*pena: 01 a 04 anos de reclusão e multa*). Após ser certificado que o denunciado estava em local incerto e não sabido, foi publicado edital com objetivo de citá-lo. Mesmo após passado o prazo do edital, José não compareceu em juízo nem constituiu advogado.

O magistrado, informado sobre o fato, determinou a suspensão do processo e do curso do prazo prescricional. Na mesma decisão, decretou a prisão preventiva de José, exatamente por ele não ter sido localizado para citação, além da produção de duas provas, antecipadamente: oitiva de Maria, senhora de 90 anos de idade, que se encontrava internada e com risco de falecer, e da vítima, Bruno, jovem de 22 anos, sob o fundamento de que o decurso do tempo poderia prejudicar essa oitiva e gerar esquecimento. José, dez dias após a decisão, veio a tomar conhecimento dos fatos e entrou em contato com seu advogado.

Considerando apenas as informações expostas, o advogado de José deverá buscar o reconhecimento de que

(A) a suspensão do processo após citação por edital foi legal, mas não a suspensão do prazo prescricional, já que o magistrado determinou a produção antecipada de provas.

(B) o magistrado poderia ter determinado a produção antecipada de provas em relação à Maria, mas não em relação à oitiva de Bruno, sendo, ainda, inadequada a decretação da prisão preventiva.

(C) a prisão foi decretada de maneira inadequada, mas a determinação da oitiva de Maria e de Bruno de maneira antecipada foi correta.

(D) não poderiam ser produzidas quaisquer provas antecipadas, já que o processo encontrava-se suspenso, apesar de legal a decretação da prisão preventiva.

67. Francisco foi preso em flagrante, logo após a prática de um crime de furto qualificado, pelo rompimento de obstáculo. Agentes públicos compareceram ao local dos fatos e constataram, por meio de exame pericial, o arrombamento do fecho da janela que protegia a residência de onde os bens foram subtraídos.

No interior da Delegacia, em conversa informal com a autoridade policial, Francisco confessou a prática delitiva, fato que foi registrado em gravação de áudio no aparelho celular pessoal do Delegado. Quando ouvido formalmente, preferiu exercer o direito ao silêncio que lhe foi assegurado naquele momento.

Francisco, reincidente, foi denunciado, sendo juntados pelo Ministério Público, já no início da ação penal, o laudo de exame de local que constatou o arrombamento e o áudio da confissão informal encaminhado pela autoridade policial.

No momento das alegações finais, o advogado de Francisco, sob o ponto de vista técnico, deverá destacar que

(A) a condenação não poderá se basear exclusivamente no laudo de exame de local, considerando que não foi produzido sob crivo do contraditório, e o áudio acostado, apesar de não poder ser considerado prova ilícita, se valorado na sentença, deverá justificar o reconhecimento da atenuante da pena da confissão.

(B) tanto o áudio com a confissão informal quanto o laudo de exame de local são provas lícitas, podendo, inclusive, o magistrado fundamentar eventual condenação com base exclusivamente no exame pericial produzido antes da instrução probatória.

(C) a confissão informal foi obtida de maneira ilícita, devendo ser o áudio desentranhado do processo, mas poderá o laudo pericial ser considerado em eventual sentença, apesar de produzido antes de ser instaurado o contraditório.

(D) tanto o áudio com a confissão informal quanto o laudo de exame de local são provas ilícitas, devendo ser desentranhados do processo.

68. Ricardo, motorista profissional e legalizado para transporte escolar, conduzia seu veículo de trabalho por uma rua da Comarca de Celta (MS), sendo surpreendido com a travessia repentina de Igor que conduzia uma bicicleta, vindo com isso a atropelá-lo. Igor ficou caído no chão reclamando de muita dor no peito, não conseguindo levantar-se.

Ricardo, diante das reclamações de dor da vítima, e com receio de agravar o seu estado de saúde, permaneceu no local e pediu ajuda ao Corpo de Bombeiros, ligando para o número 193.

A polícia militar chegou, fez o teste em Ricardo para apurar a concentração de álcool por litro de sangue, sendo 0 (zero) o resultado de miligrama de álcool. Diante da situação de flagrância, Ricardo foi preso e, no dia seguinte, levado à audiência de custódia.

Igor foi socorrido pelo Corpo de Bombeiros constatando-se no hospital, por exame de imagem, que a vítima havia fraturado 03 (três) costelas e o tornozelo direito, sendo operado com sucesso.

Você, como advogado(a) de Ricardo, postularia

(A) concessão da liberdade provisória, sem fiança, diante da legalidade da prisão, por se tratar de indiciado primário e de bons antecedentes, além de ter prestado imediato e integral socorro à vítima.

(B) somente a imposição da medida cautelar diversa da prisão, consistente no comparecimento periódico em juízo, diante da legalidade da prisão e considerando que a custódia cautelar deve ser a última medida imposta diante do princípio da proporcionalidade.

(C) relaxamento da prisão de Ricardo por ser ilegal, haja vista que prestou imediato e integral socorro à vítima.

(D) concessão da liberdade provisória, mediante fiança, arbitrado o menor valor legal, diante da legalidade da prisão, por ser o indiciado primário e de bons antecedentes, bem como em razão da sua capacidade econômica.

69. Ao término da instrução criminal no processo em que Irineu foi denunciado pelo crime de homicídio doloso consumado que vitimou Alberto, o advogado de Irineu teve a palavra em audiência para fazer suas alegações finais (juízo de admissibilidade da acusação).

No curso do inquérito policial o Delegado de Polícia representou ao juízo competente pelo incidente de insanidade mental, cujo laudo afirmou que, na data em que o crime foi praticado, Irineu era inteiramente incapaz de entender o caráter ilícito do fato.

Ouvidas as testemunhas arroladas na denúncia, Roberta, cliente que estava no bar em que aconteceu o crime, declarou que Irineu tinha traços semelhantes àqueles da pessoa que efetuou o disparo de arma de fogo, mas não poderia afirmar com certeza a autoria. No mesmo sentido foi o depoimento de Laércio, que era garçom daquele estabelecimento comercial. Rui, que estava no caixa do bar, e Ana, a gerente, disseram não ter condições de reconhecer o réu.

Irineu sempre negou a autoria do homicídio.

Você, como advogado(a) de defesa de Irineu, em alegações finais, deve sustentar a tese de

(A) nulidade do processo desde a decisão que determinou o exame de insanidade mental, pois o Delegado de Polícia não poderia representar pelo incidente de insanidade mental, por não ter qualidade de parte.

(B) absolvição sumária, em razão do laudo do exame de insanidade mental ter afirmado que Irineu era absolutamente incapaz, por doença mental, sem condições, à época, de entender o caráter ilícito do fato.

(C) impronúncia de Irineu, posto que a prova testemunhal não revelou a existência de indícios suficientes de autoria.

(D) despronúncia, em razão das declarações de Rui e Ana, que não reconheceram Irineu como autor do disparo de arma de fogo.

70. Rita trabalha, desde a contratação, das 22h às 5h, como recepcionista em um hospital. Tendo surgido uma vaga no horário diurno, a empresa pretende transferir Rita para o horário diurno.

Diante disso, de acordo com o entendimento consolidado da jurisprudência do TST, assinale a afirmativa correta.

(A) A alteração do turno de trabalho do empregado é vedada, pois implica redução remuneratória pela perda do respectivo adicional.

(B) A alteração do turno noturno para o diurno é lícita, mesmo com a supressão do adicional noturno.

(C) A alteração de turno depende do poder diretivo do empregador, mas o adicional noturno não pode ser suprimido.

(D) A alteração do turno de trabalho será lícita, desde que haja a incorporação definitiva do adicional ao salário de Rita.

71. Júlia é analista de sistemas de uma empresa de tecnologia e solicitou ao empregador trabalhar remotamente.

Sobre a pretensão de Júlia, observados os termos da CLT, assinale a afirmativa correta.

(A) O teletrabalho só pode ser assim considerado se a prestação de serviços for totalmente fora das dependências da empresa.

(B) O ajuste entre Júlia e seu empregador poderá ser tácito, assim como ocorre com o próprio contrato de trabalho.

(C) O computador e demais utilidades que se fizerem necessárias para o trabalho remoto de Júlia não integrarão sua remuneração.

(D) O ajuste entre as partes para o trabalho remoto deverá ser por mútuo consentimento, assim como o retorno ao trabalho presencial.

72. Milton possui uma fábrica de massas que conta com 23 (vinte e três) empregados. Em fevereiro de 2021, Milton conversou individualmente com cada empregado e propôs, para trazer maior agilidade, que dali em diante cada qual passasse a marcar ponto por exceção, ou seja, só marcaria a eventual hora extra realizada. Assim, caso a jornada fosse cumprida dentro das 8 (oito) horas diárias, não haveria necessidade de marcação. Diante da concordância, foi feito um termo individual para cada empregado, que foi assinado.

Sobre a hipótese apresentada, de acordo com o disposto na CLT, assinale a afirmativa correta.

(A) O acordo é inválido, porque somente poderia ser feito por norma coletiva, e não individual.

(B) O acerto é válido, porque o registro de ponto por exceção à jornada regular de trabalho pode ser feito por meio de acordo individual.

(C) A alteração, para ter validade, depende da homologação do Poder Judiciário, por meio de uma homologação de acordo extrajudicial.

(D) Para o acerto da marcação por exceção, é obrigatória a criação de uma comissão de empregados, que irá negociar com o empregador, e, em contrapartida, a empresa deve conceder alguma vantagem.

73. Determinada sociedade empresária propôs, em 2022, a um grupo de candidatos a emprego, um contrato de trabalho no qual a duração máxima seria de 30 (trinta) horas semanais, sem a possibilidade de horas extras. Como alternativa, propôs um contrato com duração de 26 (vinte e seis) horas semanais, com a possiblidade de, no máximo, 6 (seis) horas extras semanais.

Um dos candidatos consultou você, na qualidade de advogado(a), sobre os contratos de trabalho oferecidos. Assinale a opção que apresenta, corretamente, sua resposta.

(A) Os dois casos apresentam contratos de trabalho em regime de tempo parcial.

(B) No primeiro caso, trata-se de contrato de trabalho em regime de tempo parcial; no segundo, trata-se de contrato de trabalho comum, dada a impossibilidade de horas extras nessa modalidade contratual.

(C) Os dois casos não são contratos em regime de tempo parcial, já que o primeiro excede o tempo total de horas semanais e, o segundo, contém horas extras, o que não é cabível.

(D) Não se trata de contrato por tempo parcial, pois, na hipótese, admite-se tempo inferior ao limite máximo, quando na modalidade de regime por tempo parcial os contratos só poderão ter 30 (trinta) ou 26 (vinte e seis) horas.

74. Eduarda é auditora contábil e trabalha na sociedade empresarial Calculadora Certa Ltda., exercendo sua atividade junto aos vários clientes do seu empregador. Por necessidade de serviço, e tendo em vista a previsão expressa em seu contrato de trabalho, Eduarda será transferida por 4 (quatro) meses para um distante Estado da Federação, pois realizará a auditoria física no maior cliente do seu empregador.

Considerando essa situação e os termos da CLT, assinale a afirmativa correta.

(A) A transferência é nula, porque o empregado tem a expectativa de permanecer em um só lugar.

(B) A empregada pode ser transferida e receberá um adicional de 10% (dez por cento), que será incorporado ao seu salário mesmo após o retorno.

(C) A transferência somente será possível se houver prévia autorização judicial e, caso permitida, Eduarda fará jus a um adicional mínimo de 50% (cinquenta por cento).

(D) Eduarda poderá ser transferida e terá direito a um adicional não inferior a 25% (vinte e cinco por cento) sobre seu salário, enquanto estiver na outra localidade.

75. Na reclamação trabalhista movida por Paulo contra a sociedade empresária Moda Legal Ltda., o juiz prolator da sentença reconheceu que o autor tinha direito ao pagamento das comissões, que foram prometidas mas jamais honradas, mas indeferiu o pedido de integração das referidas comissões em outras parcelas (13º salário, férias e FGTS) diante da sua natureza indenizatória.

Considerando a situação de fato e a previsão legal, assinale a afirmativa correta.

(A) Correta a decisão, porque todas as verbas que são deferidas numa reclamação trabalhista possuem natureza indenizatória.

(B) Errada a decisão que indeferiu a integração, porque comissão tem natureza jurídica salarial, daí repercute em outras parcelas.

(C) Correta a decisão, pois num contrato de trabalho as partes podem atribuir a natureza das parcelas desde que haja acordo escrito neste sentido assinado pelo empregado.

(D) A decisão está parcialmente correta, porque a CLT determina que, no caso de reconhecimento judicial de comissões, metade delas terá natureza salarial.

76. Beatriz foi empregada de uma entidade filantrópica por 2 (dois) anos e 3 (três) meses. Terminada a relação de emprego no final de 2021, Beatriz ajuizou reclamação trabalhista 1 (um) mês após, pelo procedimento sumaríssimo, postulando diversos direitos supostamente lesados, além de honorários advocatícios.

Regularmente contestado e instruído, o pedido foi julgado procedente em parte, sendo que a ex-empregadora recorreu da sentença no prazo legal juntando o recolhimento das custas.

Sobre essa hipótese, de acordo com o que dispõe a CLT, assinale a afirmativa correta.

(A) O recurso terá o seguimento negado de plano, já que a ex-empregadora não efetuou o depósito recursal.

(B) O juiz deverá conceder prazo para que a recorrente sane o vício e efetue o recolhimento do depósito recursal, sob pena de deserção.

(C) O recurso terá seguimento normal e será apreciado desde que a recorrente recolha metade do depósito recursal até a apreciação do recurso pelo Relator.

(D) O recurso está com o preparo adequado porque, diante da natureza jurídica da ex-empregadora, ela é isenta do depósito recursal.

77. Ramon conseguiu, em uma reclamação trabalhista, a sentença de procedência parcial dos seus pedidos, sendo condenado o ex-empregador a pagar vários direitos, mediante condenação subsidiária da União como tomadora dos serviços. A sentença transitou em julgado nestes termos, houve liquidação regular e foi homologado o valor da dívida em R$15.000,00 (quinze mil reais), conforme cálculos apresentados pelo exequente. Ramon tentou executar por várias formas o ex-empregador, sem sucesso, e então requereu ao juiz o direcionamento da execução em face da União, que foi citada, mas discordou dos cálculos apresentados, reputando-os majorados.

Diante da situação apresentada e dos termos da legislação em vigor, assinale a afirmativa correta.

(A) Caberá à União depositar o valor da dívida e, então, no prazo legal, ajuizar embargos à execução.

(B) Se a União não depositar voluntariamente a quantia, terá bens penhorados no valor da dívida e, após, poderá ajuizar embargos à execução.

(C) A Lei prevê que sendo o ente público o devedor, ainda que subsidiário, bastará depositar metade do valor homologado para ajuizar embargos à execução.

(D) É desnecessária a garantia do juízo para a União ajuizar embargos à execução.

78. Numa reclamação trabalhista que se encontra na fase de execução e diante da extrema complexidade dos cálculos, o juiz determinou a liquidação a cargo de um perito judicial.

Apresentado o laudo, em que pese ambas as partes discordarem das contas apresentadas pelo especialista, elas foram homologadas pelo juiz. A sociedade empresária garantiu o juízo e ajuizou embargos à execução, enquanto o exequente apresentou impugnação à sentença de liquidação.

O juiz julgou improcedentes ambas as ações, mantendo a homologação já feita. Somente a sociedade empresária interpôs agravo de petição no prazo legal.

Sobre o caso, considerando os fatos narrados e o entendimento consolidado do TST, assinale a afirmativa correta.

(A) No prazo de contrarrazões, o exequente poderá, querendo, interpor agravo de petição de forma adesiva.

(B) O recurso adesivo não é aceito na Justiça do Trabalho porque a CLT é omissa a respeito.

(C) Caberá ao exequente apenas apresentar contrarrazões, pois o recurso adesivo só tem cabimento para os recursos ordinário e de revista.

(D) Agravo de petição adesivo é aceito na seara trabalhista, sendo necessário que a matéria nele veiculada esteja relacionada com a do recurso interposto pela parte contrária.

79. Em 7 de fevereiro de 2022 (uma segunda-feira), Carlos ajuizou reclamação trabalhista pelo rito ordinário contra a Sociedade Empresária Calçados Ícaro Ltda., postulando vários direitos que afirma terem sido lesados ao longo dos 3 (três) anos nos quais trabalhou na empresa.

A Vara para a qual o processo foi sorteado é extremamente organizada, tendo comprovadamente ocorrido a citação em 9 de fevereiro (quarta-feira) e designada a audiência una para o dia 11 de fevereiro (sexta-feira). Todos os dias da referida semana são úteis.

Diante dos fatos e do que dispõe a CLT, assinale a afirmativa correta.

(A) A audiência deve ser remarcada, se houver pedido do reclamado, porque não se observou prazo mínimo de 5 (cinco) dias úteis contados da citação.

(B) A Justiça do Trabalho deve primar pela celeridade, daí porque a designação de audiência breve é válida, pois respeitado o prazo legal de 48 (quarenta e oito) horas.

(C) Inválida a data marcada para a audiência porque a Lei determina um interregno mínimo de 8 (oito) dias úteis contados da citação.

(D) Se a audiência fosse na modalidade presencial não seria válida pelo curto espaço para deslocamento, mas se fosse telepresencial seria válida.

80. Plínio Barbosa ajuizou uma reclamação trabalhista em face de seu empregador. O valor da causa era de 30 (trinta) salários-mínimos, com valor vigente na data do ajuizamento da ação. O pedido único da ação está baseado em entendimento sumulado pelo TST, cabendo aplicação literal da Súmula.

Ainda assim, o juiz de primeiro grau julgou improcedente o pedido. Você, na qualidade de advogado(a) de Plínio, apresentou o recurso cabível, mas o TRT respectivo manteve a decisão, sem que houvesse no acórdão dúvida, contradição, obscuridade ou contradição.

Considerando que a decisão do TRT foi publicada numa segunda-feira, assinale a opção que indica a medida judicial que você adotaria para o caso.

(A) Não cabe mais qualquer recurso em razão do tipo de procedimento da ação.

(B) Caberá recurso de agravo de instrumento.

(C) Caberá recurso de agravo de petição.

(D) Caberá recurso de revista.

Folha de Respostas

#					#				
1	A	B	C	D	41	A	B	C	D
2	A	B	C	D	42	A	B	C	D
3	A	B	C	D	43	A	B	C	D
4	A	B	C	D	44	A	B	C	D
5	A	B	C	D	45	A	B	C	D
6	A	B	C	D	46	A	B	C	D
7	A	B	C	D	47	A	B	C	D
8	A	B	C	D	48	A	B	C	D
9	A	B	C	D	49	A	B	C	D
10	A	B	C	D	50	A	B	C	D
11	A	B	C	D	51	A	B	C	D
12	A	B	C	D	52	A	B	C	D
13	A	B	C	D	53	A	B	C	D
14	A	B	C	D	54	A	B	C	D
15	A	B	C	D	55	A	B	C	D
16	A	B	C	D	56	A	B	C	D
17	A	B	C	D	57	A	B	C	D
18	A	B	C	D	58	A	B	C	D
19	A	B	C	D	59	A	B	C	D
20	A	B	C	D	60	A	B	C	D
21	A	B	C	D	61	A	B	C	D
22	A	B	C	D	62	A	B	C	D
23	A	B	C	D	63	A	B	C	D
24	A	B	C	D	64	A	B	C	D
25	A	B	C	D	65	A	B	C	D
26	A	B	C	D	66	A	B	C	D
27	A	B	C	D	67	A	B	C	D
28	A	B	C	D	68	A	B	C	D
29	A	B	C	D	69	A	B	C	D
30	A	B	C	D	70	A	B	C	D
31	A	B	C	D	71	A	B	C	D
32	A	B	C	D	72	A	B	C	D
33	A	B	C	D	73	A	B	C	D
34	A	B	C	D	74	A	B	C	D
35	A	B	C	D	75	A	B	C	D
36	A	B	C	D	76	A	B	C	D
37	A	B	C	D	77	A	B	C	D
38	A	B	C	D	78	A	B	C	D
39	A	B	C	D	79	A	B	C	D
40	A	B	C	D	80	A	B	C	D

GABARITO COMENTADO

1. Gabarito: B
Comentário: A: incorreta. Nos termos do art. 48, § 2º, do CED, a compensação de créditos, pelo advogado, de importâncias devidas ao cliente, somente será admissível quando o contrato de prestação de serviços a autorizar ou quando houver autorização especial do cliente para esse fim, por este firmada; B: correta, nos termos do art. 48, § 2º, do CED; C: incorreta, pois o contrato de prestação de serviços pode prever, expressamente, a possibilidade de compensação de créditos com valores a serem recebidos pelo cliente; D: incorreta, pois, como visto, admite-se a compensação de créditos, desde que haja previsão no contrato de prestação de serviços, ou autorização especial firmada pelo cliente.

2. Gabarito: C
Comentário: Nos termos do art. 16, caput, do EAOAB, não são admitidas a registro nem podem funcionar todas as espécies de sociedades de advogados que apresentem forma ou características de sociedade empresária, que adotem denominação de fantasia, que realizem atividades estranhas à advocacia, que incluam como sócio ou titular de sociedade unipessoal de advocacia pessoa não inscrita como advogado ou totalmente proibida de advogar. Assim, a sociedade empresária Y jamais poderia ser registrada na Junta Comercial, que, conforme art. 16, § 3º, do EOAB, deveria recusar referido registro, dada proibição de registrar sociedades que incluam, entre outras finalidades, a atividade de advocacia. Também seria vedado o registro da sociedade Y perante a OAB (Conselho Seccional da sede), eis que, além de serviços de advocacia (Consultoria Jurídica), prestaria, também, orientação de marketing a pequenos empreendedores, portanto, atividades estranhas às jurídicas. Correta, portanto, a alternativa C, estando as demais em descompasso com os referidos dispositivos legais.

3. Gabarito: A
Comentário: B, C e D: incorretas, pois contêm atos considerados privativos de advocacia. Durante o cumprimento de suspensão, o advogado é proibido de realizar atos privativos de advocacia, sob pena, inclusive, de nulidade (art. 4º, parágrafo único, do EAOAB). Além disso, o art. 37, § 1º, do EAOAB, diz expressamente que a suspensão acarreta ao infrator a interdição do exercício profissional em todo o território nacional. Portanto, qualquer ato privativo de advocacia não poderá ser praticado, durante o cumprimento da suspensão, pelo advogado infrator; A: correta. A despeito de Aline estar suspensa do exercício profissional, poderá impetrar habeas corpus em qualquer instância ou tribunal, consoante autoriza o art. 1º, § 1º, do EAOAB, eis que referido remédio constitucional não exige capacidade postulatória, podendo ser manejado por qualquer pessoa, advogada ou não.

4. Gabarito: B
Comentário: A e D: incorretas. Nos termos do art. 17 do EAOAB e art. 40 do Regulamento Geral (RGOAB), os advogados integrantes de sociedades de advocacia respondem subsidiariamente (e não solidariamente!) à sociedade, cabendo a esta, portanto, a responsabilidade principal de arcar com os danos causados aos clientes; B: correta. A despeito de a responsabilidade do advogado ser subsidiária à da sociedade, será ilimitada, conforme os já referidos dispositivos normativos; D: incorreta, pois a responsabilidade será subsidiária e ilimitada.

5. Gabarito: D
Comentário: Nos termos do art. 22, § 6º do EAOAB, o advogado Leandro fará jus aos chamados honorários assistenciais, podendo executá-los, se quiser, nos próprios autos, conforme autoriza o art. 23 do EAOAB. Neste caso, a depender do valor dos honorários devidos ao advogado, a serem pagos pelo devedor/executado, poderá requerer a expedição de requisição de pequeno valor (quando a condenação tiver sido imposta à Fazenda Pública). Também é direito do advogado requerer o destaque de seus honorários de valores a serem percebidos/levantados por seu cliente, conforme autoriza o art. 22, § 4º, do EAOAB. Correta, portanto, a alternativa D.

6. Gabarito: A
Comentário: A: correta, nos termos do art. 55, caput, do CED e art. 72, caput, do EAOAB; B: incorreta, pois o sigilo nos processos disciplinares decorre de imperativo legal (art. 72, § 2º, do EAOAB), e o acesso às suas informações pelas partes e seus defensores é direta, ou seja, não depende de autorização judicial; C: incorreta. Durante o julgamento do processo disciplinar, é direito do advogado acusado realizar sustentação oral, conforme prevê o art. 60, § 4º, do CED, não havendo qualquer avaliação de sua "necessidade" pelo Tribunal. Ou seja, cabe ao advogado ponderar se quer, ou não, realizar sustentação oral; D: incorreta. Se o relator se manifestar pelo indeferimento liminar da representação, caberá ao Presidente do Conselho competente, ou, conforme o caso, ao do Tribunal de Ética e Disciplina, decidir se declara instaurado o processo ou se já o arquiva de plano. Em outras palavras, não será o processo submetido a julgamento, mas, sim, haverá decisão no sentido de ser instaurado efetivamente ou já arquivado de plano (art. 58, § 4º, do CED).

7. Gabarito: C
Comentário: A e B: incorretas. Nos termos do art. 3º-A, parágrafo único, do EAOAB, considera-se notória especialização o profissional ou a sociedade de advogados cujo conceito no campo de sua especialidade, decorrente de desempenho anterior, estudos, experiências, publicações, organização, aparelhamento, equipe técnica ou de outros requisitos relacionados com suas atividades, permita inferir que o seu trabalho é essencial e indiscutivelmente o mais adequado à plena satisfação do objeto do contrato. Portanto, nem toda atividade privativa de advocacia pode ser considerada como um serviço de notória especialização; C: correta, de acordo com o dispositivo legal anteriormente citado; D: incorreta, pois a notória especialização pode ser atribuída a um advogado (pessoa física/natural) ou a uma sociedade de advogados, conforme se lê expressamente no já citado art. 3º-A, parágrafo único, do EAOAB.

8. Gabarito: B
Comentário: A: incorreta. Nos termos do art. 58-A do CED, nos casos de infração ético-disciplinar punível com censura, será admissível a celebração de termo de ajustamento de conduta, se o fato apurado não tiver gerado repercussão negativa à advocacia. Assim, somente o advogado Pedro, que cometeu infração ética punível com censura, poderia celebrar o TAC, eis que Hélio cometeu infração punível com suspensão. Nada obstante, como a infração praticada por Pedro causou repercussão bastante negativa à advocacia, igualmente não poderia se beneficiar do TAC; B: correta, nos termos do art. 58-A do CED; C e D: incorretas, pois, como visto, Pedro, a despeito de haver cometido infração punível com censura, o que, em tese, autoriza a celebração de TAC, teve, como consequência de seu comportamento, a geração de repercussão negativa à advocacia, o que impossibilita, conforme art. 58-A do CED, a celebração de termo de ajustamento de conduta. Já com relação a Hélio, a infração punível com suspensão não admite TAC.

9. Gabarito: D
Comentário: A identificação entre direito e poder está na raiz da positivação do direito e da construção do Estado Moderno. Thomas Hobbes representa a matriz de um pensamento que identifica direito e poder e faz do direito um instrumento de gestão governamental, criado ou reconhecido por uma vontade estatal soberana, e não pela razão dos indivíduos ou pela prática da sociedade. Para o autor, a liberdade se trata de fazer as coisas conforme elas foram reguladas pelo poder soberano. Portanto, a assertiva correta com seus respectivos exemplos é a "D".

10. Gabarito: C
Comentário: Para Locke, o homem nasce com o direito à liberdade perfeita. E garanti-la é um dos fins da sociedade política e do governo, tal como a conservação da vida e da propriedade.

11. Gabarito: A
Comentário: A: correta. A gratuidade do ensino público em estabelecimentos oficiais, de fato, está prevista na ordem constitucional, em seu art. 206, IV, e o não oferecimento ou oferecimento irregular pode gerar responsabilização. Determina o citado art. 206, IV, da CF que o ensino será ministrado com base em alguns princípios, dentre os quais, a gratuidade do ensino público em estabelecimentos oficiais; B: incorreta. Ao contrário do mencionado, determina o art. 208, I, da CF que o dever do Estado com a educação será efetivado mediante a garantia de educação básica obrigatória e gratuita dos 4 (quatro) aos 17 (dezessete) anos de idade, assegurada inclusive sua oferta gratuita para todos os que a ela não tiveram acesso na idade própria; C: incorreta. Ao contrário do mencionado, a gratuidade do ensino público continua sendo obrigatória, D: incorreta. A atuação não é exclusiva. Determina o art. 211, §3º, os Estados e o Distrito Federal atuarão prioritariamente no ensino fundamental e médio.

12. Gabarito: D
Comentário: A: incorreta. A ADC não pode ser conhecida e provida pelo STF, pois a Constituição do Estado Alfa não é objeto possível de controle em tal modalidade de ação abstrata de constitucionalidade. De acordo com o art. 102, I, "a", da CF, compete ao Supremo Tribunal Federal o processo e julgamento originário da ação direta de inconstitucionalidade de lei ou ato normativo federal ou estadual e da ação declaratória de constitucionalidade de lei ou ato normativo federal; B: incorreta. A ADC proposta pelo governador do Estado Alf, como mencionado, não pode ser conhecida e julgada pelo STF. Por outro lado, caso fosse possível o seu ajuizamento, haveria a possibilidade do deferimento de tutela cautelar de urgência, pois o art. 21 da Lei 9.868/99 autoriza; C: incorreta. Ao contrário do mencionado, a admissibilidade da ADC depende da existência do requisito da controvérsia judicial relevante, conforme determina o art. 14, III, da Lei 9.868/99; D: correta. A ADC não consubstancia a via adequada à análise da pretensão formulada, pois a Constituição do Estado Alfa não pode ser objeto de ADC, o fundamento para tanto se encontra no citado art. art. 102, I, "a", da CF.

13. Gabarito: B
Comentário: A: incorreta. A revogação total da Lei X, sem apresentação de lei regulamentadora alternativa, viola o princípio da proibição de retrocesso social", não o da "reserva do possível". Vale lembrar que a reserva do possível pode ser fática ou jurídica. A primeira diz respeito a impossibilidade concreta, por exemplo, quando o Estado não possui dinheiro para implementar uma política pública que vise concretizar um direito constitucionalmente assegurado. Em diversas situações isso ocorre, mas não basta que o Estado alegue que não tem dinheiro para deixar de aplicar uma norma constitucional, é necessário que ele comprove. Enfim, a efetividade dos direitos prestacionais de segunda dimensão precisa levar em conta a disponibilidade financeira estatal. Por outro lado, a reserva do possível jurídica tem relação com o princípio da razoabilidade. O Poder Público não pode, por exemplo, gastar todo o seu recurso financeiro custeando o tratamento médico especializado e de alto custo de uma única pessoa e, com isso, inviabilizar o atendimento básico que qualquer pronto socorro deve efetivar; B: correta. A revogação total da Lei X, sem apresentação de lei regulamentadora alternativa, violou o princípio da "proibição de retrocesso social", pois, sem criar qualquer medida compensatória, suprimiu diversos direitos sociais. Vale lembrar que a vedação ao retrocesso social proíbe que o legislador suprima, reduza ou diminua algum direito social que já tenha sido legalmente materializado e é também conhecida como efeito cliquet; C: incorreta. Não há onipotência do Poder Legislativo na concretização dos direitos sociais; D: incorreta. Os direitos sociais têm imperatividade e precisam ser regulamentados.

14. Gabarito: A
Comentário: A: correta. Determina o art. 16 da CF (princípio da anualidade/anterioridade eleitoral) que a lei que alterar o processo eleitoral entrará em vigor na data de sua publicação, não se aplicando à eleição que ocorra até um ano da data de sua vigência; B: incorreta. Ao contrário do mencionado, a lei é constitucional, pois não viola o princípio da anterioridade da legislação eleitoral; C: incorreta. A alteração poder ser feita por lei e esta lei entrará em vigor na data de sua publicação, mas só se aplicará à eleição que ocorra após um ano da data de sua vigência; D: incorreta. Como já mencionado, a Constituição Federal impõe ao legislador limite temporal para a vigência da lei que altere o processo eleitoral.

15. Gabarito: D
Comentário: A: incorreta. O governador não pode decidir pela decretação do estado de defesa, pois a competência para tanto é do Presidente da República. Determina o art. 21, V, da CF que compete à União decretar o estado de sítio, o estado de defesa e a intervenção federal. Complementando, o art. 84, IX, da CF dispõe que compete privativamente ao Presidente da República decretar o estado de defesa e o estado de sítio. Por fim, o art. 49, IV, da CF determina a competência exclusiva do Congresso Nacional (não da Assembleia Legislativa do Estado Delta) para aprovar o estado de defesa e a intervenção federal, autorizar o estado de sítio, ou suspender qualquer uma dessas medidas; B: incorreta. Não há possibilidade de delegação. As atribuições do Presidente passíveis de delegação vêm listadas no parágrafo único do art. 84 da CF e a decretação do estado de defesa não faz parte desse rol; C: incorreta. A hipótese (calamidade de grandes proporções na natureza) configura hipótese justificadora da referida medida, porém só pode ser decretada pelo Presidente da República, conforme já mencionado. De acordo com o caput do art. 136 da CF, o Presidente da República pode, ouvidos o Conselho da República e o Conselho de Defesa Nacional, decretar estado de defesa para preservar ou prontamente restabelecer, em locais restritos e determinados, a ordem pública ou a paz social ameaçadas por grave e iminente instabilidade institucional ou atingidas por calamidades de grandes proporções na natureza; D: correta. A competência é do Presidente da República, não sendo constitucionalmente prevista sua extensão aos chefes do poder executivo estadual. Determina o art. 84, IX, da CF que compete privativamente ao Presidente da República decretar o estado de defesa e o estado de sítio.

16. Gabarito: A
Comentário: A: correta. Determina o art. 203, V, da CF que a assistência social será prestada a quem dela necessitar, independentemente de contribuição à seguridade social, e tem por objetivos a garantia de um salário mínimo de benefício mensal à pessoa portadora de deficiência e ao idoso que comprovem não possuir meios de prover à própria manutenção ou de tê-la provida por sua família, conforme dispuser a lei; B: incorreta. Não receberá pensão, o benefício é assistencial e o valor é de um salário mínimo; C: incorreta. Como mencionado, o valor do benefício é de um salário mínimo e não depende de filiação ao sistema previdenciário (independentemente de contribuição à seguridade social); D: incorreta. Mais uma vez, benefícios assistenciais são concedidos aos que preenchem os seus requisitos e não dependem de contribuição.

17. Gabarito: D
Comentário: A: incorreta. Ainda que os interesses público primários e secundários fossem coincidentes (não são), o governador do Estado Delta não poderia extinguir a Defensoria Pública do Estado, tendo em vista o seu caráter de instituição permanente e essencial à função jurisdicional do Estado; B: incorreta. Como já mencionado, a Defensoria Pública não pode ser extinta; C: incorreta. De acordo com os §§2º e 4º do art. 134 da CF, às Defensorias Públicas Estaduais são asseguradas autonomia funcional e administrativa e a iniciativa de sua proposta orçamentária e os seus princípios institucionais são: a unidade, a indivisibilidade e a independência funcional; D: correta. Determina o caput do art. 134 da CF que a Defensoria Pública é instituição permanente, essencial à função jurisdicional do Estado, incumbindo-lhe, como expressão e instrumento do regime democrático, fundamentalmente, a orientação jurídica, a promoção dos direitos humanos e a defesa, em todos os graus, judicial e extrajudicial, dos direitos individuais e coletivos, de forma integral e gratuita, aos necessitados, na forma do inciso LXXIV do art. 5º desta Constituição Federal.

18. Gabarito: C
Comentário: Segundo o art. 2º, b, do Tratado de Marraqueche, "exemplar em formato acessível" significa a reprodução de uma obra de uma maneira ou

forma alternativa que dê aos beneficiários acesso à obra, inclusive para permitir que a pessoa tenha acesso de maneira tão prática e cômoda como uma pessoa sem deficiência visual ou sem outras dificuldades para ter acesso ao texto impresso. O exemplar em formato acessível é utilizado exclusivamente por beneficiários e deve respeitar a integridade da obra original, levando em devida consideração as alterações necessárias para tornar a obra acessível no formato alternativo e as necessidades de acessibilidade dos beneficiários. RF

19. Gabarito: D
Comentário: A resposta correta conforme o Regulamento da Comissão Interamericana de Direitos Humanos é a "D". A Comissão, por iniciativa própria (*ex officio*) ou depois de receber uma denúncia, poderá entrar em contato com o Estado denunciado para que este adote, com urgência, medidas cautelares de natureza individual ou coletiva antes da análise do mérito da denúncia, desde que verificado risco de dano irreparável à vítima ou às vítimas. Dentro dessa ótica, poderá também solicitar que a Corte ordene que o Estado denunciado adote medidas provisórias mesmo antes da análise do mérito do caso, desde que o caráter de urgência e de gravidade as justifiquem para poder impedir a ocorrência de danos irreparáveis às pessoas. As medidas cautelares (solicitadas pela Comissão e aplicadas por Estados) e as provisórias (ordenadas pela Corte, mediante solicitação da Comissão, e aplicadas por Estados) possuem o mesmo efeito prático. RF

20. Gabarito: B
Comentário: A: incorreta. Não é necessário que Afonso, seu pai, esteja na Alemanha a serviço do Brasil para que Klaus seja considerado brasileiro nato. Klaus preenche os requisitos previstos na segunda parte do art. 12, I, "c", da CF (filho de pai brasileiro, residência no Brasil e atingimento da maioridade), portanto, pode optar pela nacionalidade brasileira originária. B: correta. Klaus de fato poderá ter reconhecida a condição de brasileiro nato caso venha a fixar residência no Brasil e opte pela nacionalidade brasileira, ainda que não tenha sido registrado em repartição brasileira competente na Alemanha, pois, como já mencionado, ele se enquadra na segunda hipótese prevista no art. 12, I, "c", da CF. Determina o dispositivo que são considerados brasileiros natos os nascidos no estrangeiro de pai brasileiro ou de mãe brasileira, desde que sejam registrados em repartição brasileira competente ou venham a residir na República Federativa do Brasil e optem, em qualquer tempo, depois de atingida a maioridade, pela nacionalidade brasileira; C: incorreta. Ao contrário, após atingir a maioridade ele poderá, a qualquer tempo, requerer a nacionalidade brasileira na condição de nato, conforme já fundamentado; D: incorreta. Não há esse requisito previsto no Texto Constitucional. BV

21. Gabarito: B
Comentário: No Brasil, qualquer pessoa, brasileiro, estrangeiro residente ou não residente, goza dos direitos individuais previstos na CF (art. 5º). A assertiva "B" está correta por apresentar o estipulado no inciso X do art. 4º da Lei de Migração. RF

22. Gabarito: D
Comentário: A: incorreta, pois a alíquota do ISS pode ser fixada por lei ordinária – art. 97 do CTN; B: incorreta, pois a base de cálculo do ISS é mesmo o preço do serviço – art. 7º da LC 116/2003; C: incorreta, pois a alíquota mínima do ISS é 2%, nos termos do art. 8º-A da LC 116/2003 – ver também art. 156, § 3º, I, da CF; D: correta, conforme comentário anterior. RB

23. Gabarito: D
Comentário: A: incorreta, pois, como a condição suspensiva jamais ocorreu, tampouco houve fato gerador do ITCMD que, no caso, seria a cessão definitiva do veículo automotor – art. 117, I, do CTN; B: incorreta, pois o fato gerador, no caso, somente ocorreria com o implemento da condição suspensiva – art. 117, I, do CTN; C: incorreta, pois o ITCMD estadual incide sobre a doação de qualquer espécie de bem – art. 155, I, da CF; D: correta, conforme comentários anteriores. RB

24. Gabarito: B
Comentário: A: incorreta, pois iluminação pública é serviço prestado *uti universi*, ou seja, não é possível identificar e quantificar o serviço tomado por cada usuário. Isso impede a cobrança de taxa, aplicável apenas em caso de serviço prestado *uti singuli*, ou seja, específico e divisível – art. 145, II, da CF e art. 77 do CTN; B: correta, conforme o art. 149-A, parágrafo único, da CF; C: incorreta, pois não cabe taxa, conforme comentário à primeira alternativa; D: incorreta, pois isso é permitido expressamente pelo art. 149-A, parágrafo único, da CF. RB

25. Gabarito: A
Comentário: A: correta. A indústria recolhe o tributo que seria devido pelos produtores rurais na operação anterior, o que se denomina substituição tributária regressiva ou "para trás"; B: incorreta. A substituição "para frente" se dá quando o sujeito passivo recolhe o tributo antes da ocorrência do fato gerador, que seria devido por outro contribuinte em operação futura (como a indústria automobilística que recolhe o ICMS que seria devido pela concessionária de veículo na operação futura, quando da venda para o consumidor final) – art. 150, § 7º, da CF; C e D: incorretas, pois o fato gerador já ocorreu, no momento da venda do leite pelo produtor.

26. Gabarito: D
Comentário: A responsabilidade dos gestores da empresa é excepcional, decorrente do ato ilegal de dissolução irregular – art. 135 do CTN. Assim, somente os gestores à época da dissolução irregular é que podem ser responsabilizados, no caso, apenas José e Joaquim. Veja o Tema repetitivo 981 do STJ: "O redirecionamento da execução fiscal, quando fundado na dissolução irregular da pessoa jurídica executada ou na presunção de sua ocorrência, pode ser autorizado contra o sócio ou o terceiro não sócio, com poderes de administração na data em que configurada ou presumida a dissolução irregular, ainda que não tenha exercido poderes de gerência quando ocorrido o fato gerador do tributo não adimplido, conforme art. 135, III, do CTN." Por essa razão, a alternativa "D" é a correta.

27. Gabarito: C
Comentário: A e B: incorretas, pois a responsabilidade objetiva no caso é da pessoa jurídica de direito público que oferece a arma ao seu agente público, no caso o Estado Ômega; C: correta; o art. 37, p. 6º, da CF, dispõe que a pessoa jurídica de direito público é objetivamente responsável pelos atos praticados por seus agentes, nessa qualidade; no caso, ao portar e usar a arma oferecida pelo Estado Ômega, Márcio estava na qualidade de agente público; D: incorreta, pois o STF admite, na responsabilidade objetiva do Estado, a existência de certas excludentes de responsabilidade, portanto, não se adotou a teoria do risco integral no Brasil, teoria essa que não admite qualquer excludente de responsabilidade. WG

28. Gabarito: D
Comentário: A: incorreta, pois o instituto da ocupação temporária é aplicável quando há necessidade de usar temporariamente um bem particular para a construção de uma obra pública, cabendo sempre indenização, em caso de dano (art. 36 do Dec.-lei 3.365/41); no caso em tela, não se tem construção de obra pública, mas a necessidade de abrigar pacientes em lugar seguro, em virtude de incêndio num hospital público; B: incorreta, pois a limitação administrativa é uma imposição geral que delimita os direitos e deveres das pessoas em relação a uma situação que envolva interesse público, não havendo direito à indenização em virtude dessa restrição; por exemplo, as normas municipais que trazem as regras para construir um imóvel num determinado local é uma limitação administrativa, que traz uma imposição geral e que atinge a todos os que estão na mesma situação; no caso em tela tem-se uma restrição individual (e não geral e indeterminada), que atinge especificamente uma pessoa, que é o proprietário da escola que deverá receber os pacientes; ademais, é uma imposição transitória, e não duradoura como em geral são as limitações administrativas; C: incorreta, pois a servidão administrativa se impõe quando há uma necessidade com caráter duradouro de submeter um bem particular à satisfação de um interesse público ou um serviço público, como se dá quando se instalam postes que carregam os fios para transmissão de energia elétrica em bens particulares. No caso em tela, tem-se um mero uso temporário de um bem particular pelo Poder Público em virtude de iminente perito público, tratando-se então de uma requisição administrativa e não de uma servidão; D: correta, pois a requisição administrativa é cabível para o uso temporário do bem em caso de iminente perigo

público (art. 5º, XXV, da CF), justamente o caso narrado no enunciado da questão; ademais, a própria CF, no dispositivo citado, é clara ao dispor que caberá indenização ulterior, se houver dano. WG

29. Gabarito: C
Comentário: A: incorreta, pois o valor total não deve ser inferior ao salário-mínimo, e não o valor do vencimento-base; nesse sentido, vide a Súmula Vinculante 16 do STF: "Os artigos 7º, IV, e 39, § 3º (redação da EC 19/98), da Constituição, referem-se ao total da remuneração percebida pelo servidor público"; B: incorreta, pois somente mediante lei é possível aumentar o valor da remuneração de servidores públicos; é o que dispõe o art. 37, X, da CF: "a remuneração dos servidores públicos e o subsídio de que trata o § 4º do art. 39 somente poderão ser fixados ou alterados por lei específica, observada a iniciativa privativa em cada caso, assegurada revisão geral anual, sempre na mesma data e sem distinção de índices"; C: correta, pois de fato a gratificação em questão não pode incidir sobre o adicional por tempo de serviço, em virtude da regra constitucional que proíbe o efeito cascata (art. 37, XIV, da CF: "os acréscimos pecuniários percebidos por servidor público não serão computados nem acumulados para fins de concessão de acréscimos ulteriores"); vide também a Súmula Vinculante 15 do STF: "O cálculo de gratificações e outras vantagens do servidor público não incide sobre o abono utilizado para se atingir o salário mínimo"; D: incorreta, pois a remuneração via subsídio não é obrigatória nesse caso, diferente da remuneração de membros de poder e detentor de mandato eletivo, por exemplo, que devem ser exclusivamente feitas via subsídio, que, de fato, é em parcela única e não se admite acréscimos como a gratificação (art. 39, p. 4º, da CF); para servidores de carreira a lei permite, mas não obriga a instituição de subsídio (art. 39, p. 8º, da CF). WG

30. Gabarito: C
Comentário: A: incorreta, pois o concurso público também é necessário para a contratação de pessoal nas entidades da administração pública indireta (art. 37, caput e inciso II, da CF); B: incorreta, pois "somente por lei específica poderá ser criada autarquia e autorizada a instituição de empresa pública, de sociedade de economia mista e de fundação, cabendo à lei complementar, neste último caso, definir as áreas de sua atuação" (g.n.); C: correta, pois essas entidades seguem o regime jurídico de direito privado, no caso, o regime da CLT (regime celetista), tratando-se de um vínculo de emprego, no caso, de um emprego público; D: incorreta, pois as sociedades de economia mista são consideradas pessoas jurídicas de direito privado estatais; ademais, a criação se dará mediante a autorização de uma lei, e não pela lei em si; será necessário, portanto, após a autorização da lei, o registro dos atos constitutivos no registro público competente. WG

31. Gabarito: A
Comentário: A: correta, pois a Constituição estabelece que os membros da magistratura têm como garantia a vitaliciedade, sendo que somente os magistrados de primeiro grau precisam cumprir dois anos de exercício para que passem a ter essa garantia (art. 95, I, da CF); B a D: incorretas, pois essa regra de um exercício mínimo para adquirir a vitaliciedade só existe para magistrados de primeiro grau (art. 95, I, da CF), e não para desembargadores; ademais, o prazo seria de 2 anos, e não de 30 dias ou 3 anos, não havendo também estágio supervisionado em conjunto com a OAB. WG

32. Gabarito: B
Comentário: A: incorreta, pois a cassação é o ato cabível quando um particular descumpre requisitos para continuar se beneficiando do ato; por exemplo, quando o particular deixa de pagar o preço público devido para usar um bem público; no caso em tela, a extinção da autorização de uso do bem público se deu por outra razão, no caso, a incompatibilidade do ato com a nova legislação municipal; B: correta, pois, de fato, a caducidade é a extinção de um ato administrativo pela superveniência de uma lei que não mais admite o ato que fora praticado em favor de um particular; o particular não tem culpa nenhuma, nem há ilegalidade originária na concessão do primeiro ato; o que há é apenas uma legislação nova que está em contrariedade com o ato de autorização de uso que fora concedido ao particular; C: incorreta, pois a anulação é o ato cabível quando o ato administrativo já nasceu ilegal e merece ser anulado; por exemplo, quando o particular recebe uma autorização de uso de bem público mediante o pagamento de propina para o Prefeito municipal; no caso em tela, a extinção da autorização de uso do bem público não se deu por ilegalidade originária, mas sim por outra razão, no caso, a incompatibilidade do ato com a nova legislação municipal; D: incorreta, pois a contraposição é a extinção de um ato quando o poder público expede um novo ato administrativo incompatível com o primeiro; por exemplo, quando o poder público, que havia dado a autorização de uso para um particular, depois vem a dar essa mesma autorização de uso para um outro particular, ficando a primeira extinta por contraposição; no caso em tela, a extinção da autorização de uso do bem público se deu por outra razão, no caso, a incompatibilidade do ato com a nova legislação municipal e não um novo ato administrativo. WG

33. Gabarito: D
Comentário: A solução desta questão deve ser extraída do art. 12 da Lei 9.605/1998 (Meio Ambiente), que estabelece que o valor da prestação pecuniária não pode ser superior a 360 salários-mínimos: A prestação pecuniária consiste no pagamento em dinheiro à vítima ou à entidade pública ou privada com fim social, de importância, fixada pelo juiz, não inferior a um salário mínimo nem superior a trezentos e sessenta salários mínimos. O valor pago será deduzido do montante de eventual reparação civil a que for condenado o infrator.

34. Gabarito: B
Comentário: A: incorreta, pois depende de autorização do Congresso Nacional, ouvidas as comunidades afetadas (art. 231, p. 3º, da CF); B: correta, nos exatos termos do art. 231, p. 3º, da CF ("O aproveitamento dos recursos hídricos, incluídos os potenciais energéticos, a pesquisa e a lavra das riquezas minerais em terras indígenas só podem ser efetivados com autorização do Congresso Nacional, ouvidas as comunidades afetadas, ficando-lhes assegurada participação nos resultados da lavra, na forma da lei"); C e D: incorretas, pois a Constituição autoriza essa pesquisa e lavra mediante a autorização do Congresso Nacional, ouvidas as comunidades afetadas, não havendo essa restrição acerca da subsistência dos índios, que, ressalte-se, terão direito a uma participação no resultado da lavra (art. 231, p. 3º, da CF). WG

35. Gabarito: C
Comentário: A: incorreta, pois não é necessária a aceitação de Ricardo, pois ele é absolutamente incapaz e trata-se de doação pura (art. 543 CC); B: incorreta, pois também não é necessário o consentimento dos pais (art. 543 CC); C: correta (art. 543 CC); D: incorreta, pois o consentimento da criança é dispensável não porque se trata de negócio jurídico unilateral, mas sim porque é doação pura (art. 543 CC). GR

36. Gabarito: A
Comentário: A: correta, pois na qualidade de credor da obra, havendo a insuficiência da garantia ele poderá exigir o vencimento antecipado da dívida. Como a dívida é a entrega da própria obra e isso não tem como antecipar, a solução é ele suspender os pagamentos até que a garantia seja reforçada (art. 333, III CC); B: incorreta, pois Ivan não deve requerer a extinção do contrato pela mera diminuição da garantia alegando inadimplemento anterior ao termo, pois isso não ocorreu. O correto solicitar que o devedor seja intimado a reforçar a garantia. Não o fazendo no prazo determinado a dívida considerar-se-á antecipadamente vencida (art. 333, III CC). E então se não for adimplida, Ivan pode pedir a resolução do contrato, cabendo, em qualquer dos casos, indenização por perdas e danos (art. 475 CC); C: incorreta, pois a cláusula resolutiva expressa opera de pleno direito; a tácita é a que depende de interpelação judicial (art. 474 CC); D: incorreta, pois nos contratos bilaterais, nenhum dos contratantes, antes de cumprida a sua obrigação, pode exigir o implemento da do outro (art. 476 CC). Ivan ainda não acabou de pagar suas parcelas, logo não tem como alegar exceção de contrato não cumprido. O risco de inadimplemento se resolve pelo reforço da garantia (art. 333, III CC). GR

37. Gabarito: B
Comentário: A: incorreta, pois o preço da venda foi estipulado por medida. Logo, se a metragem não corresponder ao que foi acordado o comprador tem o direito de exigir o complemento da área, e, não sendo isso possível, o de reclamar a resolução do contrato ou abatimento proporcional ao preço (art. 500 caput CC). B: correta (art. 500 caput CC); C: incorreta, pois o preço

do imóvel foi definido pela metragem (venda ad mensuram). O imóvel não foi vendido como coisa certa e determinada (venda ad corpus), logo a referência às medidas não é meramente enunciativa. Sendo assim deverá haver complemento da área (art. 500, § 3º CC); D: incorreta, pois ainda que a diferença da metragem não chegue a 20%, caso o comprador tenha como comprovar que não teria realizado o negócio se soubesse dessa diferença então ele tem o direito de exigir o complemento da área, e, não sendo isso possível, o de reclamar a resolução do contrato ou abatimento proporcional ao preço (art. 500, § 1º CC). Bento tem como provar que se soubesse que o terreno era menor não teria realizado a compra, afinal mostrou o projeto arquitetônico desde o início deixando inequívoca a necessidade de um terreno de 420 metros quadrados.

38. Gabarito: B
Comentário: A: incorreta, pois a herança de Catarina deverá ser direcionada apenas a Rogério. O direito de representação apenas se aplica na linha descendente (art. 1.852 CC). Se Luiz tivesse deixado descendente, ele teria direito a seu quinhão que seria recebido por seu representante. Como ele não deixou filhos/netos, logo a herança será inteiramente de Rogério; B: correta. Na sucessão de Catarina, Rogério é seu herdeiro, nos termos do art. 1.829, I CC. No momento da morte de Catarina ela já não tinha mais o cônjuge, e seu outro filho Luiz já havia falecido sem deixar descendentes. Logo, Rogério é seu herdeiro único. Na sucessão de Luiz serão chamadas Aline e Catarina, nos termos do art. 1.829, II CC. Como não deixou descendentes, na ordem de vocação hereditária são chamados a suceder os ascendentes em concorrência com o cônjuge, independentemente do regime de casamento; C: incorreta, pois quando Luiz morreu sua mãe ainda estava viva. Logo, aplica-se o art. 1.829, II CC onde é chamado a suceder o ascendente em concorrência com o cônjuge. Neste caso, a lei não traz exceção ao direito sucessório relacionado ao regime de bens do casamento. A hipótese em que ela traz a exceção é no 1.829, I quando o cônjuge concorre com descendentes, o que não é a ocasião; D: incorreta, pois tanto Catarina como Aline serão herdeiras de Luiz, nos termos do art. 1.829, II CC.

39. Gabarito: B
Comentário: A: incorreta, pois ao longo da vida Clóvis era inteiramente livre para dispor de seu patrimônio como bem lhe aprouvesse. Trata-se do exercício de sua autonomia da vontade sobre seus bens, logo poderia mantê-los, vendê-los, hipotecá-los (art. 421 caput CC); B: correta. Considerando que Clóvis tem herdeiros necessários (art. 1.845 CC), estes têm direito da metade da herança (art. 1.846 CC). Logo, 50% da herança de Clóvis está comprometida com a parte legítima, sendo que dessa porcentagem Luciana tem direito a 25% e Leonora 25%. Os outros 50% que restaram Clóvis era livre para dispor como bem desejasse, o que o fez direcionando tudo para Luciana. Logo Luciana ficará com 75% da herança e Leonora com 25%; C: incorreta, pois ele ainda mantinha a capacidade para testar quando descobriu seu diagnóstico. Apenas perdem a capacidade para testar os incapazes (art. 3º e 4º CC) e os que no momento do ato não tinham o devido discernimento (art. 1.860 caput CC). Clóvis não se encaixava em nenhuma dessas hipóteses; D: incorreta, pois Clóvis deixou testamento manifestando expressamente sua vontade de deixar sua parte disponível para Luciana (art. 1.857 caput CC), logo essa parte disponível da herança cabe totalmente a ela, de modo que ela receberá 75 % (25% da legítima + 50% da parte disponível via testamento) e Leonora 25% (parte legítima).

40. Gabarito: B
Comentário: A: incorreta, pois o prazo para reparação civil é de 3 anos, uma vez que a Lei traz essa disposição expressa (art. 206, § 3º, V CC); B: correta (art. 206, § 3º, V CC); C: incorreta, pois a pretensão por reparação civil prescreve em 3 anos (art. 206, § 3º, V CC); D: incorreta, pois tanto a pretensão contra a seguradora está prescrita (art. 206, § 1º, II, a CC) como a pretensão à reparação civil (art. 206, §3º, V CC).

41. Gabarito: B
Comentário: A: incorreta, pois a condição de Julia não se enquadra no rol do art. 4º CC que prevê os casos de incapacidade relativa. A hipótese que ela se enquadraria (excepcionais, sem desenvolvimento mental completo) foi revogada pela Lei 13.146/15. Julia não precisa da anuência da mãe para realizar o ato, pois ainda que a mãe fosse sua curadora, a curatela não abrange o direito ao matrimônio (art. 85, § 1º da Lei 13.146/15). Logo, Júlia é livre para se casar; B: correta, pois a deficiência de fato não afeta a capacidade civil. Sendo assim, Júlia é livre para casar-se pois é maior de 16 anos (art. 1.517 caput CC); C: incorreta, pois ainda que tenha deficiência sua vontade não precisará ser confirmada por curador, pois curatela não abrange o direito ao matrimônio (art. 85, § 1º da Lei 13.146/15); D: incorreta, pois Rita não pode impor a curatela sobre Julia. A curatela é medida excepcional e apenas será determinada quando indispensável para alcançar atos relacionados aos direitos de natureza patrimonial e negocial. O direito ao casamento é ato ne natureza pessoal, logo a curatela não o abrange (art. 84, § 1º e art. 85, caput CC).

42. Gabarito: A
Comentário: A empresa de ônibus, ao não verificar a documentação de comprovação do vínculo parental entre mãe e filha, incorreu na infração administrativa definida no art. 251 do ECA, sujeitando-se à multa de 3 a 20 salários de referência, que será aplicada em dobro no caso de reincidência. Quanto ao tema viagem da criança e do adolescente dentro do território nacional, valem alguns esclarecimentos. O art. 83 da Lei 8.069/1990 (ECA), que rege a matéria, foi modificado pela Lei 13.812/2019. Antes, os adolescentes podiam viajar desacompanhados, sem qualquer restrição (dentro do território nacional); hoje, a partir das alterações implementadas pela Lei 13.812/2019, somente poderá viajar livremente sem qualquer restrição dentro do território nacional o adolescente que já tenha atingido 16 anos, isto é, a regra a ser aplicada para os adolescentes entre 12 e 16 anos (incompletos) é a mesma aplicada às crianças, tal como estabelece a nova redação do art. 83, caput, do ECA. As exceções foram elencadas no § 1º do mencionado dispositivo. Dessa forma, temos, atualmente, o seguinte: a) viagem – criança e adolescente menor de 16 anos: a1) regra: a criança e o adolescente menor de 16 anos não poderão viajar para fora da comarca na qual residem desacompanhadas dos pais ou responsável, sem expressa autorização judicial – art. 83, "caput", do ECA; a2) exceções: o art. 83, § 1º, do ECA estabelece algumas exceções (a autorização judicial não será exigida): quando se tratar de comarca contígua à da residência da criança ou do adolescente (menor de 16 anos), se na mesma unidade da Federação, ou incluída na mesma região metropolitana; a criança ou adolescente estiver acompanhada: de ascendente ou colateral maior, até o terceiro grau, comprovado documentalmente o parentesco; de pessoa maior, expressamente autorizada pelo pai, mãe ou responsável; b) viagem – adolescente a partir dos 16 anos: quanto ao adolescente com 16 anos ou mais, o ECA não impôs restrição alguma, isto é, poderá ele viajar sozinho pelo território nacional desacompanhado de seus pais, sem que para isso precise de autorização judicial.

43. Gabarito: C
Comentário: Ante o relatado no enunciado, é lícito a José, na qualidade de diretor de entidade de acolhimento institucional, receber Maria, após o que deverá, no prazo de 24 horas, comunicar o acolhimento emergencial ao Juiz da Infância e Juventude, sob pena de responsabilidade. É o que estabelece o art. 93 do ECA.

44. Gabarito: A
Comentário: Na forma do art. 51, I, do CDC, são nulas as cláusulas contratuais que "impossibilitem, exonerem ou atenuem a responsabilidade do fornecedor por vícios de qualquer natureza dos produtos e serviços ou impliquem renúncia ou disposição de direitos". Ademais, conforme entendimento do STJ externado na Súmula 297, o CDC é aplicável às instituições financeiras, o que implica em relação consumerista o caso em comento. No mesmo sentido, a Súmula 638 do STJ reforça a abusividade da cláusula contratual que restringe a responsabilidade de instituição financeira pelos danos decorrentes de roubo, furto ou extravio de bem entregue em garantia no âmbito de contrato de penhor civil.

45. Gabarito: C
Comentário: A: Incorreta. A responsabilidade civil por defeito nas relações de consumo é objetiva, ou seja, o consumidor deve fazer a comprovação do nexo de causalidade e dos danos. De fato, conforme o art. 14 do CDC, o fornecedor de serviços responde, independentemente da existência de

culpa, pela reparação dos danos causados aos consumidores por defeitos relativos à prestação dos serviços, bem como por informações insuficientes ou inadequadas sobre sua fruição e riscos. Assim, Eleonora deve comprovar apenas o nexo de causalidade entre a má conservação da via e o acidente sofrido. B: Incorreta. Conforme justificativa da alternativa "A", aplica-se a teoria da responsabilidade objetiva à concessionária, conforme já mencionado art. 14 do CDC. C: Correta. É entendimento pacificado pelo STJ que as concessionárias de serviços rodoviários estão subordinadas ao Código de Defesa do Consumidor, pela própria natureza de seu serviço (vide REsp 467883 RJ). D: Incorreta. Conforme justificativa da alternativa "C", não é aplicada a teoria do risco administrativo, incidindo o Código de Defesa do Consumidor na sua integralidade.

46. Gabarito: B
Comentário: A: incorreta, não há qualquer ressalva na presunção de paridade e simetria (art. 421-A do CC); B: correta, nos termos do art. 421-A, I, do CC; C: incorreta, igualmente pela inexistência de qualquer ressalva (art. 421-A, II, do CC); D: incorreta. A revisão é limitada e não há proteção específica às micro e pequenas empresas (art. 421-A, III, do CC).

47. Gabarito: D
Comentário: ART. 26 DA LEI Nº 9.307/1996
"Art. 26. São requisitos obrigatórios da sentença arbitral: I - o relatório, que conterá os nomes das partes e um resumo do litígio; II - os fundamentos da decisão, onde serão analisadas as questões de fato e de direito, mencionando-se, expressamente, se os árbitros julgaram por equidade; III - o dispositivo, em que os árbitros resolverão as questões que lhes forem submetidas e estabelecerão o prazo para o cumprimento da decisão, se for o caso; e IV - a data e o lugar em que foi proferida."

48. Gabarito: C
Comentário: A: incorreta. O plano especial abrange todos os créditos, ainda que não vencidos, e não prevê os repasses de recursos oficiais (art. 71, I, da Lei de Falências); B: incorreta. O prazo máximo é de 180 dias (art. 71, III, da Lei de Falências); C: correta, nos termos do art. 49, § 3º, da Lei de Falências; D: incorreta. Mesmo para as microempresas não há previsão de extensão de prazo.

49. Gabarito: C
Comentário: Ambas as condições estão corretas, tanto a conversibilidade em ações preferenciais, quanto a atribuição de voto plural (art. 16, I e IV, da Lei das S.A.).

50. Gabarito: C
Comentário: Correta a letra "C", nos termos do art. 1.094, VII, do CC.

51. Gabarito: B
Comentário: A: Incorreta. Ainda que seja possível a concessão de uma liminar – em situação de urgência – a regra é o exercício do contraditório. B: Correta, sendo essa a previsão legal. Para a remoção do inventariante – medida grave – fundamental o exercício do contraditório, princípio que permeia todo o sistema. E, acerca do tema, o CPC prevê o seguinte: "Art. 623. Requerida a remoção (...), será intimado o inventariante para, no prazo de 15 (quinze) dias, defender-se e produzir provas. Parágrafo único. O incidente da remoção correrá em apenso aos autos do inventário". C: Incorreta, pois Maria é herdeira e, portanto, interessada, de modo que pode pleitear a remoção – que é feita de ofício ou a requerimento (CPC, art. 622, caput). D: Incorreta, sendo essa uma das hipóteses de remoção do inventariante (CPC, art. 622, VI).

52. Gabarito: C
Comentário: A: Incorreta, pois no caso das possessórias, existe a previsão de fungibilidade entre as 3 possessórias (CPC, art. 554). B: Incorreta, pois nas possessórias é possível cumular a proteção possessória com pedido de perdas e danos (CPC, art. 555, I). C: Correta, sendo essa a previsão legal (CPC, art. 554). D: Incorreta, pois a questão envolve violação da posse do vizinho – o que justifica, exatamente, o uso das possessórias (CPC, arts. 560 e 567).

53. Gabarito: B
Comentário: A: Incorreta. A oposição é utilizada quando há ação entre autor e réu, ambos se afirmando proprietários, e terceiro afirma ser ele o proprietário (CPC, art. 682). Não é a hipótese, pois a construtora não afirma ser a proprietária. B: Correta. Cabem embargos de terceiro quando possuidor (e/ ou proprietário), não sendo parte no processo, sofrer constrição sobre bens que possua (CPC, art. 674). C: Incorreta, não sendo hipótese de habilitação – utilizada para ingresso no processo quando a parte falece (CPC, art. 687). D: Incorreta, pois existe meio específico para essa defesa da posse – os embargos de terceiro, conforme exposto em "B".

54. Gabarito: D
Comentário: A: Incorreta, pois é possível a alteração ou superação da tese no futuro – devendo ser observados requisitos para garantir a segurança jurídica (CPC, art. 927, §§ 2º, 3º e 4º). B: Incorreta, pois é possível tanto a participação de pessoas ou entidades (como *amicus curiae*), quanto a realização de audiências públicas (CPC, art. 1.038, I e II). C: Incorreta, porque o art. 1.036 não faz essa restrição, de modo que cabe repetitivo em questões de direito material e processual. D: Correta, sendo essa a previsão legal – e o ministro relator, no STJ, poderá selecionar outros recursos representativos (CPC, art. 1.036, § 4º) ou mesmo não aceitar a afetação.

55. Gabarito: A
Comentário: A: Correta. Uma das principais hipóteses de cabimento de REsp é na situação em que há divergência externa – ou seja, entre tribunais distintos (CF, art. 105, III, "c"), como na situação narrada no enunciado. B: Incorreta. Somente cabem embargos de divergência de acórdão proferido no STJ ou no STF (CPC, art. 1.043), sendo que nesse caso ainda estamos no 2º grau. C: Incorreta. Somente cabe IAC se houver "relevante questão de direito, com grande repercussão social" (CPC, art. 947). D: Incorreta, pois o IRDR cabe quando houver questão repetitiva (o que o enunciado não menciona) e seria endereçado ao 2º grau (pois o acórdão a se atacar foi lá proferido) e não ao STJ (CPC, arts. 976 e 977).

56. Gabarito: A
Comentário: A: Correta. A extinção por abandono depende de intimação prévia da parte (CPC, art. 485, § 1º) – e não só do advogado, pela imprensa. Isso porque pode ter acontecido algo com o advogado (como uma doença) e o cliente não está sabendo e não pode ser prejudicado por isso. B: Incorreta, pela necessidade de intimação da própria parte (vide alternativa "A"). C: Incorreta, pois o prazo para abandono é, de fato, 30 dias (CPC, art. 485, III) – mas depende de intimação pessoal (vide alternativa "A"). D: Incorreta, considerando que a extinção por abandono é expressamente prevista no Código (art. 485, III).

57. Gabarito: A
Comentário: Acerca da defesa do réu nos Juizados, a Lei 9.009 prevê o seguinte:
– "Art. 30. A contestação, que será oral ou escrita (...)"
– "Art. 31. Não se admitirá a reconvenção. É lícito ao réu, na contestação, formular pedido em seu favor (...)"
A: Correta, nos termos dos arts. 30 e 31 da Lei 9.099/95. B: Incorreta, pois é possível contestação de forma oral. C: Incorreta, pois não há previsão de reconvenção, mas de pedido contraposto (ainda que sejam situações semelhantes de o réu formular pedido contra o autor, a Lei 9.099 as trata de forma distinta). D: Incorreta, pois não é possível a reconvenção.

58. Gabarito: B
Comentário: A fixação da pena de multa, segundo a doutrina, deve obedecer a um sistema bifásico. Com efeito, no seu processo de fixação, deve o juiz, num primeiro momento, estabelecer a quantidade de dias-multa, variável de, no mínimo, 10 (dez) e, no máximo, 360 (trezentos e sessenta) dias-multa (art. 49, caput, do CP). Em seguida, o magistrado definirá o valor de cada dia-multa, variável de, no mínimo, 1/30 (um trigésimo) do salário-mínimo, ao máximo de 5 (cinco) vezes o valor do salário-mínimo (art. 49, § 1º, do CP), sempre levando em conta a capacidade econômica do réu (art. 60 do CP). Assim, se o juiz entender que a situação econômica do réu revelar ineficácia

da sanção penal, o valor da multa poderá ser elevado até o triplo; agora, se se tratar de réu menos abastado, deverá o magistrado reduzir o valor atribuído a cada dia-multa, tendo como baliza a capacidade econômica do acusado.

59. Gabarito: B
Comentário: Está-se diante de hipótese de causa superveniente relativamente independente, que tem o condão de excluir a imputação, desde que seja apta, por si só, a produzir o resultado; os fatos anteriores, no entanto, serão imputados a quem os praticou (art. 13, § 1º, do CP). Exemplo clássico e sempre lembrado pela doutrina é aquele em que a vítima de tentativa de homicídio é socorrida e levada ao hospital e, ali estando, vem a falecer, não em razão dos ferimentos que experimentou, mas por conta de incêndio ocorrido na enfermaria do hospital. Este evento (incêndio) do qual decorreu a morte da vítima constitui causa superveniente relativamente independente que, por si só, gerou o resultado. O nexo causal, nos termos do art. 13, § 1º, do CP, é interrompido (há imprevisibilidade). O agente, por isso, responderá por homicídio na forma tentada (e não na modalidade consumada). Perceba que, neste caso, estamos a falar de causa relativamente independente porque, não fosse a tentativa de homicídio, o ofendido não seria, por óbvio, hospitalizado e não seria, por consequência, vítima do incêndio que produziu, de fato, a sua morte. Foi o que se deu na narrativa contida no enunciado. Com efeito, Lúcio, com o firme propósito de causar a morte de Plínio, resolve empurrá-lo na direção de um ônibus que trafegava pela rua, vindo a vítima efetivamente a ser atropelada. Socorrida ao hospital e estando totalmente consciente, a Plínio foram ministrados analgésicos, que, após se veio a saber, acabaram por causar a sua morte, já que estavam vencidos e sequer seriam adequados no tratamento da lesão que sofrera na sua perna. O erro médico de que foi vítima Plínio constitui causa superveniente relativamente independente que, por si só, gerou o resultado. O nexo causal, nos termos do art. 13, § 1º, do CP, é interrompido, de sorte que o agente, neste caso Lúcio, responderá por homicídio na forma tentada (e não na modalidade consumada). No mais, deve ser afastada a agravante de embriaguez preordenada (art. 61, II, l, do CP), na medida em que Lúcio não se embriagou com o fim de praticar o crime contra Plínio. Na verdade, conforme consta do enunciado, Lúcio se embriagou para tentar esquecer os problemas financeiros que viria a encontrar.

60. Gabarito: A
Comentário: Considerando a relevância causal do comportamento de Gabriel, que consiste na necessidade de a colaboração prestada ter, de alguma forma, contribuído para a prática criminosa, é certo que este deverá responder pelo crime de furto qualificado pelo concurso de pessoas. Neste caso, dispensável o ajuste prévio entre os agentes, bastando que um deles, neste caso Gabriel, saiba de sua contribuição para a conduta de terceiro, neste caso Ricardo, ainda que tal colaboração não seja de conhecimento deste.

61. Gabarito: A
Comentário: A Lei 12.850/2013 contempla, em seu art. 2º, o crime de organização criminosa, cujo conceito deve ser extraído do art. 1º, § 1º, da mesma Lei, nos seguintes termos: Considera-se organização criminosa a associação de 4 (quatro) ou mais pessoas estruturalmente ordenada e caracterizada pela divisão de tarefas, ainda que informalmente, com objetivo de obter, direta ou indiretamente, vantagem de qualquer natureza, mediante a prática de infrações penais cujas penas máximas sejam superiores a 4 (quatro) anos, ou que sejam de caráter transnacional. Como se pode ver, a configuração deste delito está condicionada à associação de pelo menos quatro pessoas, número este que pode ser constituído por menores de 18 anos. Dessa forma, considerando que a quadrilha mencionada no enunciado é constituída por três pessoas, aqui incluído um inimputável, é de rigor afastar a ocorrência do crime de organização criminosa (art. 2º, Lei 12.850/2013). Além disso, a configuração deste crime somente se dará se as infrações penais cuja prática é almejada pela organização tiverem pena máxima cominada superior a quatro anos ou caráter transnacional. Uma vez que o objetivo da quadrilha composta por Rômulo, José e Guilherme é o cometimento de crimes de menor potencial ofensivo, cuja pena máxima cominada é inferior ou igual a dois anos (art. 61, Lei 9.099/1995), também por tal razão fica afastada a configuração do crime de organização criminosa. Forçoso concluir, portanto, que o crime em que incorreram Rômulo, José e Guilherme é o do art. 288 do CP (associação criminosa), que impõe, à sua configuração, o número mínimo de 3 pessoas, imbuídas do propósito de praticar crimes. Incidirá a causa de aumento prevista no parágrafo único do art. 288, em face da participação de adolescente (Guilherme).

62. Gabarito: D
Comentário: Carlos, ao xingar a mãe de Plínio de "macumbeira" que "deveria estar em um terreiro", cometeu o crime de injúria racial, na medida em que a ofensa proferida por Carlos à honra subjetiva da mãe de Plínio fez referência ao elemento "religião". Cuida-se do crime capitulado no art. 140, § 3º, do CP. Oportuno proceder à distinção deste crime do de racismo, este previsto no art. 20 da Lei 7.716/1989, dado que são frequentemente confundidos. Tal como ocorre com o crime de injúria simples, a injúria qualificada em razão da utilização de elementos relativos à raça, cor, etnia, religião, origem ou a condição de pessoa idosa ou portadora de deficiência pressupõe que a ofensa seja dirigida a pessoa determinada ou, ao menos, a um grupo determinado de pessoas. Já no delito de racismo, diferentemente, a ofensa não é só dirigida à vítima concreta, mas também e sobretudo a todas as pessoas, no caso do enunciado, que professam determinada religião. Pressupõe, assim, uma espécie de segregação social em razão de determinada religião. A ação penal, no crime praticado por Carlos (injúria qualificada pelo preconceito), é pública condicionada à representação. Antes, a ação penal, neste crime, era de iniciativa privativa do ofendido. Esta mudança se deu por força da Lei 12.033/2009, que modificou a redação do parágrafo único do art. 145 do CP. Assim sendo, tendo em conta que a representação não foi oferecida pela vítima (mãe de Plínio) e considerando ainda o transcurso do prazo decadencial, é de rigor o reconhecimento da extinção da punibilidade de Carlos. Por tudo que acima foi ponderado, não poderia o MP oferecer denúncia em face de Carlos pelo crime de racismo, uma vez que, como já dito, o delito em que este incidiu foi o de injúria qualificada.

63. Gabarito: ANULADA
Comentário: Se Joana, estando sob a influência do estado puerperal, imbuída do propósito de matar seu filho recém-nascido, acaba por atingir (e matar), por erro de pontaria, outro recém-nascido, responderá por crime de infanticídio (art. 123, CP). É que, neste caso, verifica-se hipótese de aberratio ictus ou erro na execução, na qual o agente, por acidente ou erro no uso dos meios de execução, no lugar de atingir a pessoa que pretendia, atinge pessoa diversa. Neste caso, em consonância com o disposto no art. 73 do CP, serão levadas em consideração as características da pessoa contra a qual o agente queria investir mas não conseguiu. Logo, Joana deverá ser responsabilizada como se tivesse praticado o crime contra seu próprio filho (art. 123, CP). A questão foi anulada porque o enunciado não deixa claro se o recém-nascido (filho de Maria) foi de fato atingido ou somente o berço em que este estava.

64. Gabarito: C
Comentário: O STF, ao julgar procedente a ADIN 4.424, de 9/02/2012, entendeu ser incondicionada a ação penal em caso de crime de lesão corporal praticado contra a mulher no ambiente doméstico. A atuação do MP, por essa razão, prescinde da anuência da vítima. Tal entendimento encontra-se consagrado na Súmula 542, do STJ. Dessa forma, é irrelevante, no caso narrado no enunciado, a manifestação de vontade de Lorena no sentido de ver processado Manuel, seu ex-companheiro e pai de suas filhas, dado que a ação penal, conforme já ponderado, é pública incondicionada, podendo o MP promovê-la independente da vontade da ofendida. Pelo que consta do enunciado, é possível verificar que Lorena não foi submetida a exame de corpo de delito, de forma que não há laudo indicando a existência e a extensão da lesão nela provocada por Manuel. Considerando que a prática criminosa deixou vestígios, é imperiosa, por força do que dispõe o art. 158 do CPP, a realização do exame de corpo de delito; caso isso não seja possível, por haverem os vestígios desaparecido, tal falta poderá ser suprida por meio do depoimento de testemunhas (art. 167, CPP); o que não se admite, e aqui está o erro, é que a confissão supra a ausência do exame (art. 158, CPP). Por tudo que foi dito, é de rigor a absolvição de Manuel, em face da ausência de laudo indicando a existência de lesão, o que não poderá ser suprido pela sua confissão.

65. Gabarito: D
Comentário: A solução desta questão deve ser extraída do art. 254, V, do CPP, que estabelece que pode ser recusado por qualquer das partes o juiz (e também o membro do MP – art. 258, CPP) que for credor ou devedor de qualquer das partes. Considerando que Lucia, promotora de justiça responsável pela acusação de Matheus, é credora deste, já que ele recebeu por serviço não prestado, é de rigor que o advogado por ele contratado oponha exceção de suspeição em face da promotora.

66. Gabarito: B
Comentário: Na hipótese de o réu não ser encontrado, deverá o juiz determinar a sua citação por edital, depois de esgotados os meios disponíveis para a sua localização. Se o acusado, depois de citado por edital, não comparecer tampouco constituir defensor, o processo e o prazo prescricional ficarão, em vista da disciplina estabelecida no art. 366 do CPP, suspensos. Quanto ao período durante o qual o prazo prescricional deverá permanecer suspenso, prevalece o entendimento de que tal deverá ocorrer pelo interregno correspondente ao prazo máximo em abstrato previsto para o crime narrado na peça acusatória. A esse respeito, vide Súmula 415 do STJ. A produção da prova considerada urgente deverá se dar em conformidade com o entendimento firmado na Súmula 455 do STJ: "A decisão que determina a produção antecipada de provas com base no art. 366 do CPP deve ser concretamente fundamentada, não a justificando unicamente o mero decurso do tempo". Mais: a colheita desta prova somente poderá se dar na presença de defensor público ou dativo, para o fim de que ao acusado seja assegurada direito de defesa. No que toca à prisão preventiva, a sua decretação, no âmbito do art. 366 do CPP, somente poderá se dar diante da presença dos requisitos do art. 312 do CPP, sendo vedada, portanto, a decretação automática da custódia. O mesmo há de ser aplicado à produção antecipada de provas, que está condicionada à demonstração de sua necessidade, não bastando, a autorizá-la, como dissemos, o mero decurso do tempo. Dessa forma, é correto afirmar-se que o magistrado agiu bem ao determinar a produção antecipada de provas em relação à Maria, que, além de sua idade avançada, encontra-se internada, com risco de falecer, mas não em relação à oitiva de Bruno, sendo, ademais, inadequada a decretação da prisão preventiva, que se deu de forma automática, sem se demonstrar, com base no art. 312 do CPP, a sua imperiosa necessidade.

67. Gabarito: C
Comentário: Cuida-se de interrogatório sub-reptício, conseguido por meio ilícito, porquanto desatendidas as formalidades que devem revestir o ato, a saber: "o preso será informado de seus direitos, entre os quais o de permanecer calado, sendo-lhe assegurada a assistência da família e de advogado". É o que dispõe o art. 5º, LXIII, da CF. Além disso, por se tratar de ato formal, submete-se às regras do interrogatório judicial, conforme preceitua o art. 6º, V, do CPP. Não foi isso que se deu. Pelo contrário, a autoridade policial responsável pela lavratura do auto de prisão em flagrante, ao invés de informar Francisco acerca de seu direito de permanecer calado, adotou postura diversa e, aproveitando-se da ausência de seu patrono, logrou obter sua confissão, que foi gravada e utilizada, após, para subsidiar a denúncia contra ele oferecida. Dessa forma, a confissão informal obtida de forma ilícita deve ser desentranhada dos autos. Na jurisprudência: "Condenação baseada exclusivamente em supostas declarações firmadas perante policiais militares no local da prisão. Impossibilidade. Direito ao silêncio violado. 4. Aviso de Miranda. Direitos e garantias fundamentais. A Constituição Federal impõe ao Estado a obrigação de informar ao preso seu direito ao silêncio não apenas no interrogatório formal, mas logo no momento da abordagem, quando recebe voz de prisão por policial, em situação de flagrante delito. Precedentes. 5. Agravo a que se nega provimento." (STF, RHC 170843 AgR, Relator(a): GILMAR MENDES, Segunda Turma, julgado em 04/05/2021, PROCESSO ELETRÔNICO DJe-174 DIVULG 31-08-2021 PUBLIC 01-09-2021). O exame pericial realizado na fase inquisitiva constitui prova não repetível (art. 155, caput, do CPP), pois a sua reprodução em juízo é inviável. A submissão dessa modalidade de prova ao contraditório ocorrerá somente no âmbito do processo, chamado, por isso, de contraditório diferido ou postergado. Destarte, poderá ser considerado em eventual sentença, mesmo sendo produzido (e de outra forma não poderia ser) antes de ser instaurado o contraditório.

68. Gabarito: C
Comentário: A solução desta questão deve ser extraída do art. 301 da Lei 9.503/1997 (Código de Trânsito Brasileiro), segundo o qual não se imporá prisão nem se exigirá fiança ao condutor de veículo, nos casos de acidentes de trânsito com vítima, desde que preste socorro à vítima. É de rigor, portanto, dada a ilegalidade da prisão, seja a mesma relaxada.

69. Gabarito: C
Comentário: Pelo que consta do enunciado, a prova testemunhal que pesa em desfavor de Irineu carece de robustez a autorizar a sua pronúncia. Assim sendo, deve o magistrado, à míngua de indícios suficientes de autoria, impronunciar o réu (art. 414, CPP).

70. Gabarito: B
Comentário: O adicional pago ao empregado em labor noturno denomina-se "salário-condição", ou seja, tal parcela integra o salário do empregado, mas não se incorpora de maneira definitiva. Nessa linha, a súmula 265 do TST ensina que a transferência para o período diurno de trabalho implica a perda do direito ao adicional noturno.

71. Gabarito: C
Comentário: A: incorreta, pois nos termos do art. 75-B da CLT considera-se teletrabalho ou trabalho remoto a prestação de serviços fora das dependências do empregador, de maneira preponderante ou não, com a utilização de tecnologias de informação e de comunicação, que, por sua natureza, não configure trabalho externo. Vale dizer, ainda, que nos termos do § 1º, do art. 75-B da CLT o comparecimento, ainda que de modo habitual, às dependências do empregador para a realização de atividades específicas que exijam a presença do empregado no estabelecimento não descaracteriza o regime de teletrabalho ou trabalho remoto. B: Incorreta, pois nos termos do art. 75-C, § 1º, da CLT poderá ser realizada a alteração entre regime presencial e de teletrabalho desde que haja mútuo acordo entre as partes, registrado em aditivo contratual. C: correta, pois nos termos do art. 75-D, parágrafo único, da CLT as utilidades necessárias ao trabalho não integram a remuneração do empregado. D: incorreta, pois nos termos do art. 75-C da CLT a prestação de serviços na modalidade de teletrabalho deverá constar expressamente do instrumento de contrato individual de trabalho. Com relação à alteração de regime presencial para o teletrabalho e de teletrabalho para presencial, a lei exige aditivo contratual, art. 75-C, §§ 1º e 2º, da CLT.

72. Gabarito: B
Comentário: A: incorreta, pois nos termos do art. 74, § 4º, da CLT a utilização de registro de ponto por exceção poderá ser acordada mediante acordo individual escrito, convenção coletiva ou acordo coletivo de trabalho. B: correta, pois nos termos do art. 74, § 4º, da CLT a utilização de registro de ponto por exceção poderá ser acordada mediante acordo individual escrito. C: incorreta, não há tal exigência legal, vide art. 74, § 4º, CLT. D: incorreta, não há tal exigência legal, vide art. 74, § 4º, CLT.

73. Gabarito: A
Comentário: Previsto no art. 58-A da CLT, o regime de tempo parcial é aquele cuja duração não exceda a 30 horas semanais, sem a possibilidade de horas suplementares semanais, ou, ainda, aquele cuja duração não exceda a 26 horas semanais, com a possibilidade de acréscimo de até seis horas suplementares semanais. Dessa forma, ambos os contratos propostos se mostram legítimos contratos de trabalho por tempo parcial.

74. Gabarito: D
Comentário: A transferência é lícita, tendo em vista a previsão contratual e a necessidade do serviço, art. 469, § 1º, CLT e súmula 43 do TST. É devido, ainda, adicional de transferência, pois o fato de existir previsão de transferência no contrato de trabalho não exclui o direito ao adicional, pois o pressuposto legal apto a legitimar a percepção do adicional é a transferência provisória, nos termos da OJ 113 da SDI 1 do TST.

75. Gabarito: B
Comentário: A: incorreta, pois há verbas que possuem natureza salarial, como por exemplo as comissões e verbas de natureza indenizatória, como o pagamento de horas suprimidas no intervalo intrajornada (art. 71, § 4º, CLT). B: correta, pois nos termos do art. 457, § 1º, da CLT as comissões pagas pelo empregador integram o salário do empregado. C: a decisão está incorreta, pois as partes não podem dispor sobre a natureza da verba. D: incorreta, pois não há tal previsão legal, vide art. 457, § 1º, CLT. HC

76. Gabarito: D
Comentário: Nos termos do art. 899, § 10, da CLT assim como os beneficiários da justiça gratuita e as empresas em recuperação judicial, as entidades filantrópicas estão isentas do recolhimento do depósito recursal. HC

77. Gabarito: D
Comentário: Nos termos do art. 535 do CPC a Fazenda Pública não é intimada para garantir o juízo, mas sim para apresentar embargos à execução. Assim, não há exigência legal para que a Fazenda Pública (a União, Estados, Distrito Federal, Municípios, autarquias e as fundações públicas) garanta o juízo para apresentação de embargos à execução. HC

78. Gabarito: A
Comentário: Não há previsão do recurso adesivo na CLT, sendo aplicado subsidiariamente o art. 997 do CPC/2015, por força do art. 769 da CLT e art. 15 CPC/2015. O TST por meio da Súmula 283 entendeu que o recurso adesivo é compatível com o processo do trabalho e cabe, no prazo de 8 (oito) dias, nas hipóteses de interposição de recurso ordinário, de agravo de petição, de revista e de embargos, sendo desnecessário que a matéria nele veiculada esteja relacionada com a do recurso interposto pela parte contrária. HC

79. Gabarito: A
Comentário: Nos termos do art. 841, caput, parte final, da CLT, entre a data do recebimento da notificação pela reclamada e a data designada para a audiência, seja ela presencial ou telepresencial, deverá ser obedecido o prazo mínimo de 5 (cinco) dias, sob pena de nulidade. HC

80. Gabarito: D
Comentário: A: incorreta. Veja resposta D. B: incorreta, pois o agravo de instrumento é cabível contra despachos que denegarem a interposição de recursos, art. 897, b, CLT. C: incorreta, pois nos termos do art. 897, a, da CLT o agravo de petição é cabível contra as decisões do Juiz, nas execuções. D: correta, pois tendo em vista que em decorrência do valor da causa a reclamação trabalhista tramitava pelo procedimento sumaríssimo, art. 852-A da CLT. Desta forma, nos termos do art. 896, § 9º da CLT que admite nas causas sujeitas ao procedimento sumaríssimo recurso de revista por contrariedade a súmula de jurisprudência uniforme do Tribunal Superior do Trabalho e, ainda, por contrariedade a súmula vinculante do Supremo Tribunal Federal e por violação direta da Constituição Federal. HC

2022.2 – XXXV EXAME DE ORDEM

1. Vitor deseja se candidatar ao Cargo de Conselheiro Seccional da OAB. Ao estudar a legislação aplicável, Vitor concluiu que poderia concorrer ao cargo em questão, ainda que

(A) estivesse em atraso com o pagamento da anuidade.
(B) exercesse efetivamente a profissão há menos de 3 (três) anos.
(C) ocupasse cargo de provimento efetivo em órgão da Administração Pública indireta.
(D) tivesse sido condenado por infração disciplinar resultante da prática de crime há mais de um ano, mesmo sem ter obtido a reabilitação criminal.

2. Maria, advogada, sente falta de confiança na relação profissional que mantém com Pedro, cliente que representa em ação judicial. Maria externa essa impressão a Pedro, mas as dúvidas existentes não são dissipadas. Maria decide, então, renunciar ao mandato.

Considerando essa situação hipotética, é correto afirmar que o ato de renúncia ao patrocínio

(A) excluirá a responsabilidade de Maria por danos eventualmente causados a Pedro após dez dias da notificação, salvo se for substituída antes do término desse prazo.
(B) obrigará Maria a depositar em juízo bens, valores e documentos que lhe hajam sido confiados e ainda estejam em seu poder.
(C) fará cessar de imediato a responsabilidade profissional de Maria pelo acompanhamento da causa.
(D) deverá ser feita sem menção do motivo que a determinou.

3. Em certa comarca, em razão da insuficiência do número de defensores públicos em atuação, o Juiz Caio nomeou o advogado Pedro para defender um réu juridicamente necessitado.

Quanto aos honorários a serem recebidos por Pedro, assinale a afirmativa correta.

(A) Pedro apenas terá direito ao recebimento de honorários na hipótese de a parte contrária ser sucumbente, a serem pagos pelo autor.
(B) Pedro tem direito a honorários fixados pelo juiz, independentemente de sucumbência, a serem pagos pelo Estado, segundo a tabela organizada pelo Conselho Seccional da OAB.
(C) Pedro tem direito a honorários fixados pelo juiz, independentemente de sucumbência, a serem pagos pela Defensoria Pública, segundo a tabela organizada pelo Defensor Público Geral do Estado.
(D) Pedro apenas terá direito ao recebimento de honorários na hipótese de a parte contrária ser sucumbente, a serem pagos pela Defensoria Pública.

4. Antônio, economista sem formação jurídica, e Pedro, advogado, ambos estudiosos da Análise Econômica do Direito, desejam constituir sociedade de advogados que também fornecerá aos seus clientes serviços de consultoria na área econômica.

Ao analisar a possibilidade de registro desse empreendimento, que consideram inovador, Antônio e Pedro concluíram, corretamente, que

(A) poderá ser efetivado, já que é permitido o registro, nos cartórios de registro civil de pessoas jurídicas e nas juntas comerciais, de sociedade que inclua, entre outras finalidades, a atividade de advocacia.
(B) não poderá ser efetivado, já que somente são admitidas a registro as sociedades de advogados que explorem ciências sociais complementares à advocacia.
(C) poderá ser efetivado, desde que a razão social tenha o nome de, pelo menos, um advogado responsável pela sociedade.
(D) não poderá ser efetivado, já que não são admitidas a registro as sociedades de advogados que incluam como sócio pessoa não inscrita como advogado ou totalmente proibida de advogar.

5. João é estagiário de Direito. É vedado a João praticar isoladamente – isto é, sem atuar em conjunto com o advogado ou o defensor público que o supervisiona – o seguinte ato:

(A) assinar petições de juntada de documentos a processos judiciais.
(B) obter junto aos escrivães e chefes de secretarias certidões de peças de processos em curso.
(C) comparecer à prática de atos extrajudiciais, sem autorização ou substabelecimento do advogado.
(D) retirar e devolver autos em cartório, assinando a respectiva carga.

6. O advogado Cauã Silva foi presidente de certo Conselho Seccional da OAB, tendo seu mandato se encerrado há mais de uma década. Desde então, embora tenha permanecido como aguerrido defensor das prerrogativas e dos direitos dos advogados, Cauã não mais concorreu a nenhum cargo na OAB.

Considerando a situação hipotética narrada, assinale a afirmativa correta.

(A) Cauã, quando cessado seu mandato, deixou de integrar o Conselho Seccional da OAB.
(B) Cauã permanece como membro honorário do Conselho Seccional da OAB, mas não tem direito de voto ou de voz nas sessões.
(C) Cauã é ainda membro honorário do Conselho Seccional da OAB e o será de forma vitalícia, tendo, contudo, apenas direito de voz nas sessões.
(D) Cauã permanece como membro honorário do Conselho Seccional da OAB, a quem são conferidos os direitos a voz e voto nas sessões do Conselho.

7. Antônio, brasileiro, formou-se em Direito em uma renomada Universidade de certo país da América do Sul. Lá, conheceu e casou-se com uma nacional daquele país, Ana, que também se formou em Direito na mencionada universidade.

Já graduados, Ana e Antônio decidiram mudar-se para o Brasil, e exercer a advocacia em Minas Gerais, uma vez que se especializaram em determinado ramo do Direito em que há bastante similitude com o Direito do país de origem de Ana.

Considerando o caso narrado, assinale a afirmativa correta.

(A) É vedado a Ana o exercício da advocacia no Brasil, salvo, a título precatório, como consultora em Direito Internacional, se não cursar novamente a graduação no nosso país. Antônio, em via diversa, poderá inscrever-se como advogado desde que prove seu título de graduação, obtido na universidade estrangeira, que este seja revalidado e que seja aprovado no Exame de Ordem, cumpridos os demais requisitos legais.

(B) Tanto Ana quanto Antônio poderão inscrever-se como advogados, desde que provem seus títulos de graduação, obtidos na universidade estrangeira, que estes sejam revalidados e que eles sejam aprovados no Exame de Ordem, cumpridos os demais requisitos legais.

(C) É vedado a Ana o exercício da advocacia no Brasil, salvo, a título precatório, como consultora em Direito Internacional, se não cursar novamente a graduação no nosso país. Antônio poderá inscrever-se como advogado desde que prove seu título de graduação, obtido na universidade estrangeira, independentemente de revalidação, e que seja aprovado no Exame de Ordem, cumpridos os demais requisitos legais.

(D) É vedado a Ana e a Antônio o exercício da advocacia no Brasil, salvo, a título precatório, como consultores no Direito estrangeiro, se não cursarem novamente a graduação no nosso país.

8. O estagiário de Direito Jefferson Santos, com o objetivo de divulgar a qualidade de seus serviços, realizou publicidade considerada irregular por meio da Internet, por resultar em captação de clientela, nos termos do Código de Ética e Disciplina da OAB.

Quanto aos instrumentos admitidos no caso em análise, assinale a afirmativa correta.

(A) É admitida a celebração de termo de ajustamento de conduta, tanto no âmbito dos Conselhos Seccionais quanto do Conselho Federal, para fazer cessar a publicidade irregular praticada.

(B) Não é permitida a celebração de termo de ajustamento de conduta, tendo em vista tratar-se de estagiário.

(C) É admitida a celebração de termo de ajustamento de conduta para fazer cessar a publicidade irregular praticada, que deverá seguir regulamentação constante em provimentos de cada Conselho Seccional, quanto aos seus requisitos e condições.

(D) Não é permitida a celebração de termo de ajustamento de conduta, tendo em vista a natureza da infração resultante da publicidade irregular narrada.

9. *A calamidade dos que não têm direitos não decorre do fato de terem sido privados da vida, da liberdade ou da procura da felicidade... Sua situação angustiante não resulta do fato de não serem iguais perante a lei, mas sim de não existirem mais leis para eles...*

Hannah Arendt

A filósofa Hannah Arendt, em seu livro As Origens do Totalitarismo, aborda a trágica realidade daqueles que, com os eventos da II Guerra Mundial, perderam não apenas seu lar, mas a proteção do governo. Com isso, ficaram destituídos de seus direitos e, também, sem a quem pudessem recorrer.

Diante disso, Hannah Arendt afirma que, antes de todos os direitos fundamentais, há um primeiro direito a ser garantido pela própria humanidade.

Assinale a opção que o apresenta.

(A) O direito à liberdade de consciência e credo.
(B) O direito a ter direitos, isto é, de pertencer à humanidade.
(C) O direito de resistência contra governos tiranos.
(D) O direito à igualdade e de não ser oprimido.

10. É possível que, diante de um caso concreto, seja aceitável a aplicação tanto de uma lei geral quanto de uma lei especial. Isso, segundo Norberto Bobbio, em seu livro *Teoria do Ordenamento Jurídico*, caracteriza uma situação de antinomia.

Assinale a opção que, segundo o autor na obra em referência, apresenta a solução que deve ser adotada.

(A) Deve ser feita uma ponderação de princípios entre a lei geral e a lei especial, de forma que a lei que se revelar menos razoável seja revogada.

(B) Deve prevalecer a lei especial sobre a lei geral, de forma que a lei geral seja derrogada, isto é, caia parcialmente.

(C) Deve ser verificada a data de edição de ambas as leis, pois, nesse tipo de conflito entre lei geral e lei especial, deve prevalecer aquela que for posterior.

(D) Deve prevalecer a lei geral sobre a lei especial, pois essa prevalência da lei geral é um momento ineliminável de desenvolvimento de um ordenamento jurídico.

11. Diante do desafio de promover maior proteção às florestas, à fauna e à flora, reiteradamente atingidas por incêndios e desmatamentos, organizações não-governamentais resolvem provocar o Poder Público, a fim de que sejam adotadas providências concretas para manutenção do equilíbrio climático. Porém, sem saber quais os entes federativos que seriam constitucionalmente competentes para agir na direção almejada, buscam maiores esclarecimentos com competente advogado(a).

No âmbito da competência comum estabelecida pela Constituição Federal de 1988, assinale a opção que apresenta a orientação recebida.

(A) A União deve atuar legislando privativamente a respeito da referida proteção, sendo que, aos demais entes federativos, restará tão somente cumprir as normas editadas pela União, sem que possam suplementá-la.

(B) A União, os Estados, o Distrito Federal e os Municípios são todos competentes para promover a referida proteção, sendo os termos dessa cooperação fixados em legislação primária produzida pelo Congresso Nacional, com quórum de aprovação de maioria absoluta.

(C) A União e os Estados dividirão, com exclusividade, as responsabilidades inerentes à produção das normas e à atuação administrativa, tendo por pressuposto o fato de ter o constituinte originário brasileiro, na Constituição de 1988, adotado uma típica federação de 2º grau.

(D) A referida proteção é uma tarefa precípua da União, podendo o Presidente da República, no uso de suas atribuições constitucionais, se considerar conveniente, delegar tarefas específicas aos Estados, ao Distrito Federal e aos Municípios.

12. Um agente público federal, em entrevista a jornal de grande circulação, expressou sua insatisfação com o baixo índice de desenvolvimento econômico e social de aproximadamente 25 por cento do amplo território ocupado pelo Estado Alfa, mais precisamente da parte sul do Estado. Por entender que a autoridade estadual não possui os recursos necessários para implementar políticas que desenvolvam essa região, afirma que faz parte da agenda do governo federal transformar a referida área em território federal. O Governador de Alfa, preocupado com o teor do pronunciamento, solicita que os procuradores do Estado informem se tal medida é possível, segundos os parâmetros estabelecidos na Constituição Federal de 1988.

O corpo jurídico, então, responde que

(A) embora na atual configuração da República Federativa do Brasil não conste nenhum território federal, caso venha a ser criado, constituirá um ente dotado de autonomia política plena.

(B) embora não exista território federal na atual configuração da República Federativa do Brasil, a Constituição Federal de 1988 prevê, expressamente, a possibilidade de sua criação.

(C) em respeito ao princípio da autonomia estadual, somente seria possível a criação de território pelo Governador de Alfa, a quem caberia a responsabilidade pela gestão.

(D) ainda que o Brasil já tenha tido territórios federais, a Constituição Federal não prevê tal modalidade, o que afasta a possibilidade de sua criação.

13. Doralice, brasileira, funcionária de uma empresa italiana situada em Roma (Itália), conheceu Rocco, italiano, e com ele se casa. Em Milão, em 1998, nasceu Giuseppe, filho do casal, sendo registrado unicamente em repartição pública italiana. Porém, recentemente, Giuseppe, que sempre demonstrou grande afinidade com a cultura brasileira, externou a seus pais e amigos duas ambições: adquirir a nacionalidade brasileira e integrar os quadros do Itamarati, na condição de diplomata brasileiro. Ele procura, então, um escritório de advocacia no Brasil para conhecer as condições necessárias para atingir seus objetivos.

De acordo com o sistema jurídico-constitucional brasileiro, Giuseppe

(A) poderá exercer qualquer cargo público no âmbito da República Federativa do Brasil, uma vez que, por ser filho de pessoa detentora da nacionalidade brasileira, já possui a condição de brasileiro nato.

(B) poderá atingir o seu objetivo de ser um diplomata brasileiro caso lhe seja reconhecida a condição de brasileiro nato, status que somente será alcançado se vier a residir no Brasil e optar pela nacionalidade brasileira.

(C) poderá adquirir a nacionalidade brasileira na condição de brasileiro naturalizado e, assim, seguir a carreira diplomática, pois a Constituição veda qualquer distinção entre brasileiros natos e naturalizados.

(D) não poderá seguir a carreira diplomática pela República Federativa do Brasil, já que sua situação concreta apenas lhe oferece a possibilidade de adquirir a nacionalidade brasileira pela via da naturalização.

14. Lei ordinária do município Alfa dispôs que os benefícios de assistência social voltados à reabilitação das pessoas com deficiência passariam a ser condicionados ao pagamento de contribuição à seguridade social pelos beneficiários.

Sobre a questão em comento, com base no texto constitucional, assinale a afirmativa correta.

(A) Embora a lei seja materialmente compatível com o texto da Constituição de 1988, a competência legislativa para dispor sobre a defesa e reabilitação de pessoas com deficiência é privativa do Estado.

(B) A lei ordinária do município Alfa apresenta vício material, já que a reabilitação das pessoas com deficiência é matéria estranha à assistência social.

(C) A lei em comento, embora materialmente adequada ao texto constitucional, apresenta vício de forma, já que apenas lei complementar pode dispor sobre matérias afetas à assistência social.

(D) Trata-se de lei inconstitucional, uma vez que a Constituição de 1988 estabelece que os benefícios da assistência social serão prestados a quem deles necessitar, independentemente de contribuição à seguridade social.

15. No Preâmbulo da Constituição do Estado Alfa consta:

"Nós, Deputados Estaduais Constituintes, no pleno exercício dos poderes outorgados pelo artigo 11 do Ato das Disposições Transitórias da Constituição da República Federativa do Brasil, promulgada em 5 de outubro de 1988, reunidos em Assembleia, no pleno exercício do mandato, de acordo com a vontade política dos cidadãos deste Estado, dentro dos limites autorizados pelos princípios constitucionais que disciplinam a Federação Brasileira, promulgamos, sob a proteção de Deus, a presente Constituição do Estado Alfa."

Diante de tal fragmento e de acordo com a teoria do poder constituinte, o ato em tela deve ser corretamente enquadrado como forma de expressão legítima do poder constituinte

(A) originário.

(B) derivado difuso.

(C) derivado decorrente.

(D) derivado reformador.

16. O Juízo da 10ª Vara Criminal do Estado Alfa, com base nos elementos probatórios dos autos, defere medida de busca e apreensão a ser realizada na residência de João. Devido à intensa movimentação de pessoas durante o período diurno, bem como para evitar a destruição deliberada de provas, o delegado de polícia determina que as diligências necessárias ao cumprimento da ordem sejam realizadas à noite, quando João estaria dormindo, aumentando as chances de sucesso da incursão.

Sobre o caso hipotético narrado, com base no texto constitucional, assinale a afirmativa correta.

(A) A inviolabilidade de domicílio, embora possa ser relativizada em casos pontuais, não autoriza que as diligências necessárias ao cumprimento do mandado de busca e apreensão na residência de João sejam efetivadas durante o período noturno.

(B) A incursão policial na residência de João se justificaria apenas em caso de flagrante delito, mas, inexistindo a situação de flagrância, o mandado de busca e apreensão expedido pelo Juízo da 10ª Vara Criminal do Estado Alfa é nulo.

(C) O cumprimento da medida de busca e apreensão durante o período noturno é justificado pelas razões invocadas pelo Delegado, de modo que a inviolabilidade de domicílio cede espaço à efetividade e à imperatividade dos atos estatais.

(D) A inviolabidade de domicílio não é uma garantia absoluta e, estando a ordem expedida pelo Juízo da 10ª Vara Criminal devidamente fundamentada, o seu cumprimento pode ser realizado a qualquer hora do dia ou da noite.

17. Em decisão de mérito proferida em sede de ação direta de inconstitucionalidade (ADI), os Ministros do Supremo Tribunal Federal declararam inconstitucional o Art. 3º da Lei X. Na oportunidade, não houve discussão acerca da possibilidade de modulação dos efeitos temporais da referida decisão.

Sobre a hipótese, segundo o sistema jurídico-constitucional brasileiro, assinale a afirmativa correta.

(A) A decisão está eivada de vício, pois é obrigatória a discussão acerca da extensão dos efeitos temporais concedidos à decisão que declara a inconstitucionalidade.

(B) A decisão possui eficácia temporal *ex tunc*, já que, no caso apresentado, esse é o natural efeito a ela concedido.

(C) Nesta específica ação de controle concentrado, é terminantemente proibida a modulação dos efeitos temporais da decisão.

(D) A decisão em tela possui eficácia temporal *ex nunc*, já que, no caso acima apresentado, esse é o efeito obrigatório.

18. O Conselho Nacional dos Direitos Humanos (CNDH), assim denominado pela Lei nº 12.986/14 e vinculado à administração pública federal, é um importante órgão de proteção dos direitos no Brasil.

Você, que atua na defesa dos Direitos Humanos, tomou conhecimento de uma violação de um direito social previsto no Pacto Internacional dos Direitos Econômicos e Sociais. Assim, você avalia a possibilidade de levar tal situação ao conhecimento do Conselho Nacional dos Direitos Humanos (CNDH).

Diante disso, assinale a opção que corresponde às corretas incumbência e atribuição desse Conselho.

(A) Assessorar o Congresso Nacional em matéria relativa aos Direitos Humanos e avaliar eventuais projetos de leis que envolvam os Direitos Humanos que tenham sido propostos por deputados federais e senadores da República.

(B) Representar o Brasil perante a Comissão Interamericana de Direitos Humanos quando da apuração, por esta Comissão, de denúncia de violação de Direitos Humanos resultante da ação ou omissão do Estado brasileiro.

(C) Receber representações ou denúncias de condutas ou situações contrárias aos Direitos Humanos e apurar as respectivas responsabilidades, aplicando sanções de advertência, censura pública ou recomendação para afastamento de cargo.

(D) Representar, em juízo, as vítimas de violações de Direitos Humanos, naquelas ações judiciais reparadoras de direitos que forem impetradas pelo próprio CNDH no âmbito de jurisdição especial do Superior Tribunal de Justiça.

19. De acordo com a Recomendação nº 123, de 07 de janeiro de 2022, do Conselho Nacional de Justiça, os órgãos do Poder Judiciário brasileiro estão recomendados à "*observância dos tratados e convenções internacionais de direitos humanos em vigor no Brasil e à utilização da jurisprudência da Corte Interamericana de Direitos Humanos (Corte IDH), bem como à necessidade de controle de convencionalidade das leis internas.*"

Nesse sentido, controle de convencionalidade deve ser corretamente entendido como

(A) o controle de compatibilidade material e formal entre a legislação brasileira e o que está disposto, em geral, na Constituição Federal.

(B) a verificação da compatibilidade entre as leis de um Estado (legislação doméstica) e as normas dos tratados internacionais de Direitos Humanos firmados e incorporados à legislação do país.

(C) a análise hermenêutica que propõe uma interpretação das normas de Direitos Humanos, de maneira a adequá-las àquilo que estabelece a legislação interna do país.

(D) a busca da conformidade da Constituição e da legislação doméstica àquilo que está convencionado nas normas do Direito Natural, pois essas são logicamente anteriores e moralmente superiores.

20. Thomas, inglês, e Marta, brasileira, que se conheceram na Inglaterra, são grandes admiradores das praias brasileiras, motivo pelo qual resolvem se casar em Natal, cidade de domicílio de Marta. Em seguida, constituem como seu primeiro domicílio conjugal a capital inglesa.

O casal, que havia se mudado para Portugal passados cinco anos do início do vínculo conjugal, resolve lá se divorciar. Os consortes não tiveram filhos e, durante o matrimônio, adquiriram bens em Portugal, bem como um imóvel em Natal, onde passavam férias.

Acerca do caso narrado, e com base no que dispõem o Código de Processo Civil e a Lei de Introdução às Normas do Direito Brasileiro, assinale a afirmativa correta.

(A) O casal poderia buscar as autoridades consulares brasileiras em Portugal para a realização do divórcio, sendo consensual.

(B) Se consensual o divórcio, a sentença estrangeira que o decreta produz efeitos no Brasil, independentemente de homologação pelo Superior Tribunal de Justiça.

(C) Se o casal não fez opção expressa pelo regime de comunhão parcial de bens, deverá ser observado o regime legal previsto no Código Civil brasileiro, haja vista que o casamento fora celebrado no país.

(D) Inexistindo acordo entre os cônjuges a respeito da partilha do imóvel situado no Brasil, é possível a homologação da sentença proferida pelo Poder Judiciário português que decretou o divórcio, inclusive no ponto em que determina a partilha do referido bem.

21. Pablo acaba de chegar do Uruguai e pretende se fixar em Uruguaiana (RS) como residente fronteiriço. Desconhecendo seus direitos como residente fronteiriço, ele procura você, como advogado(a), para receber a orientação jurídica adequada.

Em relação aos direitos de Pablo, como residente fronteiriço, assinale a opção que apresenta, corretamente, a orientação recebida.

(A) A abrangência do espaço geográfico, autorizada pelo documento de residente fronteiriço de Pablo, será o território nacional.

(B) A obtenção de outra condição migratória implica a renovação automática, por prazo indeterminado, do documento de Pablo, como residente fronteiriço.

(C) A autorização para a realização de atos da vida civil poderá ser concedida a Pablo, mediante requerimento, a fim de facilitar sua livre circulação.

(D) A fim de facilitar a sua livre circulação, poderá ser concedido a Pablo, mediante requerimento, visto temporário em seu passaporte para a realização de atos da vida civil.

22. Marcelo, servidor do Estado X, verificando sua conta bancária, percebeu que houve a retenção a maior do imposto sobre a renda (IRRF) incidente sobre sua remuneração. Objetivando receber a quantia recolhida a maior de volta, Marcelo ajuizou ação de repetição de indébito, incluindo, no polo passivo, o Estado X.

Sobre a hipótese descrita, assinale a afirmativa correta.

(A) O imposto sobre a renda é um tributo de competência exclusiva da União, e, portanto, o polo passivo deve ser integrado pela União.
(B) Marcelo não possui legitimidade ativa para propor a ação de repetição de indébito, visto que não suportou o ônus tributário.
(C) Somente o Estado X tem legitimidade para figurar no polo passivo da ação de restituição de indébito do imposto sobre a renda retido na fonte proposta por seus servidores.
(D) Tanto o Estado X quanto a União deveriam figurar solidariamente no polo passivo da ação de repetição de indébito.

23. A empresa pública estadual XYZ S.A., com imunidade tributária que a desonera do pagamento de Imposto sobre a Renda de Pessoa Jurídica (IRPJ) reconhecida desde o ano de 2020 por decisão do Supremo Tribunal Federal transitada em julgado, deixou de cumprir diversas obrigações acessórias relativas ao IRPJ referente ao ano-base de 2021.

Em decorrência disso, foi autuada e recebeu multa pelo descumprimento de obrigações tributárias acessórias. A empresa procura você, como advogado(a), indagando sobre a validade da exigência desta penalidade pecuniária, uma vez que sua imunidade já foi reconhecida.

Diante desse cenário, sobre a autuação fiscal e a respectiva cobrança de multa, assinale a afirmativa correta.

(A) São inválidas e ilegais, por inexistir a obrigação tributária principal, e aplica-se a regra de que a obrigação acessória segue a obrigação principal.
(B) São válidas e legais, porque o descumprimento da obrigação acessória, mesmo por empresa imune, converte-se em obrigação principal relativamente à penalidade pecuniária.
(C) Só poderiam ser exigidas caso a imunidade tributária daquela empresa não fosse reconhecida ou revogada.
(D) São inválidas e ilegais, porque a imunidade tributária veda, também, a exigência de cumprimento de obrigações acessórias.

24. A sociedade empresária *Comércio de Roupas ABC Ltda.* deixou passar o prazo para a interposição dos embargos à execução em ação de execução fiscal ajuizada em agosto de 2021, relativa à cobrança de PIS e COFINS do período de janeiro a março do ano de 2010 não declarados nem pagos, objetos de lançamentos de ofício ocorridos em dezembro de 2014 e não impugnados.

Sabendo que a sociedade pretende apresentar uma Exceção de Pré-Executividade visando a afastar a exigibilidade e extinguir a ação de cobrança, seu advogado, como argumento cabível para esta defesa, poderá requerer

(A) o arrolamento de testemunhas (ex-funcionários) para comprovar que não teria havido vendas no período alegado como fato gerador.
(B) a realização de perícia contábil dos seus livros fiscais para comprovar que não teria havido faturamento no período alegado como fato gerador.
(C) o reconhecimento da prescrição do crédito tributário apenas pela análise dos prazos de lançamento e cobrança judicial.
(D) a juntada da declaração de imposto sobre a renda da pessoa jurídica e a escrituração contábil do exercício fiscal do período alegado como fato gerador para comprovar que a sociedade empresarial teria tido prejuízo e, por isso, não teria ocorrido o fato gerador das contribuições sociais objeto da cobrança.

25. O Estado Alfa concedeu por lei ordinária, observadas as regras orçamentárias, isenção de IPVA para automóveis exclusivamente elétricos, fundamentando que a tributação possui uma importante função extrafiscal e objetivos ecológicos.

José é proprietário de um automóvel registrado perante o DETRAN do Estado Alfa, movido a biogás, combustível considerado inovador e não poluente, produzido a partir de resíduos orgânicos como lixo, cana, biomassa etc. e refinado em biometano para abastecer carros.

Desejando José obter para si o mesmo benefício fiscal dos carros elétricos, ele contrata você, como advogado(a), para fins de requerimento administrativo da isenção.

Diante desse cenário, assinale a afirmativa correta.

(A) É possível a concessão do benefício fiscal por analogia e interpretação extensiva aos automóveis movidos a combustível de biogás.
(B) É possível a concessão do benefício fiscal, tendo em vista a função extrafiscal e o objetivo ecológio do combustível de biogás.
(C) Não é possível a concessão do benefício fiscal aos automóveis movidos a biogás, pois deve ser interpretada literalmente a legislação que dispõe sobre a outorga de isenção.
(D) Não é possível a concessão do benefício fiscal aos automóveis movidos a biogás, tendo em vista ser necessário comprovar os benefícios ecológicos por meio de perícia técnica, procedimento vedado na esfera administrativa.

26. A sociedade empresária *ABC Ltda.* foi criada em janeiro de 2020 e estabelecida no município Alfa. É especializada em recauchutagem de pneus, atividade na qual o cliente entrega os pneus do seu automóvel ao estabelecimento para que esses passem por um complexo processo de recuperação da borracha e de sua forma (raspagem, colagem, vulcanização etc.), transformando o pneu velho e desgastado em um pneu novo para uso do respectivo cliente em seu automóvel.

Antes de iniciar suas atividades, ainda na fase de regularização fiscal, você é chamado(a) para emitir parecer sobre qual imposto incidirá naquela operação.

Diante desse cenário, incidirá

(A) o Imposto sobre Serviços (ISS), uma vez que a atividade da sociedade empresária é realizada por encomenda do proprietário do automóvel, dono dos pneus.

(B) o Imposto sobre Circulação de Mercadorias e Serviços (ICMS), uma vez que, na operação descrita, os pneus são considerados mercadorias.
(C) o Imposto sobre Produtos Industrializados (IPI), uma vez que, na operação descrita, há um processo de industrialização na recauchutagem dos pneus, na espécie transformação.
(D) o Imposto sobre Circulação de Mercadorias e Serviços (ICMS), uma vez que, nessa operação, os pneus são considerados mercadorias, acrescido do Imposto sobre Produtos Industrializados (IPI), uma vez que há um processo de industrialização na operação.

27. Em decorrência das queimadas que têm assolado certo bioma, os municípios vizinhos Alfa, Beta e Gama, nacionalmente conhecidos pelo turismo ambiental promovido na localidade e drasticamente afetados pelo fogo, decidiram formalizar um consórcio público com vistas a promover a proteção ao meio ambiente.

No respectivo protocolo de intenções, os entes federativos estabeleceram a denominação - *Protetivus* -, a finalidade, o prazo de duração, a sede do consórcio e a previsão de que o consórcio é associação pública, dentre outras cláusulas necessárias.

Diante dessa situação hipotética, em consonância com a legislação de regência, assinale a afirmativa correta.

(A) A associação pública *Protetivus* não poderá integrar a Administração Indireta dos municípios Alfa, Beta e Gama.
(B) Os municípios Alfa, Beta e Gama somente entregarão recursos financeiros ao consórcio público mediante contrato de rateio.
(C) Os municípios Alfa, Beta e Gama não poderiam formalizar o consórcio público em questão sem a participação da União.
(D) A edição de Decreto por cada um dos municípios envolvidos é suficiente para que a associação pública *Protetivus* adquira personalidade jurídica.

28. João é servidor público federal, ocupando o cargo efetivo de Analista Judiciário em determinado Tribunal. A autoridade competente do Tribunal recebeu uma denúncia anônima, devidamente circunstanciada, narrando que João revelou segredo, do qual se apropriou em razão do cargo, consistente no conteúdo de uma interceptação telefônica determinada judicialmente e ainda mantida em sigilo, a terceiro.

O Tribunal instaurou preliminarmente sindicância, a qual, após a obtenção de elementos suficientes, resultou na instauração de processo administrativo disciplinar (PAD), iniciado por portaria devidamente motivada. O PAD, atualmente, está em fase de inquérito administrativo.

No caso em tela, em razão de ter o PAD se iniciado por meio de notícia apócrifa, eventual alegação de sua nulidade pela defesa técnica de João

(A) não merece prosperar, pois é permitida a instauração de processo administrativo disciplinar com base em denúncia anônima, face ao poder-dever de autotutela imposto à Administração.
(B) merece prosperar, por violação ao princípio administrativo da publicidade, e a alegação deve ser feita até a apresentação de relatório pela comissão do PAD, que é composta por três servidores estáveis.
(C) não merece prosperar, pois já houve preclusão, eis que tal argumento deveria ter sido apresentado na fase de instauração do PAD, até cento e vinte dias após a publicação do ato que constituiu a comissão.
(D) merece prosperar, por violação aos princípios constitucionais do contraditório e de ampla defesa, pois o servidor público representado tem o direito subjetivo de conhecer e contraditar o autor da representação.

29. O município Gama almeja realizar licitação para a escolha de um projeto urbanístico, de cunho técnico especializado, de natureza preponderantemente cultural, para a revitalização de seu centro histórico. Para tanto, fez publicar o respectivo edital com as especificações determinadas por lei.

Sobre a hipótese, segundo a nova de Lei de Licitações (Lei nº 14.133/21), assinale a afirmativa correta.

(A) O vencedor da licitação deverá ceder ao município Gama os direitos patrimoniais relativos ao projeto e autorizar sua execução conforme juízo de conveniência e oportunidade das autoridades competentes.
(B) A elaboração do projeto técnico mencionado corresponde a serviço comum, de modo que a modalidade de licitação aplicável pelo município Gama é o pregão.
(C) A modalidade de licitação a ser utilizada pelo município Gama é o diálogo competitivo, porque a Nova Lei de Licitações não prevê o concurso.
(D) A licitação deverá ser realizada como concurso público de provas e títulos, tal como ocorre com a admissão de pessoal, para fins de remunerar o projeto vencedor.

30. A Associação *Gama* é uma instituição religiosa que se dedica à promoção da assistência social e almeja obter recursos financeiros junto ao governo federal a fim de fomentar suas atividades. Para tanto, seus representantes acreditam que a melhor alternativa é a qualificação como Organização da Sociedade Civil de Interesse Público – OSCIP, razão pela qual procuram você, como advogado(a), a fim de esclarecer as peculiaridades relacionadas à legislação de regência (Lei nº 9.790/99).

Acerca da situação hipotética apresentada, assinale a afirmativa correta.

(A) A qualificação da Associação *Gama* como OSCIP é ato discricionário, que deve ser pleiteado junto ao Ministério da Justiça.
(B) Após a sua qualificação como OSCIP, a Associação *Gama* deverá formalizar contrato de gestão com a Administração Pública para a transferência de recursos financeiros.
(C) A Associação *Gama* não poderá ser qualificada como OSCIP, pois as instituições religiosas não são passíveis de tal qualificação.
(D) O estatuto social da Associação *Gama* precisa vedar a participação de servidores públicos na composição de conselho ou diretoria, a fim de que ela possa ser qualificada como OSCIP.

31. O Estado Alfa pretende firmar com sociedade empresária ou consórcio privado contrato de concessão patrocinada de serviços públicos para manutenção de uma rodovia estadual, precedida de obra pública, sob o regime jurídico da chamada parceria público-privada. O Estado Alfa iniciou os trâmites legais para a contratação, e a sociedade empresária *Delta* está interessada em ser contratada.

Visando calcular os riscos, em especial tirar dúvidas sobre o pedágio que será cobrado dos usuários e as providências administrativas que deve adotar previamente para ser contratada, a sociedade empresária *Delta* buscou orientação em escritório de advocacia especializado na matéria.

Na qualidade de advogado(a) que compareceu à reunião para prestar esclarecimentos à sociedade empresária Delta, você informou ao sócio-administrador, com base na Lei nº 11.079/04, que a concessionária prestará o serviço cobrando

(A) dos usuários determinado valor pela tarifa e percebendo uma remuneração adicional paga pelo poder público concedente, e, antes da celebração do contrato, deverá ser constituída sociedade de propósito específico, incumbida de implantar e gerir o objeto da parceria.

(B) do Estado Alfa, na qualidade de usuário direto ou indireto dos serviços, o valor total da tarifa, e, antes da celebração do contrato, deverá ser constituída sociedade empresária subsidiária, incumbida de planejar o objeto da parceria.

(C) dos usuários valor como tarifa que seja suficiente para, de forma integral, arcar com e manter o equilíbrio econômico e financeiro do contrato, sem contribuição do poder público concedente, e a contratação será precedida de licitação na modalidade concorrência.

(D) do Estado Alfa, na qualidade de usuário indireto dos serviços, o valor da metade da tarifa, e a contratação será precedida de licitação na modalidade concorrência ou pregão, de acordo com o valor estimado do contrato.

32. Em janeiro de 2022, João, na qualidade de Secretário de Educação do município Alfa, de forma culposa, praticou ato que causou lesão ao erário municipal, na medida em que permitiu, por negligência, a aquisição de bem consistente em material escolar por preço superior ao de mercado. O Ministério Público ajuizou ação civil pública por ato de improbidade administrativa em face de João, imputando-lhe a prática de ato omisso e culposo que ensejou superfaturamento em prejuízo ao Município, bem como requereu a condenação do Secretário Municipal a todas as sanções previstas na Lei de Improbidade Administrativa.

Após ser citado, João procurou você, como advogado(a), para defendê-lo. Com base na Lei nº 8.429/92 (com as alterações introduzidas pela Lei nº 14.230/21), você redigiu a contestação, alegando que, atualmente, não mais existe ato de improbidade administrativa

(A) omissivo, pois a nova legislação exige conduta comissiva, livre e consciente do agente, caracterizada por um atuar positivo por parte do sujeito ativo do ato de improbidade, para fins de caracterização de ato ímprobo.

(B) culposo, pois a nova legislação exige conduta dolosa para todos os tipos previstos na Lei de Improbidade e considera dolo a vontade livre e consciente de alcançar o resultado ilícito tipificado na lei, não bastando a voluntariedade do agente.

(C) que cause simplesmente prejuízo ao erário, pois é imprescindível que o sujeito ativo do ato de improbidade tenha se enriquecido ilicitamente com o ato praticado, direta ou indiretamente.

(D) que enseje mero dano ao erário, pois é imprescindível que o sujeito ativo do ato de improbidade tenha também atentado contra os princípios da administração pública, direta ou indiretamente.

33. Após regular processo administrativo de licenciamento ambiental, o Estado Alfa, por meio de seu órgão ambiental competente, deferiu licença de operação para a sociedade empresária Gama realizar atividade de frigorífico e abatedouro de bovinos.

Durante o prazo de validade da licença, no entanto, a sociedade empresária *Gama* descumpriu algumas condicionantes da licença relacionadas ao tratamento dos efluentes industriais, praticando infração ambiental. Diante da inércia fiscalizatória do órgão licenciador, o município onde o empreendimento está instalado, por meio de seu órgão ambiental competente, exerceu o poder de polícia e lavrou auto de infração em desfavor da sociedade empresária *Gama*.

No caso em tela, a conduta do município é

(A) lícita, pois, apesar de competir, em regra, ao órgão estadual lavrar auto de infração ambiental, o município pode lavrar o auto e, caso o órgão estadual também o lavre, prevalecerá o que foi lavrado primeiro.

(B) lícita, pois, apesar de competir, em regra, ao órgão estadual licenciador lavrar auto de infração ambiental, o município atuou legitimamente, diante da inércia do órgão estadual.

(C) ilícita, pois compete privativamente ao órgão estadual responsável pelo licenciamento da atividade lavrar auto de infração ambiental, vedada a atuação do município.

(D) ilícita, pois, apesar de competir, em regra, ao órgão estadual licenciador lavrar auto de infração ambiental, em caso de sua inércia, apenas a União poderia suplementar a atividade de fiscalização ambiental.

34. A sociedade empresária *Beta* atua no ramo de produção de produtos agrotóxicos, com regular licença ambiental, e vem cumprindo satisfatoriamente todas as condicionantes da licença. Ocorre que, por um acidente causado pela queda de um raio em uma das caldeiras de produção, houve vazamento de material tóxico, que causou grave contaminação do solo, subsolo e lençol freático.

Não obstante a sociedade empresária tenha adotado, de plano, algumas medidas iniciais para mitigar e remediar parte dos impactos, fato é que ainda subsiste considerável passivo ambiental a ser remediado.

Tendo em vista que a sociedade empresária Beta parou de atender às determinações administrativas do órgão ambiental competente, o Ministério Público ajuizou ação civil pública visando à remediação ambiental da área.

Na qualidade de advogado(a) da sociedade empresária Beta, para que seu cliente decida se irá ou não celebrar acordo judicial com o MP, você lhe informou que, no caso em tela, a responsabilidade civil por danos ambiental é

(A) afastada, haja vista que a atividade desenvolvida pelo empreendedor era lícita e estava devidamente licenciada.

(B) afastada, pois se rompeu o nexo de causalidade, diante da ocorrência de força maior.

(C) subjetiva e, por isso, diante da ausência de dolo ou culpa por prepostos da sociedade empresária, não há que se falar em obrigação de reparar o dano.

(D) objetiva e está fundada na teoria do risco integral, de maneira que não se aplicam as excludentes do dever de reparar o dano do caso fortuito e força maior.

35. Raquel resolve sair para comemorar sua efetivação como advogada no escritório em que estagiava e se encontra com seus amigos em um bar. Logo ao entrar no local, o garçom a convida para realizar um breve cadastro a fim de lhe fornecer um cartão que a habilitaria a consumir no local.

Ao realizar o cadastro, Raquel se surpreende com as inúmeras informações requeridas pelo garçom, a saber: nome completo, data de nascimento, CPF, identidade, nome dos pais, endereço, e-mail e estado civil.

Inconformada, Raquel se recusa a fornecer os dados, alegando haver clara violação à Lei Geral de Proteção de Dados Pessoais, ao que o garçom responde que, sem o fornecimento de todas as informações, o cartão não seria gerado e, por consequência, ela não poderia consumir no local.

Com base nessas informações, assinale a afirmativa correta.

(A) É válida a coleta de tais dados pelo bar, haja vista que foi requerido o consentimento expresso e destacado da consumidora.

(B) A coleta de tais dados pelo bar é regular, uma vez que não constituem dados pessoais sensíveis, o que inviabilizaria o seu tratamento.

(C) É válida a exigência de tais dados, pois trata-se de política da empresa, no caso do bar, não cabendo à consumidora questionar a forma de utilização dos mesmos.

(D) A exigência de tais dados viola o princípio da necessidade, pois os dados requeridos não são proporcionais às finalidades do tratamento de dados relativos ao funcionamento de um bar.

36. Maurício, ator, 23 anos, e Fernanda, atriz, 25 anos, diagnosticados com *Síndrome de Down*, não curatelados, namoram há 3 anos.

Em 2019, enquanto procuravam uma atividade laborativa em sua área, tanto Maurício quanto Fernanda buscaram, em processos diferentes, a fixação de tomada de decisão apoiada para o auxílio nas decisões relativas à celebração de diversas espécies de contratos, a qual se processou seguindo todos os trâmites adequados deferidos pelo Poder Judiciário. Assim, os pais de Maurício tornaram-se seus apoiadores e os pais de Fernanda, os apoiadores dela.

Em 2021, Fernanda e Maurício assinaram contratos com uma emissora de TV, também assinados por seus respectivos apoiadores. Como precisarão morar próximo à emissora, o casal terá de mudar-se de sua cidade e, por isso, está buscando alugar um apartamento. Nesta conjuntura, Maurício e Fernanda conheceram Miguel, proprietário do imóvel que o casal pretende locar.

Sobre a situação apresentada, conforme a legislação brasileira, assinale a afirmativa correta.

(A) Maurício e Fernanda são incapazes em razão do diagnóstico de Síndrome de Down.

(B) Maurício e Fernanda são capazes por serem pessoas com deficiência apoiadas, ou seja, caso não fossem apoiados, seriam incapazes.

(C) Maurício e Fernanda são capazes, independentemente do apoio, mas Miguel poderá exigir que os apoiadores contra-assinem o contrato de locação, caso ele seja realmente celebrado.

(D) Miguel, em razão da capacidade civil de Maurício e de Fernanda, fica proibido de exigir que os apoiadores de ambos contra-assinem o contrato de locação, caso ele seja realmente celebrado.

37. João da Silva, buscando acomodar os quatro filhos, conforme cada um ia se casando, construiu casas sucessivas em cima de seu imóvel, localizado no Morro Santa Marta, na cidade do Rio de Janeiro. Cada uma das casas é uma unidade distinta da original, construídas como unidades autônomas. Com o casamento de Carlos, seu filho mais novo, ele já havia erguido quatro unidades imobiliárias autônomas, constituídas em matrícula própria, além do pavimento original, onde João reside com sua esposa, Sirlene.

No entanto, pouco tempo depois, João assume que tivera uma filha fora do casamento e resolve construir mais uma casa, em cima do pavimento de Carlos, a fim de que sua filha possa residir com seu marido.

Sobre a hipótese apresentada, assinale a afirmativa correta.

(A) João poderá construir nova laje, desde que tal construção não seja feita no subsolo, pois o direito real de laje só abrange a cessão de superfícies superiores em relação à construção-base.

(B) João poderá construir a casa para sua filha, tendo em vista se tratar de direito real de superfície e por ser ele o proprietário da construção-base.

(C) João não poderá construir a casa para sua filha, uma vez que o direito real de laje se limita a apenas quatro pavimentos adicionais à construção-base.

(D) João só poderá construir a casa para sua filha mediante autorização expressa dos titulares das demais lajes, respeitadas as posturas edilícias e urbanísticas vigentes.

38. Sônia e Theodoro estavam casados há 7 anos, sobre o regime da comunhão parcial de bens, quando o último veio a óbito. Desde o casamento, o casal residia em uma belíssima cobertura na praia de Copacabana, que Theodoro havia comprado há mais de 20 anos, ou seja, muito antes do casamento.

Após o falecimento de Theodoro, seus filhos do primeiro casamento procuraram Sônia e pediram a ela que entregasse o imóvel, alegando que, como ele não foi adquirido na constância do casamento, a viúva não teria direito sucessório sobre o bem.

Diante do caso narrado, assinale a afirmativa correta.

(A) Como Sônia era casada com Theodoro pelo regime da comunhão parcial de bens, ela herda apenas os bens adquiridos na constância do casamento.

(B) Como Sônia era casada com Theodoro, ela possui o direito de preferência para alugar o imóvel, em valor de mercado, que será apurado pela média de 3 avaliações diferentes.

(C) Os filhos do Theodoro não têm razão, pois, ao cônjuge sobrevivente, é assegurado o direito real de habitação, desde que casado sobre o regime da comunhão parcial de bens, ou comunhão universal de bens, e inexistindo descendentes.

(D) Os filhos do Theodoro não têm razão, pois, ao cônjuge sobrevivente, qualquer que seja o regime de bens, será assegurado, sem prejuízo da participação que lhe caiba na herança, o direito real de habitação do imóvel destinado à residência da família, desde que seja o único daquela natureza a inventariar.

39. Paulo é pai de Olívia, que tem três anos. Paulo é separado de Letícia, mãe de Olívia, e não detém a guarda da criança. Por sentença judicial, ficou fixado o valor de R$3.000,00 a título de pensão alimentícia em favor de Olívia.

Paulo deixou de pagar a pensão alimentícia nos últimos cinco meses e, ajuizada uma ação de execução contra ele, não foi possível encontrar patrimônio suficiente para fazer frente às obrigações inadimplidas. Entretanto, Paulo é também sócio da sociedade *Paulo Compra e Venda de Joias Ltda.*, sociedade que tem patrimônio considerável.

Diante desse cenário, assinale a afirmativa correta.

(A) Tendo em vista a absoluta autonomia da pessoa jurídica em relação aos seus sócios, não é possível, em nenhuma hipótese, que, na ação de execução, Olívia atinja o patrimônio da pessoa jurídica *Paulo Compra e Venda de Joias Ltda.*

(B) É possível a desconsideração inversa da personalidade jurídica, a fim de se atingir o patrimônio da sociedade *Paulo Compra e Venda de Joias Ltda.*, independentemente de restar configurada a situação de abuso da personalidade jurídica.

(C) Ainda que se comprove o abuso da personalidade jurídica, a legislação apenas reconhece a hipótese de desconsideração direta da personalidade jurídica, não se admitindo a desconsideração inversa, razão pela qual não é possível que Olívia atinja o patrimônio da sociedade *Paulo Compra e Venda de Joias Ltda.*

(D) É possível a desconsideração inversa da personalidade jurídica, a fim de que Olívia atinja o patrimônio da sociedade *Paulo Compra e Venda de Joias Ltda.*, caso se considere que Paulo praticou desvio de finalidade ou confusão patrimonial.

40. Carlos alugou um imóvel de sua propriedade a Amanda para fins residenciais pelo prazo de 30 meses. Dez meses após a celebração do contrato de locação, Carlos vendeu o imóvel locado para Patrícia, que denunciou o contrato, concedendo a Amanda o prazo de 90 dias para a desocupação do imóvel.

Diante desse cenário, assinale a afirmativa correta.

(A) Carlos não poderia alienar o imóvel a Patrícia, pois ainda estava vigente o prazo de locação.

(B) A alienação é possível, mas, se o contrato contiver cláusula de vigência em caso de alienação e estiver averbado junto à matrícula do imóvel, Patrícia deve respeitar o prazo da locação.

(C) Não há nenhum óbice à alienação do imóvel por Carlos a Patrícia e, uma vez realizada, o contrato de locação com Amanda é automaticamente desfeito.

(D) Carlos tem o direito de vender o imóvel durante o prazo de locação, mas, nessa hipótese, a compradora Patrícia estará necessariamente vinculada ao contrato de locação celebrado anteriormente, devendo cumprir o prazo inicialmente pactuado por Carlos com Amanda.

41. Renatinho, conhecido *influencer* digital, conquistou, ao longo dos anos, muitos seguidores e amealhou vultoso patrimônio. Renatinho é o único filho de Carla e Júlio, que se divorciaram quando Renatinho tinha três anos de idade. Carla nunca concordou com as atividades de *influencer* digital desenvolvidas pelo filho, pois achava que ele deveria se dedicar aos estudos. Júlio, por outro lado, sempre incentivou bastante o filho e, inclusive, sempre atuou como gestor da carreira e do patrimônio de Renatinho.

Aos 15 de março de 2022, Renatinho completou 16 anos e, na semana seguinte, realizou seu testamento sob a forma pública, sem mencionar tal fato para nenhum dos seus pais. Em maio de 2022, Carla e Júlio, em comum acordo e atendendo ao pedido de Renatinho, emancipam seu único filho. E, para tristeza de todos, em julho de 2022, Renatinho vem a óbito em acidente de carro, que também levou o motorista à morte.

Com a abertura da sucessão, seus pais foram surpreendidos com a existência do testamento e, mais ainda, com o fato de Renatinho ter destinado toda a parte disponível para a constituição de uma fundação.

Diante da situação hipoteticamente narrada, assinale a afirmativa correta.

(A) O testamento de Renatinho é válido, pois em que pese a incapacidade civil relativa no momento da sua feitura, a emancipação concedida por seus pais retroage e tem o efeito de convalidar o ato.

(B) O testamento de Renatinho é válido em razão dos efeitos da emancipação concedida por seus pais, no entanto, a destinação patrimonial é ineficaz, visto que só podem ser chamadas a suceder na sucessão testamentária pessoas jurídicas já previamente constituídas.

(C) O testamento de Renatinho é válido, pois a lei civil assegura aos maiores de 16 anos a possibilidade de testar, bem como a possibilidade de serem chamados a suceder, na sucessão testamentária, as pessoas jurídicas cuja organização for determinada pelo testador sob a forma de fundação.

(D) A deixa testamentária para a constituição de uma fundação seria válida, no entanto, em razão de o testamento ter sido realizado quando Renatinho tinha apenas 16 anos e não emancipado, o testamento todo será invalidado.

42. Maria perdeu a mãe com 2 anos de idade, ficando sob a guarda de seu pai, Rodrigo, desde então. Quando Maria estava com 5 anos, Rodrigo se casou novamente, com Paula.

Paula, contudo, nunca desejou ter filhos e sempre demonstrou não ter qualquer afeto por Maria, chegando, até mesmo, a praticar verdadeiras violências psicológicas contra a criança, frequentemente chamando-a de estúpida, idiota e inúmeras outras palavras aviltantes. Como exercia forte influência sobre Rodrigo, esse nada fez para cessar as agressões.

A mãe de Rodrigo, Joana, e a irmã de Rodrigo, Fernanda, após alguns anos percebendo tais atitudes, decidiram intervir em defesa da criança. Porém, as conversas com Rodrigo e Paula foram de mal a pior, não trazendo qualquer solução ou melhora à vida de Maria.

Percebendo que não teriam como, sozinhas, evitar mais danos psicológicos à criança, Fernanda e Joana procuram você, como advogado(a), para saber o que poderiam fazer, legalmente, em face de Rodrigo e Paula.

Com base no enunciado acima, assinale a opção que apresenta a resposta juridicamente correta que você, como advogado(a), ofereceu.

(A) Informaria que, por ser Rodrigo o pai da criança e detentor da guarda e do poder familiar, a ele incumbe a educação de Maria, não cabendo à avó ou à tia qualquer intervenção nessa relação.

(B) Orientaria que procurassem o Ministério Público da localidade em que Maria reside, porque apenas esse órgão tem competência constitucional e legal para intervir em situação de tal natureza.

(C) Orientaria que buscassem o Conselho Tutelar da localidade em que Maria reside, a fim de relatar a situação e solicitar a averiguação e as providências voltadas a cessar a violação dos direitos da criança.

(D) Informaria que poderá ser ajuizado processo de anulação do casamento de Rodrigo e Paula, dado que a sua omissão perante as agressões de sua esposa contra Maria permite tal providência, em razão da prevalência do interesse da criança.

43. Eduardo foi adotado quando criança, vivendo em excelentes condições afetiva, material e social junto a seus pais adotivos. Mesmo assim, Eduardo demonstrou ser um adolescente rebelde, insurgente, de difícil trato e convívio – o que em nada abalou o amor e os cuidados de seus pais adotivos em nenhum momento.

Hoje, com 19 anos completos, Eduardo manifesta interesse em conhecer seus pais biológicos, com o claro intuito de rebelar-se – repita-se, injustificadamente – contra seus adotantes.

Sobre o caso acima, assinale a afirmativa correta.

(A) Eduardo tem direito de conhecer sua origem biológica, seja qual for o motivo íntimo que o leve a tanto.

(B) A motivação para a busca do conhecimento da origem biológica é inválida, pelo que não deve ser facultado o direito ao acesso a tal informação a Eduardo.

(C) A informação da origem biológica somente pode ser revelada em caso imperativo de saúde, para a pesquisa do histórico genético.

(D) O conhecimento da origem biológica somente se revela necessário caso o processo de adoção tenha alguma causa de nulidade.

44. José havia comprado um *notebook* para sua filha, mas ficou desempregado, não tendo como arcar com o pagamento das parcelas do financiamento. Foi então que vendeu para a amiga Margarida o notebook ainda na caixa lacrada, acompanhado de nota fiscal e contrato de venda, que indicavam a compra realizada cinco dias antes.

Cerca de dez meses depois, o produto apresentou problemas de funcionamento. Ao receber o bem da assistência técnica que havia sido procurada imediatamente, Margarida foi informada do conserto referente à "placa-mãe".

Na semana seguinte, houve recorrência de mau funcionamento da máquina. Indignada, Margarida ajuizou ação em face da fabricante, buscando a devolução do produto e a restituição do valor desembolsado para a compra, além de reparação por danos extrapatrimoniais.

A então ré, por sua vez, alegou, em juízo, a ilegitimidade passiva, a prescrição e, subsidiariamente, a decadência.

A respeito disso, assinale a afirmativa correta.

(A) O fabricante é parte ilegítima, uma vez que o defeito relativo ao vício do produto afasta a responsabilidade do fabricante, sendo do comerciante a responsabilidade para melhor garantir os direitos dos consumidores adquirentes.

(B) Ocorreu a prescrição, uma vez que o produto havia sido adquirido há mais de noventa dias e a contagem do prazo se iniciou partir da entrega efetiva do produto, não sendo possível reclamar a devolução do produto e a restituição do valor.

(C) Somente José possui relação de consumo com a fornecedora, por ter sido o adquirente do produto, conforme consta na nota fiscal e no contrato de venda, implicando ilegitimidade ativa de Margarida para invocar a proteção da norma consumerista.

(D) A decadência alegada deve ser afastada, uma vez que o prazo correspondente se iniciou quando se evidenciou o defeito e, posteriormente, a partir do prazo decadencial de garantia pelo serviço da assistência técnica, e não na data da compra do produto.

45. *Pratice Ltda.* configura-se como um clube de pontos que se realiza mediante a aquisição de título. Os pontos são convertidos em bônus para uso nas redes de restaurantes, hotéis e diversos outros segmentos de consumo regularmente conveniados. Nas redes sociais, a empresa destaca que os convênios são precedidos de rigoroso controle e aferição do padrão de atendimento e de qualidade dos serviços prestados.

Tomás havia aderido à *Pratice Ltda.* e, nas férias, viajou com sua família para uma pousada da rede conveniada. Ao chegar ao local, ele verificou que as acomodações cheiravam a mofo e a limpeza era precária. Sem poder sair do local em razão do horário avançado, viu-se obrigado a pernoitar naquele ambiente insalubre e sair somente no dia seguinte.

Aborrecido com a desagradável situação vivenciada e com o prejuízo financeiro por ter que arcar com outro serviço de hotelaria na cidade, Tomás procurou você, como advogado(a), para ingressar com a medida judicial cabível.

Diante disso, assinale a única opção correta.

(A) *Pratice Ltda.* funciona como mera intermediadora entre os hotéis e os adquirentes do título do clube de pontos, não respondendo pelo evento danoso.

(B) Há legitimidade passiva da *Pratice Ltda.* para responder pela inadequada prestação de serviço do hotel conveniado que gerou dano ao consumidor, por integrar a cadeia de consumo referente ao serviço que introduziu no mercado.

(C) Trata-se de culpa exclusiva de terceiro, não podendo a intermediária *Pratice Ltda.* responder pelos danos suportados pelo portador título do clube de pontos.

(D) Cuida-se de hipótese de responsabilidade subjetiva e subsidiária da *Pratice Ltda.* em relação ao hotel conveniado.

46. Júlio de Castilhos, credor com garantia real da *Companhia Cruz Alta*, em recuperação judicial, após instalada a assembleia de credores em segunda convocação, propôs a suspensão da deliberação sobre a votação do plano para que três cláusulas do documento fossem ajustadas. A proposta obteve aceitação dos credores presentes e o apoio da recuperanda.

Considerando os fatos narrados, deve-se considerar a deliberação sobre a suspensão da assembleia

(A) válida, eis que é permitido aos credores decidir pela suspensão da assembleia-geral, que deverá ser encerrada no prazo de até 15 (quinze) dias, contados da data da deliberação.

(B) inválida, eis que a assembleia não pode ser suspensa diante de ter sido instalada em segunda convocação e deverá o juiz convocar nova assembleia no prazo de até 5 (cinco) dias.

(C) válida, eis que é permitido aos credores decidir pela suspensão da assembleia-geral, que deverá ser encerrada no prazo de até 90 (noventa) dias, contados da data de sua instalação.

(D) inválida, eis que a suspensão de assembleia é uma característica do procedimento de aprovação do plano especial para micro e pequenas empresas, e a recuperanda não pode utilizá-lo por ser companhia.

47. *Riqueza Comércio de Artigos Eletrônicos Ltda.* sacou duplicata na modalidade cartular em face de *Papelaria Sul Brasil Ltda.*, que foi devidamente aceita, com vencimento no dia 25 de março de 2022.

Antes do vencimento, a duplicata foi endossada para *Saudades Fomento Mercantil S/A*. No dia do vencimento, a duplicata não foi paga, porém, no dia seguinte, foi prestado aval em branco datado pelo avalista Antônio Carlos.

Acerca da validade e do cabimento do aval dado na duplicata após o vencimento, assinale a afirmativa correta.

(A) É nulo o aval após o vencimento na duplicata, por vedação expressa no Código Civil, diante da omissão da Lei nº 5.474/68 (Lei de Duplicatas).

(B) É válido o aval na duplicata após o vencimento, desde que o título ainda não tenha sido endossado na data da prestação do aval.

(C) É nulo o aval na duplicata cartular, sendo permitido apenas na duplicata escritural e mediante registro do título perante o agente escriturador.

(D) É válido o aval dado na duplicata antes ou após o vencimento, por previsão expressa na Lei de Duplicatas (Lei nº 5.474/68).

48. A empresa de viagens *Balneário Gaivota Ltda.* teve sua falência decretada com fundamento na impontualidade no pagamento de crédito no valor de R$ 610.000,00 (seiscentos e dez mil reais). Na relação de credores apresentada pela falida para efeito de publicação consta o crédito em favor do *Banco Princesa S/A.* no valor, atualizado até a data da falência, de R$ 90.002,50 (noventa mil e dois reais e cinquenta centavos), garantido por constituição de propriedade fiduciária.

Ao ler a relação de credores e constatar tal crédito, é correto afirmar que

(A) o crédito do *Banco Princesa S/A.* não se submeterá aos efeitos da falência, e prevalecerão as condições contratuais originais assumidas pela devedora antes da falência perante o fiduciário.

(B) o crédito do *Banco Princesa S/A.* submeter-se-á aos efeitos da falência, porém o bem garantido pela propriedade fiduciária será alienado de imediato para pagamento aos credores extraconcursais.

(C) o crédito do *Banco Princesa S/A.* não se submeterá aos efeitos da falência, permitindo ao falido permanecer na posse do imóvel até o encerramento da falência.

(D) o crédito do *Banco Princesa S/A.* submeter-se-á aos efeitos da falência e será pago na ordem dos créditos concursais, ressalvado o direito de o credor pleitear a restituição do bem.

49. A fisioterapeuta Alhandra Mogeiro tem um consultório em que realiza seus atendimentos mas atende, também, em domicílio. Doutora Alhandra não conta com auxiliares ou colaboradores, mas tem uma página na Internet exclusivamente para marcação de consultas e comunicação com seus clientes.

Com base nessas informações, assinale a afirmativa correta.

(A) Não se trata de empresária individual em razão do exercício de profissão intelectual de natureza científica, haja ou não a atuação de colaboradores.

(B) Trata-se de empresária individual em razão do exercício de profissão liberal e prestação de serviços com finalidade lucrativa.

(C) Não se trata de empresária individual em razão de o exercício de profissão intelectual só configurar empresa com o concurso de colaboradores.

(D) Trata-se de empresária individual em razão do exercício de profissão intelectual com emprego de elemento de empresa pela manutenção da página na Internet.

50. *Pimenta Bueno Lojas de Conveniência Ltda.* está realizando ampla divulgação do seu sistema de franquia empresarial para amealhar novas franqueadas e expandir seus negócios fora do Estado de sua sede.

Nesse sentido, você é consultado(a), como advogado(a), sobre o contrato de franquia empresarial e os direitos do franqueado.

Assinale a opção que apresenta, corretamente, sua resposta.

(A) O franqueado tem direito a usar marcas e outros objetos de propriedade intelectual, sempre associadas ao direito de produção ou de distribuição exclusiva ou não exclusiva de produtos ou serviços.

(B) O franqueado tem a garantia, obrigatória por lei, de exclusividade sobre o território de sua atuação.

(C) O franqueado tem o direito de informação sobre as regras de concorrência territorial entre as unidades do franqueador e as suas, sendo a divulgação destas regras essencial no sistema de franquia.

(D) O franqueado tem o direito de realizar vendas ou prestar serviços fora do seu território ou realizar exportações, sem que para isso dependa de autorização do franqueador.

51. Com o objetivo de obter tratamento médico adequado e internação em hospital particular, Pedro propõe uma demanda judicial em face do Plano de Saúde X, com pedido de tutela provisória de urgência incidental. Concedida a tutela provisória, devidamente cumprida pelo réu, é proferida sentença pela improcedência do pedido apresentado por Pedro, a qual transita em julgado diante da ausência de interposição de qualquer recurso. O réu, então, apresenta, em juízo, requerimento para que Pedro repare os prejuízos decorrentes da efetivação da tutela provisória anteriormente deferida, com o pagamento de indenização referente a todo o tratamento médico dispensado. Diante de tal situação, é correto afirmar que, de acordo com o Código de Processo Civil,

(A) o autor responde pelo prejuízo que a efetivação da tutela provisória de urgência causar ao réu, dentre outras hipóteses, se a sentença lhe for desfavorável.

(B) por se contrapor aos princípios do acesso à justiça e da inafastabilidade do controle jurisdicional, não há previsão legal de indenização pelos prejuízos eventualmente causados pelo autor com a efetivação da tutela provisória.

(C) a liquidação e a cobrança da indenização referentes ao prejuízo sofrido pelo réu pela efetivação da tutela de urgência, seguindo a regra geral, devem ser objeto de ação própria, descabendo a apresentação do requerimento nos próprios autos em que a medida foi concedida.

(D) a indenização pretendida pelo réu afasta a possibilidade de reparação por eventual dano processual, sendo inacumuláveis os potenciais prejuízos alegados pelas partes.

52. Proposta uma demanda judicial com a presença de 150 autores no polo ativo, a parte ré, regularmente citada, peticiona nos autos apenas e exclusivamente no sentido de que seja limitado o número de litigantes, informando, ainda, que sua contestação será apresentada no momento oportuno. A parte autora, então, se antecipando à conclusão dos autos ao magistrado competente, requer que o réu seja considerado revel, por não ter apresentado sua contestação no momento oportuno.

Com base no Código de Processo Civil, é correto afirmar que

(A) o juiz pode limitar o litisconsórcio facultativo quanto ao número de litigantes nas fases de conhecimento ou de liquidação de sentença, sendo vedada tal limitação na execução, por esta pressupor a formação de litisconsórcio necessário.

(B) o requerimento de limitação do litisconsórcio facultativo quanto ao número de litigantes interrompe o prazo para manifestação ou resposta, que recomeçará da intimação da decisão que solucionar a questão.

(C) o fato de o réu não ter apresentado sua contestação no prazo regular tem como consequência a incidência de pleno direito da revelia material, que pode ser revertida caso acolhido o requerimento de limitação do litisconsórcio.

(D) apresentado requerimento de limitação do número de litigantes com base apenas no potencial prejuízo ao direito de defesa do réu, deve o magistrado limitar sua análise a tal argumento, sendo vedado decidir com base em fundamento diverso, ainda que oportunizada a manifestação prévia das partes.

53. João ajuizou ação de indenização por danos materiais e morais contra Carla. Ao examinar a petição inicial, o juiz competente entendeu que a causa dispensava fase instrutória e, independentemente da citação de Carla, julgou liminarmente improcedente o pedido de João, visto que contrário a enunciado de súmula do Superior Tribunal de Justiça. Nessa situação hipotética, assinale a opção que indica o recurso que João deverá interpor.

(A) Agravo de instrumento, uma vez que o julgamento de improcedência liminar do pedido ocorre por meio da prolação de decisão interlocutória agravável.

(B) Agravo de instrumento, tendo em vista há urgência decorrente da inutilidade do julgamento da questão em recurso de apelação.

(C) Apelação, sendo facultado ao juiz retratar-se, no prazo de cinco dias, do julgamento liminar de improcedente do pedido.

(D) Apelação, sendo o recurso distribuído diretamente a um relator do tribunal, que será responsável por intimar a parte contrária a apresentar resposta à apelação em quinze dias.

54. No âmbito de um contrato de prestação de serviços celebrado entre as sociedades empresárias *Infraestrutura S.A.* e *Campo Lindo S.A.*, foi prevista cláusula compromissória arbitral, na qual as partes acordaram que qualquer litígio de natureza patrimonial decorrente do contrato seria submetido a um tribunal arbitral.

Surgido o conflito, e havendo resistência de *Infraestrutura S.A.* quanto à instituição da arbitragem, assinale a opção que representa a conduta que pode ser adotada por Campo Lindo S.A.

(A) *Campo Lindo S.A.* pode adotar medida coercitiva, mediante autorização do tribunal arbitral, para que *Infraestrutura S.A.* se submeta forçosamente ao procedimento arbitral, em respeito à cláusula compromissória firmada no contrato de prestação de serviço.

(B) *Campo Lindo S.A.* pode submeter o conflito à jurisdição arbitral, ainda que sem participação de *Infraestrutura S.A.*, o qual será considerado revel e contra si presumir-se-ão verdadeiras todas as alegações de fato formuladas pelo requerente Campo Lindo S.A.

(C) *Campo Lindo S.A.* pode requerer a citação de *Infraestrutura S.A.* para comparecer em juízo no intuito de lavrar compromisso arbitral, designando o juiz audiência especial com esse fim.

(D) *Campo Lindo S.A.* pode ajuizar ação judicial contra *Infraestrutura S.A.*, para que o Poder Judiciário resolva o mérito do conflito decorrente do contrato de prestação de serviço celebrado entre as partes.

55. Paolo e Ana Sávia, casados há mais de 10 anos, sob o regime de comunhão parcial de bens, constituíram, ao longo do casamento, um enorme patrimônio que contava com carros de luxo, mansões, fazendas, dentre outros bens.

Certo dia, por conta de uma compra e venda realizada 5 anos após o casamento, Paolo é citado em uma ação que versa sobre direito real imobiliário.

Ana Sávia, ao saber do fato, vai até seu advogado e questiona se ela deveria ser citada, pois envolve patrimônio familiar.

Sobre o assunto, o advogado responde corretamente que, no caso em apreço,

(A) Ana Sávia deve ser citada, pois existe litisconsórcio passivo necessário entre os cônjuges em ação que verse sobre direito real imobiliário, mesmo que casados sob o regime de separação absoluta de bens.

(B) Ana Sávia não deve ser citada, pois existe litisconsórcio passivo facultativo entre os cônjuges em ação que verse sobre direito real imobiliário, salvo quando casados sob o regime de separação absoluta de bens.

(C) Ana Sávia não deve ser citada, pois não existe litisconsórcio passivo necessário entre os cônjuges em ação que verse sobre direito real imobiliário.

(D) Ana Sávia deve ser citada, pois existe litisconsórcio passivo necessário entre os cônjuges em ação que verse sobre direito real imobiliário, salvo quando casados sob o regime de separação absoluta de bens.

56. Pedro, representado por sua genitora, propõe ação de alimentos em face de João, seu genitor, que residia em Recife. Após desconstituir o advogado que atuou na fase de conhecimento, em Belo Horizonte, onde o autor morava quando do início da demanda, a genitora de Pedro procura você, na qualidade de advogado(a), indagando sobre a possibilidade de que o cumprimento de sentença tramite no município de São Paulo, onde, atualmente, ela e o filho residem, ressalvado que o genitor não mudou de endereço.

Diante de tal quadro, é correto afirmar que

(A) o cumprimento de sentença pode ser realizado em São Paulo, embora também pudesse ocorrer em Belo Horizonte, perante o juízo que decidiu a causa no primeiro grau de jurisdição.

(B) o cumprimento não pode ser realizado em São Paulo, tendo em vista que a competência é determinada no momento do registro ou da distribuição da petição inicial, razão pela qual são irrelevantes as modificações do estado de fato ou de direito ocorridas posteriormente.

(C) o cumprimento de sentença somente pode ser realizado São Paulo, uma vez que a mudança de endereço altera critério de natureza absoluta, de forma que não há opção.

(D) o cumprimento de sentença somente pode ocorrer em Recife, onde o genitor reside.

57. Paulo Filho pretende ajuizar uma ação de cobrança em face de Arnaldo José, tendo em vista um contrato de compra e venda firmado entre ambos.

As alegações de fato propostas por Paulo podem ser comprovadas apenas documentalmente, e existe uma tese firmada em julgamento de casos repetitivos.

Ao questionar seu advogado sobre sua pretensão, Paulo Filho buscou saber se existia a possibilidade de que lhe fosse concedida uma tutela de evidência, com o intuito de sanar o problema da forma mais célere.

Como advogado(a) de Paulo, assinale a afirmativa correta.

(A) A tutela da evidência será concedida, caso seja demonstrado o perigo de dano ou o risco ao resultado útil do processo, quando as alegações de fato puderem ser comprovadas apenas documentalmente e houver tese firmada em julgamento de casos repetitivos ou em súmula vinculante.

(B) A tutela da evidência será concedida, independentemente da demonstração de perigo de dano ou de risco ao resultado útil do processo, somente quando ficar caracterizado o abuso do direito de defesa ou o manifesto propósito protelatório da parte.

(C) A tutela da evidência será concedida, independentemente da demonstração de perigo de dano ou de risco ao resultado útil do processo, quando as alegações de fato puderem ser comprovadas apenas documentalmente e houver tese firmada em julgamento de casos repetitivos ou em súmula vinculante.

(D) A tutela da evidência será concedida, independentemente da demonstração de perigo de dano ou de risco ao resultado útil do processo, somente quando a petição inicial for instruída com prova documental suficiente dos fatos constitutivos do direito do autor, a que o réu não oponha prova capaz de gerar dúvida razoável.

58. Para satisfazer sentimento pessoal, já que tinha grande relação de amizade com Joana, Alan, na condição de funcionário público, deixou de praticar ato de ofício em benefício da amiga. O supervisor de Alan, todavia, identificou o ocorrido e praticou o ato que Alan havia omitido, informando os fatos em procedimento administrativo próprio.

Após a conclusão do procedimento administrativo, o Ministério Público denunciou Alan pelo crime de corrupção passiva consumado, destacando que a vantagem obtida poderia ser de qualquer natureza para tipificação do delito.

Confirmados os fatos durante a instrução, caberá à defesa técnica de Alan pleitear sob o ponto de vista técnico, no momento das alegações finais,

(A) o reconhecimento da tentativa em relação ao crime de corrupção passiva.

(B) a desclassificação para o crime de prevaricação, na forma tentada.

(C) a desclassificação para o crime de prevaricação, na forma consumada.

(D) o reconhecimento da prática do crime de condescendência criminosa, na forma consumada.

59. Em razão de grande evento de caráter religioso que ocorreria no país, com previsão de chegada de milhares de estrangeiros, foi editada uma lei estabelecendo que, durante o prazo de vigência da norma, que seria de 02 de fevereiro de 2019 até 02 de setembro de 2019, os crimes de furto qualificado pelo concurso de pessoas passariam a ser punidos com pena de reclusão de 03 a 10 anos e multa, afastando-se o preceito secundário anterior, que fixava pena de 02 a 08 anos de reclusão e multa. Após cessar a vigência da lei, em 02 de setembro de 2019, o crime de furto qualificado pelo concurso de pessoas voltou a ser punido com pena de 02 a 08 anos de reclusão.

Carlos foi preso em flagrante pela prática do crime de furto qualificado em 03 de janeiro de 2019, sendo proferida sentença condenatória em 02 de setembro de 2019, ocasião em que o juiz afirmou que *fixava a pena base no mínimo legal, qual seja, 03 anos de pena privativa de liberdade, já que é a norma em vigor neste momento.*

Por sua vez, João foi preso em flagrante, também pela prática do crime de furto qualificado, por fatos que teriam ocorrido em 05 de maio de 2019, sendo sua sentença proferida em 12 de setembro de 2019. Na ocasião, o juiz condenou João, fixando *a pena mínima de 03 anos de reclusão, já que era a norma em vigor na data do fato.*

Carlos e João procuram você, na condição de advogado(a), para esclarecimentos.

Considerando apenas as informações narradas, com base nas previsões legais e constitucionais sobre sucessão de leis no tempo, você deverá informar aos clientes que

(A) não poderão ser questionadas as penas aplicadas.
(B) poderão ser questionadas as penas aplicadas.
(C) poderá ser questionada a pena aplicada a João, em razão da aplicação do princípio da retroatividade da lei penal mais benéfica, mas não a pena aplicada a Carlos.
(D) não poderá ser questionada a pena aplicada a João, mas poderá ser questionada a pena aplicada para Carlos, em razão do princípio da irretroatividade da lei penal mais gravosa.

60. Breno, policial civil, estressado em razão do trabalho, resolveu acampar em local deserto, no meio de uma trilha cercada apenas por vegetação. Após dois dias, já sentindo o tédio do local deserto, longe de qualquer residência, para distrair a mente, pegou sua arma de fogo, calibre permitido, devidamente registrada e cujo porte era autorizado, e efetuou um disparo para o alto para testar a capacidade da sua mão esquerda, já que, a princípio, seria destro.

Ocorre que, em razão do disparo, policiais militares realizaram diligência e localizaram o imputado, sendo apreendida sua arma de fogo e verificado que um dos números do registro havia naturalmente se apagado em razão do desgaste do tempo. Confirmados os fatos, Breno foi denunciado pelos crimes de porte de arma de fogo com numeração suprimida e disparo de arma de fogo (Art. 15 e Art. 16, §1º, inciso IV, ambos da Lei nº 10.826/03, em concurso material).

Após a instrução, provados todos os fatos acima narrados, você, como advogado(a) de Breno, deverá requerer, sob o ponto de vista técnico, em sede de alegações finais,

(A) a absolvição em relação ao crime de porte de arma com numeração suprimida, restando apenas o crime de disparo de arma de fogo, menos grave, que é expressamente subsidiário.
(B) a absorção do crime de disparo de arma de fogo pelo de porte de arma de fogo com numeração suprimida, considerando que é expressamente subsidiário.
(C) o reconhecimento do concurso formal de delitos, afastando-se o concurso material.
(D) a absolvição em relação a ambos os delitos.

61. Natan, com 21 anos de idade, praticou, no dia 03 de fevereiro de 2020, crime de apropriação indébita simples. Considerando a pena do delito e a primariedade técnica, já que apenas responda outra ação penal pela suposta prática de injúria racial, foi oferecida pelo Ministério Público proposta de acordo de não persecução penal, que foi aceita pelo agente e por sua defesa técnica.

Natan, 15 dias após o acordo, procura seu(sua) advogado(a) e demonstra intenção de não cumprir as condições acordadas, indagando sobre aspectos relacionadas ao prazo prescricional aplicável ao Ministério Público para oferecimento da denúncia.

O(A) advogado(a) de Natan deverá esclarecer, sobre o tema, que

(A) enquanto não cumprido o acordo de não persecução penal, não correrá o prazo da prescrição da pretensão punitiva.
(B) será o prazo prescricional da pretensão punitiva pela pena em abstrato reduzido pela metade, em razão da idade de Natan.
(C) poderá, ultrapassado o prazo de 03 anos, haver reconhecimento da prescrição da pretensão punitiva com base na pena ideal ou hipotética.
(D) poderá, ultrapassado o prazo legal, haver reconhecimento da prescrição da pretensão punitiva entre a data dos fatos e do recebimento da denúncia, considerando pena em concreto aplicada em eventual sentença.

62. No dia 31/12/2020, na casa da genitora da vítima, Fausto, com 39 anos, enquanto conversava com Ana Vitória, de 12 anos de idade, sem violência ou grave ameaça à pessoa, passava as mãos nos seios e nádegas da adolescente, conduta flagrada pela mãe da menor, que imediatamente acionou a polícia, sendo Fausto preso em flagrante.

Preocupada com eventual represália e tendo interesse em ver o autor do fato punido, em especial porque sabe que Fausto cumpre pena em livramento condicional por condenação com trânsito em julgado pelo crime de latrocínio, a família de Ana Vitória procura você, na condição de advogado(a), para esclarecimento sobre a conduta praticada.

Por ocasião da consulta jurídica, deverá ser esclarecido que o crime em tese praticado por Fausto é o de

(A) estupro de vulnerável (Art. 217-A do CP), não fazendo jus Fausto, em caso de eventual condenação, a novo livramento condicional.
(B) importunação sexual (Art. 215-A do CP), não fazendo jus Fausto, em caso de eventual condenação, a novo livramento condicional.
(C) estupro de vulnerável (Art. 217-A do CP), podendo Fausto, em caso de condenação, após cumprimento de determinado tempo de pena e observados os requisitos subjetivos, obter novo livramento condicional.
(D) importunação sexual (Art. 215-A do CP), podendo Fausto, em caso de condenação, após cumprimento de determinado tempo de pena e observados os requisitos subjetivos, obter novo livramento condicional.

63. Paulo foi condenado, com trânsito em julgado pela prática do crime de lesão corporal grave, à pena de 1 ano e oito meses de reclusão, tendo o trânsito ocorrido em 14 de abril de 2016. Uma vez que preenchia os requisitos legais, o magistrado houve, por bem, conceder a ele o benefício da suspensão condicional da pena pelo período de 2 anos.

Por ter cumprido todas as condições impostas, teve sua pena extinta em 18 de abril de 2018. No dia 15 de maio de 2021, Paulo foi preso pela prática do crime de roubo.

Diante do caso narrado, caso Paulo venha a ser condenado pela prática do crime de roubo, deverá ser considerado

(A) reincidente, na medida em que, uma vez condenado com trânsito em julgado, o agente não recupera a primariedade.
(B) reincidente, em razão de não ter passado o prazo desde a extinção da pena pelo crime anterior.
(C) primário, em razão de ter cumprido o prazo para a recuperação de primariedade.
(D) primário, em razão de a reincidência exigir a prática do mesmo tipo penal, o que não ocorreu no caso de Paulo.

64. Caio, primário e de bons antecedentes, sem envolvimento pretérito com o aparato policial ou judicial, foi denunciado pela suposta prática do crime de tráfico de drogas.

Em sua entrevista particular com seu advogado, esclareceu que, de fato, estaria com as drogas, mas que as mesmas seriam destinadas ao seu próprio uso. Indagou, então, à sua defesa técnica sobre as consequências que poderiam advir do acolhimento pelo magistrado de sua versão a ser apresentada em interrogatório.

Considerando apenas as informações expostas, o(a) advogado(a) deverá esclarecer ao seu cliente que, caso o magistrado entenda que as drogas seriam destinadas apenas ao uso de Caio, deverá o julgador

(A) condenar o réu, de imediato, pelo crime de porte de drogas para consumo próprio, aplicando o instituto da *mutatio libelli*.

(B) condenar o réu, de imediato, pelo crime de porte de drogas para consumo próprio, aplicando o instituto da *emendatio libelli*.

(C) reconhecer que não foi praticado o crime de tráfico de drogas e encaminhar os autos ao Ministério Público para analisar eventual proposta de transação penal.

(D) reconhecer que não foi praticado o crime de tráfico de drogas e encaminhar os autos ao Ministério Público para analisar proposta de suspensão condicional do processo, mas não transação penal, diante do procedimento especial previsto na Lei de Drogas.

65. Rodrigo responde ação penal pela suposta prática do crime de venda irregular de arma de fogo de uso restrito, na condição de preso. O magistrado veio a tomar conhecimento de que Rodrigo seria pai de uma criança de 11 anos de idade e que seria o único responsável pelo menor, que, inclusive, foi encaminhado ao abrigo por não ter outros familiares ou pessoas amigas capazes de garantir seus cuidados.

Com esse fundamento, substituiu, de ofício, a prisão preventiva por prisão domiciliar. Rodrigo, intimado da decisão, entrou em contato com seu(sua) advogado(a) em busca de esclarecimentos sobre o cabimento da medida e suas consequências.

A defesa técnica de Rodrigo deverá esclarecer que a concessão da prisão domiciliar foi

(A) adequada, e o tempo recolhido em casa justifica o reconhecimento de detração do período de cumprimento, que deverá ser observado na execução da pena, mas não no momento da fixação do regime inicial do cumprimento de pena.

(B) adequada, e o tempo recolhido em casa justifica o reconhecimento de detração do período de cumprimento, que poderá ser observado no momento da fixação do regime inicial de cumprimento de pena.

(C) inadequada, pois somente admitida para as mulheres que sejam mães de crianças menores de 12 anos.

(D) adequada, mas não justifica o reconhecimento de detração.

66. Joel está sendo processado por crime de estelionato na Vara Criminal da Comarca de Estoril. Na peça de resposta à acusação, o Dr. Roberto, advogado de Joel, arrolou 03 (três) testemunhas. Dentre elas, estava Olinto Silva, residente na Comarca de Vieiras.

O juízo da Vara Criminal da Comarca de Estoril determinou a expedição de carta precatória ao juízo da Vara Criminal da Comarca de Vieiras com a finalidade de ser ouvido Olinto Silva, notificando o Promotor de Justiça e o Defensor Público.

Na Vara Criminal da Comarca de Vieiras, o juiz designou a audiência para oitiva de Olinto Silva, notificando somente o Ministério Público, não obstante haver Defensor Público na comarca.

Realizada a oitiva de Olinto Silva, a deprecata foi devolvida ao Juízo da Vara Criminal da Comarca de Estoril.

Recebida a carta precatória, o Dr. Roberto tomou ciência do seu cumprimento.

Assinale a opção que apresenta a providência que o advogado de Joel deve tomar em sua defesa.

(A) Requerer ao Juízo da Vara Criminal da Comarca de Estoril a declaração de nulidade da audiência de oitiva de Olinto Silva, que se deu na Vara Criminal da Comarca de Vieiras, por ter sido realizado aquele ato processual sem a intimação do Defensor Público.

(B) Requerer ao Juízo da Vara Criminal da Comarca de Vieiras a declaração de nulidade da audiência de oitiva de Olinto Silva, em razão de ter ocorrido aquele ato processual sem que tenha sido intimado como advogado de Joel.

(C) Requerer ao Juízo da Vara Criminal da Comarca de Vieiras a declaração de nulidade da audiência de oitiva de Olinto Silva, em razão de ter ocorrido aquele ato processual sem que tenha sido intimado o Defensor Público.

(D) Requerer ao Juízo da Vara Criminal da Comarca de Estoril a declaração de nulidade do processo a partir da expedição da carta precatória ao Juízo da Vara Criminal da Comarca de Vieiras, como também a dos atos que dela diretamente dependessem ou fossem consequência, haja vista que, como advogado de Joel, não foi intimado da remessa da referida carta ao juízo deprecado.

67. Tendo sido admitido a cursar uma universidade nos Estados Unidos da América (EUA), cuja apresentação deveria ocorrer em 05 (cinco) dias, Lucas verificou que o seu passaporte brasileiro estava vencido e entrou em contato com Bento, na cidade de Algarve, no Estado do Paraná, o qual lhe entregaria um passaporte feito pelo mesmo, idêntico ao expedido pelas autoridades brasileiras.

Lucas fez a transferência da quantia de R$ 5.000,00 (cinco mil reais) para a conta corrente de Bento numa agência bancária situada na cidade de Vigo (PR). Confirmado o depósito, Lucas se encontrou com Bento no interior de um hospital federal, onde o primeiro aguardava uma consulta, na cidade de Antonésia (PR).

Já no aeroporto de São Paulo, Lucas apresentou às autoridades brasileiras o passaporte feito por Bento, oportunidade em que a polícia federal constatou que o mesmo era falso.

Lucas foi preso em flagrante delito. O Ministério Público do Estado de São Paulo ofereceu denúncia contra Lucas pelo crime de uso de documento falso, a qual foi recebida pelo juízo da 48ª Vara Criminal da Comarca da Capital (SP), oportunidade em que foi posto em liberdade, sendo-lhe impostas duas medidas cautelares diversas da prisão.

O advogado de Lucas foi intimado para apresentar resposta à acusação, oportunidade em que se insurgiu contra a incompetência absoluta do juízo da 48ª Vara Criminal da Comarca da Capital (SP).

Assinale a opção que indica a peça processual em que o advogado de Lucas deverá arguir a relatada incompetência.

(A) Exceção de incompetência, por entender que o juízo natural seria uma das Varas Criminais da Comarca de Vigo (PR), onde se consumou o crime imputado, haja vista que a compra do passaporte se aperfeiçoou na cidade em que Bento possuía conta bancária e recebeu a quantia de R$ 5.000,00 (cinco mil reais).

(B) Na própria resposta à acusação, sustentando que o juízo natural seria uma das Varas Criminais da Comarca de Algarve (PR), onde o passaporte falso foi confeccionado.

(C) Na própria resposta à acusação, por entender que o juízo natural seria uma das Varas Criminais Federais da Seção Judiciária do Estado do Paraná, em razão de Bento ter entregue o passaporte falsificado no interior de um hospital federal na cidade de Antonésia (PR), onde Lucas aguardava uma consulta.

(D) Exceção de incompetência, por entender que o juízo natural seria uma das Varas Criminais Federais da Seção Judiciária do Estado de São Paulo, em razão de Lucas ter tentado embarcar para os EUA manuseando o passaporte falso confeccionado por Bento.

68. Policiais militares, ao avistarem Jairo roubar um carro no município de Toledo (PB), passaram a persegui-lo logo após a subtração, o que se deu ininterruptamente durante 28 (vinte e oito) horas. Por terem perdido de vista Jairo quando estavam prestes a ingressar no município de Córdoba (PB), os policiais militares se dirigiram à Delegacia de Polícia de Toledo para confecção do Boletim de Ocorrência.

Antes que fosse finalizado o Boletim de Ocorrência, a Delegacia Policial de Toledo recebeu uma ligação telefônica do lesado (Luiz), informando que Jairo, na posse do seu carro (roubado), estava sentado numa mesa de bar naquele município tomando cerveja. Os policiais militares e os policiais da Distrital se deslocaram até o referido bar, encontrando Jairo como descrito no telefonema do lesado, apenas de chinelo e bermuda, portando uma carteira de identidade e a quantia de R$ 50,00 (cinquenta) reais. Nada mais foi encontrado com Jairo, que negou a autoria do crime.

Jairo foi preso em flagrante delito e lavrado o respectivo auto pelo Delegado de Polícia, cujo despacho que determinou o recolhimento à prisão do indiciado teve como fundamento a situação de quase-flagrante, já que a diligência não havia sido encerrada e nem encerrado o Boletim de Ocorrência.

Os policiais militares que efetuaram a perseguição reconheceram Jairo como o motorista que dirigia o carro roubado. O lesado (Luiz) também foi ouvido e reconheceu Jairo pessoalmente.

A família de Jairo contratou você, como advogado(a), para participar da audiência de custódia na Comarca de Toledo e requerer a sua liberdade.

Assinale a opção que indica o fundamento da sua manifestação nessa audiência para colocar Jairo em liberdade.

(A) A prisão de Jairo era ilegal, pois a perseguição, ainda que não cessada como constou do despacho da autoridade policial, exigia que o carro fosse apreendido para comprovar a materialidade do crime.

(B) A prisão de Jairo era ilegal, pois, ainda que fosse, inicialmente, uma situação de quase-flagrante (ou flagrante impróprio), a perseguição foi encerrada em Toledo, tanto que os policiais militares se dirigiram à Delegacia de Polícia do município para confecção do Boletim de Ocorrência. Restava cessada a situação a caracterizar um flagrante delito. Posterior prisão cautelar somente caberia por ordem judicial.

(C) A prisão de Jairo era ilegal, pois o Código de Processo Penal somente autoriza a prisão em flagrante delito quando o agente está cometendo o crime, acaba de cometê-lo (flagrante real) ou é encontrado, logo depois, com instrumentos, armas, objetos ou papéis que façam presumir ser ele o autor da infração penal (flagrante presumido).

(D) A prisão de Jairo era ilegal, pois o Código de Processo Penal autoriza a prisão em flagrante delito quando o agente é perseguido, logo após, pela autoridade em situação que faça presumir ser autor da infração (quase-flagrante), não podendo passar a perseguição de 24 (vinte e quatro) horas.

69. Magda é servidora pública federal, trabalhando como professora em instituição de Ensino Superior mantida pela União no Estado do Rio de Janeiro. Magda vem a ser vítima de ofensa à sua honra subjetiva em sala de aula, sendo chamada de "piranha" e "vagabunda" por Márcio, aluno que ficara revoltado com sua reprovação em disciplina ministrada por Magda.

Nessa situação, assinale a afirmativa correta.

(A) Magda só pode ajuizar queixa-crime contra Márcio, imputando-lhe crime de injúria.

(B) Magda só pode oferecer representação contra Márcio, imputando-lhe crime de injúria.

(C) Magda não pode ajuizar queixa-crime nem oferecer representação contra Márcio, imputando-lhe crime de injúria.

(D) Magda pode optar entre ajuizar queixa-crime ou oferecer representação contra Márcio, imputando-lhe crime de injúria.

70. Sheila e Irene foram admitidas em uma empresa de material de construção, sendo Sheila mediante contrato de experiência por 90 dias e Irene, contratada por prazo indeterminado.

Ocorre que, 60 dias após o início do trabalho, o empregador resolveu dispensar ambas as empregadas porque elas não mostraram o perfil esperado, dispondo-se a pagar todas as indenizações e multas previstas em Lei para extinguir os contratos. No momento da comunicação do desligamento, ambas as empregadas informaram que estavam grávidas com 1 mês de gestação, mostrando os respectivos laudos de ultrassonografia.

Considerando a situação de fato, a previsão legal e o entendimento consolidado do TST, assinale a afirmativa correta.

(A) As duas empregadas poderão ser dispensadas.

(B) Somente Sheila poderá ser desligada porque o seu contrato é a termo.

(C) Sheila e Irene não poderão ser desligadas em virtude da gravidez.

(D) Apenas Irene poderá ser desligada, desde que haja autorização judicial.

71. A sociedade empresária *Transportes Canela Ltda.*, que realiza transporte rodoviário de passageiros, abriu processo seletivo para a contratação de motoristas profissionais e despachantes.

Interessados nos cargos ofertados, Sérgio se apresentou como candidato ao cargo de motorista e Bárbara, ao cargo de despachante. A sociedade exigiu de ambos a realização de exame toxicológico para detecção de drogas ilícitas como condição para a admissão.

Considerando a situação de fato e a previsão legal, assinale a afirmativa correta.

(A) Em hipótese alguma, o exame poderia ser feito, uma vez que viola a intimidade dos trabalhadores.
(B) O exame pode ser feito em ambos os empregados, desde que haja prévia autorização judicial.
(C) O exame seria válido para Sérgio por expressa previsão legal, mas seria ilegal para Bárbara.
(D) É possível o exame em Bárbara se houver fundada desconfiança da empresa, mas, para Sérgio, não pode ser realizado.

72. Rogéria trabalha como eletricista na companhia de energia elétrica da sua cidade, cumprindo jornada diária de 6 horas, de 2ª a 6ª feira, com intervalo de 1 hora para refeição. Em um sábado por mês, Rogéria precisa permanecer na sede da companhia por 12 horas para atender imediatamente a eventuais emergências (queda de energia, estouro de transformador ou outras urgências). Para isso, a empresa mantém um local reservado com cama, armário e espaço de lazer, até porque não se sabe se haverá, de fato, algum chamado.

De acordo com a CLT, assinale a opção que indica a denominação desse período no qual Rogéria permanecerá na empresa aguardando eventual convocação para o trabalho e como esse tempo será remunerado.

(A) Sobreaviso; será pago na razão de 1/3 do salário normal.
(B) Prontidão; será pago na razão de 2/3 do salário-hora normal.
(C) Hora extra; será pago com adicional de 50%.
(D) Etapa; será pago com adicional de 100%.

73. Pedro Paulo joga futebol em um clube de sua cidade, que é classificado como formador, e possui com o referido clube um contrato de formação. Recentemente, recebeu uma proposta para assinar seu primeiro contrato profissional.

Sabedor de que não há nenhum outro clube interessado em assinar um primeiro contrato especial de trabalho desportivo como profissional, Pedro Paulo consultou você, como advogado(a), para saber acerca da duração do referido contrato.

Diante disso, observada a Lei Geral do Desporto, assinale a afirmativa correta.

(A) O contrato poderá ter prazo indeterminado.
(B) O contrato poderá ter duração máxima de cinco anos.
(C) O contrato poderá ter duração máxima de três anos.
(D) Não há prazo máximo estipulado, desde que seja por prazo determinado.

74. Paulo Sampaio foi chamado para uma entrevista de emprego em uma empresa de tecnologia. Sabendo que, se contratado, desenvolverá projetos de aplicativos para smartphones, dentre outras invenções, resolveu consultar você, como advogado (a), para saber sobre a propriedade intelectual sobre tais invenções, sendo certo que não foi tratada nenhuma condição contratual até agora.

Diante disso, de acordo com a redação da CLT em vigor, assinale a afirmativa correta.

(A) Na qualidade de empregado, toda a propriedade sobre as invenções será do empregador.
(B) No curso do contrato de trabalho, as invenções realizadas pessoalmente pelo empregado, mas com utilização de equipamentos fornecidos pelo empregador, serão de propriedade comum, em partes iguais, salvo se o contrato de trabalho tiver por objeto pesquisa científica.
(C) O empregador poderá explorar a invenção a qualquer tempo sem limitação de prazo após a concessão da patente, uma vez que se trata de contrato de trabalho.
(D) A propriedade do invento deverá ser dividida proporcionalmente após a apuração da contribuição do empregado e o investimento em equipamentos feito pelo empregador.

75. A churrascaria *Boi Gordo* tem movimento variado ao longo dos diversos meses do ano. A variação também ocorre em algumas semanas, razão pela qual decidiu contratar alguns empregados por meio do chamado contrato intermitente. Diante disso, esses pretensos empregados ficaram com dúvidas e consultaram você, como advogado(a), para esclarecer algumas questões.

Assinale a opção que indica, corretamente, o esclarecimento prestado.

(A) O tempo de resposta do empregado em relação à convocação para algum trabalho é de um dia útil para responder ao chamado, e o silêncio gera presunção de recusa.
(B) O empregador poderá convocar o empregado de um dia para o outro, sendo a antecedência de um dia útil, portanto.
(C) Para o empregado existe um limite de recusas por mês. Extrapolado o número de três recusas no mês, considerar-se-á rompido o contrato.
(D) O contrato intermitente pode ser tácito ou expresso, verbal ou escrito.

76. Em determinada reclamação trabalhista, que se encontra na fase de execução, não foram localizados bens da sociedade empresária executada, motivando o credor a instaurar o incidente de desconsideração de personalidade jurídica (IDPJ), para direcionar a execução contra os sócios atuais da empresa. Os sócios foram, então, citados para manifestação.

Diante da situação retratada e da previsão da CLT, assinale a afirmativa correta.

(A) É desnecessária a garantia do juízo para que a manifestação do sócio seja apreciada.
(B) A CLT determina que haja a garantia do juízo, mas com fiança bancária ou seguro garantia judicial.
(C) A Lei determina que haja garantia do juízo em 50% para que a manifestação do sócio seja analisada.
(D) Será necessário garantir o juízo com bens ou dinheiro para o sócio ter a sua manifestação apreciada.

77. Rosimeri trabalhou em uma sociedade empresária de produtos químicos de 1990 a 1992. Em 2022, ajuizou reclamação trabalhista contra o ex-empregador, requerendo a entrega do Perfil Profissiográfico Previdenciário (PPP) para que pudesse requerer aposentadoria especial junto ao INSS. Devidamente citada, sociedade empresária suscitou em defesa prescrição total (extintiva).

Diante da situação retratada e da previsão da CLT, assinale a afirmativa correta.

(A) Não há prescrição a declarar, porque a ação tem por objeto anotação para fins de prova junto à Previdência Social.

(B) Houve prescrição, porque o pedido foi formulado muito após o prazo de 2 anos contados do término do contrato.

(C) A prescrição para entrega do PPP é trintenária, tal qual a do FGTS, motivo pelo qual não há prescrição na hipótese.

(D) A CLT é omissa acerca da imprescritibilidade de ações, cabendo ao juiz, em cada caso, por equidade, aplicá-la ou não.

78. As entidades, mesmo as filantrópicas, podem ser empregadoras e, portanto, reclamadas na Justiça do Trabalho.

A entidade filantrópica *Beta* foi condenada em uma reclamação trabalhista movida por uma ex-empregada e, após transitado em julgado e apurado o valor em liquidação, que seguiu todos os trâmites de regência, o juiz homologou o crédito da exequente no valor de R$ 25.000,00 (vinte e cinco mil reais).

A ex-empregadora entende que o valor está em desacordo com a coisa julgada, pois, nas suas contas, o valor devido é bem menor, algo em torno de 50% do que foi homologado e cobrado.

Sobre o caso, diante do que dispõe a CLT, assinale a afirmativa correta.

(A) Para ajuizar embargos à execução, a entidade, por ser filantrópica, não precisará garantir o juízo.

(B) Por ser entidade filantrópica, a Lei expressamente proíbe o ajuizamento de embargos à execução.

(C) É possível o ajuizamento dos embargos, desde que a entidade filantrópica deposite nos autos os R$ 25.000,00 (vinte e cinco mil reais).

(D) Os embargos somente poderão ser apreciados se a entidade depositar o valor que reconhece ser devido.

79. Seu escritório atua exclusivamente na área trabalhista e participará de uma licitação a ser realizada por uma grande empresa pública para escolha de escritórios de advocacia das mais diversas áreas de atuação. Assim sendo, a fim de elaborar a proposta a ser enviada para licitação, você foi incumbido de indicar quais processos seriam da competência da Justiça do Trabalho.

Diante disso, considerando o entendimento jurisprudencial consolidado do TST, bem como a Constituição da República Federativa do Brasil, são da competência da Justiça do Trabalho

(A) as ações relativas às penalidades administrativas impostas aos empregadores pelos órgãos de fiscalização das relações de trabalho.

(B) as causas que envolvam servidores públicos estatutários e os entes de direito público interno.

(C) os conflitos de competência instaurados entre juízes do trabalho e juízes de direito da justiça comum estadual.

(D) as ações que visem a determinar o recolhimento de todas as contribuições previdenciárias oriundas da relação de emprego.

80. Jeane era cuidadora de Dulce, uma senhora de idade que veio a falecer. A família de Dulce providenciou o pagamento das verbas devidas pelo extinção do contrato, mas, logo após, Jeane ajuizou ação contra o espólio, postulando o pagamento, em dobro, de 3 (três) períodos de férias alegadamente não quitadas.

Designada audiência, a inventariante do espólio informou que não tinha qualquer documento de pagamento de Jeane, pois era a falecida quem guardava e organizava toda a documentação. Por não ter provas, a inventariante concordou em realizar um acordo no valor de R$ 6.000,00 (seis mil reais), pagos no ato, por transferência PIX, e homologado de imediato pelo juiz.

Passados 7 (sete) dias da audiência, quando fazia a arrumação das coisas deixadas por Dulce para destinar à doação, a inventariante encontrou, no fundo de uma gaveta, os recibos de pagamento das 3 (três) férias que Jeane reclamava, devidamente assinadas pela então empregada.

Diante da situação retratada, da previsão na CLT e do entendimento consolidado do TST, assinale a afirmativa correta.

(A) Nada poderá ser feito pela inventariante, porque o acordo homologado faz coisa julgada material.

(B) A parte interessada poderá interpor recurso ordinário contra a decisão homologatória.

(C) A inventariante poderá ajuizar ação rescisória para desconstituir o acordo.

(D) Deverá ser ajuizada ação de cobrança contra Jeane para reaver o valor pago.

Folha de Respostas

#						#				
1	A	B	C	D		41	A	B	C	D
2	A	B	C	D		42	A	B	C	D
3	A	B	C	D		43	A	B	C	D
4	A	B	C	D		44	A	B	C	D
5	A	B	C	D		45	A	B	C	D
6	A	B	C	D		46	A	B	C	D
7	A	B	C	D		47	A	B	C	D
8	A	B	C	D		48	A	B	C	D
9	A	B	C	D		49	A	B	C	D
10	A	B	C	D		50	A	B	C	D
11	A	B	C	D		51	A	B	C	D
12	A	B	C	D		52	A	B	C	D
13	A	B	C	D		53	A	B	C	D
14	A	B	C	D		54	A	B	C	D
15	A	B	C	D		55	A	B	C	D
16	A	B	C	D		56	A	B	C	D
17	A	B	C	D		57	A	B	C	D
18	A	B	C	D		58	A	B	C	D
19	A	B	C	D		59	A	B	C	D
20	A	B	C	D		60	A	B	C	D
21	A	B	C	D		61	A	B	C	D
22	A	B	C	D		62	A	B	C	D
23	A	B	C	D		63	A	B	C	D
24	A	B	C	D		64	A	B	C	D
25	A	B	C	D		65	A	B	C	D
26	A	B	C	D		66	A	B	C	D
27	A	B	C	D		67	A	B	C	D
28	A	B	C	D		68	A	B	C	D
29	A	B	C	D		69	A	B	C	D
30	A	B	C	D		70	A	B	C	D
31	A	B	C	D		71	A	B	C	D
32	A	B	C	D		72	A	B	C	D
33	A	B	C	D		73	A	B	C	D
34	A	B	C	D		74	A	B	C	D
35	A	B	C	D		75	A	B	C	D
36	A	B	C	D		76	A	B	C	D
37	A	B	C	D		77	A	B	C	D
38	A	B	C	D		78	A	B	C	D
39	A	B	C	D		79	A	B	C	D
40	A	B	C	D		80	A	B	C	D

GABARITO COMENTADO

1. Gabarito: C
Comentário: A: incorreta, pois o art. 63, § 2º, do EAOAB, exige, como uma das condições de elegibilidade, que o candidato comprove situação regular perante a OAB. Assim, em caso de inadimplência de anuidade (contribuição anual), o advogado não estará apto a disputar eleições para os órgãos da OAB; B: incorreta, pois uma das condições de elegibilidade é o candidato exercer a profissão há mais de 3 (três) anos, para os cargos de Conselheiro Seccional e das Subseções, e mais de 5 (cinco) anos nas eleições para os demais cargos; C: correta. O que impede um advogado de candidatar-se a eleição em órgãos da OAB é ocupar cargo exonerável ad nutum (livre nomeação e exoneração), e não cargos efetivos, conforme se infere do art. 63, § 2º, do EAOAB; D: incorreta, pois mesmo candidatos com condenação por infração ética poderão disputar eleições, desde que já tenham se reabilitado (art. 63, § 2º, EAOAB).

2. Gabarito: D
Comentário: A: incorreta, pois o art. 16, § 1º, do CED, expressamente prevê que a renúncia ao mandato não exclui a responsabilidade por danos eventualmente causados ao cliente ou a terceiros; B: incorreta, pois, conforme art. 12 do CED, caberá ao advogado devolver ao cliente (e não depositar em juízo, como consta na alternativa!) bens, valores e documentos que lhe hajam sido confiados e ainda estejam em seu poder quando da extinção do mandato; C: incorreta, pois, com a renúncia ao mandato, o advogado permanece representando o cliente nos 10 (dez) dias subsequentes à comunicação feita a ele, salvo se novo advogado houver sido constituído (art. 5º, § 3º, EAOAB); D: correta, nos termos do art. 16, caput, do CED.

3. Gabarito: B
Comentário: Nos termos do art. 22, § 1º, do EAOAB, o advogado, quando indicado para patrocinar causa de juridicamente necessitado, no caso de impossibilidade da Defensoria Pública no local da prestação de serviço, tem direito aos honorários fixados pelo juiz, segundo tabela organizada pelo Conselho Seccional da OAB, e pagos pelo Estado. Correta, portanto, a alternativa B, estando as demais em descompasso com o referido dispositivo legal.

4. Gabarito: D
Comentário: Nos termos do art. 16, caput, do EAOAB, não são admitidas a registro nem podem funcionar todas as espécies de sociedades de advogados que apresentem forma ou características de sociedade empresária, que adotem denominação de fantasia, que realizem atividades estranhas à advocacia, que incluam como sócio ou titular de sociedade unipessoal de advocacia pessoa não inscrita como advogado ou totalmente proibida de advogar. Assim, analisemos as alternativas. A e C: incorretas, pois sociedades de advocacia somente podem ser registradas na OAB (art. 15, § 1º, EAOAB). Ademais, o art. 16, § 3º, do EAOAB, proíbe o registro, nos cartórios de registro civil e nas juntas comerciais, de sociedades que incluam, entre outras finalidades, a atividade de advocacia; B: incorreta, pois sociedades de advocacia somente podem explorar, por óbvio, serviços de advocacia; D: correta, conforme prevê o art. 16, caput, do EAOAB.

5. Gabarito: C
Comentário: A: incorreta, pois o art. 29, § 1º, III, do Regulamento Geral (RGOAB), permite ao estagiário, isoladamente, assinar petição de juntada de documentos a processos judiciais ou administrativos; B: incorreta, pois, ainda que isoladamente, o estagiário pode obter, junto aos escrivães e chefes de secretarias, certidões de peças ou autos de processos em curso ou findos (art. 29, § 1º, II, RGOAB); C: correta, pois ao estagiário somente será possível comparecer a atos extrajudiciais, isoladamente, quando receber autorização ou substabelecimento do advogado (art. 29, § 2º, EGOAB); D: incorreta, pois é lícito ao estagiário, ainda que sozinho, retirar e devolver autos em cartório, assinado a respectiva carga (art. 29, § 1º, I, RGOAB).

6. Gabarito: C
Comentário: Nos termos do art. 56, § 1º, do EAOAB, são membros honorários vitalícios os ex-presidentes dos Conselhos Seccionais, somente com direito a voz em suas sessões. Assim, vejamos as alternativas. A: incorreta, pois Cauã prossegue sendo membro do Conselho Seccional do qual foi ex-presidente, na condição de membro honorário vitalício; B e D: incorretas, pois os ex-presidentes dos Conselhos Seccionais, embora membros honorários vitalícios, somente terão direito a voz nas sessões de referidos órgãos, mas, não, direito a voto; C: correta, nos exatos termos do art. 56, § 1º, do EAOAB.

7. Gabarito: B
Comentário: De acordo com o art. 8º, § 2º, do EAOAB, o estrangeiro ou brasileiro, quando não graduado em direito no Brasil, deve fazer prova do título de graduação, obtido em instituição estrangeira, devidamente revalidado, além de atender aos demais requisitos previstos em referido artigo, que nos traz, em seus sete incisos, as condições necessárias para a inscrição como advogado. Assim, passemos à análise das alternativas. A, C e D: incorretas, pois Ana e Antonio, a despeito de terem se graduado em Direito no estrangeiro, poderão exercer normalmente a advocacia aqui no Brasil, desde que tenham seus diplomas revalidados em nosso país, bem como se preencherem todos os demais requisitos para inscrição como advogados, incluindo aprovação em Exame de Ordem; B: correta, conforme autoriza o art. 8º, § 2º, do EAOAB.

8. Gabarito: A
Comentário: Nos termos do art. 47-A do CED, será admitida a celebração de Termo de Ajustamento de Conduta (TAC) no âmbito dos Conselhos Seccionais e do Conselho Federal para fazer cessar a publicidade irregular praticada por advogados e estagiários. Assim, vejamos as alternativas. B e D: incorretas, pois afirmam não ser permitida a celebração de TAC quando estivermos diante de infração relacionada à publicidade irregular, o que contraria o art. 47-A do CED; A: correta, nos termos do já referido art. 47-A do CED; C: incorreta, pois a celebração de TAC vem regulamentada em Provimento do Conselho Federal da OAB, consoante afirma o art. 47-A, parágrafo único, do CED.

9. Gabarito: B
Comentário: "O advento do Direito Internacional dos Direitos Humanos [DIDH], em 1945, possibilitou o surgimento de uma nova forma de cidadania. Desde então, a proteção jurídica do sistema internacional ao ser humano passou a independer do seu vínculo de nacionalidade com um Estado específico, tendo como requisito único e fundamental o fato do nascimento. Essa nova cidadania pode ser definida como cidadania mundial ou cosmopolita, diferenciando-se da cidadania do Estado-Nação. A cidadania cosmopolita é um dos principais limites para a atuação do poder soberano, pois dá garantia da proteção internacional na falta da proteção do Estado Nacional. Nesse sentido, a relação da soberania com o DIDH é uma relação limitadora". Portanto, no *direito a ter direitos* de Hannah Arendt, segundo a Declaração, a condição de pessoa humana é requisito único e exclusivo para ser titular de direitos.

10. Gabarito: B
Comentário: Para Bobbio, antinomia jurídica é aquela situação verificada entre duas normas incompatíveis, pertencentes ao mesmo ordenamento jurídico e tendo o mesmo âmbito de validade (temporal, espacial, pessoal e material). E o autor italiano cria três critérios para a solução das antinomias, são eles: cronológico, hierárquico e o da especialidade. Pelo último critério, a lei especial deve prevalecer sobre a geral. Logo, a assertiva "B" deve ser assinalada.

11. Gabarito: B
Comentários: A: incorreta. A União não legislará de forma privativa, pois tais assuntos não fazem parte do rol previsto no art. 22 da CF. A competência para legislar sobre as florestas, caça, pesca, fauna, conservação da natureza,

defesa do solo e dos recursos naturais, proteção do meio ambiente e controle da poluição é concorrente, conforme determina o art. 24, VI, da CF; B: correta. De fato, conforme determina o parágrafo único do art. 23 da CF, todos os entes federativos são competentes para promover a mencionada proteção e a cooperação entre eles será regulamentada por leis complementares federais (leis aprovadas pelo Congresso Nacional, pelo quórum de maioria absoluta, conforme art. 69 da CF). Além disso, a finalidade dessa a cooperação é o equilíbrio do desenvolvimento e do bem-estar em âmbito nacional; C: incorreta. A questão aborda assunto que a Constituição aloca na competência administrativa comum. De acordo com o art. 23, VI e VII, da CF, a competência para proteger o meio ambiente (inciso VI) e para preservar as florestas, a fauna e a flora (inciso VII) é comum entre a União, os Estados, o Distrito Federal e os Municípios. Sendo assim, as responsabilidades inerentes à produção das normas e à atuação administrativa são divididas entre os mencionados entes federativos. Vale lembrar que a Lei Complementar 140/11 foi responsável pela fixação dos termos dessa cooperação. Por fim, o constituinte originário brasileiro, na Constituição de 1988, diferente do mencionado, adotou o federalismo de terceiro grau, tendo em vista que reconheceu, além das esferas federal e estadual, os Municípios como integrantes da federação; D: incorreta. Como mencionado, a referida proteção não é tarefa precípua da União, mas de todos os entes federativos.

12. Gabarito: B
Comentário: A: incorreta. Na atual configuração da República Federativa do Brasil de fato não há nenhum território federal, os últimos que existiram foram extintos pelos arts. 14 e 15 do ADCT. Os territórios de Roraima e Amapá foram transformados em Estados (art. 14 do ADCT) e o de Fernando de Noronha teve sua área incorporada ao Estado de Pernambuco (art. 15 do ADCT). Por outro lado, caso venha a ser criado (a Constituição admite a sua criação), ele não será dotado de autonomia política plena. De acordo com o parágrafo 2º do art. 18 da CF, os territórios (se e quando criados) pertencerão à União e não possuirão autonomia política, apenas administrativa; B: correta. Como já mencionado, a CF/88 admite expressamente a sua criação no parágrafo 2º do art. 18; C: incorreta. O Governador de Alfa não tem competência para criação e gestão de um território. Determina o parágrafo 2º do art. 18 da CF que os Territórios Federais integram a União, e sua criação, transformação em Estado ou reintegração ao Estado de origem serão reguladas em lei complementar; D: incorreta. Mais uma vez, ao contrário do mencionado, a Constituição Federal prevê a possibilidade de criação de territórios federais em seu art. 18, §2º. Vale lembrar que os territórios, embora pertencentes à União, podem ser divididos em municípios. Se forem criados, possuirão governador, nomeado pelo Presidente da República, após aprovação do Senado Federal, conforme dispõe o art. 84, XIV, da CF, e também poderão eleger quatro deputados federais, conforme determinação do § 2º do art. 45 da CF.

13. Gabarito: B
Comentário: A: incorreta. Giuseppe só poderá exercer qualquer cargo público no âmbito da República Federativa do Brasil se lhe for reconhecida a condição de brasileiro nato, status que somente será alcançada se ele vier a residir no Brasil e optar pela nacionalidade brasileira (art. 12, I, "c", da CF). O fato de Giuseppe ser filho de pessoa detentora da nacionalidade brasileira não faz com que, automaticamente ele possua a condição de brasileiro nato; B: correta. Giuseppe poderá atingir o seu objetivo de ser um diplomata brasileiro caso cumpra os requisitos previstos no art. 12, I, "c", da CF, ou seja, venha a residir no Brasil e opte pela nacionalidade brasileira; C: incorreta. A carreira diplomática só pode ser preenchida por brasileiros natos, conforme determina o inciso V do parágrafo 3º do art. 12 da CF. A Constituição proíbe que a lei faça distinção entre brasileiros natos e naturalizados, mas admite que o seu próprio traga algumas distinções como, por exemplo, a existência de cargos privativos de brasileiros natos. Determina o art. 12, §3º, da CF que são privativos de brasileiro nato os cargos: I - de Presidente e Vice-Presidente da República; II - de Presidente da Câmara dos Deputados; III - de Presidente do Senado Federal; IV - de Ministro do Supremo Tribunal Federal e V - da carreira diplomática; D: incorreta. Ao contrário do mencionado, é possível que Giuseppe siga a carreira diplomática pela República Federativa do Brasil se ele obtiver a condição de brasileiro nato, após cumprir as exigências trazidas pelo art. 12, I, "c", da CF.

14. Gabarito: D
Comentário: A: incorreta. A lei é materialmente compatível com a CF e a competência para legislar sobre o assunto é concorrente. Determina o art. 24, XIV, da CF que compete à União, aos Estados e ao Distrito Federal legislar concorrentemente sobre a proteção e integração social das pessoas portadoras de deficiência; B: incorreta. A lei ordinária do município Alfa não apresenta vício material, pois a reabilitação das pessoas com deficiência integra a assistência social. De acordo com o art. 203, IV, da CF, a assistência social será prestada a quem dela necessitar, independentemente de contribuição à seguridade social, e tem por objetivos a habilitação e reabilitação das pessoas portadoras de deficiência e a promoção de sua integração à vida comunitária; C: incorreta. A lei em comento, como já mencionado, é materialmente adequada ao texto constitucional e não apresenta vício de forma, pois não há exigência constitucional de que as matérias afetas à assistência social sejam disciplinadas por lei complementar; D: correta. É o que determina o citado art. 203 da CF.

15. Gabarito: C
Comentário: A: incorreta. O poder constituinte originário, genuíno, ou de primeiro grau, é aquele que cria a primeira constituição de um Estado ou a nova constituição de um Estado. No primeiro caso, é conhecido como poder constituinte histórico. Tem a função de instaurar e estruturar, pela primeira vez, o Estado. No segundo, é conhecido como poder constituinte revolucionário, porque ele rompe a antiga e existente ordem jurídica de forma integral, instaurando uma nova. Em ambos os casos, o poder constituinte impõe uma nova ordem jurídica para o Estado. Ao contrário, o poder que cria as Constituições Estaduais (e que estabelece o seu preâmbulo) decorre do originário e a ele é subordinado, de modo que é denominado de derivado; B: incorreta. O termo "poder difuso" é utilizado como sinônimo da mutação constitucional que é o processo informal de alteração da Constituição; C: correta. o ato em tela deve ser corretamente enquadrado como forma de expressão legítima do poder constituinte derivado decorrente. Tal poder é limitado, condicionado e subordinado ao originário que foi quem o criou; D: incorreta. O poder derivado reformador tem por finalidade a reforma, a alteração formal do texto constitucional. Para tanto, dever ser observado o procedimento para a elaboração de emendas constitucionais, previsto no art. 60 da CF.

16. Gabarito: A
Comentário: A: correta. A inviolabilidade de domicílio, embora possa ser relativizada em casos pontuais (flagrante delito, prestar socorro, desastre ou ordem judicial cumprida durante o dia – art. 5º, XI, da CF), não autoriza que as diligências necessárias ao cumprimento do mandado de busca e apreensão na residência de João sejam efetivadas durante o período noturno; B: incorreta. A incursão policial na residência de João se justificaria nas hipóteses excepcionais admitidas pelo Texto Constitucional, conforme já mencionado; C: incorreta. O cumprimento da medida de busca e apreensão durante o período noturno é inconstitucional. Apenas nas hipóteses de flagrante delito, desastre e para prestar socorro que a Constituição autoriza a entrada (sem o consentimento do morador) durante o período noturno. Determina o art. 5º, XI, da CF XI que a casa é asilo inviolável do indivíduo, ninguém nela podendo penetrar sem consentimento do morador, salvo em caso de flagrante delito ou desastre, ou para prestar socorro, ou, durante o dia, por determinação judicial; D: incorreta. A ordem judicial só poderá ser cumprida durante o dia, conforme já fundamentado.

17. Gabarito: B
Comentário: A: incorreta. Ao contrário do mencionado, a discussão acerca da modulação dos efeitos não é obrigatória. Determina o art. 27 da Lei 9.868/99 que o STF, ao declarar a inconstitucionalidade de lei ou ato normativo, e tendo em vista razões de segurança jurídica ou de excepcional interesse social, poderá, por maioria de dois terços de seus membros, restringir os efeitos daquela declaração ou decidir que ela só tenha eficácia a partir de seu trânsito em julgado ou de outro momento que venha a ser fixado; B: correta. Em regra, as decisões de mérito proferidas nas ações do controle concentrado (e a ADI é uma delas) possuem eficácia temporal *ex tunc* (retroativos), efeitos *erga omnes* (para todos) e vinculante; C: incorreta. A modulação é permitida, conforme disposto no mencionado art. art. 27 da Lei 9.868/99; D: incorreta. A decisão em tela possui, ao contrário do mencionado, eficácia temporal *ex tunc*.

18. Gabarito: C
Comentário: **A:** incorreta, pois tal atividade não está prevista no art. 4º da Lei nº 12.986/14, que define a competência do Conselho Nacional dos Direitos Humanos. Dentre elas, por exemplo, "fiscalizar a política nacional de direitos humanos, podendo sugerir e recomendar diretrizes para a sua efetivação" (inciso II) e "opinar sobre atos normativos, administrativos e legislativos de interesse da política nacional de direitos humanos e elaborar propostas legislativas e atos normativos relacionados com matéria de sua competência (inciso IX); **B:** incorreta. O CNDH poderá "acompanhar o desempenho das obrigações relativas à defesa dos direitos humanos resultantes de acordos internacionais, produzindo relatórios e prestando a colaboração que for necessária ao Ministério das Relações Exteriores" (art. 4º, VIII, da Lei nº 12.986/14); **C:** correta (arts. 4º, XV, e 6º da Lei nº 12.986/14); **D:** incorreta, pois o CNDH não tem essa competência (art. 4º, XIV, e 6º da Lei nº 12.986/14).

19. Gabarito: B
Comentário: Em 2006, a Corte Interamericana mencionou pela primeira vez o controle de convencionalidade, como já mencionado antes. Isso ocorreu no Caso *Almonacid Arellano e outros vs. Chile* e devido à grande importância dessa elucubração da Corte, cabe transcrever o trecho já previamente destacado:
"Os juízes e tribunais internos estão sujeitos ao império da lei, e por isso estão obrigados a aplicar as disposições vigentes no ordenamento jurídico. Mas quando um Estado ratifica um tratado internacional, como a Convenção Americana, seus juízes, como parte do aparato estatal, também ficam submetidos à ela e devem garantir que as disposições da Convenção Americana não sejam desrespeitadas pela aplicação de leis contrárias ao seu objeto e finalidade. Em outras palavras, o poder judicial deve exercer uma espécie de controle de convencionalidade entre as normas jurídicas internas que são aplicadas nos casos concretos e a Convenção Americana sobre Direitos Humanos. No exercício dessa tarefa, o Poder Judiciário deve basear-se não somente no tratado, como também na interpretação que a Corte deu aos seus dispositivos, afinal a Corte Interamericana é a intérprete última da Convenção Americana"[1].
A doutrina do controle de convencionalidade foi elaborada para garantir a plena eficácia dos direitos humanos no continente americano, pois não basta prever direitos, é fundamental a cobrança pelo cumprimento das obrigações internacionais assumidas.

20. Gabarito: B
Comentário: A sentença estrangeira de divórcio consensual deve ser averbada diretamente em cartório de Registro Civil das Pessoas Naturais, sem a necessidade de homologação judicial do Superior Tribunal de Justiça (STJ), conforme Provimento n. 53, de 2016, editado pela Corregedoria Nacional de Justiça. Essa decisão regulamenta a averbação direta de sentença estrangeira de divórcio. O art. 961, § 5º, do CPC assim dispõe: "a sentença estrangeira de divórcio consensual produz efeitos no Brasil, independentemente de homologação pelo Superior Tribunal de Justiça (STJ)". A averbação direta da sentença estrangeira de divórcio consensual não precisa de prévia manifestação de nenhuma autoridade judicial brasileira e dispensa a assistência de advogado ou defensor público. A nova regra vale apenas para divórcio consensual simples ou puro, que consiste exclusivamente na dissolução do matrimônio. Havendo disposição sobre guarda de filhos, alimentos e/ou partilha de bens – o que configura divórcio consensual qualificado –, continua sendo necessária a prévia homologação pelo STJ.

21. Gabarito: C
Comentário: A assertiva correta é a "C", consoante art. 23 da Lei de Migração.

22. Gabarito: C
Comentário: **A:** incorreta, pois o imposto de renda retido na fonte pertence ao Estado X, nos termos do art. 157, I, da CF. Por essa razão, o Estado tem legitimidade passiva processual para a ação de repetição de indébito – vide Súmula 447/STJ: "Os Estados e o Distrito Federal são partes legítimas na ação de restituição de imposto de renda retido na fonte proposta por seus servidores"; **B:** incorreta, pois evidentemente Marcelo suportou o ônus da retenção a maior feita pelo Estado (deixou de receber dinheiro por conta do erro). Embora o IR não seja tributo indireto, veja o disposto no art. 166 do CTN; **C:** correta, conforme comentário à primeira alternativa; **D:** incorreta, conforme comentário à primeira alternativa.

23. Gabarito: B
Comentário: **A, C e D:** incorretas, pois a imunidade tributária não afasta as obrigações acessórias, pois é inconfundível com a obrigação principal – art. 115 do CTN. Ademais, muitas vezes é somente pela análise de documentação fiscal (obrigação acessória) que se pode demonstrar o cumprimento dos requisitos para a imunidade – vide arts. 14 e 194, parágrafo único, do CTN; **B:** correta, nos termos do art. 113, § 3º, do CTN.

24. Gabarito: C
Comentário: **A e B:** incorretas, pois não cabe dilação probatória no âmbito de exceção de pré-executividade – Súmula 393/STJ: "A exceção de pré-executividade é admissível na execução fiscal relativamente às matérias conhecíveis de ofício que não demandem dilação probatória."; **C:** correta, pois é matéria que não depende de prova e, a rigor, pode ser conhecida em qualquer instância – ver art. 193 do CC; **D:** incorreta, pois é alegação que demandaria dilação probatória e, a rigor, irrelevante, já que PIS e COFINS incidem sobre a receita da empresa, e não sobre o lucro (irrelevante se ela teve prejuízo no período).

25. Gabarito: C
Comentário: Não é possível a interpretação extensiva de normas que instituem benefícios fiscais. Conforme a terminologia do art. 111 do CTN, interpreta-se literalmente a legislação tributária que disponha sobre: (i) suspensão ou exclusão do crédito tributário; (ii) outorga de isenção; e (iii) dispensa do cumprimento de obrigações tributárias acessórias. Por essa razão, a alternativa "C" é a correta.

26. Gabarito: A
Comentário: Nos termos do art. 146, I, da CF, é a lei complementar federal que soluciona conflitos de competência entre os entes federados. A LC 116/2003, ao listar os serviços sujeitos ao ISS municipal, afasta a competência estadual (ICMS) e federal (IPI), por exclusão – vide o art. 1º, § 2º. O item 14.04 da lista anexa à LC 116/2016 dispõe que incide ISS sobre recauchutagem ou regeneração de pneus sem qualquer ressalva (ou seja, não incide ICMS ou IPI). Por essa razão, a alternativa "A" é a correta.

27. Gabarito: B
Comentário: **A:** incorreta; a associação pública é um consórcio de direito público; e, segundo a Lei 11.107/05, "O consórcio público com personalidade jurídica de direito público integra a administração indireta de todos os entes da Federação consorciados"; **B:** correta, nos exatos termos do art. 8º, *caput*, da Lei 11.105/05; **C:** incorreta; não há essa determinação na lei; ao contrário, a lei dispõe que "A União somente participará de consórcios públicos em que também façam parte todos os Estados em cujos territórios estejam situados os Municípios consorciados" (art. 1º, p. 2º, da Lei 11.105/05); **D:** incorreta, pois é necessário lei ratificando o protocolo de intenções que dá ensejo à criação do consórcio público (arts. 5º, *caput*, e 6º I, da Lei 11.105/05).

28. Gabarito: A
Comentário: **A:** correta, nos termos da Súmula 611 do STJ – "Desde que devidamente motivada e com amparo em investigação ou sindicância, é permitida a instauração de processo administrativo disciplinar com base em denúncia anônima, em face do poder-dever de autotutela imposto à Administração"; **B e D:** incorretas, pois a Súmula 611 do STJ admite a instauração de PAD por meio de notícia apócrifa; **C:** incorreta, pois a razão de não poder prosperar é a Súmula 611 do STJ, que admite a instauração de PAD por meio de notícia apócrifa; vale salientar que quando efetivamente há uma séria violação ao contraditório e à ampla defesa não há que se falar em preclusão, cabendo inclusive ingresso com ação visando até mesmo a decisão final tomada no PAD.

---

1. Corte IDH. *Caso Almonacid Arellano e outros vs. Chile*. Exceções Preliminares, Mérito, Reparações e Custas. Sentença de 26.09.2006. Ponto 123.

29. Gabarito: A
Comentário: **A:** correta, nos exatos termos do que dispõe o art. 30, p. ún., da Lei 14.133/21; **B:** incorreta; tratando-se de um trabalho de natureza técnica, científica ou artística, o concurso é a modalidade adequada (art. 6º, XXXIX da Lei 14.133/21); no caso tem-se um trabalho não só de natureza técnica, mas também artística (cultural), o que impõe duplamente o uso do concurso como modalidade adequada; **C:** incorreta, pois o concurso é previsto no art. 30 da Lei 14.133/21; **D:** incorreta, pois o concurso que se fala aqui não é o para contratação de pessoal (com provas e títulos), mas sim a modalidade de licitação prevista no art. 30 da Lei 14.133/21. WG

30. Gabarito: C
Comentário: **A:** incorreta, pois é um ato vinculado, e não discricionário (art. 1º, p. 2º, da Lei 9.790/99); **B:** incorreta, pois o instrumento em questão tem o nome de "Termo de Parceria", e não "contrato de gestão"; **C:** correta, nos exatos termos do art. 2º, III, da Lei 9.790/99, que não admite a qualificação como OSCIP das "instituições religiosas ou voltadas para a disseminação de credos, cultos, práticas e visões devocionais e confessionais"; **D:** incorreta, pois a lei admite "a participação de servidores públicos na composição de conselho ou diretoria de Organização da Sociedade Civil de Interesse Público" (art. 4º, p. ún., da Lei 9.790/99). WG

31. Gabarito: A
Comentário: **A:** correta; por haver cobrança de pedágio de usuários mais remuneração adicional paga pelo Poder Público concedente, o caso é *concessão patrocinada* (art. 2º, § 1º, da Lei 11.079/04), e não de *concessão administrativa* (art. 2º, § 2º, da Lei 11.079/04); ademais, a Lei de Parcerias Público-Privadas determina, antes da celebração do contrato, a constituição de uma sociedade de propósito específico, incumbida de planejar o objeto da parceria (art. 9º, *caput*, da Lei 11.079/04); **B:** incorreta, pois, por haver cobrança de pedágio de usuários mais remuneração adicional paga pelo Poder Público concedente, o caso é de *concessão patrocinada* (art. 2º, § 1º, da Lei 11.079/04), e não de *concessão administrativa* (art. 2º, § 2º, da Lei 11.079/04); ademais, deve-se criar uma *sociedade de propósito específico* (art. 9º, *caput*, da Lei 11.079/04), e não uma *sociedade empresária subsidiária*; **C:** incorreta, pois na parceria público-privada sempre há contribuição financeira do Poder Público, sendo que no caso, de concessão patrocinada, haverá contraprestação pecuniária do parceiro público ao parceiro privado (art. 2º, § 1º, da Lei 11.079/04); vale lembrar, outrossim, que, além da *concorrência*, agora é também cabível a modalidade de licitação *diálogo competitivo* (art. 10, *caput*, da Lei 11.079/04); **D:** incorreta, pois na concessão patrocinada haverá uma específica contraprestação pecuniária do parceiro público ao parceiro privado (art. 2º, § 1º, da Lei 11.079/04), e não exatamente um subsídio de metade da tarifa; vale lembrar, outrossim, que, além da concorrência, agora é também cabível a modalidade de licitação diálogo competitivo (art. 10, *caput*, da Lei 11.079/04), não cabendo a modalidade pregão. WG

32. Gabarito: B
Comentário: **A:** incorreta; o quê não existe mais é o ato de improbidade culposo; porém, uma omissão pode ainda caracterizar um ato improbidade, desde que seja uma omissão dolosa e se enquadre no que a lei entender ser improbidade administrativa; vide por exemplo, os arts. 10, *caput*, e 11, *caput*, ambos da Lei 8.429/92; **B:** correta; de fato, a Lei 14.230/21 eliminou a possibilidade de um ato de improbidade se caracterizar mediante conduta meramente culposa; **C** e **D:** incorretas, pois existe mais de uma modalidade de ato de improbidade, cada uma independente da outra; o art. 9º trata da modalidade *enriquecimento ilícito*; o art. 11, da modalidade *violação aos princípios da Administração*; e o art. 10 ainda prevê a modalidade *prejuízo ao erário*; o que não é possível mais, em qualquer dessas modalidades, é um ato meramente culposo caracterizar um ato de improbidade administrativa. WG

33. Gabarito: B
Comentário: **A:** incorreta, pois, de acordo com o disposto no art. 17, p. 3º, da Lei Complementar 140/11, numa situação dessas prevalecerá o auto de infração ambiental lavrado por órgão que detenha a atribuição de licenciamento ou autorização, no caso o lavrado pelo Estado, mesmo que tenha sido feito após o auto lavrado pelo município; **B:** correta; a princípio compete ao órgão ambiental responsável pelo licenciamento ou autorização lavrar o auto de infração ambiental correspondente (art. 17, *caput*, da Lei Complementar 140/11); porém, essa mesma lei admite que os demais entes federativos têm atribuição comum de fiscalização da conformidade de empreendimentos e atividades com a legislação ambiental em vigor, de maneira que o Município poderia atuar no caso em caso de inércia do Estado (art. 17, p. 3º, da Lei Complementar 140/11); de qualquer maneira, vale ressaltar que nesse caso prevalecerá o auto de infração ambiental lavrado por órgão que detenha a atribuição de licenciamento ou autorização; **C** e **D:** incorretas; pois, em caso de inércia do Estado, os demais entes federativos têm atribuição comum de fiscalização da conformidade de empreendimentos e atividades com a legislação ambiental em vigor, de maneira que não só a União, mas também o Município poderiam atuar no caso em caso de inércia do Estado (art. 17, p. 3º, da Lei Complementar 140/11). WG

34. Gabarito: D
Comentário: **A** e **C:** incorretas, pois a responsabilidade civil por danos ambientais é objetiva, não importando portanto se a conduta da empresa era lícita ou não, ou se era culposa ou não; **B:** incorreta, pois a responsabilidade civil ambiental é objetiva e, por se adotar a teoria do risco integral, não há que se falar em excludente de responsabilidade, tal como a força maior; **D:** correta, pois a responsabilidade civil ambiental é objetiva e, pelo fato de o STF ter adotado a teoria do risco integral, não há que se falar em excludente de responsabilidade, tal como a força maior ou o caso fortuito; confira: "A responsabilidade por dano ambiental é objetiva, informada pela teoria do risco integral, sendo o nexo de causalidade o fator aglutinante que permite que o risco se integre na unidade do ato, sendo descabida a invocação, pela empresa responsável pelo dano ambiental, de excludentes de responsabilidade civil para afastar sua obrigação de indenizar" (Tese julgada sob o rito do art. 543-C do CPC/1973, TEMA 681 e 707, letra a). WG

35. Gabarito: D
Comentário: **A:** incorreta, ainda pois ainda que tenha sido colhido o consentimento, a exigência de tais dados não é válida porque se mostra dispensável e impertinente à atividade realizada (consumo em um bar), ferindo assim a boa-fé e o princípio da necessidade (art. 6º, III da Lei 13.709/18); **B:** incorreta, pois apesar de não se tratar de dado pessoal sensível, cuja definição encontra-se no art. 5º, II da Lei 13.709/18, a coleta é irregular porque fere o princípio da necessidade (art. 6º, III da Lei 13.709/18). Ademais acrescenta-se que o art. 11 da Lei 13.709/18 prevê o tratamento de dados pessoais sensíveis, se fosse o caso; **C:** incorreta, pois a coleta dos dados não é válida, uma vez que existe Lei regulamentando o assunto. A consumidora tem todo o direito de contestar, uma vez que a exigência não é pertinente para a realização da atividade ferindo o princípio da necessidade (art. 6º, III da Lei 13.709/18); **D:** correta (art. 6º, III da Lei 13.709/18). GR

36. Gabarito: C
Comentário: **A:** incorreta, pois eles não são absolutamente incapazes, porque sua condição não consta no rol do art. 3º CC e também não são relativamente incapazes, pois sua condição não consta no rol do art. 4º CC. Sobre o assunto insta salientar que a Lei 13.146/15 revogou a hipótese de incapacidade relativa dos excepcionais sem desenvolvimento mental completo; **B:** incorreta, pois a falta de apoio não os torna incapazes, conforme justifica da alternativa A. O apoio é dado apenas para decisões específicas da vida civil, fornecendo-lhes os elementos e informações necessários para que possa exercer sua capacidade (art. 1.783-A *caput* CC); **C:** correta (art. 1.783-A, § 5º CC); **D:** incorreta, pois Miguel tem o direito de solicitar que os apoiadores contra-assinem o contrato, especificando, por escrito, sua função em relação ao apoiado (art. 1.783-A, § 5º CC). GR

37. Gabarito: D
Comentário: **A:** incorreta, pois é possível instituir direito de laje sobre o subsolo (art. 1.510-A *caput* CC e art. 1.510-E, I CC); **B:** incorreta, pois apesar de João ser o proprietário da construção-base, ele precisará da autorização dos outros titulares das lajes sobre a qual construir, no caso autorização de seus filhos (art. 1.510-A, § 6º CC); **C:** incorreta, pois a Lei não determina esse limite de quatro pavimentos. O que ela exige é o consenso expresso do titular a construção-base e dos titulares das lajes (art. 1.510-A, § 6º CC); **D:** correta (art. 1.510-A, § 6º CC). GR

38. Gabarito: D
Comentário: **A:** incorreta, pois referente aos bens adquiridos na constância do casamento ela não tem direito a herança, mas sim à meação (art. 1.658 CC); **B:** incorreta, pois a lei não garante o direito de preferência à Sônia para alugar o imóvel, mas sim o direito real de habitação (art. 1.831 CC); **C:** incorreta, pois o direito real de habitação aplica-se a qualquer regime de bens, independentemente da haver descendentes ou não (art. 1.831 CC); **D:** correta (art. 1.831 CC). GR

39. Gabarito: D
Comentário: **A:** incorreta, pois a autonomia da pessoa jurídica é relativa. A lei permite a desconsideração da personalidade jurídica inversa para atingir o patrimônio da pessoa jurídica para saldar dívida do sócio se restar comprovado o abuso da personalidade jurídica. Neste caso esse abuso ocorreu por meio do desvio de finalidade, onde a pessoa jurídica foi usada com o propósito de lesar credores (art. 50 *caput* e §§1º e 3º CC); **B:** incorreta, pois deve estar comprovado o abuso da personalidade jurídica para que ela seja desconsiderada (art. 50 *caput* CC); **C:** incorreta, pois a lei admite a desconsideração da personalidade jurídica inversa, onde os bens da pessoa jurídica serão atingidos para saldar obrigações dos sócios (art. 50, § 3º CC); **D:** correta (art. 50 *caput* e § 3º CC). GR

40. Gabarito: B
Comentário: **A:** incorreta, pois a locação não impede a venda do imóvel, porém a Lei coloca algumas regras para que ocorra a alienação, tais como observar se há cláusula de vigência averbada junto à matrícula do imóvel (art. 8º, *caput* da Lei 8.245/90) e dar direito de preferência do locatário (art. 27 da Lei 8.245/90); **B:** correta (art. 8º, *caput* da Lei 8.245/90); **C:** incorreta, pois apesar de a alienação ser permitida, antes de o imóvel ter sido oferecido a Patrícia ele deveria ter sido oferecido à Amanda, pois esta como locatária tem o direito de preferência (art. 27 da Lei 8.245/90). Caso Amanda não exercesse esse direito em 30 dias (art. 28 da Lei 8.245/90), então a alienação poderia ocorrer para Patrícia. Patricia como nova proprietária poderá denunciar o contrato para a saída de Amanda em noventa dias, uma vez que o enunciado não menciona que a locação tinha cláusula de vigência averbado junto à matrícula do imóvel (art. 8º, *caput* da Lei 8.245/90); **D:** incorreta, pois Patrícia não está vinculada ao prazo do contrato de locação uma vez que o enunciado não menciona que a locação tinha cláusula de vigência averbado junto à matrícula do imóvel (art. 8º, *caput* da Lei 8.245/90). GR

41. Gabarito: C
Comentário: **A:** incorreta, pois o testamento é válido porque a Lei prevê que têm capacidade para testar os maiores de 16 anos (art. 1.860, parágrafo único CC). Portanto sua validade não está ligada a emancipação posterior; **B:** incorreta, pois o testamento é válido porque a lei prevê que têm capacidade para testar os maiores de 16 anos (art. 1.860, parágrafo único CC). Portanto sua validade não está ligada a emancipação posterior. Ademais é possível constituir fundação por testamento (art. 62 *caput* CC), logo, a destinação patrimonial é eficaz; **C:** correta (arts. 1860, parágrafo único e 62 *caput* CC); **D:** incorreta, pois o testamento é válido, uma vez que sendo maior de 16 anos a lei atribui a Renatinho a capacidade de testar (art. 1.860, parágrafo único CC). GR

42. Gabarito: C
Comentário: Diante da prática reiterada de violência psicológica por Paula contra Maria e da omissão do pai desta, é o caso de Joana e Fernanda, respectivamente avó e tia da menor, levarem os fatos ao conhecimento do Conselho Tutelar a fim de que este intervenha e adote providências com vistas a fazer cessar a violação dos direitos da criança, nos termos do disposto nos arts. 13, *caput*, e 136, I, do ECA. ED

43. Gabarito: A
Comentário: O art. 48 do ECA, com a redação que lhe deu a Lei 12.010/2009, confere ao adotado, após completar 18 anos, o direito de conhecer sua origem biológica, bem como o de obter acesso irrestrito ao processo no qual a medida foi aplicada e seus eventuais incidentes. Agora, se ainda não atingiu os 18 anos, o acesso ao processo de adoção poderá, ainda assim, ser deferido ao adotado, a seu pedido, desde que lhe sejam asseguradas orientação e assistência jurídica e psicológica. Aqui, pouco importa a razão que levou o adotado a buscar informações sobre a sua origem biológica. ED

44. Gabarito: D
Comentário: **A:** Incorreta. Conforme art. 18 do CDC, todos os fornecedores respondem solidariamente pelo vício do produto inserido no mercado de consumo, incluindo o fabricante e o comerciante. **B:** Incorreta. O vício em questão é oculto, razão pela qual o prazo decadencial para buscar solução junto ao fornecedor inicia-se quando ficar evidenciado o problema (art. 26, § 3º, do CDC). **C:** Incorreta. Conforme o art. 2º, *caput*, do CDC, consumidor é toda pessoa física ou jurídica que adquire ou utiliza produto ou serviço como destinatário final. Dessa forma, fica claro que Margarida, destinatária final do produto, é consumidora nos termos da lei e pode demandar seu direito perante o judiciário. **D:** Correta. Conforme art. 26, § 3º, do CDC. Frize-se que, embora o caso seja relacionado ao vício do produto, a própria lei equivoca-se nos termos e usa a expressão "evidenciou o defeito". RD

45. Gabarito: B
Comentário: O caso insere-se na hipótese do art. 18 do CDC. Trata-se, portanto, de vício de serviço e, sendo assim, todos os envolvidos na cadeia produtiva respondem pela reparação dos danos causados aos consumidores. Além disso, conforme inteligência do art. 25, § 1º, havendo mais de um responsável pela causação do dano, todos responderão solidariamente pela sua reparação. Assim, a *Pratice Ltda.* oferta aos seus consumidores convênios com serviços de qualidade e deve ser responsabilizada pelo seu descumprimento junto ao hotel em questão. RD

46. Gabarito: C
Comentário: Nos termos do art. 56, § 9º, da Lei de Falências, a suspensão é válida se perdurar por no máximo 90 dias, contados da data da instalação da assembleia. HS

47. Gabarito: D
Comentário: Tanto o Código Civil quanto a Lei das Duplicatas dão como válido o "aval póstumo", aquele dado após o vencimento da cártula (art. 900 e art. 12, parágrafo único, respectivamente). HS

48. Gabarito: D
Comentário: Trata-se de crédito concursal, porque, a despeito de ser possível o pedido de restituição nos termos do art. 86 da Lei de Falências (lembre-se que pelo contrato de alienação fiduciária, o credor fica com a propriedade do bem e o devedor com sua posse direta), não é passível de restituição em dinheiro para atrair o privilégio disposto no art. 84, I-C, da mesma lei. HS

49. Gabarito: A
Comentário: Nos termos do art. 966, parágrafo único, do CC, as atividades intelectuais, aí inseridas as científicas como a fisioterapia, não são consideradas empresárias, haja ou não o concurso de colaboradores, salvo se constituírem elemento de empresa – entendido este como a estruturação empresarial de maneira que desapareça a pessoalidade do serviço. Em outras palavras, não se pode considerar "elemento de empresa" uma simples página na internet para agendamento de consultas. HS

50. Gabarito: ANULADA

51. Gabarito: A
Comentário: **A:** Correta. O tema é expressamente regulado pelo CPC, no art. 302, I: "(...) a parte responde pelo prejuízo que a efetivação da tutela de urgência causar à parte adversa, se: I – a sentença lhe for desfavorável". **B:** Incorreta, pois ainda que exista princípio do acesso à justiça, existem consequências por se litigar – e previsão legal expressa de indenização, nesses casos (vide alternativa "A"). **C:** Incorreta, considerando ser possível pleitear essa indenização nos próprios autos em que foi deferida a tutela de urgência (CPC, art. 302, p.u.) **D:** Incorreta, pois a parte inicial do art. 302 do CPC aponta expressamente o seguinte: "Independentemente da reparação por dano processual, a parte responde pelo prejuízo (...)". Ou seja, além de

ter de indenizar pela tutela de urgência revogada, a parte também arcará com eventual litigância de má-fé imposta pelo juiz no processo.

52. Gabarito: B
Comentário: A questão trata do litisconsórcio multitudinário, múltiplo ou plúrimo (muitos autores em litisconsórcio ativo facultativo), expressamente previsto no CPC.
A: Incorreta, pois a limitação do litisconsórcio múltiplo pode se dar inclusive na execução e cumprimento de sentença (CPC, art. 113, § 1º). **B:** Correta, considerando que o CPC prevê expressamente a interrupção do prazo quando houver esse requerimento de limitação e desmembramento (art. 113, § 2º). **C:** Incorreta, já que, como visto na alternativa anterior, existe a interrupção de prazo nesse caso, de modo que não há revelia. **D:** Incorreta, tendo em vista que a limitação do litisconsórcio pode ocorrer quando "comprometer a rápida solução do litígio *ou* dificultar a defesa" (CPC, art. 113, § 1º, parte final).

53. Gabarito: C
Comentário: **A:** Incorreta, pois a decisão que julga liminarmente improcedente é sentença (CPC, art. 332), de modo que incabível agravo de instrumento, cabível de decisão interlocutória (CPC, art. 1.015). **B:** Incorreta, conforme exposto em "A". **C:** Correta. Trata-se de sentença, da qual cabível apelação (CPC, art. 332, § 2º). E, uma vez interposto o recurso, é possível ao juiz se retratar, em 5 dias (CPC, art. 332, § 3º) – e determinar a citação do réu. **D:** Incorreta. Ainda que o recurso seja a apelação (alternativa "C"), será interposto no 1º grau, perante juiz, e não perante o Tribunal.

54. Gabarito: C
Comentário: A questão envolve a lei de arbitragem, e uma situação em que, apesar da cláusula de arbitragem (ou cláusula compromissória), uma das partes não quer dar início à arbitragem. A solução está na Lei 9.307/96, art. 7º: Existindo cláusula compromissória e havendo resistência quanto à instituição da arbitragem, poderá a parte interessada requerer a citação da outra parte para comparecer em juízo a fim de lavrar-se o compromisso, designando o juiz audiência especial para tal fim". **A:** Incorreta, pois não é a previsão legal. **B:** Incorreta, pois a arbitragem terá início com as duas partes. **C:** Correta, sendo a previsão legal. **D:** Incorreta, pois se há cláusula arbitral e interesse da parte um usar a arbitragem, a solução não deve vir pela via judicial.

55. Gabarito: D
Comentário: A participação do cônjuge em processos judiciais é regulada pelo art. 73 do CPC. Prevê o § 1º desse artigo o seguinte: "ambos os cônjuges serão necessariamente citados para a ação: I – que verse sobre direito real imobiliário, salvo quando casados sob o regime de separação absoluta de bens". **A:** Incorreta, pois a previsão legal afasta a necessidade de citação na hipótese de separação absoluta de bens. **B:** Incorreta, porque a hipótese é de litisconsórcio necessário. **C:** Incorreta, considerando que, nos casos de direito imobiliário, de modo a proteger o casal / família, há necessidade dessa citação. **D:** Correta, sendo a previsão do CPC, art. 73, § 1º, I.

56. Gabarito: A
Comentário: **A:** Correta, sendo essa a previsão a legal: em regra, o cumprimento é no mesmo local onde tramitou (CPC, art. 516, II); mas, nos casos de alimentos, é possível o cumprimento no novo domicílio do autor (CPC, art. 528, § 9º). **B:** Incorreta, pois a *perpetuatio jurisdictionis* (não mudança da competência após a distribuição – CPC, art. 43) é a regra no processo de conhecimento, mas não no cumprimento de sentença (CPC, art. 516). **C:** Incorreta, pois a mudança de endereço não altera, em regra, a competência, por força da *perpetuatio jurisdictionis* (CPC, art. 43 e explicação acima). **D:** Incorreta, considerando que a regra de cumprimento de sentença não é apenas no domicílio atual do executado (CPC, art. 43 e art. 528, § 9º).

57. Gabarito: C
Comentário: **A:** Incorreta, pois a tutela de evidência é a medida liminar sem o requisito da urgência (CPC, art. 311). Se houver uma situação de urgência, a medida a ser pleiteada é a tutela de urgência (CPC, art. 300). **B:** Incorreta, considerando que a concessão de tutela de evidência fundada no abuso do direito de defesa é apenas uma das hipóteses de tutela provisória (CPC, art. 311, I). **C:** Correta, pois a tutela de evidência não depende de situação de perigo (art. 311, *caput*) e pode ser concedida quando as alegações de fato puderem ser comprovadas por documento (sem dilação probatória) e houver tese repetitiva (CPC, art. 311, II). **D:** Incorreta, considerando que a concessão de tutela de evidência fundada na resposta genérica do réu é apenas uma das hipóteses de tutela provisória (CPC, art. 311, IV).

58. Gabarito: C
Comentário: Consta do enunciado que Alan, na qualidade de funcionário público e estando no exercício de suas funções, movido por relação de amizade que mantinha com Joana (sentimento pessoal), deixou de praticar ato de ofício, em benefício desta. A conduta de Alan se enquadra, à perfeição, na descrição típica do crime de prevaricação, capitulado no art. 319 do CP. Neste delito, que, a depender do caso concreto, pode ser confundido com o crime de corrupção passiva privilegiada, o que move o *intraneus* a agir ou deixar de agir de forma indevida são razões de ordem pessoal, como é o caso da amizade. No crime de corrupção passiva privilegiada (art. 317, § 2º, do CP), temos que o agente age ou deixa de agir cedendo a pedido ou influência de outrem, o que não existe na prevaricação (não há pedido ou influência). Neste crime (prevaricação), o agente age ou deixa de agir por iniciativa própria, movido, como já dissemos, por razões de ordem pessoal (satisfazer interesse ou sentimento pessoal). O crime de prevaricação alcança a consumação no instante em que o agente se omite, retarda ou pratica o ato de ofício, independente de qualquer vantagem (satisfação de interesse ou sentimento pessoal). Trata-se, pois, de crime formal. O crime de condescendência criminosa, tipificado no art. 320 do CP, pressupõe que o agente, funcionário público, por indulgência, deixe de responsabilizar subordinado que cometeu infração no exercício do cargo ou, na hipótese de lhe faltar competência, deixe de levar o fato ao conhecimento de quem de direito. Perceba que este delito não foi praticado por Alan tampouco por seu supervisor, uma vez que este, ao tomar conhecimento da infração, cuidou para que o ato fosse praticado e os fatos, apurados em procedimento administrativo próprio.

59. Gabarito: ANULADA
Comentário: A lei penal, como bem sabemos, deve ser anterior ao fato que se pretende punir. Ou seja, tal como estabelece o art. 2º, *caput*, do CP, *ninguém pode ser punido por fato que lei posterior deixa de considerar crime*. Nessa esteira, a CF, em seu art. 5º, XL, estabelece que a lei penal somente retroagirá para beneficiar o acusado. Dessa forma, a lei penal incriminadora somente terá incidência aos fatos ocorridos a partir de sua entrada em vigor. Mas há uma exceção: para beneficiar o réu. É o caso da *abolitio criminis* (art. 2º, *caput*, do CP), em que a lei posterior deixa de considerar crime determinado fato até então considerado como tal. Neste caso, o fato, embora anterior à edição da lei, será por ela regido. O enunciado descreve hipótese de lei temporária, espécie do gênero lei de vigência temporária (art. 3º, CP), que é considerada *ultra-ativa* e *autorrevogável*. Também é espécie de lei de vigência temporária a lei excepcional, que é aquela que vigora durante um período de anormalidade (calamidade, por exemplo); lei temporária, por sua vez, é aquela que contempla, em seu texto, o período de vigência. Como se pode ver, são leis "marcadas para morrer", ora porque cessou o período de anormalidade (lei excepcional), ora porque transcorreu o período estabelecido para sua vigência (lei temporária). Sua peculiaridade é que tudo o que ocorrer na vigência de uma lei temporária ou excepcional será por ela regido, mesmo que não mais esteja em vigor, pois, se assim não fosse, nenhuma eficácia teria. Não se aplica às leis de vigência temporária, assim, o princípio da retroatividade benéfica. A lei a que se refere o enunciado é temporária, já que sua vigência será do dia 2 de fevereiro de 2019 a 2 de setembro de 2019. Segundo consta, Carlos foi preso em flagrante pela prática do crime de furto qualificado em 3 de janeiro de 2019, anterior, portanto, ao período de vigência da lei em questão. Isso significa que ele não poderá ser atingido com a alteração legislativa que recrudesceu a pena para o delito de furto qualificado. Sua pena deverá ser fixada, dessa forma, de acordo com o preceito secundário da lei anterior (2 a 8 anos de reclusão). Pouco importa, aqui, se a sentença foi proferida ao tempo em que a lei temporária ainda estava em vigor. Vale, pois, a data da conduta. Já João foi preso em flagrante pela prática do crime de furto qualificado no dia 5 de maio de 2019, quando ainda estava em vigor a lei que agravou a pena para o crime em que ele incorreu, sendo a sentença proferida em 12 de setembro de 2019. Neste caso, pouco importa a data em que foi

proferida a sentença, uma vez que, por se tratar de lei temporária, todos os fatos verificados sob a sua égide (enquanto ela estiver em vigor) serão por ela regulados, como é o caso do furto praticado por João, que teve a sua pena mínima fixada, corretamente, em *3 anos de reclusão*. ED

60. Gabarito: D
Comentário: Considerando que o disparo de arma de fogo foi realizado em local deserto, não há que se falar no crime de disparo de arma de fogo (art. 15 do Estatuto do Desarmamento). Isso porque a configuração deste delito pressupõe que o local onde se deu o disparo seja habitado ou então que ocorra em via pública ou em direção a ela. A conduta levada a efeito por Breno, portanto, não se enquadra na descrição típica do art. 15 do Estatuto do Desarmamento. Da mesma forma, não é o caso de atribuir a Breno a prática do crime do art. 16, § 1º, IV, da Lei nº 10.826/2003, já que este delito somente comporta a modalidade dolosa. Pelo enunciado, vê-se que a numeração não foi suprimida por iniciativa de Breno, mas, sim, em razão de desgaste natural, decorrente da ação do tempo. Dessa forma, o policial civil deve ser absolvido em relação aos dois crimes que lhe foram imputados na denúncia. ED

61. Gabarito: A
Comentário: A solução desta questão deve ser extraída do art. 116, IV, do CP, introduzido pela Lei 13.964/2019, segundo o qual *antes de passar em julgado a sentença final, a prescrição não corre: (...) IV – enquanto não cumprido ou não rescindido o acordo de não persecução penal*. A Lei 13.964/2019 introduziu no CPP o art. 28-A, que trata do chamado *acordo de não persecução penal*, que consiste, em linhas gerais, no ajuste obrigacional firmado entre o Ministério Público e o investigado, em que este admite sua responsabilidade pela prática criminosa e aceita se submeter a determinadas condições menos severas do que a pena que porventura ser-lhe-ia aplicada em caso de condenação. Este instrumento de justiça penal consensual, que representa uma mitigação ao postulado da obrigatoriedade, não é novidade no ordenamento jurídico brasileiro, uma vez que já contava com previsão na Resolução 181/2017, editada pelo CNMP, posteriormente modificada pela Resolução 183/2018. O art. 28-A do CPP impõe os seguintes requisitos à celebração do acordo de não persecução penal: a) que não seja caso de arquivamento da investigação; b) crime praticado sem violência ou grave ameaça à pessoa; c) crime punido com pena mínima inferior a 4 anos; d) confissão formal e circunstanciada; e) que o acordo se mostre necessário e suficiente para reprovação e prevenção do crime; f) não ser o investigado reincidente; g) não haver elementos probatórios que indiquem conduta criminosa habitual, reiterada ou profissional; h) não ter o agente sido agraciado com outro acordo de não persecução, transação penal ou suspensão condicional do processo nos 5 anos anteriores ao cometimento do crime; i) não se tratar de crimes praticados no âmbito de violência doméstica ou familiar ou praticados contra a mulher por razões da condição de sexo feminino, em favor do agressor. ED

62. Gabarito: A
Comentário: A conduta consistente em passar as mãos nos seios e nádegas de uma adolescente de 12 anos constitui ato libidinoso. Deve o agente que assim agir, portanto, responder pelo crime de estupro de vulnerável na modalidade consumada (art. 217-A do CP). A conduta incriminada neste dispositivo é a de ter conjunção carnal ou praticar ato libidinoso diverso com pessoa menor de 14 anos, sendo este o caso do enunciado. Como se pode ver, é suficiente que a vítima seja menor de 14 anos, pouco importando que o ato tenha sido consentido, já que, neste caso, eventual anuência da ofendida nenhuma validade tem. Ou seja, o emprego de violência ou grave ameaça, no contexto do estupro de vulnerável, é dispensável. A propósito, no que concerne ao estupro de vulnerável, a Lei 13.718/2018, ao inserir o § 5º nesse dispositivo legal, consagra o entendimento adotado pela Súmula 593, do STJ, no sentido de que o consentimento e a experiência sexual anterior são irrelevantes à configuração do crime de estupro de vulnerável. Conferir o seguinte julgado: "2. Considerar como ato libidinoso diverso da conjunção carnal somente as hipóteses em que há introdução do membro viril nas cavidades oral, vaginal ou anal da vítima não corresponde ao entendimento do legislador, tampouco ao da doutrina e da jurisprudência, acerca do tema. 3. Ficou consignado no acórdão recorrido que "o réu levou a vítima até um quarto, despiu-a e, enquanto retirava as roupas da adolescente, passou as mãos em seu corpo. Ato contínuo, deitou-se em uma cama, momento em que a menor vestiu-se rapidamente e fugiu do local". 4. Nega-se vigência ao art. 214, c/c o art. 224, "a" (redação anterior à Lei 12.015/2009), quando, diante de atos lascivos, diversos da conjunção carnal e atentatórios à liberdade sexual da criança, se reconhece a tentativa do delito, ao fundamento de que "o acusado deixou de praticar atos considerados mais invasivos por circunstâncias alheias à sua vontade". 5. A proteção integral à criança, em especial no que se refere às agressões sexuais, é preocupação constante de nosso Estado, constitucionalmente garantida (art. 227, *caput*, c/c o § 4º da Constituição da República), e de instrumentos internacionais. 6. Deve ser restabelecida a condenação do recorrido, concretizada no mínimo patamar legal então vigente, e ser determinado ao Juízo das Execuções, de ofício, que analise o eventual cabimento da fixação de regime inicial diverso do fechado para o cumprimento da reprimenda, porquanto ausente a vedação do § 1º do art. 2º da Lei 8.072/1990, na redação da Lei 11.464/2007. 7. Recurso especial provido para reconhecer a consumação do crime e restabelecer a condenação penal. Ordem concedida, de ofício, para que o Juízo das Execuções analise a possibilidade de fixar ao recorrido regime prisional inicial diverso do fechado, à luz do disposto no art. 33 do Código Penal" (STJ, REsp 1309394/RS, Rel. Ministro Rogerio Schietti Cruz, Sexta Turma, julgado em 05.02.2015, DJe 20.02.2015). No mais, tendo em conta o que estabelece o art. 83, V, do CP, Fausto não fará jus, em caso de eventual condenação, a novo livramento condicional. ED

63. Gabarito: C
Comentário: A solução desta questão deve ser extraída do art. 64, I, do CP, que trata do chamado período depurador, isto é, transcorrido o prazo de cinco anos entre a data do cumprimento da pena atinente ao crime anterior, ou ainda a declaração de sua extinção, e a prática do novo crime, a condenação anterior não mais tem o condão de gerar reincidência. Agora, se o agente estiver em gozo de suspensão condicional da pena (*sursis*) ou de livramento condicional, desde que não tenha havido revogação, o interregno do benefício deverá ser incluído no cômputo dos cinco anos correspondentes ao período depurador. Foi exatamente isso que se deu no caso narrado no enunciado. Com efeito, o período de 2 anos durante o qual Paulo permaneceu no gozo do *sursis* deverá ser incluído no prazo de 5 anos. Com isso, o início da contagem do prazo depurador se deu com o trânsito em julgado (14 de abril de 2016), quando lhe foi concedido o *sursis* pelo período de 2 anos. Incluindo no cômputo este período, temos que transcorreu interregno superior a 5 anos até a data do cometimento do crime de roubo (15 de maio de 2021). Logo, é o caso de considerar Paulo primário. ED

64. Gabarito: C
Comentário: A solução desta questão deve ser extraída do art. 48, § 5º, da Lei 11.343/2006 (Lei de Drogas), segundo o qual *para os fins do disposto no art. 76 da Lei 9.099, de 1995, que dispõe sobre os Juizados Especiais Criminais, o Ministério Público poderá propor a aplicação imediata de pena prevista no art. 28 desta Lei, a ser especificada na proposta*. Isso significa que a proposta de transação penal do MP (art. 76, Lei 9.099/1995), formulada na hipótese de cometimento do crime porte de drogas para consumo próprio, deve restringir-se às penas previstas no art. 28 da Lei 11.343/2006. ED

65. Gabarito: B
Comentário: A prisão domiciliar, é bom que se diga, não está inserida no âmbito das medidas cautelares diversas da prisão (art. 319, CPP). Cuida-se, isto sim, de prisão preventiva que deverá ser cumprida no domicílio do investigado/acusado (e não em casa do albergado), desde que, é claro, este esteja em uma das situações previstas no art. 318 do CPP (com redação alterada por força da Lei 13.257/2016): maior de 80 anos; extremamente debilitado por motivo de doença grave; imprescindível aos cuidados especiais de pessoa menor de 6 anos de idade ou com deficiência; gestante; mulher com filho de até 12 (doze) anos de idade incompletos; homem, caso seja o único responsável pelos cuidados do filho de até 12 (doze) anos de idade incompletos, sendo esta última hipótese a do enunciado. De fato, em razão de Rodrigo ser pai de uma criança de 11 anos, pela qual ele é o único responsável, deverá o juiz autorizar que ele cumpra a custódia preventiva no seu domicílio, nos termos do já citado art. 318, VI, do CPP. No mais, tendo em conta o que estabelece o art. 387, § 2º, do CPP, é de rigor que o magistrado promova o desconto referente à detração para escolher o regime inicial adequado de

cumprimento de pena, ainda que se trate de prisão preventiva domiciliar. Na jurisprudência: "HABEAS CORPUS SUBSTITUTIVO. NÃO CABIMENTO. EXECUÇÃO PENAL. DETRAÇÃO DA PENA E PRISÃO DOMICILIAR. POSSIBILIDADE. WRIT NÃO CONHECIDO. ORDEM CONCEDIDA DE OFÍCIO. 1. O habeas corpus não pode ser utilizado como substitutivo de recurso próprio, a fim de que não se desvirtue a finalidade dessa garantia constitucional, com a exceção de quando a ilegalidade apontada é flagrante, hipótese em que se concede a ordem de ofício. 2. Embora inexista previsão legal o cumprimento de prisão domiciliar, por comprometer o *status libertatis* da pessoa humana, deve ser reconhecido como pena efetivamente cumprida para fins de detração da pena, em homenagem ao princípio da proporcionalidade e em apreço ao princípio do non bis in idem. 3. Habeas corpus não conhecido. Ordem concedida de ofício para permitir a detração da pena pelo período em que a paciente esteve em prisão domiciliar." (STJ, HC n. 459.377/RS, relator Ministro Reynaldo Soares da Fonseca, Quinta Turma, julgado em 4/9/2018, DJe de 13/9/2018).

66. Gabarito: D
Comentário: Segundo consta, Joel está sendo processado por crime de estelionato na Vara Criminal da Comarca de Estoril, tendo constituído defensor de sua confiança para tanto, que, em sede de resposta à acusação, arrolou três testemunhas, uma das quais residente em outra comarca, razão pela qual fez-se necessário o envio de carta precatório para realizar a sua oitiva. Em casos assim, o STJ firmou o entendimento no sentido de que é necessária a intimação da defesa técnica a respeito do envio da carta precatória, sendo despicienda a sua intimação da data da audiência no Juízo deprecado, uma vez que cabe ao interessado diligenciar junto ao juízo deprecado para disso se inteirar. Este é o entendimento consolidado por meio da Súmula 273, do STJ. Dessa forma, na hipótese de a defesa não ser intimada da remessa da carta precatória, será de rigor a declaração de nulidade do ato e, por via de consequência, de todos os que lhe forem dependentes e subsequentes (art. 573, § 1º, CPP).

67. Gabarito: D
Comentário: O crime de uso de documento falso, capitulado no art. 304 do CP e pelo qual Lucas está sendo processado, foi cometido no exato instante em que este apresentou às autoridades brasileiras o passaporte confeccionado por Bento. Considerando que o passaporte falso foi apresentado a autoridades brasileiras, é de rigor o reconhecimento da competência da Justiça Federal para processar e julgar o caso, nos termos do entendimento sedimentado por meio da Súmula 546, do STJ: "A competência para processar e julgar o crime de uso de documento falso é firmada em razão da entidade ou órgão ao qual foi apresentado o documento público, não importando a qualificação do órgão expedidor". Ou seja, pouco importa, aqui, o fato de o órgão expedidor do documento falso ser estadual ou federal, por exemplo. O critério a ser utilizado para o fim de determinar a Justiça competente é o da entidade ou órgão ao qual o documento foi apresentado. Ainda, nos termos da Súmula 200, do STJ, "O Juízo Federal competente para processar e julgar acusado de crime de uso de passaporte falso é o do lugar onde o delito se consumou". Assim sendo, deverá o patrono de Lucas arguir exceção de incompetência, na medida em que o juízo natural para o julgamento do processo é uma das Varas Criminais Federais da Seção Judiciária do Estado de São Paulo, em razão de Lucas ter tentado embarcar para os EUA manuseando o passaporte falso confeccionado por Bento.

68. Gabarito: B
Comentário: Segundo o relato apresentado no enunciado, policiais militares, após presenciarem Jairo roubar um carro no município de Toledo (PB), passaram a persegui-lo, de forma ininterrupta, pelo período de 28 horas, até que, em dado momento, acabaram por perdê-lo de vista. Diante do ocorrido, os policiais militares se dirigiram à Delegacia de Polícia de Toledo para proceder ao registro dos fatos, confeccionando o respectivo boletim de ocorrência. Perceba que a perseguição, durante 28 horas, permaneceu ininterrupta, com os policiais no encalço de Jairo. Se a prisão-captura tivesse ocorrido neste ínterim, configurado estaria o chamado *flagrante impróprio* ou *quase flagrante* (art. 302, III, CPP), modalidade legal de flagrante em que a perseguição ao agente tem início logo em seguida ao cometimento do crime, podendo perdurar, desde que de forma ininterrupta, por prazo indeterminado, até por vários dias ou semanas. No caso narrado no enunciado, temos que a perseguição sofreu solução de continuidade, o que elide a possibilidade de reconhecer-se o flagrante impróprio, que pressupõe, como já dissemos, que a perseguição se dê de forma ininterrupta. Se houve interrupção, não há que se falar nesta modalidade de flagrante. Considerando que os policiais, no curso da perseguição, perderam Jairo de vista, eventual prisão em flagrante com base no art. 302, III, do CPP torna-se ilegal, porquanto ausente o elemento *perseguição ininterrupta*. Restaria, então, o *flagrante presumido* ou *ficto* (art. 302, IV, CPP), assim entendido aquele em que o agente é encontrado logo depois do crime na posse de instrumentos, armas, objetos ou papéis, em circunstâncias que revelem ser ele o autor da infração penal. Neste caso, dispensa-se o elemento *perseguição ininterrupta*, mas se exige que com o agente sejam encontrados instrumentos, armas, objetos ou papéis que tenham de alguma forma relação com o delito que acabara de praticar. O enunciado é claro no sentido de que com Jairo, quando de sua captura, não foram encontrados objetos que pudessem ligá-lo ao crime praticado; ele somente portava uma carteira de identidade e R$ 50,00 em espécie. A despeito de ele ter sido reconhecido pelos policiais como autor do crime, a situação não caracteriza nenhuma das espécies de flagrante, porquanto a perseguição já havia cessado e em seu poder não foram encontrados objetos que fizessem presumir ser ele autor da infração. Dessa forma, a prisão em flagrante de Jairo padece de ilegalidade, impondo-se, em razão disso, o seu relaxamento.

69. Gabarito: D
Comentário: Magda, segundo consta, na condição de servidora pública federal e estando no exercício de suas funções, é ofendida por Márcio, seu aluno, que a chamou de "piranha" e "vagabunda", o que configura crime de injúria, capitulado no art. 140 do Código Penal. A ação penal, no crime de injúria, é, em regra, privativa do ofendido, em conformidade com o art. 145 do CP. Agora, se se tratar de crime perpetrado contra a honra de funcionário público em razão de suas funções, como é o caso narrado no enunciado, a ação penal será *pública condicionada à representação do ofendido*, nos termos do disposto no art. 145, parágrafo único, do CP. Ocorre, no entanto, que o STF, por meio da Súmula 714, firmou entendimento no sentido de que, nesses casos, a legitimidade é concorrente entre o ofendido (mediante queixa) e o Ministério Público (ação pública condicionada à representação do ofendido). Dessa forma, no caso do enunciado, por se tratar de crime de injúria praticado contra a honra de servidor público no exercício de suas funções, Magda poderá optar entre ajuizar queixa-crime ou oferecer representação contra Márcio, incidindo a Súmula 714, do STF: *é concorrente a legitimidade do ofendido, mediante queixa, e do Ministério Público, condicionada à representação do ofendido, para a ação penal por crime contra a honra de servidor público em razão do exercício de suas funções*.

70. Gabarito: C
Comentário: Irene, contratada por prazo indeterminado tem sua garantia de emprego prevista no art. 10, inciso II, "b", do Ato das Disposições Constitucionais Transitórias. Esse direito é assegurado a toda empregada gestante, inclusive a empregada doméstica, desde a confirmação da gravidez até 5 meses após o parto. Sheila, contratada por meio de contrato de experiência, que é considerado um contrato com prazo determinado (art. 443, § 2º, *c*, CLT) também possui garantia de emprego prevista no art. 10, inciso II, "b", do Ato das Disposições Constitucionais Transitórias, de acordo com o entendimento disposto na súmula 244, III, TST.

71. Gabarito: C
Comentário: Poderá ser exigido apenas exame de Sérgio. Isso porque, nos termos do art. 168, § 6º, da CLT serão exigidos exames toxicológicos, previamente à admissão e por ocasião do desligamento, quando se tratar de motorista profissional, assegurados o direito à contraprova em caso de resultado positivo e a confidencialidade dos resultados dos respectivos exames. Ademais, o art. 235-B, VII, da CLT ensina que é dever do motorista profissional submeter-se a exames toxicológicos com janela de detecção mínima de 90 (noventa) dias e a programa de controle de uso de droga e de bebida alcoólica, instituído pelo empregador, com sua ampla ciência, pelo menos uma vez a cada 2 (dois) anos e 6 (seis) meses. Já com relação a Bárbara, em razão do cargo que exercerá não há exigência legal do exame.

72. Gabarito: B
Comentário: O período é considerado como de prontidão que caracteriza-se pelo fato de o empregado permanecer, fora de seu horário habitual de trabalho, nas dependências do empregador ou em local por ele determinado, aguardando ordens de serviço, em local destinado para descanso. Vale dizer que com relação aos ferroviários, nos termos do art. 244, § 3º, da CLT considera-se de "prontidão" o empregado que ficar nas dependências da estrada, aguardando ordens. A escala de prontidão será, no máximo, de doze horas. As horas de prontidão serão, para todos os efeitos, contadas à razão de 2/3 (dois terços) do salário-hora normal. Já o "sobreaviso" nos termos da súmula 428, item II, do TST considera-se o empregado que, à distância e submetido a controle patronal por instrumentos telemáticos ou informatizados, permanecer em regime de plantão ou equivalente, aguardando a qualquer momento o chamado para o serviço durante o período de descanso. Vale dizer que em relação aos ferroviários a CLT ensina em seu art. 244, § 4º Considera-se de "sobreaviso" o empregado efetivo, que permanecer em sua própria casa, aguardando a qualquer momento o chamado para o serviço. Cada escala de "sobreaviso" será, no máximo, de vinte e quatro horas, As horas de "sobreaviso", para todos os efeitos, serão contadas à razão de 1/3 (um terço) do salário normal. HC

73. Gabarito: B
Comentário: Nos termos do art. 29 da Lei 9.615/98 a entidade de prática desportiva formadora do atleta terá o direito de assinar com ele, a partir de 16 (dezesseis) anos de idade, o primeiro contrato especial de trabalho desportivo, cujo prazo não poderá ser superior a 5 (cinco) anos. HC

74. Gabarito: B
Comentário: Nos termos do art. 454 da CLT na vigência do contrato de trabalho, as invenções do empregado, quando decorrentes de sua contribuição pessoal e da instalação ou equipamento fornecidos pelo empregador, serão de propriedade comum, em partes iguais, salvo se o contrato de trabalho tiver por objeto, implícita ou explicitamente, pesquisa científica. Vale dizer que ao empregador caberá a exploração do invento, ficando obrigado a promovê-la no prazo de um ano da data da concessão da patente, sob pena de reverter em favor do empregado da plena propriedade desse invento, é o que dispõe o parágrafo único do art. 454 da CLT. HC

75. Gabarito: A
Comentário: **A:** opção correta, pois reflete a disposição do art. 452-A, § 2º, CLT. **B:** opção incorreta, pois recebida a convocação, o empregado terá o prazo de um dia útil para responder ao chamado, art. 452-A, § 2º, CLT. **C:** opção incorreta, pois não há limite de recusas. Importante lembrar que a recusa da oferta não descaracteriza a subordinação para fins do contrato de trabalho intermitente, nos termos do art. 452-A, § 3º, CLT. **D:** opção incorreta, pois nos termos do art. 452-A da CLT o contrato de trabalho intermitente deve ser celebrado por escrito e deve conter especificamente o valor da hora de trabalho, que não pode ser inferior ao valor horário do salário-mínimo ou àquele devido aos demais empregados do estabelecimento que exerçam a mesma função em contrato intermitente ou não. HC

76. Gabarito: A
Comentário: É desnecessária a garantia do juízo quando se discute a desconsideração da personalidade jurídica, na fase de execução, nos termos do art. 855-A, § 1º, II, da CLT. HC

77. Gabarito: A
Comentário: Nos termos do art. 11, § 1º, da CLT as regras de prescrição bienal e quinquenal dispostas no art. 11, *caput*, da CLT não se aplicam às ações que tenham por objeto anotações para fins de prova junto à Previdência Social. Vale dizer que ao FGTS aplica-se a prescrição quinquenal ou bienal, conforme o caso, na forma do entendimento disposto na súmula 362 do TST. HC

78. Gabarito: A
Comentário: Nos termos do art. 884, § 6º, da CLT a exigência da garantia ou penhora para apresentar embargos à execução não se aplica às entidades filantrópicas e/ou àqueles que compõem ou compuseram a diretoria dessas instituições. HC

79. Gabarito: A
Comentário: **A:** correta, pois reflete a disposição do art. 114, VII, da CF. **B:** incorreta, pois em razão da decisão proferida na ADI 3395 tais causas serão de competência da Justiça Comum Estadual ou Federal, a depender do tipo de servidor. Nessa linha são as súmulas 137 e 218 do STJ. **C:** incorreta, pois conflitos serão resolvidos pelo STJ quando suscitado entre Vara de Trabalho e Juiz de Direito não investido na jurisdição trabalhista, em conformidade com o art. 105, I, "d", da CF. **D:** incorreta. O recolhimento de tais contribuições não é de competência da Justiça do Trabalho. Ressalta-se que nos termos da Súmula Vinculante 53 do STF a competência da Justiça do Trabalho prevista no art. 114, VIII, da Constituição Federal alcança a execução de ofício das contribuições previdenciárias relativas ao objeto da condenação constante das sentenças que proferir e acordos por ela homologados. HC

80. Gabarito: C
Comentário: **A:** incorreto, pois poderá ajuizar ação rescisória, súmula 259 do TST. **B:** incorreta, pois nos termos do art. 831, parágrafo único, da CLT a decisão que homologa o acordo é irrecorrível para as partes. **C:** correta, pois nos termos da súmula 259 do TST Só por ação rescisória é impugnável o termo de conciliação previsto no parágrafo único do art. 831 da CLT. **D:** incorreta. Veja resposta C. HC

2022.3 – XXXVI EXAME DE ORDEM

1. Celso, advogado, foi contratado por Maria, servidora pública, para ajuizar ação com pedido de pagamento de determinada gratificação. O contrato celebrado entre eles prevê que Celso somente receberá honorários caso a demanda seja exitosa, em percentual do proveito econômico obtido por Maria.

Em tal caso, é correto afirmar que

(A) os honorários contratuais não poderão incidir sobre o valor das parcelas vincendas da gratificação.

(B) os honorários foram pactuados de forma correta, já que, nessa hipótese, deveriam ser necessariamente representados por pecúnia.

(C) os honorários não podem ser superiores às vantagens advindas a favor de Maria, exceto se acrescidos aos honorários de sucumbência.

(D) os honorários contratuais não poderão incidir sobre o valor das parcelas vencidas da gratificação.

2. O advogado João ajuizou uma lide temerária em favor de seu cliente Flávio. Sobre a responsabilização de João, assinale a afirmativa correta.

(A) João será solidariamente responsável com Flávio apenas se provado conluio para lesar a parte contrária.

(B) João será solidariamente responsável com Flávio independentemente de prova de conluio para lesar a parte contrária.

(C) João será responsável subsidiariamente a Flávio apenas se provado conluio para lesar a parte contrária.

(D) Flávio será responsabilizado subsidiariamente a João independentemente de prova de conluio para lesar a parte contrária.

3. A advogada Carolina e a estagiária de Direito Beatriz, que com ela atua, com o intuito de promover sua atuação profissional, valeram-se, ambas, de meios de publicidade vedados no Código de Ética e Disciplina da OAB.

Após a verificação da irregularidade, indagaram sobre a possibilidade de celebração de termo de ajustamento de conduta tendo, como objeto, a adequação da publicidade.

Considerando o caso narrado, assinale a afirmativa correta.

(A) É admitida a celebração do termo de ajustamento de conduta apenas no âmbito do Conselho Federal da OAB, para fazer cessar a publicidade praticada pela advogada Carolina e pela estagiária Beatriz.

(B) É admitida a celebração do termo de ajustamento de conduta, no âmbito do Conselho Federal da OAB ou dos Conselhos Seccionais, para fazer cessar a publicidade praticada pela advogada Carolina, mas é vedado que o termo de ajustamento de conduta abranja a estagiária Beatriz.

(C) É vedada pelo Código de Ética e Disciplina da OAB a possibilidade de celebração de termo de ajustamento de conduta no caso narrado, uma vez que se trata de infração ética.

(D) É admitida a celebração do termo de ajustamento de conduta no âmbito do Conselho Federal da OAB ou dos Conselhos Seccionais, para fazer cessar a publicidade praticada pela advogada Carolina e também pela estagiária Beatriz.

4. Recém formadas e inscritas na OAB, as amigas Fernanda e Júlia desejam ingressar no mercado de trabalho. Para tanto, avaliam se devem constituir sociedade unipessoal de advocacia ou atuar em sociedade simples de prestação de serviços de advocacia.

Constituída a sociedade, Fernanda e Júlia deverão observar que

(A) a sociedade unipessoal de advocacia adquire personalidade jurídica com o registro aprovado dos seus atos constitutivos no cartório de registro civil de pessoas jurídicas, sujeito a homologação da OAB.

(B) as procurações devem ser outorgadas à sociedade de advocacia e indicar individualmente os advogados que dela façam parte.

(C) poderão integrar simultaneamente uma sociedade de advogados e uma sociedade unipessoal de advocacia com sede na mesma área territorial do respectivo Conselho Seccional.

(D) os advogados integrantes da sociedade não poderão representar em juízo clientes de interesses opostos.

5. O Conselho Seccional X da OAB encontra-se em dificuldades financeiras. Assim, o Conselho Seccional Y pretende socorrê-lo, a fim de preservar a atuação daquele nas defesas dos direitos e prerrogativas dos advogados, por meio da transferência de certos valores em dinheiro e bens móveis, como computadores e impressoras.

Diante do caso hipotético narrado, assinale a afirmativa correta.

(A) É vedada a transferência dos bens móveis e dos recursos em dinheiro do Conselho Seccional Y para o Conselho Secccional X.

(B) A transferência dos bens móveis e dos recursos em dinheiro é permitida mediante autorização do Conselho Federal da OAB.

(C) A transferência dos bens móveis e dos recursos em dinheiro é permitida mediante aprovação por ambos os Conselhos Seccionais.

(D) A transferência dos bens móveis é permitida mediante autorização do Conselho Federal da OAB, e a dos recursos em dinheiro, vedada.

6. A diretoria de certa subseção da OAB emitiu decisão no âmbito de suas atribuições. Irresignados, os interessados desejavam manejar recurso em face de tal decisão.

Sobre a hipótese, assinale a afirmativa correta.

(A) A competência privativa para julgar, em grau de recurso, questão decidida pela diretoria da subseção é do Conselho Federal da OAB.

(B) A competência privativa para julgar, em grau de recurso, questão decidida pela diretoria da subseção é do Presidente do Conselho Seccional respectivo da OAB.

(C) A competência privativa para julgar, em grau de recurso, questão decidida pela diretoria da subseção é do Conselho Seccional respectivo da OAB.

(D) A decisão proferida pela diretoria da subseção é irrecorrível.

7. Hildegardo dos Santos, advogado, é contratado em regime de dedicação exclusiva como empregado da sociedade XPTO Advogados Associados. Em tal condição, Hildegardo atuou no patrocínio dos interesses de cliente da sociedade de advogados que se sagrou vencedor em demanda judicial.

Hildegardo, diante dessa situação, tem dúvidas a respeito do destino dos honorários de sucumbência que perceberá, a serem pagos pela parte vencida na demanda judicial.

Ao consultar a legislação aplicável, ele ficou sabendo que os honorários

(A) serão devidos à sociedade empregadora.
(B) constituem direito pessoal do advogado empregado.
(C) serão devidos à sociedade empregadora, podendo ser partilhados com o advogado empregado, caso estabelecido em acordo coletivo ou convenção coletiva.
(D) serão partilhados entre o advogado empregado e a sociedade empregadora, na forma estabelecida em acordo.

8. O advogado Francisco Campos, acadêmico respeitado no universo jurídico, por solicitação do Presidente da Comissão de Constituição e Justiça da Câmara de Deputados, realizou estudos e sugestões para a alteração de determinado diploma legal.

Sobre a atividade realizada por Francisco Campos, assinale a afirmativa correta.

(A) A contribuição de Francisco dá-se como a de qualquer cidadão, não se configurando atividade da advocacia, dentre as elencadas no Estatuto da Advocacia e da OAB.
(B) É vedada ao advogado a atividade mencionada junto ao Poder Legislativo.
(C) A referida contribuição de Francisco é autorizada apenas se Francisco for titular de mandato eletivo, hipótese em que, no que se refere ao exercício da advocacia, ele estará impedido.
(D) Enquanto advogado, é legítimo a Francisco contribuir com a elaboração de normas jurídicas, no âmbito dos Poderes da República.

9. *Juízes e juristas, ademais, são muito mal aparelhados para fazer esse tipo de avaliação [consequencialista], em comparação com o braço executivo do governo, ou mesmo do legislador.*

Neil MacCormick.

Neil MacCormick, em seu livro Retórica e o Estado de Direito, afirma que um certo tipo de raciocínio consequencialista tem importância decisiva na justificação das decisões jurídicas. Contudo, ele reconhece que há dificuldades para se adotar essa postura consequencialista.

Assinale a opção que, segundo o autor, na obra citada, expressa tal dificuldade.

(A) A dificuldade está na extensão das consequências que os juízes devem considerar e nas bases sobre as quais eles devem avaliá-las.
(B) É difícil fazer uma análise isenta, pois as convições religiosas de um juiz o fazem projetar as consequências de suas decisões nos termos de sua cosmovisão.
(C) É preciso decidir com base nos textos legais e é impossível fazer juízos consequencialistas a partir daquilo que dizem as normas jurídicas.
(D) O juízo consequencialista se adequa ao sistema de direito romano-germânico, mas não ao sistema de direito consuetudinário, portanto, é muito difícil torná-lo um padrão universal.

10. *"O problema da eficácia nos leva ao terreno da aplicação das normas jurídicas, que é o terreno dos comportamentos efetivos dos homens que vivem em sociedade..."*

Norberto Bobbio

Norberto Bobbio, em seu livro Teoria da Norma Jurídica, ao tratar dos critérios de valoração da norma jurídica, fala de três critérios possíveis: justiça, validade e eficácia.

Com relação ao critério da eficácia na obra em referência, assinale a afirmativa correta.

(A) Relaciona-se ao problema da interdependência necessária entre os critérios, isto é, para que uma regra seja eficaz, ela deve também ser válida e ser justa.
(B) Diz respeito ao problema de uma norma ser ou não seguida pelas pessoas a quem é dirigida e, no caso de violação, ser imposta por via coercitiva pela autoridade que a evocou.
(C) Trata-se do problema da correspondência ou não da norma aos valores últimos ou finais que inspiram um determinado ordenamento jurídico, expressos pelo legislador de maneira mais ou menos explícita.
(D) Refere-se ao problema da existência da regra enquanto tal e se resolve com um juízo de fato, isto é, trata-se de constatar se uma regra assim determinada pertence ou não a um ordenamento jurídico.

11. Dois Estados de determinada região do Brasil foram atingidos por chuvas de tal magnitude que o fenômeno foi identificado como calamidade de grandes proporções na natureza. A ocorrência gerou graves ameaças à ordem pública, e o Presidente da República, após ouvir o Conselho da República e o de Defesa Nacional, decretou o estado de defesa, a fim de reestabelecer a paz social.

No decreto instituidor, indicou, como medida coercitiva, a ocupação e o uso temporário de bens e serviços públicos dos Estados atingidos, sem direito a qualquer ressarcimento ou indenização por danos e custos decorrentes.

Segundo o sistema jurídico-constitucional brasileiro, no caso em análise,

(A) houve violação ao princípio federativo, já que o uso e a ocupação em tela importam em violação à autonomia dos Estados atingidos pela calamidade natural de grandes proporções.
(B) a medida coercitiva é constitucional, pois a decretação de estado de defesa confere à União poderes amplos para combater, durante um prazo máximo de noventa dias, as causas geradoras da crise.
(C) a medida coercitiva em tela viola a ordem constitucional, pois a União deve ser responsabilizada pelos danos e custos decorrentes da ocupação e uso temporário de bens e serviços de outros entes.
(D) a medida coercitiva, nos termos acima apresentados, somente será constitucional se houver prévia e expressa autorização de ambas as casas do Congresso Nacional.

12. Martinez, cidadão espanhol, foi convidado por XYZ, universidade privada de Direito, situada no Brasil, para ministrar a disciplina Direito Constitucional. Para tanto, ele estabeleceu residência em solo brasileiro.

Após 2 (dois) anos lecionando na referida instituição de ensino, apesar de possuir qualificação adequada para o exercício do magistério, Martinez é surpreendido em suas redes sociais com graves alegações de exercício ilegal da profissão.

Sobre a questão em comento, com base no texto constitucional, assinale a afirmativa correta.

(A) Martinez, na condição de estrangeiro residente no Brasil, goza de todos os direitos fundamentais e políticos assegurados pela Constituição de 1988 aos brasileiros natos e naturalizados, podendo, em consequência, lecionar na universidade de Direito XYZ.
(B) Apesar de restringir o exercício de determinados direitos por parte dos estrangeiros, a Constituição de 1988 assegura a Martinez o livre exercício de sua profissão, desde que preencha os requisitos legais exigidos.
(C) A Constituição de 1988, ainda que assegure a autonomia didático-científica das universidades, exige prévia naturalização do estrangeiro Martinez para que possa atuar no ensino superior de ensino.
(D) A ordem constitucional permite que Martinez, na condição de estrangeiro residente no Brasil, desempenhe livremente sua profissão, mas condiciona tal direito à prova de residência em solo brasileiro por, no mínimo, 04 (quatro) anos.

13. Antônio foi condenado em definitivo pela prática de diversos crimes em concurso material. Além da privação da liberdade, também foi condenado, cumulativamente, à pena de multa e à obrigação de ressarcir os danos causados às vítimas das práticas criminosas.

Em caso de falecimento de Antônio, com base no texto constitucional, é correto afirmar que,

(A) à exceção das penas privativas de liberdade, todas as demais podem ser estendidas aos sucessores de Antônio até o limite do valor do patrimônio transferido.
(B) pelo princípio da intransmissibilidade da pena, nenhuma das obrigações ou penas decorrentes da prática criminosa pode ser transferida aos sucessores de Antônio.
(C) apenas a pena de multa e obrigações de cunho patrimonial podem ser estendidas aos sucessores de Antônio até o limite do valor do patrimônio transferido.
(D) a obrigação de reparar os danos causados às vítimas pode ser estendida aos sucessores de Antônio e contra eles executada até o limite do valor do patrimônio transferido.

14. O governador do Estado *Alfa* pretendia criar um novo município no âmbito do seu estado. No entanto, tinha conhecimento de que o Art. 18, § 4º, da CRFB/88, que trata dessa temática, é classificado como norma de eficácia limitada, que ainda está pendente de regulamentação por lei complementar a ser editada pela União.

Em razão dessa constatação, resolve ajuizar Ação Direta de Inconstitucionalidade por Omissão (ADO), perante o Supremo Tribunal Federal (STF), com o intuito de sanar a omissão legislativa. Ao analisar a referida ADO, o STF, por maioria absoluta de seus membros, reconhece a omissão legislativa.

Diante dessa narrativa, assinale a opção que está de acordo com o sistema brasileiro de controle de constitucionalidade.

(A) O STF, com o objetivo de combater a síndrome da ineficácia das normas constitucionais, deverá dar ciência ao Poder Legislativo para a adoção das providências necessárias à concretização do texto constitucional, obrigando-o a editar a norma faltante em trinta dias.
(B) O STF, em atenção ao princípio da separação de poderes, deverá dar ciência ao Poder Legislativo para a adoção das providências necessárias à concretização da norma constitucional.
(C) O STF, a exemplo do que se verifica no mandado de injunção, atuando como legislador positivo, deverá suprir a omissão inconstitucional do legislador democrático, criando a norma inexistente que regula a constituição de novos municípios, o que obsta a atuação legislativa superveniente.
(D) A referida ação deveria ter sido julgada inepta, na medida em que somente as normas constitucionais de eficácia contida podem ser objeto de Ação Direta de Inconstitucionalidade por Omissão.

15. O atual governador do Estado *Delta* entende que, de acordo com a CRFB/88, a matéria enfrentada pela **Lei X**, de 15 de agosto de 2017, aprovada pela Assembleia Legislativa de *Delta*, seria de iniciativa privativa do Chefe do Poder Executivo estadual. Porém, na oportunidade, o projeto de lei foi proposto por um deputado estadual.

Sem saber como proceder, o atual Chefe do Poder Executivo buscou auxílio junto ao Procurador-geral do Estado *Delta*, que, com base no sistema jurídico-constitucional brasileiro, afirmou que o Governador

(A) poderá tão somente ajuizar uma ação pela via difusa de controle de constitucionalidade, pois, no caso em tela, não possui legitimidade para propor ação pela via concentrada.
(B) poderá, pela via política, requisitar ao Poder Legislativo do Estado *Delta* que suspenda a eficácia da referida Lei X, porque, no âmbito jurídico, nada pode ser feito.
(C) poderá propor uma ação direta de inconstitucionalidade perante o Supremo Tribunal Federal, alegando vício de iniciativa, já que possui legitimidade para tanto.
(D) não poderá ajuizar qualquer ação pela via concentrada, já que apenas a Mesa da Assembleia Legislativa de *Delta* possuiria legitimidade constitucional para tanto.

16. Um órgão público, detentor de banco de dados com informações passíveis de serem transmitidas a terceiros, possuía informações inexatas a respeito de João. Em razão disso, ele dirige petição ao referido órgão solicitando que providenciasse a devida retificação. A petição seguiu acompanhada dos documentos que informavam os dados corretos sobre a pessoa de João.

Como o órgão público indeferiu tanto o pedido inicial quanto o recurso administrativo interposto, João contratou você, como advogado(a), para ajuizar a medida judicial cabível.

Agindo em conformidade com o sistema jurídico-constitucional brasileiro, você

(A) ajuizou um *Habeas Data*, esclarecendo que o Mandado de Segurança, por ser um remédio de caráter residual, não seria o instrumento adequado para aquela situação específica, em que se almejava retificar informações pessoais.
(B) ajuizou uma Ação Ordinária, informando a João ser esta a única solução processual passível de atingir os objetivos pretendidos, já que a comprovação do direito líquido e certo pressupõe a dilação probatória.
(C) impetrou Mandado de Segurança, tendo o cuidado de observar que a impetração se desse dentro do prazo decadencial de 120 dias do conhecimento, por João, do improvimento do recurso.
(D) informou a João que a situação em tela é uma exceção à possibilidade de resolução no âmbito da esfera judicial, sendo que sua solução obrigatoriamente se esgota na esfera administrativa.

17. Roberto, cidadão brasileiro, toma conhecimento que um órgão público federal está contratando uma conhecida empreiteira do Estado *Delta* para a realização de obras sem promover o regular procedimento licitatório.

A fim de proteger o interesse público, busca obter maiores informações junto aos setores competentes do próprio órgão. Sem sucesso, passa a considerar a hipótese de ajuizar uma Ação Popular a fim de anular os atos de contratação, bem como buscar o ressarcimento dos cofres públicos por eventuais danos patrimoniais. Antes de fazê-lo, no entanto, quer saber as consequências referentes ao pagamento de custas judiciais e do ônus de sucumbência, caso não obtenha sucesso na causa.

Você, como advogado(a), então, explica-lhe que, segundo o sistema jurídico-constitucional brasileiro, caso não obtenha sucesso na causa,

(A) não terá que arcar com as custas judiciais e com o ônus de sucumbência, posto que o interesse que o move na causa é revestido de inequívoca boa-fé, em defesa do interesse público.

(B) somente terá que arcar com as custas judiciais, mas não com os ônus sucumbenciais, posto se tratar de um processo de natureza constitucional que visa a salvaguardar o interesse social.

(C) terá que arcar com as custas judiciais e com o ônus de sucumbência, como ocorre ordinariamente no âmbito do sistema processual brasileiro.

(D) não terá que arcar com qualquer custo, considerando que a Constituição Federal de 1988 concede aos brasileiros isenção de custas em todos os chamados remédios constitucionais.

18. Você, como advogado(a), foi contratado(a) para esclarecer algumas alternativas na defesa e proteção do direito de circulação e de residência de um determinado grupo de pessoas, que vem sendo violado, em razão de preconceito.

Nessa reunião, as vítimas disseram que já tentaram todas as medidas administrativas junto aos órgãos governamentais competentes e nada foi resolvido. Uma das vítimas propôs que fosse encaminhada petição para a Corte Interamericana de Direitos Humanos, a fim de instaurar um processo para a decisão daquela Corte que pudesse resultar em condenação do Estado brasileiro, indenização das vítimas e garantia dos direitos violados.

Assim, com base no que dispõe a Convenção Americana sobre Direitos Humanos, cabe a você esclarecer que as vítimas

(A) não têm o direito de submeter diretamente um caso à decisão da Corte Interamericana de Direitos Humanos.

(B) devem comprovar o esgotamento de todos os recursos da jurisdição interna para encaminhar a petição para a Corte.

(C) podem submeter o caso à decisão da Corte, mas devem requerer que sejam tomadas medidas provisórias em caráter de urgência, dada a gravidade da situação.

(D) não podem enviar a petição, uma vez que o Brasil não reconhece a competência da Corte em casos relativos à aplicação da Convenção Americana de Direitos Humanos.

19. O prefeito de *Caápuera* determinou que a escola municipal que atende as crianças das comunidades indígenas da região realize o processo educacional exclusivamente em Língua Portuguesa. Uma organização não governamental contrata você, como advogado(a), para atuar na proteção dos direitos dos povos indígenas.

Assim, com base no que dispõe a CRFB/88, cabe a você esclarecer que

(A) a Constituição Federal de 88 determina que o ensino fundamental regular seja ministrado apenas em Língua Portuguesa, mesmo para as tribos ou comunidades indígenas.

(B) apenas por determinação da Fundação Nacional do Índio, órgão do governo federal, a escola que presta ensino fundamental regular às comunidades indígenas será obrigada a utilizar suas línguas maternas.

(C) o Estado tem o dever de ministrar o ensino fundamental regular em Língua Portuguesa, mas nada impede que uma organização não governamental ofereça reforço escolar na língua materna dos índios.

(D) o ensino fundamental regular deve ser ministrado em Língua Portuguesa, mas é assegurado às comunidades indígenas também a utilização de suas línguas maternas e de seus processos próprios de aprendizagem.

20. A medida de retirada compulsória de pessoa nacional de outro país, que ingressou em território nacional com visto de visita e está exercendo atividade remunerada, será

(A) a repatriação, que é a medida administrativa de devolução de pessoa em situação de impedimento ao país de procedência ou de nacionalidade.

(B) a deportação, que é a medida decorrente de procedimento administrativo que consiste na retirada compulsória de pessoa que se encontra em situação migratória irregular em território nacional.

(C) a expulsão, que é medida administrativa de retirada compulsória de migrante ou visitante do território nacional, conjugada com o impedimento de reingresso por prazo determinado.

(D) a extradição, que é a medida de cooperação internacional entre o Estado brasileiro e outro Estado pela qual se concede ou solicita a entrega de pessoa sobre quem recaia condenação criminal definitiva ou para fins de instrução de processo penal em curso.

21. Um brasileiro, casado com uma espanhola, faleceu durante uma viagem de negócios a Paris. O casal tinha dois filhos nascidos na Espanha e era domiciliado em Portugal. Ele deixou bens no Brasil.

Assinale a opção que indica a lei que regulará a sucessão por morte.

(A) A brasileira.

(B) A espanhola.

(C) A francesa.

(D) A portuguesa.

22. Uma ação de execução fiscal foi movida pela União em face de João para cobrança de crédito tributário referente ao Imposto sobre a Renda de Pessoa Física (IRPF) dos exercícios de 2019 e 2020, conforme Certidão de Dívida Ativa (CDA) regularmente juntada. Na mesma data em que recebeu a citação enviada pelo correio com aviso de recepção, o executado entrou em contato com seu advogado, constituindo-o para defender os seus interesses.

Diante desse cenário, assinale a afirmativa correta.

(A) A citação é inválida, pois deveria ter sido realizada exclusivamente por oficial de justiça ou por edital.

(B) Ao ser citado, João terá 5 dias para apresentar a sua contestação.

(C) Citado, João poderá, dentro do prazo legal, pagar a dívida com os acréscimos devidos ou garantir a execução.

(D) No prazo de 30 dias contados da citação, João poderá oferecer embargos à execução.

23. Em 10 de maio de 2020, a sociedade empresária *ABC Ltda.* sofre fiscalização federal e, ao final, é autuada em R$ 100.000,00, além de multa e respectivos encargos, a título de Imposto sobre Produtos Industrializados (IPI) devido referente ao exercício de 2019, por omissão do envio mensal das informações fiscais em DCTF - Declaração de Débitos e Créditos Tributários Federais -, bem como por falta de pagamento daquele imposto. Em 20 de junho de 2020, a empresa recebe notificação de pagamento no prazo de 30 dias.

Você, como advogado(a) da sociedade empresária, é chamado(a) para defender os interesses da empresa nesse processo no mesmo dia da notificação, pretendendo adotar providências logo no dia seguinte e refletindo sobre a possibilidade de adotar o mecanismo da denúncia espontânea prevista no Código Tributário Nacional (CTN). Diante desse cenário, assinale a afirmativa correta.

(A) Poderá ser adotado o mecanismo de denúncia espontânea, já que ainda não foi ajuizada a ação de execução fiscal.

(B) Poderá ser adotado o mecanismo de denúncia espontânea, já que ainda se está dentro do prazo de pagamento.

(C) Não poderá mais ser adotado o mecanismo de denúncia espontânea após o início de qualquer procedimento administrativo ou medida de fiscalização relacionados com a infração.

(D) Não poderá mais ser adotado o mecanismo de denúncia espontânea, pois o limite legal para adoção deste benefício é de 40 salários mínimos.

24. O Município Beta, após realizar uma grande obra pública de recuperação, ampliação e melhoramentos da praça central do bairro Gama, custeada com recursos próprios, no valor de quinhentos mil reais, e que promoveu uma valorização dos imóveis apenas nesse bairro, decidiu cobrar uma contribuição de melhoria.

O referido tributo, instituído mediante lei ordinária específica, foi cobrado de todos os 5 mil proprietários de imóveis privados daquela cidade, em um valor fixo de 200 reais para cada um. José, advogado e morador do bairro Delta, bastante distante do bairro Gama, se insurge contra a referida contribuição de melhoria.

Diante desse cenário, a referida contribuição de melhoria

(A) foi corretamente instituída, pois decorre de previsão legal específica, tendo como fato gerador a obra pública realizada.

(B) foi corretamente instituída, pois respeitou o princípio da igualdade tributária ao adotar o mesmo valor para todos os contribuintes da cidade.

(C) foi incorretamente instituída, por ter atingido imóveis que não se valorizaram por decorrência da obra pública e por ter cobrado valor cujo somatório é superior ao custeio da obra.

(D) foi incorretamente instituída, pois só pode ser cobrada nos casos em que a obra pública seja exclusivamente para abertura, alargamento, pavimentação ou iluminação de vias públicas.

25. A Secretaria da Receita Federal do Brasil lavrou, em 2022, auto de infração de um milhão de reais em face da sociedade empresária *Maçã Ltda.* por não ter recolhido o Imposto de Importação (II) e a Contribuição Social Sobre Lucro Líquido (CSLL) referentes ao ano de 2021, incidentes sobre a comercialização de livros eletrônicos (e-books) por ela importados e comercializados no país.

O departamento jurídico da sociedade autuada contrata você, como advogado(a), para emitir parecer para fundamentar sua defesa.

Diante desse cenário, assinale a afirmativa correta.

(A) O II e a CSLL são indevidos, pois os livros eletrônicos (e-books) se enquadram na imunidade tributária dos livros.

(B) Apenas o II é indevido, pois os livros eletrônicos (e-books) se enquadram na imunidade tributária dos livros.

(C) Apenas a CSLL é indevida, pois os livros eletrônicos (e-books) se enquadram na imunidade tributária dos livros.

(D) O II e a CSLL são devidos, pois os livros eletrônicos (e-books) não se enquadram na imunidade tributária dos livros.

26. A Assembleia Legislativa do Estado Beta irá votar, em 2022, um projeto de lei ordinária para a criação de sua própria contribuição social previdenciária, para custeio do regime próprio de previdência social estadual, a ser cobrada dos seus servidores ativos, dos aposentados e dos pensionistas. Antes, porém, submete o referido projeto de lei ordinária para análise da Comissão de Constituição e Justiça daquela Casa Legislativa, para emissão de parecer sobre a constitucionalidade daquele tributo.

Diante desse cenário, a referida contribuição social previdenciária

(A) poderia ser criada por lei ordinária e ser cobrada de servidores ativos, dos aposentados e dos pensionistas.

(B) poderia ser criada por lei ordinária, mas só poderia ser cobrada de servidores ativos.

(C) não poderia ser criada por lei ordinária, mas poderia ser cobrada de servidores ativos, dos aposentados e dos pensionistas.

(D) não poderia ser criada por lei ordinária e só poderia ser cobrada de servidores ativos.

27. A Agência Reguladora federal *Alfa*, criada no ano corrente, tem a intenção de formalizar um acordo de cooperação com a Agência Reguladora estadual *Beta*. O acordo visa à descentralização das atividades normativas, fiscalizatórias, sancionatórias e arbitrais, com o intuito de conferir maior eficiência à atuação das duas entidades.

Nesse contexto, à luz do disposto na CRFB/88 e na Lei nº 13.848/18, assinale a afirmativa correta.

(A) O acordo de cooperação poderia ter por objeto a delegação de competência normativa da Agência *Alfa*.

(B) A execução da fiscalização do objeto da delegação pela Agência *Beta*, por ser estadual, não precisa observar as normas federais pertinentes.

(C) A execução de competência delegada pelo acordo de cooperação à Agência Beta independe do acompanhamento e da avaliação pela Agência *Alfa*.

(D) A Agência *Alfa*, havendo delegação de competência, permanecerá como instância superior e recursal das decisões tomadas no exercício da competência delegada à Agência *Beta*.

28. José é proprietário de imóvel rural de enorme dimensão, mas totalmente improdutivo, que vem sendo objeto de constantes desmatamentos à revelia da legislação ambiental. O imóvel está localizado no Município Alfa do Estado Gama, sendo certo que os órgãos ambientais de ambos os entes federativos já vêm atuando em razão da supressão vegetal ilegal. Em seu imóvel, José não promove a utilização adequada dos recursos naturais disponíveis e a preservação do meio ambiente, nem mesmo realiza seu aproveitamento racional e adequado.

Por estar descumprindo sua função social, nos termos da CRFB/88, o imóvel de José pode ser objeto de desapropriação

(A) por interesse social, para fins de reforma agrária, mediante prévia e justa indenização em títulos da dívida agrária, cuja competência é da União.

(B) sanção, que consiste em punição ao particular por sua conduta imobiliária inconstitucional, mediante justa e prévia indenização, cuja competência é do Estado Gama.

(C) confisco, que consiste na retirada do bem do patrimônio do particular com sua incorporação ao patrimônio público, mediante justa e ulterior indenização, cuja competência é da União.

(D) por utilidade social e com caráter sancionador, mediante ulterior e justa indenização a ser paga por meio de precatório, cuja competência é do Município Alfa.

29. A sociedade empresária *Alfa* praticou um ato lesivo à Administração Pública de um país estrangeiro, atentando contra os compromissos internacionais assumidos pelo Brasil no âmbito do combate à corrupção. Em razão disso, as autoridades brasileiras querem tomar as providências cabíveis a fim de promover a responsabilização administrativa e/ou judicial da pessoa jurídica por tais atos lesivos, em território nacional.

Considerando os fatos narrados, à luz da Lei nº 12.846/2013 (Lei Anticorrupção), assinale a afirmativa correta.

(A) Não é possível a responsabilização administrativa no caso, considerando que o ilícito foi cometido contra Administração Pública estrangeira.

(B) Não é possível a responsabilização administrativa e/ou judicial da sociedade empresária *Alfa*, mas apenas a de seus sócios administradores.

(C) Na esfera administrativa, após o devido processo administrativo, é cabível a dissolução compulsória da sociedade empresária *Alfa*.

(D) A responsabilização administrativa da sociedade empresária *Alfa* não afasta a possibilidade de sancioná-la na esfera judicial, com base na legislação específica.

30. Túlio era servidor público federal e falsificou documentos para, de má fé, obter a sua aposentadoria por tempo de contribuição junto ao Regime Próprio de Previdência Social – RPPS. Por não ter sido verificado o problema dos documentos, o pedido foi deferido pelo órgão competente de origem e, pouco depois, registrado perante o Tribunal de Contas da União – TCU, que não verificou o embuste e não conferiu oportunidade de manifestação para Túlio. Ocorre que, seis anos após o aludido registro, a Corte de Contas tomou conhecimento do ardil de Túlio e da nulidade dos documentos apresentados, razão pela qual instaurou processo administrativo para fins de anular o registro promovido em dissonância com o ordenamento jurídico.

Diante dessa situação hipotética, aponte a assertiva correta.

(A) A conduta do TCU foi irregular, na medida em que a aposentadoria de Túlio é ato administrativo simples, que não deveria ter sido submetido a registro perante a Corte de Contas.

(B) O exercício da autotutela, para fins de anular a aposentadoria de Túlio, não está fulminado pela decadência, diante de sua má-fé.

(C) O registro da aposentadoria de Túlio foi irregular, pois dependia da garantia da ampla defesa e contraditório perante o TCU.

(D) A anulação da aposentadoria não é mais viável, considerando que transcorrido o prazo prescricional de cinco anos para o exercício da pretensão.

31. A administração do Município *Alfa* está construindo uma ponte para facilitar o acesso dos produtores rurais ao seu centro urbano. Para a realização da construção, o ente necessita utilizar a propriedade privada de Fernando, um terreno não edificado, vizinho à obra, enquanto perdurar a atividade de interesse público, para a qual não há perigo iminente.

Considerando as modalidades de intervenção do Estado na propriedade, a administração do Município *Alfa* deve

(A) realizar o tombamento do bem de Fernando, mediante prévia e justa indenização em dinheiro, diante da relevância da obra a ser realizada.

(B) determinar a requisição administrativa do bem de Fernando, mediante indenização ulterior, em caso de dano.

(C) efetuar a ocupação temporária do bem de Fernando, passível de indenização pela utilização do terreno em ação própria.

(D) implementar uma servidão administrativa no bem de Fernando, mediante prévia e justa indenização em dinheiro, pelo sacrifício da propriedade.

32. Na semana passada, o Ministério Público ajuizou ação em desfavor de Odorico, prefeito do Município Delta, em decorrência da prática de ato doloso de improbidade que causou enriquecimento ilícito.

Após os devidos trâmites processuais, o Juízo de primeiro grau verificou a configuração dos elementos caracterizadores da improbidade, incluindo o dolo específico, razão pela qual aplicou as penalidades cominadas na legislação.

Sobre as penalidades aplicadas ao prefeito Odorico, assinale a afirmativa correta.

(A) É cabível a execução provisória da penalidade de perda da função pública, com seu imediato afastamento do cargo.

(B) Poderia ser aplicada a penalidade de suspensão de direitos políticos por prazo superior a quinze anos, em razão da presença de dolo específico.

(C) O Juízo de primeiro grau não poderia cumular as penalidades de suspensão dos direitos políticos e de proibição de contratar com a Administração, sob pena de *bis in idem*.

(D) O Juízo de primeiro grau poderia cumular a determinação de ressarcimento integral ao erário com a aplicação da penalidade de multa equivalente ao valor do acréscimo patrimonial.

33. A sociedade empresária *Gama* requereu licença ambiental para empreendimento da área de petróleo e gás natural, com significativo impacto ambiental, assim considerado pelo órgão ambiental competente, com fundamento no estudo de impacto ambiental e respectivo relatório - EIA/RIMA, apresentados pelo próprio empreendedor no curso do processo de licenciamento.

Preenchidos os requisitos legais, o órgão ambiental concedeu a licença ambiental com uma série de condicionantes, entre elas, a obrigação do empreendedor de apoiar a implantação e a manutenção de determinada unidade de conservação do grupo de proteção integral. Para tanto, observado o grau de impacto ambiental causado pelo empreendimento licenciado e, de acordo com critérios técnicos, legais e jurisprudenciais, foi regularmente arbitrado pelo órgão licenciador o montante de dez milhões de reais a ser destinado pelo empreendedor para tal finalidade.

No caso em tela, de acordo com a Lei nº 9.985/00, a condicionante descrita é uma obrigação que visa à

(A) mitigação ambiental.
(B) compensação ambiental.
(C) punição por dano ambiental.
(D) inibição por dano ambiental.

34. Pedro, proprietário de imóvel localizado em área rural, com vontade livre e consciente, executou extração de recursos minerais, consistentes em saibro, sem a competente autorização, permissão, concessão ou licença e vendeu o material para uma fábrica de cerâmica.

O Ministério Público, por meio de seu órgão de execução com atribuição em tutela coletiva, visando à reparação dos danos ambientais causados, ajuizou ação civil pública em face de Pedro, no bojo da qual foi realizada perícia ambiental. Posteriormente, em razão da mesma extração mineral ilegal, o Ministério Público ofereceu denúncia criminal, deflagrando novo processo, agora em ação penal, e pretende aproveitar, como prova emprestada no processo penal, a perícia produzida no âmbito da ação civil pública. No caso em tela, de acordo com a Lei nº 9.605/98, a perícia produzida no juízo cível

(A) poderá ser aproveitada no processo penal, instaurando-se o contraditório.
(B) não poderá ser utilizada, em razão da independência das instâncias criminal, cível e administrativa.
(C) não poderá ser aproveitada no processo criminal, eis que é imprescindível um laudo pericial produzido pela Polícia Federal, para fins de configuração da existência material do delito.
(D) poderá ser aproveitada na ação penal, mas apenas pode subsistir uma condenação judicial final, para evitar o *bis in idem*.

35. Otávio é proprietário e residente do apartamento 706, unidade imobiliária do condomínio edilício denominado União II, e é conhecido pelos vizinhos pelas festas realizadas durante a semana, que varam a madrugada.

Na última comemoração, Otávio e seus convivas fizeram uso de entorpecentes e, em trajes incompatíveis com as áreas comuns do prédio, ficaram na escada do edifício cantando até a intervenção do síndico, que acionou a polícia para conter o grupo, que voltou para o apartamento de Otávio.

No dia seguinte, o síndico convocou uma assembleia para avaliar as sanções a serem aplicadas ao condômino antissocial. Ficou decidido, pelo quórum de ¾, a aplicação de multa de cinco vezes o valor da contribuição mensal.

Sobre a hipótese apresentada, assinale a afirmativa correta.

(A) A multa aplicada é indevida, pois apesar do comportamento de Otávio, ele é proprietário de unidade imobiliária autônoma, assim como os demais condôminos que deliberaram a multa em seu desfavor.
(B) O síndico poderia ter aplicado a multa de até cinco contribuições mensais, sem a convocação da assembleia.
(C) A aplicação da multa em face de Otávio é ilegal, pois a sanção deveria ser precedida por ação judicial para sua aplicação.
(D) O síndico aplicou corretamente a multa. Caso o comportamento antissocial de Otávio persista, a multa poderá ser majorada para até dez vezes o valor da contribuição mensal do condomínio.

36. Márcio vendeu um imóvel residencial, do qual era proprietário, para Sebastião. Animado com esse negócio, o comprador, músico, mencionou ao vendedor sua felicidade, pois passaria a residir em uma casa onde haveria espaço suficiente para colocar um piano. Porém, queixou-se de ainda não ter encontrado o instrumento ideal para comprar.

Neste momento, Márcio comentou que sua filha, Fabiana, trabalhava com instrumentos musicais e estava buscando alguém interessado em adquirir um de seus pianos. Após breve contato com Fabiana, Sebastião foi até a casa dela, analisou o instrumento e gostou muito. Por tais razões, manifestou vontade de comprá-lo.

Após as tratativas mencionadas, Márcio e Sebastião celebraram contrato de compra e venda de imóvel sob a forma de escritura pública lavrada em Cartório de Notas, com posterior pagamento integral do preço, devido ao vendedor, pelo comprador. De outro lado, Sebastião e Fabiana também celebraram contrato particular de compra e venda do piano, com posterior pagamento integral do valor pelo comprador e entrega por Fabiana do bem vendido.

A respeito da situação apresentada, segundo o Código Civil, Sebastião adquiriu a propriedade

(A) tanto do imóvel quanto a do piano, pela tradição dos referidos bens.
(B) do piano a partir da tradição desse bem, mas a do imóvel foi adquirida no momento em que se lavrou a escritura pública de compra e venda no Cartório de Notas.
(C) do piano a partir da tradição desse bem, mas a do imóvel será adquirida mediante registro do título translativo no Registro de Imóveis.
(D) tanto do imóvel quanto a do piano, a partir do momento em que assumiu a posse dos referidos bens.

37. Rodolfo e Marília estão casados desde 2005. Em 2010, nasceu Lorenzo, único filho do casal. No ano de 2020, eles resolveram se divorciar, após um período turbulento de discussões e mútuas relações extraconjugais. A única divergência entre o casal envolvia a guarda do filho, Lorenzo.

Neste sentido, sublinhando-se que o pai e a mãe apresentam condições de exercício de tal função, relacionando-se bem com o filho e conseguindo separar seus problemas conjugais de seus deveres paternos e maternos – à luz do Código Civil, assinale a afirmativa correta.

(A) Segundo a lei, o juiz, diante do conflito, deverá aplicar a guarda alternada entre Rodolfo e Marília.
(B) Como os pais desejam a guarda do menor e estão aptos a exercer o poder familiar, a lei determina a aplicação da guarda compartilhada, mesmo que não haja acordo entre eles.
(C) A lei determina a fixação da guarda compartilhada, mas, tendo em vista cuidar-se de divergência sobre a guarda, ela deve ser atribuída a Rodolfo ou a Marília, mas, diante do conflito, a guarda não deve ser atribuída a eles, em nenhuma hipótese.
(D) Caso Rodolfo e Marília não consigam decidir de modo consensual a quem caberá a guarda de Lorenzo, o juiz será obrigado a atribuí-la ou a um genitor ou ao outro, uma vez que inexiste hipótese de guarda compartilhada na lei brasileira.

38. João dirigia seu carro, respeitando todas as regras de trânsito, quando foi surpreendido por uma criança que atravessava a pista. Sendo a única forma de evitar o atropelamento da criança, João desviou seu veículo e acabou por abalroar um outro carro, que estava regularmente estacionado.

Passado o susto e com a criança em segurança, João tomou conhecimento de que o carro com o qual ele havia colidido era dos pais daquela mesma criança. Diante das circunstâncias, João acreditou que não seria responsabilizado pelo dano material causado ao veículo dos pais. No entanto, para sua surpresa, os pais ingressaram com uma ação indenizatória, requerendo o ressarcimento pelos danos materiais.

Diante da situação hipotética narrada, nos termos da legislação civil vigente, assinale a opção correta.

(A) João cometeu um ato ilícito e, como consequência, deverá indenizar pelos danos materiais causados, visto inexistir causa excludente de ilicitude da sua conduta.
(B) A ação de João é lícita, pois agiu em estado de necessidade, evitando um mal maior e, sendo assim, não deverá indenizar os pais da criança.
(C) A ação de João é lícita, pois agiu em estado de necessidade, evitando um mal maior, porém subsiste o seu dever de indenizar os pais da criança.
(D) João cometeu um ato ilícito, porém o prejuízo deverá ser suportado pelos pais da criança.

39. João, Cláudia e Maria celebraram contrato de compra e venda de um carro com Carlos e Paula. Pelo respectivo contrato, Carlos e Paula se comprometeram, como devedores solidários, ao pagamento de R$ 50.000,00. Ficou estabelecido, ainda, solidariedade entre os credores João, Cláudia e Maria.

Diante do enunciado, assinale a afirmativa correta.

(A) O pagamento feito por Carlos ou por Paula não extingue a dívida, ainda que parcialmente.
(B) Qualquer dos credores tem direito a exigir e a receber de Carlos ou de Paula, parcial ou totalmente, a dívida comum.
(C) Impossibilitando-se a prestação por culpa de Carlos, extingue-se a solidariedade, e apenas este responde pelo equivalente.
(D) Carlos e Paula só se desonerarão pagando a todos os credores conjuntamente.

40. João Paulo, Thiago, Ana e Tereza, amigos de infância, consultam um advogado sobre a melhor forma de, conjuntamente, desenvolverem atividade com o propósito de auxiliar na educação formal de jovens de uma comunidade da cidade ABC.

Os amigos questionam se deveriam constituir uma pessoa jurídica para tal fim e informam ao advogado que gostariam de participar ativamente da administração e do desenvolvimento das atividades de educação. Além disso, os amigos concordam que a referida pessoa jurídica a ser constituída não deve ter finalidade lucrativa.

Diante do cenário hipotético narrado, o advogado(a) deverá indicar

(A) a necessidade de constituição de uma associação e alertar aos amigos que o custeio da referida associação deverá ser arcado por eles, tendo em vista a ausência de finalidade lucrativa.
(B) a necessidade de constituição de uma associação que poderá desenvolver atividade econômica, desde que a totalidade dos valores auferidos seja revertida para a própria associação.
(C) a constituição de uma fundação, porque é a modalidade mais adequada para que os amigos possam participar ativamente da administração e das atividades de educação.
(D) a constituição de uma fundação e alertar aos amigos que o custeio da referida fundação deverá ser arcado por eles, tendo em vista a ausência de finalidade lucrativa e a impossibilidade de aportes financeiros por outras pessoas que não pertencem à fundação.

41. Henrique, mecânico da oficina Carro Bom, durante a manutenção do veículo de Sofia, deixado aos seus cuidados, arranhou o veículo acidentalmente, causando danos materiais à mesma.

Ciente de que Henrique não tinha muitos bens materiais e que a execução em face de Henrique poderia ser frustrada, Sofia pretende ajuizar ação indenizatória em face da oficina Carro Bom.

A esse respeito, é correto afirmar que Carro Bom responderá

(A) pelos danos causados a Sofia, devendo-se perquirir se houve culpa em elegendo pela oficina de um preposto desqualificado.
(B) subsidiariamente pelos danos causados por Henrique, caso este não tenha bens suficientes para saldar a execução.
(C) objetivamente pelos danos, sendo vedado o regresso em face do mecânico que atuou culposamente, pois a oficina não poderá repassar o risco de seu negócio a terceiros.
(D) objetivamente pelos danos, sendo permitido o regresso em face do mecânico que atuou culposamente.

42. Maria deu à luz um bebê cujo nome ainda não havia escolhido. No momento do parto, o médico optou por escrever apenas "José" na pulseira de identificação do bebê. Ocorre que, por obra do destino, naquele mesmo dia, nasceram mais três bebês, dois dos quais foram nomeados pelos pais de José, e o médico acabou por confundir os bebês ao entregá-los às mães.

Temeroso de que tal situação viesse a lhe criar problema, o médico escondeu de todos a confusão e entregou um dos bebês, ao acaso, para Maria amamentar, ficando a cargo do destino ser ele o correto ou não.

A situação descrita revela, especificamente,

(A) o cometimento de infração administrativa, consubstanciada em negligência profissional, passível de investigação ética, somente.

(B) a prática de crime específico previsto no ECA, consubstanciado na conduta de deixar o médico de identificar corretamente o neonato e a parturiente.

(C) a prática de crime do Código Penal, consubstanciado na conduta de falsidade ideológica ao obliterar as informações de identificação do neonato.

(D) a prática de crime do Código Penal, consubstanciado na conduta de falsidade documental pela certificação inverídica da identificação do neonato.

43. Luiza, hoje com cinco anos, foi adotada regularmente por Maria e Paulo quando tinha três anos. Ocorre que ambos os adotantes vieram a falecer em um terrível acidente automobilístico.

Ciente disso, a mãe biológica de Luiza, que sempre se arrependera da perda da sua filha, manifestou-se em ter sua maternidade biológica restaurada.

Com base nos fatos acima, assinale a afirmativa correta.

(A) O falecimento dos pais adotivos conduz à imediata e automática restauração do poder familiar da ascendente biológica.

(B) O falecimento dos pais adotivos não restabelece o poder familiar dos pais naturais.

(C) O falecimento dos pais adotivos não transfere o poder familiar sobre o adotado supérstite ao parente mais próximo dos obituados, devendo ser reaberto processo de adoção.

(D) Falecendo ambos os pais e inexistindo parentes destes aptos à tutela, somente então se restaura o poder familiar dos pais naturais.

44. Bernardo adquiriu, mediante uso de cartão de crédito, equipamento de som conhecido como *home theater*. A compra, por meio do aplicativo do *Magazin Novas Colinas S/A*, conhecido como "loja virtual do Colinas", foi realizada na sexta-feira e o produto entregue na terça-feira da semana seguinte.

Na quarta-feira, dia seguinte ao do recebimento, Bernardo entrou em contato com o serviço de atendimento ao cliente para exercer seu direito de arrependimento. A atendente lhe comunicou que deveria ser apresentada uma justificativa para o arrependimento dentre aquelas elaboradas pelo fornecedor. Essa foi a condição imposta ao consumidor para a devolução do valor referente à 1ª parcela do preço, já lançado na fatura do seu cartão de crédito.

Com base nesta narrativa, em conformidade com a legislação consumerista, assinale a afirmativa correta.

(A) O direito de arrependimento precisa ser motivado diante da comunicação de cancelamento da compra feita pelo consumidor ao fornecedor após o decurso de 48 (quarenta e oito) horas da realização da transação pelo aplicativo.

(B) Embora o direito de arrependimento não precise de motivação por ser potestativo, o fornecedor pode exigir do consumidor que lhe apresente uma justificativa, como condição para a realização da devolução do valor faturado.

(C) Em observância ao princípio da boa-fé objetiva, aplicável tanto ao fornecedor quanto ao consumidor, aquele não pode se opor ao direito de arrependimento, mas, em contrapartida, pode exigir do consumidor a motivação para tal ato.

(D) O direito de arrependimento não precisa ser motivado e foi exercido tempestivamente, devendo o fornecedor providenciar o cancelamento da compra e comunicar à administradora do cartão de crédito para que seja efetivado o estorno do valor.

45. A sociedade empresária *Cimento Montanha Ltda.* integra, com outras cinco sociedades empresárias, um consórcio que atua na realização de obras de construção civil.

Estruturas e Fundações Pinheiro Ltda., uma das sociedades consorciadas, foi responsabilizada em ação de responsabilidade civil por danos causados aos consumidores em razão de falhas estruturais em imóveis construídos no âmbito das atividades do consórcio, que apresentaram rachaduras, um dos quais desabou.

Considerando as normas sobre a responsabilidade de sociedades integrantes de grupo econômico perante o consumidor, segundo o Código de Defesa do Consumidor, assinale a afirmativa correta.

(A) Apenas a sociedade *Estruturas e Fundações Pinheiro Ltda.* poderá ser responsabilizada pelos danos aos consumidores, pois as demais consorciadas somente se obrigam nas condições previstas no respectivo contrato, respondendo cada uma por suas obrigações, sem solidariedade entre si.

(B) As sociedades integrantes do consórcio são solidariamente responsáveis pelas obrigações da sociedade *Estruturas e Fundações Pinheiro Ltda.*, porém a responsabilidade delas perante o consumidor é sempre em caráter subsidiário.

(C) As sociedades integrantes do consórcio são solidariamente responsáveis, sem benefício de ordem entre elas, pelas obrigações da sociedade *Estruturas e Fundações Pinheiro Ltda.* perante os consumidores prejudicados, haja ou não previsão diversa no contrato respectivo.

(D) Apenas a sociedade *Estruturas e Fundações Pinheiro Ltda.* poderá ser responsabilizada pelos danos aos consumidores, pois as demais consorciadas só responderão solidariamente com a primeira se ficar comprovado a culpa de cada uma delas.

46. *Cerâmica Água Doce do Norte* teve sua falência requerida pelo *Banco Boa Esperança S/A*, em razão do não pagamento de cinco duplicatas que lhe foram endossadas por *Castelo, Vivacqua & Cia*. Os títulos estão protestados para fins falimentares e não se verificou pagamento até a data da citação.

Ao ser citada, a sociedade devedora apresentou tempestivamente a contestação e, no mesmo prazo, em peça processual própria, requereu recuperação judicial, sem, contudo, se manifestar sobre a efetivação de depósito elisivo.

Com base nas informações acima, a sociedade empresária

(A) tinha a faculdade de pleitear sua recuperação judicial no prazo de contestação, ainda que não tivesse se manifestado pela efetivação de depósito elisivo.
(B) não deveria ter requerido sua recuperação judicial e sim ter efetuado o depósito elisivo, eliminando a presunção de insolvência para, somente após esse ato, pleitear recuperação judicial.
(C) deveria ter pleiteado sua recuperação judicial, pois o devedor pode se utilizar do benefício até o trânsito em julgado da sentença de falência, portanto, o pedido foi tempestivo e correto.
(D) estava impedida de requerer recuperação judicial, pois já havia, na data do pedido de recuperação, requerimento de falência contra si, ajuizado pelo credor da duplicatas.

47. A *sociedade Corinto & Curvelo Ltda.* é composta apenas por dois sócios, sendo o sócio Corinto titular de 40% do capital e o sócio Curvelo titular do restante. Nesta situação, a exclusão extrajudicial motivada do sócio minoritário de sociedade limitada poderá ser realizada pelo sócio Curvelo, independentemente de ter havido

(A) justa causa, ou seja, de modo discricionário.
(B) previsão no contrato de exclusão por justa causa.
(C) alteração do contrato social.
(D) reunião ou assembleia especial para esse fim.

48. Tamandaré emitiu nota promissória no valor de R$ 7.300,00 (sete mil e trezentos reais) em favor de Altamira. Esta endossou o título em branco para *Ângulo Comércio de Tecidos Ltda.*

Sendo inequívoco que a nota promissória em branco circula ao portador, em caso de desapossamento é correto afirmar que

(A) Tamandaré ficará desonerado da responsabilidade cambial se provar que o desapossamento do título por parte de *Ângulo Comércio de Tecidos Ltda.* não pode lhe ser imputado.
(B) *Ângulo Comércio de Tecidos Ltda.* poderá obter novo título em Juízo bem como impedir que seu valor seja pago a outrem.
(C) Altamira não poderá opor ao novo portador exceção fundada em direito pessoal ou em nulidade de sua obrigação.
(D) A pessoa que se apoderar da nota promissória poderá exigir o pagamento de todos os obrigados, à exceção de Altamira.

49. Pedro Laurentino deseja constituir uma sociedade limitada unipessoal cuja denominação será *Padaria São Félix do Piauí Ltda.*, sediada em Teresina. A inscrição dos atos constitutivos da pessoa jurídica, ou as respectivas averbações de atos posteriores no registro empresarial, assegura o uso exclusivo do nome empresarial

(A) nos limites do estado do Piauí.
(B) nos limites do município de Teresina.
(C) em todo o território nacional.
(D) em toda a Região Nordeste.

50. Aspásia e Parisi, únicas sócias da sociedade *Santa Salete Modas Ltda.*, decidiram que a sociedade arrendará seu estabelecimento à sociedade *Monções Empreendimentos Imobiliários Ltda.*, pelo prazo de quatro anos. Em relação ao contrato de arrendamento, mesmo sendo reconhecida a autonomia da vontade às partes contratantes, existem normas legais relativas ao estabelecimento arrendado.

Assinale a opção que apresenta, corretamente, uma dessas obrigações legais.

(A) A sub-rogação do arrendatário nos contratos estipulados para exploração do estabelecimento, exceto aqueles de caráter pessoal.
(B) A obrigação de averbação do contrato de arrendamento no Registro de Imóveis e sua publicação em jornal de grande circulação.
(C) A proibição de o arrendatário do estabelecimento fazer concorrência ao arrendador durante o prazo do contrato, salvo disposição contratual diversa.
(D) A obrigação de o arrendatário do estabelecimento responder pelo pagamento dos débitos anteriores ao arrendamento, desde que regularmente contabilizados, pelo prazo de um ano.

51. Olívia e José foram casados por 15 anos e tiveram duas filhas, Maria Eduarda, com 9 anos, e Maria Luiza, com 6.

A manutenção do casamento não é mais da vontade do casal, razão pela qual decidiram se divorciar, propondo Olívia ação judicial para tanto. Porém, preocupados em manter a harmonia da família, o casal entendeu que o melhor caminho para resolver as questões legais atinentes à guarda, à visitação e aos alimentos das filhas seria a mediação.

Sobre a mediação judicial a ser realizada no presente caso, assinale a afirmativa correta.

(A) Os mediadores que atuarão no caso deverão estar inscritos em cadastro de tribunal de justiça ou de tribunal regional federal, que manterá o registro dos profissionais habilitados.
(B) A mediação, meio de solução da controvérsia escolhido por Olívia e José, deverá seguir exclusivamente as regras procedimentais previstas em lei.
(C) O mediador que atuar no caso fica impedido pelo prazo de 2 anos, contados do término da última audiência em que atuou, de assessorar, representar ou patrocinar qualquer das partes.
(D) A escolha da mediação por Olívia e José é correta, pois o mediador atuará nos casos em que não houver vínculo anterior entre as partes.

52. Ainda no início da fase de conhecimento de determinado processo, as partes e o magistrado, de comum acordo, resolvem fixar calendário para a prática de atos processuais. Estipulado que a realização da audiência ocorreria em determinada data, a parte ré não comparece e alega que não foi devidamente intimada para o ato, requerendo a designação de nova data. Nesse contexto você, como advogado(a), é procurado(a) pela parte ré, que busca avaliar as consequências de seu não comparecimento.

Nesse sentido, é correto afirmar que

(A) o calendário não vincula o juiz, apenas as partes, as quais só podem requerer a modificação de datas se apresentada justa causa.
(B) o calendário processual pode ser imposto pelo magistrado em casos excepcionais, sem a necessidade de prévio acordo

com as partes, com fundamento na importância do objeto dos autos.

(C) com exceção da audiência, dispensa-se a intimação das partes para a prática dos demais atos processuais cujas datas tiverem sido designadas no calendário.

(D) a ré não poderia deixar de comparecer à audiência, pois a modificação do calendário pelo juiz ou pelas partes somente é possível em casos excepcionais, devidamente justificados.

53. O *Condomínio do Edifício Residências*, tendo observado o surgimento de diversos vícios ocultos nas áreas de uso comum do prédio construído pela *Mestre de Obras Engenharia S/A*, ajuizou ação de produção antecipada de provas, na qual requereu a produção de prova pericial. Para tanto, argumentou que o prévio conhecimento dos fatos, sob o ângulo técnico, poderá evitar ou justificar uma ação futura, a depender do resultado da perícia.

Devidamente citada, a *Mestre de Obras Engenharia S/A* apresentou manifestação, na qual alega que não há qualquer risco de perecimento da prova, pois os vícios eventualmente constatados permaneceriam no local, sendo impertinente, portanto, o ajuizamento da produção antecipada de provas.

Considerando o caso narrado, assinale a afirmativa correta.

(A) A pretensão de prévio conhecimento dos fatos para justificar ou evitar o ajuizamento de ação futura em face da *Mestre de Obras Engenharia S/A*, não é suficiente para a admissibilidade da produção antecipada de provas proposta pelo condomínio do Edifício Residências, faltando interesse de agir.

(B) A produção antecipada de provas proposta pelo *Condomínio do Edifício Residências* previne a competência para a ação principal, eventualmente proposta em face da *Mestre de Obras Engenharia S/A*.

(C) Na produção antecipada de provas, o juiz não se pronunciará sobre a ocorrência ou inocorrência dos fatos alegados pelo *Condomínio do Edifício Residências*, nem sobre suas respectivas consequências jurídicas.

(D) No procedimento de produção antecipada de provas, não se admitirá defesa ou recurso, salvo contra decisão que defira a produção da prova pleiteada pelo *Condomínio do Edifício Residências*.

54. Por mais de 10 anos, Leandro foi locatário de uma sala comercial de propriedade de Paula, na qual instalou o seu consultório para atendimentos médicos.

Decidido a se aposentar, Leandro notificou Paula, informando a rescisão contratual e colocando-se à disposição para entregar o imóvel. Ultrapassados 4 (quatro) meses sem o retorno da locadora, Leandro ajuizou ação declaratória de rescisão contratual com pedido de consignação das chaves. Diante disso, Paula apresentou contestação e reconvenção, na qual pleiteia a cobrança de danos materiais por diversos problemas encontrados no imóvel.

Diante desse imbróglio, e reconsiderando sua aposentadoria, Leandro consulta advogado(a) para avaliar a possibilidade de desistir da ação.

Sobre o caso narrado, assinale a afirmativa correta.

(A) Por ter sido apresentada contestação, Leandro poderá desistir da ação até a sentença, o que ficará sujeito à concordância de Paula.

(B) Como foi oferecida a contestação, Leandro não poderá mais desistir da ação.

(C) Caso apresentada desistência da ação por Leandro, sua conduta implicará a desistência implícita da reconvenção.

(D) Caso Leandro desista da ação, isso acarretará a extinção do processo sem resolução de mérito, obstando a propositura de nova ação com o mesmo objeto.

55. Maria promoveu uma ação de divórcio em face de seu ex-marido João, sendo que o réu foi inicialmente dado como residente na casa de sua ex-mulher, embora ali já não mais residisse. Quando da tentativa de citação, foi lavrada certidão negativa esclarecendo que a autora informou que o réu tinha regressado a Portugal. Diante disso, João veio a ser citado por edital, a requerimento da autora.

João, após transitada em julgada a sentença da ação de divórcio, teve conhecimento da ação. Diante do fato de que a autora necessariamente sabia o endereço dos familiares do requerido na cidade onde por último residiu com ele em Portugal e de onde era contactada telefonicamente com frequência por ele, procurou você para esclarecê-lo sobre os aspectos e efeitos da citação no processo brasileiro.

Sobre o caso narrado, assinale a afirmativa correta.

(A) Maria não poderá ser apenada por requerer a citação por edital, uma vez que houve a ocorrência de uma das circunstâncias autorizadoras para sua realização.

(B) A citação de João é válida, porque, quando ignorado, incerto ou inacessível o lugar em que se encontrar o citando, é autorizada a citação por edital.

(C) A citação por edital é nula, porque não foram efetuadas as diligências necessárias, tendo em vista a existência de elementos sobre o paradeiro do réu.

(D) Já houve a sanatória do vício na citação de João, porque a sentença da ação de divórcio já transitou em julgado.

56. Valdemar move, em face de Felício, ação de despejo, cujos pedidos são julgados procedentes.

Considerando-se que o juiz sentenciante não determinou a expedição de mandado de despejo, seria correto afirmar, na qualidade de advogado(a) do autor, que

(A) o requerimento de expedição do correspondente mandado de despejo pode ser dirigido ao juízo *a quo*, pois o recurso cabível contra a sentença tem efeito meramente devolutivo.

(B) a fim de que a sentença seja executada, deve ser requerida a chamada "tutela antecipada recursal", tendo em vista que o recurso cabível tem duplo efeito, devolutivo e suspensivo.

(C) após a prolação da sentença, está exaurida a jurisdição do juízo a quo, razão pela qual apenas o Tribunal pode determinar a expedição do mandado de despejo.

(D) devem ser opostos embargos de declaração contra a sentença, a fim de que o magistrado antecipe os efeitos da tutela e, consequentemente, o despejo possa ser objeto de execução provisória.

57. A livraria Sabedoria sofreu ação de execução por título extrajudicial movida pelo *Banco Carvalho* em virtude da inadimplência de contrato de empréstimo. Citada, a executada não realizou o pagamento da dívida, tendo sofrido o bloqueio de dinheiro depositado em instituição financeira. Com o objetivo de liberar o valor bloqueado, ofereceu, em substituição à penhora, fiança bancária ou o percentual de 10% de seu faturamento.

Intimada, a exequente não concordou com a substituição, sob o fundamento de que a penhora em dinheiro é preferencial e não pode ser substituída por qualquer outra, fundamento que foi acolhido pela juíza da causa.

Diante desses fatos, assinale a afirmativa correta.

(A) A decisão judicial está errada, pois a penhora do faturamento é equivalente a dinheiro, sendo cabível a substituição.

(B) A decisão judicial está correta, pois a penhora em dinheiro é prioritária e somente poderia ser substituída com a concordância da exequente.

(C) A decisão judicial está errada, pois a fiança bancária equipara-se a dinheiro, desde que em valor não inferior ao débito constante da inicial, acrescido de trinta por cento.

(D) a decisão judicial está correta, pois dinheiro, fiança bancária e penhora do faturamento são substituíveis entre si para fins de penhora.

58. Robson, diretor-presidente da *Sociedade Empresária RX Empreendimentos*, telefona para sua secretária Camila e solicita que ela compareça à sua sala. Ao ingressar no recinto, Camila é convidada para sentar ao lado de Robson no sofá, pois ele estaria precisando conversar com ela.

Apesar de achar estranho o procedimento, Camila se senta ao lado de seu chefe. Durante a conversa, Robson afirma que estaria interessado nela e a convida para ir a um motel.

Camila recusa o convite e, ato contínuo, Robson afirma que se ela não aceitar, nem precisa retornar ao trabalho no dia seguinte, pois estaria demitida.

Camila, desesperada, sai da sala de seu chefe, pega sua bolsa e vai até a Delegacia Policial do bairro para registrar o fato.

Diante das informações apresentadas, é correto afirmar que a conduta praticada por Robson se amolda ao crime de

(A) tentativa de assédio sexual (Art. 216-A), não chegando o crime a ser consumado na medida em que se trata de crime material, exigindo a produção do resultado, o que não ocorreu na hipótese;

(B) assédio sexual consumado, uma vez que o delito é formal, ocorrendo a sua consumação independentemente da obtenção da vantagem sexual pretendida;

(C) fato atípico, uma vez que a conduta praticada por Robson configura mero ato preparatório do crime de assédio sexual, sendo certo que os atos preparatórios não são puníveis;

(D) importunação sexual (Art. 215-A), uma vez que Robson praticou, contra a vontade de Camila, ato visando à satisfação de sua lascívia.

59. André, primário, e Fábio, reincidente, foram condenados por crime de latrocínio em concurso de pessoas. Durante a execução penal, ambos requereram a progressão de regime, visto que já haviam cumprido parte da pena. André fundamentou seu pedido em "bom comportamento", comprovado pelo diretor do estabelecimento prisional. Fábio, por sua vez, fundamentou seu pedido em razão de ter sido condenado na mesma época de seu comparsa, André.

Dessa forma, segundo os princípios que regem a Execução Penal e o Direito Penal, é correto afirmar que

(A) de acordo com o princípio da isonomia, que garante igualdade de tratamento entre os presos, é vedada aplicação de frações de progressão de regime diferenciadas a cada um dos acusados.

(B) de acordo com o princípio da individualização da pena, o Juiz da execução penal deverá alterar as penas dos acusados, conforme o comportamento prisional de cada um.

(C) é assegurada a progressão de regime aos crimes hediondos, mas a fração de progressão varia para cada indivíduo, ainda que ambos condenados pelo mesmo fato.

(D) o princípio do livre convencimento motivado autoriza o Juiz a aplicar a progressão de regime no momento processual que entender adequado, pois não há prazo para o Juiz.

60. Tainá, legalmente autorizada a pilotar barcos, foi realizar um passeio de veleiro com sua amiga Raquel.

Devido a uma mudança climática repentina, o veleiro virou e começou a afundar. Tainá e Raquel nadaram, desesperadamente, em direção a um tronco de árvore que flutuava no mar.

Apesar de grande, o tronco não era grande o suficiente para suportar as duas amigas ao mesmo tempo. Percebendo isso, Raquel subiu no tronco e deixou Tainá afundar, como único meio de salvar a própria vida. A perícia concluiu que a morte de Tainá se deu por afogamento. A partir do caso relatado, assinale a opção que indica a natureza da conduta praticada por Raquel.

(A) Raquel deverá responder pelo crime de omissão de socorro.

(B) Raquel agiu em legítima defesa, causa excludente de ilicitude.

(C) Raquel deverá responder pelo crime de homicídio consumado.

(D) Raquel agiu em estado de necessidade, causa excludente de ilicitude.

61. Túlio e Alfredo combinaram de praticar um roubo contra uma joalheria. Os dois ingressam na loja, e Alfredo, com o emprego de arma de fogo, exige que Fernanda, a vendedora, abra a vitrine e entregue os objetos expostos.

Enquanto Alfredo vasculha as gavetas da frente da loja, Túlio ingressa nos fundos do estabelecimento com Fernanda, em busca de joias mais valiosas, momento em que decide levá-la ao banheiro e, então, mantém com Fernanda conjunção carnal. Após, Túlio e Alfredo fogem com as mercadorias.

Em relação às condutas praticadas por Túlio e Alfredo, assinale a afirmativa correta.

(A) Túlio e Alfredo responderão por roubo duplamente circunstanciado, pelo concurso de pessoas e emprego de arma de fogo, e pelo delito de estupro, em concurso material.

(B) Túlio responderá por roubo circunstanciado pelo concurso de pessoas e estupro; Alfredo responderá por roubo duplamente circunstanciado, pelo concurso de pessoas e emprego de arma de fogo.

(C) Alfredo e Túlio responderão por roubo circunstanciado pelo concurso de pessoas e emprego de arma de fogo; Túlio também responderá por estupro, em concurso material.

(D) Túlio e Alfredo responderão por roubo circunstanciado pelo concurso de pessoas e emprego de arma de fogo; Túlio responderá por estupro, ao passo que Alfredo responderá por participação de menor importância no delito de estupro.

62. Policiais militares em patrulhamento de rotina, ao passarem próximos a um conhecido ponto de venda de drogas, flagraram Elias, reincidente específico no crime de tráfico ilícito de entorpecentes, vendendo um "pino" contendo cocaína a um usuário local.

Ao perceber que os policiais dirigiam-se para a abordagem, o aludido usuário, de modo perspicaz, jogou ao chão o entorpecente adquirido e conseguiu se evadir mas Elias acabou sendo preso em flagrante.

Ato contínuo, em revista pessoal, nos bolsos de Elias foram encontrados mais 119 (cento e dezenove) pinos de material branco pulverulento, que se comprovou, a posteriori, tratar-se de um total de 600g de substância entorpecente capaz de causar dependência, conhecida como cocaína.

Diante de tal situação e após cumpridos todos os trâmites legais, o Ministério Público denunciou Elias pela prática do crime de tráfico ilícito de entorpecentes, duas vezes, nas modalidades "vender" e "trazer consigo", em concurso material de crimes.

A capitulação feita pelo parquet está

(A) incorreta, tendo em vista que a norma do Art. 33 da Lei nº 11.343/06 é de ação múltipla, devendo Elias responder pela prática de um único crime de tráfico ilícito de entorpecentes.

(B) incorreta, porque, embora os verbos – vender e trazer consigo – integrem o tipo penal do Art. 33 da Lei nº 11.343/06, a hipótese é de concurso formal de crimes, pois Elias, mediante uma só ação, praticou dois crimes.

(C) correta, uma vez que ambos os verbos – vender e trazer consigo – constam no tipo penal do Art. 33 da Lei nº 11343/06, indicando-se a pluralidade de condutas.

(D) incorreta, pois Elias faz jus à causa de redução prevista no Art. 33, § 4º, da Lei nº 11.343/06, por não se comprovar ser dedicado a atividades criminosas.

63. Américo é torcedor fanático de um grande clube brasileiro, que disputa todos os principais campeonatos nacionais e internacionais. Américo recebeu a notícia de que seu clube iria jogar uma partida no estádio de sua cidade, porém, ao tentar adquirir os ingressos, descobriu que estes já haviam se esgotado.

André, seu vizinho, torcedor do time rival, sempre incomodado com os gritos de comemoração que Américo soltava em dias de jogo, resolveu se vingar, oferecendo ingressos falsos para Américo.

Sem saber da falsidade, Américo aceitou a oferta, porém, no momento da concretização do pagamento, percebeu, por sua acurada expertise no tema ingressos de futebol, que os ingressos eram falsos.

Com base na situação hipotética, é correto afirmar que a conduta de André corresponde ao crime de

(A) "cambismo", do Estatuto do Torcedor, na modalidade tentada.

(B) falsificação de documento público.

(C) estelionato, na modalidade tentada.

(D) uso de documento falso.

64. Vitor respondia ação penal pela suposta prática do crime de ameaça (pena: 01 a 06 meses de detenção ou multa) contra sua ex-companheira Luiza, existindo medida protetiva em favor da vítima proibindo o acusado de se aproximar dela, a uma distância inferior a 100m.

Mesmo intimado da medida protetiva de urgência, Vitor se aproximou de Luiza e tentou manter com ela contato, razão pela qual a vítima, temendo por sua integridade física, procurou você, como advogado(a), e narrou o ocorrido. Nessa ocasião, Luiza esclareceu que, após a denúncia do crime de ameaça, Vitor veio a ser condenado, definitivamente, pela prática do delito de uso de documento falso por fatos que teriam ocorrido antes mesmo da infração penal cometida no contexto de violência doméstica e familiar contra a mulher.

Com base nas informações expostas, você, como advogado(a) de Luiza, deverá esclarecer à sua cliente que

(A) não poderá ser decretada a prisão de Vitor, pois não há situação de flagrância.

(B) não poderá ser decretada a prisão preventiva de Vitor, pois o crime de ameaça tem pena inferior a 04 anos e ele é tecnicamente primário.

(C) poderá ser decretada a prisão preventiva de Vitor, pois, apesar de o crime de ameaça ter pena máxima inferior a 04 anos, o autor do fato é reincidente.

(D) poderá ser decretada a prisão preventiva de Vitor, mesmo sendo tecnicamente primário, tendo em vista a existência de medida protetiva de urgência anterior descumprida.

65. Hamilton, vendedor em uma concessionária de automóveis, mantém Priscila em erro, valendo-se de fraude para obter vantagem econômica ilícita, consistente em valor de comissão maior do que o devido na venda de um veículo automotor. A venda e a obtenção da vantagem ocorrem no dia 20 de novembro de 2019.

O fato chega ao conhecimento da autoridade policial por notícia feita pela concessionária, ainda em novembro de 2019 e, em 2 de março de 2020, o Ministério Público oferece denúncia em face de Hamilton, imputando-lhe a prática do crime de estelionato. Embora tenha sido ouvida em sede policial, Priscila não manifestou sua vontade de ver Hamilton processado pela prática delitiva. A denúncia é recebida e a defesa impetra habeas corpus perante o Tribunal de Justiça.

No caso, assinale a opção que apresenta a melhor tese defensiva a ser sustentada.

(A) A ausência de condição específica de procedibilidade, em razão da exigência de representação da ofendida.

(B) A ausência de condição da ação, pois caberia à vítima o ajuizamento da ação penal privada no caso concreto.

(C) A necessidade de remessa dos autos ao Procurador-geral de Justiça para que haja oferta de acordo de não persecução penal.

(D) A atipicidade da conduta, em razão do consentimento da vítima, consistente na ausência de manifestação de ver o acusado processado.

66. No curso de inquérito que, no início da pandemia de Covid-19, apura a prática do crime contra as relações de consumo descrito no Art. 7º, inciso VI, da Lei nº 8.137/90, a autoridade policial representa pela interceptação do ramal telefônico de João, comerciante indiciado, sustentando a imprescindibilidade da medida para a investigação criminal.

O crime em questão consiste na sonegação ou retenção de insumos e bens, para fim de especulação, e é punido com pena de detenção de 2 a 5 anos ou multa. A interceptação é autorizada pelo prazo de quinze dias, em decisão fundamentada, na qual o juízo considera demonstrada sua necessidade, bem como a existência de indícios suficientes de autoria.

No caso narrado, o(a) advogado(a) do comerciante poderia sustentar a ilegalidade da interceptação das comunicações telefônicas, porque

(A) o prazo fixado pelo juiz excede o legalmente permitido.
(B) a interceptação não é admitida quando o fato objeto da investigação constitui infração penal punida, no máximo, com pena de detenção.
(C) a interceptação não é admitida quando o fato objeto da investigação constitui infração penal cuja pena máxima não seja superior a cinco anos.
(D) caberia apenas ao Ministério Público requerê-la.

67. O prefeito do Município de Canto Feliz, juntamente com o juiz estadual e o promotor de justiça, todos da mesma comarca (Art. 77, inciso I, do CPP), cometeu um crime contra a administração pública federal - interesse da União -, delito que não era de menor potencial ofensivo e nem cabia, objetivamente, qualquer medida penal consensual. Todos foram denunciados pelo Ministério Público federal perante a 1ª Vara Criminal da Justiça Federal da correspondente Seção Judiciária.

Recebida a denúncia, a fase probatória da instrução criminal foi encerrada, sendo que o Dr. João dos Anjos, que era advogado em comum aos réus (inexistência de colidência de defesas), faleceu, tendo os acusados constituído um novo advogado para apresentar memoriais (Art. 403, § 3º, do CPP) e prosseguir em suas defesas.

Nessa fase de alegações finais, somente há uma matéria de mérito a ser defendida em relação a todos os réus, que é a negativa de autoria. Todavia, antes de adentrar ao mérito, existe uma questão preliminar processual a ser suscitada, relativa à competência, e consequente arguição de nulidade.

Como advogado(a) dos réus, assinale a opção que indica como você fundamentaria a existência dessa nulidade.

(A) O processo é nulo, por ser o juízo relativamente incompetente, aproveitando-se os atos instrutórios. Anulado o processo, este deverá prosseguir para todos a partir da apresentação dos memoriais perante uma das Turmas do Tribunal Regional Federal da respectiva Seção Judiciária, por serem os réus detentores de foro especial por prerrogativa de função junto àquele órgão jurisdicional.
(B) O processo é nulo, por ser o juízo absolutamente incompetente desde o recebimento da denúncia, devendo ser reiniciado para todos a partir deste momento processual perante o Tribunal de Justiça do respectivo Estado da Federação, por serem os réus detentores de foro especial por prerrogativa de função perante aquela Corte estadual de justiça.
(C) O processo é nulo, por ser o juízo relativamente incompetente, aproveitando-se os atos instrutórios. Anulado o processo este deverá prosseguir a partir da apresentação dos memoriais perante o Tribunal de Justiça do respectivo Estado da Federação, por serem todos os réus detentores de foro especial por prerrogativa de função perante aquela Corte estadual de justiça.
(D) O processo é nulo, por ser o juízo absolutamente incompetente. Em relação ao Prefeito do Município de Canto Feliz, o processo deverá ser remetido a uma das Turmas do Tribunal Regional Federal da respectiva Seção Judiciária, sendo reiniciado a partir do recebimento da denúncia. Em relação ao Juiz estadual e ao Promotor de Justiça, há nulidade por vício de incompetência absoluta, com a necessidade de desmembramento do processo, devendo ser reiniciado para ambos a partir do recebimento da denúncia, sendo de competência do Tribunal de Justiça do respectivo Estado da Federação.

68. Renata, primária, foi condenada à pena de 5 (cinco) anos de reclusão, em regime fechado, por crime de estelionato, em continuidade delitiva, sendo atestado o seu bom comportamento carcerário.

Rogério, marido de Renata, que cuidava da filha do casal de 10 (dez) anos de idade, veio a falecer, sendo que Renata já havia cumprido 1/8 (um oitavo) da pena no regime fechado.

A filha de Renata está morando provisoriamente com uma amiga de Renata, por não existir qualquer parente para cuidar da criança.

Em relação ao cumprimento de pena por Renata, você, como advogado(a), postularia ao juízo da execução a progressão para o regime

(A) semiaberto, em razão de a penitente já ter cumprido a fração de pena estabelecida na Lei de Execução Penal e comprovado o bom comportamento carcerário.
(B) semiaberto e a saída temporária, em razão de a penitente já ter cumprido o percentual de pena estabelecido na Lei de Execução Penal e por ter comprovado o bom comportamento carcerário.
(C) domiciliar, para que ela cuide da filha de 10 (dez) anos de idade, em observância ao Estatuto da Primeira Infância e por ser medida de caráter humanitário.
(D) aberto, em razão de a penitente já ter cumprido 1/8 (um oitavo) da pena estabelecido na Lei de Execução Penal e comprovado o bom comportamento carcerário, somado ao fato de ser a única responsável pela filha menor de 10 (dez) anos de idade.

69. Maria foi brutalmente assassinada em sua própria casa por seu vizinho, Antônio, que morava em frente à sua casa.

Em julgamento no Tribunal do Júri, o juiz presidente, ao formar o Conselho de Sentença, iniciou os sorteios de costume. Dentre os voluntários para a formação dos jurados, estavam vários outros vizinhos, inclusive o próprio filho de Maria, todos revoltados clamando por justiça e pela condenação de Antônio.

Assim, segundo o Código do Processo Penal, com relação à composição do Tribunal do Júri, assinale a afirmativa correta.

(A) As hipóteses de impedimento e suspeição não se aplicam aos jurados, de forma que os vizinhos e o filho da vítima podem compor o Conselho de Sentença.
(B) A suspeição dos vizinhos deve ser arguida por petição dirigida ao Tribunal de Justiça, ao passo que o impedimento do filho da vítima deve ser reconhecido de ofício pelo Juiz togado.

(C) A suspeição e o impedimento do filho e dos vizinhos devem ser alegados pela parte que aproveita, sendo incabível ao Juiz dela conhecer de ofício.
(D) A suspeição dos jurados deve ser arguida oralmente ao Juiz Presidente do Tribunal do Júri.

70. Sua cliente é uma empresa do setor calçadista com sede em Sapiranga, no Rio Grande do Sul, e lhe procurou indagando acerca da possibilidade de transferir alguns empregados para outras localidades.

Diante disso, considerando o texto da CLT em vigor e o entendimento jurisprudencial consolidado do TST, assinale a afirmativa correta.

(A) O empregado com contrato de trabalho no qual consta cláusula expressa de transferência decorrente de comprovada real necessidade de serviço obrigatoriamente deve aquiescer com a transferência, sendo tal concordância requisito indispensável para a validade da transferência.
(B) Apenas serão consideradas transferências aquelas que acarretarem, necessariamente, a mudança de domicílio do empregado.
(C) Em caso de necessidade de serviço, o empregador será livre para transferir o empregado provisoriamente, desde que com a aquiescência deste, sendo desnecessário o pagamento de qualquer outra vantagem ou benefício ao empregado, exceto a ajuda de custo para a mudança.
(D) Havendo transferência provisória com o pagamento do respectivo adicional, as despesas resultantes da transferência serão do empregado, uma vez que já indenizada a transferência pelo adicional respectivo.

71. Gael foi contratado pela *Sociedade Empresária Aldeia da Pipoca Ltda.* em fevereiro de 2022 como cozinheiro. No contrato de trabalho de Gael, há uma cláusula prevendo que a jornada de trabalho será de 8 horas diárias de 2ª a 6ª feira, com intervalo de 1 hora, e de 4 horas aos sábados, sem intervalo. Na mesma cláusula, há previsão de que, havendo realização de horas extras, elas irão automaticamente para um banco de horas e deverão ser compensadas em até 5 meses. Em conversas informais com os colegas, Gael ficou sabendo que não existe nenhuma previsão de banco de horas em norma coletiva da sua categoria profissional.

Considerando a situação retratada e os termos da CLT, assinale a afirmativa correta.

(A) Trata-se de cláusula nula, porque a instituição do banco de horas precisa ser feita em convenção coletiva de trabalho.
(B) É possível a pactuação individual do banco de horas desde que a compensação seja feita em até 12 meses.
(C) A cláusula é válida, porque a compensação ocorrerá em menos de 6 meses, cabendo acerto individual com o empregado para a instituição do banco de horas.
(D) Trata-se de cláusula nula, porque a instituição do banco de horas precisa ser feita em acordo coletivo de trabalho.

72. João da Silva se submeteu, em novembro de 2021, a um processo seletivo para ingresso em um banco privado. Meses depois, recebeu um *e-mail* do banco informando que ele havia sido selecionado para a vaga. O *e-mail* solicitava a apresentação na sede do banco em 5 dias, com a carteira de trabalho e demais documentos pessoais, e, por causa disso, João da Silva recusou a participação em outros dois processos seletivos para os quais foi chamado, resolvendo focar as energias no futuro emprego no banco. Ocorre que, no dia em que se apresentou no banco, o gerente do setor de Recursos Humanos pediu desculpas e alegou ter havido um engano: segundo ele, o selecionado foi realmente João da Silva, mas um homônimo, e, por descuido do setor, enviaram a informação da aprovação para o *e-mail* errado. Nenhum documento foi exibido a João da Silva, sendo que o gerente renovou o pedido de desculpas e desejou boa sorte a João da Silva. Diante dos fatos narrados e das normas de regência, assinale a afirmativa correta.

(A) Nada há a fazer, pois a empresa se justificou, pediu desculpas e não houve prejuízo a João da Silva.
(B) O banco deverá ser obrigado a contratar João da Silva, em razão da promessa constante do *e-mail*.
(C) A situação envolve dano pré-contratual, de competência da Justiça do Trabalho.
(D) Uma vez que não houve contrato formalizado, a eventual responsabilidade civil deverá ser analisada pela Justiça Comum.

73. Lúcio Lima foi contratado para trabalhar em uma empresa no ramo da construção civil. Seu empregador descumpriu inúmeros direitos trabalhistas, e, notadamente, deixou de pagar as verbas rescisórias. No período, Lúcio Lima prestou serviços em um contrato de subempreitada, já que seu empregador fora contratado pelo empreiteiro principal para realizar determinada obra de reforma.

Diante desse cenário, Lúcio Lima contratou você, como advogado(a), para ajuizar uma reclamação trabalhista. Sobre a hipótese, segundo o texto legal da CLT em vigor, assinale a afirmativa correta.

(A) Cabe ação em face de ambas as sociedades empresárias, que figurarão no polo passivo da demanda.
(B) Trata-se de grupo econômico, o que induz obrigatoriamente à responsabilidade solidária de ambas as sociedades empresárias.
(C) Cabe apenas ação em face do efetivo empregador, já que não se trata de terceirização de mão de obra.
(D) A subempreitada é atividade ilícita por terceirizar atividade fim, razão pela qual se opera a sucessão de empregadores, configurando-se fraude.

74. A sociedade empresária *Mangiare Bene*, do ramo de serviços de alimentação, tem um plano de expansão em que pretende assumir as atividades de outros restaurantes, passando a deter a maioria do capital social destes. Preocupada com os contratos de trabalho dos futuros empregados, ela consulta você, na condição de advogado(a). Em relação à consulta feita, considerando a CLT em vigor, assinale a afirmativa correta.

(A) A mudança na propriedade ou na estrutura jurídica da sociedade não afetará os contratos de trabalho dos respectivos empregados, mas, em caso de sucessão de empregadores, as obrigações trabalhistas, inclusive as contraídas à época em que os empregados trabalhavam para a empresa sucedida, são de responsabilidade do sucessor.
(B) A mudança na propriedade ou na estrutura jurídica da empresa não afetará os contratos de trabalho dos respectivos empregados, mas, operando-se a sucessão de empregadores, as obrigações trabalhistas contraídas à

época em que os empregados trabalhavam para a empresa sucedida serão de responsabilidade desta; já as obrigações trabalhistas posteriores à sucessão são de responsabilidade do sucessor.

(C) Em caso de comprovação de fraude na sucessão de empregadores, a empresa sucessora responde como devedora principal, e a sucedida responderá subsidiariamente.

(D) Em caso de sucessão trabalhista, esta implicará novação dos contratos de trabalho dos empregados admitidos antes da sucessão, de modo que poderão ocorrer alterações contratuais pelo atual empregador por se entender como novo contrato, respeitado apenas o tempo de serviço.

75. A partir de 2021, uma determinada sociedade empresária passou a oferecer aos seus empregados, gratuitamente, plano de saúde em grupo como forma de fidelizar a sua mão de obra e para que o empregado se sinta valorizado. O plano oferece uma boa rede credenciada e internação, se necessária, em enfermaria. Tanto o empregado quanto os seus dependentes são beneficiários. Todos os empregados se interessaram pelo plano e assinaram o documento respectivo de adesão.

Em relação a essa vantagem, de acordo com a CLT, assinale a afirmativa correta.

(A) O benefício não é considerado salário utilidade e, assim, não haverá qualquer reflexo.

(B) O plano, por se tratar de salário in natura, vai integrar o salário dos empregados pelo seu valor real.

(C) O valor do plano deverá ser integrado ao salário dos empregados pela metade do seu valor de mercado.

(D) O valor relativo ao empregado não será integrado ao salário, mas o valor referente aos dependentes refletirá nos demais direitos do trabalhador.

76. Amanda ajuizou reclamação trabalhista contra a *Sociedade Empresária Brinquedos Infantis Ltda.*, na qual atuou como caixa durante 7 meses. A reclamada foi citada e apresentou defesa sem sigilo no sistema Pje, com os documentos correspondentes, 2 dias antes da audiência.

No dia da audiência, feito o pregão, a juíza tentou a conciliação entre as partes, sem sucesso. Então, recebeu formalmente a defesa e deu vista à advogada da autora. Após analisar a contestação em mesa, a advogada de Amanda pediu a palavra pela ordem e requereu a desistência da reclamação trabalhista, com o que não concordou o advogado da reclamada.

Considerando a situação e as normas previstas na CLT, assinale a afirmativa correta.

(A) A desistência pode ser homologada, porque requerida antes do início da instrução.

(B) O requerimento deve ser homologado pelo magistrado, uma vez que a desistência jamais depende da concordância do reclamado.

(C) A desistência não poderá ser homologada, porque tendo a contestação sido oferecida, a desistência depende da concordância do reclamado.

(D) O requerimento não pode ser atendido, porque tanto a desistência quanto a renúncia dependem de aquiescência do reclamado se a defesa tiver sido apresentada sem sigilo.

77. No bojo de uma execução trabalhista, o juízo, a requerimento da exequente, utilizou todas as ferramentas tecnológicas disponíveis para tentar apreender dinheiro ou bens do executado, não tendo sucesso.

O juízo, também a requerimento da exequente, deferiu a instauração do incidente de desconsideração da personalidade jurídica (IDPJ) em face dos sócios, que foram citados e se manifestaram. Diante dos argumentos apresentados, o IDPJ foi julgado improcedente, isentando os sócios de qualquer responsabilidade.

Considerando a situação de fato e a previsão legal, assinale a afirmativa correta.

(A) A exequente poderá interpor recurso de agravo de petição.

(B) Não caberá recurso da decisão em referência por ser interlocutória.

(C) Caberá à exequente, se desejar, interpor recurso ordinário.

(D) A exequente poderá interpor agravo de instrumento.

78. Numa execução trabalhista, o juiz homologou os cálculos do exequente, declarando devido o valor de R$ 30.000,00.

Instado a pagar voluntariamente a dívida, o executado quedou-se inerte e, após requerimento do exequente, o juiz acionou o convênio com o Banco Central para bloqueio do numerário nos ativos financeiros da empresa. A ferramenta de bloqueio conseguiu, após várias tentativas, capturar R$ 20.000,00 das contas do executado.

Diante dessa situação e das disposições da CLT, assinale a afirmativa correta.

(A) A empresa poderá, de plano, ajuizar embargos à execução, que serão apreciados, porque não é necessária a garantia do juízo.

(B) O executado ainda não poderá ajuizar embargos à execução e, se o fizer, não serão apreciados, porque o juízo não se encontra integralmente garantido.

(C) Os embargos à execução podem ser ajuizados e apreciados, porque já se conseguiu apreender mais da metade do valor exequendo, que é o requisito previsto na CLT.

(D) A empresa não poderá embargar a execução, porque não existe tal previsão na CLT.

79. Na audiência de uma reclamação trabalhista, estando as partes presentes e assistidas por seus respectivos advogados, foi homologado pelo juiz um acordo no valor de R$ 50.000,00 (cinquenta mil reais), tendo sido atribuído ao valor a natureza indenizatória, com as parcelas devidamente identificadas.

O reclamante e o INSS, cinco dias após, interpuseram recurso ordinário contra a decisão de homologação do acordo – o reclamante, dizendo-se arrependido quanto ao valor, afirmando que teria direito a uma quantia muito superior; já o INSS, insurgindo-se contra a indicação de todo o valor acordado como tendo natureza indenizatória, prejudicando a autarquia previdenciária no tocante ao recolhimento da cota previdenciária.

Diante do caso apresentado e nos termos da CLT, assinale a afirmativa correta.

(A) Tanto o reclamante quanto o INSS podem recorrer da decisão homologatória, e seus recursos terão o mérito apreciado.

(B) No caso, somente o reclamante poderá recorrer, porque o INSS não tem legitimidade para recorrer de recursos, já que não foi parte.
(C) Somente o INSS pode recorrer, porque, para o reclamante, o acordo valerá como decisão irrecorrível.
(D) Nenhuma das partes nem o INSS podem recorrer contra o acordo, porque a homologação na Justiça do Trabalho é soberana.

80. Após a admissão e o julgamento de um recurso de revista, um motorista por aplicativo, que requereu vínculo empregatício com uma plataforma, teve o seu pedido julgado improcedente por uma das turmas do Tribunal competente. Na mesma semana, outro recurso de revista foi julgado de forma diametralmente oposta por outra turma do mesmo Tribunal, reconhecendo o vínculo de emprego.

Diante desta contradição nos julgamentos, assinale a opção que indica o recurso cabível para uniformizar o entendimento desse Tribunal e em que órgão ele será apreciado.

(A) Embargos, para a Seção de Dissídios Individuais do TST.
(B) Recurso Ordinário, a ser julgado pelo órgão Pleno do TRT da Região.
(C) Embargos de Declaração, a ser apreciado pelo STF.
(D) Conflito Negativo de Competência, para o órgão especial do STJ.

Folha de Respostas

#				
1	A	B	C	D
2	A	B	C	D
3	A	B	C	D
4	A	B	C	D
5	A	B	C	D
6	A	B	C	D
7	A	B	C	D
8	A	B	C	D
9	A	B	C	D
10	A	B	C	D
11	A	B	C	D
12	A	B	C	D
13	A	B	C	D
14	A	B	C	D
15	A	B	C	D
16	A	B	C	D
17	A	B	C	D
18	A	B	C	D
19	A	B	C	D
20	A	B	C	D
21	A	B	C	D
22	A	B	C	D
23	A	B	C	D
24	A	B	C	D
25	A	B	C	D
26	A	B	C	D
27	A	B	C	D
28	A	B	C	D
29	A	B	C	D
30	A	B	C	D
31	A	B	C	D
32	A	B	C	D
33	A	B	C	D
34	A	B	C	D
35	A	B	C	D
36	A	B	C	D
37	A	B	C	D
38	A	B	C	D
39	A	B	C	D
40	A	B	C	D
41	A	B	C	D
42	A	B	C	D
43	A	B	C	D
44	A	B	C	D
45	A	B	C	D
46	A	B	C	D
47	A	B	C	D
48	A	B	C	D
49	A	B	C	D
50	A	B	C	D
51	A	B	C	D
52	A	B	C	D
53	A	B	C	D
54	A	B	C	D
55	A	B	C	D
56	A	B	C	D
57	A	B	C	D
58	A	B	C	D
59	A	B	C	D
60	A	B	C	D
61	A	B	C	D
62	A	B	C	D
63	A	B	C	D
64	A	B	C	D
65	A	B	C	D
66	A	B	C	D
67	A	B	C	D
68	A	B	C	D
69	A	B	C	D
70	A	B	C	D
71	A	B	C	D
72	A	B	C	D
73	A	B	C	D
74	A	B	C	D
75	A	B	C	D
76	A	B	C	D
77	A	B	C	D
78	A	B	C	D
79	A	B	C	D
80	A	B	C	D

GABARITO COMENTADO

1. Gabarito: B
Comentário: O enunciado da questão versa sobre os chamados "honorários quota litis", ou honorários com "cláusula" ou "pacto quota litis", regrados pelo art. 50 do CED. Partindo dessa premissa, vejamos cada uma das alternativas. **A** e **D**: incorretas, pois os honorários com cláusula *quota litis* podem incidir sobre prestações vencidas e vincendas, desde que observadas a moderação e a razoabilidade, conforme enuncia o art. 50, § 2º, do CED; **B**: correta, nos termos do art. 50, *caput*, do CED; **C**: incorreta, pois os honorários a serem recebidos pelo advogado não podem ser superiores aos ganhos do cliente, já considerados os honorários sucumbenciais (art. 50, *caput*, CED). AT

2. Gabarito: A
Comentário: Nos termos do art. 32, parágrafo único, do EAOAB, em caso de lide temerária, o advogado será solidariamente responsável com seu cliente, desde que coligado com este para lesar a parte contrária, o que será apurado em ação própria. Assim, vejamos cada uma das alternativas. **A**: correta, nos exatos termos do parágrafo único, do art. 32 do EAOAB; **B**: incorreta, pois a responsabilidade solidária do advogado depende de demonstração de conluio dele com seu cliente, visando a lesar a parte contrária; **C** e **D**: incorretas, pois a responsabilidade do advogado não é subsidiária, mas solidária à do cliente, quando com este conluiado para lesar a parte contrária, o que deverá ser apurado em ação própria. AT

3. Gabarito: D
Comentário: Nos termos do art. 47-A do CED, será admitida a celebração de Termo de Ajustamento de Conduta (TAC) no âmbito dos Conselhos Seccionais e do Conselho Federal para fazer cessar a publicidade irregular praticada por advogados e estagiários. Assim, vejamos. **A**: incorreta, pois a celebração de TAC é admitida, também, no âmbito dos Conselhos Seccionais; **B**: incorreta, pois o TAC pode ser celebrado, em caso de publicidade irregular, entre a OAB e advogados ou entre a OAB e estagiários, conforme autoriza o art. 47-A do CED; **C**: incorreta, pois o TAC se presta, exatamente, diante de infração ética relacionada à publicidade irregular, a evitar a instauração de processo administrativo disciplinar; **D**: correta, nos exatos termos do art. 47-A do CED. AT

4. Gabarito: D
Comentário: **A**: incorreta, pois qualquer sociedade de advogados, seja ela simples (pluripessoal) ou individual (unipessoal), adquirirá personalidade jurídica com o registro aprovado dos seus atos constitutivos no Conselho Seccional da OAB em cuja base territorial tiver sede, conforme art. 15, § 1º, do EAOAB. Como visto, o registro do ato constitutivo deve ocorrer perante a OAB, e não perante Junta Comercial ou Cartório de Registro Civil das Pessoas Jurídicas, conforme proíbe, expressamente, o art. 16, § 3º, do EAOAB; **B**: incorreta, pois as procurações devem ser outorgadas individualmente aos advogados (pessoas físicas/naturais) e indicar a sociedade de que façam parte (art. 15, § 3º, do EAOAB); **C**: incorreta, pois nenhum advogado pode integrar mais de uma sociedade (unipessoal ou pluripessoal) na mesma área territorial do respectivo Conselho Seccional, consoante dispõe o art. 15, § 4º, do EAOAB; **D**: correta, conforme dispõe o art. 15, § 6º, do EAOAB e art. 19 do CED. AT

5. Gabarito: B
Comentário: De acordo com o art. 56, § 5º, do Regulamento Geral (RGOAB), qualquer transferência de bens ou recursos de um Conselho Seccional a outro depende de autorização do Conselho Federal. Assim, temos as seguintes observações acerca das alternativas. **A**: incorreta, pois não há proibição de transferência de bens e recursos entre Conselhos Seccionais, dependendo, porém, de autorização do CFOAB; **B**: correta, nos exatos termos do art. 56, § 5º, do RGOAB; **C**: incorreta, pois a autorização para a transferência de bens e recursos entre Conselhos Seccionais, como visto, deve emanar do CFOAB; **D**: incorreta, pois não há vedação de transferência de dinheiro entre Conselhos Seccionais. AT

6. Gabarito: C
Comentário: De acordo com o art. 76 do EAOAB, cabe recurso ao Conselho Seccional de todas as decisões proferidas por seu Presidente, pelo Tribunal de Ética e Disciplina, ou pela diretoria da Subseção ou da Caixa de Assistência dos Advogados. Correta, portanto, a alternativa C, estamos as demais em descompasso com o referido dispositivo legal. AT

7. Gabarito: D
Comentário: De acordo com o art. 21, parágrafo único, do EAOAB, os honorários de sucumbência percebidos por advogado empregado de sociedade de advogados são partilhados entre ele e a empregadora, na forma estabelecida em acordo. Correta, portanto, a alternativa D, estando as demais em dissonância com o texto legal. AT

8. Gabarito: D
Comentário: De acordo com o art. 2º-A do EAOAB, incluído pela Lei 14.365/2022, o advogado pode contribuir com o processo legislativo e com a elaboração de normas jurídicas, no âmbito dos Poderes da República. Assim, correta a alternativa D. AT

9. Gabarito: A
Comentário: Para o autor, a dificuldade do juiz está na extensão das consequências que deve considerar na hora de decidir, bem como sobre quais bases deve levar em conta para avaliar as consequências de suas decisões. Portanto, a assertiva correta é "A". RF

10. Gabarito: B
Comentário: A única assertiva que diz respeito ao critério da eficácia, tal qual definido por Bobbio em sua Teoria da Norma Jurídica, é a "B" e deve ser assinalada. RF

11. Gabarito: C
Comentário: A: incorreta. O uso temporário de bens e a ocupação são constitucionalmente admitidos na hipótese da decretação do estado de defesa, conforme previsão no art. 136, § 1º, II, da CF. Não há, portanto, violação ao princípio federativo; B: incorreta. A medida coercitiva é constitucional, mas o tempo de duração do estado de defesa não será superior a **trinta dias**, podendo ser **prorrogado uma vez, por igual período**, se persistirem as razões que justificaram a sua decretação, conforme determina o art. no art. 136, § 2º, da CF; C: correta. De fato, a medida coercitiva (a ocupação e o uso temporário de bens e serviços públicos dos Estados atingidos) **viola a ordem constitucional**, pois a União, ao contrário do mencionado, deve ser responsabilizada pelos danos e custos decorrentes, conforme determina o art. 136, § 1º, II, da CF; D: incorreta. Não há necessidade de prévia e expressa autorização das as casas do Congresso Nacional para a aplicação da medida coercitiva. De acordo com o art. 136, § 1º, II, da CF, **o decreto que instituir o estado de defesa** determinará o tempo de sua duração, especificará as áreas a serem abrangidas e **indicará, nos termos e limites da lei, as medidas coercitivas** a vigorarem, como, por exemplo, a ocupação e uso temporário de bens e serviços públicos, na hipótese de calamidade pública, **respondendo a União pelos danos e custos decorrentes.** BV

12. Gabarito: B
Comentário: A: incorreta. Ao contrário do mencionado, Martinez, na condição de estrangeiro residente no Brasil, **não** goza de todos os direitos fundamentais e políticos assegurados pela Constituição de 1988 aos brasileiros natos e naturalizados, não pode, por exemplo, votar. Por outro lado, o livre exercício

da profissão, desde que preenchidos os requisitos legais exigidos, é garantido ao Martinez; B: correta. De fato, apesar do Texto Constitucional restringir o exercício de determinados direitos por parte dos estrangeiros, o exercício da profissão é livre, desde que o brasileiro ou o estrangeiro preencha os requisitos que a lei exigir. É o que determina o art. 5º, XIII, da CF. C: incorreta. A prévia naturalização do estrangeiro **não é requisito** para atuação no ensino superior; D: incorreta. A prova de residência em solo brasileiro por, no mínimo, 04 (quatro) anos também **não é exigida** para que o estrangeiro lecione em Universidade privada brasileira. Determina o art. 207, § 1º, da CF que é facultado às universidades admitir **professores**, técnicos e cientistas **estrangeiros**, na forma da lei. BV

13. Gabarito: D
Comentário: A: incorreta. Ao contrário do mencionado, de acordo com o inciso XLV do art. 5º da CF, <u>nenhuma pena passará da pessoa do condenado</u>, podendo a obrigação de reparar o dano e a decretação do perdimento de bens ser, nos termos da lei, estendidas aos sucessores e contra eles executadas, até o limite do valor do patrimônio transferido; B: incorreta. Como mencionado, **a obrigação de reparar o dano e a decretação do perdimento de bens podem ser transferidas aos sucessores** de Antônio até o limite do patrimônio transferido; C: incorreta. **As penas não poderão ser transferidas** (nem a de multa), pois devem respeitar o princípio da pessoalidade. O que a Constituição autoriza, como explicado anteriormente, é a transferência da obrigação de reparar o dano e a decretação do perdimento de bens ser, desde que seja respeitado o limite do valor do patrimônio transferido; D: correta. É o que determina o citado art. 5º, XLV, da CF. BV

14. Gabarito: B
Comentário: A: incorreta. O STF **não poderá obrigar o Poder Legislativo** a editar a norma faltante em trinta dias, pois dessa forma **estaria ferindo o princípio da separação dos poderes**. Determina o art. 12-H da Lei 9.868/99 que declarada a inconstitucionalidade por omissão, será dada ciência ao Poder competente para a adoção das providências necessárias. O § 1º do mesmo artigo ensina que em caso de **omissão imputável a <u>órgão administrativo</u>** (que não é o caso do Poder Legislativo), **as providências deverão ser adotadas no prazo de 30 (trinta) dias**, ou em prazo razoável a ser estipulado excepcionalmente pelo Tribunal, tendo em vista as circunstâncias específicas do caso e o interesse público envolvido; B: correta. É o que determina o citado § 1º do art. 12-H da Lei 9.868/99; C: incorreta. **O STF não pode atuar como legislador positivo** e ainda que fizesse isso, a sua atuação jamais obstaria a legislativa superveniente, tendo em vista que é o Poder Legislativo quem detém a função típica de legislar, ou seja, de criar normas abstratas e genéricas. D: incorreta. **As normas de eficácia limitada é que podem ser objeto de Ação Direta de Inconstitucionalidade por Omissão.** BV

15. Gabarito: C
Comentário: A: incorreta. Ao contrário do mencionado, o governador, desde que demonstre a existência de pertinência temática, é legitimado ativo para propositura de ação pela via concentrada, conforme determina o art. 103, V, da CF; B: incorreta. No âmbito jurídico, o governador poderá propor uma ação direta de inconstitucionalidade alegando o vício de iniciativa que configura inconstitucionalidade formal subjetivo; C: correta. É o que determina o art. 103, V, da CF; D: incorreta. O governador poderá propor a ação direta de inconstitucionalidade. Os legitimados à propositura das ações do controle concentrado estão previstos no art. 103 da CF e são os seguintes: I - o Presidente da República; II - a Mesa do Senado Federal; III - a Mesa da Câmara dos Deputados; IV a Mesa de Assembleia Legislativa ou da Câmara Legislativa do Distrito Federal; **V o Governador de Estado ou do Distrito Federal**; VI - o Procurador-Geral da República; VII - o Conselho Federal da Ordem dos Advogados do Brasil; VIII - partido político com representação no Congresso Nacional; IX - confederação sindical ou entidade de classe de âmbito nacional. BV

16. Gabarito: A
Comentário: A: correta. De fato, o mandado de segurança é um remédio residual, conforme determina o art. 5º, LXIX, da CF. Apenas quando o direito líquido e certo **não for amparado por** *habeas corpus* **ou** *habeas data* e quando o responsável pela ilegalidade ou abuso de poder for autoridade pública ou agente de pessoa jurídica no exercício de atribuições do Poder Público é que será cabível a impetração do mandado de segurança. Por outro lado, a hipótese trazida preenche os requisitos para impetração do *habeas data*, previstos no art. 5º, LXXII, "b", da CF; B: incorreta. O **documento que consta as informações** inexatas a respeito de João e passível de ser transmitido a terceiros **comprova** a existência do direito líquido e certo, de modo que não se faz necessária a dilação probatória. O *habeas data* é, portanto, a medida judicial correta a ser utilizada; C: incorreta. Como já mencionado, o mandado de segurança é um remédio residual e **somente** poderia ser impetrado s**e o direito tutelado não fosse amparado por** *habeas corpus* **ou** *habeas data.* Além disso, o prazo decadencial de 120 dias diz respeito ao mandado de segurança (art. 23 da Lei 12.016/09), não ao habeas data; D: incorreta. Determina o art. 5º, XXXV, da CF que a lei **não excluirá da apreciação do Poder Judiciário lesão ou ameaça a direito**. BV

17. Gabarito: A
Comentário: A: correta. De acordo com o art. 5º, LXXIII, da CF, qualquer cidadão é parte legítima para **propor ação popular que vise a anular ato lesivo ao patrimônio público** ou de entidade de que o Estado participe, à moralidade administrativa, ao meio ambiente e ao patrimônio histórico e cultural, **ficando o autor, salvo comprovada má-fé, isento de custas judiciais e do ônus da sucumbência**; B e C: incorretas. Como não há má-fé, Roberto **não terá de arcar** com as custas judiciais, nem com os ônus sucumbenciais. Por outro lado, se o autor popular (Roberto) ganhar a ação ele receberá os ônus sucumbenciais a título de reembolso de despesas; D: incorreta. Não são todos os remédios constitucionais que são ações gratuitas. De acordo com o art. 5º, LXXVII, da CF, são **gratuitas as ações de** *habeas corpus* **e** *habeas data*, e, na forma da lei, os atos necessários ao exercício da cidadania. Sobre a ação popular, a isenção está condicionada a ausência de má-fé, como já mencionado. BV

18. Gabarito: A
Comentário: questão controvertida

19. Gabarito: D
Comentário: A: incorreta. Determina o art. 210, § 2º, da CF que o ensino fundamental regular será ministrado em língua portuguesa, **assegurada às comunidades indígenas também a utilização de suas línguas maternas** e processos próprios de aprendizagem; B: incorreta. A determinação advém do Texto Constitucional; C: incorreta. O Estado tem o dever de ministrar o ensino fundamental regular em Língua Portuguesa e de **assegurar** às comunidades indígenas também a utilização de suas línguas maternas e processos próprios de aprendizagem; D: correta. É o que determina o já citado art. 210, § 2º, da CF. BV

20. Gabarito: B
Comentário: A deportação é medida decorrente de procedimento administrativo que consiste na retirada compulsória de pessoa que se encontre em situação migratória irregular em território nacional – quase sempre por expiração do prazo de permanência ou por exercício de atividade não permitida, como trabalho remunerado no caso do turista (redação dada pelo art. 50 da Lei de Migração – 13.445/2017). RF

21. Gabarito: D
Comentário: O art. 10 da LINDB traz como regra de conexão a lei do país de último domicílio do defunto ou do desaparecido (*lex domicilii* do defunto ou do desaparecido) no que tange à regulação da sucessão por morte ou por ausência, qualquer que seja a natureza e a situação dos bens. RF

22. Gabarito: C
Comentário: **A:** incorreta, pois é possível a citação pelo correio, com aviso de recebimento (é a regra, inclusive) – art. 8º, I, da Lei 6.830/1980; **B:** incorreta, pois com a citação inicia-se o prazo de 5 dias para o pagamento ou garantia da execução – art. 8º da Lei 6.830/1980. O executado poderá oferecer embargos à execução (não se denomina contestação) no prazo de 30 dias, contados a partir da garantia da execução, nos termos do art. 16 da Lei 6.830/1980; **C:** correta, conforme o art. 8º da Lei 6.830/1980; **D:** incorreta, pois o prazo

para embargos à execução é contado a partir dos eventos indicados no art. 16 da Lei 6.830/1980 (garantia da execução). RB

23. Gabarito: C
Comentário: Nos termos do art. 138, parágrafo único, do CTN, não se considera espontânea a denúncia apresentada após o início de qualquer procedimento administrativo ou medida de fiscalização, relacionados com a infração. Assim, a sociedade empresária em questão não tem como se beneficiar da exclusão da responsabilidade por denúncia espontânea. Por essa razão, a alternativa "C" é a correta. RB

24. Gabarito: C
Comentário: **A** e **B**: incorretas, pois a contribuição de melhoria somente pode ser cobrada dos proprietários que perceberam a valorização imobiliária. Ademais, há um limite global de arrecadação, que não pode ultrapassar o valor da despesa pública realizada – art. 81 do CTN; **C**: correta, conforme comentário anterior; **D**: incorreta, pois qualquer obra pública que implique valorização imobiliária dá ensejo à contribuição de melhoria, desde que prevista em lei e atendidos os requisitos do art. 82 do CTN. RB

25. Gabarito: B
Comentário: **A**, **C** e **D**: incorretas, pois a imunidade tributária dos livros refere-se exclusivamente a impostos, não a outras espécies tributárias (como é caso da contribuição social sobre o lucro líquido) – art. 150, VI, da CF; **B**: correta, conforme a Súmula Vinculante 57/STF: "A imunidade tributária constante do art. 150, VI, d, da CF/88 aplica-se à importação e comercialização, no mercado interno, do livro eletrônico (e-book) e dos suportes exclusivamente utilizados para fixá-los, como leitores de livros eletrônicos (e-readers), ainda que possuam funcionalidades acessórias." RB

26. Gabarito: A
Comentário: **A**: correta, nos termos do art. 149, § 1º, da CF; **B**: incorreta, pois o art. art. 149, § 1º, da CF não apenas permite, como determina a instituição de contribuição em relação a servidores ativos, aposentados e pensionistas; **C**: incorreta, pois basta lei ordinária para a instituição e cobrança – art. 149, § 1º, da CF; **D**: incorreta, conforme comentários anteriores. RB

27. Gabarito: D
Comentário: **A**: incorreta, pois o art. 34, § 1º, da Lei 13.848/19 dispõe que "É vedada a delegação de competências normativas" de uma agência reguladora federal para agências reguladoras ou órgãos de regulação estaduais, distritais e municipais; **B**: incorreta, pois o art. 34, § 4º, da Lei 13.848/19 dispõe que "**na execução das atividades de fiscalização objeto de delegação**, a agência reguladora ou o órgão regulador estadual, distrital ou municipal que receber a delegação **observará as normas legais e regulamentares federais pertinentes**" (g.n); **C**: incorreta, pois o art. 34, § 3º, da Lei 13.848/19 dispõe que "**A execução**, por agência reguladora ou órgão de regulação estadual, distrital ou municipal, **das atividades delegadas** será **permanentemente acompanhada e avaliada pela agência reguladora federal**, nos termos do respectivo acordo" (g.n); **D**: correta, nos exatos termos do art. 34, § 7º, da Lei 13.848/19. WG

28. Gabarito: A
Comentário: **A**: correta, nos exatos termos do art. 184, *caput*, da CF (quanto à competência da União para a desapropriação por interesse social, e quanto à prévia e justa indenização em títulos da dívida agrária) e do art. 186, I e II, da CF (quanto ao fato de que não há atendimento à função social da propriedade quando não há aproveitamento racional e adequado do imóvel ou quando não há utilização adequada dos recursos naturais disponíveis e preservação do meio ambiente); **B** e **D**: incorretas, pois a desapropriação no caso teria o nome de desapropriação por "interesse social", com competência da União, e não do Estado ou do Município (art. 184, *caput*, da CF); **C**: incorreta, porque o art. 184, *caput*, não prevê o confisco nesse caso, mas sim indenização paga por meio de títulos da dívida agrária; a Constituição prevê o confisco no seguinte caso: de "Todo e qualquer bem de valor econômico apreendido em decorrência do tráfico ilícito de entorpecentes e drogas afins e da exploração de trabalho escravo" (art. 243, p. ún.). WG

29. Gabarito: D
Comentário: **A**: incorreta, pois a Lei 12.846/13 admite que haja responsabilidade administrativa em território nacional em desfavor dessa empresa, competindo "à Controladoria-Geral da União – CGU a apuração, o processo e o julgamento dos atos ilícitos previstos nesta Lei, praticados contra a administração pública estrangeira"; ademais, o art. 28 da Lei 12.846/13 dispõe que "esta Lei aplica-se aos atos lesivos praticados por pessoa jurídica brasileira contra a administração pública estrangeira, ainda que cometidos no exterior"; **B**: incorreta, pois a pessoa jurídica responde sim no caso (art. 2º da Lei 12.846/13), responsabilidade essa que é independente da responsabilidade individual de seus dirigentes e administradores (art. 3º, *caput* e § 1º, da Lei 12.846/13); **C**: incorreta, pois a dissolução compulsória da pessoa jurídica só pode ser feita judicialmente (art. 19, III, c/c art. 21, ambos da Lei 12.846/13); **D**: correta, nos exatos termos do que dispõe o art. 18 da Lei 12.846/13. WG

30. Gabarito: B
Comentário: **A**: incorreta, pois a aposentadoria depende sim de registro perante a Corte de Contas, que analisará a sua legalidade (art. 71, III, da CF), tratando-se, assim, de um ato complexo e não de um ato simples; **B**: correta, pois em geral o Poder Público tem 5 anos para anular atos ilegais (art. 54, *caput*, da Lei 9.784/99). Porém, havendo má-fé, esse prazo máximo não se aplica (vide novamente o mesmo dispositivo citado; vale ressaltar que, no caso, houve má-fé por parte do beneficiário do ato, de modo que não há que se falar em decadência no caso; **C**: incorreta, pois não é necessário ampla defesa e contraditório num ato que concede um direito a alguém; seria necessário apenas para atos que retirassem o direito de uma pessoa (art. 5º, LIV e LV, da CF); **D**: incorreta, pois, havendo má-fé, não se aplica o limite de 5 anos para a anulação do ato (art. 54, *caput*, da Lei 9.784/99). WG

31. Gabarito: C
Comentário: **A**: incorreta, pois o tombamento é ato destinado a declarar um bem como um patrimônio de especial valor histórico e cultural, para fins de proteção permanente desse mesmo bem; no caso em tela, não há qualquer bem com essas características, tratando-se, na verdade, de uma situação em que há necessidade de uso público desse bem, e de forma temporária (e não permanente); **B**: incorreta, pois a requisição administrativa é cabível para o uso temporário do bem em caso de iminente perigo público (art. 5º, XXV, da CF); no caso em tela não há iminente perigo público, mas mera necessidade de usar o bem temporariamente para a realização da construção; **C**: correta, pois o instituto da ocupação temporária é o adequado em situações como essa, de necessidade de usar temporariamente um bem particular para a construção de uma obra pública, cabendo sempre indenização, em caso de dano (art. 36 do Dec.-lei 3.365/41); **D**: incorreta, pois a servidão administrativa se impõe quando há uma necessidade com caráter duradouro de submeter um bem particular à satisfação de um interesse público ou em favor de um serviço público, como se dá quando se instalam postes que carregam os fios para transmissão de energia elétrica em bens particulares. No caso em tela, tem-se um mero uso temporário do Poder Público, tratando-se então de uma ocupação temporária e não de uma servidão. WG

32. Gabarito: D
Comentário: **A**: incorreta, pois a perda da função pública só pode ser efetivada com o trânsito em julgado da sentença condenatória (art. 20, *caput*, da Lei 8.429/92); **B**: incorreta, pois o prazo máximo para a penalidade de suspensão de direitos políticos em caso de improbidade por enriquecimento ilícito é de 14 anos (art. 12, I, da Lei 8.429/92); **C**: incorreta, pois as sanções em questão podem ser aplicadas isolada ou cumulativamente (art. 12, *caput*, da Lei 8.429/92); **D**: correta, porque as duas sanções são cabíveis e cumuláveis nos termos do art. 12, *caput* e inciso I, da Lei 8.429/92. WG

33. Gabarito: B
Comentário: **A**, **C** e **D**: incorretas, pois as condicionantes mencionadas no enunciado da questão estão regulamentadas no art. 36 da Lei 9.985/00, sendo que o p. 3º deste dispositivo estabelece que a natureza dessas medidas é de uma "compensação" ambiental; **B**: correta, pois as condicionantes mencionadas no enunciado da questão estão regulamentadas no art. 36 da Lei 9.985/00, sendo que o p. 3º deste dispositivo estabelece que a natureza dessas medidas é de uma "compensação" ambiental. WG

34. Gabarito: A
Comentário: **A:** correta, nos exatos termos do art. 19, p. ún., da Lei 9.605/98 ("A perícia produzida no inquérito civil ou no juízo cível poderá ser aproveitada no processo penal, instaurando-se o contraditório"); **B** e **C:** incorretas, pois o art. 19, p. ún., da Lei 9.605/98 admite que a perícia produzida no juízo cível seja aproveitada no processo criminal, estabelecendo como único requisito a instauração de contraditório ("A perícia produzida no inquérito civil ou no juízo cível poderá ser aproveitada no processo penal, instaurando-se o contraditório"); **D:** incorreta, pois a autorização dada no art. 19, p. ún, da Lei 9.605/98 não traz essa restrição, sem contar que as instâncias civil, administrativa e penal são independentes entre si. **WG**

35. Gabarito: D
Comentário: **A:** incorreta, pois apesar de ser proprietário de unidade imobiliária autônoma ele tem deveres a cumprir perante o condomínio e um deles é dar à sua parte a mesma destinação que tem a edificação, e não a utilizar de maneira prejudicial ao sossego, salubridade e segurança dos possuidores, ou aos bons costumes (art.1.336, IV CC); **B:** incorreta, pois essa multa apenas poderia ser aplicada com a convocação da assembleia por deliberação de três quartos do quórum (art. 1.337 caput CC); **C:** incorreta, pois a sanção pode ser aplicada pela via administrativa, uma vez que Lei assim o autoriza (art. 1.337 caput CC); **D:** correta (art. 1.337, parágrafo único CC). **GR**

36. Gabarito: C
Comentário: **A:** incorreta, pois a propriedade do bem imóvel apenas se consolidará com o registro da escritura pública no cartório de imóveis competente (art. 1.245, caput e § 1º CC); **B:** incorreta, pois a escritura pública é uma mera manifestação de vontade de forma pública e exigência para que haja a transferência de bens imóveis com valor superior a 30 salários mínimos (art. 108 CC). Porém a propriedade apenas se consolida de fato com o registro do título translativo no Registro de Imóveis (art. 1.245, caput CC); **C:** correta (art. 1.267 caput CC c/c art. 1.245 caput CC); **D:** incorreta, pois quanto ao imóvel a propriedade apenas se consolidou com o registro do título translativo no Registro de Imóveis (art. 1.245 caput CC). **GR**

37. Gabarito: B
Comentário: **A:** incorreta, pois diante do conflito o juiz deverá aplicar a guarda compartilhada e não a alternada (art. 1.584, § 2º CC); **B:** correta (art. 1.584, § 2º CC); **C:** incorreta, pois justamente porque há divergência sobre a guarda e ambos estão aptos a exercer o poder familiar é que o juiz deve aplicar a guarda compartilhada (art. 1.584, § 2º CC); **D:** incorreta, pois a lei brasileira prevê a possibilidade de guarda compartilhada (art. 1.583 caput CC). **GR**

38. Gabarito: B
Comentário: **A:** incorreta, pois apesar de ter ocorrido um dano o ato de João é legítimo, uma vez que as circunstâncias tornaram seu ato absolutamente necessário para evitar um mal maior e não houve excesso em sua conduta. João agiu em estado de necessidade, uma excludente da ilicitude (art. 188, parágrafo único CC); **B:** correta (art. 188, parágrafo único CC); **C:** incorreta, pois João não tem o dever de indenizar os pais da criança. Isto porque as pessoas lesadas (os pais da criança) foram culpados pelo perigo, sendo assim não lhes assiste o direito a indenização por parte de João (art. 929 CC); **D:** incorreta, pois o ato é lícito amparado pela excludente de ilicitude estado de necessidade (art. 188, parágrafo único CC). **GR**

39. Gabarito: B
Comentário: **A:** incorreta, pois o pagamento feito a um dos credores solidários extingue a dívida até o montante do que foi pago (art. 269 CC); **B:** correta (art. 267 CC); **C:** incorreta, pois neste caso subsiste para todos o encargo de pagar o equivalente; mas pelas perdas e danos só responde Carlos (art. 279 CC); **D:** incorreta, pois enquanto os credores solidários não demandarem o devedor comum, a qualquer dos credores poderá o devedor pagar (art. 268 CC). **GR**

40. Gabarito: B
Comentário: O enunciado descreve situação a ser explorada por associação, nos termos do art. 53 do CC. Não há óbice para a realização de atividades econômicas com fins de arrecadação de recursos, desde que estes sejam integralmente revertidos para a atividade – a finalidade não lucrativa decorre da ausência de distribuição do superávit financeiro entre os diretores ou associados. Por fim, a fundação não se amolda ao caso proposto porque ela é composta por um patrimônio dotado especialmente para esse fim pelo instituidor, figura que não está presente na hipótese em análise. **HS**

41. Gabarito: D
Comentário: **A:** incorreta, pois não há que se falar na necessidade de averiguação de houve culpa *in eligendo* da oficina, uma vez que ela responde independentemente de culpa (art. 932, III CC c/c art. 933 CC); **B:** incorreta, pois o empregador responde diretamente pelos atos praticados por seus empregados. A Lei lhe assegura, porém, o direito de regresso (art. 932, III CC c/c art. 934 CC); **C:** incorreta, pois a lei assegura o direito de regresso à oficina nos termos do art. 934 CC primeira parte; **D:** correta (art. 932, III, CC c/c art. 934 CC). **GR**

42. Gabarito: B
Comentário: Pelo fato de não haver identificado corretamente o neonato, obrigação imposta pelo art. 10, II, do ECA, o médico deverá ser responsabilizado pelo crime definido no art. 229 do ECA, que consiste na conduta consubstanciada em *deixar o médico, enfermeiro ou dirigente de estabelecimento de atenção à saúde de gestante de identificar corretamente o neonato e a parturiente, por ocasião do parto, bem como deixar de proceder aos exames referidos no art. 10 desta Lei*. Trata-se de crime próprio, uma vez que exige que o sujeito ativo seja médico, enfermeiro ou dirigente de estabelecimento de atenção à saúde de gestante (característica especial). Ademais, é delito formal, na medida em que sua consumação não depende da produção de resultado naturalístico consistente em prejuízo à criança ou aos seus pais. **ED**

43. Gabarito: B
Comentário: A solução desta questão deve ser extraída do art. 49 do ECA, segundo o qual *a morte dos adotantes não restabelece o poder familiar dos pais naturais*. Dessa forma, a despeito do arrependimento manifestado pela mãe biológica de Luiza, o falecimento daqueles que a adotaram não tem o condão de devolver o poder familiar aos pais naturais. Isso porque a adoção pressupõe a prévia destituição do poder familiar dos pais biológicos. Nesta hipótese, Luiza pode ficar sob a responsabilidade de um tutor ou ainda ser colocada novamente para adoção. **ED**

44. Gabarito: D
Comentário: De acordo com o art. 49 do CDC, o consumidor pode desistir dos contratos realizados fora do estabelecimento comercial, no prazo de 7 dias, a contar da sua assinatura ou do ato de recebimento do produto ou serviço, sem que haja qualquer motivação por parte do consumidor. Nesse sentido, ainda conforme inteligência do parágrafo único do referido artigo, em caso de desistência, os valores eventualmente pagos, a qualquer título, durante o prazo de reflexão, serão devolvidos de imediato, monetariamente atualizados. Além disso, o art. 54-F, incluído com a Lei do Superendividamento, determina: "São conexos, coligados ou interdependentes, entre outros, o contrato principal de fornecimento de produto ou serviço e os contratos acessórios de crédito que lhe garantam o financiamento quando o fornecedor de crédito: (...) § 1º O exercício do direito de arrependimento nas hipóteses previstas neste Código, no contrato principal ou no contrato de crédito, implica a resolução de pleno direito do contrato que lhe seja conexo. **RD**

45. Gabarito: C
Comentário: De acordo com o § 3º do art. 28 do CDC, as sociedades consorciadas são solidariamente responsáveis pelas obrigações estabelecidas pelo Código de Defesa do Consumidor. Dessa forma, como bem enunciado pela alternativa C, todas as empresas envolvidas no consórcio respondem, solidariamente, pelos danos causados pela *Estruturas e Fundações Pinheiro Ltda*. **RD**

46. Gabarito: A
Comentário: Correta a alternativa "A". O art. 96, VII, da Lei de Falências estabelece o direito do devedor pleitear sua recuperação judicial no prazo da

47. Gabarito: D
Comentário: O art. 1.085 do CC prevê como requisitos para a exclusão extrajudicial de sócio a justa causa (chamada de "atos de inegável gravidade"), a previsão expressa em contrato, a alteração deste após a decisão e a realização de assembleia ou reunião específica. Apenas esta última é dispensada quando há dois sócios na sociedade (parágrafo único do art. 1.085). HS

48. Gabarito: B
Comentário: Quanto aos títulos de crédito, o Brasil adota a teoria da criação abrandada, ou seja, o título é válido ainda que não tenha sido posto em circulação pelo emitente (art. 905, parágrafo único, do CC), porém é dado ao credor obter novo título em juízo em caso de desapossamento injusto, assim inclusive impedindo seu pagamento a terceiros (art. 909 do CC). HS

49. Gabarito: A
Comentário: O registro da empresa confere proteção ao nome empresarial limitada ao território do Estado da Junta Comercial onde foi efetivada a medida (art. 1.166 do CC). HS

50. Gabarito: C
Comentário: A única alternativa que traz norma específica ao contrato de arrendamento é a letra "C", que deve ser assinalada, conforme consta do art. 1.147, parágrafo único, do CC. Todas as demais são comuns ao contrato de trespasse (alienação do estabelecimento). HS

51. Gabarito: A
Comentário: **A:** Correta, pois o Código prevê a existência de cadastro de mediadores (CPC, art. 167).
B: Incorreta, considerando que o Código não prevê quais serão as regras procedimentais para a mediação, deixando isso para a livre autonomia dos interessados (CPC, art. 166, § 4º). **C:** incorreta, já que de fato o mediador ficará impedido de atuar, mas pelo prazo de *1 ano* (CPC, art. 172). **D:** Incorreta, pois o conciliador atua em casos nos quais não houver vínculo anterior; o mediador atua, preferencialmente, nos casos em que houver vínculo anterior entre as partes – como é a situação de direito de família (CPC, art.165, § 3º). LD

52. Gabarito: D
Comentário: **A:** Incorreta, já que a calendarização (espécie de negócio jurídico processual), ainda que não comum no cotidiano forense, vincula as partes e o juiz (CPC, art. 191, § 1º); **B:** Incorreta, pois conforme previsão do art. 191 do CPC o calendário processual deverá ser fixado de comum acordo; **C:** Incorreta, considerando que, realizado o calendário, dispensa-se a intimação das partes para os atos, inclusive para a audiência (CPC, art. 191, § 2º); **D:** Correta, uma vez que, realizado o calendário, só se altera em casos excepcionais – o que não é a situação narrada no enunciado (CPC, 191, § 1º). LD

53. Gabarito: C
Comentário: **A:** Incorreta. Conforme art. 381, III do CPC, admite-se a produção antecipada da prova nos casos em que o prévio conhecimento dos fatos possa justificar ou evitar o ajuizamento de ação.
B: Incorreta, pois o art. 381, § 3º do CPC estabelece que a produção antecipada de prova não previne a competência do juízo (ou seja, haverá a livre distribuição, podendo a causa principal ser julgada por outro juiz); **C:** Correta, já que não há, na produção antecipada de provas, análise de mérito pelo juiz – mas sim a produção de prova em contraditório, a ser eventualmente utilizada em futuro processo (CPC, art. 382, § 2º); **D:** Incorreta, considerando que, pela previsão da lei, "não se admitirá defesa ou recurso, salvo contra decisão que indeferir totalmente a produção da prova pleiteada pelo requerente originário" (CPC, art. 382, § 4º – dispositivo esse objeto de diversas polêmicas). LD

54. Gabarito: A
Comentário: **A:** correta, considerando que a desistência (hipótese de extinção sem mérito), pode ocorrer somente até a sentença (CPC, art. 485, § 5º). E, uma vez apresentada a contestação, a desistência depende da concordância do réu (CPC, art. 485, § 4º). **B:** incorreta, uma vez que já foi oferecida a contestação, Leandro poderá desistir desde que haja o consentimento do réu (CPC, art. 485, § 4º). **C:** incorreta, pois a desistência da ação não impede o prosseguimento do processo quanto à reconvenção (CPC, art. 343, 2º). **D:** incorreta, porque a extinção pela desistência é sem mérito (CPC, art. 485, VIII); sendo assim, não impede a repropositura da ação (CPC, art. 486). LD

55. Gabarito: C
Comentário: **A:** Incorreta, considerando que o art. 258 do CPC prevê a aplicação de multa de 5 vezes o salário mínimo para parte que requerer a citação por edital, alegando dolosamente a ocorrência das circunstâncias autorizadoras para sua realização; **B:** Incorreta, pois a autora possuía informações acerca do paradeiro do réu e não houve tentativa de expedição de carta rogatória para citação do réu (CPC, art. 256, § 1º) – ou mesmo outros meios possíveis, como e-mail (CPC, art. 246). Sendo assim, não se trata de citação válida; **C:** Correta. Considerando que a autora possuía informações acerca do paradeiro do réu e não promoveu todas as tentativas possíveis para sua localização, é de se reconhecer a nulidade da citação (art. 256, § 3º); **D:** Incorreta, já que a citação é requisito fundamental para a validade (ou mesmo existência) do processo. Assim, considerando que a citação foi realizada sem observância das prescrições legais (CPC, art. 280), não há se falar em vício sanável. LD

56. Gabarito: A
Comentário: **A:** Correta, pois a apelação do despejo não tem efeito suspensivo (Lei 8.245/1991, art. 58, V), de maneira que é possível o cumprimento de sentença na origem; **B:** Incorreta, pois como só há efeito devolutivo, não há necessidade de liminar no recurso, mas o despejo; **C:** Incorreta, já que o cumprimento de sentença é realizado perante a origem, e não no tribunal; **D:** Incorreta. Considerando o exposto em "A", não há necessidade de liminar para o cumprimento de sentença (despejo) ser realizado. LD

57. Gabarito: C
Comentário: **A:** Incorreta, pois apenas a fiança bancária e o seguro garantia judicial equiparam-se a dinheiro para fins de substituição da penhora. O art. 835, § 2º do CPC não faz menção a penhora do faturamento como equivalente a dinheiro.
B: Incorreta, porque poderá ocorrer a substituição da penhora, a pedido do executado, desde que comprove que lhe será menos onerosa e não trará prejuízo ao exequente (CPC, art. 847). **C:** Correta. Conforme previsão do art. 835, § 2º do CPC, para fins de substituição da penhora, a fiança bancária se equipara a dinheiro, desde que em valor não inferior ao débito constante da inicial, acrescido de trinta por cento. **D:** Incorreta, conforme justificativa exposta na alternativa "A". LD

58. Gabarito: B
Comentário: Segundo consta, Robson, diante da recusa de Camila, sua subordinada, em ceder às suas investidas, passa a constrangê-la a ir ao motel com ele, ao argumento de que, se não aderir à sua vontade, será demitida. Com isso, Robson praticou o crime de assédio sexual, previsto no art. 216-A do CP, que consiste na conduta do agente que, valendo-se de posição hierárquica superior em relação à vítima, neste caso Camila, constrange-a com o propósito de obter conjunção carnal, ou mesmo outra vantagem sexual consistente na prática de outro ato libidinoso não desejado pela ofendida. Perceba que o sujeito ativo, neste delito, somente pode ser aquele que detém posição de superioridade hierárquica ou ascendência em relação laborativa sobre o sujeito passivo. Este, por seu turno, somente pode ser subordinado ou empregado do agente. Cuida-se, como se pode ver, de crime próprio, que é aquele, como bem sabemos, em que o sujeito ativo deve revestir-se de determinada qualidade. Vale dizer que tal posição pode ser assumida tanto por homem quanto por mulher. Trata-se, ademais, de crime formal, na medida em que a consumação é alcançada com o ato constrangedor, dispensando-se o resultado naturalístico consubstanciado na obtenção do favor sexual almejado. Correta, portanto, a assertiva segundo a qual Robson cometeu o crime do art. 216-A do CP na sua forma consumada. A Lei 13.718/2018 promoveu a introdução, no Código Penal, do crime de *importunação sexual* (referido na alternativa D), disposto no art. 215-A, nos seguintes termos: *Praticar contra alguém e sem a sua anuência ato libidinoso com o objetivo de satisfazer a própria lascívia ou a de terceiro: Pena – reclusão, de 1 (um) a 5 (cinco) anos, se o ato não constitui crime mais grave.*

A conduta de homens que, em ônibus e trens lotados, molestam mulheres e, em alguns casos, chegam a ejacular, se enquadra, doravante, neste novo tipo penal. Episódio amplamente divulgado pelos meios de comunicação é o de um homem que, dentro do transporte público, em São Paulo, ejaculou no pescoço de uma mulher. Antes, a responsabilização se dava pela contravenção penal de *importunação ofensiva ao pudor*, definida no art. 61 da LCP, cujo preceito secundário estabelecia exclusivamente pena de multa, dispositivo este que foi revogado, de forma expressa, pela Lei 13.718/2018, tendo a conduta ali descrita migrado para o novo art. 215-A do CP, em face da regra da continuidade típico-normativa. Evidente que a pena, agora mais grave, não poderá retroagir e atingir fatos anteriores à entrada em vigor da Lei 13.718/2018. Note que este delito, diferentemente do crime de assédio sexual, pressupõe a prática efetiva do ato libidinoso. Além disso, cuida-se, aqui, de crime comum, já que não é necessário relação laboral de superioridade/ascendência entre agente e vítima.

59. Gabarito: C
Comentário: De fato, é assegurada a progressão de regime em todos os delitos, inclusive aos hediondos e equiparados, como é o caso do latrocínio (roubo seguido de morte – art. 157, § 3º, II, CP), tendo como vetor o postulado da individualização da pena, que rege a execução penal. Com esse espírito, a Lei 13.964/2019 reformulou por completo o art. 112 da LEP, de forma a promover a inclusão de novas faixas de fração de cumprimento de pena a possibilitar a progressão do reeducando a regime menos rigoroso, aqui incluídos, como já dito, os crimes hediondos e equiparados. **Com isso, a nova tabela de progressão ficou mais detalhada, já que**, até então, contávamos com o percentual único de 1/6 para os crimes comuns e 2/5 e 3/5 para os crimes hediondos e equiparados. Doravante, passamos a ter novas faixas, agora expressas em porcentagem, que levam em conta, no seu enquadramento, fatores como primariedade e o fato de o delito haver sido praticado com violência/grave ameaça. A primeira faixa corresponde a 16%, a que estão sujeitos os condenados que forem primários e cujo crime praticado for desprovido de violência ou grave ameaça (art. 112, I, LEP); em seguida, passa-se à faixa de 20%, destinada ao sentenciado reincidente em crime praticado sem violência à pessoa ou grave ameaça (art. 112, II, LEP); a faixa seguinte, de 25%, é aplicada ao apenado primário que tiver cometido crime com violência à pessoa ou grave ameaça (art. 112, III, LEP); à faixa de 30% ficará sujeito o condenado reincidente em crime cometido com violência contra a pessoa ou grave ameaça (art. 112, IV, LEP); deverá cumprir 40% da pena o condenado pelo cometimento de crime hediondo ou equiparado, se primário (art. 112, V, LEP); estão sujeitos ao cumprimento de 50% da pena imposta o condenado pela prática de crime hediondo ou equiparado, com resultado morte, se for primário; o condenado por exercer o comando, individual ou coletivo, de organização criminosa estruturada para a prática de crime hediondo ou equiparado; e o condenado pela prática do crime de constituição de milícia privada (art. 112, VI, LEP); deverá cumprir 60% da pena o condenado reincidente na prática de crime hediondo ou equiparado (art. 112, VII, LEP); e 70%, que corresponde à última faixa, o sentenciado reincidente em crime hediondo ou equiparado com resultado morte (art. 112, VIII, LEP). O art. 2º, § 2º, da Lei 8.072/1990, como não poderia deixar de ser, foi revogado, na medida em que a progressão, nos crimes hediondos e equiparados, passou a ser disciplinada no art. 112 da LEP. Além disso, o art. 112, § 1º, da LEP, com a nova redação determinada pela Lei 13.964/2019, impõe que somente fará jus à progressão de **regime, nos novos patamares, o apenado que ostentar boa conduta carcerária, a ser atestada pelo diretor do estabelecimento. Cuidado: no caso** do art. 112, VIII, da LEP, que estabelece a faixa máxima de 70% de cumprimento de pena, pressupõe-se que a reincidência seja específica. Este é o entendimento sedimentado no STJ, conforme Tese n. 2 da Edição n. 184 (pacote anticrime) da ferramenta *Jurisprudência em Teses*: "<u>Após a entrada em vigor do Pacote Anticrime, o condenado por crime hediondo ou equiparado com resultado morte, que seja reincidente genérico, deverá cumprir ao menos 50% da pena para a progressão de regime prisional, pelo uso da analogia *in bonam partem*</u>."

60. Gabarito: D
Comentário: O enunciado retrata típico exemplo de estado de necessidade, causa excludente de ilicitude prevista no art. 24 do CP. De plano, devemos afastar a ocorrência da excludente da legítima defesa, cujos requisitos estão reunidos no art. 25 do CP e pressupõe, como um deles, a existência de uma agressão (ataque), que, por ser injusta, permite a reação do agredido, dentro dos parâmetros estabelecidos no dispositivo legal. Já o estado de necessidade pressupõe uma situação de perigo, não havendo que se falar em agressão/reação. Além disso, na legítima defesa somente um dos envolvidos tem razão (o agredido), autorizado que está a rechaçar a agressão contra ele impingida; no estado de necessidade, diferentemente, todos os envolvidos têm razão, dado que seus interesses/bens são legítimos (preservação da vida). No caso narrado no enunciado, fica claro que a situação de perigo surgida com o naufrágio fez nascer um conflito de interesses legítimos, que, dadas as circunstâncias, não podem todos (Tainá e Raquel) se salvar. Em outras palavras, para que uma vida possa ser preservada, a outra deve ser sacrificada. O tronco de árvore que flutuava próximo a elas somente comportava o peso de uma. Neste caso, o direito permite que uma delas mate a outra com o propósito de preservar a sua vida. Como se pode ver, é uma questão de sobrevivência.

61. Gabarito: C
Comentário: O enunciado não deixa dúvidas de que Alfredo e Túlio praticaram contra a joalheria, tal como combinaram, o crime de roubo circunstanciado pelo concurso de pessoas e emprego de arma de fogo. Assim, ambos devem responder pelo cometimento desse delito, já que presentes, pelos dados fornecidos pelo enunciado, os requisitos necessários ao concurso de pessoas. Sucede que um dos agentes, no caso Túlio, no curso da empreitada criminosa, sem que Alfredo tenha a isso aderido, leva a funcionária do estabelecimento ao banheiro e, ali estando, a estupra. Perceba que a decisão de Túlio em manter conjunção carnal forçada com Fernanda surgiu em momento posterior ao início do roubo, fato esse (estupro) que, como se pode ver, não havia sido ajustado entre os roubadores, sendo de total desconhecimento de Alfredo, que, bem por isso, não poderá ser responsabilizado. Cuida-se da chamada *cooperação dolosamente distinta* (art. 29, § 2º, CP), não sendo o caso sequer de aplicar o aumento de metade de pena previsto no dispositivo, já que não é previsível que, no curso do crime de roubo, um dos agentes cometa estupro contra a funcionária. Dessa forma, a conclusão é no sentido de que Alfredo e Túlio serão responsabilizados por roubo circunstanciado pelo concurso de pessoas e emprego de arma de fogo e Túlio, e somente ele, responderá, também, por estupro, em concurso material.

62. Gabarito: A
Comentário: O tráfico de drogas, capitulado no art. 33 da Lei 11.343/2006, é classificado como *crime de ação múltipla* (conteúdo variado ou plurinuclear), isto é, ainda que o agente pratique, no mesmo contexto fático, mais de uma ação típica (cada qual representada por um núcleo), responderá por um único crime (incidência do *princípio da alternatividade*), sendo possível que o julgador, no momento da dosimetria da pena, considere o número de ações para fixar a reprimenda proporcional às condutas perpetradas pelo agente. No caso narrado no enunciado, as condutas consistentes em *vender* e *trazer consigo* foram praticadas no mesmo contexto fático, o que impõe, por força do princípio da alternatividade, o reconhecimento de um único crime de tráfico.

63. Gabarito: C
Questão controvertida

64. Gabarito: D
Comentário: A solução desta questão deve ser extraída do art. 313, III, do CPP, que autoriza o magistrado a decretar a custódia preventiva quando o crime envolver violência doméstica e familiar contra a mulher, com o objetivo de garantir a execução das medidas protetivas de urgência.

65. Gabarito: A
Comentário: A Lei 13.964/2019, conhecida como pacote anticrime, entre tantas outras mudanças, promoveu a alteração da natureza da ação penal no crime de estelionato. Vejamos. A ação penal, neste delito, sempre foi, via de regra, pública incondicionada. As exceções ficavam por conta das hipóteses elencadas no art. 182 do CP (imunidade relativa), que impunha que a vítima manifestasse seu desejo, por meio de representação, no sentido de ver processado o ofensor, legitimando o Ministério Público, dessa forma, a agir. Com o advento da Lei 13.964/2019, o que era exceção, no

crime de estelionato, virou regra. Ou seja, o crime capitulado no art. 171 do CP passa a ser de ação penal pública condicionada à representação do ofendido, conforme impõe o art. 171, § 5º, do CP. Este mesmo dispositivo, no entanto, estabelece exceções (hipóteses em que a ação penal será pública incondicionada), a saber: quando a vítima for: a Administração Pública, direta ou indireta; criança ou adolescente; pessoa com deficiência mental; ou maior de 70 anos ou incapaz. Dito isso, forçoso concluir que a ausência de representação por parte de Priscila impede o exercício da ação penal pelo Ministério Público, porquanto, ainda que este detenha a titularidade da ação penal, ausente condição específica de procedibilidade. ED

66. Gabarito: B
Comentário: A solução desta questão deve ser extraída do art. 2º, III, da Lei 9.296/1996, segundo o qual a interceptação telefônica somente será deferida se o fato investigado constituir infração penal punida com pena de *reclusão*. Dessa forma, ainda que diante de lastro probatório robusto e demonstrada a imperiosa necessidade da medida, a interceptação telefônica não poderá ser autorizada nas hipóteses em que a infração penal investigada tiver como pena privativa de liberdade *detenção*, como é o caso do delito a que faz referência o enunciado. ED

67. Gabarito: D
Comentário: No que concerne ao foro por prerrogativa de função, cabem algumas observações, considerando mudança de entendimento acerca deste tema no STF. No dia 3 de maio de 2018, o Plenário do STF, por maioria de votos, decidiu que o foro por prerrogativa de função de que gozam parlamentares federais (senadores e deputados) se aplica tão somente a infrações penais cometidas no exercício do cargo e em razão das funções a ele relacionadas. Tal decisão foi tomada no julgamento de questão de ordem da ação penal 937, cujo relator é o ministro Luís Roberto Barroso. Com isso, se o crime imputado a senador ou deputado federal é cometido antes da diplomação, o julgamento caberá ao juízo de primeira instância; se for cometido no curso do mandato mas nenhuma relação tiver com o seu exercício, o julgamento também caberá ao juiz de primeira instância (por exemplo: homicídio; roubo; embriaguez ao volante); agora, sendo o delito cometido durante o mandato e havendo relação entre ele e o desempenho da função parlamentar (corrupção passiva, por exemplo), o julgamento deverá realizar-se perante o STF. Uma das primeiras questões que surgiu, entre tantas outras, é se este entendimento que restringe o foro por prerrogativa de função se aplica para outras hipóteses de foro privilegiado ou apenas para os deputados federais e senadores. Segundo o STF, em decisão tomada no julgamento do Inq 4703 QO/DF, ocorrido em 12/06/2018 e da relatoria do ministro Luiz Fux, tal restrição imposta ao foro privilegiado vale também para ministros de Estado. O STJ, por sua vez, ao enfrentar a questão, tendo por base a decisão do STF na AP 937, decidiu que a restrição do foro deve alcançar governadores e conselheiros dos Tribunais de Contas estaduais (AP 866 e AP 857). Lembremos que o art. 105, I, "a", da CF/88 estabelece que compete ao STJ julgar os crimes praticados por governadores de Estado e por conselheiros dos Tribunais de Contas dos Estados. No que concerne aos prefeitos, ainda não há consenso. Há tribunais que, em face da nova interpretação conferida pelo STF ao foro por prerrogativa de função, remeteram os processos contra o chefe do executivo municipal para julgamento pela 1ª instância. Mais recentemente, o STJ, por meio de seu Pleno, ao julgar, em 21/11/2018, a QO na AP 878, fixou a tese de que o entendimento firmado no STF a respeito da restrição imposta ao foro por prerrogativa de função não se aplica a desembargador, que, ainda que o crime praticado nenhuma relação tenha com o exercício do cargo, deverá ser julgado pelo STJ, ou seja, o precedente do STF não se aplica a todos os casos de foro por prerrogativa de função. Quanto à competência para o julgamento de prefeito, temos o seguinte: será ele julgado, pela prática de crimes comuns e dolosos contra a vida, pelo Tribunal de Justiça (art. 29, X, da CF); pela prática de crimes da esfera federal, como é o caso narrado no enunciado, o julgamento caberá aos Tribunais Regionais Federais; agora, se se tratar de crimes de responsabilidade, previstos no Dec.-lei 201/1967, o chefe do executivo municipal será submetido a julgamento pelo Poder Legislativo local. Nesse sentido: Súmula 702, STF: "A competência do Tribunal de Justiça para julgar prefeitos restringe-se aos crimes de competência da Justiça comum estadual; nos demais casos, a competência originária caberá ao respectivo tribunal de segundo grau". Dessa forma, no que toca ao prefeito do Município de Canto Feliz, o processo deverá ser remetido a uma das Turmas do Tribunal Regional Federal da respectiva Seção Judiciária, sendo reiniciado a partir do recebimento da denúncia. Já o magistrado e o membro do MP deverão ser julgados pelo Tribunal ao qual estão vinculados, sendo irrelevante a natureza do crime que cometerem bem como o lugar em que se deu a infração penal. Por isso, se um juiz estadual ou um promotor de Justiça cometer um delito de competência da Justiça Federal, deverão ser processados perante do Tribunal de Justiça do estado em que atuam. ED

68. Gabarito: A
Comentário: A Lei 13.769/2018 inseriu no art. 112 da LEP o § 3º, que estabelece fração diferenciada de cumprimento de pena para que a mulher gestante, mãe ou responsável por crianças ou pessoas com deficiência possa alcançar o regime mais brando (a fração necessária, que antes era um sexto, passou para um oitavo). Para tanto, a reeducanda deve reunir quatro requisitos cumulativos, além de ter cumprido um oitavo da pena que lhe foi imposta, a saber: *I – não ter cometido crime com violência ou grave ameaça a pessoa; II – não ter cometido o crime contra seu filho ou dependente; III – ter cumprido ao menos 1/8 (um oitavo) da pena no regime anterior; IV – ser primária e ter bom comportamento carcerário, comprovado pelo diretor do estabelecimento; V – não ter integrado organização criminosa*. Considerando que Renata, pelos dados fornecidos pelo enunciado, reúne os requisitos legais, fará jus à progressão ao regime semiaberto. ED

69. Gabarito: D
Comentário: A solução desta questão dever ser extraída do art. 106 do CPP, que estabelece que *a suspeição dos jurados deverá ser arguida oralmente, decidindo de plano o presidente do Tribunal do Júri, que a rejeitará se, negada pelo recusado, não for imediatamente comprovada, o que tudo constará da ata*. Importante que se diga que ao jurado se estendem as hipóteses enumeradas no art. 254 e as listadas nos arts. 448 e 449, todos do CPP. ED

70. Gabarito: B
Comentário: **A:** incorreta, pois havendo cláusula expressa de transferência e real necessidade do empregador, não é necessária a concordância do empregado, art. 469, § 1º, CLT. Veja também súmula 43 do TST. **B:** correta, pois reflete a disposição legal do art. 469, *caput*, da CLT. **C:** incorreta, pois nos termos da OJ 113 da SDI 1 do TST em se tratando de transferência provisória será devido adicional de transferência. **D:** incorreta, pois nos termos do art. 470 da CLT as despesas resultantes da transferência correrão por conta do empregador. HC

71. Gabarito: C
Comentário: No presente caso as horas extras trabalhadas em excesso deverão ser compensadas em até 5 meses. Sendo assim, dispõe o art. 59, § 5º, da CLT que poderá ser pactuado por acordo individual escrito, desde que a compensação ocorra no período máximo de seis meses. Dessa forma, a cláusula se mostra plenamente válida. HC

72. Gabarito: C
Comentário: A preservação dos direitos do trabalhador deve ser efetivada não apenas na fase contratual, mas também antes da celebração do contrato de trabalho, ou seja, na fase pré-contratual. Desta forma, há direito de indenização por danos morais nos termos do art. 5º, X, CF. HC

73. Gabarito: A
Comentário: **A:** opção correta. Isso porque, nos termos do art. 455 da CLT nos contratos de subempreitada responderá o subempreiteiro pelas obrigações derivadas do contrato de trabalho que celebrar, cabendo, todavia, aos empregados, o direito de reclamação contra o empreiteiro principal pelo inadimplemento daquelas obrigações por parte do primeiro. Todavia, a OJ 191 da SDI 1 do TST ensina que diante da inexistência de previsão legal específica, o contrato de empreitada de construção civil entre o dono da obra e o empreiteiro não enseja responsabilidade solidária ou subsidiária nas obrigações trabalhistas contraídas pelo empreiteiro, salvo sendo o dono da obra uma empresa construtora ou incorporadora. **B:** incorreta, pois não se trata de grupo econômico, cujo conceito vem esculpido no art. 2º, § 2º,

da CLT; **C:** incorreta, pois a ação poderá ser proposta em face de ambas as sociedades, art. 455 da CLT e OJ 191 SDI 1 do TST. **D:** incorreta, pois o contrato de subempreitada não é ilícito, art. 455 CLT. HC

74. Gabarito: A
Comentário: **A:** correta, pois reflete a disposição dos arts. 448 e 448-A da CLT. **B:** incorreta, pois nos termos dos arts. 448 e 448-A da CLT todas as obrigações serão de responsabilidade do sucessor. **C:** incorreta, pois nos termos do art. 448-A, parágrafo único, da CLT a empresa sucedida responderá solidariamente com a sucessora quando ficar comprovada fraude na transferência. **D:** incorreta, pois a mudança na propriedade ou na estrutura jurídica da empresa não afetará os contratos de trabalho dos respectivos empregados, art. 448 da CLT. HC

75. Gabarito: A
Comentário: Nos termos do art. 458, § 2º, IV, da CLT não serão consideradas como salário a assistência médica, hospitalar e odontológica, prestada diretamente ou mediante seguro-saúde. HC

76. Gabarito: C
Comentário: Oferecida a contestação, ainda que eletronicamente, o reclamante não poderá, sem o consentimento do reclamado, desistir da ação, nos termos do art. 841, § 3º, da CLT. Dessa forma, o encaminhamento da contestação pelo PJe, antes da audiência inaugural, "com sigilo", não impede a desistência unilateral do reclamante. Por outro lado, se a contestação foi encaminhada pelo PJe "sem sigilo", a desistência da reclamação somente será possível com o consentimento da reclamada. HC

77. Gabarito: A
Comentário: **A:** correta, pois o art. 855-A, § 1º, II, da CLT ensina que a decisão interlocutória que acolher ou rejeitar o incidente de desconsideração da personalidade jurídica, na fase de execução de sentença, é recorrível via agravo de petição. **B:** incorreta, pois o art. 855-A, § 1º, II, da CLT ensina que a decisão interlocutória que acolher ou rejeitar o incidente de desconsideração da personalidade jurídica, na fase de execução de sentença, é recorrível via agravo de petição. Todavia, a mesma decisão não é recorrível se proferida na fase de conhecimento, art. 855-A, § 1º, I, da CLT. **C:** incorreta, pois o recurso ordinário é cabível nas hipóteses elencadas nos incisos I e II do art. 895 da CLT. **D:** incorreta, pois o agravo de instrumento é cabível contra despachos que denegarem a interposição de recursos, art. 897, *b*, CLT. HC

78. Gabarito: B
Comentário: **A:** incorreta, pois o art. 884 da CLT exige prévia garantia do juízo para o ajuizamento dos embargos à execução. **B:** correta, pois nos termos do art. 884 da CLT há de existir a garantia total do juízo para ajuizamento dos embargos à execução. Vale lembrar que a súmula 128 do TST exige a complementação da garantia caso haja aumento da condenação, demonstrando a necessidade de garantia integral do juízo. **C:** incorreta, veja respostas A e B. **D:** incorreta, pois os embargos à execução estão previstos no art. 884 da CLT. HC

79. Gabarito: C
Comentário: Uma vez celebrado o acordo, será lavrado o termo de conciliação, que é considerado título executivo judicial, nos termos do art. 831, parágrafo único, da CLT. Essa decisão transita em julgado imediatamente para as partes, não ensejando, portanto, a interposição de recurso por estas. Porém, a lei admite a interposição de recurso ordinário pelo INSS apenas com relação às contribuições devidas. HC

80. Gabarito: A
Comentário: **A:** opção correta, nos termos do art. 894, II, da CLT, caberá embargos, por divergência jurisprudencial, das decisões entre as Turmas do Tribunal Superior do Trabalho ou, ainda, se forem contrárias a súmula ou orientação jurisprudencial do Tribunal Superior do Trabalho ou súmula vinculante do Supremo Tribunal Federal, em dissídios individuais, no prazo de 8 (oito) dias. **B:** incorreta, pois o recurso ordinário é cabível, no prazo de 8 dias, contra decisões definitivas ou terminativas das Varas do Trabalho, art. 895, I, da CLT ou contra decisões definitivas ou terminativas dos Tribunais Regionais, em processos de sua competência originária, art. 895, II, CLT. **C:** incorreta, pois embargos de declaração é o recurso cabível contra decisões que contenham omissão, obscuridade ou contradição ou ainda para corrigir erro material, art. 897-A e § 1º, da CLT. **D:** incorreta, pois o conflito negativo ocorre quando dois órgãos judiciais se dizem incompetentes, denominado conflito negativo de competência, art. 804, *b*, CLT. HC

MEUS RESULTADOS

Prova 1: _____

Data: ____ / ____ / _____

Tempo de Prova: _____

Acertos Totais: _____

Onde posso melhorar:

_____
_____
_____
_____
_____
_____
_____
_____
_____
_____
_____
_____
_____
_____
_____
_____
_____
_____
_____
_____
_____
_____
_____
_____

Prova 2: _____

Data: _____ / _____ / _____

Tempo de Prova: _____

Acertos Totais: _____

Onde posso melhorar:
_____
_____
_____
_____
_____
_____
_____
_____
_____
_____
_____
_____
_____
_____
_____
_____
_____
_____
_____
_____
_____
_____
_____
_____
_____

Prova 3: _____

Data: _____ / _____ / _____

Tempo de Prova: _____

Acertos Totais: _____

Onde posso melhorar:

_____
_____
_____
_____
_____
_____
_____
_____
_____
_____
_____
_____
_____
_____
_____
_____
_____
_____
_____
_____
_____
_____
_____
_____
_____
_____
_____

Prova 4: _____

Data: ____ / ____ / _____

Tempo de Prova: _____

Acertos Totais: _____

Onde posso melhorar:

_____
_____
_____
_____
_____
_____
_____
_____
_____
_____
_____
_____
_____
_____
_____
_____
_____
_____
_____
_____
_____
_____
_____
_____
_____

MEUS RESULTADOS 243

Prova 5: _____

Data: _____ / _____ / _____

Tempo de Prova: _____

Acertos Totais: _____

Onde posso melhorar:

_____
_____
_____
_____
_____
_____
_____
_____
_____
_____
_____
_____
_____
_____
_____
_____
_____
_____
_____
_____
_____
_____
_____
_____
_____
_____
_____

Prova 6: _____

Data: _____ / _____ / _____

Tempo de Prova: _____

Acertos Totais: _____

Onde posso melhorar:

_____
_____
_____
_____
_____
_____
_____
_____
_____
_____
_____
_____
_____
_____
_____
_____
_____
_____
_____
_____
_____
_____
_____
_____

Prova 7: _____

Data: _____ / _____ / _____

Tempo de Prova: _____

Acertos Totais: _____

Onde posso melhorar:

_____
_____
_____
_____
_____
_____
_____
_____
_____
_____
_____
_____
_____
_____
_____
_____
_____
_____
_____
_____
_____
_____
_____
_____
_____
_____
_____

Prova 8: _____

Data: _____ / _____ / _____

Tempo de Prova: _____

Acertos Totais: _____

Onde posso melhorar:

_____
_____
_____
_____
_____
_____
_____
_____
_____
_____
_____
_____
_____
_____
_____
_____
_____
_____
_____
_____
_____
_____
_____
_____